AF608815

NomosPraxis

Dr. Hubertus Schulte Beerbühl,
Richter am Verwaltungsgericht, Münster

Öffentliches Baunachbarrecht

Die Deutsche Nationalbibliothek verzeichnet diese Publikation in der Deutschen Nationalbibliografie; detaillierte bibliografische Daten sind im Internet über http://dnb.d-nb.de abrufbar.

ISBN 978-3-8487-3171-8

1. Auflage 2017

Vorwort

Das Öffentliche Baunachbarrecht ist in der juristischen Ausbildung, in der anwaltlichen Beratungspraxis und in der Verwaltungsgerichtsbarkeit von großer Bedeutung. Aber auch Bauämter, Bauherren, Entwurfsverfasser und insbesondere Grundstückseigentümer werden mit Fragen zu Abwehrrechten aus dem Bauplanungsrecht, dem baurechtlichen Immissionsschutzrecht und dem Bauordnungsrecht konfrontiert. Gesetzliche Regelungen, die ausdrücklich nachbarrechtliche Ansprüche und Pflichten formulieren, finden sich indes nur in begrenztem Umfang. Vielmehr beruhen die inzwischen anerkannten Grundsätze weitgehend auf Richterrecht. Dabei musste die richterrechtliche Rechtsfortbildung sich nicht nur auf das materielle Recht erstrecken, sondern auch auf das Verfahrens- und Prozessrecht, in dem sich ebenfalls nur wenig gesetzliche Klarheit findet.

Mit der vorliegenden Darstellung soll ein Überblick über die Gesetzeslage und die Rechtsprechung zum Öffentlichen Baunachbarrecht gegeben werden. Es soll zunächst darüber aufklären, welche Nutzungen und baulichen Anlagen der Nachbar nach Bauplanungsrecht abwehren kann und welche nicht. Dafür wird dort, wo der nachbarschützende Charakter von Regelungen wenig umstritten ist, insbesondere das materielle Recht als Grundlage der Abwehrrechte dargestellt. Anschließend wird auf das Immissionsschutzrecht insoweit eingegangen, als es im Baurecht und folglich auch im Baunachbarrecht zu beachten ist. Das sechszehnfach zersplitterte Bauordnungsrecht der Länder wird punktuell mit Blick auf besonders relevante nachbarschützende Bestimmungen dargestellt. Der Verfasser musste sich darauf beschränken, Gemeinsamkeiten hervorzuheben und sie unter Einbeziehung der Rechtsprechung der Verwaltungsgerichte zu erläutern. Weitere Kapitel klären über Bestandsschutz, den Untergang von Nachbarrechten und die unzulässige Rechtsausübung auf. Praxisbezogene Ausführungen und Einblicke in die Gerichtspraxis zur Durchsetzung des materiellen Rechts sowie zur Verteidigung vor ungerechtfertigten Angriffen runden die Darstellung ab.

Das Werk versteht sich als zusammenfassende Darstellung dessen, was sich ansonsten in Lehrbüchern und Kommentaren am Rande der Darstellung des prozessualen und materiellen Rechts findet. Dabei steht die systematische Aufbereitung der Rechtsprechung im Vordergrund; die wissenschaftliche Durchdringung der Fragen bleibt anderen Werken vorbehalten. Nur an wenigen Stellen erfolgt eine vertiefte Auseinandersetzung mit überkommenen Ansichten, um zu einem Überdenken der bisherigen Praxis anzuregen.

Dem Ziel einer verständlichen Darstellung dienen die Wiedergabe der wichtigsten angesprochenen Gesetzestexte sowie die Veranschaulichung anhand von Beispielen aus der Rechtsprechung. Die wörtlichen Wiedergaben der Gerichtsentscheidungen, insbesondere des Bundesverwaltungsgerichts, mögen als Mittel zur Förderung der Authentizität verstanden werden.

Das Werk berücksichtigt den Stand der Rechtsprechung bis September 2016.

Münster, im Dezember 2016 *H. Schulte Beerbühl*

Inhaltsverzeichnis

Literaturverzeichnis

Battis/Krautzberger/Löhr, Baugesetzbuch, Verlag C.H.Beck, 13. Aufl., 2016

Boeddinghaus/Hahn/Schulte, Bauordnung für das Land Nordrhein-Westfalen, Loseblattkommentar, Rehm-Verlag, Stand: Mai 2016

Bönker/Bischopink (Hrsg.), Baunutzungsverordnung, Nomos-Verlag, 1. Aufl., 2014

Dürr/Middeke/Schulte Beerbühl, Bauordnung NRW, Nomos-Verlag, 4. Aufl., 2012

Ernst/Zinkahn/Bielenberg/Krautzberger, Baugesetzbuch, Verlag C.H.Beck, Loseblatt-Sammlung, Stand: Februar 2016

Ferner/Kröninger/Aschke (Hrsg.), Baugesetzbuch mit Baunutzungsverordnung, Nomos-Verlag, 3. Aufl., 2013 (zitiert: HK-BauGB)

Fickert/Fieseler, Baunutzungsverordnung, Kohlhammer-Verlag, 12. Aufl., 2014

Finkelnburg/Dombert/Külpmann, Vorläufiger Rechtsschutz im Verwaltungsstreitverfahren, Verlag C.H.Beck, 6. Aufl,. 2011

Gädtke/Czepuck/Johlen/Plietz/Wenzel, BauO NRW, Werner-Verlag, 12. Aufl., 2011

Jarass, Bundes-Immissionsschutzgesetz, Verlag C.H.Beck, 11. Aufl., 2015

Jellinek, Georg/Jellinek, Walter, Allgemeine Staatslehre, 3. Aufl., Verlag O. Häring, Berlin, 1914

König/Roeser/Stock, Baunutzungsverordnung, Verlag C.H.Beck, 3. Aufl., 2014

Kopp/Ramsauer, Verwaltungsverfahrensgesetz, Kommentar, Verlag C.H.Beck, 16. Aufl., 2015

Kopp/Schenke, Verwaltungsgerichtsordnung, Kommentar, Verlag C.H.Beck, 22. Aufl., 2016

Landmann/Rohmer, Umweltrecht, Verlag C.H.Beck, Loseblatt, 79. Aufl., 2016,

Larenz, Methodenlehre der Rechtswissenschaft, Springer-Verlag, 5. Aufl., 1983, S. 299

Mampel, Nachbarschutz im öffentlichen Baurecht, Verlag für Rechts- und Anwaltspraxis, 1995

Ossenbühl/Cornils, Staatshaftungsrecht, Verlag C.H.Beck, 6. Aufl., 2013

Palandt, Bürgerliches Gesetzbuch, Verlag C.H.Beck, 75. Aufl., 2016

Reichel/Schulte, Handbuch Bauordnungsrecht, Verlag C.H.Beck, 1. Aufl., 2004

Schönenbroicher/Kamp, Bauordnung Nordrhein-Westfalen, Verlag C.H.Beck, 1. Aufl., 2012

Sodan/Ziekow, Verwaltungsgerichtsordnung, Nomos-Verlag, 3. Aufl., 2010

Stelkens/Bonk/Sachs, VwVfG, Verlag C.H.Beck, 8. Aufl., 2014

Ule/Laubinger/Repkewitz, Bundes-Immissionsschutzgesetz, Carl Heymanns Verlag, Loseblattsammlung, Teil I: Kommentar, Stand April 2016

Wysk, Verwaltungsgerichtsordnung, Verlag C.H.Beck, 2. Aufl., 2015

1. Teil: Die materiellen Rechte des Nachbarn

A. Allgemeines zum öffentlichen Baunachbarrecht

Ein einheitliches kodifiziertes öffentliches Baunachbarrecht existiert nicht. Es ist zusammenzusetzen aus Bestimmungen des Bauplanungsrechts und dem in sechzehn Landesbauordnungen zersplitterten Bauordnungsrecht. Hinzu kommen Regelungen aus dem Immissionsschutzrecht, die zum Teil auch auf Anlagen, die nicht einer immissionsschutzrechtlichen Genehmigung bedürfen, anwendbar sind. Diese Regelungen wiederum werfen technische Fragen auf, die in Rechtsverordnungen, Verwaltungsvorschriften und DIN-Normen behandelt sind. 1

Aber nicht nur die Normen des öffentlichen Baunachbarrechts sind verstreut. Auch die Rechtsprechung war und ist uneinheitlich. Zu den bedeutsamsten Wendungen zählt zweifellos die Anerkennung des öffentlichen Baunachbarrechts überhaupt. Das Bundesverwaltungsgericht hat mit Urteil vom 5.10.1965 (IV C 3.65, BVerwGE 22, 129 = juris) entgegen gewichtiger Stellungnahmen in der rechtswissenschaftlichen Literatur (z.B. Redeker in NJW 1959, 749, und Sellmann in DVBl. 1963, 273, und in NJW 1964, 1545) betont, dass die Rechtsprechung des Preußischen Oberverwaltungsgerichts, das die Zulässigkeit der baurechtlichen Nachbarklage verneint hatte, keinen zeitgerechten Maßstab für eine Lösung angemessenen Rechtsschutzes darstelle. 2

„Die Rechtsprechung des ehemaligen Preußischen Oberverwaltungsgerichts (...) beruht auf anderer verfassungsrechtlicher Grundlage und ist von Eigentumsvorstellungen geprägt, die von den heutigen verschieden sind. Weder bestand damals eine Rechtswegverbürgung, wie sie Art. 19 Abs. 4 GG enthält, noch galt ein Eigentumsbegriff als verbindlich, der dem des Art. 14 GG[1] *entspricht. (...) Unter der Herrschaft des Grundgesetzes ließe sich die Zulässigkeit der öffentlich-rechtlichen Nachbarklage augenscheinlich nur unter Verstoß gegen Art. 19 Abs. 4 GG allgemein verneinen.“* 3

Dem hat sich die übrige Rechtsprechung angeschlossen.

Eine weitere bedeutsame Wendung hat die Rechtsprechung in Bezug auf den nachbarschützenden Charakter von Baugebietsfestsetzungen zur Art der baulichen Nutzung vollzogen (s. dazu unter Rn. 159).

In den letzten Jahren ist eine gewisse Einheitlichkeit festzustellen; statt der Veränderungen sind Verfeinerungen erfolgt. Die Rechtsprechung hatte die Aufgabe, unbestimmte Rechtsbegriffe wie etwa „unzumutbare Belästigung“ oder „Rücksichtnahmegebot“ weiter mit Leben zu füllen. Andere Begriffe sind im Wege der richterliche Rechtsfortbildung entstanden (z.B. „Gebietserhaltungsanspruch“) oder Ausdruck gleichartiger nachbarlicher Argumentationsschemata (z.B. „erdrückende Wirkung“). 4

1 **Art. 14 GG [Eigentum, Erbrecht und Enteignung]**
(1) Das Eigentum und das Erbrecht werden gewährleistet. Inhalt und Schranken werden durch die Gesetze bestimmt.
(2) Eigentum verpflichtet. Sein Gebrauch soll zugleich dem Wohle der Allgemeinheit dienen.

All dies zwang im Interesse der Rechtssicherheit zu einer Systematisierung. Darüber hinaus mussten, besonders im Verfahrens- und Prozessrecht, gesetzliche Neuregelungen auf praktische Fälle angewandt werden, wobei sich oftmals die Unzulänglichkeit des Gesetzeswortlauts zeigte.

I. Rechtsquellen und Anwendungsbereich des Nachbarrechts

5 Ebenso wenig wie aus Art. 14 Abs. 1 GG das Recht erwächst, überall und alles zu bauen und zu nutzen, wo und wie der Grundstückseigentümer es will, sondern vielmehr Inhalt und Schranken durch die Gesetze bestimmt werden (Art. 14 Abs. 1 Satz 2 GG), kann aus der Eigentumsgarantie die Befugnis abgeleitet werden, zur Vermeidung jeglicher Verschlechterung der Situation des eigenen Rechts andere Vorhaben abzuwehren. Auch mit Blick auf das Abwehrrecht gegen Eigentumsbeeinträchtigungen gilt, dass Inhalt und Schranken dessen, was der jeweilige Betroffene hinzunehmen hat, durch die Gesetze bestimmt werden.

6 Der Bundes- wie auch die Landesgesetzgeber haben nicht nur allgemeine und konkrete objektiv-rechtliche Aussagen über Fragen des Bauplanungsrechts und des Bauordnungsrechts getroffen. Sie haben darüber hinaus auch subjektiv-rechtliche Regelungen geschaffen, mit denen sie den von baulichen Maßnahmen Betroffenen Rechte verschafft haben. Bei ihrer Gesetzgebung hatten die Gesetzgeber zu berücksichtigen, *„dass der Gebrauch des Eigentums zugleich dem Wohl der Allgemeinheit unter Berücksichtigung der berechtigten Belange Dritter zu dienen habe“* (BVerwG, U.v. 16.5.1991 – 4 C 17/90 –, BVerwGE 88, 191 = juris). Dabei ist der jeweilige Gesetzgeber *„von Verfassungs wegen gehalten, eine angemessene Verwertung des Privateigentums sicherzustellen, die dessen Natur und sozialer Bedeutung entspricht (vgl. BVerfGE 31, 229 <241>; 34, 139 <146>; 79, 1 <25>). Hingegen zielt die Verpflichtung zu der am Gemeinwohl ausgerichteten Nutzung auf den sozialen Bezug und die soziale Funktion des Eigentums. Dies bedeutet für denjenigen, der durch die Nutzung des Eigentumsobjektes durch den Eigentümer in seinen Belangen berührt wird, ein Gebot der Beachtung und Rücksichtnahme. Es ist damit Aufgabe des Gesetzgebers, dieses Gebot in seiner Normierung sachgerecht zu verwirklichen (vgl. BVerfGE 72, 66 <77>). Er hat im Sinne einer sozialgerechten Eigentumsordnung die schutzwürdigen und schutzbedürftigen Interessen aller am Interessenkonflikt Beteiligten in einen gerechten Ausgleich zu bringen (...).“*

1. Planungsrechtliche Bestimmungen

7 Die wichtigsten planungsrechtlichen Vorschriften des öffentlichen Baunachbarrechts finden sich in den beiden grundlegenden Normensammlungen des Bauplanungsrechts.

- Das **Baugesetzbuch** (BauGB) in der Fassung der Bekanntmachung vom 23.9.2004 (BGBl. I 2004, 2414), zuletzt geändert durch Gesetz vom 20.10.2015 (BGBl. I 2015, 1722)
- Die **Baunutzungsverordnung** (BauNVO), neugefasst durch Bekanntmachung vom 23.1.1990 (BGBl. 1990, 132), zuletzt geändert durch Gesetz vom 11.6.2013 (BGBl. I 2013, 1548)

2. Immissionsschutzrechtliche Bestimmungen

Einzelne Bestimmungen des Immissionsschutzrechts sind im öffentlichen Baunachbarrecht bedeutsam. Von den Gesetzen, EU-Richtlinien, Verordnungen, Verwaltungsvorschriften und sonstigen Richtlinien sind zu nennen: 8

- Das Gesetz zum Schutz vor schädlichen Umwelteinwirkungen durch Luftverunreinigungen, Geräusche, Erschütterungen und ähnliche Vorgänge (**Bundes-Immissionsschutzgesetz,** BImSchG) in der Fassung der Bekanntmachung vom 17.5.2013 (BGBl. I 2013, 1274), zuletzt geändert durch Verordnung vom 31.8.2015 (BGBl. I 2015, 1474). Verschiedene Neufassungen dienten der Umsetzung insbesondere europarechtlicher Richtlinien
- Verschiedene **Landes-Immissionsschutzgesetze** und **Immissionsschutz-Zuständigkeitsverordnungen** der Länder zur Ausführung und Durchführung des Bundesimmissionsschutzgesetzes
- Das **Gesetz über die Umweltverträglichkeitsprüfung** (UVPG) in der Fassung der Bekanntmachung vom 24.2.2010 (BGBl. I S. 94), zuletzt geändert durch Artikel 2 des Gesetzes vom 21.12.2015, BGBl. I 2490
- Das Gesetz über ergänzende Vorschriften zu Rechtsbehelfen in Umweltangelegenheiten nach der EG-Richtlinie 2003/35/EG (**Umwelt-Rechtsbehelfegesetz,** UmwRG), neugefasst durch Bekanntmachung vom 8.4.2013, BGBl. I 2013, 753
- Die Richtlinie 96/82/EG des Rates der Europäischen Union zur Beherrschung der Gefahren bei schweren Unfällen mit gefährlichen Stoffen in der durch die Richtlinie 2003/105 geänderten Fassung (**Seveso-II-Richtlinie**) vom 9.12.1996 (ABl. L 10, S. 13 – 33)
- Die **Richtlinie 85/337/EWG** des Rates vom 27.6.1985 (UVP-RL), ABl. Nr. L 175 S. 40, neu kodifiziert durch die Richtlinie 2011/92/EU des Europäischen Parlaments und des Rates vom 13.12.2011 über die Umweltverträglichkeitsprüfung bei bestimmten öffentlichen und privaten Projekten, ABl. L 26 S. 1
- Die auf der Grundlage von § 23 Abs. 1 in Verbindung mit § 48 b sowie § 59 BImSchG erlassene Erste Verordnung zur Durchführung des Bundes-Immissionsschutzgesetzes (**Verordnung über kleine und mittlere Feuerungsanlagen,** 1. BImSchV) in der Fassung vom 26.1.2010 (BGBl. I 2010, 38)
- Die Vierte Verordnung zur Durchführung des Bundes-Immissionsschutzgesetzes (**Verordnung über genehmigungsbedürftige Anlagen,** 4. BImSchG) vom 2.5.2013 (BGBl I 2013, 973)
- Die Achtzehnte Verordnung zur Durchführung des Bundes-Immissionsschutzgesetzes (**Sportanlagenlärmschutzverordnung,** 18. BImSchV) vom 18.7.1991, zuletzt geändert durch Änderungsverordnung vom 9.2.2006 (BGBl. I 2006, 324)
- Die Erste Allgemeine Verwaltungsvorschrift zum Bundes-Immissionsschutzgesetz (**Technische Anleitung zur Reinhaltung der Luft,** TA Luft) vom 24.7.2002 (GMBl. 2002, 511)
- Die Sechste Allgemeine Verwaltungsvorschrift zum Bundes-Immissionsschutzgesetz (**Technische Anleitung zum Schutz gegen Lärm,** TA Lärm) vom 26.8.1998 (GMBl. 1998, 503)

- Die sog. **LAI-Freizeitlärm-Richtlinie** der Bund/Länder-Arbeitsgemeinschaft für Immissionsschutz (NVwZ 97, 469), zuletzt aktualisiert am 6.3.2015 (www.lai-immissionsschutz.de)

3. Bauordnungsrechtliche Bestimmungen

9 Das Bauordnungsrecht der Länder ist insbesondere in den Bestimmungen der Landesbauordnungen, Sonderbauordnungen und anderen das Bauordnungsrecht näher konkretisierenden Gesetzen und Verordnungen geregelt. Im Rahmen dieser Darstellung wird hinsichtlich des Bauordnungsrechts nur auf die Bauordnungen eingegangen.

- **Baden-Württemberg:** Landesbauordnung für Baden-Württemberg (LBO BW) vom 5.3.2010 (GBl. 2010, 357, ber. S. 416), zuletzt geändert durch Gesetz vom 11.11.2014 (GBl. 2014, 501)
- **Bayern:** Bayerische Bauordnung (BayBO) vom 14.8.2007 (GVBl. 2007, 588), zuletzt geändert durch Gesetz vom 24.7.2015 (GVBl. 2015, 296)
- **Berlin:** Bauordnung für Berlin (BauO Bln) vom 29.9.2005 (GVBl. 2005. 495), zuletzt geändert durch Gesetz vom 17.6.2016 (GVBl. S. 361). In Berlin tritt gemäß Art. 3 des Dritten Gesetzes zur Änderung der Bauordnung für Berlin am 1. Januar 2017 eine neue Bauordnung in Kraft. Die wenigen für das Öffentliche Baunachbarrecht relevanten Änderungen sind mit „BauO Bln 2017 gekennzeichnet.
- **Brandenburg:** Brandenburgische Bauordnung (BbgBO) vom 19.5.2016 (GVBl. I 2016, Nr. 14)
- **Bremen:** Bremische Landesbauordnung (BremLBO) vom 6.10.2009 (Brem.GBl. 2009, 401), zuletzt geändert durch Gesetz vom 27.5.2014 (Brem.GBl. 2014, 263)
- **Hamburg:** Hamburgische Bauordnung (BauO HA) vom 14.12.2005 (HmbGVBl. 2005, 525), zuletzt geändert durch Gesetz vom 17.2.2016 (HmbGVBl. S. 63)
- **Hessen:** Hessische Bauordnung (BauO HE) vom 15.1.2011 (GVBl. I 2011, 46, 180), zuletzt geändert durch Gesetz vom 30.11.2015 (GVBl. 2015, 457)
- **Mecklenburg-Vorpommern:** Landesbauordnung Mecklenburg-Vorpommern (BauO MV) vom 5.10.2015 (GVOBl. M-V 2015, 344), zuletzt geändert durch Gesetz vom 21.12.2015 (GVOBl. M-V 2015, 590)
- **Niedersachsen:** Niedersächsische Bauordnung (NBauO) vom 3.4.2012 (Nds. GVBl. 2012, 46), zuletzt geändert durch Gesetz vom 23.7.2014 (Nds. GVBl. 2014, 206)
- **Nordrhein-Westfalen:** Bauordnung für das Land Nordrhein-Westfalen (BauO NRW) vom 1.3.2000 (GV. NRW. 2000, 256), zuletzt geändert durch Gesetz vom 20.5.2014 (GV. NRW. 2000, 294).
- **Rheinland-Pfalz:** Landesbauordnung Rheinland-Pfalz (LBauO RP) vom 24.11.1998 (GVBl. 1998, 365), zuletzt geändert durch Gesetz vom 15.6.2015 (GVBl. 2015, 77)
- **Saarland:** Landesbauordnung (LBO SL) vom 18.2.2004 (Amtsblatt 2004, 822), zuletzt geändert durch das Gesetz vom 15.7.2015 (Amtsblatt I 2015, 632)
- **Sachsen:** Sächsische Bauordnung (SächsBO) in der Fassung in der Bekanntmachung vom 11.05. 2016 (SächsGVBl. 2016, 186, 187)

- **Sachsen-Anhalt:** Bauordnung des Landes Sachsen-Anhalt (BauO LSA) vom 10.9.2013 (GVBl. LSA 2013, 440, 441), zuletzt geändert durch Gesetz vom 17.6.2014 (GVBl. LSA 2014, 288, 341)
- **Schleswig-Holstein:** Landesbauordnung für das Land Schleswig-Holstein (LBO SH) vom 22.1.2009 (GVOBl. 2009, 6), zuletzt geändert durch Art. 1 des Gesetzes vom 14.6.2016 (GVOBl. S. 369)
- **Thüringen:** Thüringer Bauordnung (ThürBO) vom 13.3.2014 (GVBl. 2014, 49), zuletzt geändert durch Gesetz vom 22.3.2016 (GVBl. S. 153)

Die **Musterbauordnung** der Bauministerkonferenz in der Fassung von November 2002, zuletzt geändert durch Beschluss vom 21.9.2012, hat keine bindende Wirkung. Sie dient aber vielfach den Ländern als Grundlage für deren Bauordnungen. Im Hinblick hierauf und weil viele landesrechtliche Bestimmungen inhaltlich und oft auch wörtlich an die Bestimmungen der Musterbauordnung angelehnt sind, wird, soweit bauordnungsrechtliche Bestimmungen angesprochen werden, zumeist vorrangig der Wortlaut der jeweiligen Bestimmung aus der Musterbauordnung wiedergegeben. 10

4. Das private Nachbarrecht

- Das private Nachbarrecht ist vor allem in §§ 903 ff. und § 1004 des Bürgerlichen Gesetzbuchs (BGB) geregelt.[2] 11

2 **§ 903 BGB [Befugnisse des Eigentümers]**
Der Eigentümer einer Sache kann, soweit nicht das Gesetz oder Rechte Dritter entgegenstehen, mit der Sache nach Belieben verfahren und andere von jeder Einwirkung ausschließen. Der Eigentümer eines Tieres hat bei der Ausübung seiner Befugnisse die besonderen Vorschriften zum Schutz der Tiere zu beachten.
§ 904 BGB [Notstand]
Der Eigentümer einer Sache ist nicht berechtigt, die Einwirkung eines anderen auf die Sache zu verbieten, wenn die Einwirkung zur Abwendung einer gegenwärtigen Gefahr notwendig und der drohende Schaden gegenüber dem aus der Einwirkung dem Eigentümer entstehenden Schaden unverhältnismäßig groß ist. Der Eigentümer kann Ersatz des ihm entstehenden Schadens verlangen.
§ 905 BGB [Begrenzung des Eigentums]
Das Recht des Eigentümers eines Grundstücks erstreckt sich auf den Raum über der Oberfläche und auf den Erdkörper unter der Oberfläche. Der Eigentümer kann jedoch Einwirkungen nicht verbieten, die in solcher Höhe oder Tiefe vorgenommen werden, dass er an der Ausschließung kein Interesse hat.
§ 906 BGB [Zuführung unwägbarer Stoffe]
(1) Der Eigentümer eines Grundstücks kann die Zuführung von Gasen, Dämpfen, Gerüchen, Rauch, Ruß, Wärme, Geräusch, Erschütterungen und ähnliche von einem anderen Grundstück ausgehende Einwirkungen insoweit nicht verbieten, als die Einwirkung die Benutzung seines Grundstücks nicht oder nur unwesentlich beeinträchtigt. Eine unwesentliche Beeinträchtigung liegt in der Regel vor, wenn die in Gesetzen oder Rechtsverordnungen festgelegten Grenz- oder Richtwerte von den nach diesen Vorschriften ermittelten und bewerteten Einwirkungen nicht überschritten werden. Gleiches gilt für Werte in allgemeinen Verwaltungsvorschriften, die nach § 48 des Bundes-Immissionsschutzgesetzes erlassen worden sind und den Stand der Technik wiedergeben.
(2) Das Gleiche gilt insoweit, als eine wesentliche Beeinträchtigung durch eine ortsübliche Benutzung des anderen Grundstücks herbeigeführt wird und nicht durch Maßnahmen verhindert werden kann, die den Benutzern dieser Art wirtschaftlich zumutbar sind. Hat der Eigentümer hiernach eine Einwirkung zu dulden, so kann er von dem Benutzer des anderen Grundstücks einen angemessenen Ausgleich in Geld verlangen, wenn die Einwirkung eine ortsübliche Benutzung seines Grundstücks oder dessen Ertrag über das zumutbare Maß hinaus beeinträchtigt.
(3) Die Zuführung durch eine besondere Leitung ist unzulässig.
§ 1004 BGB [Beseitigungs- und Unterlassungsanspruch]
(1) Wird das Eigentum in anderer Weise als durch Entziehung oder Vorenthaltung des Besitzes beeinträchtigt, so kann der Eigentümer von dem Störer die Beseitigung der Beeinträchtigung verlangen. Sind weitere Beeinträchtigungen zu besorgen, so kann der Eigentümer auf Unterlassung klagen.
(2) Der Anspruch ist ausgeschlossen, wenn der Eigentümer zur Duldung verpflichtet ist.

- Ferner bestehen in den meisten Bundesländern Nachbargesetze.[3] Regelungsgegenstand von Nachbarrechtsgesetzen sind typischerweise:
  - die Voraussetzungen und der Umfang der Pflicht des Eigentümers oder sonst Nutzungsberechtigten zu dulden, dass ihr Grundstück einschließlich der baulichen Anlagen zum Zwecke von Bau- oder Instandsetzungsarbeiten auf dem Nachbargrundstück vorübergehend betreten und benutzt werden und dass auf oder über dem Grundstück Leitern oder Gerüste aufgestellt sowie die zu den Bauarbeiten erforderlichen Gegenstände über das Grundstück gebracht werden (sog. Hammerschlags- und Leiterrecht),
  - die Pflicht zur Duldung von Leitungen,
  - die Voraussetzungen und der Umfang der Berechtigung zur Errichtung einer Nachbarwand, die auf der Grenze zweier Grundstücke errichtetet wird und die den auf diesen Grundstücken errichteten oder zu errichtenden Gebäuden als Abschlusswand oder zur Unterstützung oder Aussteifung dient,
  - die Voraussetzungen und der Umfang der Pflicht, eine Einfriedung gemeinsam zu errichten,
  - die einzuhaltenden Grenzabstände für Wald, bestimmte Bäume und Sträucher,
  - der Inhalt und der Umfang des Rechts, in oder an der Außenwand eines Gebäudes, die parallel oder in einem bestimmten Winkel zur Grenze des Nachbargrundstücks verläuft, Fenster oder Türen, die von der Grenze keinen größeren Abstand als 2,50 m haben sollen, zu errichten (sog. Fenster- und Lichtrecht),
  - Entschädigungsansprüche.

---

3 **Baden-Württemberg:** Gesetz über das Nachbarrecht (Nachbarrechtsgesetz – NRG) vom 8.1.1996, GBl. 1996, 53, zuletzt geändert durch Gesetz vom 4.2.2014 (GBl. 2014, 65)
Bayern: Siebter Abschnitt „Nachbarrecht" (= Art. 43 bis 54) des Gesetzes zur Ausführung des Bürgerlichen Gesetzbuchs und anderer Gesetze (AGBGB) vom 20.9.1982 (BayRS 400-1-J), zuletzt geändert durch Gesetz vom 23.2.2016 (GVBl. 2016, 14)
Berlin: Berliner Nachbarrechtsgesetz (NachbG Bln) vom 28.9.1973 (GVBl. 1973, 1645), zuletzt geändert durch Gesetz vom 17.12.2009 (GVBl. 2009, 870)
Brandenburg: Brandenburgisches Nachbarrechtsgesetz (BbgNRG) vom 28.6.1996 (GVBl. I 1996, 226), zuletzt geändert durch Gesetz vom 3.6.2014 (GVBl. I 2014, Nr. 22)
Bremen: Es besteht kein Nachbarrechtsgesetz.
Hamburg: Es besteht kein Nachbarrechtsgesetz.
Hessen: Hessisches Nachbarrechtsgesetz (NachbG HE) vom 24.9.1962 (GVBl. I 1962, 417), zuletzt geändert Gesetz vom 28.9.2014 (GVBl. S. 218)
Mecklenburg-Vorpommern: Es besteht kein Nachbarrechtsgesetz.
Niedersachsen: Niedersächsisches Nachbarrechtsgesetz (NNachbG) vom 31.3.1967 (Nds. GVBl. 1967, 91), zuletzt geändert durch Gesetz vom 23.7.2014 (Nds. GVBl. 2014, 206)
Nordrhein-Westfalen: Nachbarrechtsgesetz (NachbG NRW) vom 15.4.1969 (GV.NRW.1969, 190), zuletzt geändert durch Gesetz vom 4.2.2014 (GV. NRW. 2014, 104)
Rheinland-Pfalz: Landesnachbarrechtsgesetz (LNRG) vom 15.6.1970 (GVBl. 1970, 198), zuletzt geändert durch Gesetz vom 21.7.2003 (GVBl. 2003, 209)
Saarland: Saarländisches Nachbarrechtsgesetz (SNRG) vom 28.2.1973 (Amtsbl. 1973, 210), zuletzt geändert durch Gesetz vom 15.7.2015 (Amtsbl. I 2015, 632)
Sachsen: Sächsisches Nachbarrechtsgesetz (SächsNRG) vom 11.11.1997 (SächsGVBl. 1997, 582), zuletzt geändert durch Gesetz vom 8.12.2008 (SächsGVBl. 2008, 940)
Sachsen-Anhalt: Nachbarschaftsgesetz (NbG) vom 13.11.1997 (GVBl. LSA 1997, 958), zuletzt geändert durch Gesetz vom 18.5.2010 (GVBl. LSA 2010, 340)
Schleswig-Holstein: Nachbarrechtsgesetz für das Land Schleswig-Holstein (NachbG Schl.-H.) vom 24.2.1971 (GVOBl. 1971, 54), zuletzt geändert durch Gesetz vom 15.2.2005 (GVOBl. 2005, 168)
Thüringen: Thüringer Nachbarrechtsgesetz (ThürNRG) vom 22.12.1992 (GVBl. 1992, 599), zuletzt geändert durch Gesetz vom 21.12.2015 (GVBl. 2015, 2379.).

Bei den Vorschriften der Nachbarrechtsgesetze handelt es sich um Bestimmungen, die das private Nachbarrecht der §§ 903 ff. BGB ergänzen und vom Landesgesetzgeber auf der Grundlage des Art. 124 EGBGB erlassen wurden. Für Streitigkeiten aus den Nachbarrechtsgesetzen sind die Zivilgerichte zuständig. Öffentlich-rechtliche Vorschriften werden durch diese Gesetze nicht berührt (zum möglichen Nebeneinander privatrechtlicher und öffentlich-rechtlicher Abwehransprüche s. Rn. 15). 12

II. Zugang zur staatlichen Gerichtsbarkeit in kirchlichen Angelegenheiten

Der Schutz der Nachbarn vor schädlichen Immissionen ist Aufgabe des Staates und berührt daher auch staatliche Belange. Das gilt auch für den Rechtsschutz gegen liturgisches Glockengeläut. Zwar sind die Kirchen, anders als andere Körperschaften des öffentlichen Rechts, nicht in die Staatsverwaltung eingegliedert und nicht Träger hoheitlicher Gewalt. Auch zählt das Läuten als kultische Handlung zu den inneren kirchlichen Angelegenheiten im Sinne des Art. 137 Abs. 3 der Weimarer Reichsverfassung in Verbindung mit Art. 140 GG. Jedoch sind Kirchenglocken, soweit sie kultischen Zwecken dienen, „öffentliche Sachen" („res sacrae") und gehören damit dem öffentlichen Recht an. Jedenfalls immer dann, wenn die jeweiligen Handlung – etwa das liturgische Glockenläuten – einen „widmungsgemäßen Sachgebrauch" und eine typische Äußerung der öffentlich-rechtlichen Körperschaft Kirche darstellt, ist daher für Rechtsstreitigkeiten darüber der Rechtsweg zu den staatlichen Gerichten eröffnet. Zuständig ist die Verwaltungsgerichtsbarkeit, weil es sich um eine öffentlich-rechtliche Streitigkeit nicht verfassungsrechtlicher Art (§ 40 Abs. 1 VwGO) handelt (BVerwG, U.v. 7.10.1983 – 7 C 44/81 –, DVBl 1984, 227). 13

III. Abwehransprüche gegen „schlicht hoheitliches Handeln"

Wendet sich ein Nachbar gegen Störungen, die von einer öffentlichen Einrichtung, etwa einem (Kinder-)Spielplatz oder einem darauf angebrachten Gerät ausgehen, ist der Streit dem öffentlichen Recht zuzuordnen. Denn die Stadt oder Gemeinde hat die Einrichtung im Rahmen ihres Erschließungsauftrages als öffentliche Einrichtung zur sozialen Betreuung ihrer Einwohner in einem öffentlich-rechtlichen Planungs- und Funktionszusammenhang geschaffen und nicht zuletzt auch zur Erfüllung der öffentlichen Aufgabe der Kinder- und Jugendpflege zur Verfügung gestellt hat (VG Aachen, U.v. 30.10.2015 – 6 K 1111/15 –, nrwe; Einzelheiten dazu ab Rn. 860). 14

IV. Nebeneinander von Zivilrecht und Öffentlichem Recht

Zivilrechtliche und öffentlich-rechtliche Abwehransprüche schließen sich nicht von vornherein aus. Allerdings hat das Bestehen öffentlich-rechtlicher Normen und Normverstöße Auswirkungen auf die zivilrechtlichen Ansprüche: 15

Gegen eine erheblich und unzumutbar belästigende Anlage kann ein Nachbar vor dem Zivilgericht vorgehen. §§ 906 ff. BGB und § 1004 Abs. 1 BGB[4] und gegebenenfalls die Nachbarrechtsgesetze[5] bestimmen die zivilrechtlichen Abwehrrechte des Ei-

4 Gesetzestexte oben Fn. 2.
5 S. oben Fn. 3.

gentümers. Daneben kann er öffentlich-rechtlich vorgehen, indem er bei der Bauaufsichtsbehörde einen Antrag auf bauaufsichtliches Einschreiten stellt und erforderlichenfalls vor dem Verwaltungsgericht um Rechtsschutz nachsucht. In diesem Zusammenhang können sich dieselben Fragen stellen wie vor dem Zivilgericht.

16 **Beispiele und Einschränkungen:** Die unzulässige Nutzung einer Garage als Werkstatt in einem reinen Wohngebiet kann sowohl mit einer Unterlassungsklage vor dem Zivilgericht als auch mit einem Antrag auf bauaufsichtliches Einschreiten vor dem Verwaltungsgericht angegriffen werden.

Die den Festsetzungen eines Bebauungsplans entsprechende Bebauung eines Grundstücks kann nicht vor dem Zivilgericht mit der Begründung angegriffen werden, dadurch erleide das eigene Grundstück eine Wertminderung, weil der Bebauungsplan die Bebaubarkeit des Grundstücks in einer bestimmten Weise vorsehe. Denn ein Bebauungsplan ist eine Rechtsnorm und damit auch für zivilrechtliche Rechtsbeziehungen maßgeblich.

Die dem Schutz der Nachbarn dienenden öffentlich-rechtlichen Vorschriften sind zugleich Schutzgesetze i.S.d. § 823 Abs. 2 BGB. Bei Verletzung derartiger Vorschriften können unter Umständen Schadensersatzansprüche gegen den Bauherrn geltend gemacht werden.

V. Der „Nachbar“

1. Der subjektive Schutzbereich im öffentlichen Baurecht

17 Das Bauplanungsrecht verwendet den Begriff des Nachbarn mehrfach, ohne ihn zu definieren, so etwa in § 31 Abs. 2 BauGB und in § 34 Abs. 3 a Satz 1 Nr. 3 BauGB („unter Würdigung nachbarlicher Interessen“).

Auch in den bauordnungsrechtlichen Bestimmungen über die einzuhaltenden Abstände und Abstandsflächen verwenden Landesbauordnungen den Begriff des „Nachbarn“ (z.B. „Nachbargrundstück“, „Nachbargrenzen“ und „nachbarliche Belange“), ebenso in den Regeln über die erforderliche Ausgestaltung von Brandwänden z.B. in § 29 Abs. 3 BauO NRW und Art. 28 Abs. 10 BayBO („Nachbargebäude“ und „Nachbargrenze“). Mit Blick auf die jeweilige bauordnungsrechtliche Beteiligungsvorschrift verwenden die Landesbauordnungen bei der Beschreibung des von der Beteiligungsvorschrift begünstigten Personenkreises unterschiedliche Begriffe, teilweise wird der Begriff des Nachbarn oder des Angrenzers definiert.[6]

6 § 55 (1) **LBO BW** „die Eigentümer angrenzender Grundstücke (Angrenzer) ....“; **Art. 66 (1) BayBO**: „Den Eigentümern der benachbarten Grundstücke ....“; **§ 64 (1) BbgBO**: „Nachbarn sind die Eigentümer oder Erbbauberechtigten der an das Baugrundstück angrenzenden Grundstücke.“; § 70 (1) **BremLBO**: „Die Eigentümer benachbarter Grundstücke (Nachbarn) sind nach den Absätzen 2 bis 6 zu beteiligen. Ein Erbbauberechtigter tritt als Nachbar an die Stelle des Eigentümers.“; 71 (1) **HBauO**: „Die Belange der Eigentümerinnen und Eigentümer sowie der Erbbauberechtigten angrenzender oder betroffener Grundstücke (Nachbarn) ....“; § 62 (1) **HBO**: „... die Nachbarschaft ...“; § 70 (1) **BauO MV**: „... die Eigentümer benachbarter Grundstücke (Nachbarn) ...“: § 68 (1) **NBauO**: „Nachbarn, deren Belange eine Baumaßnahme berühren kann, ...;.“; § 74 (1) **BauO NRW**: „Die Eigentümerinnen und Eigentümer sowie die Erbbauberechtigten angrenzender Grundstücke (Angrenzer) ....“; § 68 (1) **LBauO RP**: „Nachbarinnen und Nachbarn sind die Eigentümerinnen und Eigentümer der angrenzenden Grundstücke.“; § 71 (1) **LBO SL**: „... die betroffenen Eigentümerinnen und Eigentümer sowie Erbbauberechtigten benachbarter Grundstücke (Nachbarschaft)....“; § 70 (1) **SächsBO**: „ ... die Eigentümer benachbarter Grundstücke (Nachbarn) ....“; § 69 (1) **BauO LSA**: „ ... die Eigentümer oder Eigentümerinnen benachbarter Grundstücke (Nachbarn) ....“; § 72 (1) **LBO SH**: „... die Eigentümerinnen oder Eigentümer benachbarter Grundstücke (Nachbarinnen oder Nachbarn) ....“; § 69 (1) **ThürBO**: „... die Eigentümer benachbarter Grundstücke (Nachbarn) ....“.

Die Verwaltungsgerichtsordnung schließlich spricht von einem „Dritten“ (§§ 80 Abs. 1 Satz 2 und 80 a VwGO). Diese Bezeichnung findet sich auch in § 212 a BauGB.

Gegenstand dieser Darstellung sind die Abwehrrechte eines Dritten gegen ein Bauvorhaben. „Dritter“ ist jede Person, die weder der staatlichen Gewalt (soweit sie zur Bauaufsicht berufen ist) noch der Bauherrenseite angehört. Aber nicht jeder aus der Allgemeinheit oder der Bevölkerung („quivis ex populo“) ist berechtigt, die mutmaßliche Rechtswidrigkeit eines baurechtlichen Geschehens zu rügen (zur Klagebefugnis s. Rn. 966 und 1042), sondern nur, wer von dem Geschehen „betroffen“ ist. Erst recht gilt das für die Begründetheit eines Rechtsbehelfs: Diese setzt nicht nur die Möglichkeit, sondern die tatsächliche Verletzung eines subjektiven öffentlichen Rechts voraus. Deshalb könnte besser von den subjektiven öffentlichen Rechten des „Drittbetroffenen“ gesprochen werden. Weil sich aber der Begriff des Nachbarn eingebürgert hat, wird hier daran festgehalten. 18

a) „Relativer“ Schutzbereich

Für die Fragen des Baunachbarrechts ist eine einheitliche, nach mathematisch geographischen Gesichtspunkten vorzunehmende Grenzziehung, bis wohin die „Nachbarschaft“ im Sinne des öffentlichen Baunachbarrechts noch reicht, nicht möglich. Denn der Bereich ist unterschiedlich je nach der Art der Betroffenheit. 19

Der Schutzbereich ist – erstens – davon abhängig, ob eine Norm grundsätzlich in materiell-rechtlicher Hinsicht einem Nachbarn ein spezifisches Abwehrrecht verleihen will. Ist dies der Fall und ist – zweitens – das Grundstück, für das der Schutz in Anspruch genommen werden soll, im Schutzbereich dieser „nachbarschützenden Norm“ gelegen, ist der Grundeigentümer in diesem Sinne Nachbar. Nachbar ist also derjenige, den eine nachbarschützende Norm des Bauplanungsrechts, des baurechtlich relevanten Immissionsschutzrechts oder des Bauordnungsrechtsrechts als im Schutzbereich dieser Norm befindlich ansieht; das hängt davon ab, wovor die Norm schützen will. Schützt die Norm alle Eigentümer von Grundstücken in einem Plangebiet, ist der Schutzbereich identisch mit dem Geltungsbereich des Plans. Ist Zweck der Schutz vor Immissionen in einer bestimmten Intensität, reicht der Schutzbereich so weit, wie die Immissionen in dieser Intensität auf das Grundstück einwirken. Schützt eine Norm ersichtlich allein den Eigentümer des Grundstücks jenseits der gemeinsamen Grenze, ist nur dieser „Nachbar“.

Wegen dieser Relativität des Schutzbereichs nachbarschützender Bestimmungen kann im Sinne des öffentlichen Baunachbarrechts auch Nachbar sein, wessen Grundstück etliche Straßenzüge von dem Vorhabengrundstück entfernt liegt, sofern es im Geltungsbereich desselben Bebauungsplans liegt und soweit es um die Verletzung einer Norm geht, die alle Grundstückseigentümer dieses Bebauungsplans zu einer Schicksalsgemeinschaft zusammenführt (s. dazu ab Rn. 161). Andererseits kann ein Grundeigentümer von einem Abwehrrecht z.B. im Zusammenhang mit der Anordnung von Stellplätzen oder Garagen ausgeschlossen sein, weil sein Grundstück nicht das unmittelbar angrenzende, sondern das übernächste ist oder auf der anderen Straßenseite als das Vorhabengrundstück liegt (s. dazu ab Rn. 707). 20

b) Der Inhaber des Abwehrrechts

21 Im öffentlichen Baunachbarrecht werden die Grundstücke „repräsentiert“ durch ihre Eigentümer. Dabei ist unerheblich, ob dies ein Privater oder eine Gemeinde ist. Denn Gemeinden haben, soweit es die Verteidigung gegen unrechtmäßige Eigentumsbeeinträchtigungen betrifft, nicht weniger Rechte als ein Privateigentümer (BVerwG, U.v. 30.5.1984 – 4 C 58/81 –, NVwZ 1984, 718 = juris).

22 Dem Eigentümer ist gleichzustellen, wer in eigentumsähnlicher Weise an einem Grundstück dinglich berechtigt ist. Das ist

- der Inhaber eines Erbbaurechts (BVerwG, B.v. 11.1.1988 – 4 CB 49/87 –, juris),
- der Nießbraucher (BVerwG, U.v. 14.5.1992 – 4 C 9/89 –, NVwZ 1993, 477 = juris),
- der Käufer eines Grundstücks, auf den der Besitz sowie Nutzungen und Lasten übergegangen sind und zu dessen Gunsten eine Auflassungsvormerkung in das Grundbuch eingetragen ist (BVerwG, U.v. 29.10.1982 – 4 C 51.79 –, NJW 1983, 1626 = juris).

23 Wer lediglich ein obligatorisches Recht an einem Grundstück hat (Mieter, Pächter usw.), ist nach der Rechtsprechung (BVerwG, U.v. 16.9.1993 – 4 C 9/91 –, NVwZ 1994, 682 = juris; B.v. 20.4.1998 – 4 B 22/98 –, BRS 60 Nr. 174 = juris; OVG Münster, B.v. 8.1.2008 – 7 B 1775/07 –, nrwe), nicht berechtigt, Nachbarrechte geltend zu machen. Das gilt auch für Gewerbetreibende, deren Betrieb sich auf einem nur gemieteten oder gepachteten Grundstück befindet (VGH Mannheim, B.v. 27.10.2015 – 3 S 1985/15 –, juris).

24 Dies wird zum einen damit begründet, dass Baunachbarrecht Grundstücks- und Grundstücksnutzungsrecht sei. Zum anderen sei es nicht verträglich, wenn einerseits der Eigentümer und andererseits der Mieter oder Pächter Rechte geltend machen könnten. Es würde zu unerträglichen Ergebnissen führen, wenn etwa der Eigentümer keine Rechte geltend machen wolle, der Mieter bzw. Pächter aber schon. Schließlich würde der Kreis der Inhaber schutzwürdiger Interessen für die Genehmigungsbehörde und den Bauherrn unübersehbar, wenn nicht mehr allein der dinglich Berechtigte Rechte geltend machen könnten. Bezeichnend ist schließlich auch, dass die Landesbauordnungen, wie aus den Auszügen in Fn. 6 ersichtlich, stets nur an die Eigentümerstellung anknüpfen; es kann nicht richtig sein, dass einerseits die Beteiligungsrechte ausschließlich zugunsten der Eigentümer bestehen, andererseits Abwehrrechte auch von deren Mietern und Pächtern geltend gemacht werden können. Schließlich ist der Mieter nicht schutzlos; er kann sich bei einer Beeinträchtigung des Grundstücks, soweit er betroffen ist, an den Verpächter oder Vermieter halten und gegebenenfalls gemäß § 536 Abs. 1 BGB die Miete mindern.

25 Das gilt trotz des Beschlusses des Bundesverfassungsgerichts vom 26.5.1993 (1 BvR 208/93, BVerfGE 89, 1 = juris), wonach das Besitzrecht des Mieters an der gemieteten Wohnung Eigentum im Sinne von Art. 14 Abs. 1 Satz 1 GG ist. Denn

„mit dieser Verankerung des Mietrechts in Art. 14 GG ist angesichts der gesetzgeberischen Ausgestaltung der der Eigentumsgarantie unterfallenden Rechte noch keinerlei Aussage darüber getroffen, ob und inwieweit der Mieter eigentumsrechtlichen Schutz

gegenüber der Erteilung einer Baugenehmigung für das Nachbargrundstück genießt. Dem Wohnungsmieter oder -pächter bleibt nur die Möglichkeit, sein auf Aufhebung bzw. Suspendierung der Baugenehmigung gerichtetes Drittinteresse über den Grundstückseigentümer durchzusetzen." (vgl. BVerwG, U.v. 16.9.1993 – 4 C 9/91 –, NVwZ 1994, 682 = juris)

Im Übrigen ist jene Entscheidung des Bundesverfassungsgerichts in einer zivilrechtlichen Mietstreitigkeit zwischen Mieter und Vermieter ergangen. Das Gericht hat mit keinem Wort zum Ausdruck gebracht, dass damit ein wehrhaftes Recht gegenüber dem Bauherrn eines Vorhabens auf einem benachbarten Grundstück begründet werden sollte.

Ein unmittelbarer Rückgriff auf Art. 2 Abs. 2 Satz 1 GG zur Begründung eines Abwehranspruchs wegen befürchteter Gesundheitsbeeinträchtigungen zugunsten lediglich obligatorisch Berechtigter ist im öffentlichen Baunachbarrecht nicht geboten, auch nicht unter dem Gesichtspunkt des Gebotes zur Gewährung effektiven Rechtsschutzes (VGH München, B.v. 29.1.2010 – 14 CS 09.2821 –, juris). Zwar sind die durch Art. 2 Abs. 2 GG geschützten höchstpersönlichen Rechtsgüter im Prinzip nicht weniger gewichtig als das durch Art. 14 GG geschützte Eigentum. Es ist aber (wie im Schutzbereich des Eigentumsrechts) Aufgabe des Gesetzgebers, durch das „einfache Gesetzesrecht" die konkurrierenden Positionen zu einem sachgerechten Ausgleich zu bringen und über die Verteilung der Freiheitschancen zu entscheiden (OVG Münster, B.v. 11.4.1997 – 7 A 879/97 –, BRS 59 Nr. 194 = juris). „Das differenzierte Beziehungsgefüge solcher Zuteilungen darf nicht durch vorschnelle Aktivierung von Grundrechten prozessual nivelliert werden." (Wysk, VwGO, § 42 Nr. 118) Jedenfalls dann, wenn andere spezialgesetzliche Regelungen einen umfassenden, die Interessenlage der Betroffenen angemessen berücksichtigenden Rechtsanspruch (wenn auch mit konkreten rechtlichen Voraussetzungen versehen) auch Inhabern nichtdinglicher Rechte gewähren, sind diese auf entsprechende Rechtsschutzmöglichkeiten zu verweisen (VG München, B.v. 16.8.2011 – M 8 SN 11.2458 –, juris). 26

Keine dem Eigentümer gleichzustellende Rechtsposition haben dementsprechend 27

- der Inhaber eines dinglichen Wohnrechts (BVerwG, U.v. 16.9.1993 – 4 C 9/91 –, DVBl 94, 284 = juris),
- der Inhaber eines Vorkaufsrechts, selbst wenn es grundbuchrechtlich gesichert ist (VGH Mannheim, B.v. 12.8.1994 – 8 S 1198/94 –, NJW 1995, 1308 = juris),
- der Pächter und erbvertraglich eingesetzte Hoferbe eines landwirtschaftlichen Betriebes (BVerwG, U.v. 11.5.1989 – 4 C 1/88 –, NVwZ 1989, 1163 = juris).
- ein Besucher, der eine Anlage lediglich vorübergehend nutzt (z.B. der Kunde eines Geschäfts oder eines Sportstudios), ebenso wenig die Arbeitnehmer in einem Betrieb.

Diese Grundsätze gelten sowohl für Abwehrrechte im Fall einer erteilten Genehmigung für ein Vorhaben auf einem Grundstück als auch für einen Anspruch auf Einschreiten wegen einer von einer Anlage ausgehende Störung.

Ob auch der Inhaber eines eingerichteten und ausgeübten Gewerbebetriebes ein Nachbarrecht gegen eine Nutzung geltend machen kann, die den Betrieb in seiner 28

Geschäftsausübung beeinträchtigt, ist zweifelhaft. Zwar ist in der Rechtsprechung anerkannt, dass ein solcher Betrieb eine durch Art 14 Abs. 1 Satz 1 GG gewährleistete Rechtsposition innehaben kann (BVerfG, B.v. 22.5.1979 – 1 BvL 9/75 –, BVerfGE 51, 193 = juris). Das Bundesverwaltungsgericht lehnt jedoch den Nachbarschutz zugunsten eines Gewerbetreibenden ab. Die mit dem Grundeigentum verknüpften Nachbarrechte könnten nicht zum Vermögensbestand des Gewerbebetriebes gehören (BVerwG, B.v. 11.7.1989 – 4 B 33/89 –, NJW 1989, 2766 = juris).

29 Die vorstehenden Grundsätze über die wehrhafte Rechtsposition gelten auch, wenn die Baugenehmigungsbehörde öffentlich-rechtliche Vorschriften zu prüfen hat, die nicht nur – wie baurechtliche Normen – auf den Ausgleich möglicher Bodennutzungskonflikte abzielen, sondern die auch den Schutz von Personen bezwecken, wie zum Beispiel solche des Immissionsschutzrechts (vgl. OVG Münster, B.v. 11.4.1997 – 7 A 879/97 –, BRS 59 Nr. 194 = nrwe). Zwar gewährleistet das Immissionsschutzrecht auch den Schutz obligatorisch Berechtigter, wenn sie im Einwirkungsbereich der Anlage schädlichen Umwelteinwirkungen ausgesetzt sind (vgl. für genehmigungsbedürftige Anlagen i.S.v. § 4 BImSchG BVerwG. U.v. 22.10.1982 – 7 C 50/78 –, UPR 1983, 69 = juris). Dadurch wird aber der Kreis der Abwehrberechtigten gegen eine dem Baurecht unterliegende Anlage nicht erweitert. Der Mieter oder Pächter kann nicht allein wegen der Einbeziehung immissionsschutzrechtlicher Bestimmungen in den Prüfungskatalog seine Interessen im Wege einer Anfechtung einer Baugenehmigung durchsetzen (zum erweiterten Schutzbereich im Immissionsschutzrecht s. Rn. 32).

c) Wohnungseigentümer und Miterbe

30 Der Wohnungseigentümer kann gegenüber einer Beeinträchtigung seines Sondereigentums durch andere Bauvorhaben einen öffentlich-rechtlichen Abwehranspruch geltend machen. Ebenso kann er als Miteigentümer eine Beeinträchtigung des gemeinschaftlichen Eigentums abwehren (BVerwG, U.v. 4.5.1988 – 4 C 20/85 –, BRS 48 Nr. 154 = juris). Im Hinblick auf die am 1.7.2007 in Kraft getretenen Regelungen in Art. 1 des Gesetzes zur Änderung des Wohnungseigentumsgesetzes (WEG) und anderer Gesetze vom 26.3.2007 (BGBl. I 2007, 370) kann auch die Gemeinschaft der Wohnungseigentümer als rechtsfähiger Verband sui generis jedenfalls insoweit baurechtliche Nachbarrechte geltend machen, als es um die Beeinträchtigung des gemeinschaftlichen Eigentums geht (vgl. OVG Münster, U.v. 20.11.2013 – 7 A 2341/11 –, nrwe). Dagegen können Streitigkeiten innerhalb der Wohnungseigentümergemeinschaft hinsichtlich der Nutzung einzelner Wohnungen oder des gemeinschaftlichen Eigentums nicht vor dem Verwaltungsgericht ausgetragen werden, weil hierfür ausschließlich das WEG maßgeblich und damit nach § 43 WEG das Amtsgericht zuständig ist (BVerwG, U.v. 4.5.1988 – 4 C 20/85 –, BRS 48 Nr. 154 = juris).

31 Miterben können nur gemeinsam und nicht jeder für sich allein Rechtsmittel wegen der Beeinträchtigung eines geerbten Grundstücks einlegen (VGH Mannheim, B.v. 10.7.1991 – 8 S 1589/91 –, BRS 52 Nr. 174 = juris).

2. Exkurs: Der subjektive Schutzbereich im Immissionsschutzrecht

Schutzobjekt des Immissionsschutzrechts sind die Allgemeinheit und die Nachbarschaft; diese Begriffe verwenden § 3 Abs. 1, § 4 Abs. 1 Satz 1 und § 5 Abs. 1 Nr. 1 BImSchG.[7] Dabei ist die „Nachbarschaft“ deutlich weiter zu ziehen als im öffentlichen Baunachbarrecht. 32

Allerdings ist hier wie dort in räumlich-geographischer Hinsicht der Einwirkungsbereich der Störung, um deren Abwehr es geht, maßgeblich. Der Einwirkungsbereich ist die Umgebung einer Quelle, in der der von der Quelle ausgehende Immissionsbeitrag bei Normalbetrieb und bei Betriebsstörungen noch belegbar ist (Jarass, BImSchG § 3 Rn. 33 m.w.N.). Das BVerwG begründet dies damit, dass der Schutz des Bundes-Immissionsschutzgesetzes anlagenbezogen und der Nachbarschaftsbegriff daher weiter auszulegen sei als im Baurecht (U.v. 22.10.1982 – 7 C 50/78 –, NJW 1983, 1507 = juris). Der weite Begriff der Nachbarschaft solle *“den Kreis derjenigen Personen abgrenzen, denen über den objektiven Schutz hinaus, den das Bundes-Immissionsschutzgesetz der Allgemeinheit und damit letztlich auch jedem einzelnen als Teil dieser Allgemeinheit gegen von genehmigungsbedürftigen Anlagen hervorgerufene schädliche Umwelteinwirkungen und sonstige Gefahren vermittelt, auch die subjektive Rechtsmacht eingeräumt werden soll, einen solchen Schutz gegenüber der mit dem Vollzug des Gesetzes betrauten Behörde gegebenenfalls verwaltungsgerichtlich durchzusetzen.“* 33

Nachbarschaft im Sinne des Immissionsschutzrechts kennzeichne ein „qualifiziertes Betroffensein, das sich deutlich abhebt von den Auswirkungen, die den Einzelnen als Teil der Allgemeinheit treffen können; sie setzt im Interesse klarer und überschaubarer Konturen und damit letztlich im Interesse der Rechtssicherheit ein besonderes Verhältnis zur Anlage im Sinne einer engeren räumlichen und zeitlichen Beziehung des Bürgers zum Genehmigungsgegenstand voraus“. 34

„Eine solche Beziehung kann einmal vermittelt werden durch Rechte an einer Sache oder einer Sachgesamtheit (beispielsweise an einem Grundstück oder an einem Gewerbebetrieb), die derart im Einwirkungsbereich der Anlage belegen sind, dass sie durch diese in einer von § 5 Nr. 1 BImSchG missbilligten Weise betroffen sein können. Entsprechendes gilt, wenn eine Person sich solchen Auswirkungen nicht oder jedenfalls nicht nachhaltig entziehen kann, so dass sie ihnen auf eine solche Dauer aus- 35

7 **§ 3 BImSchG [Begriffsbestimmungen]**
(1) Schädliche Umwelteinwirkungen im Sinne dieses Gesetzes sind Immissionen, die nach Art, Ausmaß oder Dauer geeignet sind, Gefahren, erhebliche Nachteile oder erhebliche Belästigungen für die Allgemeinheit oder die Nachbarschaft herbeizuführen.
§ 4 BImSchG [Genehmigung]
(1) Satz 1: Die Errichtung und der Betrieb von Anlagen, die auf Grund ihrer Beschaffenheit oder ihres Betriebs in besonderem Maße geeignet sind, schädliche Umwelteinwirkungen hervorzurufen oder in anderer Weise die Allgemeinheit oder die Nachbarschaft zu gefährden, erheblich zu benachteiligen oder erheblich zu belästigen, sowie von ortsfesten Abfallentsorgungsanlagen zur Lagerung oder Behandlung von Abfällen bedürfen einer Genehmigung.
§ 5 BImSchG [Pflichten der Betreiber genehmigungsbedürftiger Anlagen]
(1) Genehmigungsbedürftige Anlagen sind so zu errichten und zu betreiben, dass zur Gewährleistung eines hohen Schutzniveaus für die Umwelt insgesamt
1. schädliche Umwelteinwirkungen und sonstige Gefahren, erhebliche Nachteile und erhebliche Belästigungen für die Allgemeinheit und die Nachbarschaft nicht hervorgerufen werden können; (....).

gesetzt bleibt, die es rechtfertigt, ihr einen besonderen Schutz zuteilwerden zu lassen. Gerade ein solcher dauernder Aufenthalt ist eines der Merkmale, an die der Begriff der Nachbarschaft anknüpft. Nachbar ist nach der Grundbedeutung dieses Wortes ein "Nebenwohner" (vgl. Brockhaus Enzyklopädie, 17. Auflage 1971, Stichwort "Nachbar"); in diesem Sinne wird der Begriff auch heute noch in der Umgangssprache gebraucht und verstanden. Er kennzeichnet also nicht die mehr oder weniger flüchtige Begegnung, sondern die Gebundenheit an einen Ort, wie sie für das Wohnen charakteristisch ist. (...) Zur Nachbarschaft gehören damit nur solche Personen, die nach ihren Lebensumständen den Einwirkungen der Anlage in einer vergleichbaren Weise, wie sie der Wohnort vermittelt, ausgesetzt sind;(...). Bloß gelegentliche Aufenthalte – etwa aufgrund von Freizeitgewohnheiten oder sporadische Besuche aus Anlass der Berufsausübung – begründen dagegen kein zur Klage berechtigendes Nachbarschaftsverhältnis im Sinne von § 5 Nr. 1 BImSchG. Dies ist auch vom Schutzzweck der Norm her gerechtfertigt. Immissionen, die von einer genehmigungsbedürftigen Anlage ausgehen, werden vor allem dadurch zu schädlichen Umwelteinwirkungen, dass sie fortlaufend abgegeben werden und damit auf Dauer die Umgebung belasten; entsprechendes gilt für die in § 5 Nr. 1 BImSchG weiterhin erwähnten sonstigen Gefahren, erheblichen Nachteile und erheblichen Belästigungen. Nur wer solchen Auswirkungen über eine gewisse Dauer hin ausgesetzt ist, hat ein über das allgemeine Lebensrisiko hinausgehendes Risiko zu tragen. § 5 Nr. 1 BImSchG will nur vor diesem Risiko schützen, es will dagegen nicht an sich zumutbare Lebensverhältnisse noch risikoloser machen.“ (BVerwG, U.v. 22.10.1982 – 7 C 50/78 –, NJW 1983, 1507 = juris)

36 Auf dem Betriebsgelände einer Anlage beschäftigte Arbeitnehmer sind keine Nachbarn im immissionsschutzrechtlichen Sinn. Weil aber nach § 6 Abs. 1 Nr. 2 BImSchG die Genehmigung nur zu erteilen ist, wenn (unter anderem) Belange des Arbeitsschutzes der Errichtung und dem Betrieb der Anlage nicht entgegenstehen, hat ein Arbeitnehmer unter Umständen eigene Abwehrrechte (Storost in: Ule/Laubinger/Repkewitz, BImSchG, § 6 BImSchG Rn. F 6).

37 Die vorstehenden Gesichtspunkte gelten aber nur, soweit eine immissionsschutzrechtliche Genehmigung erteilt worden ist. Wird für eine Baugenehmigung die Übereinstimmung mit immissionsschutzrechtlichen Gesichtspunkten nur inzidenter und geprüft und mit der Erteilung bejaht, geschieht dies allein im Zusammenhang mit dem Rücksichtnahmegebot. Dann reicht nicht allein wegen dieser Erweiterung des Prüfungsgegenstandes auch der Schutzbereich über den baurechtlichen hinaus. In Fällen einer baurechtlichen Genehmigung bleibt es dabei, dass der Inhaber eines lediglich obligatorischen Rechts, der dieses von dem Eigentümer ableitet, kein öffentlich-rechtliches Abwehrrecht aus den Vorschriften des zu berücksichtigenden Immissionsschutzrechts herleiten kann und sich auch nicht auf die Verletzung des Rücksichtnahmegebotes berufen kann (VGH Mannheim, B.v. 14.7.2015 – 15 ZB 14.1067 –, juris).

§ 2 UmwRG[8] erweitert den Kreis derer, die Rechtsbehelfe geltend machen können, auf in dem Gesetz näher definierte Vereinigungen, ohne dass diese eine Verletzung in eigenen Rechten geltend machen müssen. Neben besonderen Verfahrensvorschriften legt die Bestimmung eigene Maßstäbe für die Begründetheit der Rechtsbehelfe dieser Vereinigungen fest. 38

Problematisch und nicht vollständig geklärt ist der Bereich des Individualrechtsschutzes bei Verstößen gegen das unionsrechtlich vorgegebene Verfahren zur Umweltverträglichkeitsprüfung. Besonderheiten ergeben sich insbesondere dadurch, dass, ausgehend von Art. 9 der am 25.6.1998 unterzeichneten und mit Gesetz vom 9.12.2006 (BGBl. II S. 1251) ratifizierten Åarhus-Konvention, ein weiter Zugang zu den Gerichten in Umweltangelegenheiten gewährleistet sein soll. Die betroffene Öffentlichkeit soll Zugang zu wirkungsvollen gerichtlichen Mechanismen erhalten, damit ihre berechtigten Interessen geschützt werden und das Recht durchgesetzt wird (vgl. dazu den 17. Erwägungsgrund in der (verbindlichen) englischen Fassung: "Concerned that effective judicial mechanisms should be accessible to the public, including organizations, so that its legitimate interests are protected and the law is enforced." (zitiert nach: VG Aachen, B.v. 28.11.2014 – 3 L 224/13 –, nrwe; s. zu diesem Problemkreis auch: Seibert, Verbandsklagen im Umweltrecht, NVwZ 2013, 1040; Held, Umweltrechtliche Verfahrensfehler im Lichte der neuesten Rechtsprechung, DVBl. 2016, 12; Bruckert, Die Ausweitung der Klagebefugnis im Umweltrecht / Anpassungsbedarf der Schutznormlehre in Folge europäischer Integration, NuR 2015, 541; BVerwG, U.v. 20.12.2011 – 9 A 30.10 –, NVwZ 2012, 573 = juris; OVG Münster, B.v. 25.2.2015 – 8 A 959/10 –, nrwe). 39

8 **§ 2 UmwRG [Rechtsbehelfe von Vereinigungen]**
(1) Eine nach § 3 anerkannte inländische oder ausländische Vereinigung kann, ohne eine Verletzung in eigenen Rechten geltend machen zu müssen, Rechtsbehelfe nach Maßgabe der Verwaltungsgerichtsordnung gegen eine Entscheidung nach § 1 Absatz 1 Satz 1 oder deren Unterlassen einlegen, wenn die Vereinigung
1. geltend macht, dass eine Entscheidung nach § 1 Absatz 1 Satz 1 oder deren Unterlassen Rechtsvorschriften, die dem Umweltschutz dienen und für die Entscheidung von Bedeutung sein können, widerspricht,
2. geltend macht, in ihrem satzungsgemäßen Aufgabenbereich der Förderung der Ziele des Umweltschutzes durch die Entscheidung nach § 1 Absatz 1 Satz 1 oder deren Unterlassen berührt zu sein, und
3. zur Beteiligung in einem Verfahren nach § 1 Absatz 1 Satz 1 berechtigt war und sie sich hierbei in der Sache gemäß den geltenden Rechtsvorschriften geäußert hat oder ihr entgegen den geltenden Rechtsvorschriften keine Gelegenheit zur Äußerung gegeben worden ist.
(...)
(5) Rechtsbehelfe nach Absatz 1 sind begründet,
1. soweit die Entscheidung nach § 1 Absatz 1 Satz 1 oder deren Unterlassen gegen Rechtsvorschriften verstößt, die dem Umweltschutz dienen und für die Entscheidung von Bedeutung sind,
2. bei Rechtsbehelfen in Bezug auf Bebauungspläne, soweit die Festsetzungen des Bebauungsplans, die die Zulässigkeit eines UVP-pflichtigen Vorhabens begründen, gegen Rechtsvorschriften verstoßen, die dem Umweltschutz dienen,
und der Verstoß Belange des Umweltschutzes berührt, die zu den Zielen gehören, die die Vereinigung nach ihrer Satzung fördert. Bei Entscheidungen nach § 1 Absatz 1 Nummer 1 muss zudem eine Pflicht zur Durchführung einer Umweltverträglichkeitsprüfung bestehen.

B. Das Abwehrrecht gegen eine bauaufsichtliche Zulassung

40 Die Abwehr gegen bauaufsichtliche Zulassungen (insbesondere Baugenehmigungen) stellt neben dem Antrag auf bauaufsichtliches Einschreiten den Hauptfall der Verfahren aus dem öffentlichen Baunachbarrecht dar. Verwaltungsverfahrensrechtliches Instrument ist der Widerspruch, sofern dieser nach Landesrecht gegeben ist. Verwaltungsprozessual wird das Abwehrrecht verwirklicht durch die Anfechtungsklage nach § 113 Abs. 1 Satz 1 VwGO.[9] Anfechtungswiderspruch und Anfechtungsklage sind insoweit deckungsgleich, als die Voraussetzungen für ihre Begründetheit dieselben sind.

41 Der in § 113 Abs. 1 Satz 1 VwGO ausgesprochene Grundsatz kennzeichnet den Kern des Baunachbarrechts, der aus zwei Elementen besteht, nämlich

- der (objektiv-rechtlichen) Rechtswidrigkeit des Verwaltungsaktes sowie
- der Rechtsverletzung, also der Verletzung in einem subjektiven öffentlichen Recht.

42 Der Abwehranspruch des Nachbarn ist nur dann gegeben, wenn beide Voraussetzungen zu bejahen sind. Ist eine der Voraussetzungen zweifelsfrei nicht erfüllt, ist die aufwändige Prüfung der anderen nicht veranlasst. Ist etwa die Frage der objektiven Rechtmäßigkeit oder Rechtswidrigkeit der Genehmigung nur nach schwierigen Untersuchungen feststellbar, steht aber ohne weitere Mühen fest, dass der Rechtssuchende nicht in den Schutzbereich der Norm fällt (nicht im baurechtlichen Sinn „Nachbar" ist), kann die erstgenannte Frage unbeantwortet bleiben; der Abwehranspruch besteht aus dem zweiten Grunde nicht. Ist die Frage der Rechtmäßigkeit ohne weiteres zu bejahen, erübrigen sich schwierige Überlegungen zur Frage des nachbarschützenden Charakters bestimmter Normen und ihres Schutzbereichs.

43 In der Praxis ist zumeist eine Vorgehensweise sinnvoll, bei der die Frage des nachbarschützenden Charakters einer Norm vorangestellt wird. Denn wird diese Frage verneint, erübrigen sich weitere Fragestellungen; der Rechtsbehelf bleibt erfolglos.

44
- Ist die Frage nach dem nachbarschützende Charakter einer Norm nicht eindeutig zu beantworten, kann aber die Frage nach dem Normverstoß bereits zweifelsfrei verneint werden, ist diese zweite Frage „vorab" zu beantworten und auf den nachbarschützenden Charakter nicht weiter einzugehen.
- Gewährt eine Norm hingegen Nachbarschutz zugunsten (auch) dieses Nachbarn, ist auf der zweiten Stufe die objektive Rechtswidrigkeit festzustellen. Ist auch die Rechtswidrigkeit zu bejahen, steht dem Nachbarn „reflexartig" ein Abwehrrecht dem Grunde nach zu.

---

9 **§ 113 VwGO** [Urteilstenor]
(1) Satz 1: Soweit der Verwaltungsakt rechtswidrig und der Kläger dadurch in seinen Rechten verletzt ist, hebt das Gericht den Verwaltungsakt und den etwaigen Widerspruchsbescheid auf.

I. Grundsätzliches zum Abwehrrecht

1. Der Gegenstand der Nachbaranfechtung

Gegenstand der Anfechtung einer baurechtlichen Zulassung durch einen Nachbarn 45
ist in der Regel die Genehmigung oder der Vorbescheid, in selteneren Fällen eine isolierte Befreiung oder Abweichung.

a) Wirkungen einer Baugenehmigung

Eine wirksame Baugenehmigung hat zwei Wirkungen: die Legalisierungswirkung und 46
die Baufreigabe. Der Fortbestand beider Wirkungen der Baugenehmigung ist grundsätzlich voneinander unabhängig.

Mit der Erteilung der Genehmigung bringt die Genehmigungsbehörde zum Ausdruck, dass das Vorhaben im Zeitpunkt der Genehmigung mit den öffentlich-rechtlichen Vorschriften in Einklang steht. Denn diese Voraussetzung hat sie geprüft. Die Bejahung ihres Vorliegens wird von der Rechtsprechung von einer bloßen Anerkennung der Tatbestandvoraussetzung für den Genehmigungsanspruch gewissermaßen in den Rang einer selbstständigen Feststellung erhoben. Die Legalisierungswirkung entsteht mit dem Wirksamwerden der Genehmigung, mithin auch dann, wenn diese rechtswidrig (aber nicht nichtig) ist. Sie dauert so lange an, wie die Baugenehmigung wirksam ist, und endet mit dem Ende deren Wirksamkeit.

Das gilt auch für eine nachträglich erteilte Baugenehmigung: Auch diese stellt fest, 47
dass die vorhandene bauliche Anlage materiell rechtmäßig ist und gestattet ihre weitere Nutzung. Daraus leitet das OVG Münster ab, dass es in einem Verfahren auf nachträgliche Legalisierung eines errichteten Gebäudes nicht allein auf die eingereichten Bauvorlagen ankommt, sondern ergänzend auf die tatsächlich bestehenden Verhältnisse wie Gebäudeabmessungen, Grenzabstände usw. (U.v. 18.10.2011 – 10 A 26/09 –, nrwe).

Ein Vorbescheid ist ein („vorweggenommener“) Ausschnitt aus einer (eventuell spä- 48
ter zu beantragenden) Baugenehmigung, und zwar aus deren feststellendem Teil. Bindungswirkung entfaltet er durch eine hinreichend bestimmte Antwort auf die an die Genehmigungsbehörde gerichtete konkrete Frage.

Als Baufreigabe wird die Erlaubnis zum Baubeginn bzw. zur (geänderten) Nutzungs- 49
aufnahme bezeichnet. Mit ihrer Ausnutzung entfällt die Wirkung wieder. Sie kann kein zweites Mal als Rechtfertigung für einen Baubeginn für ein identisches Vorhaben dienen, etwa wenn das zuerst errichtete zerstört wird. Sie berechtigt auch nur zur Ausführung des genehmigten Vorhabens und nicht eines anderen Vorhabens, mögen auch für dieses andere Vorhaben die materiellrechtlichen Genehmigungsvoraussetzungen ebenfalls erfüllt sein. Bezogen auf die Erlaubnis einer gegenüber der bisherigen Nutzung andersartigen Nutzung bedeutet die Baufreigabe, dass die Nutzungsänderung erst mit Wirksamwerden der Nutzungsänderungsgenehmigung vorgenommen werden darf. Wird diese neue Nutzung in einer erkennbar dauerhaften Weise eingestellt, kann der Bauherr nicht ohne weiteres zu der früheren Nutzung zurück; denn die damalige Genehmigung ist verbraucht.

Ein Vorbescheid rechtfertigt nicht den Beginn der Bauausführung. Das gilt auch für den Teil des Vorhabens, auf den die Bauvoranfrage sich bezog, und dessen Übereinstimmung mit dem Baurecht festgestellt wurde.

b) Der Inhalt der bauaufsichtlichen Zulassung

50 Was konkreter Gegenstand der bauaufsichtlichen Zulassung ist, folgt aus deren Inhalt, nicht aus der Bezeichnung. Für die Feststellung des Regelungsinhalts ist vorrangig auf den Wortlaut der Genehmigung abzustellen, der allerdings der Auslegung zugänglich ist. Aufgrund des Charakters einer Baugenehmigung als mitwirkungsbedürftiger Verwaltungsakt ist auf die Bauvorlagen und, soweit die Genehmigung hierzu Konkretisierungen, modifizierende Auflagen oder Nebenbestimmungen enthält, ergänzend auf diese abzustellen. Führt diese Sicht zu der Erkenntnis, dass das zur Genehmigung gestellte und mit einer Baugenehmigung genehmigte Vorhaben sich in Wirklichkeit als ein Vorhaben darstellt, das dem Immissionsschutzrecht unterliegt, kann dies Rechtsfolgen für die Rechtmäßigkeit der Genehmigung haben, ändert aber nichts am Charakter der Genehmigung als baurechtliche.

51 Entsprechendes gilt für gewerberechtliche, insbesondere gaststättenrechtliche Fragen. Ein etwaiges Überschreiten der Kompetenz der Baugenehmigungsbehörde wirkt sich nicht auf den Inhalt, sondern allenfalls auf die Rechtmäßigkeit der Genehmigung aus.

52 Baugenehmigungen enthalten in der Regel keine konkreten Aussagen zur Einrichtung der Baustelle und zur Bauausführung. Deshalb kann der Nachbar im Falle von Gefahren oder Belästigungen durch die Baustelle dies nicht der Baugenehmigung entgegen halten. Seinen Anspruch auf Anordnung geeigneter Maßnahmen zur Begrenzung der behaupteten vermeidbaren Belästigungen kann er nur gegenüber der für die Überwachung der Baustelle zuständigen Behörde geltend machen (vgl. VGH Mannheim, B.v. 5.2.2015 – 10 S 2471/14 –, DVBl 2015, 579 = juris; OVG Münster, B.v. 31.7.2015 – 7 B 701/15 –, nrwe; von Kraack in: Schönenbroicher/Kamp, BauO NRW, § 14 Rn. 17).

53 Ist die Baustelle oder deren Einrichtung doch Gegenstand einer Genehmigung, muss diese sich an den landesrechtlichen Regelungen zur Abwehr von Gefahren und Belästigungen, die von einer Baustelle ausgehen können, messen lassen[10] (so zu dem Fall einer befristeten Baugenehmigung zur Baustelleneinrichtung mit einer 7,5 m hohen Wand aus Seecontainern, die in 3 m Entfernung zur Grundstücksgrenze stehen sollten

10 Z.B.: **§ 11 Musterbauordnung [Baustelle]**
(1) Baustellen sind so einzurichten, dass bauliche Anlagen ordnungsgemäß er-richtet, geändert oder beseitigt werden können und Gefahren oder vermeidbare Belästigungen nicht entstehen.
Art 9 BayBO [Baustelle]
(1) Baustellen sind so einzurichten, dass bauliche Anlagen ordnungsgemäß errichtet, geändert, beseitigt oder instand gehalten werden können und dass keine Gefahren, vermeidbaren Nachteile oder vermeidbaren Belästigungen entstehen.
§ 10 HBO [Baustelle]
(1) Baustellen sind so einzurichten, dass bauliche Anlagen sowie andere Anlagen und Einrichtungen im Sinne des § 1 Abs. 1 Satz 2 ordnungsgemäß errichtet, geändert, abgebrochen, instand gehalten oder beseitigt werden können und Gefahren, vermeidbare Nachteile oder vermeidbare Belästigungen nicht entstehen.
§ 14 BauO NRW [Baustellen]
(1) Baustellen sind so einzurichten, dass bauliche Anlagen sowie andere Anlagen und Einrichtungen im Sinne des § 1 Abs. 1 Satz 2 ordnungsgemäß errichtet, geändert oder abgebrochen werden können und Gefahren oder vermeidbare Belästigungen nicht entstehen.

und auch nach Ansicht des VGH Kassel für den Nachbarn eine erdrückende und abriegelnde Wirkung hatten, B.v 20.2.2014 – 3 B 265/14 –, juris).

Soweit nach landesrechtlichen Vorschriften das Prüfprogramm der Baugenehmigungsbehörde auf bestimmte Normen oder Normkomplexe reduziert ist[11], hat dies Folgen für den Bauherrn und den Nachbarn: Ist eine nach eingeschränkter Prüfung der Übereinstimmung mit den baurechtlichen Vorschriften erteilte Baugenehmigung bestandskräftig geworden, kann der Bauherr die Bestandkraft dem Nachbarn nur in diesem beschränkten Umfang entgegenhalten. Denn die Feststellungswirkung, die jeder Baugenehmigung innewohnt, bezieht sich denknotwendig nur auf die Vorschriften, die geprüft worden sind. Dem entspricht auf der anderen Seite, dass der Nachbar, der sich gegen ein Vorhaben wendet, nicht den Verstoß gegen Normen rügen kann, die die Behörde nicht geprüft hat. Er hat in diesem Fall nicht die Baugenehmigung anzufechten, sondern gegenüber der Behörde den Verstoß gegen außerhalb ihres obligatorischen Prüfungsrahmens liegende Vorschriften zu rügen und kann, wenn die Bauaufsicht nicht einschreitet, deren Verpflichtung zum Einschreiten gerichtlich durchsetzen (BVerwG, B.v. 16.1.1997 – 4 B 244/96 –, NVwZ 1998, 58 = juris; VGH München B.v. 23.4.2014 – 9 CS 14.222 –, juris). 54

Beispiel: Im vereinfachten Genehmigungsverfahren werden nach § 68 Abs. 1 Satz 4 BauO NRW Brandschutzvorschriften nur bei Sonderbauten geprüft. Deshalb kann die Genehmigung für ein Einfamilienhaus von dem Nachbarn grundsätzlich – zu den Einschränkungen s. nachfolgend Rn. 56 – nicht mit der Begründung angefochten werden, die Genehmigung verletze ihn unter (nachbarrechtsrelevanten) Brandschutzgesichtspunkten in seinen subjektiven öffentlichen Rechten, z.B. weil in der zu seinem Grundstück gewandten Seite des geplanten Gebäudes in der erforderlichen Brandwand oder Gebäudeabschlusswand eine unzulässige Öffnung geplant sei (vgl. dazu auch OVG Münster, U.v. 15.7.2013 – 2 A 969/12 – nrwe; OVG Bautzen, B.v. 25.2.1998 – 1 S 38/98 –, BRS 60 Nr. 106 = juris; vgl. zum rheinland-pfälzischen Landesrecht auch: OVG Koblenz, B.v. 18.11.1991 – 8 B 11955/91 –, BRS 52 Nr. 148 = juris). 55

Von einem solchen gesetzlichen Gebot zur Beschränkung der Prüfung macht die Rechtsprechung allerdings eine gewichtige Einschränkung: Es wäre mit den Aufgaben der Genehmigungsbehörde zur präventiven Gefahrenabwehr nicht vereinbar, wenn sie verpflichtet wäre, eine Genehmigung zu erteilen, obwohl diese offensichtlich rechtswidrig ist, weil sie eindeutig gegen eine zwingende Rechtsvorschrift verstößt. Es wäre widersinnig und läge weder im öffentlichen Interesse noch im Interesse des Bauherrn, wenn es der Genehmigungsbehörde untersagt wäre, diesen Rechtsverstoß zum Anlass für die Verweigerung einer Genehmigung zu nehmen und sie verpflichtet wäre 56

11 Z.B.: **Art. 59 BayBO [Vereinfachtes Baugenehmigungsverfahren]**
(1) Außer bei Sonderbauten prüft die Bauaufsichtsbehörde
1. die Übereinstimmung mit den Vorschriften über die Zulässigkeit der baulichen Anlagen nach den §§ 29 bis 38 BauGB und den Regelungen örtlicher Bauvorschriften im Sinn des Art. 81 Abs. 1,
2. beantragte Abweichungen im Sinn des Art. 63 Abs. 1 und Abs. 2 Satz 2 sowie
3. andere öffentlich-rechtliche Anforderungen, soweit wegen der Baugenehmigung eine Entscheidung nach anderen öffentlich-rechtlichen Vorschriften entfällt, ersetzt oder eingeschlossen wird.
Ähnlich **§ 63 Musterbauordnung** (mit einer auf das jeweilige Landesrecht Rücksicht nehmenden Differenzierung nach den Vorhaben) „... prüft die Bauaufsichtsbehörde
1. die Übereinstimmung mit den Vorschriften über die Zulässigkeit der baulichen Anlagen nach den §§ 29 bis 38 BauGB,
2. beantragte Abweichungen im Sinne des § 67 Abs. 1 und 2 Satz 2 sowie
3. andere öffentlich-rechtliche Anforderungen, soweit wegen der Baugenehmigung eine Entscheidung nach anderen öffentlich-rechtlichen Vorschriften entfällt oder ersetzt wird.“.

„sich künstlich dumm zu stellen". Denn sie müsste sofort nach Beginn der Ausnutzung der Genehmigung, erst recht bei Aufnahme der Nutzung, wegen des Verstoßes gegen öffentlich-rechtliche Vorschriften zur Gefahrenabwehr repressiv gegen den Bauherrn vorgehen – dieser könnte der Verfügung die Existenz der Genehmigung (mangels Feststellungswirkung hinsichtlich dieser nicht geprüften Bestimmung) nicht entgegen halten. Deshalb ist anerkannt, dass die Genehmigungsbehörde zur Prüfung der Vorschriften und gegebenenfalls Verweigerung der Genehmigung berechtigt und verpflichtet ist, wenn die Gefährdung hochwertiger Rechtsgüter wie Leben oder Gesundheit von Menschen droht (vgl. OVG Münster, U.v. 26.6.2014 – 7 A 2057/12 –, nrwe, B.v. 18.7.2013 – 7 A 1040/13 –, nrwe, U.v. 28.1.2009 – 10 A 1075/08 –, nrwe; U.v. 9.6.2011 – 7 A 1494/09 –, juris). Dem Bauherrn fehlt in solchen Fällen das für den Anspruch auf Erteilung eines begünstigenden Verwaltungsaktes stets erforderliche Sachbescheidungsinteresse, so dass die Genehmigung zu versagen ist (vgl. auch OVG Hamburg, U.v. 30.3.2011 – 2 Bf 374/06 –, juris; OVG Koblenz, U.v. 22.10.2008 – 8 A 10942/08 –, juris).

57 Erst recht muss diese Ausnahme gelten, wenn die Bauordnung der Genehmigungsbehörde ausdrücklich das Recht gibt, auch dann einen Bauantrag abzulehnen, wenn das Bauvorhaben gegen sonstige, außerhalb des obligatorischen Prüfungsrahmen liegende öffentlich-rechtliche Vorschriften verstößt (so z. B. Art. 68 Abs. 1 Satz 1 HS 2 BayBO[12]).

58 Diesen Ausnahmen sind allerdings, um die Systematik des vereinfachten Genehmigungsverfahrens nicht zu unterlaufen, auf eng begrenzte Fälle zu beschränken. Ist das Vorhaben zwar einerseits mit den gesetzlichen Vorgaben nicht regulär vereinbar, kommt aber andererseits in Betracht, dass der Gesetzesverstoß durch die Erteilung einer Abweichung überwunden werden kann, hat die Genehmigungsbehörde keine Veranlassung, in eine nähere Prüfung einzutreten.

59 Diese Rechtslage und die dazu ergangene Rechtsprechung führen aus der Sicht des Nachbarn zu Rechtsunsicherheiten. Denn einerseits ist, wie dargestellt, der von ihm einzulegende Rechtsbehelf davon abhängig, ob die Vorschrift, deren Verstoß er rügt, von der Behörde geprüft und zum Gegenstand der Genehmigung gemacht worden ist oder nicht. Andererseits kommt in Betracht, dass die Behörde (pflichtgemäß) über den obligatorischen Prüfungsrahmen hinaus die Vereinbarkeit des Vorhabens mit anderen Bestimmungen geprüft und (zu Unrecht) bejaht hat. Sollte deshalb die vermeintliche Übereinstimmung auch mit diesen Vorschriften an der Feststellungswirkung teilnehmen, wäre die Anfechtung der richtige Weg. Dies ist für den Nachbarn indes nicht erkennbar. Da ihm die Unkenntnis nicht zum Nachteil gereichen darf, ist das Gericht gehalten, soweit das Rechtsschutzziel erkennbar ist, den sachgerechten Antrag zu formulieren.

12 **Art. 68 BayBO [Baugenehmigung und Baubeginn]**
(1) Satz 1: Die Baugenehmigung ist zu erteilen, wenn dem Bauvorhaben keine öffentlich- rechtlichen Vorschriften entgegenstehen, die im bauaufsichtlichen Genehmigungsverfahren zu prüfen sind; die Bauaufsichtsbehörde darf den Bauantrag auch ablehnen, wenn das Bauvorhaben gegen sonstige öffentlich-rechtliche Vorschriften verstößt.

c) Sog. Etikettenschwindel und bloße Zielvorgaben

Grundsätzlich ist davon auszugehen, dass der Berechtigte die Genehmigung nur in der Form ausnutzt, die durch sie erlaubt wird. Deshalb sind Unterstellungen, die in eine andere Richtung gehen, irrelevant. 60

In besonders gelagerten Fällen des sogenannten Etikettenschwindels macht die Rechtsprechung hiervon eine Ausnahme. Ein solcher Etikettenschwindel liegt vor, wenn ein Bauvorhaben mit seinem – wirklich beabsichtigten – Nutzungszweck unzulässig ist und deshalb eine zulässige Nutzung vorgeschoben wird. Dann kann ausnahmsweise ein „Durchgriff auf das wirklich Gewollte" vorgenommen werden. Die Rechtfertigung dafür liegt in Folgendem: Die Bauaufsichtsbehörde darf sich nicht zulasten betroffener Nachbarn auf den formalen Standpunkt stellen, sie habe lediglich eine nach dem Gesetz zulässige Nutzung antragsgemäß genehmigt, wenn bereits jetzt zu erwarten ist, dass der Bauherr eine hiervon abweichende (unzulässige) Nutzung aufnehmen wird und der „Schwarze Peter" dem Nachbarn zugeschoben wird. Das wäre mit dem Gebot der Gewährung eines effektiven Rechtsschutzes des Nachbarn nicht vereinbar. Dies gilt jedenfalls dann, wenn bereits den Bauvorlagen zu entnehmen ist, dass die genehmigte Nutzung in Wahrheit gar nicht beabsichtigt ist, sondern lediglich deklariert wird, um das Vorhaben genehmigungsfähig erscheinen zu lassen (so ausdrücklich: OVG Lüneburg, U.v. 26.4.1993 – 6 L 169/90 –, juris; vgl. auch Schulte in: Boeddinghaus/Hahn/Schulte, BauO NRW, § 75 Rn. 217, wonach typisches Merkmal eines Etikettenschwindels sei, dass „Bauherr und Bauaufsichtsbehörde in bewusster Abweichung von den wahren Absichten in den Bauvorlagen und in der Baugenehmigung eine andere Nutzung" angeben (vgl. auch OVG Münster, B.v. 25.3.2009 – 7 A 975/08 –, juris). Die in der Rechtsprechung zur dieser Fallgruppe entschiedenen Fälle beziehen sich in der Regel auf eine von der Baugenehmigung abweichenden Nutzungsart, nicht hingegen auf eine von der Genehmigung abweichende Bauweise oder ein abweichendes Nutzungsmaß (OVG Münster, U.v. 19.7.2010 – 7 A 3200/08 –, n.v.).

Beispiel: In einem durch Wohnnutzung geprägten Teil eines Mischgebiets wird seit langem eine nicht genehmigte discoähnliche Vergnügungsstätte betrieben. Wegen Nachbarbeschwerde soll sie nun nachträglich legalisiert werden. Allerdings wäre eine discoähnliche Vergnügungsstätte dort planungsrechtlich unzulässig. In dem Bauantrag wird sie deshalb – allein zur Verhinderung einer Nachbarklage – mit dem Etikett „Bistro" versehen, ohne dass eine Änderung der Nutzungsart beabsichtigt ist. Die Genehmigung erlaubt in Wirklichkeit eine discoähnliche Vergnügungsstätte; sie wird in einem Klageverfahren des Nachbarn vom Gericht aufgehoben werden. 61

weiteres Beispiel (nach: VG Köln, U.v. 1.10.2013 – 2 K 6059/12 –, nrwe): In der Abstandsfläche ist nach der Bezeichnung im Bauschein und den übrigen zur Baugenehmigung gehörenden Bauvorlagen ein Gartengerätehaus/Abstellgebäude mit Glastüren und bodentiefen Fenstern für Pflanzen und Gartenmöbel genehmigt worden. Ein solches Gebäude ist gemäß § 6 Abs. 11 Satz 1 BauO NRW in der Abstandsfläche und ohne eigene Abstandsflächen zulässig, sofern (wie hier) die vorgegeben Maße eingehalten werden. Der Nachbar wandte sich gegen die Genehmigung mit dem Argument, das Gebäude solle zu anderen Zwecken, unter anderem zum Feiern, genutzt werden. Das Gericht verneinte einen Etikettenschwindel. Es befand, aus der den Bauvorlagen zu entnehmenden Ausgestaltung des Gebäudes lasse sich nicht entnehmen, dass die Nutzung als Abstellgebäude nur vorgeschoben sei. Dem Bauherrn sein unbenommen, ein Gartenhaus zu Abstellzwecken aufwändig und kostspielig zu gestalten, etwa weil er es dem äußeren Erscheinungsbild an sein Wohnhaus (in dem hier gegebenen Villenviertel) anpassen wolle. 62

63 Ähnliches gilt, wenn eine Baugenehmigung mit Nebenbestimmungen (dazu sogleich ab Rn. 64) zur Einhaltung bestimmter Immissionsrichtwerte versehen wird, die, wenn sie sich als bloße Zielvorgaben erweisen, von vornherein ungeeignet sind, einen ausreichenden Nachbarschutz sicherzustellen. Auf derartige Nebenbestimmungen kann es für die Beurteilung der Rechtmäßigkeit der Baugenehmigung nicht entscheidend ankommen, wenn und soweit sie im Widerspruch zu dem genehmigten Vorhaben stehen und im Falle der bestimmungsgemäßen Nutzung der genehmigten Anlage aus tatsächlichen Gründen überhaupt nicht eingehalten werden können (so z.B. OVG Magdeburg, B.v. 4.5.2006 – 2 M 132/06 –, juris).

d) Nebenbestimmungen oder modifizierende Auflagen zur Gewährleistung von Nachbarschutz

64 In problematischen Bereichen kann die Beifügung einer sachgerechten Nebenbestimmung (z.B. einer Auflage) eine nicht nur sinnvolle, sondern sogar zur Wahrung von Nachbarrechten gebotene „flankierende Maßnahme" sein, um auf diese Weise dem Bauvorhaben eine Genehmigungsfähigkeit und Nachbarrechtskonformität zu sichern oder zu verschaffen, die ohne dieses Bestimmung nicht gegeben wäre. So kann die Baugenehmigung für einen Bolzplatz, die keine Nebenbestimmungen zum Schutze der benachbarten Anlieger enthält (Begrenzung des Personenkreises, Regelung der Öffnungszeiten usw.), gegen das Gebot der Rücksichtnahme verstoßen (OVG Münster, U.v. 8.7.1986 – 11 A 1288/85 –, BRS 46, Nr. 46 = juris).

65 Hält der Bauherr sich nicht an die einer Baugenehmigung (z.B. zum Immissionsschutz) beigefügte Auflage (oder führt er das Bauvorhaben sonst abweichend von der Genehmigung aus), wird dadurch die Rechtmäßigkeit der Genehmigung nicht in Frage gestellt. Entscheidend ist vielmehr allein, ob nach dem Inhalt der Baugenehmigung die Auflagen so festgelegt wurden, dass sie den Nachbarn ausreichend schützen und bei ordnungsgemäßem Betrieb erfüllt werden können (vgl. VGH München, B.v. 27.11.2008 – 1 ZB 06.594 –, juris).

Der nahezu exzessive Umgang mit den Mitteln der „Nebenbestimmungen" ist allerdings nicht unbedenklich. Dabei tragen die so bezeichneten Nebenbestimmungen oftmals diese Bezeichnung nicht zu Recht.

aa) Qualifikation als „Auflage"

66 Im Hinblick auf den öffentlich-rechtlichen Nachbarschutz ist bedeutsam, welchen rechtlichen Charakter die Ergänzung zur Genehmigung wirklich hat. Denn ihre Qualifikation wirkt sich auf die Rechtsschutzmöglichkeiten im Falle ihrer Nichteinhaltung aus.

Oftmals stellen sich die als „Auflage" bezeichneten Ergänzungen (sofern sie sich nicht in Wirklichkeit lediglich als Hinweise auf eine ohnehin bestehende Rechtslage erweisen) rechtlich betrachtet als Änderung des Bauvorhabens dar. Das ist mit Blick auf das Wesen des Baugenehmigungsverfahrens problematisch.

67 Eine Baugenehmigung ergeht nur auf Antrag (vgl. z.B. § 68 Abs. 1 Musterbauordnung, § 69 Abs. 1 S. 1 BauO NRW), sie ist ein mitwirkungsbedürftiger Verwaltungsakt. Dies hat seinen Grund darin, dass nicht die Behörde bestimmen kann, ob und

was an baulichen Anlagen errichtet werden soll, sondern dieses Recht allein dem Bauherrn zusteht. Hat dieser sich zu diesem grundsätzlichen Schritt entschieden, beschreibt er das Vorhaben in seinem Antrag an die Genehmigungsbehörde, die über die Genehmigungsfähigkeit des Vorhabens befindet. Der Gegenstand der Baugenehmigung wird durch den Bauantrag des Bauherrn bestimmt, und die Baugenehmigungsbehörde darf kein vom Bauantrag abweichendes Vorhaben genehmigen (vgl. BVerwG, U.v. 4.7.1980 – 4 C 99.77 –, NJW 1981, 776 = juris). Ist es in der von dem Bauherrn geplanten Form nicht genehmigungsfähig, kann der Bauherr das gesamte Vorhaben aufgeben oder es so weit umplanen, dass es genehmigungsfähig ist. Dann beginnt auf Antrag eine bauaufsichtliche Prüfung dieses erneuten Bauantrags. (Zu den Besonderheiten eines Nachtragsverfahren s. Rn. 116.)

In vielen Fällen ist es allerdings üblich, dass die Behörde, anstatt den Antrag abzulehnen, ein bislang nicht genehmigungsfähiges Vorhaben durch sogenannte Grüneintragungen in den Bauzeichnungen und entsprechende textliche Ausführungen in der Genehmigung in ein genehmigungsfähiges verändert und dieses sogleich genehmigt. Soweit die Änderungen über bloße Marginalien hinausgehen ist diese – aus vermeintlicher Bürgernähe geübte und oftmals zu Unrecht als Vermeidung von „bloßem Formalismus“ gerechtfertigte – Praxis aus den genannten, in der Struktur des Genehmigungsverfahrens angelegten Gründen rechtlich nicht unproblematisch. 68

Eine solche Änderung wird als „modifizierende Auflage“ bezeichnet. Dieser Begriff ist insoweit irreführend, als es sich nicht wirklich um eine Auflage im Sinne des § 36 VwVfG handelt (s. dazu sogleich). Richtig an dem Begriff ist allerdings, dass eine Modifikation erfolgt; denn das Vorhaben wird geändert. Sinngemäß erklärt die Genehmigungsbehörde mit der modifizierenden Auflage, dass das Vorhaben „so nicht“ genehmigungsfähig ist, „statt dessen“ aber ein (etwas) anderes Vorhaben genehmigungsfähig wäre und gewissermaßen mit der Genehmigung „angeboten“ wird (auch: „Inhaltsbestimmung“, s. Reichel/Schulte, Handbuch Bauordnungsrecht, 14. Kapitel, Rn. 46; OVG Magdeburg, U.v. 20.4.2016 – 2 L 64/14 –, juris; zur Abgrenzung s. auch BVerwG, U.v. 17.10.2012 – 4 C 5/11 –, BVerwGE 144, 341 = juris; VG Lüneburg, U.v. 7.5.2015 – 2 A 210/12 –, juris). Zur Abgrenzung einer Auflage von einer Bedingung kann diese von Friedrich Carl von Savigny entwickelte Formel dienen: „Die Bedingung suspendiert, zwingt aber nicht; der Modus (gemeint ist damit die Auflage) zwingt, suspendiert aber nicht." Mit dieser Formel soll ausgedrückt werden, dass die Rechtswirkungen eines bedingten Verwaltungsakts erst eintreten, wenn die Bedingung erfüllt ist. Die Auflage lässt hingegen die Rechtswirkungen des (Haupt-) Verwaltungsakts unberührt, kann dafür aber auch selbständig durchgesetzt werden. 69

Beispiel zur Abgrenzung einer „echten“ Auflage von einer modifizierenden Auflage (abgewandelt nach Reichel/Schulte, Handbuch Bauordnungsrecht, 14. Kapitel, Rn. 46): Eine Baugenehmigung enthält den Zusatz „Der Baukörper ist, um die Abstandsfläche einzuhalten, um 30 cm nach Norden zu verschieben“. Mit der Änderung soll subjektiven Nachbarrechten Rechnung getragen werden. Das genehmigte Vorhaben ist allerdings ein anderes als das beantragte. (Zur Abgrenzung wesentliche/unwesentliche Änderung des Vorhabens s. ab Rn. 101.) 70

Führt der Bauherr das von der Behörde „angebotene“ Vorhaben aus, bestehen keine weitergehenden Probleme. Denn mit der Verwirklichung des von der Behörde „angebotenen“ Vorhabens erklärt der Bauherr, dass er sich diesen „Vorschlag“ zu Eigen 71 macht. Der rechtliche Makel bleibt ohne Folgen, da auch rechtwidrige Verwaltungsakte in Bestandskraft erwachsen können. (Man könnte auch konstruieren, dass sie spätere genehmigungskonforme Bauausführung konkludent – rückwirkend – den Bauantrag darstellt oder ersetzt.) Führt allerdings der Bauherr das zur Genehmigung gestellte Vorhaben aus, ohne die Modifikation (und damit die abändernde Genehmigung) zu beachten, verwirklicht er ein anderes Objekt als das genehmigte; er errichtet einen Schwarzbau. Dies berechtigt die Bauaufsicht zu den nach Landesrecht vorgesehenen bauaufsichtlichen Maßnahmen. Sofern die Behörde nicht von Amts wegen tätig wird, kann ein Nachbar, sofern dessen Rechte verletzt werden, ein bauaufsichtliches Einschreiten verlangen (vgl. dazu ab Rn. 777)

Hält der Bauherr an seinem ursprünglichen (von der Genehmigungsbehörde sinngemäß abgelehnten) Vorhaben fest, steht ihm das Rechtsmittel offen, auf Erteilung einer Genehmigung für eben dieses Vorhaben (ohne die Modifikation) zu klagen.

72 Von der modifizierenden Auflage ist die „echte" Auflage im Sinne von § 36 VwVfG abzugrenzen. Sie ist nur anzunehmen, wenn deutlich erkennbar neben die – uneingeschränkte – Genehmigung des beantragten Bauvorhabens selbständig ein weiteres bauaufsichtliches Verlangen tritt. Die Behörde erklärt in diesem Fall, dass das Vorhaben genehmigt wird, aber außerdem noch etwas anderes geschehen muss („Ja, aber außerdem:..."). Solche Auflagen, die diesen Namen wirklich verdienen, sind eher selten. Sie stellen selbständige, isoliert anfechtbare Verwaltungsakte dar. Der Erfolg einer von dem Bauherrn gegen sie erhobenen Anfechtungsklage hängt insbesondere davon ab, ob die Baugenehmigung ohne die hinzugefügte Auflage rechtmäßig wäre, ob also die Auflage als Nebenbestimmung erforderlich ist, um die Rechtmäßigkeit der Genehmigung sicherzustellen. Ob eine modifizierende Auflage der ersten Art (s. Rn. 64) oder eine „echte Auflage" der zweiten Art vorliegt, ist im Wege einer Auslegung zu ermitteln; der von der Behörde benutzte Begriff stellt allenfalls ein Indiz dar.

73 **Beispiel für eine „echte" Auflage (nach BVerwG, U.v. 17.2.1984 – 4 C 70/80 –, NVwZ 1984, 366 = juris, sog. Pipeline-Fall):** Die Klägerin betreibt ein Holzimportunternehmen und beantragte die Genehmigung zur Errichtung einer Abstellhalle, die an der Grenze zur Uferböschung eines Hafens errichtet werden und als Holzlager dienen soll. In einer Entfernung von 0,50 m hinter der Lagerhalle verläuft auf einer Uferböschung eine oberirdische Ölpipeline, die eine Verladebrücke für Tankschiffe mit einem Tanklager verbindet. Die beklagte Behörde erteilte die Baugenehmigung, fügte dieser aber hinzu: „Weitere Auflagen: Die hinter der Abstellhalle verlaufende oberirdische Pipeline ist im Bereich der Halle feuerbeständig – DIN 4102, F 90 – zu ummanteln; die Ummantelung muss die Halle seitlich um mindestens 5 m überragen." Das Bundesverwaltungsgericht führte aus:

74 *„Die Aufhebung der einer Genehmigung beigefügten Auflage setzt materiellrechtlich voraus, dass der rechtswidrige Teil des Verwaltungsaktes in der Weise selbständig abtrennbar ist, dass der nicht aufgehobene Teil des Verwaltungsakts ohne Änderung seines Inhalts sinnvoller- und rechtmäßigerweise bestehenbleiben kann. Steht dagegen die angefochtene Nebenbestimmung mit dem eigentlichen Inhalt des Verwaltungsaktes in einem solchen Zusammenhang, dass sie die mit dem Verwaltungsakt ausgesprochene Rechtsgewährung inhaltlich einschränkt und dass nach Aufhebung der Nebenbestimmung der bestehenbleibende Teil des Verwaltungsaktes entgegen dem geltenden Recht eine uneingeschränkte Begünstigung enthielte, so schließt dies materiellrechtlich die isolierte Aufhebung aus (vgl. zum Verfahrensrecht hierzu auch § 113 Abs. 1 Satz 1 VwGO). Das entspricht im wesentlichen der bisherigen Rechtsprechung des Senats (...). Soweit der Senat in jenem Urteil eine als "Auflage" bezeichnete Nebenbestimmung von Lärmgrenzwerten als eine das genehmigte*

Vorhaben "modifizierende Auflage" bezeichnet hat, ist der hiergegen erhobenen Kritik allerdings einzuräumen, dass hierdurch im Verhältnis zum Genehmigungsantrag der eigentliche Genehmigungsgegenstand verändert, also eine andere als die beantragte Genehmigung erteilt wird. Das ändert jedoch nichts daran, dass auch in solchen Fällen die das Vorhaben verändernde Nebenbestimmung nicht isoliert aufgehoben werden darf, wenn anderenfalls die dann verbleibende Genehmigung nicht mehr dem geltenden Recht entspricht. Daraus folgt, dass für die Aufhebung eines Teils eines Verwaltungsaktes nicht maßgebend ist, ob sich die Einschränkung der Genehmigung als (echte) Auflage oder als eine Veränderung des Genehmigungsgegenstandes, also als eine andere als die beantragte Genehmigung darstellt; maßgebend ist vielmehr, ob die Genehmigung mit einem Inhalt bestehenbleiben kann, der der Rechtsordnung entspricht.

Die isolierte Aufhebung der hier angefochtenen Auflage ist mit dem materiellen Recht nicht vereinbar: Die mit der Genehmigung der Errichtung einer Holzlagerhalle verbundene Auflage, die auf dem benachbarten Grundstück von der Beigeladenen betriebene Ölpipeline aus Brandschutzgründen zu ummanteln, ist eine (echte) Auflage im Sinne des § 36 Abs. 2 Nr. 4 des Bremischen Verwaltungsverfahrensgesetzes vom 15. November 1976, BremGBl. S. 243."

weiteres Beispiel: Ein Landwirt beantragt die Genehmigung eines Ersatzwohnhauses für sein bisheriges, abgängiges landwirtschaftliches Wohngebäude. Um zu gewährleisten, dass nach Errichtung des neuen Gebäudes das alte beseitigt wird, ist die Aufnahme einer entsprechenden Auflage in die Baugenehmigung möglich und sinnvoll. Diese könnte lauten: „Innerhalb von drei Monaten nach Bezugsfertigkeit des Ersatzwohnhauses ist das bisherige Wohngebäude zu beseitigen." Diese selbständig anfechtbare „echte" Auflage ist, wenn sie bestandskräftig geworden ist, geeignet, als Ordnungsverfügung zu dienen, aus der nach Auflauf der gesetzten Frist vollstreckt werden kann. 75

Aus der Sicht des Nachbarn ist die Unterscheidung zwischen modifizierender Auflage (Inhaltsbestimmung) und „echter" Auflage von großer Bedeutung, wenn die Modifikation/Regelung zur Wahrung seiner Rechte in die Genehmigung aufgenommen worden ist und der Bauherr sie nicht erfüllt hat: 76

Handelt es sich um eine modifizierende Auflage, hat also die Genehmigungsbehörde ein anderes Vorhaben genehmigt als der Bauherr beantragt hatte, und verwirklicht der Bauherr nicht das genehmigte, sondern das ursprünglich beabsichtigte Vorhaben, ist das verwirklichte zum einen formell illegal. Allein die formelle Illegalität hat allerdings keine Nachbarrelevanz. Wenn die Behörde die Änderung vorgenommen hat, weil ansonsten Nachbarrechte verletzt wären, wird der Nachbar durch eine die Änderungen nicht verwirklichende Bauausführung in seinen subjektiven öffentlichen Rechten verletzt. Er kann ein bauaufsichtliches Einschreiten verlangen – wenn nicht die Behörde ohnehin von Amts wegen einschreitet (was sie müsste).

Handelt es sich hingegen um eine wirkliche, dem Nachbarschutz dienende Nebenbestimmung, kann der Nachbar auf der Einhaltung der zu seinen Gunsten in die Genehmigung aufgenommenen Regelung bestehen und erforderlichenfalls im Wege der Verpflichtungsklage (s. dazu ab Rn. 1043) die Behörde verpflichten, gegenüber dem Bauherrn die Einhaltung der Auflage durchzusetzen.

bb) Geeignetheit zur Wahrung von Nachbarrechten

Die einer Baugenehmigung beigefügte Auflage (als modifizierende Auflage oder als „echte" Auflage) muss geeignet sein, Nachbarrechte ausreichend zu wahren. Andernfalls kann sie keinen wirksamen Beitrag zur Rechtmäßigkeit der Genehmigung leisten. 77

Soweit Auflagen im Hinblick auf Nachbarschutz in Genehmigungen aufgenommen werden, haben sie zumeist das Ziel, vor unzumutbaren Lärmimmissionen zu schützen.

78 **Beispiel:** In eine Baugenehmigung wird die Bestimmung aufgenommen, dass der Beurteilungspegel der vom Gesamtbetrieb einschließlich des Fahrverkehrs ausgehenden Geräusche an den nördlich des Betriebsgeländes gelegenen Wohngebäuden den Immissionsrichtwert für die Nacht von 45 dB(A) nicht überschreiten darf.

79 Eine derartige Bestimmung ist im Grundsatz zum Nachbarschutz geeignet, wenn die Anlage bei regelmäßigem Betrieb so genutzt werden kann, dass die entstehenden Immissionen die für die Nachbarschaft maßgebliche Zumutbarkeitsgrenze nicht überschreiten. Sie muss zur Konfliktbewältigung realistischer Weise geeignet sein (vgl. z.B. VG Hamburg, B.v. 12.2.2016 – 7 E 6816/15 –, juris); andernfalls ist die Baugenehmigung rechtswidrig und vom Nachbarn mit Erfolg anfechtbar. (Zur erforderlichen Bestimmtheit s. Rn. 756.)

80 Eine Auflage ist hingegen unbeachtlich, wenn sie z.B. die Geräusche nicht wirksam auf ein dem Nachbarn zumutbares Maß begrenzt. Überschreiten die bei der Nutzung einer Anlage entstehenden Immissionen bei regelmäßigem Betrieb die für die Nachbarschaft maßgebliche Zumutbarkeitsgrenze, dann genügt es zur Sicherung der Nachbarrechte nicht, in der Baugenehmigung den maßgeblichen Immissionsrichtwert als Grenzwert festzulegen (und womöglich „weitere Nebenbestimmungen vorzubehalten“). Vielmehr muss die genehmigte Nutzung schon in der Baugenehmigung durch konkrete Regelungen eingeschränkt werden (OVG Münster, B.v. 29.1.2016 – 2 A 2423/15 –, juris; VGH München, U.v. 18.7.2002 – 1 B 98.2945 –, BRS 65 Nr. 190 = juris; vgl. hierzu auch Mampel, Nachbarschutz im öffentlichen Baurecht, Rn. 1379 ff.). Die Zielvorgabe unrealistischer oder nicht kontrollierbarer Werte ist nicht geeignet, Nachbarrechte zu schützen und deshalb unbeachtlich.

81 Auflagen, die das Vorhaben so weit verändern, dass das zur Genehmigung gestellte Vorhaben nicht mehr dem wirklichen Typ solcher Gewerbebetriebe entspricht, sind nachbarrechtswidrig und unzulässig. Diese rechtlich gebotene, so genannte typisierende Betrachtung (Einzelheiten dazu unter Rn. 177) entspricht einem praktischen Bedürfnis bei der Rechtsanwendung. Denn nur bei Anwendung dieser Grundsätze ist eine klare Unterscheidung der in einer bestimmten Umgebung zulässigen Vorhaben von den unzulässigen möglich. Durch eine stark individualisierte, „maßgeschneiderte" Baugenehmigung mit zahlreichen Nebenbestimmungen, mit der ein Vorhaben für eine an sich ungeeignete Umgebung passend gemacht werden soll, entstehen unweigerlich Schwierigkeiten bei der späteren Überwachung des Betriebes. Die Einhaltung immissionsrelevanter Nebenbestimmungen bedarf nämlich einer ständigen, nur schwer praktikablen Überwachung. Das stellt einen Verstoß gegen das Rücksichtnahmegebot dar und kann z.B. in einem im Zusammenhang bebauten Bereich (§ 34 BauGB) dazu führen, dass das Vorhaben in dem Wohngebiet trotz bescheinigter Einhaltung der Immissionsrichtwerte sich nach der Art der baulichen Nutzung nicht in die nähere Umgebung einfügt (zu einem solchen Fall vgl. OVG Münster, U.v. 21.3.1995 – 11 A 1089/91 –, juris).

Beispiel für geeignete Nebenbestimmungen (aus VG Ansbach, B.v. 29.3.2016 – AN 9 S 15.02341 –, juris): Die Auflage, Fenster und Türen eines Veranstaltungsraumes nachts stets geschlossen zu halten, ist emissionswirksam und üblich. Auch die Einhaltung des Verbotes einer Nutzung einer zugehörigen Dachterrasse während der Nachtstunden, erscheint nicht von vorneherein ausgeschlossen. Die in dem Verfahren von dem Nachbarn vorgebrachten Bedenken gegen die Einhaltung der Nebenbestimmungen in der Baugenehmigung sind nicht geeignet, von vorneherein eine Rechtswidrigkeit der Baugenehmigung zu begründen. Verstöße gegen die geeigneten und erfüllbaren Nebenbestimmungen berühren die Rechtmäßigkeit der Baugenehmigung nicht, sondern betreffen allenfalls deren Vollzug. Sie sind gegebenenfalls ordnungsrechtlich zu verfolgen und zu ahnden und führen nicht zur Rechtswidrigkeit der Baugenehmigung mit ihren Nebenbestimmungen. 82

Beispiel für ungeeignete Nebenbestimmungen (aus: OVG Münster, U.v. 10.8.2007 – 10 B 401/07 –, nrwe): *„Zwar hat der Antragsgegner die zahlreichen in der schalltechnischen Untersuchung vorgeschlagenen Schallschutzmaßnahmen als Auflagen in die Baugenehmigung übernommen, um eine (knappe) Unterschreitung des Grenzwerts für das Grundstück der Antragstellerin zu erreichen. Damit wird aber hinsichtlich des Lärmschutzes die Gebietsverträglichkeit des Vorhabens nicht sichergestellt. (...)* 83

Diese aus Lärmschutzgründen in die Baugenehmigung aufgenommene Auflage zur Parkplatznutzung lautet wie folgt:

„Die 21 Stellplätze auf dem Grundstück werden über eine Schrankenanlage angefahren. Die Auffahrt auf die Stellplätze ist Montag bis Freitag bis 18.30 Uhr und Samstag und Sonntag bis 15.00 Uhr möglich. Danach schließt die Schranke und eine Auffahrt ist nicht mehr möglich. Abfahrten sind Montag bis Sonntag bis 22.00 Uhr möglich. Nach 18.30 Uhr bzw. 15.00 Uhr öffnet die Schranke über eine Lichtschranke ausschließlich für den abfahrenden Verkehr. Ab 22.00 Uhr bis 6.00 Uhr sind ausnahmslos keine Abfahrten möglich, die Schranke bleibt geschlossen. Für Notfälle ist eine Öffnung der Schranke über eine Schlüsselschaltung jederzeit möglich. Die Feuerwehr erhält einen Schlüssel in einem Schlüsseldepot, so dass die Feuerwehrzufahrt jederzeit nutzbar bleibt. Für die Zeit Montag bis Freitag ab 18.30, sowie Samstag und Sonntag ab 15.00 Uhr, jeweils bis 5.00 Uhr des Folgetages stehen die notwendigen Stellplätze auf dem Grundstück I.-straße 6 a, W. zur Verfügung."

Diese Regelung betrifft einen typischen Betriebsablauf (Fahrzeugverkehr der ankommenden und abfahrenden Gäste), der bei einem Restaurant- und Saalbetrieb der vorliegenden Art realistischerweise gerade nicht erwartet werden kann, ist fehleranfällig und nur schwer kontrollierbar. Sie dient ersichtlich dazu, eine im Hinblick auf die Lärmimmissionen des Vorhabens an sich nicht genehmigungsfähige Nutzung auf einen – vermeintlich – genehmigungsfähigen Umfang „maßzuschneidern".

Gleiches gilt für die Auflagen A014 und A017, mit welchen sichergestellt werden soll, dass Lärmgrenzwerte nicht überschritten werden. Sie lauten: 84

„A014. Der Betreiber hat ein Lärmimmissionsmessgerät für den Betrieb vorzuhalten, um die betrieblichen Lärmpegel festzustellen. Bei dem Gerät muss es sich um ein geeichtes Gerät handeln, das in der Lage ist, den Mittelungspegel in Abhängigkeit der Taktfrequenz zu bilden (z.B. 30 s (6 Takte) L AFTeq = 56 dB (A))...A017. An folgenden Messpunkten dürfen die zugehörigen Lärmwerte <u>*nicht*</u> *überschritten werden: Messpkt. Ort tags nachts I.-straße 19 57,5 dB(A) 42,5 dB(A)2 Garten 60,0 dB(A) 45,0 dB(A). Sollte es zu Nachbarstreitigkeiten kommen, ist der Nachweis der Einhaltung der Lärmimmissionswerte durch einen staatlich anerkannten Sachverständigen in Abstimmung mit der Unteren Bauaufsichtsbehörde während der Veranstaltung nachzuweisen. Die Beauftragung des staatlich anerkannten Sachverständigen hat durch den Eigentümer zu erfolgen."*

Auch diese komplizierten Regelungen sind fehleranfällig, kaum kontrollierbar und damit zur Sicherstellung des erforderlichen Lärmschutzes ungeeignet. Sie ließen sich in die Betriebsabläufe eines auf fast 200 Gastplätze angelegten Restaurants mit Saalbetrieb nicht einfügen.

Schließlich sind (...) auch die Regelungen in der Auflage A010: „Ausschluss einer Nutzung der Außenbereiche nach 22.00 Uhr (Parkplatz)" und „Sicherstellung, dass kein lärmintensives Verlassen der Gaststätte durch Gäste erfolgt" – ungeachtet der Bestimmtheitsfragen – nicht geeignet, wirksamen Lärmschutz zu gewährleisten, weil das Verhalten der Gäste kaum beeinflussbar ist."

e) Das Bauvorhaben als einheitliches Ganzes

85 Gegenstand der Anfechtung ist regelmäßig das Vorhaben als einheitliches Ganzes.

Das gilt zum einen dann, wenn die einzelnen Teile des Vorhabens unter Nutzungsgesichtspunkten eine enge funktionale Verbindung aufweisen. Dies ist gegeben, wenn der eine Bestandteil ohne den anderen baurechtlich nicht zulässig ist.

86 **Beispiel:** Ein Bauvorhaben kann nicht ohne eine notwendige Garage bzw. einen Stellplatz betrachtet werden. Wird die einzige notwendige Garage bzw. der Stellplatz beseitigt (bzw. soll sie beseitigt werden) und besteht keine Möglichkeit zur Kompensation, steht die Legalität des gesamten Bauvorhabens in Frage.

87 Die Einheitlichkeit des Vorhabens kann sich außerdem aus dem ausdrücklich geäußerten oder jedenfalls erkennbaren Willen des Vorhabenträgers ergeben (OVG Münster, U.v. 15.7.2013 – 2 A 969/12 –, nrwe). Es ist dessen Sache, durch seinen Genehmigungsantrag den Inhalt des Vorhabens festzulegen, soweit er sich dabei innerhalb der Grenzen hält, die einer Zusammenfassung oder Trennung objektiv gesetzt sind. Ob bei einer technisch und rechtlich teilbaren Anlage die einzelnen Teile bzw. deren Änderung zur Genehmigung gestellt sind und daher jeder für sich ein „Vorhaben" ist oder ob die gesamte Anlage bzw. deren Änderung als ein einziges „Vorhaben" Gegenstand der Beurteilung sein soll, bestimmt der Bauherr (BVerwG, U.v. 4.7.1980 – IV C 99.77 –, juris; OVG Münster, U.v. 22.5.2014 – 8 A 3002/11 –, nrwe).

88 Das hat auch Auswirkungen auf eine Aufhebungsentscheidung des Gerichts: Wenn nach gedachter Teilaufhebung der bestehen bleibende Genehmigungsrest sinnvoller- oder rechtmäßiger Weise nicht existieren kann, ist die Teilaufhebung materiellrechtlich unzulässig (BVerwG, U.v. 17.2.1984 – 4 C 70.80 –, juris; OVG Münster, U.v. 19.10.2012 – 2 A 723/11 –, nrwe).

f) Nebeneinander mehrerer Genehmigungen

89 Soweit für ein Bauvorhaben mehrere Genehmigungen für unterschiedliche Aspekte des Ordnungsrechts erteilt worden sind, schließen diese sich nicht gegenseitig aus, sondern eröffnen entsprechend mehrere Rechtsschutzmöglichkeiten. So ergehen für einen Gewerbebetrieb mehrere Genehmigungen mit unterschiedlichen Regelungsgehalten und ohne Konzentrationswirkung (OVG Münster, B.v. 20.1.2015 – 2 B 1447/14 –, nrwe). Das gilt insbesondere für das Gaststättenrecht: Im Baugenehmigungsverfahren prüft die Genehmigungsbehörde einerseits die Vereinbarkeit des Vorhabens entsprechend dem jeweiligen Prüfprogramm nach der Landesbauordnung. Dazu zählt auch, ob bei einer bestimmungsgemäßen Nutzung unzumutbare Belästigungen für die Nachbarschaft ausgehen. Hierbei greift sie unter Umständen auf Bestimmungen des (Landes-)Immissionsschutzrechts zurück. Die gaststättenrechtliche Genehmigung andererseits setzt (unter anderem) voraus, dass der Betrieb der Gaststätte im Hinblick auf die örtliche Lage keine schädlichen Umwelteinwirkungen im Sinne des Bundes-Immissionsschutzgesetzes befürchten lässt.[13] Weil beide Genehmi-

13 § 4 GastG [Versagungsgründe]

gungen Regelungen zur Frage des Nachbarschutzes treffen (§ 4 Abs. 1 Satz 1 Nr. 3 GastG hat nachbarschützenden Charakter, vgl. nur OVG Münster, B.v. 22.12.2015 – 4 A 1852/14 –, nrwe), sind beide unabhängig voneinander anfechtbar. Allerdings gilt in materiellrechtlicher Hinsicht, dass die baurechtliche Genehmigung einer Gaststätte Bindungswirkung entfaltet, solange die Genehmigung besteht und die Verhältnisse sich nicht rechtserheblich ändern. Die Bindungswirkung geht dahin, dass die Gaststättenbehörde die entsprechende Gaststättenerlaubnis nicht aus baurechtlichen Gründen versagen darf. Sie bezieht sich dagegen nicht auf die Vereinbarkeit des Vorhabens mit gaststättenrechtlichen Vorschriften, deren Prüfung im Gaststättengesetz dem besonderen gaststättenrechtlichen Erlaubnisverfahren vorbehalten ist (BVerwG, U.v. 4.10.1988 – 1 C 72/86 –, NVwZ 1989, 258 = juris).

Die Zweispurigkeit gilt allerdings nicht in Bereichen, in denen die eine Genehmigung die andere inhaltlich einschließt. Das trifft für das Immissionsschutzrecht zu, in dem gemäß § 13 BImSchG die Genehmigung aufgrund der ihr eigenen Konzentrationswirkung die baurechtliche Genehmigung mit umfasst.[14] 90

g) Wirksamkeit und Fortbestand der Genehmigung

Der Nachbar braucht eine Baugenehmigung, die ihre Wirksamkeit verloren hat, nicht anzufechten. Er kann es auch zulässigerweise nicht; denn der Anfechtungsgegenstand existiert nicht. Allenfalls ist eine Klage auf Feststellung, dass eine Genehmigung für das Vorhaben nicht (mehr) existent sei, zulässig. Allerdings dürfte das besondere Rechtsschutzinteresse (§ 43 Abs. 1 VwGO) für ein auf diese Feststellung gerichtetes Begehren nur in Ausnahmefällen vorliegen. In der Regel ist in den Fällen der Errichtung oder Nutzung einer baulichen Anlage trotz unwirksamer oder unwirksam gewordener Baugenehmigung, sofern nicht die zuständige Behörde von Amts wegen tätig wird, in der Regel aus der Sicht eines in seinen Rechten verletzten Nachbarn ein Verpflichtungsbegehren auf bauaufsichtliches Einschreiten statthaft (s. dazu ab Rn. 777). 91

Im Rahmen des öffentlichen Baunachbarrechts kommen als Gründe für das Unwirksamwerden einer Baugenehmigung insbesondere der Ablauf der Geltungsdauer einer Baugenehmigung (oder eines Bauvorbescheids), der Ablauf einer in der Genehmigung ausgesprochenen Befristung und ein Unwirksamwerden durch wesentliche Änderung des genehmigten Vorhabens in Betracht. Sonstige Gründe wie die Rücknahme (§ 48 VwVfG) oder der Widerruf (§ 49 VwVfG) spielen unter dem Gesichtspunkt des Nachbarschutzes eine eher geringe Rolle. 92

---

(1) Nr. 3: Die Erlaubnis ist zu versagen, wenn (...) der Gewerbebetrieb im Hinblick auf seine örtliche Lage oder auf die Verwendung der Räume dem öffentlichen Interesse widerspricht, insbesondere schädliche Umwelteinwirkungen im Sinne des Bundes-Immissionsschutzgesetzes oder sonst erhebliche Nachteile, Gefahren oder Belästigungen für die Allgemeinheit befürchten lässt.

14 **§ 13 BImSchG [Genehmigung und andere behördliche Entscheidungen]**
Die Genehmigung schließt andere die Anlage betreffende behördliche Entscheidungen ein, insbesondere öffentlich-rechtliche Genehmigungen, Zulassungen, Verleihungen, Erlaubnisse und Bewilligungen mit Ausnahme von Planfeststellungen, Zulassungen bergrechtlicher Betriebspläne, behördlichen Entscheidungen auf Grund atomrechtlicher Vorschriften und wasserrechtlicher Erlaubnisse und Bewilligungen nach § 8 in Verbindung mit § 10 Wasserhaushaltsgesetz.

aa) Unwirksamwerden durch Ablauf der Geltungsdauer der Genehmigung

93 Die Landesbauordnungen enthalten Regelungen über die Geltungsdauer von Baugenehmigungen. Diese besagen, dass Baugenehmigungen unwirksam werden, wenn nicht innerhalb einer gesetzlich festgelegten Frist mit der Bauausführung begonnen wird oder wenn die Bauausführung für einen im Gesetz festgelegten Zeitraum unterbrochen wird.[15]

94 Die Frist zum Beginn der Bauarbeiten beginnt nach §§ 43 Abs. 1 Satz 1 i.V.m. 31 Abs. 2 VwVfG mit dem Tag, der auf die Bekanntgabe folgt. Ihr Ende bemisst sich nach den Bestimmungen des BGB (§§ 188 ff. BGB).

Wird ein genehmigtes Vorhaben durch eine weitere Genehmigung ergänzt, beginnt die Frist durch diese weitere Genehmigung nur dann neu, wenn diese eine wirkliche neue Baugenehmigung darstellt. Im Falle einer bloßen Nachtragsgenehmigung behält die Ausgangsgenehmigung ihre Bedeutung für den Fristbeginn (VG Gelsenkirchen, U.v. 3.3.2016 – 9 K 2050/14 –, nrwe; VGH München, U.v. 22.3.1984 – 2 B 82 A.301 –, BRS 42 Nr. 167 = juris). Insofern erlangt die nachfolgende Unterscheidung zwischen wesentlicher und unwesentlicher Änderung (ab Rn. 101) besondere Bedeutung.

95 Mit der Bauausführung wird „begonnen“ durch ein tatsächliches Handeln, nämlich eine bauliche Tätigkeit, die in einem unmittelbaren, objektiven und nicht lediglich aus der Sicht des Bauherrn bestehenden Zusammenhang mit dem genehmigten Bauvorhaben steht. Durch einen Vergleich des Bauscheins, der genehmigten Bauzeichnungen und etwaiger sonstiger genehmigter Anlagen mit der vom Bauherrn in Angriff genommenen baulichen Tätigkeit lässt sich objektiv feststellen, ob dieser mit der Ausführung des Vorhabens, so wie es genehmigt wurde, begonnen hat. Eine bloße Anzeige des noch bevorstehenden Beginns der Bauarbeiten wahrt die Frist nicht. Bloße Vorbereitungs- oder Sicherungsmaßnahmen oder die Durchführung nicht genehmigungsbedürftiger Bauarbeiten genügen ebenfalls nicht. Auch läuft die Frist ab, wenn nicht mit der Errichtung des genehmigten Vorhabens begonnen wird, sondern ein „aliud“ errichtet wird (s. auch dazu nachfolgend ab Rn. 101 und 118).

96 **Beispiel (nach OVG Münster, U.v. 16.10.2008 – 7 A 696/07 –, nrwe):** Innerhalb der Geltungsdauer der Baugenehmigung sind bei einem vorhandenen Altbau neue Kellerfensteröffnungen und eine Außenwandisolierung angebracht worden, zudem haben eine Wiederverfüllung der Baugrube und eine Verdichtung stattgefunden. Außerdem sind ein vorhandener Abfluss/Sinkkasten entfernt und die Entwässerung zum geplanten Neubau verlegt worden. Diese Arbeiten waren in den Bauzeichnungen nicht dargestellt und folglich nicht mit genehmigt worden. Sie wahrten damit nicht die Frist zur Geltung der Baugenehmigung.

97 Der Ablauf der Geltungsdauer kann dadurch gehemmt sein, dass der Bauherr durch Umstände, die nicht in seiner Person liegen, gehindert ist, die Bauarbeiten fristgerecht aufzunehmen, so etwa wenn die Baugenehmigung mit einer aufschiebenden Frist versehen ist oder der Bauherr erst nach Ablauf einer bestimmten Frist von ihr Gebrauch

---

15 § 73 Musterbauordnung [Geltungsdauer der Genehmigung]
(1) Die Baugenehmigung und die Teilbaugenehmigung erlöschen, wenn innerhalb von drei Jahren nach ihrer Erteilung mit der Ausführung des Bauvorhabens nicht begonnen oder die Bauausführung länger als ein Jahr unterbrochen worden ist.
Wegen der Fristen in den verschiedenen Bundesländern siehe die Übersicht bei Reichel/Schulte, Handbuch Bauordnungsrecht, 14. Kapitel, Rn. 64.

machen darf (Johlen in: Gädtke/Czepuck/Johlen/Plietz/Wenzel, BauO NRW, § 77 Rn. 5). Auch ein hoheitlicher Eingriff, z.B. eine Stilllegung der Bauarbeiten, kann ein solches Hemmnis sein, es sei denn, die Verfügung ist ergangen, weil der Bauherr von den genehmigten Bauvorlagen abgewichen ist. Anderweitige Einwirkungen, die es für den Bauherrn unzumutbar machen, die Bauarbeiten zu beginnen oder durchzuführen, stehen einem solchen hoheitlichen Eingriff gleich (OVG Münster, U.v. 16.10.2008 – 7 A 696/07 –, nrwe). Auch für den Fall, dass ein Dritter einen Rechtsbehelf gegen eine bauaufsichtliche Zulassung einlegt, ist anerkannt, dass die Frist für die Geltung einer Baugenehmigung nicht abläuft, wenn die Verzögerung des Baubeginns durch den Rechtsbehelf eines Nachbarn entstanden ist (VGH Mannheim, B.v. 2.8.1980 – 3 S 1398/80 –, BRS 36 Nr. 172 = juris). Dies gilt, obwohl der Rechtsbehelf keine aufschiebende Wirkung hat (§ 212 a Abs. 1 BauGB) und deshalb der Bauherr eigentlich bauen darf.

Nach den Landesbauordnungen kann die Geltungsdauer der Baugenehmigung auf 98
schriftlichen Antrag – auch rückwirkend – verlängert werden.[16] Diese Verlängerung kann wiederholt beantragt werden. Bei der Entscheidung darüber hat die Baugenehmigungsbehörde die im Zeitpunkt der Entscheidung maßgebliche, also aktuelle Sach- und Rechtslage zugrunde zu legen und ist nicht an die im Zeitpunkt der (erstmaligen) Erteilung der Genehmigung, um deren Verlängerung es geht, bestehende Sach- und Rechtslage gebunden.

bb) Unwirksamwerden durch Ablauf der Befristung

Die Geltungsdauer einer Baugenehmigung kann befristet werden. Das kommt etwa in 99
Betracht, wenn ein Gebäude für die Unterbringung eines bestimmten Personenkreises (z.B. Asylbewerber, Nutzung für soziale Zwecke) nur für eine begrenzte Zeit ermöglicht werden soll, danach das Gebäude aber wieder für Wohnzwecke zur Verfügung stehen soll. Nach Ablauf der Befristung verliert die Genehmigung ihre Gültigkeit. Eine Fortführung der bisherigen Nutzung ist ebenso zu sehen wie die erstmalige Aufnahme einer ungenehmigten Nutzung. Denn auch in diesem Fall bedarf es einer erneuten umfassenden bauaufsichtlichen Kontrolle (vgl. zu einem solchen Fall: VG Gelsenkirchen, B.v. 6.3.2012 – 6 L 1402/11 –, nrwe).

cc) Unwirksamwerden durch Änderung des Vorhabens

Auch vor und unabhängig vom Ablauf der Geltungsdauer einer Baugenehmigung 100
kann diese durch eigene Maßnahmen des Bauherrn unwirksam werden. Die in der Baugenehmigung enthaltene Baufreigabe und die Legalisierungswirkung mit ihrer Feststellung, dass das Vorhaben im Zeitpunkt der Genehmigung mit den öffentlich-rechtlichen Vorschriften in Einklang steht, gelten nur für ein bestimmtes Vorhaben, nämlich dasjenige, für das der Bauherr die Genehmigung beantragt und für das sie erteilt worden ist. Ein von dem genehmigten Vorhaben abweichendes Baugeschehen, sei es Gegenstand einer weiteren Genehmigung (nachfolgend ab Rn. 107) oder eigen-

---

16 § 73 Musterbauordnung [Geltungsdauer der Genehmigung]
(2) Die Frist nach Absatz 1 kann auf schriftlichen Antrag jeweils bis zu einem Jahr verlängert werden. Sie kann auch rückwirkend verlängert werden, wenn der Antrag vor Fristablauf bei der Bauaufsichtsbehörde eingegangen ist.

mächtig durchgeführt (nachfolgend ab Rn. 118), ist von der Genehmigung nicht gedeckt und kann deshalb nicht Gegenstand einer Anfechtungsklage (§ 42 VwGO) und eines Antrags auf Anordnung der aufschiebenden Wirkung (§§ 80 Abs. 5, 80a VwGO) sein.

(1) Abgrenzung wesentliche/unwesentliche Änderung des Vorhabens

101 Kleinere Änderungen, die das Gesamtvorhaben in seinen Grundzügen nur unwesentlich berühren, führen nicht zu einem von dem ursprünglichen Genehmigungsgegenstand wesensverschiedenen Vorhaben und wahren dessen Identität.

Von einer wesentlichen Änderung, einem „aliud“, ist immer dann auszugehen, wenn sich das neue Vorhaben in Bezug auf baurechtlich relevante Kriterien grundlegend von dem ursprünglich genehmigten Vorhaben unterscheidet. Das gilt für konstruktive Gesichtspunkte ebenso wie für die Nutzungsart. Dabei kommen nur solche Gesichtspunkte in Betracht, die für die Identität des Vorhabens wesentlich sind.

102 Ein baurechtlich relevanter Unterschied zwischen dem genehmigten und dem „neuen“ Vorhaben ist anzunehmen, wenn sich für das neue Vorhaben die Frage der Genehmigungsfähigkeit wegen geänderter tatsächlicher oder rechtlicher Voraussetzungen neu stellt, d.h. eine erneute Überprüfung der materiellen Zulässigkeitskriterien erforderlich ist (z.B. OVG Berlin, B.v. 24.6.2014 – OVG 10 S 29.13 –, juris; OVG Münster, U.v. 18.2.2016 – 10 A 985/14 –, nrwe). Dies folgt aus Sinn und Zweck der Baugenehmigung, die sicherstellen soll, dass nur solche Bauvorhaben zur Ausführung gelangen, deren Vereinbarkeit mit den öffentlich-rechtlichen Vorschriften von der Bauaufsichtsbehörde festgestellt worden ist (VG Gelsenkirchen, U.v. 19.1.2016 – 5 K 4164/12 –, nrwe, unter Hinweis auf OVG Münster, U.v. 21.2.2007 – 10 A 27/07 –, juris). Dies ist z.B. dann zu bejahen, wenn die Änderungen Auswirkungen auf Abstandsflächen haben (OVG Münster, U.v. 21.12.2010 – 2 A 1419/09 –, juris, str., a. A.: VGH Mannheim, B.v. 16.2.2016 – 3 S 2303/15 –, juris). *„Dass die Veränderung des Standortes (...) mit maximal 0,84 m nur geringfügig ist, ist für die Frage, ob die Genehmigungsfähigkeit wegen geänderter tatsächlicher oder rechtlicher Voraussetzungen neu beurteilt werden muss, ohne Belang. Gerade wenn es um die Einhaltung von Abstandflächen geht, können Änderungen im Zentimeterbereich für die Zulässigkeit oder Unzulässigkeit eines Vorhabens entscheidend sein.“* (aus OVG Münster, B.v. 4.5.2004 – 10 A 1476/04 –, nrwe)

103 **Beispiel für eine unwesentliche Änderung (nach VGH Mannheim, U.v. 19.10.1995 – 3 S 2295/94 –, NVwZ-RR 1996, 485 = juris).** Eine Nachtragsgenehmigung zu einer Baugenehmigung für den Neubau eines Wohnhauses mit drei Wohnungen und eines unterirdischen, vom Wohnhaus räumlich getrennten Garagengebäudes mit drei Stellplätzen hat lediglich die geringfügige Vergrößerung der Tiefgarage sowie den Bau einer Wendeltreppe und eines Aufzugs als unterirdischer Verbindung zum Wohnhaus zum Gegenstand. Der Nachtragsgenehmigung kommt gegenüber dem Gesamtvorhaben keine so wesentliche Bedeutung zu, dass insoweit von einer neuen Baugenehmigung gesprochen werden könnte, die erneut die Geltungsdauer der Baugenehmigung in Lauf gesetzt hätte.

104 **weiteres Beispiel für eine unwesentliche Änderung (nach VG Gelsenkirchen, U.v. 26.1.2016 – 5 K 3162/11 –, nrwe):** Durch die ursprüngliche Baugenehmigung wurde Einzelhandelsnutzung im Unter- und Obergeschoss eines Gebäudes zugelassen. Die erste Nachtragsbaugenehmigung genehmigt die Einrichtung von vier konkret benannten Läden im Unter- und Erdgeschoss; sie stellt

sich als bloße Konkretisierung des bereits genehmigten Umfangs dar. Die zweite Nachtragsbaugenehmigung genehmigt die Raumaufteilung und Grundrissänderung im ersten und zweiten Obergeschoss sowie Änderungen an der Fassade. Auch hierdurch sind keine baurechtlich relevanten Kriterien betroffen, die die Genehmigungsfähigkeit des Vorhabens als solches insgesamt neu in Frage stellen.

Beispiel für eine wesentliche Änderung (nach VG Köln, U.v. 23.9.2015 – 23 K 3453/15 –, juris): 105
Eine Genehmigung erlaubt die Errichtung eines Windfangs mit einem Grenzabstand von 1,25 m. Der errichtete Windfang hält aber lediglich einen Abstand von 90 cm ein. Damit wirft er die Frage der abstandsflächenrechtlichen Zulässigkeit erneut auf und stellt ein „aliud" dar.

weiteres Beispiel für eine wesentliche Änderung: In einem Gebäude war eine Gaststätte ge- 106
nehmigt worden. Nunmehr wird in den Räumen ein Wettbüro betrieben. Der Übergang von Gaststätte zu Wettbüro stellt eine (genehmigungsbedürftige) Nutzungsänderung und damit eine wesentliche Änderung der ursprünglichen Genehmigung dar.

(2) Verfahrensmäßige Änderung des Vorhabens

Der Bauherr ist frei, während des Verfahrens oder nach dessen Beendigung für das 107
Vorhaben eine weitere Genehmigung zu beantragen und damit das Vorhaben zu ändern, etwa um damit rechtlichen Bedenken zu entsprechen oder weil er seine Planung aus sonstigen Gründen ändert. Die Folgen einer solchen Änderung eines genehmigten Vorhabens hängen davon ab, wie das rechtliche Schicksal der bisherigen Genehmigung zu bewerten ist. Das ist anhand von § 43 Abs. 2 VwVfG[17] zu beurteilen. Maßgeblich ist danach, ob aus dem nachfolgenden Verhalten des Bauherrn zu folgern ist, dass dieser auf die Baugenehmigung verzichtet hat oder die Genehmigung sich auf sonstige Weise erledigt hat.

Da es entscheidend auf den („wirklichen") Rechtscharakter der Genehmigung an- 108
kommt, ist eine unrichtige Falschbezeichnung unerheblich. Wenn etwa von einer „1. Änderung der Baugenehmigung vom .... " die Rede ist und damit suggeriert wird, es solle sich lediglich um ein Annex zur Ursprungsgenehmigung handeln, steht dies der Auslegung als neue, selbständige Genehmigung nicht entgegen (OVG Münster, B.v. 4.5.2004 – 10 A 1476/04 –, nrwe; VG Gelsenkirchen, U.v. 19.1.2016 – 5 K 4164/12 –, nrwe).

(a) Wesentliche Änderung: evtl. Auslegung als Verzicht

Ändert der Bauherr das Vorhaben in einem oder mehreren wesentlichen Punkten, 109
bringt er damit in der Regel zum Ausdruck, dass er das ursprünglich genehmigte Vorhaben nicht ausführen will. Er verzichtet auf die ihm erteilte Genehmigung und erklärt, er habe nunmehr ein anderes Vorhaben im Sinn. Die bisherige Genehmigung wird unwirksam. Deren Bedeutung besteht in diesem Fall allein darin, den Inhalt der neuen Genehmigung zu verdeutlichen. Dieser Inhalt ergibt sich aus den einzelnen Bauvorlagen für das frühere Vorhaben, soweit diese nicht von den Änderungen betroffen sind. (OVG Münster, B.v. 4.5.2004 – 10 A 1476/04 –, nrwe: *„Dass der Inhalt der Baugenehmigung möglicherweise nur unter Rückgriff auf die mit der ursprünglich erteilten Baugenehmigung eingereichten Bauvorlagen bestimmt werden kann,*

17 § 43 VwVfG [Wirksamkeit des Verwaltungsaktes]
(2) Ein Verwaltungsakt bleibt wirksam, solange und soweit er nicht zurückgenommen, widerrufen, anderweitig aufgehoben oder durch Zeitablauf oder auf andere Weise erledigt ist.

mag hinsichtlich der neuen Baugenehmigung Bestimmtheitsfragen aufwerfen, ändert aber nichts an deren grundsätzlichen Regelungscharakter und Regelungsumfang.")

110 Von dem dargestellten Grundsatz werden zumindest folgende Ausnahmen zu machen sein:

Behält der Bauherr sich vor, das ursprüngliche Vorhaben doch ausführen zu wollen, sofern ein von ihm eingelegter Rechtsbehelf gegen eine Ablehnung des ursprünglichen Vorhabens erfolgreich oder der Rechtsbehelf eines Nachbarn gegen die Genehmigung erfolglos sein sollte, kann die Beantragung eines wesentlich anderen Vorhabens nicht im Sinne eines Verzichts auf die erste Genehmigung gewertet werden. Denn es wird deutlich, dass er letztlich an dem ursprünglich genehmigten festhalten will (zu einem solchen Ausnahmefall s. OVG Münster, U.v. 21.12.2010 – 2 A 1419/09 –, nrwe: Mit Blick auf die besondere Sachlage, unter anderem der Nachbaranfechtung, *„kann ausnahmsweise aus der Art der Vorhabenverwirklichung nicht verlässlich darauf geschlossen werden, dass mit einer Realisierung eines Bauvorhabens, das mit der Baugenehmigung vom 15. September 2005 in Einklang steht, auch in Zukunft nicht mehr gerechnet werden kann und das Interesse des Nachbarn an deren Aufhebung – und sei es nur zur Klarstellung – damit entfallen wäre."*).

111 Geht aus dem Verhalten des Bauherrn und dem Baugeschehen hinreichend deutlich hervor, dass der Bauherr an der ihm erteilten Genehmigung festhalten will und lediglich während deren Gültigkeitsdauer – vorübergehend – das Grundstück anderweitig nutzen will, hat dies – auch ohne einen ausdrücklichen Vorbehalt – keinen Einfluss auf die Ursprungsgenehmigung. Eine als solche erkennbare Zwischennutzung eines Grundstücks stellt keinen Verzicht auf die erhaltene Genehmigung dar.

112 **Beispiel:** Der Bauherr hat eine Genehmigung zur Umnutzung eines bisherigen Ladenlokals als Friseursalon erhalten. Noch bevor mit den Umbaumaßnahmen begonnen wird, verstirbt der vorgesehene Pächter plötzlich. Solange kein neuer Pächter gefunden ist, bezieht ein 1-Euro-Laden die Räume, ohne irgendwelche baulichen Änderungen vorzunehmen. Das Geschehen rechtfertigt nicht die Annahme, der Bauherr wolle die Genehmigung zur Nutzung als Friseursalon nicht ausnutzen und verzichte auf sie. (Dessen ungeachtet wird sie nach Ablauf der gesetzlichen Gültigkeitsdauer unwirksam, sofern diese nicht verlängert wird.)

113 **weiteres Beispiel (aus: VGH München, B.v. 13.5.2016 – 9 ZB 14.1419 –, juris):** Die Klägerin begehrt die bauaufsichtliche Genehmigung für die „Nutzungsänderung einer Teilfläche eines Vereinsheims in eine Wettannahmestelle", deren Erteilung die Beklagte abgelehnt hat. Das Verwaltungsgericht hat die Verpflichtungsklage abgewiesen. Hiergegen richtet sich das Rechtsmittel der Klägerin. Während des Verfahrens wurde der Klägerin auf deren Antrag hin eine Baugenehmigung für die Nutzungsänderung einer Teilfläche des Vereinsheims in Lagerräume erteilt. Diese Baugenehmigung wirkt sich auf die Zulässigkeit des ersten Bauantrags und der Klage nicht aus, auch wenn die genehmigte Lagerfläche im Erdgeschoss im Bereich der beabsichtigten Wettannahmestelle vorgesehen ist. Ihr ist es nicht aus prozessualen Gründen verwehrt, den Ausgang dieses Verfahrens abzuwarten, um von einer etwaigen Baugenehmigung für eine Wettannahmestelle Gebrauch zu machen.

114 Hat sich aus den bezeichneten Gründen die ursprüngliche Genehmigung erledigt, ist auch ein baunachbarlicher Rechtsstreit gegen die Genehmigung faktisch erledigt. Sinnvoller Weise erklären die Beteiligten eines darüber anhängigen Rechtsstreits die Hauptsache für erledigt (§ 161 Abs. 1 VwGO), wobei der beigeladene Bauherr als nicht Hauptbeteiligter des Gerichtsverfahrens die Erklärung nicht abzugeben braucht

und dessen etwaige Weigerung unbeachtlich ist. Das Gericht hat in Anwendung des § 161 Abs. 1 VwGO eine Kostenentscheidung nach Billigkeitsgesichtspunkten zu treffen. Bei dieser wird es den mutmaßlichen Ausgang des Verfahrens ebenso in den Blick nehmen wie den Umstand, ob der beigeladene Bauherr die Genehmigung wegen rechtlicher Bedenken geändert hat und damit das erledigende Ereignis herbeigeführt hat, was oftmals zu demselben Ergebnis führen wird (wegen des Kostenrisikos des beigeladenen Bauherrn s. ab Rn. 1070).

Sofern das Gericht auf den Antrag des Nachbarn hin die aufschiebende Wirkung des Widerspruchs oder der Klage gegen die Ursprungsgenehmigung angeordnet hat (§§ 80 a Abs. 3, 80 Abs. 5 VwGO), weil diese den Nachbarn in dessen subjektiven öffentlichen Rechten verletzte, und räumt eine Genehmigung des geänderten Vorhabens diese rechtlichen Bedenken nunmehr aus, hat der frühere Beschluss des Gerichts keine Bedeutung mehr, da dessen Streitgegenstand sich erledigt hat. Für die sofortige Vollziehbarkeit der neuen Genehmigung bedarf es deshalb keiner Änderung des Beschlusses nach § 80 Abs. 7 VwGO (a.A. VGH München, B.v. 2.8.2007 – 1 CS 07.801 –, BRS 71 Nr. 155 = juris). Die neue Genehmigung ist – auch trotz eines etwaigen weiteren Rechtsbehelfs gegen sie – gemäß § 212 a Abs. 1 BauGB sofort vollziehbar. 115

(b) Unwesentliche Änderung: Modifikation der Genehmigung

Stellt sich das geänderte Vorhaben als lediglich in Marginalien abweichend, aber im Wesentlichen identisch mit dem bisherigen dar, hat dies in verfahrensrechtlicher Hinsicht eher geringe Bedeutung. Eine diese unwesentliche Änderung zulassende Nachtragsbaugenehmigung oder ein „Tekturbescheid“ (dabei meint Tektur eine Korrektur oder Überarbeitung einer bereits fertiggestellten bzw. genehmigten Planung) ist zwar ein Verwaltungsakt, der eine eigene Regelung mit Außenwirkung beinhaltet, stellt sich aber lediglich als Modifikation der ursprünglichen Baugenehmigung dar. Maßgeblich bleibt bei einer unwesentlichen Änderung die bisherige Genehmigung, allerdings mit dem Inhalt, den sie durch die neue Genehmigung erhalten hat (vgl. VGH München, B.v. 11.12.2014 – 15 CS 14.1710 –, juris; OVG Münster, B.v. 21.2.2007 – 10 A 27/07 –, juris; OVG Berlin, B.v. 24.6.2014 – OVG 10 S 29.13 –, juris; OVG Lüneburg, B.v. 11.7.2014 – 1 ME 71/14 –, juris). 116

Das prozessuale Schicksal eines das bisherige Vorhaben betreffenden Gerichtsverfahrens verändert sich durch die unwesentliche Änderung des Bauvorhabens nicht. Auch die Vollziehbarkeit (§ 212 a Abs. 1 BauGB) dauert trotz der Änderung an. Ist seitens des Gerichts auf einen Nachbarantrag hin die aufschiebende Wirkung des Widerspruchs bzw. der Klage angeordnet worden, wird dies durch eine marginale Änderung des Vorhabens nicht beeinflusst. 117

(3) Eigenmächtige Änderung des Vorhabens

Weicht der Bauherr eigenmächtig in einem oder mehreren Elementen von dem genehmigten Vorhaben ab, ist – analog zur Auslegung im Falle einer verfahrensmäßigen Änderung – danach zu fragen, ob sich die Ursprungsgenehmigung im Sinne des § 43 Abs. 2 VwVfG „auf sonstige Weise erledigt“ hat (s. Rn. 107). 118

119 Eine lediglich auf Marginalien bezogenen tatsächlichen Änderung berührt das Bauvorhaben mit seinem wesentlichen Inhalt nicht. Die Genehmigung bleibt weiterhin wirksam, ebenso deren sofortige Vollziehbarkeit nach § 212a Abs. 1 BauGB. Stellt der Bauherr dagegen in dem oben gekennzeichneten Sinn ein „aliud" her, bringt er damit in der Regel zum Ausdruck, dass das tatsächlich verwirklichte Vorhaben existent sein soll und nicht das genehmigte. Die rechtliche Folge des so zu bewertenden Geschehens ist, dass die ursprüngliche Genehmigung nunmehr ohne rechtliche Bedeutung ist und der Streit sich im Rechtssinne erledigt hat.

120 Eine schematische Schlussfolgerung aus dem Baugeschehen verbietet sich allerdings. Vielmehr ist stets eine tatsächliche Würdigung unter Berücksichtigung aller relevanten Umstände geboten.

121 **Beispiel:** Der Bauherr hat eine Baugenehmigung für die Errichtung eines Einfamilienhauses erhalten. Der Nachbar wendet sich gegen die Genehmigung. Trotzdem beginnt der Bauherr zu bauen (§ 212a Abs. 1 BauGB). Im Laufe des Klageverfahrens, als das Wohnhaus fast fertig ist, stellt sich heraus, dass der Bauherr abweichend von der Genehmigung gebaut hat: Statt der genehmigten Dachneigung von 30° ist eine von 45° verwirklicht worden. Das tatsächlich erstellte Bauvorhaben unterscheidet sich nicht nur in Marginalien, sondern in einem erheblichen Merkmal von dem genehmigten Vorhaben. Mit der Verwirklichung dieses „aliud" brachte der Bauherr zum Ausdruck, dass er nicht die ihm erteilte Baugenehmigung ausnutzen wollte, sondern sich entschlossen hatte, etwas anderes zu bauen. Dadurch hat die Baugenehmigung ihre Gültigkeit verloren. Durch eine Abweichung wurde das gesamte Vorhaben – nicht nur das Dach – illegal, da es nicht teilbar ist. Dieses Ergebnis gilt unabhängig davon, ob die landesrechtliche Gültigkeitsdauer der Baugenehmigung abgelaufen ist. Denn bereits das konkludente Verhalten des Bauherrn hat die Unwirksamkeit bewirkt.

122 Der Rechtsstreit hat sich „in der Hauptsache erledigt" (§ 161 Abs. 1 VwGO). Das Gericht wird die Kosten nach Billigkeitsgesichtspunkten verteilen und dabei auf die Aussichten der Klage gegen die Genehmigung (bevor das erledigende Ereignis, der Untergang der Genehmigung, eintrat) abstellen. Sofern der beigeladene Bauherr einen Sachantrag gestellt hat und ihm deshalb im Grundsatz Kosten auferlegt werden können, wird es unter Umständen zu dessen Lasten berücksichtigen, dass er durch sein Verhalten das erledigende Ereignis herbeigeführt hat.

2. Nachbarschutz aufgrund einer nachbarschützende Vorschrift

123 Nachbarschutz ist nicht allein aus dem Eigentum oder einem dem Eigentum gleichgestellten Recht abzuleiten. Wenn auch Art. 14 Abs. 1 S. 1 GG bestimmt, dass das Eigentum und das Erbrecht gewährleistet werden, so werden doch Inhalt und Schranken durch die Gesetze bestimmt (Art. 14 Abs. 1 Satz 2 GG). Einen Anspruch auf Abwehr eines Vorhabens in der Nachbarschaft hat nur, wer sich auf eine Rechtsvorschrift berufen kann, die ein solches Recht gewährt. Sofern die jeweiligen Gesetze verfassungskonform sind und untergesetzliche Normen wirksam sind (zum Umgang der Gerichte mit Normen, deren Wirksamkeit zweifelhaft ist, s. ab Rn. 1087), ist ein unmittelbarer Rückgriff auf Art. 14 Abs. 1 GG nicht mehr veranlasst. Vielmehr ist die Inhalt und Schranken aufzeigende Konkretisierung durch das „einfache Recht" bzw. die untergesetzliche Norm maßgeblich.

124 Denn der Gesetzgeber hat in Ausfüllung seines legislatorischen Gestaltungsspielraums aus Art. 14 Abs. 1 Satz 2 GG nachbarliche Abwehrrechte im Baurecht verfassungskonform ausgestaltet und insofern unter Einschluss der Grundsätze des nachbarschützenden Rücksichtnahmegebots ein geschlossenes System des nachbarlichen

Drittschutzes bereitstellt (vgl. BVerwG, U.v. 26.9.1991 – 4 C 5.87 – BVerwGE 89, 69 = juris, unter ausdrücklicher Aufgabe der früheren Rechtsprechung; ebenso: BVerwG, U.v. 23.8.1996 – 4 C 13.94 –, BVerwGE 101, 364 = juris; U.v. 7.11.1997 – 4 C 7.97 – NVwZ 1998, 735 = juris. Allenfalls in Fällen, in denen das genehmigte Bauvorhaben eine unmittelbar gegenständliche Inanspruchnahme des Nachbargrundstückes zur Folge hat, kann Art. 14 GG beim Nachbarrechtsschutz im öffentlichen Baurecht noch von Bedeutung sein. So kann einem Nachbarn ein Abwehrrecht aus Art. 14 Abs. 1 GG dann zustehen, wenn die Umsetzung der Baugenehmigung in Folge des Fehlens der wegemäßigen Erschließung des Baugrundstücks zur Begründung oder Ausweitung eines Notwegerechts nach § 917 Abs. 1 BGB an seinem Grundstück führt und damit gleichsam im Wege einer „Automatik" eine unmittelbare Verschlechterung seiner Eigentumsrechte bewirkt, ohne dass ihm im Übrigen hiergegen ein sonstiger effektiver Rechtsschutz zur Verfügung steht (s. dazu Rn. 729).

In seinem Urteil vom 19.9.1986 (4 C 8/84, NVwZ 1987, 409 = juris) hat das Bun- 125
desverwaltungsgericht Grundsätzliches zu der Frage ausgeführt, welche gesetzlichen Vorschriften Nachbarschutz vermitteln. Diese Erwägungen können im Rahmen der Rechtsanwendung herangezogen werden, wenn im Einzelfall zu entscheiden ist, ob eine – auch – nachbarschützende Bestimmung vorliegt oder die Regelung ausschließlich öffentlichen Interessen zu dienen bestimmt ist.

„Drittschutz vermitteln nur solche Vorschriften des öffentlichen Baurechts, die – ggf. 126
auch nur partiell, wie z.B. § 34 Abs. 1 BBauG – auch der Rücksichtnahme auf individuelle Interessen oder deren Ausgleich untereinander dienen. Nicht jede Norm des materiellen öffentlichen Baurechts hat eine solche Zielrichtung. Vielmehr gibt es zahlreiche Normen des materiellen öffentlichen (Landes- und) Bundesbaurechts, die ausschließlich der Durchsetzung von Interessen der Allgemeinheit und gerade nicht dem Schutz individueller Interessen dienen (Beschluss des Senats vom 16. August 1983 – BVerwG 4 B 94.83 – (Buchholz 406.19 Nachbarschutz Nr. 56 = ZfBR 1983, 290)). Deswegen bedarf es jeweils der Klärung, ob eine baurechtliche Vorschrift ausschließlich objektivrechtlichen Charakter hat oder ob sie (auch) dem Schutz individueller Interessen dient, ob sie also Rücksichtnahme auf Interessen Dritter gebietet. Das kann sich unmittelbar aus dem Wortlaut der Norm ergeben, etwa dann, wenn sie Abwehrrechte Betroffener ausdrücklich begründet. In der Regel allerdings wird insoweit – da der Normgeber nur in Ausnahmefällen derartige Abwehrrechte ausdrücklich statuiert hat – eine Auslegung der Norm nach Sinn und Zweck in Betracht kommen; gelegentlich mag sich auch aus der Entstehungsgeschichte der Wille des historischen Normgebers ermitteln lassen, die Interessen Dritter zu schützen.

Hieraus folgt zugleich, dass es nicht darauf ankommen kann, ob die Norm ausdrück- 127
lich einen fest "abgrenzbaren Kreis der Betroffenen" benennt. Insoweit ist die frühere Rechtsprechung des Senats (BVerwGE 27, 29 (33) unter Hinweis auf BGHZ 40, 306 (307), und BVerwGE 32, 173 (177), vgl. auch die Kritik von Marburger, Gutachten C zum 56. Dt. Juristentag, Berlin 1986, S. 33 f.) zu modifizieren: Es kommt weder darauf an, ob die Norm einen geschützten Personenkreis räumlich, etwa durch Bezeichnung eines Gebiets, abgrenzt, noch darauf, ob sie in ihrer vollen Reichweite auch dem Schutz individueller Interessen zu dienen bestimmt ist. So gebietet z.B. § 34

Abs. 1 BBauG das "Einfügen in die Eigenart der näheren Umgebung" sowohl aus Gründen des nachbarlichen Interessenausgleichs, also der Rücksichtnahme auf individuelle Belange, als auch – darüber hinausgreifend – aus Gründen der objektiven städtebaulichen Ordnung. Worauf es ankommt ist, dass sich aus individualisierenden Tatbestandsmerkmalen der Norm ein Personenkreis entnehmen lässt, der sich von der Allgemeinheit unterscheidet. Die eindeutige räumliche Abgrenzung eines geschützten Personenkreises erweist sich ohnehin, soweit es etwa um Immissionsbelastungen geht, als praktisch nicht normierbar; allerdings gilt, dass z.B. die Erwähnung der "Würdigung der Interessen der Nachbarn" (§ 31 Abs. 2 BBauG) oder das Ziel, "in einem Baugebiet oder in dessen Umgebung unzumutbare Belästigungen oder Störungen" zu vermeiden (§ 15 Abs. 1 BauNVO), wichtige Indizien dafür sein können, dass eine Norm dem individuellen Schutz der Nachbarn zu dienen bestimmt ist.

128 *Freilich ist Drittschutz nicht in jedem Fall ohne Rücksicht auf den Grad der Beeinträchtigung zu gewähren. Denn die Auslegung einer Vorschrift, die im Grundsatz Drittschutz vermitteln will, kann durchaus zu dem Ergebnis führen, dass Drittschutz nur zu gewähren ist, wenn eine bestimmte Schwelle der Beeinträchtigungen erreicht wird; insoweit kann dem Berufungsgericht zugestimmt werden. Der Senat hat deshalb die §§ 34, 35 Abs. 2 BBauG, § 15 Abs. 1 BauNVO nur bei qualifizierten Verstößen, die zu unzumutbaren Beeinträchtigungen führen, als drittschützend angesehen (vgl. BVerwGE 52, 122 (130), BVerwGE 67, 334 (336) und Urteil vom 13. März 1981 – BVerwG 4 C 1.78 – (Buchholz 406.19 Nachbarschutz Nr. 44)).*

129 *Auch für Festsetzungen eines Bebauungsplans ist im Wege der Auslegung zu ermitteln, ob und inwieweit die Festsetzung Drittschutz vermitteln will. Das Berufungsgericht, das alle Vorschriften des (Bundes- und Landes-) Baurechts, als – potentiell – drittschützend ansieht und a u s s c h l i e ß l i c h auf den Grad der Beeinträchtigung abstellt, hat dies verkannt."*

3. Baurechtlich relevante Störungen

130 Ob und inwieweit unzumutbare Belästigungen oder Störungen baurechtlich relevant sind, ist nach objektiven Maßstäben zu beurteilen. Maßgeblich ist, ob unter Berücksichtigung der typischerweise bei einer bestimmungsgemäßen Nutzung der Anlage zu erwarten ist, dass die befürchteten Auswirkungen auftreten werden, und ob sie bodenrechtliche Relevanz haben. Anderweitige (befürchtete) Belästigungen sind nicht Gegenstand baurechtlicher Betrachtung.

131 Das bedeutet:

- Das Baurecht ist im Allgemeinen nicht in der Lage, soziale Konflikte zu lösen, die z.B. wegen der Unterbringung von Asylbewerbern besorgt werden. Befürchteten Belästigungen kann nicht mit Mitteln des Baurechts, sondern nur im jeweiligen Einzelfall mit denen des Polizei- und Ordnungsrechts oder des zivilen Nachbarrechts begegnet werden (vgl. OVG Münster, U.v. 10.4.2014 – 7 D 100/12.NE –, BauR 2014, 1113 = juris). Bei möglichen Rechts- und Ordnungsverletzungen müssen primär bestimmte Personen als Verhaltensstörer zur Verantwortung gezogen werden (VG Regensburg, B.v. 29.8.2014 – RN 6 E 14.1432 –, juris).

- Unterschiede in den Lebensgewohnheiten und dem Wohnverhalten verschiedener Bevölkerungsgruppen sind baurechtlich ohne Relevanz (VG Kassel, B.v. 29.11.1989 – 4 TG 3185/89 –, NJW 1990, 1131).
- Das allgemeine Bauplanungsrecht gewährleistet keinen Anspruch auf die Bewahrung der sozialen Zusammensetzung des Wohnumfeldes (sog. Milieuschutz) (BVerwG, U.v. 23.8.1996 – 4 C 13/94 –, juris; VGH München, B.v. 21.8.2015 – 9 CE 15.1318 –, juris).

II. Nachbarschutz im Bauplanungsrecht

Der öffentlich-rechtliche Nachbarschutz im Bauplanungsrecht hängt davon ab, ob – erstens – das Vorhaben (objektiv-rechtlich) gegen planungsrechtliche Vorschriften verstößt, die auch nicht durch Erteilung einer Ausnahme oder Befreiung überwunden sind oder überwunden werden können (zu dieser umstrittenen Frage s. Rn. 298), und ob – zweitens – dieser Rechtsverstoß subjektive öffentliche Rechte des Nachbarn verletzt. Im Falle einer lediglich objektiven Rechtswidrigkeit besteht kein Aufhebungsanspruch. 132

Beispiel (nach BVerwG, B.v. 5.12.1988 – 4 B 182/88 –, NVwZ 1989, 453 = juris): Wird eine Genehmigung trotz bestehender Veränderungssperre (§ 14 BauGB) erteilt, führt dies zwar zu einer objektiv-rechtlichen Rechtswidrigkeit der Genehmigung. Die Veränderungssperre als Mittel der Sicherung der Bauleitplanung dient aber allein dem Interesse des Planungsträgers; Rechte Dritter werden durch § 14 BauGB nicht begründet. Dies gilt auch dann, wenn der spätere Bebauungsplan nachbarschützende Festsetzungen zugunsten des klagenden Nachbarn enthält. 133

weiteres Beispiel: Auf eine Verletzung des § 36 Abs. 1 BauGB, die darin liegen könnte, dass die Gemeinde nicht am Genehmigungsverfahren beteiligt worden ist und deswegen das Einvernehmen der Gemeinde fehlt, kann sich der Nachbar nicht berufen. Die Bestimmung dient ausschließlich dazu, die gemeindliche Planungshoheit zu sichern und die Gemeinde in das Baugenehmigungsverfahren einzubeziehen. Die Vorschrift dient nicht – auch nicht neben dem genannten Zweck – dem Interesse des Bürgers. Sie räumt ihm keine Verfahrensrechte ein (vgl. BVerwG, U.v. 6.12.1967 – IV C 94/66 –, juris; VG Gelsenkirchen, B.v. 9.5.2014 – 9 L 552/14 –, nrwe). 134

1. Der Standort des Vorhabens

Die objektiv-rechtliche Rechtmäßigkeit eines Vorhabens sowie die subjektiv-rechtliche Rechtsverletzung eines Nachbarn hängen unter dem Blickwinkel des Planungsrechts maßgeblich von dem Standort des Vorhabens ab. Denn aus den sich hieraus abzuleitenden planungsrechtlichen Folgen ergibt sich, ob das Grundstück des betroffenen Dritten vom Schutzbereich der aufgrund dieser Einordnung anzuwendenden Vorschrift umfasst ist. Je nach Lage des Vorhabens im beplanten Innenbereich, im unbeplanten Innenbereich oder im Außenbereich ist nämlich der Schutzumfang unterschiedlich. Darüber hinaus lassen sich aus dieser Einordnung für die einzelnen Kriterien unterschiedliche Schutzansprüche (Art der baulichen Nutzung, Maß der baulichen Nutzung, Bauweise oder Grundfläche, die überbaut werden soll, schädliche Umwelteinwirkungen) herleiten. 135

Für die Abgrenzung des beplanten vom unbeplanten Innenbereich ist die Wirksamkeit eines etwaigen Bebauungsplans ausschlaggebend. Ist der Bebauungsplan gültig, richtet sich die materielle Legalität einer baulichen Anlage und damit auch das Ab- 136 wehrrecht des Nachbarn nach § 30 BauGB[18], andernfalls nach § 34 BauGB[19]. Ist ein bisheriger Außenbereich mit einer Bauleitplanung überzogen worden soll, der Bebauungsplan aber nicht wirksam, bleibt der Bereich Außenbereich. Im Außenbereich richtet sich die materielle Legalität eines Vorhabens und damit auch der Nachbarrechtsschutz nach § 35 BauGB[20].

137 In einem Klageverfahren wird das Gericht in den Fällen, in denen es auf die Wirksamkeit eines Bebauungsplans ankommt, diese Frage inzidenter prüfen, und zwar unabhängig davon, ob gleichzeitig ein Normenkontrollverfahren gegen den Plan anhängig ist. In Verfahren auf Gewährung vorläufigen Rechtsschutzes geht die Rechtsprechung dagegen regelmäßig von der Wirksamkeit des zugrunde liegenden Bebauungsplans aus, wenn dieser nicht offensichtlich fehlerhaft und deshalb unwirksam ist (OVG Münster, B.v. 19.1.2009 – 10 B 1687/07 –, nrwe; Einzelheiten dazu ab Rn. 1090).

138 Stellt sich die Frage der planungsrechtlichen Zulässigkeit eines Vorhabens, das weder eindeutig dem Außenbereich noch dem unbeplanten Innenbereich zuzuordnen ist, stellen sich schwierige Abgrenzungsfragen. Die Abgrenzung des Außenbereichs vom nicht beplanten Innenbereichs ist zwar oftmals eine Frage der Bewertung des Einzelfalls und kann zumeist nur nach einer sorgfältigen Untersuchung vor Ort zuverlässig beantwortet werden. Dennoch haben sich in der Rechtsprechung Grundsätze für die Abgrenzung herausgebildet (s. dazu Schulte Beerbühl, http://dabonline.de/2014/08/28/langfassung-in-oder-out-recht-innenbereich-aussenbereich).

2. Nachbarschutz im beplanten Innenbereich

139 Im Geltungsbereich eines qualifizierten Bebauungsplans § 30 Abs. 1 BauGB[21] ist ein Vorhaben zulässig, wenn es den Festsetzungen (insbesondere über die Art und das Maß der baulichen Nutzung, die überbaubaren Grundstücksflächen) nicht widerspricht und die Erschließung gesichert ist.

140 Nach der Rechtsprechung des Bundesverwaltungsgerichts (U.v. 19.10.1995 – 4 B 215.95 –, BRS 57 Nr. 219 = juris) begründet § 30 Abs. 1 BauGB aus sich heraus keine subjektiv-öffentlichen Rechte zugunsten des Nachbarn. Erst dadurch, dass die Gemeinde einen Bebauungsplan erlässt, in dem sie die Bestimmungen der Baunutzungsverordnung in Bezug nimmt, kann sie den Grundstückseigentümern solche Rechte verschaffen. Ob dies im Einzelfall tatsächlich geschieht, hängt zum einen von dem Gegenstand der Festsetzung (Art der baulichen Nutzung, Maß der baulichen Nutzung, Bauweise, Grundfläche, die überbaut werden soll), zum anderen von dem zum Ausdruck gebrachten Willen des Satzungsgebers ab; die Annahmen der Rechtspre-

18 Gesetzestext unter Fn. 21.

19 Gesetzestext unter Fn. 41.

20 Gesetzestext unter Fn. 42.

21 **§ 30 BauGB [Zulässigkeit von Vorhaben im Geltungsbereich eines Bebauungsplans]**
(1) Im Geltungsbereich eines Bebauungsplans, der allein oder gemeinsam mit sonstigen baurechtlichen Vorschriften mindestens Festsetzungen über die Art und das Maß der baulichen Nutzung, die überbaubaren Grundstücksflächen und die örtlichen Verkehrsflächen enthält, ist ein Vorhaben zulässig, wenn es diesen Festsetzungen nicht widerspricht und die Erschließung gesichert ist.

chung über diese „Verleihung" der Nachbarrechte sind indes sehr verschieden (s. z.B. zum Maß der baulichen Nutzung ab Rn. 308).

a) Festsetzungen über die Art der baulichen Nutzung

Die Festsetzungen über die Art der baulichen Nutzung haben uneingeschränkte nachbarrechtliche Relevanz. Deshalb soll zunächst der Regelungsmechanismus dargestellt werden, der der Gemeinde zur Verfügung steht. Sodann wird (ab Rn. 159) auch den aus dieser Festsetzung folgenden Gebietserhaltungsanspruch eingegangen. 141

aa) Die Steuerungsmöglichkeiten der Gemeinde

Mit „Festsetzungen über die Art der baulichen Nutzung" (§ 30 Abs. 1 BauGB) sind die Festsetzungen von zulässigen Nutzungen nach den §§ 2 bis 14 BauNVO gemeint. Durch die Festsetzung der in § 1 Abs. 2 BauNVO bezeichneten Baugebiete[22] werden die Vorschriften der §§ 2 bis 14 BauNVO Bestandteil des Bebauungsplans (§ 1 Abs. 3 S. 2 BauNVO[23]). Das gilt allerdings nicht ohne Einschränkung. 142

(1) Steuerung der Ausnahmen

Die Baugebiete werden nur in dem Umfang Bestandteil des Bebauungsplans, in dem nicht auf Grund von § 1 Abs. 4 bis 10 BauNVO etwas anderes bestimmt wird. Dies wirkt sich auf die Rechtsschutzmöglichkeiten der Nachbarn aus. Diese Regelungen besagen im Einzelnen: 143

Für die in den §§ 4 bis 9 bezeichneten Baugebiete können im Bebauungsplan für das jeweilige Baugebiet Festsetzungen getroffen werden, die das Baugebiet nach der Art der zulässigen Nutzung (sog. horizontale Gliederung) oder nach der Art der Betriebe und Anlagen und deren besonderen Bedürfnissen und Eigenschaften gliedern (§ 1 Abs. 4 Satz 1 Nr. 1 BauNVO). 144

Im Bebauungsplan kann festgesetzt werden, dass bestimmte Arten von Nutzungen, die nach den §§ 2, 4 bis 9 und 13 BauNVO allgemein zulässig sind, nicht zulässig sind oder nur ausnahmsweise zugelassen werden können (§ 1 Abs. 5 BauNVO). Die allgemeine Zweckbestimmung des Baugebiets muss dabei gewahrt bleiben. So kann eine Gemeinde durch einen Ausschluss der Möglichkeit einer ausnahmsweisen Zulassung von bestimmten Vorhaben einen kompromisslosen Charakter eines Gebiets, z.B. 145

22 **§ 1 BauNVO [Allgemeine Vorschriften für Bauflächen und Baugebiete]**
(2) Die für die Bebauung vorgesehenen Flächen können nach der besonderen Art ihrer baulichen Nutzung (Baugebiete) dargestellt werden als
1. Kleinsiedlungsgebiete (WS)
2. reine Wohngebiete (WR)
3. allgemeine Wohngebiete (WA)
4. besondere Wohngebiete (WB)
5. Dorfgebiete (MD)
6. Mischgebiete (MI)
7. Kerngebiete (MK)
8. Gewerbegebiete (GE)
9. Industriegebiete (GI)
10. Sondergebiete (SO.).

23 **§ 1 BauNVO [Allgemeine Vorschriften für Bauflächen und Baugebiete]**
(3) Sätze 1 und 2: Im Bebauungsplan können die in Absatz 2 bezeichneten Baugebiete festgesetzt werden. Durch die Festsetzung werden die Vorschriften der §§ 2 bis 14 Bestandteil des Bebauungsplans, soweit nicht auf Grund der Absätze 4 bis 10 etwas anderes bestimmt wird.

eines Wohngebiets, erreichen (s. OVG Münster, U.v. 17.12.2008 – 10 A 3000/07 –, nrwe).

146 **Beispiel:** Ein Bebauungsplan, der ein Gewerbegebiet ausweist, setzt fest, dass Tankstellen, die eigentlich allgemein zulässig sind (§ 8 Abs. 2 Nr. 3 BauNVO), nicht zulässig sind, oder er regelt, dass sie nur ausnahmsweise zugelassen werden können.

147 Auch kann festgesetzt werden, dass alle oder einzelne Ausnahmen, die in den Baugebieten nach den §§ 2 bis 9 BauNVO vorgesehen sind, nicht Bestandteil des Bebauungsplans werden oder in dem Baugebiet allgemein zulässig sind, wobei auch hier die allgemeine Zweckbestimmung des Baugebiets gewahrt bleiben muss (§ 1 Abs. 6 BauNVO).

148 **Beispiel:** Ein Bebauungsplan, der ein Gewerbegebiet ausweist, setzt fest, dass Vergnügungsstätten, die eigentlich als Ausnahme zugelassen werden können (§ 8 Abs. 3 Nr. 3 BauNVO), nicht – auch nicht ausnahmsweise – zulässig sind, oder er regelt, dass sie allgemein – und nicht nur als Ausnahme -zulässig sind.

(2) Feingliederung des Baugebiets

149 Die Bestimmungen in den Absätzen 7 bis 10 des § 1 BauNVO bieten Möglichkeiten zur Feingliederung der Nutzungen in den Baugebieten. Ob und in welchem Umfang aus ihnen Nachbarrechte entstehen können, ist unter Rn. 170, zu erörtern.

150 In Bebauungsplänen für Baugebiete nach den §§ 4 bis 9 BauNVO kann gemäß § 1 Abs. 7 BauNVO, wenn besondere städtebauliche Gründe dies rechtfertigen, festgesetzt werden, dass in bestimmten Geschossen, Ebenen oder sonstigen Teilen baulicher Anlagen nur einzelne oder mehrere der in dem Baugebiet allgemein zulässigen Nutzungen zulässig sind – nachfolgend Beispiel (a) –, einzelne oder mehrere der in dem Baugebiet allgemein zulässigen Nutzungen unzulässig sind oder als Ausnahme zugelassen werden können – nachfolgend Beispiel (b) – oder alle oder einzelne Ausnahmen, die in den Baugebieten nach den §§ 4 bis 9 BauNVO vorgesehen sind, nicht zulässig oder allgemein zulässig sind – nachfolgend Beispiel (c) –, (sog. vertikale Gliederung).

151 **Beispiele:** (a) Ein Bebauungsplan, der ein allgemeines Wohngebiet ausweist, setzt fest, dass oberhalb des Erdgeschosses nur Wohnnutzung (§ 4 Abs. 2 Nr. 1 BauNVO) oder nur Wohnnutzung und Anlagen für gesundheitliche Zwecke (§ 4 Abs. 2 Nr. 3, 4. Alt. BauNVO) zulässig sind.

152 (b) Ein Bebauungsplan, der ein Mischgebiet ausweist, setzt fest, dass nicht kerngebietstypische Vergnügungsstätten (§ 6 Abs. 2 Nr. 8 i.V.m. § 4 a Abs. 3 Nr. 2 BauNVO) oder solche Vergnügungsstätten und Schank-und Speisewirtschaften (§ 6 Abs. 2 Nr. 3, 2. Alt. BauNVO) oberhalb des Erdgeschoss unzulässig sind, oder er setzt fest, dass Anlagen für sportliche Zwecke (§ 6 Abs. 2 Nr. 5, letzte Alt. BauNVO) oberhalb des Erdgeschosses nur ausnahmsweise zugelassen werden können.

153 (c) Ein Bebauungsplan, der ein Dorfgebiet ausweist, setzt fest, dass nicht kerngebietstypische Vergnügungsstätten (§ 5 Abs. 3 i.V.m. § 4 a Abs. 3 Nr. 2 BauNVO; kerngebietstypische Vergnügungsstätten sind ohnehin nicht zulässig und können auch nicht als Ausnahme zugelassen werden) oberhalb des Erdgeschosses auch nicht ausnahmsweise zugelassen werden können.

Die vorgenannten Festsetzungen können sich auch auf Teile des Baugebiets beschränken (§ 1 Abs. 8 BauNVO).

154 Schließlich kann festgesetzt werden, dass nur bestimmte Unterarten der in den Baugebieten allgemein oder ausnahmsweise zulässigen baulichen oder sonstigen Anlagen

zulässig oder nicht zulässig sind oder nur ausnahmsweise zugelassen werden können (§ 1 Abs. 9 BauNVO). Mit dieser Regelung wird eine noch weiter gehende Differenzierung in dem Bebauungsplan ermöglicht. Während nämlich die bislang genannten Bestimmungen die Arten von Nutzungen ansprachen, soll die Möglichkeit der Feindifferenzierung auch für einzelne Unterarten von Nutzungen und Anlagen gelten. Damit meint der Verordnungsgeber verschiedene Erscheinungsformen eines Nutzungstyps. So kann ein Einzelhandelsbetrieb (vgl. § 6 Abs. 2 Nr. 3, 1. Alt. BauNVO) sich etwa darstellen als Laden, Warenhaus, Supermarkt usw.; eine Anlage für sportliche Zwecke (z.B. § 4 Abs. 2 Nr. 3, letzte Alt. BauNVO) kann ein Hallenbad, ein Tennisplatz oder eine Turnhalle sein; eine Tankstelle (z.B. § 4 Abs. 3 Nr. 3 BauNVO) kann mit oder ohne Pflegehalle betrieben werden. Der Plangeber ist berechtigt, für solche Unterarten besondere Regelungen zu treffen. Voraussetzung für die Zulässigkeit einer solchen Festsetzung ist allerdings, dass besondere städtebauliche Gründe eine solche Maßnahme rechtfertigen.

§ 1 Abs. 10 BauNVO bietet weitere Gestaltungsmöglichkeiten für ansonsten unzulässige Erweiterungen, Änderungen, Nutzungsänderungen und Erneuerungen in überwiegend bebauten Gebieten. 155

(3) Grundsatz der statischen Verweisung

Da der Gemeinderat nur die jeweils geltende Fassung der Baunutzungsverordnung in seine Planungsentscheidung einbeziehen konnte, gilt die Baunutzungsverordnung – auch nach Jahren noch – in der Fassung, die bei Aufstellung des Bebauungsplans in Kraft war (sog. statische Verweisung, BVerwG, U.v. 27.2.1992 – 4 C 43/87 –, BVerwGE 90, 57 = juris; U.v. 24.2.2000 – 4 C 23/98 –, NVwZ 2000, 1054 = juris). Bei älteren Bebauungsplänen ist also die Baunutzungsverordnung in der Fassung von 1962, 1968, 1977, 1986 oder 1990 (oder zwischenzeitlichen Änderungen) heranzuziehen. Die inhaltlichen Änderungen der §§ 2 bis 14 BauNVO sind mit Blick auf manche Gebiete und auch einzelne Nutzungsarten, deren Zulässigkeit sich im Laufe der Jahre geändert hat (z.B. Vergnügungsstätten), sehr weitgehend. Bedeutsam ist dies auch für Nebenanlagen, da § 14 BauNVO in der Vergangenheit mehrmals geändert wurde (vgl. dazu Rn. 251). 156

(4) numerus clausus der Baugebiete

Der Katalog der Baugebiete nach der Baunutzungsverordnung ist für die Gemeinde bindend; zusätzliche Arten von Baugebieten können von ihr nicht geschaffen werden (sog. numerus clausus der Baugebiete; BVerwG, B.v. 12.12.1990 – 4 NB 13/90 –, BauR 1991, 169 = juris, und B.v. 8.2.1999 – 4 BN 1/99 –, NVwZ 1999, 1341 = juris). Hierfür besteht im Hinblick auf die Variationsmöglichkeiten des § 1 Abs. 4 bis 10 BauNVO i.d.R. auch kein Bedürfnis. Lediglich für Sondergebiete nach §§ 10 und 11 BauNVO (s. dazu ab Rn. 236) gibt es keine abschließende Typisierung. Sondergebiete müssen sich aber durch ihre Eigenart deutlich von den Baugebieten nach §§ 2 bis 9 BauNVO unterscheiden (BVerwG. B.v. 7.7.1997 – 4 BN 11/97 –, BauR 1997, 972 = juris, und v. 28.5.2009 – 4 CN 2/08 –, NVwZ 2010, 40 = juris). 157

158 Die nachstehenden Ausführungen zu regelmäßig oder durch Ausnahme zulässigen Vorhaben gehen davon aus, dass die Nutzungen regelmäßig oder ausnahmsweise zulässig sind, jedenfalls aber nicht kraft Festsetzung ausgeschlossen sind.

bb) Der Gebietserhaltungsanspruch

159 In Bezug auf das Merkmal der Art der baulichen Nutzung gilt der so genannte Gebietserhaltungsanspruch, Gebietsgewährleistungsanspruch oder Gebietsbewahrungsanspruch. (Diese Begriffe werden synonym und auch innerhalb der Bundesländer unterschiedlich verwandt; eine inhaltlich verschiedene Bedeutung haben sie nicht. Im Rahmen dieser Darstellung wird der Begriff des Gebietserhaltungsanspruchs verwandt, weil dieser das Wesen und den Zweck am besten beschreibt.)

160 In der Rechtsprechung ist seit dem Urteil des Bundesverwaltungsgerichts vom 16.9.1993 (4 C 28/91, DVBl 94, 284 = juris) anerkannt, dass Festsetzungen in einem Bebauungsplan über die Art der baulichen Nutzung stets auch dem Nachbarschutz dienen. Die Festsetzungen haben aus sich heraus nachbarschützenden Charakter; einer besonderen „Verleihung“ bedarf es nicht. Das Bundesverwaltungsgericht begründet den Gebietserhaltungsanspruch so:

161 *„Insbesondere bei der Festsetzung der Baugebiete kann es nicht vom Willen der Gemeinde abhängen, ob die Planfestsetzung nachbarschützend ist. Zu den Aufgaben des Bauplanungsrechts gehört es, die einzelnen Grundstücke einer auch im Verhältnis untereinander verträglichen Nutzung zuzuführen. Indem es in dieser Weise auf einen Ausgleich möglicher Bodennutzungskonflikte zielt, bestimmt es zugleich den Inhalt des Grundeigentums. Bauplanungsrechtlicher Nachbarschutz beruht demgemäß auf dem Gedanken des wechselseitigen Austauschverhältnisses. Weil und soweit der Eigentümer eines Grundstücks in dessen Ausnutzung öffentlich-rechtlichen Beschränkungen unterworfen ist, kann er deren Beachtung grundsätzlich auch im Verhältnis zum Nachbarn durchsetzen (BVerwG, Urteil vom 11. Mai 1989 – BVerwG 4 C 1.88 – BVerwGE 82, 61 <75>). Der Hauptanwendungsfall im Bauplanungsrecht für diesen Grundsatz sind die Festsetzungen eines Bebauungsplans über die Art der baulichen Nutzung. Durch sie werden die Planbetroffenen im Hinblick auf die Nutzung ihrer Grundstücke zu einer rechtlichen Schicksalsgemeinschaft verbunden. Die Beschränkung der Nutzungsmöglichkeiten des eigenen Grundstücks wird dadurch ausgeglichen, dass auch die anderen Grundeigentümer diesen Beschränkungen unterworfen sind (vgl. OVG Berlin, Beschluss vom 25. Februar 1988 – 2 S 1.88 – BRS 48 Nr. 167). Soweit die Gemeinde durch die Baunutzungsverordnung zur Festsetzung von Baugebieten ermächtigt wird, schließt die Ermächtigung deshalb ein, dass die Gebietsfestsetzung grundsätzlich nachbarschützend sein muss. Eine nicht nachbarschützende Gebietsfestsetzung würde gegen das Abwägungsgebot des § 1 Abs. 6 BauGB verstoßen.“*

162 Auf flächenhafte Festsetzungen, die die Nutzungsart nur im weiteren Sinn regeln, sind diese Grundsätze nicht übertragbar. Denn die Festsetzung einer Gemeinbedarfsfläche nach § 9 Abs. 1 Nr. 5 BauGB und die Festsetzung von Verkehrsflächen und Parkflächen im Sinn von § 9 Abs. 1 Nr. 11 BauGB begründen kein wechselseitiges Austauschverhältnis im Sinn der Rechtsprechung des Bundesverwaltungsgerichts. Ge-

rade bei der Festsetzung von Gemeinbedarfsflächen und öffentlichen Park- und Verkehrsflächen steht regelmäßig der Nutzen für die Allgemeinheit im Vordergrund (VGH München, B.v. 14.6.2016 – 2 CS 16.836 –, juris).

(1) Inhalt und Bedeutung des Gebietserhaltungsanspruchs

Rechtliche Konsequenz aus diesem Dogma ist, dass jeder Verstoß gegen eine Festsetzung zur Art der baulichen Nutzung zur Rechtsverletzung zulasten der Grundeigentümer (oder sonst dinglich Berechtigten, s. dazu ab Rn. 22) aus diesen Baugebiet führt, es sei denn, die Erteilung einer Ausnahme (§ 31 Abs. 1 BauGB[24]) oder einer Befreiung (§ 31 Abs. 2 BauGB[25]) ist erfolgt oder – nach umstrittener Auffassung – hätte erfolgen können (s. Rn. 298). 163

Der Gebietserhaltungsanspruch gewährt keinen Abwehranspruch gegen Mehrfamilienhäuser in einem Gebiet, in dem Wohnen zulässig ist. Denn auch diese dienen dem Wohnen (OVG Münster, B.v. 4.7.2014 – 7 B 363/14 –, nrwe). Allerdings kann durchaus ein Widerspruch zur Eigenart eines Gebiets vorliegen, wenn ein Vorhaben sich wegen seines Umfangs signifikant von dem Vorhandenen abhebt (VGH München, B.v. 25.8.2009 – 1 CS 09. 287 –, juris). Diesen Fall hat jedoch § 15 Abs. 1 Satz 1 BauNVO[26] geregelt, indem bestimmt ist, dass ein Vorhaben im Einzelfall auch unzulässig ist, wenn es wegen seines Umfangs der Eigenart eines bestimmten Baugebiets widerspricht. Das Gesetz geht davon aus, dass im Einzelfall Quantität in Qualität umschlagen kann, dass also die Größe einer baulichen Anlage die Art der baulichen Nutzung erfassen kann (BVerwG, U.v. 16.3.1995 – 4 C 3/94 –, NVwZ 1995, 899 = juris). Das hat aber nichts mit dem Gebietserhaltungsanspruch zu tun. 164

(2) Kein gebietsübergreifender Gebietserhaltungsanspruch

Aus dem Wesen des innerhalb eines Baugebiets bestehenden Austauschverhältnisses folgt nach allgemeiner Meinung, dass ein gebietsübergreifender, von konkreten Beeinträchtigungen unabhängiger Schutz des Nachbarn vor gebietsfremden Nutzungen im lediglich angrenzenden Plangebiet grundsätzlich nicht besteht. Als Eigentümer von Grundstücken aus verschiedenen Baugebieten sind sie nicht denselben rechtlichen Bindungen unterworfen und können auch nicht vom jeweils anderen Eigentümer deren Einhaltung verlangen. Weil deshalb zwischen dem Grundstück des Bauherrn und dem in einem anderen Plangebiet gelegenen Grundstück des „Nachbarn“ nicht das für ein Plangebiet typische wechselseitige Verhältnis besteht, das die in einem Plangebiet zusammengefassten Grundstücke zu einer bau- und bodenrechtlichen Schicksalsgemeinschaft zusammenschließt, fehlt es an dem spezifischen bauplanungsrechtlichen Grund, auf dem der nachbarschützende – von konkreten Beeinträchtigungen unabhängige – Gebietserhaltungsanspruch als Abwehrrecht beruht (BVerwG, B.v. 10.1.2013 – 4 B 48.12 –, BRS 81 Nr. 182 = juris; B.v. 22.12.2011 – 4 B 32.11 –, BRS 78 Nr. 181 = juris; B.v. 18.12.2007 – 4 B 55/07 –, NVwZ 2008, 427 = juris; vgl. auch VGH Kassel, B.v. 8.6.2015 – 3 A 938/14.Z –, juris; VGH München, U.v. 11.4.2011 – 9 N 10.1373 –, juris). 165

24 Gesetzestext unter Fn. 32.
25 Gesetzestext unter Fn. 34.
26 Gesetzestext unter Fn. 36.

166 Das gilt auch, wenn die verschiedenen Baugebiete im selben Bebauungsplan festgesetzt sind. Denn es ist nicht der Plan, der die Schicksalsgemeinschaft begründet, sondern die Zusammenfassung in ein Baugebiet mit den gemeinsamen Rechten und Pflichten. Deshalb besteht ein Gebietserhaltungsanspruch selbst dann nicht, wenn ein Bebauungsplan zwei Sondergebiete festsetzt und das Grundstück des Nachbarn in dem einen und das Vorhabengrundstück in dem anderen liegt, der Plan aber für die Gebiete unterschiedliche Arten der baulichen Nutzung bestimmt (vgl. zu einem solchen Fall VGH Mannheim, B.v. 23.6.2016 – 5 S 634/16 –, juris).

167 Allerdings ist nicht ausgeschlossen, dass die Gemeinde mit einer Baugebietsfestsetzung den Zweck verfolgt, auch „Gebietsnachbarn" einen Anspruch auf Gebietserhaltung zu verschaffen. Ob einer Baugebietsfestsetzung eine derartige, über die Gebietsgrenze hinausreichende drittschützende Wirkung zukommt, hängt davon ab, ob dies der Wille des Plangebers war. Ein entsprechender Planungswille der Gemeinde kann sich der Begründung des Bebauungsplans oder anderen Unterlagen des Planaufstellungsverfahrens entnehmen lassen (VGH München, B.v. 31.8.2012 – 14 CS 12.1373 –, juris, und B.v. 31.3.2008 – 1 ZB 07.1062 –, juris; OVG Koblenz, U.v. 14.1.2000 – 1 A 11751/99 –, BauR 2000, 527 = juris; OVG Lüneburg, B.v. 26.04. 2001 – 1 MB 1190/01 –, ZfBR 2002, 280 = juris). Allein der Umstand, dass der Plangeber im Bebauungsplan nachbarschützende Festsetzungen für die in dem Plangebiet gelegenen Grundstücke getroffen hat, genügt nicht, um einen entsprechenden Planungswillen für einen baugebietsübergreifenden Gebietserhaltungsanspruch annehmen zu können. Denn insoweit handelt es sich gerade um einen Ausnahmefall (BVerwG, B.v. 10.1.2013 – 4 B 48/12 –, juris), der auch entsprechend deutliche Anhaltspunkte erfordert (vgl. VGH München, B.v. 2.5.2016 – 9 ZB 13.2048 u.a. –, juris; B.v. 24.3.2009 – 14 CS 08.3017 –, juris). Die Festsetzung eines eingeschränkten Gewerbegebiets in unmittelbarer Nachbarschaft zu einem allgemeinen Wohngebiet zur Vermeidung unzumutbarer Immissionen genügt für sich genommen ebenfalls nicht als Beweis für einen entsprechenden Willen: Sie erfolgt statt dessen regelmäßig, um den objektiv-rechtlichen planungsrechtlichen Anforderungen an das Trennungsgebot (§ 50 BImSchG) und die Abwägungsentscheidung nach § 1 Abs. 7 BauGB (VGH München, B.v. 2.5.2016 – 9 ZB 13.2048 u.a. –, juris).

168 Ansonsten, d.h. wenn ein gebietsübergreifender Gebietserhaltungsanspruch nicht bejaht werden kann, bestimmt sich der Nachbarschutz eines außerhalb der Grenzen des Plangebiets belegenen Grundstückseigentümers nur nach dem in § 15 Abs. 1 Satz 2 BauNVO enthaltenen Gebot der Rücksichtnahme (dazu eingehend ab Rn. 303). Diesbezüglich ist anerkannt, dass in Bereichen, in denen Baugebiete von unterschiedlicher Qualität und unterschiedlicher Schutzwürdigkeit zusammentreffen, die Grundstücksnutzung mit einer gegenseitigen Pflicht zur Rücksichtnahme belastet ist, was auch dazu führt, dass der Belästigte Nachteile hinnehmen muss, die er außerhalb eines derartigen Grenzbereichs nicht hinzunehmen bräuchte (BVerwG, U.v. 12.12.1975 – IV C 71.73 –, BRS 29 Nr. 135 = juris, und B.v. 5.3.1984 – 4 B 171.83 –, BRS 42 Nr. 66 = juris). In diesem Rahmen kommt es auf die konkreten örtlichen Verhältnisse an.

169 **Beispiel (nach OVG Münster, U.v. 15.3.2007 – 10 A 998/06 –, nrwe):** Eine besondere Pflicht zur Hinnahme von Störungen besteht, wenn in dem benachbarten Sondergebiet bereits seit etwa

30 Jahren gewerbliche Nutzung stattfindet und damit von einer Vorbelastung des angrenzenden Wohngebiets auszugehen ist.

(3) Gebietserhaltungsanspruch bei Feingliederung des Baugebiets?

Ob im Falle einer Genehmigung unter Verstoß gegen eine „feingliedernde" Festsetzung (s. dazu oben ab Rn. 149) ein Grundstückseigentümer aus dem Baugebiet ein Abwehrrecht hat, ist fraglich. Da rechtliche Voraussetzung für eine solche Festsetzung ist, dass sie durch „besondere städtebauliche Gründe" gerechtfertigt wird, wird Motiv für solche feingliedernde Festsetzungen in der Regel allein ein städtebauliches und kein individuell-eigentumsrechtliches sein (so auch OVG Münster, B.v. 16.12.2014 – 2 A 2082/14 –, nrwe; VGH München, B.v. 17.10.2002 – 15 CS 02.2068 –, juris). Außerdem ist zwar ist eine Festsetzung der Art der baulichen Nutzung betroffen. Eine „Schicksalsgemeinschaft" der Grundstückseigentümer, wie das Bundesverwaltungsgericht sie in seinem Urteil vom 16.9.1993 (4 C 28/91, DVBl 94, 284 = juris) zum generellen nachbarschützenden Charakter von Festsetzungen zur Art der baulichen Nutzung angenommen hat, besteht in Fällen dieser Art aber nicht. Denn das sie zusammenfassende Band ist das Baugebiet und nicht die Untergliederung. Ein Verstoß nur gegen die Feingliederung zerstört deshalb keine Schicksalsgemeinschaft, solange nichts zugelassen wird, was in dem Gebiet überhaupt nicht zulässig wäre. 170

Etwas anderes kann gelten, wenn der Ortsgesetzgeber der feingliedernden Festsetzung erkennbar im Einzelfall eine nachbarschützende Wirkung beimessen wollte (vgl. zum Ganzen: BVerwG, B.v. 18.12.2007 – 4 B 55.07 –, NVwZ 2008, 427 = juris; VGH Mannheim, U.v. 11.3.1997 – 10 S 2815/96 –, NVwZ 1999, 439 = juris; OVG Koblenz, U.v. 14.1.2000 – 1 A 11751/99 –, BauR 2000, 527 = juris; OVG Lüneburg, B.v. 11.12.2003 – 1 ME 302/03 –, NVwZ 2004, 1010 = juris; OVG Münster, B.v. 17.6.2009 – 8 B 1864/08 –, nrwe, und v. 2.12.2013 – 2 A 1231/13 –, nrwe; VGH München, B.v. 23.2.2012 – 14 ZB 11.1591 –, BayVBl. 2013, 310 = juris; und v. 31.8.2012 – 14 CS 12.1373 u. a. –, juris). 171

(4) Spezieller Gebietsprägungserhaltungsanspruch?

In der verwaltungsgerichtlichen Rechtsprechung findet sich der Hinweis, dass in § 15 Abs. 1 Satz 1 BauNVO nicht nur das Gebot der Rücksichtnahme (dazu eingehend ab Rn. 303) verankert sei, sondern auch ein Anspruch auf Aufrechterhaltung der typischen Prägung eines Baugebiets. 172

In der Tat hat das Bundesverwaltungsgericht in der Vergangenheit gelegentlich formuliert, es bestehe ein Anspruch auf Aufrechterhaltung der gebietstypischen Prägung, dem § 15 Abs. 1 Satz 1 BauNVO ebenfalls zu dienen bestimmt sei (B. v. 13.5.2002 – 4 B 86/01 –, NVwZ 2002, 1384 = juris). Hierauf beruft sich das OVG Hamburg in seinem Beschluss vom 4.5.2009 (2 Bs 154/08, juris) wenn es dem Eigentümer eines im Plangebiet gelegenen Grundstücks unabhängig von konkreten Beeinträchtigungen einen kraft Bundesrechts zustehenden Gebietserhaltungsanspruch zuspricht. Auch der VGH Mannheim (U. v. 27.7.2001 – 5 S 1093.00 –, juris; weitere Hinweise in VG München, U.v. 17.5.2016 – M 1 K 16.629 –, juris) meint, dass § 15 Abs. 1 Satz 1 BauNVO eine einzelfallbezogene „Feinabstimmung" bezwecke, indem er Anlagen 173 und Nutzungen, die nach der „Grobabstimmung" der §§ 2 bis 14 BauNVO zulässig sind, unter den genannten Voraussetzungen als nicht genehmigungsfähig bewerte. Nach diesem speziellen Gebietsprägungserhaltungsanspruch könne ein allgemein oder ausnahmsweise zulässiges, also im Einklang mit den Vorgaben der Baunutzungsverordnung zur Gebietsart stehendes Vorhaben, dennoch unzulässig sein wegen Widerspruchs zur allgemeinen Zweckbestimmung des maßgeblichen Baugebiets. Ein solches Vorhaben könne damit vom Nachbarn ohne konkrete und individuelle Betroffenheit abgewehrt werden.

174 Dies ist jedoch abzulehnen. Eine derartige Konstruktion ist zum einen konturenlos und nicht rechtssicher handhabbar und zum anderen nicht erforderlich, weil die Gebietsprägung durch die nach Planungsrecht zulässige Nutzungsart erfolgt und der anerkannte Gebietserhaltungsanspruch, das Gebot der Gebietsverträglichkeit (s. dazu ab Rn. 261) sowie das Rücksichtnahmegebot des § 15 BauNVO einen hinreichenden planungsrechtlichen Schutz des Nachbarn gewähren (ablehnend auch: VG Ansbach, B.v. 13.1.2016 – AN 3 S 15.02436 –, juris).

cc) Prüfung der Zulässigkeit nach dem Planungsrecht

175 Ist ein Vorhaben aufgrund einer wirksamen Festsetzung nach Maßgabe des Katalogs in der jeweiligen Baugebietsvorschrift in dem Baugebiet zulässig, sei es regelmäßig oder aufgrund einer rechtsfehlerfreien Erteilung einer Ausnahme oder einer Befreiung, ist eine Verletzung von Nachbarrechten stets auszuschließen, ohne dass es auf die Frage des subjektiv-öffentlichen Abwehrrechts noch ankäme. Umgekehrt ist eine Nachbarrechtswidrigkeit immer schon dann gegeben, wenn das Vorhaben in dem Baugebiet nicht regelmäßig zulässig ist und nicht fehlerfrei als Ausnahme oder im Wege einer Befreiung zugelassen worden ist bzw. werden kann; dann stellt sich die weitere Frage der subjektiven Rechtsverletzung.

(1) Die allgemein zulässigen Vorhaben

176 Gegen ein Vorhaben, das in dem Baugebiet regelmäßig zulässig ist, hat ein Grundstückseigentümer aus demselben Baugebiet grundsätzlich kein Abwehrrecht unter dem Gesichtspunkt der Art der baulichen Nutzung; Ausnahmen von diesem Grundsatz regelt § 15 BauNVO. Zu betrachten ist dabei das Vorhaben nach seiner typischen Erscheinungsform (nachfolgend ab Rn. 177). Ob dieses zulässig ist, bestimmt sich zunächst nach dem Wortlaut der Baugebietsbestimmung (nachfolgend ab Rn. 1804), bedarf aber darüber hinaus einer weiteren Prüfung unter dem Gesichtspunkt der Gebietsverträglichkeit (nachfolgend ab Rn. 261).

(a) Typisierende Betrachtung und begrenzte Typisierung

177 Für die Frage nach der Zulässigkeit eines Vorhabens in einem bestimmten Baugebiet ist regelmäßig auf die typische Erscheinungsform einer solchen baulichen Anlage oder deren Nutzungsart abzustellen (sog. typisierende Betrachtungsweise, BVerwG, B.v. 25.3.2004 – 4 B 15/04 –, BRS 67 Nr. 70 = juris; vgl. auch OVG Koblenz, B.v. 16.9.2013 – 8 A 10560/13 –, juris). Bei der Prüfung sind – anders als bei § 15 BauNVO – nicht die konkreten Verhältnisse an Ort und Stelle maßgebend, sondern

alle mit dem Vorhaben typischerweise verbundenen Auswirkungen auf die (nähere) Umgebung (VGH München, B.v. 29.1.2016 – 15 ZB 13.1759 –, juris).

Diese Sichtweise rechtfertigt sich daraus, dass die Baunutzungsverordnung die Anforderungen an gesunde Wohn- und Arbeitsverhältnisse in Gestalt einer Baugebietstypologie konkretisiert. Typische Nutzungsarten und bauliche Anlagen werden in der Baunutzungsverordnung einem oder mehreren Baugebieten zugeordnet. Der Grundsatz hat insbesondere – aber nicht nur – Bedeutung für Gewerbebetriebe. Relevant für die Beurteilung der Gebietsunverträglichkeit sind alle mit der Zulassung des Betriebes – nach Maßgabe der genauen Betriebsbeschreibung – nach seinem Gegenstand, seiner Struktur und Arbeitsweise typischerweise verbundenen Auswirkungen auf die nähere Umgebung. Kennzeichnend sind insbesondere die Art und Weise der Betriebsvorgänge, der Umfang, die Häufigkeit und die Zeitpunkte dieser Vorgänge, der damit verbundene An- und Abfahrtsverkehr der Kunden, Lieferanten und Beschäftigten sowie der Einzugsbereich des Betriebes (BVerwG, U.v. 25.11.1983 – 4 C 21/83 –, BVerwGE 68, 213 = juris), ferner die Dauer dieser Auswirkungen und ihre Verteilung auf die Tages- und Nachtzeiten. 178

Die Typisierung von Betrieben gilt nicht ausnahmslos. Es ist grundsätzlich nicht ausgeschlossen, dass sich ein Betrieb in seiner konkreten Ausgestaltung als atypisch erweist. Wenn der Betrieb nach seiner Art und Betriebsweise von vornherein keine Störungen befürchten lässt und damit seine Gebietsverträglichkeit dauerhaft und zuverlässig sichergestellt ist, ist er auch baurechtlich unbedenklich (sog. begrenzte Typisierung, BVerwG U.v. 24.9.1992 – 7 C 7.92 –, DVBl. 1993, 111, juris, bestätigt durch BVerwG, B.v. 2.2.2000 – 4 B 87/99 –, juris; s. auch VGH Mannheim, B.v. 22.10.2015 – 10 S 1773/15 –, juris; OVG Magdeburg, U.v. 21.10.2015 – 2 K 194/12 –, juris). Das setzt voraus, dass dieser Betrieb durch betriebsbezogene Besonderheiten vom typischen Erscheinungsbild eines solchen Betriebs abweicht. Erforderlich ist eine Einzelfallbeurteilung, die die jeweilige Betriebsstruktur in den Blick nimmt, also beurteilt, ob sich die Störwirkungen, die die konkrete Anlage bei funktionsgerechter Nutzung erwarten lässt, innerhalb des Rahmens halten, der durch die Gebietseigenart vorgegeben wird (vgl. Stock in: Ernst/Zinkahn/Bielenberg/Krautzberger, BauGB, § 4 BauNVO Rn. 73 m.w.N.). Sind – je nach dem Arbeitsvorgang und ggfs. der Verwendung von Maschinen – Erscheinungsformen möglich, die von nicht störenden bis hin zu störenden Betrieben reichen, so kann z.B. in atypischen Fällen das Störungspotential einer Werkstatt als gering einzustufen sein, wenn nachgewiesenermaßen ausschließlich nichtstörende Arbeiten durchgeführt werden (vgl. VG Neustadt/Weinstraße, B.v. 19.8.2015 – 4 L 677/15.NW –, juris, zu einer mechatronischen Werkstatt, die als metallverarbeitender Kleinbetrieb keine solchen Besonderheiten aufwies, die es rechtfertigten, hier ausnahmsweise von einem „nicht störenden Gewerbebetrieb" auszugehen; vgl. auch VGH München, U.v. 8.9.1998 – 27 B 96.1407 –, BRS 60 Nr. 93 m.w.N. = juris). 179

(b) Prüfung nach dem Wortlaut

Nachfolgend werden die in der Praxis wichtigsten Nutzungsarten mit ihren typischen Problemen vorgestellt. Eine umfassende Darstellung würde den Rahmen sprengen; 180

wegen der Einzelheiten wird auf die Kommentarliteratur zur Baunutzungsverordnung, insbesondere Fickert/Fieseler, BauNVO, und Bönker/Bischopink, BauNVO, verwiesen.

(aa) Wohnen

181 Die Festsetzung eines reinen Wohngebiets (s. § 3 Abs. 2 Nr. 1 BauNVO), eines allgemeinen Wohngebiets (s. § 4 Abs. 2 Nr. 1 BauNVO), eines besonderen Wohngebiets (s. § 4 a Abs. 2 Nr. 1 BauNVO), eines Dorfgebiets (s. § 5 Abs. 2 Nr. 3 BauNVO) und eines Mischgebiets (s. § 6 Abs. 2 Nr. 1 BauNVO) berechtigt uneingeschränkt und regelmäßig zur Nutzung einer Wohnung oder eines Wohngebäudes zu „freien", d.h. nicht an einen gewerblichen oder landwirtschaftlichen Betrieb gebundenen Wohnzwecken.

182 In Kleinsiedlungsgebieten (§ 2 Abs. 2 Nr. 1 BauNVO) ist Wohnnutzung als Teil einer Kleinsiedlung regelmäßig zulässig; ansonsten ist dort freie Wohnnutzung nur ausnahmsweise zulässig (§ 2 Abs. 3 Nr. 1 BauNVO).

In Kerngebieten ist freie Wohnnutzung nur nach Maßgabe von Festsetzungen des Bebauungsplans zulässig (§ 7 Abs. 2 Nr. 7 BauNVO); außerhalb davon können sie nur ausnahmsweise zugelassen werden (§ 7 Abs. 3 Nr. 2 BauNVO).

Wohnungen für Aufsichts- und Bereitschaftspersonen sowie für Betriebsinhaber und Betriebsleiter (betriebsbezogene Wohnungen) sind in Kerngebieten (§ 7 Abs. 2 Nr. 6 BauNVO) regelmäßig zulässig. Sie sind in Gewerbegebieten (§ 8 Abs. 3 Nr. 1 BauNVO) und Industriegebieten (§ 9 Abs. 3 Nr. 1 BauNVO) ausnahmsweise zulässig, sofern sie dem Gewerbebetrieb zugeordnet und ihm gegenüber in Grundfläche und Baumasse untergeordnet sind.

Zu Wirtschaftsstellen land- und forstwirtschaftlicher Betriebe zugehörige Wohnungen und Wohngebäude sowie Kleinsiedlungen einschließlich Wohngebäuden mit entsprechenden Nutzgärten sind in Dorfgebieten (§ 5 Abs. 2 Nr. 1 BauNVO) regelmäßig zulässig.

183 „Wohnen" im Sinne der Baunutzungsverordnung (gemeint ist hier sowohl freies als auch betriebsbezogenes Wohnen) „setzt eine auf Dauer angelegte Häuslichkeit, Eigengestaltung der Haushaltsführung und des häuslichen Wirkungskreises sowie Freiwilligkeit des Aufenthalts voraus" (BVerwG, B.v. 25.3.2004 – 4 B 15/04 –, BRS 67 Nr. 70 = juris). Diese Definition ist aus der Abgrenzung zu anderen planungsrechtlichen Nutzungsformen entwickelt worden. Gemeint ist die Nutzungsform des selbstbestimmt geführten privaten Lebens „in den eigenen vier Wänden", die auf eine gewisse Dauer angelegt ist.

184 Andere Nutzungsformen wie etwa die Unterbringung, das Verwahren unter gleichzeitiger Betreuung, die bloßen Schlafstätte oder andere ähnliche Einrichtungen fallen nicht hierunter. Die hierzu dienenden Anlagen sind gegebenenfalls als Anlagen zur Beherbergung (s. dazu Rn. 219) oder Anlagen für soziale Zwecke (s. dazu ab Rn. 225) einzustufen.

Beispiel (nach OVG Bautzen, B.v. 28.2.2012 – 1 B 317/11 –, juris): Ein Jugendstrafvollzug in einer Wohnstätte in freier Form stellt sich nicht als Anlage zum Wohnen dar, da der Aufenthalt nicht freiwillig erfolgt, sondern mit ihm die verhängte Jugendstrafe vollzogen wird. 185

weiteres Beispiel (nach OVG Lüneburg, B.v. 18.9.2015 – 1 ME 126/15 –, juris): Die Grenzen des Wohnens sind überschritten, wenn das Gebäude – wie im Fall einer Unterkunft für Monteure – aufgrund seiner spartanischen Ausstattung lediglich als Schlafstätte dient und auch einfache Wohnbedürfnisse nicht befriedigt. Dabei spielt auch die Wohndichte eine Rolle. Der Umstand, dass sich zwei Bewohner einen Schlafraum teilen, spricht zwar nicht zwingend gegen eine Wohnnutzung im Rechtssinne. Bei Berücksichtigung des üblichen Wohnstandards kann aber dann nicht mehr von „Wohnen" die Rede sein, wenn einerseits jegliche Privatsphäre aufgegeben wird und andererseits zwischen den Bewohnern keine persönliche Bindung besteht, vielmehr sich diese Bindung in dem gemeinsamen Interesse an einer möglichst kostengünstigen Unterbringung erschöpft. 186

§ 3 Abs. 4 BauNVO erweitert die zulässige Nutzung von Wohngebäuden in der Weise, dass zu den nach §§ 2, 3 Abs. 2 und 4 bis 7 BauNVO zulässigen Wohngebäuden auch solche gehören, die ganz oder teilweise der Betreuung und Pflege ihrer Bewohner dienen. Damit sind solche Einrichtungen auch dann in den betreffenden Gebieten zulässig, wenn der Wohnanteil nicht überwiegt, sondern lediglich ein Mindestmaß der Anforderungen an den Wohnbegriff erfüllt sind (Vietmeyer in: Bönker/Bischopink, BauNVO, § 3 BauNVO Rn. 105 m.w.N.). 187

Das Wohnen in einer Wohnung oder einem Wohngebäude für Aufsichts- und Bereitschaftspersonen sowie für Betriebsinhaber und Betriebsleiter ist eine Unterart des Wohnens. Dieses Wohnen erfüllt zwar alle oben beschriebenen Begriffsmerkmale. Dennoch ist diese Art der Nutzung bauplanungsrechtlich eine andere als das klassische, „freie" Wohnen. Denn sie ist verknüpft mit dem Betrieb und erfährt ihre Rechtfertigung nur durch diesen – ähnlich dem Wohnhaus des Landwirts im Außenbereich, das nur deshalb dort zulässig ist, weil es dem landwirtschaftlichen Betrieb dient. Als Konsequenz aus dieser Ableitung verliert die Wohnnutzung ihre Berechtigung durch die Aufgabe des Betriebs oder wenn die Aufsichts-, Bereitschafts-, Inhaber- oder Leiterfunktion endet. Wenn diese Verknüpfung beendet ist und ein Übergang zum „freien" Wohnen erfolgt, stellt dies eine andere Nutzungsart dar. Das kann nach Maßgabe des jeweiligen Landesrechts eine Nutzungsuntersagung und ein Abwehrrecht eines anderen Grundstückseigentümers in diesem Gebiet rechtfertigen. Umgekehrt gehen etwaige Abwehrrechte des Wohnenden gegen eine andere, vermeintlich baugebietswidrige Nutzung in dem Gebiet unter, weil die eigene Nutzung nunmehr rechtswidrig ist (vgl. VGH Mannheim, B.v. 25.4.2013 – 22 ZB 12.1229 –, juris; Einzelheiten zur Folge gegenseitiger Rechtsverstöße ab Rn. 952). 188

Anlagen zur Unterbringung von Flüchtlingen und Asylbewerbern als Asylbewerberunterkunft oder in der Form der Erstaufnahmeeinrichtung stellen keine Wohnnutzung dar, da es jedenfalls an der Eigengestaltung und Freiwilligkeit des Aufenthalts fehlt. Gerade auch wegen der Residenzpflicht der Asylbewerber sowie der von der Einrichtung zu gewährleistenden zentralen Vollverpflegung und Versorgung mit sonstigen Sachleistungen sind sie als Anlagen für soziale Zwecke einzuordnen (vgl. VG Hamburg, B.v. 12.2.2016 – 7 E 6816/15 –, juris; OVG Hamburg, B.v. 28.5.2015 – 2 Bs 23/15 –, juris; VGH Kassel, B.v. 18.9.2015 – 3 B 1518/15 –, NVwZ 2016, 88; VGH Mannheim, B.v. 6.10.2015 – 3 S 1695/15 –, juris; VG Köln, U.v. 11.1.2012 – 189

23 K 1277/11 –, juris; so auch BT-Drs. 18/6185, S. 87; Einzelheiten dazu unter Rn. 227). Außerdem spricht oft gegen die hinreichende Eigengestaltung der Haushaltsführung und des häuslichen Wirkungskreises die konkrete Ausprägung der Räumlichkeiten.

190 Das dauerhafte Wohnen in einem Wochenendhausgebiet, einem Ferienhausgebiet oder einem Campingplatzgebiet widerspricht dem Charakter dieser Gebiete. In ihnen darf der Lebensmittelpunkt nicht begründet werden. Bei dem für diese Gebiete vorgesehenen Aufenthalt handelt es sich gegenüber der allgemeinen Wohnnutzung um eine eigenständige Nutzungsart, für die andere bauplanungsrechtliche oder bauordnungsrechtliche Anforderungen in Betracht kommen. Die begrifflichen Unterscheidungen sind im Bauplanungsrecht durch die Regelung in § 10 BauNVO angelegt (vgl. BVerwG, U.v. 12.3.1982 – 4 C 59.78 –, NJW 1982, 2512; VGH München, B.v. 4.9.2013 – 14 ZB 13.6 –, BRS 81 Nr. 84 = juris; Näheres dazu unter Rn. 237).

191 Wenn eine Wohnung von vornherein auch zum Zwecke der Ausübung der Prostitution genutzt wird, so dass – neben der Wohnnutzung – von einer gewerbsmäßigen Prostitution im üblichen Sinne auszugehen ist („Wohnungsprostitution"), stellt dies im bauplanungsrechtlichen Sinn eine neben die Wohnnutzung tretende gewerbliche Nutzung dar. Erst recht gilt dies, wenn es sich um ein Bordell handelt, in dem die Prostitution im Vordergrund steht und diese mit Wohnnutzung in denselben Räumen verbunden ist (BVerwG, B.v. 28.6.1995 – 4 B 137/95 –, NVwZ-RR 1996, 84 = juris). Nach der Rechtsprechung des Bundesverwaltungsgerichts (U.v. 25.11.1983 – 4 C 21/83 –, BVerwGE 68, 213 = juris) ist ein „klassisches" Bordell grundsätzlich ein gewerblicher Betrieb.

(bb) Gewerbliche Nutzung

192 Die Baunutzungsverordnung verwendet keinen einheitlichen Gewerbebegriff, sondern differenziert nach dem Störungsgrad und nach seiner funktionalen Gebietsbezogenheit. Darüber hinaus haben Unterarten von Gewerbebetrieben in einzelnen Baugebieten eine besondere Berücksichtigung erfahren.

193 In Kleinsiedlungsgebieten können nicht störende Gewerbebetriebe ausnahmsweise zugelassen werden (§ 2 Abs. 3 Nr. 4 BauNVO).

In reinen Wohngebieten sind Gewerbebetriebe grundsätzlich nicht zulässig, es sei denn als besondere, „privilegierte" Unterarten von Gewerbebetrieben (§ 3 BauNVO).

In allgemeinen Wohngebieten können („sonstige", d.h. nicht in § 4 Abs. 2 oder 3 BauNVO genannte) Gewerbebetriebe ausnahmsweise zugelassen werden (§ 4 Abs. 3 Nr. 2 BauNVO).

In Dorfgebieten sind nicht wesentlich störende Gewerbebetriebe regelmäßig zulässig. Zwar sind unter § 5 Abs. 2 Nr. 6 BauNVO „sonstige Gewerbebetriebe" einschränkungslos genannt, doch ergibt sich die Einschränkung, dass sie das Wohnen nicht wesentlich stören dürfen, aus § 5 Abs. 1 BauNVO.

In Mischgebieten sind nicht wesentlich störende Gewerbebetriebe regelmäßig zulässig. Zwar sind unter § 6 Abs. 2 Nr. 4 BauNVO „sonstige Gewerbebetriebe" einschränkungslos genannt, doch ergibt sich die Einschränkung, dass sie das Wohnen nicht wesentlich stören dürfen, aus § 6 Abs. 1 BauNVO.

In Kerngebieten sind („sonstige“) nicht wesentlich störende Gewerbebetriebe regelmäßig zulässig (§ 7 Abs. 2 Nr. 3 BauNVO).

In Gewerbegebieten sind nicht erheblich belästigende Gewerbebetriebe regelmäßig zulässig. Zwar sind unter § 8 Abs. 2 Nr. 1 BauNVO „Gewerbebetriebe aller Art“ genannt, doch ergibt sich die Einschränkung, dass sie nicht erheblich belästigen dürfen, aus § 8 Abs. 1 BauNVO.

In Industriegebieten (§ 9 BauNVO) sind alle Arten von Gewerbebetrieben zulässig.

(aaa) Definition des Gewerbes

Nach einer vom Bundesverwaltungsgericht im Rahmen des Gewerberechts verwandten Definition ist Gewerbe „jede nicht sozial unwertige (generell nicht verbotene), auf Gewinnerzielung gerichtete und auf Dauer angelegte selbständige Tätigkeit, ausgenommen Urproduktion, freie Berufe (freie wissenschaftliche, künstlerische und schriftstellerische Tätigkeit höherer Art sowie persönliche Dienstleistungen höherer Art, die eine höhere Bildung erfordern) und bloße Verwaltung und Nutzung eigenen Vermögens“ (BVerwG, U.v. 26.1.1993 – 1 C 25/91 –, NVwZ 1993, 775 = juris). Die steuerrechtliche Definition in § 15 Abs. 2 S. 1 und 3 Einkommensteuergesetz (EStG) lautet: „Eine selbständige nachhaltige Betätigung, die mit der Absicht, Gewinn zu erzielen, unternommen wird und sich als Beteiligung am allgemeinen wirtschaftlichen Verkehr darstellt, ist Gewerbebetrieb, wenn die Betätigung weder als Ausübung von Land- und Forstwirtschaft noch als Ausübung eines freien Berufs noch als eine andere selbständige Arbeit anzusehen ist. Ein Gewerbebetrieb liegt, wenn seine Voraussetzungen im Übrigen gegeben sind, auch dann vor, wenn die Gewinnerzielungsabsicht nur ein Nebenzweck ist.“ Diese Definition ist vorzugswürdiger. Denn sie schließt „generell verbotene“ Tätigkeiten nicht aus; das ist aber geboten, weil ansonsten bei einer streng von der erstgenannten Definition ausgehenden Betrachtung einer generell verbotenen Tätigkeit (z.B. Betrieb von verbotenem Glücksspiel) nicht ohne weiteres entgegen gehalten werden könnte, es handle sich um ein Gewerbe, für das das Gebiet nicht offen sei. 194

Da allein die Absicht, Gewinn zu erzielen, Wesensmerkmal ist, führt der Umstand, dass kein Gewinn (mehr) erzielt wird, nicht zum Verneinen bzw. Verlust der Gewerbeeigenschaft. 195

Wegen der drei negativen Tatbestandsmerkmale (nach Gewerberecht: „nicht Urproduktion, freier Beruf oder Verwaltung eines Vermögens“, nach Einkommensteuerrecht: „wenn die Betätigung weder als Ausübung von Land- und Forstwirtschaft noch als Ausübung eines freien Berufs noch als eine andere selbständige Arbeit anzusehen ist“) zählt Land- und Forstwirtschaft nicht zu Gewerbe im Sinne der Baunutzungsverordnung. Sie wird auch ansonsten im Bauplanungsrecht besonders behandelt (vgl. § 35 Abs. 1 Nr. 1 BauGB). Wirtschaftsstellen land- und forstwirtschaftlicher Betriebe und die dazugehörigen Wohnungen und Wohngebäude sind – außer im Außenbereich, der kein Baugebiet ist – nur in einem Dorfgebiet zulässig (§ 5 Abs. 2 Nr. 1 196

BauNVO). Sofern allerdings neben der Landwirtschaft ein Hofladen oder eine Gaststätte betrieben wird, stellt sich diese nebenerwerbliche Tätigkeit, wie auch § 15 Abs. 2 S. 3 EStG verdeutlicht, als Gewerbe dar. Für diese Gewerbe trifft § 5 Abs. 2 Nr. 3 BauNVO eine Sonderregelung; im Außenbereich sind sie unter engen Voraussetzungen ebenfalls zulässig.

197 Für freie Berufe enthält § 13 BauNVO eine Sonderregelung. Die Bestimmung gilt allerdings nicht nur für die „klassischen" freien Berufe (Ärzte, Rechtsanwälte, Architekten u.a.), sondern auch für solche „Gewerbetreibenden, die ihren Beruf in ähnlicher Weise ausüben". Diese Privilegierung setzt also einerseits eine gewerbliche Tätigkeit voraus, verlangt aber anderseits eine Vergleichbarkeit mit den freien Berufen, um nicht als Gewerbe z.B. im Sinne § 8 BauNVO angesehen zu werden.

Wegen der Einzelheiten wird auf die Ausführungen zu § 13 BauNVO (Rn. 246) verwiesen.

198 Ein Gewerbebetrieb ist nach der Definition des Bundesverwaltungsgerichts die organisatorische Zusammenfassung von Betriebsanlagen und Betriebsmitteln zu einem bestimmten Betriebszweck, wobei die Eigentumsverhältnisse außer Betracht bleiben (BVerwG, B.v. 27.11.1987 – 4 B 230/87, 4 B 231/87 –, BauR 1988, 184 = juris). An das Vorliegen dieser Voraussetzungen sind sehr geringe Anforderungen zu stellen. Bauliche Anlagen, die der Werbung für Produkte dienen, die nicht auf demselben Grundstück vertrieben werden (Außenanlagen der Fremdwerbung), sind Betriebsanlagen und, weil sie der Gewinnerzielung dienen, Gewerbebetriebe. Sie stellen Hauptanlagen dar. Hingegen sind Anlagen der Eigenwerbung, die an der Stätte der Leistung angebracht sind, Nebenanlagen im Sinne von § 14 BauNVO. Auch Mobilfunksendeanlagen sind Gewerbebetriebe (zur Frage, ob sie Haupt- oder Nebenanlagen sind, s. ab Rn. 259).

199 **Beispiel zur Abgrenzung (nach VG Arnsberg, U.v. 15.7.2013 – 8 K 1679/12 –, nrwe):** Bei einer Fahnenstange nebst einer die Fahne mit den Farben eines Fußballvereins (im entschiedenen Fall von Borussia Dortmund) handelt es sich nicht um einen Gewerbebetrieb. Denn damit wird keine selbstständige, auf Dauer und auf Gewinnerzielung angelegte Tätigkeit ausgeübt. Es handelt sich auch nicht um eine gewerbliche Werbeanlage. Nach der Rechtsprechung des OVG Münster (B.v. 24.7.2006 – 10 B 785/06 –, juris) sind Fahnenmasten als Werbeanlagen anzusehen, wenn diese von vornherein als Träger für wechselnde Werbung vorgesehen sind. Hier dienten die aufgezogenen Fahnen der Demonstration der Verbundenheit des Eigentümers mit dem Verein. Dass es sich dabei um einen börsennotierten Verein handelt, führte zu keiner anderen Beurteilung. Denn auch der durchschnittliche Betrachter der Fahne fühlt sich dadurch nicht animiert, eine Aktie des Vereins zu erwerben, sondern erkennt darin allein, dass es sich bei dem Bewohner des Grundstücks um einen Fan des Vereins Borussia Dortmund handelt. Der Fahnenmast mit aufgezogener Fahne stellt eine (im reinen Wohngebiet) zulässige Nebenanlage im Sinne des § 14 BauNVO dar. Die auf Beseitigung gerichtete Klage eines Grundstücksnachbarn war erfolglos.

(bbb) Wichtige Unterarten von Gewerbebetrieben

200 Der weite Gewerbebegriff erfasst auch Unterarten, die wegen ihrer städtebaulichen Besonderheiten Sonderregelungen erfahren haben. Dies beruht darauf, dass der Verordnungsgeber entweder wegen eines Bedürfnisses der Nutzer der anderen Grundstücke sie aus Gründen der Versorgungsnähe in diesem Gebiet – eigentlich systemwidrig – doch akzeptieren wollte oder aber wegen der von ihnen typischerweise ausgehenden Störungen davon fernhalten wollte.

Zu den erstgenannten, „privilegierten" Gewerbebetrieben gehören z.B. „Läden und nicht störende Handwerksbetriebe, die zur Deckung des täglichen Bedarfs für die Bewohner des Gebiets dienen, sowie kleine Betriebe des Beherbergungsgewerbes", die (anders als andere Gewerbebetriebe) nach § 3 Abs. 3 Nr. 1 BauNVO in reinen Wohngebieten ausnahmsweise zugelassen werden können. Dasselbe gilt für der Versorgung des Gebiets dienende Läden, Schank- und Speisewirtschaften (s. dazu nachfolgend ab Rn. 221) sowie nicht störende Handwerksbetriebe, die in allgemeinen Wohngebieten regelmäßig zulässig sind (§ 4 Abs. 2 Nr. 2 BauNVO), sowie Tankstellen, die in allgemeinen Wohngebieten ausnahmsweise zugelassen werden können (§ 4 Abs. 3 Nr. 5 BauNVO). Dass Handwerksbetriebe eine Sonderart darstellen, zeigen auch die hierfür geltenden besonderen Zulässigkeitsregeln z.B. für Kleinsiedlungsgebiete (§ 2 Abs. 2 Nr. 2 BauNVO) und reine Wohngebiete (§ 3 Abs. 3 Nr. 1 BauNVO). 201

Zu den problematischen und deshalb zumeist unerwünschten Gewerbebetrieben zählen Vergnügungsstätten. Diese haben zunächst in der Neufassung durch die Änderungsverordnung 1977 (BGBl. I S. 1763, in Kraft ab 1.12.1977) in dem neu eingeführten § 4 a Abs. 3 Nr. 2 BauNVO eine erste besondere Behandlung und sodann mit Blick auf ihre unterschiedliche Ausprägung durch die Änderungsverordnung 1990 (BGBl. I S. 132, in Kraft ab 27.1.1990) eine Differenzierung erfahren. Nach dieser sollen sie, wenn sie „kerngebietstypisch" sind, aus bestimmten Gebieten ferngehalten werden (§ 4 a Abs. 3 Nr. 2, § 5 Abs. 3, § 6 Abs. 2 Nr. 8 und Abs. 3 BauNVO; zu Vergnügungsstätten s. insbesondere ab Rn. 210). 202

In der Praxis stellt sich mitunter die Frage, ob wegen der Sonderregelung in einer bestimmten Baugebietsbestimmung ihre Zulassung als Gewerbe im Übrigen ausscheidet. Nach der Rechtsprechung des Bundesverwaltungsgerichts ist die Zulässigkeit eines Gewerbebetriebs, der einer spezielleren in der Baunutzungsverordnung geregelten Nutzungsart unterfällt, in Gebietstypen, in deren Nutzungskatalog diese spezielle Nutzungsart nicht genannt wird, nicht von vornherein ausgeschlossen. Er kann in den Baugebieten zulässig sein, wenn er – erstens – von dem in der Baunutzungsverordnung bei der Definition der speziellen gewerblichen Nutzungsart vorausgesetzten Regelfall abweicht und er – zweitens – die Voraussetzungen erfüllt, unter denen „sonstige Gewerbebetriebe" in dem Baugebiet zulässig sind (zu Beherbergungsbetrieben: BVerwG, U.v. 29.4.1992 – 4 C 43/89 –, BVerwGE 90, 140 = juris; zu Lagerplätzen: BVerwG, U. v. 8.11.2001 – 4 C 18.00 –, juris). 203

Beispiel (nach OVG Lüneburg U.v. 24.7.2013 – 1 LB 245/10 –, juris): Ein gewerblich betriebener Campingplatz wird wesentlich durch seine Eigenschaft als Campingplatz und damit als Freizeitstätte geprägt und nicht durch seine Eigenschaft als Gewerbebetrieb und damit als Wirtschaftsfaktor und Arbeitsplatz des Platzwarts. Weicht ein Platz nicht von dem so gekennzeichneten Regelfall eines Campingplatzes ab, ist er nicht als sonstiger Gewerbebetrieb in den entsprechenden Baugebieten zulässig (so das OVG Lüneburg zu einem „normalen" Campingplatz in einem Dorfgebiet). 204

(ccc) Der Störgrad als Unterscheidungsmerkmal

Eine weitere Unterscheidung der Gewerbebetriebe erfolgt nach ihrem Störgrad. Die Baunutzungsverordnung verwendet die Begriffe „nicht störende Gewerbebetriebe" (§ 2 Abs. 3 Nr. 4, § 4 Abs. 3 Nr. 2 BauNVO), „nicht wesentlich störende Gewerbebe- 205 triebe“ (§ 7 Abs. 2 Nr. 3 BauNVO), „nicht erheblich belästigende Gewerbebetriebe“ (als allgemeine Zweckbestimmung in § 8 Abs. 1 BauNVO) sowie „Gewerbebetriebe“ (§ 4 a Abs. 2 Nr. 3, § 5 Abs. 2 Nr. 6, § 6 Abs. 2 Nr. 4, § 8 Abs. 2 Nr. 1, § 9 Abs. 2 Nr. 1 BauNVO), wobei Industriegebiete nach der in § 9 Abs. 1 BauNVO vorgenommenen Zweckbestimmung der Unterbringung vorwiegend solcher Betriebe dienen, die in anderen Baugebieten unzulässig sind.

Der Störungsgrad folgt insbesondere aus Luft- und Lärmimmissionen. Aber auch negative „milieubedingte" Auswirkungen auf das das Wohnumfeld in dem betreffenden Gebiet prägende soziale Klima sind zu berücksichtigen (OVG Münster, U.v. 29.10.2012 – 2 A 619/12 –, nrwe).

206 Der Störungsgrad eines Betriebes ist abhängig von dem Gebiet, in dem der Betrieb ausgeübt wird. Mit anderen Worten: Ein Gewerbebetrieb ist nicht „absolut“ störend oder nicht oder nicht wesentlich/erheblich störend, sondern nur „relativ“, nämlich in Relation zu dem jeweiligen Baugebiet. Entscheidend ist deshalb nicht, ob die mit der Nutzung verbundenen immissionsschutzrechtlichen Lärmwerte eingehalten werden. Handelt es sich um ein beplantes Gebiet (§ 30 Abs. 1 BauGB) oder ein faktisches Baugebiet (§ 34 Abs. 2 BauGB), kommt es allein auf die Frage an, ob ein Vorhaben der beabsichtigten Art generell geeignet ist, das Wohnen in einem solchen Baugebiet so zu stören, dass von einer Gleichgewichtigkeit und wechselseitigen Verträglichkeit zwischen Wohnen und Gewerbe nicht die Rede sein kann.

207 **Beispiel (nach OVG Münster, U.v. 29.10.2012 – 2 A 619/12 –, nrwe):** Die geplante Nutzung von Räumen für ein „Stundenhotel“ schließt typischerweise die Nutzung durch Prostituierte ein. In einem Wohngebiet ist dies nicht zulässig. Denn es ist zu erwarten, dass die Nutzung zu negativen „milieubedingten" Auswirkungen auf das Wohnumfeld führen wird. Auch ist mit Beeinträchtigungen der Wohnruhe zu rechnen, wenn der Betrieb auf die späten Abendstunden ausgerichtet ist und es dann in den besonders schutzwürdigen Zeiten zu verstärktem Kraftfahrzeugverkehr kommen wird.

208 **weiteres Beispiel (nach VGH München, U.v. 29.12.2003 – 25 B 98.3582 –, NVwZ-RR 2005, 15 = juris):** Vom Nachtbetrieb eines Swinger-Clubs und den außen wahrnehmbaren Aktivitäten der Gäste wie Pkw- und Taxianfahrten, Parkplatzsuche, Türen-Schlagen, laute Unterhaltungen etc. gehen jedenfalls typischerweise Belästigungen aus, die mit dem intensiven Ruhebedürfnis der Wohnbevölkerung gerade in den Nachtstunden unvereinbar sind. Auch wenn die Besucher des Clubs bestrebt sein mögen, „unauffällig zu bleiben“, ist deshalb ein Swinger-Club geeignet, das Wohnen in dem allgemeinen Wohngebiet zu stören.

209 Ein Mindestniveau an Immissionen ist für die Zulässigkeit eines Vorhabens in einem stärker belastbaren Gebiet nicht erforderlich. Deshalb ist beispielsweise ein nicht störender Gewerbebetrieb in einem Gewerbegebiet zulässig (Pützenbacher in: Bönker/Bischopink, BauNVO, § 8 BauNVO Rn. 28).

(ddd) Einzelne „besondere“ Gewerbebetriebe

210 ■ **Vergnügungsstätten / kerngebietstypische Vergnügungsstätten**

Der Begriff der Vergnügungsstätte wird in der Baunutzungsverordnung nicht definiert.

Für die Frage, was eine Vergnügungsstätte ist, ist nicht maßgeblich, wie der Begriff umgangssprachlich oder in anderen Rechtsgebieten (z.B. im Vergnügungssteuerrecht) verwendet wird. Es werden nicht alle Stätten umfasst, in denen sich Menschen nach einer am reinen Wortlaut orientierten Auslegung „vergnügen“, d.h. wo sie einen angenehmen Zeitvertreib erleben. So nennt § 7 Abs. 2 BauNVO als zulässige Nutzungen im Kerngebiet neben Vergnügungsstätten (Nr. 2) in Nr. 4 u.a. Anlagen für kulturelle und sportliche Zwecke, obwohl diese ebenfalls dazu dienen, Vergnügen im weiten Sinn zu bereiten.

Vergnügungsstätte ist ein eigenständiger planungsrechtlicher Nutzungsbegriff, der im Zusammenhang mit der städtebaulichen Ordnung steht. Durch die sie betreffenden Regelungen soll erreicht werden, dass städtebauliche Negativwirkungen wie „Trading-down Effekte“ (Senkung des Warenangebots), Lärmbelästigungen, Beeinträchtigungen des Stadtbildes u.Ä. im Rahmen der von der Gemeinde vorzunehmenden geordneten städtebaulichen Entwicklung gesteuert und ggfs. verhindert werden (Fickert/Fieseler, BauNVO, § 4 a Nr. 22.1). Es handelt sich um eine besondere Nutzungsart, bei der die kommerzielle Unterhaltung der Besucher im Vordergrund steht. Zu diesem Zweck werden durch Amüsierbetriebe, Diskotheken, Spielhallen, Multiplex-Kinos etc. unter Ansprache (oder Ausnutzung) des Geselligkeits-, Spiel- und/oder Sexualtriebes entsprechende gewinnbringende Dienstleistungen erbracht (vgl. Fickert/Fieseler, BauNVO, § 4 a Rn. 22.2). Soweit die genannten negativen Auswirkungen im Einzelfall durch Nebenbestimmungen verringert werden können, steht diese der Bewertung eines Betriebs als Vergnügungsstätte anhand der typischen Merkmale nicht entgegen. Vielmehr ist die Tatsache, dass entsprechende Nebenbestimmungen erforderlich sind, gerade ein Anhaltspunkt dafür, dass eine Vergnügungsstätte vorliegen kann (so zutreffend VG München, B.v. 9.6.2016 – M 11 SN 15.266 –, juris). 211

Vergnügungsstätten sind u.a. von Schank- und Speisewirtschaften abzugrenzen. Einerseits wird eine Vergnügungsstätte nicht dadurch zu einer Schank- und Speisewirtschaft, dass in ihr auch Speisen und Getränke angeboten werden. Andererseits verliert eine Schank- und Speisewirtschaft nicht dadurch ihren planungsrechtlichen Charakter, dass gelegentlich in ihr Tanzveranstaltungen durchgeführt werden oder Unterhaltungsmusik geboten wird. Ob eine Vergnügungsstätte oder eine Schank- und Speisewirtschaft vorliegt, ist nach dem Schwerpunkt des Betriebes zu beurteilen. Liegt dieser bei täglich wechselnden, in den Nachtstunden beginnenden Musikprogrammen, handelt es sich um eine Vergnügungsstätte (vgl. Stock in: Ernst/Zinkahn/Bielenberg/Krautzberger, BauGB, § 4 a BauNVO Rn. 69; OVG Münster, U.v. 9.12.1992 – 4 A 2033/90 –, NWVBl 1993, 302 = juris). Es kommt nicht entscheidend darauf an, ob in einem Lokal getanzt wird oder ob es sich lediglich um eine „Lounge“ handelt. 212

Die Aufführung von Vergnügungsstätten im Katalog allgemein bzw. ausnahmsweise zulässiger Nutzungen im Kerngebiet (§ 7 Abs. 2 Nr. 2 BauNVO) bzw. im besonderen Wohngebiet (§ 4 a Abs. 3 Nr. 2 BauNVO) hat keine Ausschlusswirkung für andere Baugebiete, in deren Nutzungsartenkatalog, wie beim Mischgebiet, nur Gewerbebetriebe allgemein aufgeführt sind. Eine Vergnügungsstätte kann deshalb als „sonstiger Gewerbebetrieb" nach § 6 Abs. 2 Nr. 4 BauNVO auch in einem Mischgebiet zulässig sein, vorausgesetzt, es handelt sich nicht um eine „kerngebietstypische Vergnügungsstätte“, die wesentliche Störungen für die Wohnruhe vor allem am Abend und in der 213

Nacht mit sich bringt (BVerwG, U.v. 25.11.1983 – 4 C 64/79 –, BVerwGE 68, 207 = juris).

214 Bordelle sind keine Vergnügungsstätten im Sinne der Baunutzungsverordnung, sondern zählen zu den „Gewerbebetrieben aller Art“. Für sie eignet sich im Hinblick auf die sich aus dem „Milieu" ergebenden Begleiterscheinungen eher ein Standort, der außerhalb oder allenfalls am Rande des „Blickfeldes" und der Treffpunkte einer größeren und allgemeinen Öffentlichkeit liegt und auch nicht in der Nachbarschaft von Wohnungen. Die „Nähe" von Bordellen und bordellartigen Betrieben zu anderen Stätten des (sexuellen) Amüsements führt nach Ansicht des Bundesverwaltungsgerichts nicht zu einer bauplanungsrechtlichen Gleichbehandlung solcher Einrichtungen. Denn maßgeblich sei nicht die Motivation der Besucher, sondern seien die städtebaulich bedeutsamen Begleiterscheinungen der Prostitutionsausübung in Bordellen (BVerwG, B.v. 2.11.2015 – 4 B 32/15 –, juris, mit Hinweisen auf die umfangreiche Rechtsprechung zu dieser Frage). Bordelle sind deshalb in Kerngebieten nicht zulässig, auch nicht als Gewerbebetriebe, da sie nicht „nicht wesentlich störend sind“. Der Unterschied kann auch Bedeutung für ein Industriegebiet haben: Bestimmt der Bebauungsplan, dass die (nach dem Wortlaut des § 8 Abs. 3 Nr. 3 BauNVO eigentlich ausnahmsweise zulässige) Nutzungsart der Vergnügungsstätte unzulässig ist, ist wegen der Einordnung als „Gewerbebetrieb aller Art“, der in einem Industriegebiet regelmäßig zulässig ist, der Betrieb eines Bordells zulässig (OVG Hamburg, U.v. 6.5.2015 – 2 FBI 2/12 –, juris; VGH Mannheim, B.v. 5.3.2012 – 5 S 3239/11 –, BRS 79 Nr. 87 = juris).

215 Der in § 4 a Abs. 3 Nr. 2 BauNVO enthaltene Begriff der „Vergnügungsstätten, soweit sie nicht wegen ihrer Zweckbestimmung oder ihres Umfangs nur in Kerngebieten allgemein zulässig sind“ hat über den Anwendungsbereich des § 4 a BauNVO hinaus große Bedeutung für die anderen Baugebiete. Denn auf ihn verweisen mehrere andere Bestimmungen der Baunutzungsverordnung. Aus ihm ist der Begriff der „kerngebietstypischen Vergnügungsstätte“ entstanden.

216 Für die Frage, ob eine Vergnügungsstätte als kerngebietstypisch einzustufen ist, ist eine typisierende Betrachtungsweise geboten (s. dazu Rn. 177). Entscheidend ist, ob sie wegen des von ihr regelmäßig ausgehenden Störungsgrades in einem besonderen Wohngebiet (§ 4 a Abs. 3 Nr. 2 BauNVO) und in einem Mischgebiet (dort in nicht überwiegend durch gewerbliche Nutzungen geprägten Teilen, vgl. § 6 Abs. 2 Nr. 8 BauNVO) nicht als regelmäßig akzeptabel anzusehen ist. Hilfreiches Zuordnungskriterium kann sein, ob die Vergnügungsstätte als zentraler Dienstleistungsbetrieb auf dem Unterhaltungssektor für ein größeres und allgemeines Publikum aus einem größeren Einzugsbereich erreichbar ist oder jedenfalls erreichbar sein soll. Bestimmte Erscheinungsformen von Vergnügungsstätten sollen deswegen in Kerngebieten konzentriert sein und nicht in die regelmäßig am Stadtrand gelegenen und für größere Besucherzahlen nicht erschlossene Gewerbegebiete abgedrängt werden (vgl. BVerwG, U.v. 21.2.1986 – 4 C 31/83 –, BRS 46 Nr. 51 = juris; OVG Münster, B.v. 21.2.2011 – 2 A 2250/09 –, n.v.).

Der hiermit zum Abgrenzungskriterium erhobene Einzugsbereich einer Vergnügungsstätte hängt von ihrer Größe ab. Die Rechtsprechung knüpft dabei an die jeweilige Nutzfläche an und legt einen „Schwellenwert" von 100 qm zugrunde (BVerwG, B.v. 29.10.1992 – 4 B 103/92 –, NVwZ-RR 1993, 287 = juris). Das führt in der Praxis oft dazu, dass eine „Aufteilung" erfolgt, wenn z.B. in Wirklichkeit eine über dieser Schwelle liegende Spielhalle errichtet und das Vorhaben der Einstufung als kerngebietstypisch entzogen werden soll. Hier ist eine natürliche Betrachtungsweise vorzunehmen und zu bewerten, ob bei einer städtebaulichen Beurteilung des Vorhabens eine einheitliche Betrachtung als (eine) Spielhalle geboten und damit maßgebend erscheint. Dabei ist in diesen Fällen auf die Wahrnehmung der „Spielhallen" durch die Kunden abzustellen. Entscheidend ist, ob die jeweils konkrete Mehrheit von Spielhallen vom Kunden als einheitliche Vergnügungsstätte empfunden wird, aus dessen Sicht als durch ein gemeinsames Konzept und durch Kooperation miteinander verbunden in Erscheinung tritt und dadurch eine „kerngebietstypisch" gesteigerte Anziehungskraft auf die Spieler ausübt (OVG Saarlouis, B.v. 7.2.2012 – 2 B 422/11 –, juris). 217

Nach Maßgabe der konkreten Umstände des Einzelfalls kann in die Betrachtung der Größe auch eine andere, benachbarte Nutzung einbezogen werden, sofern zwischen diesen ein räumlicher und funktionaler Zusammenhang besteht (zu seinem solchen Fall s. VGH München, B.v. 13.5.2016 – 9 ZB 14.1419 –, juris: beantragte Wettannahmestätte und verbleibender Bereich eines Vereinsheims). 218

■ **Betriebe des Beherbergungsgewerbes** 219

Betriebe des Beherbergungsgewerbes (Beherbergungsstätten) sind in besonderen Wohngebieten (§ 4 a Abs. 2 Nr. 2 BauNVO), Dorfgebieten (§ 5 Abs. 2 Nr. 5 BauNVO), Mischgebieten (§ 6 Abs. 2 Nr. 3 BauNVO), Kerngebieten (§ 7 Abs. 2 Nr. 2 BauNVO), Gewerbegebieten (§ 8 Abs. 2 Nr. 1 BauNVO, als Unterfall der Nutzungsart „Gewerbebetriebe aller Art") und Industriegebieten (§ 9 Abs. 1 Nr. 1 BauNVO, als Unterfall der Nutzungsart „Gewerbebetriebe aller Art") regelmäßig zulässig.

Sie sind in reinen Wohngebieten (sofern es sich um „kleine Betriebe des Beherbergungsgewerbes" handelt, § 3 Abs. 3 Nr. 1 BauNVO) und allgemeinen Wohngebieten (§ 4 Abs. 3 Nr. 1 BauNVO) ausnahmsweise zulässig.

Ein Beherbergungsbetrieb liegt nur vor, wenn die Räume ständig wechselnden Gästen zum vorübergehenden Aufenthalt zur Verfügung gestellt werden, ohne dass diese dort ihren häuslichen Wirkungskreis unabhängig gestalten können (BVerwG, U. v. 8.5.1989 – 4 B 78.89 –, NVwZ 1989, 1060 = juris). Das trifft auf Wohnmobilstellflächen, auf die der Gast seinen eigenen häuslichen Wirkungskreis „mitnimmt", nicht zu (OVG Lüneburg, U.v. 24.7.2013 – 1 LB 245/10 –, juris.). Die Beherbergung ist – in Abgrenzung zum Wohnen – auf einen Kreis von Personen angelegt, die das Zimmerangebot annehmen, ohne dass Veränderungen an Ausstattung und Zuschnitt des Angebots vorgenommen werden. Im Vordergrund steht bei einem Betrieb des Beherbergungsgewerbes die Übernachtungsmöglichkeit. Das ist bei einer stundenweisen Überlassung von Apartments (im Fall des OVG Münster, U.v. 29.10.2012 – 2 A 619/12 –, nrwe, anhand der Werbung für „Seitensprung-Apartments" erkennbar) 220 nicht der Fall. Denn dabei geht es allein um die Zurverfügungstellung von Räumlichkeiten zu anderen Zwecken.

221 ■ **Läden (Einzelhandelsbetriebe), Schank- und Speisewirtschaften**

In reinen Wohngebieten können Läden ausnahmsweise zugelassen werden (§ 3 Abs. 3 Nr. 1 BauNVO); Schank- und Speisewirtschaften sind nicht zulässig.

In Kleinsiedlungsgebieten (§ 2 Abs. 2 Nr. 2 BauNVO) und allgemeinen Wohngebieten (§ 4 Abs. 2 Nr. 2 BauNVO) sind der Versorgung des Gebiets dienende Läden und Schank- und Speisewirtschaften regelmäßig zulässig.

In besonderen Wohngebieten (§ 4 a Abs. 2 Nr. 2 BauNVO) sind Läden sowie Schank- und Speisewirtschaften auch ohne die Beschränkung der Gebietsversorgung regelmäßig zulässig. Dasselbe trifft für Dorfgebiete (§ 5 Abs. 2 Nr. 5 BauNVO), Mischgebiete (§ 6 Abs. 2 Nr. 3 BauNVO) und Kerngebiete (§ 7 Abs. 2 Nr. 2 BauNVO) zu; hierbei sind jeweils Läden als Unterart von Einzelhandelsbetrieben anzusehen.

In Gewerbegebieten (§ 8 BauNVO) und Industriegebieten (§ 9 BauNVO) sind Läden und Schank- und Speisewirtschaften als Gewerbebetriebe aller Art regelmäßig zulässig.

222 Soweit in einigen Baugebieten vorausgesetzt wird, dass die Betriebe der Versorgung des Gebiets dienen, hängt dies von der jeweiligen konkreten städtebaulichen Situation ab. Es richtet sich nach objektiven Kriterien, nicht nach den Angaben des Bauherrn (BVerwG, U.v. 29.10.1998 – 4 C 9/97 –, NVwZ 1999, 417 = juris). Dabei ist das Gebiet, dessen Versorgung der Laden oder die Schank- und Speisewirtschaft zu dienen bestimmt sein muss, nicht mit dem Geltungsbereich eines etwaigen für das betreffende Grundstück festgesetzten Bebauungsplans oder eines faktischen Baugebiets gleichzusetzen; es muss nicht an dessen Grenzen enden. Vielmehr ist als räumlicher Maßstab für diese Beurteilung ein zusammenhängender, in seiner tatsächlichen oder planerisch angestrebten Struktur (z.B. als allgemeines Wohngebiet) gekennzeichneter Bereich maßgebend (OVG Koblenz, U.v. 28.7.2011 – 1 A 10058/11 –, NVwZ-RR 2011, 968 = juris). Der Versorgung des Gebiets dient der Betrieb dann, wenn er dem Gebiet funktional zugeordnet ist. Für diese Annahme muss beispielsweise eine Schankwirtschaft nach Standort, Größe, Raumeinteilung, Ausstattung und betrieblicher Konzeption objektiv geeignet sein, von den Bewohnern des Gebietes aufgesucht zu werden (vgl. Ernst/Zinkahn/Bielenberg/Krautzberger, BauGB, § 2 BauNVO Rn. 33). Dabei hat die Betriebskonzeption indizielle Wirkung (OVG Koblenz, U.v. 28.7.2011 – 1 A 10058/11 –, NVwZ-RR 2011, 968 = juris).

223 Hinsichtlich Läden ist maßgebend, ob der Laden absehbar nur oder zumindest in einem erheblichen Umfang von den Bewohnern des umliegenden Gebiets aufgesucht wird oder ob ein darüber hinausgehender Kundenkreis zu erwarten ist, der zum Verlust des Gebietsbezugs führt (vgl. BVerwG, B.v. 3.9.1998 – 4 B 85/98 –, BauR 1999, 29 = juris).

224 **Beispiel (nach OVG Magdeburg, B.v. 5.2.2014 – 2 L 6/13 –, juris):** Ein Lebensmittelmarkt ist nicht mehr ein der Versorgung des Gebiets dienender Laden, wenn er mehr als 200 Stellplätze aufweist, verkehrsgünstig in der Nähe einer Straße mit bedeutender innerörtlicher Verkehrsfunktion errichtet und dadurch eine gute Erreichbarkeit mit dem PKW für Kunden außerhalb des Ge-

biets gewährleistet wird. Das gilt auch dann, wenn er die Schwelle der Großflächigkeit nicht überschreitet. Zwar spielt die Verkaufsfläche eine wesentliche Rolle. Jedoch bedeutet der Umstand, dass ein Verbrauchermarkt mit einer Verkaufsfläche von weniger als 800 m² nach der Rechtsprechung des Bundesverwaltungsgerichts nicht „großflächig" im Sinne des § 11 Abs. 3 Nr. 2 BauNVO ist, nicht, dass er stets als ein der Versorgung des Gebiets dienender Laden im Sinne von § 4 Abs. 2 Nr. 2 BauNVO anzusehen wäre.

(cc) Anlagen für soziale Zwecke

In allgemeinen Wohngebieten (§ 4 Abs. 2 Nr. 3 BauNVO), besonderen Wohngebieten (§ 4 a Abs. 2 Nr. 5 BauNVO), Dorfgebieten (§ 5 Abs. 2 Nr. 7 BauNVO), Mischgebieten (§ 6 Abs. 2 Nr. 5 BauNVO) und Kerngebieten (§ 7 Abs. 2 Nr. 4 BauNVO) sind Anlagen für soziale Zwecke allgemein zulässig. 225

In Kleinsiedlungsgebieten (§ 2 Abs. 3 Nr. 2 BauNVO), reinen Wohngebieten (§ 3 Abs. 3 Nr. 2 BauNVO), Gewerbegebieten (§ 8 Abs. 3 Nr. 2 BauNVO) und Industriegebieten (§ 9 Abs. 3 Nr. 2 BauNVO) sind sie ausnahmsweise zulässig. 226

Anlagen für soziale Zwecke dienen in einem weiten Sinn der sozialen Fürsorge und der öffentlichen Wohlfahrt. Es handelt sich um Nutzungen, die auf Hilfe, Unterstützung, Betreuung und ähnliche fürsorgerische Maßnahmen ausgerichtet sind. Typische Beispiele sind Einrichtungen für Kinder und Jugendliche, alte Menschen sowie andere Personengruppen, die (bzw. deren Eltern) ein besonderes soziales Angebot annehmen wollen (BVerwG, B.v. 26.7.2005 – 4 B 33/05 –, BRS 69 Nr. 63 = juris). Pflegeeinrichtungen sind in der Regel solche Anlagen.

Nach inzwischen allgemeiner Meinung ist eine Unterkunft für Asylbegehrende eine Anlage für soziale Zwecke mit wohnähnlichem Charakter. Als Wohnen im bauplanerischen Sinn stellt sich die Unterbringung nicht dar. Denn der Aufenthalt von Asylbegehrenden in solchen Unterkünften ist nicht freiwillig, sondern beruht auf einer Zuweisungsentscheidung der zuständigen Behörde, auf die der Asylbegehrende keine Einflussmöglichkeiten hat (s. § 53 Abs. 1 Satz 1 AsylG[27]). Zudem sind Asylbegehrende z.B. im Hinblick auf die Raumbelegung von den Entscheidungen der Verwaltung der Unterkunft abhängig, so dass eine Eigengestaltung der Haushaltsführung und des häuslichen Wirkungskreises nicht vorliegt (VGH München, B.v. 5.3.2015 – 1 ZB 14.2373 –, juris; s. auch Rn. 183). 227

Der Umstand, dass die Anlagen zur Unterbringung wohnähnlichen Charakter haben, führt dazu, dass sie in der Regel in einem Gewerbegebiet und erst recht in einem Industriegebiet nicht gebietsverträglich sind. (Einzelheiten zu dem Merkmal der Gebietsverträglichkeit ab Rn. 261) 228

27 § 53 AsylG [Unterbringung in Gemeinschaftsunterkünften]
(1) Ausländer, die einen Asylantrag gestellt haben und nicht oder nicht mehr verpflichtet sind, in einer Aufnahmeeinrichtung zu wohnen, sollen in der Regel in Gemeinschaftsunterkünften untergebracht werden. Hierbei sind sowohl das öffentliche Interesse als auch Belange des Ausländers zu berücksichtigen.
(2) Eine Verpflichtung, in einer Gemeinschaftsunterkunft zu wohnen, endet, wenn das Bundesamt einen Ausländer als Asylberechtigten anerkannt oder ein Gericht das Bundesamt zur Anerkennung verpflichtet hat, auch wenn ein Rechtsmittel eingelegt worden ist, sofern durch den Ausländer eine anderweitige Unterkunft nachgewiesen wird und der öffentlichen Hand dadurch Mehrkosten nicht entstehen. Das Gleiche gilt, wenn das Bundesamt oder ein Gericht einem Ausländer internationalen Schutz im Sinne des § 1 Absatz 1 Nummer 2 zuerkannt hat. In den Fällen der Sätze 1 und 2 endet die Verpflichtung auch für die Familienangehörigen im Sinne des § 26 Absatz 1 bis 3 des Ausländers.

229 Arztpraxen sind keine Anlagen für soziale Zwecke i.S.d. Baunutzungsverordnung, sondern nach § 13 BauNVO[28] zu beurteilen. Denn, so das Bundesverwaltungsgericht in seiner Begründung für diese Auffassung, wären Arztpraxen (als Anlagen für soziale Zwecke und ohne die Größenbeschränkung durch § 13 BauNVO) unbeschränkt in allgemeinen Wohngebieten allgemein zulässig, würde dies zu einer höheren Verkehrsbelastung dieser Gebiete durch vermehrten Zielverkehr führen. Sie hätten somit erhebliche nachteilige Auswirkungen auf die erstrebte Wohnruhe. Zugleich gehe dies über das hinaus, was zur Erfüllung des Gebietsbedarfs erforderlich sei (BVerwG, U.v. 12.12.1996 – 4 C 17/95 –, BVerwGE 102, 351 = juris).

Soweit nach § 4 Abs. 2 Nr. 3 BauNVO unter anderem Anlagen für gesundheitliche Zwecke (allgemein) zulässig sind, stellt sich bei der Zulassung großer medizinischer Zentren die Frage der Gebietsverträglichkeit in besonderem Maße.

(dd) Besondere Fragestellungen bei einzelnen Baugebieten

(aaa) Mischgebiet (§ 6 BauNVO)

230 Ein Mischgebiet ist dadurch gekennzeichnet, dass es sowohl dem Wohnen als auch der Unterbringung von Gewerbebetrieben, die das Wohnen nicht wesentlich stören, dient. Die beiden Hauptnutzungsarten stehen nicht in einem Rangverhältnis zueinander, sondern als gleichwertige Funktionen nebeneinander. Ihr Verhältnis zueinander ist weder nach der Fläche noch nach Anteilen zu bestimmen (BVerwG, U.v. 28.4.1972 – IV C 11.69 –, BVerwGE 40, 94 = juris, und B.v. 11.4.1996 – 4 B 51/96 –, NVwZ-RR 1997, 463 = juris). Jedoch darf keine der Nutzungsarten ein deutliches Übergewicht über die andere gewinnen. Das bedeutet auch, dass die gebotene Durchmischung von Wohnen und nicht wesentlich störendem Gewerbe durch ein neues Vorhaben sowohl qualitativ als auch quantitativ gestört sein kann. Nur wenn beides nicht der Fall ist, bleibt die Eigenart des Gebietstyps gewahrt (BVerwG, U.v. 25.11.1983 – 4 C 64/79 –, BVerwGE 68, 207 = juris).

231 § 6 Abs. 2 Nr. 3 BauNVO enthält für das Mischgebiet im Hinblick auf Schank- und Speisewirtschaften weder eine Größenbeschränkung noch eine Beschränkung auf die Versorgungsfunktion für das Gebiet, wie dies gemäß § 2 Abs. 2 Nr. 2 BauNVO für Kleinsiedlungsgebiete und gemäß § 4 Abs. 2 Nr. 2 BauNVO für allgemeine Wohngebiete bestimmt ist. Deshalb fällt auch ein Gastronomiebetrieb, der fast ausschließlich größeren Gesellschaften zur Verfügung stehen soll, unter den Begriff der „Schank- und Speisewirtschaft" im Sinne von § 6 Abs. 2 Nr. 3 BauNVO. Beschränkungen wegen der Größe oder wegen der besonderen Art des gastronomischen Betriebes können sich allenfalls im Einzelfall bei der Zulassung eines bestimmten Betriebes gemäß § 15 Abs. 1 Satz 1 BauNVO (s. dazu ab Rn. 303) ergeben (BVerwG, B.v. 27.12.1995 – 4 NB 33/95 –, juris).

232 Soweit § 6 Abs. 2 BauNVO einzelne Gewerbebetriebe nicht gesondert anspricht, kommt es für die Zulässigkeit solcher Anlagen in einem Mischgebiet darauf an, ob es sich dabei um Gewerbebetriebe handelt, die „das Wohnen nicht wesentlich stören" (§ 6 Abs. 1 BauNVO). Die Antwort auf die Frage, ob z.B. eine SB-Autowaschanlage

28 Gesetzestext unter Fn. 30.

in einem Mischgebiet zulässig ist, hängt von der konkreten Anlage und deren Betriebsgestaltung sowie von der konkreten Gebietssituation ab (so für den vergleichbaren Fall einer Kraftfahrzeugwerkstatt: BVerwG, B.v. 11.4.1975 – IV B 37.75 –, BauR 1975, 396 = juris).

Wohnungsprostitution ist nach der verwaltungsgerichtlichen Rechtsprechung im Mischgebiet nicht generell unzulässig (anders als Bordelle oder bordellartige Betriebe), da mit ihr nicht typischerweise Auswirkungen auf die Nachbarschaft verbunden sind, die das Wohnen wesentlich stören. Wohnungsprostitution liegt allerdings nur dann vor, wenn die Prostituierten in der Wohnung, in der sie ihrem Gewerbe nachgehen, auch dauerhaft wohnen, die gewerbliche Betätigung nach außen nur wohnähnlich in Erscheinung tritt und dem Gebäude, in dem sie stattfindet, nicht ein Gepräge gibt, das Rückschlüsse auf die Prostitutionsausübung ziehen lässt. Eine Nutzung, die darauf beruht, die betreffenden Räume einem ständig wechselnden Personenkreis gegen Entgelt zu überlassen, weist kein wohnähnliches Erscheinungsbild auf und ist damit als ein das Wohnen wesentlich störendes Gewerbe anzusehen (OVG Münster, B.v. 9.2.2010 – 10 A 471/09 –, nrwe). 233

§ 6 Abs. 2 Nr. 8 und Abs. 3 BauNVO treffen für kerngebietstypische Vergnügungsstätten besondere Regelungen. Diese sind in Mischgebieten allgemein in den Teilen des Gebiets zulässig, die überwiegend durch gewerbliche Nutzungen geprägt sind; sie können außerhalb dieser Gebiete (nur) ausnahmsweise zugelassen werden. Es ist also erforderlichenfalls eine Unterteilung innerhalb eines Mischgebiets vorzunehmen. Die Beurteilung, ob ein Gebietsteil überwiegend durch gewerbliche Nutzung geprägt ist, ist nicht rein rechnerisch (quantitativ) zu ermitteln (BVerwG, B.v. 7.2.1994 – 4 B 179/93 –, UPR 1994, 262 = juris). Der Bereich muss so weit gezogen werden, wie sich die konkrete Vergnügungsstätte in städtebaulich relevanter Weise auswirken kann. Dies kann dazu führen, dass die an einer Straße liegenden Gebäude einzubeziehen sind, während die an der parallel dazu verlaufenden Nachbarstraße liegenden Gebäude unberücksichtigt bleiben (BVerwG, B.v. 13.6.2005 – 4 B 36/05 –, BauR 2005, 1886 = juris). 234

(bbb) Gewerbegebiet (§ 8 BauNVO)

Nach § 8 Abs. 1 BauNVO dienen Gewerbegebiete vorwiegend der Unterbringung von nicht erheblich belästigenden Gewerbebetrieben. Nach § 8 Abs. 2 Nr. 1 BauNVO sind unter anderem Gewerbebetriebe aller Art zulässig. Welche Gewerbebetriebe in einem Gewerbegebiet bei typisierender Betrachtung allgemein zulässig sind, richtet sich allerdings nicht nur nach dem Wortlaut des § 8 Abs. 2 BauNVO, sondern auch nach der Zweckbestimmung des Gebiets. Gewerbegebiete zeichnen sich dadurch aus, dass in ihnen gearbeitet wird. Nach dem Leitbild der Baunutzungsverordnung sind sie den produzierenden und artverwandten Nutzungen vorbehalten. Deshalb haben das OVG Münster (U.v. 25.10.2010 – 7 A 1298/09 –, BRS 76 Nr. 71 = juris) und insofern zustimmend das Bundesverwaltungsgericht (U.v. 2.2.2012 – 4 C 14/10 –, BVerwGE 142, 1 = juris) eine Feuerbestattungsanlage als diesem Leitbild widersprechend angesehen, wenn sie – wie in dem entschiedenen Fall – über einen Raum verfügt, der es Trauergästen ermöglichen soll, in einem würdevollen, dem Anlass ange- 235 messenen äußeren Rahmen von dem Verstorbenen Abschied zu nehmen (Abschiedsraum). Das OVG Münster bejahte allerdings die Zulässigkeit des Vorhabens als Anlage für kulturelle Zwecke; das Bundesverwaltungsgericht verneinte dies unter dem Gesichtspunkt der Gebietsverträglichkeit (s. dazu ab Rn. 261). Als Folge davon wurde einem in dem Gebiet ansässigen Gewerbetreibenden ein das Vorhaben abwehrender Gebietserhaltungsanspruch zuerkannt.

(ccc) Sondergebiet nach § 10 BauNVO

236 Während das „klassische" Wohnen auf eine gewisse Dauer angelegt ist, werden Ferienwohnungen einem ständig wechselnden Nutzerkreis angeboten.

Auch die Nutzung eines Wochenendhauses zu eben diesem Zweck ist kein Wohnen im Sinne der Baunutzungsverordnung. Unabhängig von der Definition des „Wochenendes" und der damit zusammenhängenden Frage, ob eine Überschreitung des Zulässigen schon dann vorliegt, wenn die Aufenthaltszeit (minimal) über die Wochenendzeit hinaus geht – dies dürfte zu verneinen sein –, kann jedenfalls dann von einer Nutzung als Wochenendhaus nicht mehr gesprochen werden, wenn der Aufenthalt mehr als die Hälfte der Zeit ausmacht. Zwar meint der VGH München (B.v. 4.9.2013 – 14 ZB 13.6 –, BRS 81 Nr. 84 = juris), mit der Dauerhaftigkeit des Wohnens sei nicht der Gegensatz von längerer und kürzerer oder von unbestimmter und bestimmter Dauer zu verbinden. Mit Blick auf ein Wochenendhaus ist aber gerade das Kriterium der Zeit das entscheidende. Denn der Begriff knüpft an diese Zeit der Woche an und beschreibt damit exakt das Zulässige.

Das Wochenendhaus setzt begrifflich eine andere Wohnung als Lebensmittelpunkt voraus.

237 Der Begriff eines Campingplatzes ist bundesrechtlich nicht definiert (vgl. BVerwG, B.v. 22.1.2014 – 4 B 48.13 –, juris; s. auch OVG Lüneburg, U. v. 24.7.2013 – 1 LB 245/10 –, juris). Typisches Merkmal dafür ist, dass der Platz nicht nur vorübergehend eingerichtet und zum Aufstellen von mehr als drei Wohnwagen, Wohnmobilen, Zelten oder ähnlichen Anlagen zum vorübergehenden Aufenthalt bestimmt ist (so VGH Mannheim, U.v. 7.6.2016 – 3 S 250/16 –, juris, unter Hinweis auf die Campingplatzverordnungen der meisten Länder, etwa § 1 i. V. mit § 2 Abs. 1, Abs. 2 Campingplatzverordnung Baden-Württemberg) sowie Erholungszwecken dient; der Wohnmobilstellplatz in dem Beispiel unter Rn. 254fällt wegen des letztgenannten Merkmals nicht darunter, VGH Mannheim, U.v. 7.6.2016 – 3 S 250/16 –, juris).

Gegen eine dauerhafte Wohnnutzung hat ein Grundeigentümer aus einem Ferienhausgebiet, einem Wochenendhausgebiet oder einem Campingplatzgebiet aufgrund des Gebietserhaltungsanspruchs ein Abwehrrecht.

(ddd) Sondergebiet nach § 11 BauNVO

238 Nach § 11 Abs. 1 BauNVO sind als sonstige Sondergebiete solche Gebiete darzustellen und festzusetzen, die sich von den Baugebieten nach den §§ 2 bis 10 BauNVO wesentlich unterscheiden. Ein wesentlicher Unterschied zu den Gebieten nach den §§ 2 bis 10 BauNVO besteht, wenn ein Festsetzungsgehalt gewollt ist, der sich keinem der in den §§ 2 ff. BauNVO geregelten Gebietstypen zuordnen und der sich des-

halb sachgerecht auch mit einer auf sie gestützten Festsetzung nicht erreichen lässt (BVerwG, U.v. 29.9.1978 – 4 C 30.76 –, BVerwGE 56, 283 = juris). Ob sich das festgesetzte Sondergebiet wesentlich von einem Baugebietstyp im Sinne der §§ 2 bis 10 BauNVO unterscheidet, ist insbesondere anhand der allgemeinen Zwecksetzung des Baugebiets zu beurteilen (BVerwG, B.v. 7.7.1997 – 4 BN 11.97 –, NVwZ-RR 1998, 416 = juris). Die konkreten Festsetzungen des Sondergebiets sind mit der jeweiligen „abstrakten" allgemeinen Zweckbestimmung des Baugebietstyps, wie er sich aus den jeweiligen Absätzen 1 der §§ 2 bis 10 BauNVO ergibt, zu vergleichen (BVerwG, U.v. 23.4.2009 – 4 CN 5.07 –, BVerwGE 133, 377 = juris, und v. 11.7.2013 – 4 CN 7.12 –, BVerwGE 147, 138 = juris). Können die mit der Planung verbundenen Zielsetzungen mit der allgemeinen Zweckbestimmung der anderen Baugebiete nicht in Deckung gebracht werden, unterscheiden sie sich von ihnen wesentlich (vgl. dazu: BVerwG, B.v. 9.6.2016 – 4 B 8/16 –, juris).

§ 11 Abs. 3 BauNVO enthält eine Sonderregelung für Einkaufszentren (s. dazu BVerwG, U.v. 27.4.1990 – 4 C 16/87 –, NVwZ 1990, 1074 = juris, und U.v. 1.8.2002 – 4 C 5/01 –, BVerwGE 117, 25 = juris) sowie großflächige Einzelhandelsbetriebe. Großflächig ist ein Betrieb bei mehr als 800 m² Verkaufsfläche (BVerwG, U.v. 24.11.2005 – 4 C 10/04 –, BVerwGE 124, 364 = juris). Entscheidend für die Anrechnung auf die Verkaufsfläche ist, ob die Fläche für den Kunden zugänglich ist und in unmittelbarem Zusammenhang mit dem Verkaufsvorgang steht. Denn die Attraktivität und die Wettbewerbsfähigkeit und damit die Auswirkungen eines Einzelhandelsbetriebs werden nicht nur von seiner Größe bestimmt, die sich in der Geschossfläche widerspiegelt. Sie wird eher von derjenigen Fläche beeinflusst, auf der Waren präsentiert und gekauft werden können. 239

Beispiele: Gänge, Treppen, Aufzüge, die Flächen des Windfangs und des Kassenvorraums (einschließlich des Bereichs zum Einpacken der Ware und zum Entsorgen des Verpackungsmaterials) zählen zu der städtebaulich relevanten Verkaufsfläche. Dasselbe gilt für von Kunden nicht betretbare Verkaufsstände. 240

Nach Ansicht des OVG Münster (B.v. 20.1.2015 – 2 A 2327/13 –, nrwe) kann ein Kunden-WC der Verkaufsfläche eines Getränkemarkts nicht zugeschlagen werden. Dessen Attraktivität werde durch das Vorhandensein von auch Kunden zugänglichen Toilettenräumen – bei typisierender Betrachtungsweise – nicht erhöht.

Die Fläche eines Backshops in einer Entfernung von ca. 35 m vom Lebensmittelmarkt ist nicht hinzuzurechnen; dasselbe gilt für eine außerhalb des Ladens liegende Abstellfläche für Einkaufswagen (VGH Mannheim, U.v. 1.12.2015 – 8 S 210/13 –, BauR 2016, 475 = juris).

Großflächige Betriebe, die sich nach Art, Lage oder Umfang auf die Verwirklichung der Ziele der Raumordnung und Landesplanung oder auf die städtebauliche Entwicklung und Ordnung nicht nur unwesentlich auswirken können, sind nach § 11 Abs. 3 BauNVO außer in Kerngebieten nur in für sie festgesetzten Sondergebieten zulässig (zum Rechtsschutz der Nachbargemeinden s. VGH Mannheim, U.v. 27.09.2007 – 3 S 2875/06 –, NVwZ-RR 2008, 369 = juris). Derartige Auswirkungen werden nach § 11 Abs. 3 Satz 3 BauNVO vermutet, wenn die Geschossfläche mehr als 1200 m² beträgt, es sei denn, es bestehen gegenteilige Anhaltspunkte (Satz 4). 241

Bei einer (Gewerbe-)Gebietswidrigkeit eines Einkaufszentrums oder eines großflächigen Einzelhandelsbetriebs entsteht ein Gebietserhaltungsanspruch eines anderen

Grundeigentümers dieses Gebiets. Denn auch in dieser Fallgestaltung gerät durch die Zulassung einer baugebietswidrigen Nutzung das durch die Festsetzungen eines Bebauungsplans über die Art der baulichen Nutzung geschaffene wechselseitige Austauschverhältnis aus dem Gleichgewicht (VGH München, B.v. 21.7.2000 – 25 ZB 99.3662 –, juris; anderer Ansicht: OVG Lüneburg, U.v. 29.3.1996 – 1 M 6354/95 –, BRS 58 Nr. 163 = juris, für großflächigen Einzelhandel).

(ee) Sonderregelungen für die Baugebiete

242 Die Regelungen in den §§ 12 bis 14 BauNVO stellen Ergänzungen der Baugebietsfestsetzungen dar; sie haben deshalb ebenfalls nachbarschützende Wirkung (BVerwG, U.v. 16.9.1993 – 4 C 28/91 –, DVBl 94, 284 = juris). Ein Verstoß gegen sie löst – von Fällen der Erteilung rechtmäßiger Ausnahmen und Befreiungen abgesehen – ein nachbarliches Abwehrrecht aus.

(aaa) Stellplätze und Garagen (§ 12 BauNVO)

243 § 12 BauNVO[29] erlaubt Stellplätze und Garagen in allen Baugebieten, allerdings mit Einschränkungen für Kleinsiedlungsgebiete, reine Wohngebiete und allgemeine Wohngebiete.

Diese weitgehende Freiheit wird jedoch wesentlich eingeschränkt durch das in § 15 Abs. 1 Satz 2 BauNVO ausgesprochene Rücksichtnahmegebot. Danach sind auch Stellplätze und Garagen im Einzelfall unzulässig, wenn sie nach Anzahl, Lage, Umfang oder Zweckbestimmung der Eigenart des Baugebiets widersprechen. Sie sind auch unzulässig, wenn von ihnen Belästigungen oder Störungen ausgehen können, die nach der Eigenart des Baugebiets im Baugebiet selbst oder in dessen Umgebung unzumutbar sind, oder wenn sie solchen Belästigungen oder Störungen ausgesetzt werden.

244 Zu den Prüfungsmaßstäben hinsichtlich der durch Garagen und Stellplätzen verursachten Belästigungen und Störungen hat das Bundesverwaltungsgericht (B.v. 20.3.2003 – 4 B 59/02 –, NVwZ 2003, 1516 = juris) ausgeführt:

„Sie sind vor allem dann unzulässig, wenn ihre Nutzung zu unzumutbaren Beeinträchtigungen für die Nachbarschaft führt. Dabei kommt der Zufahrt eine besondere Bedeutung zu, weil – jedenfalls bei Wohnbebauung – der Zu- und Abgangsverkehr die Nachbarschaft regelmäßig am stärksten belastet. Demgemäß begegnen Garagen und Stellplätze in ruhigen rückwärtigen Gartenbereichen hinter Wohnhäusern oft rechtlichen Bedenken. Ob sie im Sinne des § 15 Abs. 1 Satz 2 BauNVO unzumutbar

---

29 **§ 12 BauNVO** [Stellplätze und Garagen]
(1) Stellplätze und Garagen sind in allen Baugebieten zulässig, soweit sich aus den Absätzen 2 bis 6 nichts anderes ergibt.
(2) In Kleinsiedlungsgebieten, reinen Wohngebieten und allgemeinen Wohngebieten sowie Sondergebieten, die der Erholung dienen, sind Stellplätze und Garagen nur für den durch die zugelassene Nutzung verursachten Bedarf zulässig.
(3) Unzulässig sind
1. Stellplätze und Garagen für Lastkraftwagen und Kraftomnibusse sowie für Anhänger dieser Kraftfahrzeuge in reinen Wohngebieten,
2. Stellplätze und Garagen für Kraftfahrzeuge mit einem Eigengewicht über 3,5 Tonnen sowie für Anhänger dieser Kraftfahrzeuge in Kleinsiedlungsgebieten und allgemeinen Wohngebieten.
(....).

sind, richtet sich gleichwohl nach der Eigenart des Baugebiets. Eine generelle, für alle Standorte von Stellplätzen im rückwärtigen (Wohn-)Bereich geltende Beurteilung ist nicht möglich; sie hängt immer von den Umständen des jeweiligen Einzelfalls ab. Daraus folgt, dass die Nachbarn die von den Stellplätzen einer rechtlich zulässigen Wohnbebauung ausgehenden Emissionen im Regelfall hinzunehmen haben, dass aber besondere örtliche Verhältnisse auch zu dem Ergebnis führen können, dass die Errichtung von Stellplätzen auf dem Baugrundstück nicht oder nur mit Einschränkungen genehmigt werden kann. Dabei ist der in § 12 Abs. 2 BauNVO enthaltenen Grundentscheidung Rechnung zu tragen. Dies entbindet das Tatsachengericht jedoch nicht von der Prüfung, ob im Einzelfall unzumutbare Beeinträchtigungen zu erwarten sind. Die besonderen Umstände des Einzelfalls können es (...) erforderlich machen, die Beeinträchtigung der Nachbarschaft auf das ihr entsprechend der Eigenart des Gebiets zumutbare Maß zu mindern. Hierfür kommen beispielsweise die bauliche Gestaltung der Stellplätze und ihrer Zufahrt, eine Anordnung, die eine Massierung vermeidet, der Verzicht auf Stellplätze zugunsten einer Tiefgarage oder Lärmschutzmaßnahmen an der Grundstücksgrenze in Betracht. Im Übrigen müssen selbst notwendige Stellplätze nach allgemeinen bauordnungsrechtlichen Grundsätzen nicht auf dem Baugrundstück selbst errichtet werden (vgl. das Senatsurteil vom 16. September 1993 – BVerwG 4 C 28.91 – BVerwGE 94, 151 <162> = BRS 55 Nr. 110).“

Eine weitergehende Einschränkung erfolgt durch landesrechtliche Bestimmungen 245
über die zulässige Anordnung von Stellplätzen und Garagen, sofern das Landesrecht dies vorsieht (Einzelheiten dazu ab Rn. 699).

(bbb) Gebäude und Räume für freie Berufe (§ 13 BauNVO)

§ 13 BauNVO[30] ermöglicht den freien Berufen, die herkömmlicherweise in Baugebie- 246
ten aller Art ihre Dienste anbieten, die berufliche Nutzung von Räumen bzw. Gebäuden in allen Baugebieten. Sie stellt diesen Berufsgruppen diejenigen Gewerbetreibenden gleich, die ihren Beruf in ähnlicher Art ausüben, also insbesondere in unabhängiger Stellung auf der Grundlage geistiger Leistungen oder persönlicher Fertigkeiten individuelle Eigenleistungen für einen unbegrenzten Kreis von Interessenten erbringen.

Beispiele für in der Berufsausübung einer freiberuflichen Tätigkeit vergleichbare Tä- 247
tigkeiten sind: „Handelsvertreter ohne Auslieferungslager, die Handelsmakler, Versicherungsvertreter, Masseure“ (BVerwG, U.v. 20.1.1984 – 4 C 56/80 –, BVerwGE 68, 324 = juris, unter Verweis auf BR-Drs. 53/62 vom 25.5.1962, Anlage S. 8). Die Privilegierung erfolgte mit Blick darauf, dass Dienstleistungen von freien Berufen ihrem Herkommen nach regelhaft in allen Wohngebieten angeboten werden und sich wohnartig ausnehmen, das heißt insbesondere keine weitergehenden Anforderungen an die Räumlichkeiten stellen (vgl. zur Wohnartigkeit: OVG Münster, B.v. 7.7.2010 – 7 A 1277/09 –, juris, und B.v. 24.10.1998 – 7 B 2333/97 –, juris) und vom Störungsgrad und der Störempfindlichkeit im Grundsatz in allen Wohngebieten verträglich sind. Zu den freiberuflichen Tätigkeiten gehören insbesondere die selbstständig ausgeübte

30 **§ 13 BauNVO [Gebäude und Räume für freie Berufe]**
Für die Berufsausübung freiberuflich Tätiger und solcher Gewerbetreibender, die ihren Beruf in ähnlicher Art ausüben, sind in den Baugebieten nach den §§ 2 bis 4 Räume, in den Baugebieten nach den §§ 4 a bis 9 auch Gebäude zulässig.

wissenschaftliche, künstlerische, schriftstellerische, unterrichtende oder erzieherische Tätigkeit, die selbstständige Berufstätigkeit der Ärzte, Zahnärzte, Tierärzte, Rechtsanwälte, Notare, Patentanwälte, Vermessungsingenieure, Ingenieure, Architekten, Handelschemiker, Wirtschaftsprüfer, Steuerberater, der beratenden Volks- und Betriebswirte, der vereidigten Buchprüfer, Steuerbevollmächtigten, Heilpraktiker, Dentisten, Krankengymnasten, Journalisten, Bildberichterstatter, Dolmetscher, Übersetzer und ähnlicher Berufe.

248 Im Hinblick auf die Zulässigkeit in allen Gebieten ist ein eher restriktives Verständnis geboten. Deshalb scheidet die Anwendung des § 13 BauNVO für Betriebe oder Betriebsteile des Handels, des Handwerks oder gar der Industrie von vornherein aus. Außerdem bestehen qualitative Anforderungen an eine freiberufliche oder freiberufsähnliche Tätigkeit im Sinne dieser Vorschrift. Nach OVG Münster, U.v. 25.8.2011 – 2 A 38/10 –, NVwZ-RR 2012, 132 = juris, setzt die Annahme einer solchen Tätigkeit zwar nicht zwingend voraus, dass sie auf der Grundlage einer besonders qualifizierten Ausbildung betrieben wird, auch wenn dies herkömmlich mit dem Begriff des freien Berufs verbunden wird. Der VGH München (B.v. 29.5.2015 – 9 ZB 14.2580 –, juris) meint allerdings, vor dem Hintergrund des hergebrachten Verständnisses der wesensprägenden Merkmale freier Berufe bedürfe es eines gewissen, nicht allgemeingültig definierbaren Standards an individueller – namentlich geistiger oder schöpferischer – Qualifikation der Tätigkeit, was bei einer Ausbildung mit einer Dauer von nur wenigen Tagen nicht erfüllt sei, so bei einem Nagelstudio (sehr zweifelhaft).

249 Der in § 13 BauNVO nicht definierte Begriff des „Gebäudes“ ist identisch mit dem allgemeinen Begriff, wie er für das Bauplanungsrecht gilt. Entscheidendes Kriterium ist die von sonstigen baulichen Anlagen unabhängige, selbstständige Benutzbarkeit; unselbstständige Teile einer baulichen Anlage können kein Gebäude sein. Durch eine etwaige bauliche Verbindung mit anderen Gebäuden oder Anlagen wird die funktionale Selbstständigkeit nicht in Frage gestellt. Unerheblich ist, welches äußere Erscheinungsbild mehrere Gebäude abgeben; auch wenn der Eindruck von Haupt- und Anbau hervorgerufen wird, handelt es sich um verschiedene Gebäude, sofern jedes von ihnen unabhängig vom anderen zugänglich ist.

250 Damit der Wohncharakter von Wohngebieten nicht beeinträchtigt wird, verlangt das Bundesverwaltungsgericht (U.v. 20.1.1984 – 4 C 56/80 –, BVerwGE 68, 324 = juris, und U.v. 18.5.2001 – 4 C 8/00 –, NVwZ 2001, 1284 = juris), dass, selbst wenn es sich nur um die Nutzung von Räumen handelt, weniger als die Hälfte des Gebäudes für freiberufliche Zwecke genutzt wird. Das gilt zum einen für die Zahl der Nutzungseinheiten und zum anderen für die Größe der genutzten Flächen. Zu berücksichtigen sind dabei aber nur die Flächen von Räumen, die als Aufenthaltsräume (vgl. z.B. § 2 Abs. 5 Musterbauordnung) genutzt werden können (OVG Lüneburg, B.v. 17.8.2007 – 1 LA 37/07 –, NVwZ-RR 2008, 22 = juris; s. auch OVG Münster, U.v. 28.8.2013 – 10 A 2085/12 –, nrwe). Daraus folgt, dass z.B. ein „Ärztehaus“ in einem reinen und allgemeinen Wohngebiet nicht nach § 13 BauNVO zugelassen werden kann (BVerwG, U.v. 12.12.1996 – 4 C 17/95 –, BVerwGE 102, 351 = juris).

(ccc) Nebenanlagen (§ 14 BauNVO)

- **Unterordnung** 251

Ob eine einem Grundstück dienende Nebenanlage im Sinne von § 14 Abs. 1 Satz 1 BauNVO[31] untergeordnet (aber baulich selbständig) ist, hängt in erster Linie davon ab, in welchem Größenverhältnis sie zu der Hauptanlage auf dem Grundstück steht. An einer erkennbaren räumlich-gegenständlichen Unterordnung fehlt es, wenn die Nebenanlage aufgrund ihrer Abmessungen als der Hauptanlage gleichwertig erscheint oder diese sogar optisch verdrängt, wenn sie, mit anderen Worten, den Eindruck einer dienenden Funktion gegenüber der Hauptanlage gar nicht erst aufkommen lässt (BVerwG U.v. 18.2.1983 – 4 C 18/81 –, NJW 1983, 2713 = juris). Sie muss nicht nur in ihrer Funktion, sondern auch räumlich-gegenständlich (optisch) dem primären Nutzungszweck der in dem Baugebiet gelegenen Grundstücke sowie der diesem Nutzungszweck entsprechenden Bebauung (wie Zubehör) dienend zugeordnet und untergeordnet sind (BVerwG, B.v. 5.7.2011 – 4 B 20/11 –, BauR 2011, 1789 = juris). Die Nebenanlage muss ihre „Daseins-Berechtigung" aus der Existenz einer anderen Anlage, nämlich der Hauptanlage, beziehen, gleichsam eine von dem Hauptvorhaben „ausgelagerte" Nutzungsweise sein.

Beispiel (nach: OVG Münster, B.v 17.12.2015 – 10 B 1150/15 –, juris): Die Grundflächen eines Hundehauses und einer Voliere betragen insgesamt circa 85 qm und damit deutlich mehr als Hälfte der Grundfläche des Wohnhauses (circa 130 qm). Hinzu kommen ein großer, eingezäunter Hundeauslauf sowie eine befestigte Freifläche zwischen der Voliere und der Nachbargrenze, die der Beschäftigung mit den Tieren und damit ihrer Haltung dient. Im Verhältnis zu dem auf dem Grundstück aufstehenden Wohnhaus kommt den Nebenanlagen deshalb nicht eine nur nebensächliche, sondern eine im Erscheinungsbild annähernd gleichwertige Bedeutung zu. Sie ist sind unzulässig. (Siehe auch VGH München, B.v. 24.2.2005 – 1 ZB 04.276 –, juris, zu einem – sich nicht unterordnenden – Werbepylon mit einer Höhe von insgesamt 36 m und drei in etwa 30 m Höhe angebrachten, weit ausladenden, jeweils 13,70 m langen und 6 m hohen Werbetafeln.) 252

weitere Beispiele: Ein Bootslagerplatz in einem Wohngebiet hält sich nicht im Rahmen einer Wohnnutzung, wenn das auf ihm abzustellende Boot nicht auf dem Wohngrundstück selbst oder einem unmittelbar an das Grundstück angrenzenden Gewässer zum bestimmungsgemäßen Einsatz kommen wird (BVerwG. B.v. 5.7.2011 – 4 B 20/11 –, BauR 2011, 1789 = juris). 253

Eine Traglufthalle für ein privates Schwimmbad ist eine Nebenanlage zu einem Wohnhaus (OVG Lüneburg, B.v. 21.11.2002 – 1 ME 255/02 –, juris; zu einer privaten Schwimmhalle s. auch BVerwG, U. v. 28.4.2004 – 4 C 10/03 –, NVwZ 2004, 1244 = juris).

Bei einem Betrieb ergibt sich die funktionale Zuordnung aus dessen Betriebskonzept. 254

31 **§ 14 BauNVO [Nebenanlagen, Anlagen zur Nutzung solarer Strahlungsenergie und Kraft-Wärme-Kopplungsanlagen]**
(1) Außer den in den §§ 2 bis 13 genannten Anlagen sind auch untergeordnete Nebenanlagen und Einrichtungen zulässig, die dem Nutzungszweck der in dem Baugebiet gelegenen Grundstücke oder des Baugebiets selbst dienen und die seiner Eigenart nicht widersprechen. Soweit nicht bereits in den Baugebieten nach dieser Verordnung Einrichtungen und Anlagen für die Tierhaltung, einschließlich der Kleintiererhaltungszucht, zulässig sind, gehören zu den untergeordneten Nebenanlagen und Einrichtungen im Sinne des Satzes 1 auch solche für die Kleintierhaltung. Im Bebauungsplan kann die Zulässigkeit der Nebenanlagen und Einrichtungen eingeschränkt oder ausgeschlossen werden.
(2) Die der Versorgung der Baugebiete mit Elektrizität, Gas, Wärme und Wasser sowie zur Ableitung von Abwasser dienenden Nebenanlagen können in den Baugebieten als Ausnahme zugelassen werden, auch soweit für sie im Bebauungsplan keine besonderen Flächen festgesetzt sind. Dies gilt auch für fernmeldetechnische Nebenanlagen sowie für Anlagen für erneuerbare Energien, soweit nicht Absatz 1 Satz 1 Anwendung findet.
(....).

Beispiel (nach VGH Mannheim, U.v. 7.6.2016 – 3 S 250/16 –, juris): Ein Betrieb bietet Reparatur- und Servicearbeiten für an Wohnmobilen installierte Satellitenanlagen an und will den aus einem größeren Einzugsbereich anreisenden Kunden 17 Wohnmobil-Stellplätze zum Abstellen ihrer Fahrzeuge sowie zum Aufenthalt und zum Übernachten in den Fahrzeugen während der Dauer der Reparatur- bzw. Serviceleistungen zur Verfügung stellen. *„Dadurch gibt sie den Kunden die Möglichkeit, während der Wartezeit vor Ort unentgeltlich, legal und abseits öffentlicher Straßen im eigenen Wohnmobil statt an anderer Stelle in einem Beherbergungsbetrieb bzw. auf einem Campingplatz oder aber am Straßenrand zu übernachten. Dass die damit gebotene Möglichkeit einer unkomplizierten Unterbringung der Kunden während erforderlicher Reparatur- bzw. Serviceleistungen die Entscheidung für den Einbau von Anlagen der Firma... erleichtert und schon damit dem Betriebszweck dient, liegt auf der Hand."*

255 Die Zu- und Unterordnung kann auch gegeben sein, wenn das Bezugsobjekt auf einem anderen Grundstück als das Hauptgebäude steht.

Beispiel (nach OVG Saarlouis, B.v. 24.5.2012 – 2 A 395/11 –, juris): Ein Brennholz-Lager für drei Häuser in einem reinen Wohngebiet auf einem weiteren, nicht bebauten Grundstück ist als Nebenanlage zu diesen Häusern zulässig.

256 ■ **Kleintierhaltung**

Nebenanlagen zur Kleintierhaltung im Sinne des § 14 Abs. 1 Satz 2 BauNVO sind in einem reinen Wohngebiet nur zulässig, wenn die Tierhaltung, der sie dienen, in dem betreffenden Baugebiet üblich und ungefährlich ist und den Rahmen der für eine Wohnnutzung typischen Freizeitbetätigung nicht sprengt (BVerwG, B.v. 1.3.1999 – 4 B 13.99 –, BauR 2000, 73 = juris). Dabei ist eine typisierende Betrachtung maßgeblich, die neben der Art der in den Nebenanlagen gehaltenen Tiere auch deren Zahl und das damit jeweils verbundene Störpotenzial berücksichtigt. Im Einzelfall kann unter Umständen die Üblichkeit der Kleintierhaltung abweichend von der typisierenden Betrachtung bejaht werden, wenn eine konkrete Betrachtung ergibt, dass in der Nachbarschaft vergleichbare Nutzungen vorhanden sind und sich die Bewohner des Baugebiets damit abgefunden haben. Aber auch dann darf die Kleintierhaltung nach Art und Anzahl der Tiere und ihrer Unterbringung das in dem Baugebiet nach der Verkehrsauffassung übliche Maß nicht überschreiten (Arnold in: Bönker/Bischopink, BauNVO, § 14 BauNVO Rn. 25). Ein kleines Gebäude zur Unterbringung von Brieftauben ist eine Nebenanlage zum Wohnhaus (OVG Münster, B.v. 10.7.2002 – 10 A 2220/02 –, nrwe).

257 In reinen und allgemeinen Wohngebieten, die (vorwiegend) dem Wohnen dienen (§ 3 Abs. 1 BauNVO und § 4 Abs. 1 BauNVO), ist die freizeitgemäße Kleintierhaltung nur in einem den Wohnbedürfnissen (vgl. § 1 Abs. 6 Nr. 2 BauGB) gerecht werdenden Umfang gebietsverträglich. Dazu gehört, innerhalb und außerhalb der Wohngebäude vor Beeinträchtigungen durch Außengeräusche geschützt zu sein (BVerwG, B.v. 20.4.2010 – 4 BN 17.10 –, juris, m.w.N.). Deshalb kann die Haltung von Kleintieren (auch) im Freien und die damit einhergehenden Geruchs- oder Geräuschbelästigungen dem Interesse an einem möglichst störungsfreien Wohnen zuwiderlaufen.

258 **Beispiel (nach VGH München, B.v. 28. April 2016 – 9 CS 15.2118 –, juris):** Das Gericht bestätigte die Untersagung der Nutzung eines Grundstücks in einem allgemeinen Wohngebiet „zur Haltung von mehr als 40 Stück Geflügel" statt der bisherigen 120 Stück. Da allgemeine Gebiete vorwiegend dem Wohnen dienten, sei die freizeitgemäße Kleintierhaltung nur in einem den Wohnbedürfnissen gerecht werdenden Umfang gebietsverträglich. Die Haltung von Kleintieren (auch) im Freien und die damit einhergehenden Geruchs- und Geräuschbelästigungen könnten dem

Interesse an einem möglichst störungsfreien Wohnen zuwiderlaufen. Die Haltung von Geflügel im Wohngebiet habe sich auf wenige Stück zu beschränken. (Siehe auch OVG Koblenz, B.v. 2.10.2006 – 8 B 11048/06 – juris: Die Haltung von mehr als 20 Hühnern mit mehr als einem Hahn sprengt den Rahmen einer für die Wohnnutzung typischen Freizeitbetätigung.)

■ **Mobilfunksendeanlagen** 259

Eine Mobilfunksendeanlage, die, bezogen auf das gesamte infrastrukturelle Versorgungsnetz, eine untergeordnete Funktion hat, ist nach der Rechtsprechung des Bundesverwaltungsgerichts (B.v. 3.1.2012 – 4 B 27/11 –, NVwZ 2012, 579 = juris) eine fernmeldetechnische Nebenanlage im Sinne von § 14 Abs. 2 Satz 2 BauNVO. Dies ist deshalb problematisch, weil Mobilfunksendeanlagen regelmäßig nur in geringem Umfang (allein) dem Nutzungszweck eines Baugrundstücks oder Baugebiets dienen und deshalb in aller Regel keine baugrundstücks- und baugebietsbezogenen Nebenanlagen sind. Das steht jedoch nach der Rechtsprechung des Bundesverwaltungsgerichts ihrer Einstufung als Nebenanlagen im Sinne des § 14 Abs. 2 Satz 2 BauNVO nicht entgegen. Denn mit § 14 Abs. 2 Satz 2 BauNVO sollte eine Spezialregelung geschaffen werden, die dazu dient, diesen speziellen Infrastruktursystemen einen erleichterten Zugang zu allen Baugebieten zu verschaffen. In diesem Zusammenhang hat der Begriff der Nebenanlage somit in erster Linie einen instrumentell-rechtstechnischen Zweck, der mit dem Begriffsinhalt, der ihm sonst in der Baunutzungsverordnung zukommt, nicht übereinstimmt (s. dazu auch: VGH München, U.v. 6.2.2014 – 2 BV 13.1039 –, BauR 2014, 1115 = juris).

Vor der Einfügung des Satz 2 in § 14 Abs. 2 BauNVO im Jahr 1990 war die Einstu- 260
fung problematisch. Der Zweck der Ergänzung bestand darin, den Anwendungsbereich dieser Vorschrift auf fernmeldetechnische Nebenanlagen zu erweitern, weil auch sie der Versorgung der Baugebiete dienen könnten, jedoch vom Begriff der Elektrizität nicht erfasst würden. Aber auch nach der Rechtsänderung stellt sich die Problematik noch, wenn wegen des Grundsatzes der statischen Verweisung (s.o. Rn. 156) Bebauungspläne aus der Zeit vor der Rechtsänderung anzuwenden sind.

(c) Ergänzende Prüfung: Gebietsverträglichkeit

Nach der Rechtsprechung des Bundesverwaltungsgerichts enthalten die Bestimmun- 261
gen über die Zulässigkeit von Vorhaben in den Baugebieten das ungeschriebene Tatbestandsmerkmal der Baugebietsverträglichkeit. Dieses Merkmal bedeutet, dass das Vorhaben der Eigenart des jeweiligen Baugebiets entsprechen muss, andernfalls ist es – obwohl die Nutzung bei wortgetreuer Lesart zulässig wäre – unzulässig. Insoweit erlangt die allgemeine Zweckbeschreibung in dem jeweiligen ersten Absatz der Baugebietsvorschriften besondere Bedeutung.

In seinem Urteil vom 21.3.2002 – 4 C 1/02 –, NVwZ 2002, 1118 = juris,

hat das Bundesverwaltungsgericht ausgeführt:

„In der Rechtsprechung und im Schrifttum wird die Beachtlichkeit der spezifischen 262
Zweckbestimmung des Baugebietes seit längerem als eine Frage der "Gebietsverträglichkeit" des Vorhabens bezeichnet. Dem hat sich auch die Rechtsprechung des Bundesverwaltungsgerichts in zahlreichen Entscheidungen angeschlossen (...). Daran ist festzuhalten. Die Baunutzungsverordnung konkretisiert mit ihrer Baugebietstypolo-

gie unter anderem die an gesunde Wohn- und Arbeitsverhältnisse zu stellenden Anforderungen sowie das Interesse an einer verbrauchernahen Versorgung der Bevölkerung. Von maßgeblicher Bedeutung für die Bestimmung des jeweiligen Gebietscharakters sind die Anforderungen des Vorhabens an ein Gebiet, die Auswirkungen des Vorhabens auf ein Gebiet und die Erfüllung des spezifischen Gebietsbedarfs. Der Verordnungsgeber will durch Zuordnungen von Nutzungen zu Baugebieten diese oft gegenläufigen Ziele zu einem schonenden Ausgleich im Sinne überlegter Städtebaupolitik bringen (vgl. BVerwG, Urteil vom 12. Dezember 1996 -BVerwG 4 C 17.95 – BVerwGE 102, 351 <355>). Dieses Ziel kann nur erreicht werden, wenn die vom Verordnungsgeber dem jeweiligen Baugebiet zugewiesene Zweckbestimmung den Charakter des Gebietes eingrenzend bestimmt. Dabei mag es durchaus nahe liegend sein, die regelhafte Zulässigkeit – hier § 4 Abs. 2 BauNVO – mitzubedenken, da in ihr die Vorstellungen des Verordnungsgebers über den Gebietscharakter ebenfalls zum Ausdruck kommen. Maßgebend bleibt die Zweckbestimmung des jeweiligen Baugebietes (...).

263 Das Erfordernis der Gebietsverträglichkeit gilt für sämtliche Baugebietstypen der §§ 2 bis 9 BauNVO.

Beispiel (nach BVerwG, U.v. 2.2.2012 – 4 C 14.10 –, NVwZ 2012, 825 = juris): Ein Krematorium mit Abschiedsraum ist eine Anlage für kulturelle Zwecke und wäre eigentlich in einem Gewerbegebiet allgemein zulässig (§ 8 Abs. 3 Nr. 2 BauNVO). Infolge dessen hätte ein anderer Grundstückseigentümer kein Abwehrrecht gegen die Genehmigung (sofern nicht § 15 BauNVO eingreift). Jedoch ist ein solcher Betrieb in einem Gewerbegebiet nicht gebietsverträglich. Denn ein Gewerbegebiet ist nach seiner Zweckbestimmung geprägt durch produzierende und artverwandte Nutzungen. Ein Krematorium mit Abschiedsraum stellt hingegen einen Ort der Ruhe, des Friedens und des Gedenkens an die Verstorbenen dar. Es ist deshalb trotz seiner Eigenschaft als Anlage für kulturelle Zwecke in einem Gewerbegebiet nicht planungsrechtlich zulässig. Der Eigentümer eines benachbarten Grundstücks aus demselben Baugebiet hat ein Abwehrrecht. Deshalb hob das Bundesverwaltungsgericht in dem konkreten Fall auf dessen Klage hin die Genehmigung auf.

264 Die Frage nach der Gebietsverträglichkeit hat für Aufnahmeeinrichtungen, Gemeinschaftsunterkünfte oder sonstige Unterkünfte für Flüchtlinge oder Asylbegehrende eine besondere Bedeutung erlangt. Sie werden im Allgemeinen als Anlagen für soziale Zwecke angesehen (vgl. dazu Rn. 227). Allerdings führt der Umstand, dass die Anlagen zur Unterbringung wohnähnlichen Charakter haben, dazu, dass sie in der Regel in einem Gewerbegebiet (und erst recht in einem Industriegebiet) nicht gebietsverträglich sind. Diesem Umstand begegnet § 246 Abs. 10 BauGB in der Fassung der Bekanntmachung vom 20.10.2015, gültig ab 24.10.2015, mit Blick auf Gewerbegebiete. Die Regelung ermöglicht eine erleichternde Handhabung der Ausnahmevorschriften (Einzelheiten dazu unter Rn. 290).

(2) Nicht allgemein zulässige Vorhaben (Ausnahme, Befreiung)

265 Ist ein Vorhaben nach den Bestimmungen der Baunutzungsverordnung über die Art der baulichen Nutzung nicht allgemein zulässig, ist dennoch ein nachbarliches Abwehrrecht nicht gegeben, wenn hierfür eine Ausnahme, eine Befreiung oder eine Abweichung ausgesprochen werden kann und erteilt worden ist. (Nach Ansicht des

OVG Münster genügt für die Nichtanfechtbarkeit die bloße Möglichkeit der Erteilung einer Ausnahme oder Befreiung, s. dazu Rn. 298).

Die Gemeinde erlässt zur städtebaulichen Lenkung von Bauvorhaben Bebauungspläne, die sie aus dem Flächennutzungsplan entwickelt (§ 8 Abs. 2 Satz 1 BauGB). Sie hat durch die Festsetzungsmöglichkeit und die unter Rn. 149 ff. dargestellte Möglichkeit der Feingliederung unmittelbaren Einfluss auf das Planungsrecht. Die Ausführung erfolgt allerdings durch die Genehmigungsbehörde, die diese satzungsrechtlichen Vorgaben zu beachten hat.

(a) Ausnahme zur Art der baulichen Nutzung

Die Bestimmungen der Baunutzungsverordnung über die zulässigen Nutzungen in 266 den Baugebieten nach den §§ 2 bis 9 BauNVO regeln in den dortigen Absätzen 3, welche Ausnahmen (§ 31 Abs. 1 BauGB[32]) zulässig sind. Die Erteilung einer Ausnahme setzt allerdings stets voraus, dass der Bebauungsplan die Ausnahme dem Grunde nach zulässt, diese also nicht ausgeschlossen hat (s. dazu oben Rn. 143).

Die Zulassung einer Ausnahme setzt nicht das Vorliegen eines Sonderfalls voraus. Es 267 ist jedoch im Wege einer ergänzenden Prüfung nach der Gebietsverträglichkeit der jeweiligen Nutzung zu fragen. Das Erfordernis der Gebietsverträglichkeit gilt nach der Rechtsprechung des Bundesverwaltungsgerichts auch und insbesondere für die ausnahmsweise Zulassung von Vorhaben. Denn: „*Zwischen der jeweiligen spezifischen Zweckbestimmung des Baugebietstypus und dem jeweils zugeordneten Ausnahmekatalog besteht ein gewollter funktionaler Zusammenhang. Das bedeutet: Die normierte allgemeine Zweckbestimmung ist auch für Auslegung und Anwendung der tatbestandlich normierten Ausnahmen bestimmend.*“ (BVerwG, U.v. 28.2.2008 – 4 B 60/07 –, NVwZ 2008, 786 = juris).

In diesem Zusammenhang sind die Anforderungen des jeweiligen Vorhabens an ein 268 Gebiet, die Auswirkungen des Vorhabens auf ein Gebiet und die Erfüllung des spezifischen Gebietsbedarfs von besonderer Bedeutung. Entscheidend ist, ob ein Vorhaben dieser Art generell geeignet ist, ein „bodenrechtlich beachtliches Störpotenzial“ zu entfalten, das sich mit der Zweckbestimmung des Baugebiets nicht verträgt. Im Rahmen dieser Beurteilung kommt es nicht auf die konkrete Bebauung in der Nachbarschaft an. So hat etwa das Bundesverwaltungsgericht in seinem Urteil vom 2.2.2012 (4 C 14.10, NVwZ 2012, 825 = juris) ein Krematorium mit Abschiedsraum in einem Gewerbegebiet für nicht zulässig gehalten. Zwar ist dies eine Anlage für kulturelle Zwecke, die in einem Gewerbegebiet ausnahmsweise zulässig ist, sein Betrieb ist aber mit einem Gewerbegebiet, das von Handel und Produktion gekennzeichnet ist, nicht vereinbar. Das Gericht hob auf die Klage eines Nachbarn die Genehmigung auf.

Auch wäre eine Aufnahmeeinrichtung, Gemeinschaftsunterkunft oder sonstige Unter- 269 kunft für Flüchtlinge oder Asylbegehrende als Anlage für soziale Zwecke (s.o. Rn. 227) in einem Gewerbegebiet ausnahmsweise zulässig (§ 8 Abs. 3 Nr. 2 BauNVO). Der Umstand, dass die Unterkunft in der Regel für die Asylbewerber (und

---

32 **§ 31 BauGB [Ausnahmen und Befreiungen]**
(1) Von den Festsetzungen des Bebauungsplans können solche Ausnahmen zugelassen werden, die in dem Bebauungsplan nach Art und Umfang ausdrücklich vorgesehen sind.

vergleichbare Personenkreise) für eine mehr als nur unbeachtlich kurze Dauer den Lebensmittelpunkt darstellt und damit dem Wohnen nahe kommt, zwingt zu einer Einschränkung (auch) der ausnahmsweisen Zulassung als Anlage für soziale Zwecke unter dem Gesichtspunkt der Gebietsverträglichkeit. Aus der Wohnähnlichkeit ihrer Nutzung folgt, dass eine Gemeinschaftsunterkunft für Asylbewerber u.Ä. in einem Gewerbegebiet mangels ihrer Gebietsverträglichkeit „eigentlich" nicht ausnahmsweise zulässig ist (ausführlich: VGH Mannheim, B.v. 14.3.2013 – 8 S 2504/12 –, juris). Diese Rechtslage ändert § 246 Abs. 11 BauGB[33] für den Zeitraum bis zum 31.12.2019 dahin, dass solche Unterbringungseinrichtungen überall dort, wo Anlagen für soziale Zwecke als Ausnahme zugelassen werden können (also auch nicht durch Festsetzung ausgeschlossen sind) in der Regel zugelassen werden sollen.

270 Eine ausnahmsweise Zulassung einer solchen Unterkunft in einem reinen Wohngebiet ist dagegen in der Regel unproblematisch. Denn ein bodenrechtlich beachtliches Störpotenzial, das sich mit der Zweckbestimmung eines reinen Wohngebiets nicht verträgt, ist mit einem solchen Vorhaben zumeist nicht verbunden. Die Unterbringung von Asylbewerbern ist zum einen dem Wohnen ähnlich und zum anderen ist es auch in der Regel nach seinem räumlichen Umfang, der Zahl der unterzubringenden Asylbewerber und der Intensität des Zu- und Abgangsverkehrs nicht generell geeignet, den Charakter eines reinen Wohngebiets zu stören (VGH Mannheim, B.v. 6.10.2015 – 3 S 1695/15 –, NVwZ 2015, 1781 = juris).

Ob dies auch dann gilt, wenn es sich nicht um eine „lediglich kleine Anlage für soziale Zwecke" handelt, wird bezweifelt:

271 **Beispiel (nach VG Hamburg, B.v. 12.2.2016 – 7 E 6816/15 –, juris; OVG Hamburg, B.v. 14.4.2016 – 2 BS 29/16 –, juris):** Genehmigt sind 24 zumeist große Baukörper mit insgesamt 238 Einheiten, die für jeweils vier Personen nutzbar sind, mit einer Ausrichtung auf 252 Nutzer zuzüglich Personals bei einer Ausdehnung über den gesamten westlichen Planbereich. Das VG Hamburg hat die Voraussetzungen für die Erteilung einer Ausnahme verneint, weil das Vorhaben damit weit über die in dem Bebauungsplan angelegte kleinteilige Wohngebietsausweisung hinausgeht. (Bestätigend insofern OVG Hamburg in der Beschwerdeentscheidung: In einer Zulassung der Aufnahmeeinrichtung als Ausnahme läge eine Umstrukturierung des reinen Wohngebiets.)

272 Darüber hinaus darf eine Ausnahme nicht zugelassen werden, wenn das Vorhaben nicht mit § 15 Abs. 1 BauNVO vereinbar ist. Diese Bestimmung gilt nicht nur für Vorhaben, die den Festsetzungen des Bebauungsplans nicht widersprechen, sondern – erst recht – für Vorhaben, die nur im Wege einer Ausnahme zugelassen werden können (BVerwG, U.v. v. 25.1.2007 – 4 C 1.06 –, BVerwGE 128, 118 = juris; VGH Mannheim, B.v. 6.8.2015 – 3 S 1695/15 –, juris).

(b) Befreiung hinsichtlich der Art der baulichen Nutzung

273 Einerseits haben Festsetzungen über die Art der baulichen Nutzung immer nachbarschützenden Charakter (s. ab Rn. 159), weshalb Genehmigungen unter – nicht durch

33 **§ 246 BauGB** [Sonderregelungen für einzelne Länder; Sonderregelungen für Flüchtlingsunterkünfte]
(11) Soweit in den Baugebieten nach den §§ 2 bis 7 der Baunutzungsverordnung (auch in Verbindung mit § 34 Absatz 2) Anlagen für soziale Zwecke als Ausnahme zugelassen werden können, gilt § 31 Absatz 1 mit der Maßgabe, dass dort bis zum 31. Dezember 2019 Aufnahmeeinrichtungen, Gemeinschaftsunterkünfte oder sonstige Unterkünfte für Flüchtlinge oder Asylbegehrende in der Regel zugelassen werden sollen. Satz 1 gilt entsprechend für in übergeleiteten Plänen festgesetzte Baugebiete, die den in Satz 1 genannten Baugebieten vergleichbar sind.

Ausnahmen überwindbarem – Verstoß gegen solche Festsetzungen jedenfalls „auf den ersten Blick" den Nachbarn in seinen subjektiven öffentlichen Rechten verletzen; andererseits ist aber stets ergänzend zu prüfen ist, ob „ auf den zweiten Blick" die Rechtsverletzung durch eine rechtmäßige Befreiung (§ 31 Abs. 2 BauGB[34]) vermieden werden konnte.

Während die Frage der Zulassung einer Ausnahme dem Rechtssetzungsakt der Gemeinde zuzuordnen ist und der Verwaltung auf der Ebene des Verwaltungsvollzugs diesbezüglich nur wenig Gestaltungsraum bleibt, kann die Baugenehmigungsbehörde durch eine einzelfallbezogene Befreiung etwaigen Besonderheiten im Einzelfall Rechnung tragen. Dies ist veranlasst, wenn eine schematische Anwendung der Festsetzungen in dem Bebauungsplan zu Ergebnissen führen würde, die in dieser Form mit dem Willen des Satzungsgebers nicht vereinbar wären. Anders als dies bei Ausnahmen der Fall ist, kann die Gemeinde, ist der Bebauungsplan erst einmal erlassen, auf die Möglichkeit von Befreiungen keinen Einfluss mehr nehmen. Weil die Möglichkeit einer Befreiung von gesetzlichen Voraussetzungen abhängig ist und der Satzungsgeber sich nicht über das Gesetz stellen kann, kann in dem Bebauungsplan die Zulassung von Befreiungen weder ausgeschlossen noch generell (im Sinne einer großzügigen Handhabung) erlaubt werden. Mittelbare Einflussmöglichkeiten bestehen allerdings insofern, als die Gemeinde in der Begründung des Bebauungsplans ihren Planungswillen zum Ausdruck bringen kann und damit, je nach Sachlage, der Genehmigungsbehörde den Weg zur Bejahung des Merkmals „die Grundzüge der Planung werden nicht berührt" (§ 31 Abs. 1, 1. Halbsatz BauGB) erleichtern oder erschweren kann. Eine darüber hinausgehende Einflussnahme auf die Zulassung oder Verweigerung von Befreiungen seitens der Genehmigungsbehörde ist nicht möglich; einschränkende oder lenkende Zusätze wie „soll" oder „kann" verbieten sich im Zusammenhang mit planerischen Festsetzungen. 274

Eine Befreiung stellt keine Maßnahme dar, bei der zu entscheiden ist, ob öffentlichen oder privaten Belangen der Vorzug zu geben ist. Im Bereich des Baunachbarrechts geht es auch nicht darum, die privaten Interessen des Bauherrn (erst recht nicht: öffentlichen, z.B. wirtschaftlichen Interessen der Gemeinde) mit denjenigen des Nachbarn abzuwägen und etwa dem Bauvorhaben den Vorzug zu geben, weil dessen Interessen dies verdienen. Denn derartige Abwägungsvorgänge sind dem Satzungsgeber des Bebauungsplans vorbehalten, dem allein eine solche „spezifische planerische Gestaltungsfreiheit" zusteht (BVerwG, U.v. 12.12.1969 – IV C 105.66 –, BVerwGE 34, 301 = juris). Der Nachbarschutz hat sich vielmehr strikt an den gesetzlichen tatbestandlichen Vorgaben zur Zulässigkeit einer Befreiung zu orientieren. 275

34 **§ 31 BauGB** [Ausnahmen und Befreiungen]
(2) Von den Festsetzungen des Bebauungsplans kann befreit werden, wenn die Grundzüge der Planung nicht berührt werden und
1. Gründe des Wohls der Allgemeinheit, einschließlich des Bedarfs zur Unterbringung von Flüchtlingen oder Asylbegehrenden, die Befreiung erfordern oder
2. die Abweichung städtebaulich vertretbar ist oder
3. die Durchführung des Bebauungsplans zu einer offenbar nicht beabsichtigten Härte führen würde
und wenn die Abweichung auch unter Würdigung nachbarlicher Interessen mit den öffentlichen Belangen vereinbar ist.

276 Bei der Befreiung von einer nachbarschützenden Festsetzung wie derjenigen zur Art der baulichen Nutzung ist ein Nachbar immer schon dann in seinen Rechten verletzt, wenn eine der Voraussetzungen des § 31 Abs. 2 BauGB nicht erfüllt ist und deshalb die Befreiung objektiv-rechtlich rechtswidrig ist (BVerwG, B.v. 8.7.1998 – 4 B 64.98 –, NVwZ-RR 1999, 8 = juris, und v. 27.8.2013 – 4 B 39.13 –, BauR 2013, 2011 = juris). Dies gilt unabhängig von einer spürbaren Beeinträchtigung. Dieser Rechtsprechung liegt der Gedanke zugrunde, dass der Eigentümer eines im Baugebiet gelegenen Grundstücks aufgrund des Gebietserhaltungsanspruchs (s.o. ab Rn. 159) verlangen kann, dass das Eindringen einer mit dem Charakter nicht zu vereinbarenden Nutzung unterbleibt. Um bereits die Anfänge eines „Umkippens" des Gebiets zu verhindern kann er beanspruchen, dass Befreiungen nur in dem Umfang erteilt werden, die das Gesetz in § 31 Abs. 2 BauGB erlaubt. Der Verstoß gegen die Bestimmung indiziert die (beginnende) Beeinträchtigung seines Gebietserhaltungsanspruchs.

(aa) Die Voraussetzungen nach § 31 Abs. 2 BauGB

277 Eine Befreiung stellt eine Abweichung von den Planungsvorstellungen der Gemeinde dar, wie sie im Bebauungsplan ihren Niederschlag gefunden haben. Einer Befreiung steht eine solche Abweichung allerdings nicht entgegen, sofern die Grundzüge der Planung beachtet werden. Dem entspricht ein Anspruch des Gebietsansässigen darauf, dass keine Abweichung zugelassen wird, die diese Grundzüge missachtet. Sinn des Kriteriums der Bewahrung der Grundzüge der Planung ist es, eine Einhaltung des Bebauungsplans nicht auch dort zu erzwingen, wo die Beachtung dieser Festsetzung wegen der besonderen Situation sinnlos wäre. Deshalb müssen nur die wesentlichen Festsetzungen des Bebauungsplans eingehalten werden, während die weniger gewichtigen Festsetzungen weitgehend zur Disposition der Baugenehmigungsbehörde stehen. Eine exakte Grenzziehung zwischen wesentlichen und unwesentlichen Festsetzungen ist allerdings kaum möglich. *„Je tiefer die Befreiung in das Interessengeflecht der Planung eingreift, desto eher liegt der Schluss auf eine Änderung in der Planungskonzeption nahe, die nur im Wege der (Um-)Planung möglich ist."* (BVerwG, U.v. 9.6.1978 – 4 C 54.75 –, BVerwGE 56, 71 = juris; B.v. 5.3.1999 – 4 B 5.99 –, NVwZ 1999, 1110 = juris)

278 Mit den Grundzügen der Planung ist die dem Bebauungsplan zugrunde liegende städtebauliche Konzeption gemeint, nicht etwa die Planungskonzeption für die ganze Gemeinde. Grundzüge der Planung werden berührt, wenn von den die Planung tragenden Festsetzungen abgewichen werden soll (BVerwG, U.v. 29.1.2009 – 4 C 16/07 –, NVwZ 2009, 1103 = juris) oder bei einer Vielzahl anderer Grundstücke mit derselben Begründung eine Befreiung verlangt werden könnte (BVerwG, B.v. 5.3.1999 – 4 B 5/99 –, NVwZ 1999, 1110 = juris). Denn dann könnte die Gefahr bestehen, dass die planungsrechtliche Lage auf Dauer „kippt". In beiden Fällen ist ohne eine Änderung des Bebauungsplans eine Genehmigung nicht möglich (BVerwG, B.v. 20.11.1989 – 4 B 163/89 –, NVwZ 1990, 556 = juris).

279 Das Erkennen der Grundzüge der Planung setzt eine Auslegung des Plans voraus. Hierfür ist vornehmlich auf den Inhalt, so wie er sich aus der Planurkunde ergibt, abzustellen. Aus den textlichen Festsetzungen und den Planzeichen ist darauf zu schlie-

ßen, welche Planungsabsichten den Ortsgesetzgeber veranlasst haben, die eine oder andere Festsetzung zu treffen. Ergänzend sind die Aufstellungsvorgänge und etwaige andere Erkenntnismittel hinzuzuziehen, sofern sie verlässlichen Aufschluss über die Grundzüge der Planung vermitteln.

Im Rahmen der Einzelfallprüfung kann bedeutsam sein, ob der Plangeber das Baugebiet „kompromisslos" gestalten wollte, z.B. ein festgesetztes reines Wohngebiet von allen gewerblichen und sonstigen Nutzungen freihalten wollte. Eine solche Annahme liegt insbesondere nahe, wenn der Plangeber von der Möglichkeit Gebrauch gemacht hat, gemäß § 1 Abs. 6 Nr. 1 BauNVO sämtliche der in § 3 Abs. 3 BauNVO vorgesehenen ausnahmsweise zulässigen Nutzungen auszuschließen. In einem solchen Fall kann z.B. schon die Errichtung einer einzelnen gewerblichen Anlage unter Berücksichtigung ihrer Auswirkungen auf die nähere Umgebung, die Grundzüge der Planung berühren (BVerwG, B.v. 29.7.2008 – 4 B 11.08 –, ZfBR 2008, 797 = BauR 2009, 78; VGH München, U.v. 9.8.2007 – 25 B 05.3055 –, BRS 71 Nr. 76 = juris; OVG Münster, U.v. 17.12.2008 – 10 A 3000/07 –, nrwe). 280

Zeigen sich – etwa erst aus Anlass eines Bauvorhabens oder einer Nachbareinwendung dagegen – Mängel der Planung, ist die Befreiung nicht das Mittel, diese zu beseitigen. Einerseits ist der Abwägungsvorgang in der Planungsphase der Ort, solche Erwägungen anzustellen, und führen Mängel zur Unwirksamkeit des Plans. Andererseits setzt eine Befreiung ihrerseits einen wirksamen Plan voraus, von dessen unwirksamen Festsetzungen schon begrifflich nicht – auch nicht „hilfsweise“ – befreit werden kann. 281

Gründe des Wohls der Allgemeinheit im Sinne von § 31 Abs. 2 Nr. 1 BauGB erfordern nach der Rechtsprechung des Bundesverwaltungsgerichts (U.v. 9.6.1978 – IV C 54.75 –, BVerwGE 56, 71 = juris; B.v. 5.2.2004 – 4 B 110/03 –, BRS 67 Nr. 86 = juris) dann eine Befreiung, wenn vernünftigerweise eine Abweichung vom Bebauungsplan geboten ist. Eine unabweisbare Notwendigkeit ist nicht erforderlich. 282

Die Regelung des § 31 Abs. 2 Nr. 2 BauGB, nach der eine Befreiung zulässig ist, wenn ein Abweichen vom Bebauungsplan städtebaulich vertretbar ist, soll nach dem Willen des Gesetzgebers (BT-Drs. 10/4630, 85) „Einengungen bei den Befreiungsmöglichkeiten beseitigen, die durch die bisherige Rechtsprechung entstanden sind“. Vertretbar ist grundsätzlich jede Bebauung, die gemäß den Grundsätzen des § 1 Abs. 5 bis 7 BauGB im Bebauungsplan hätte festgesetzt werden können (BVerwG, U.v. 19.9.2002 – 4 C 13/01 –, BVerwGE 117, 50 = juris). 283

Eine Befreiung wegen offensichtlich nicht beabsichtigter Härte nach § 31 Abs. 2 Nr. 3 BauGB ist zulässig, wenn das Grundstück wegen seiner besonderen Verhältnisse bei Einhaltung des Bebauungsplans nicht oder nur schwer bebaut werden kann und diese Beschränkung nicht durch die Zielsetzung des Bebauungsplans gefordert wird (BVerwG, U.v. 9.6.1978 – IV C 54.75 –, BVerwGE 56, 71 = juris). Für die Zulässigkeit einer Befreiung sind nur objektive, grundstücksbezogene Umstände bedeutungsvoll, nicht dagegen die persönlichen oder wirtschaftlichen Verhältnisse des jeweiligen Bauherrn (BVerwG, U.v. 14.2.1991 – 4 C 51/87 –, NJW 1991, 2783 = juris). Für die Art der baulichen Nutzung hat diese Alternative kaum Bedeutung. 284

Ob eine offensichtlich nicht beabsichtigte Härte vorliegt, unterliegt voller verwaltungsgerichtlicher Kontrolle (BVerwG, U.v. 9.6.1978 – IV C 54.75 –, BVerwGE 56, 71 = juris).

285 Alle drei Alternativen des § 31 Abs. 2 BauGB erlauben nur dann eine Befreiung, wenn die Abweichung auch unter Würdigung nachbarlicher Interessen mit den öffentlichen Belangen vereinbar ist.

Die nachbarlichen Interessen sind „zu würdigen“, d.h. gerecht mit- und gegeneinander abzuwägen. Sie stehen einer Befreiung nicht von vornherein entgegen. Daher kommt eine Befreiung auch dann in Betracht, wenn der Nachbar durch die Abweichung stärker beeinträchtigt wird, als durch ein dem Bebauungsplan entsprechendes Bauvorhaben. Der Interessenausgleich zwischen Bauherrn und Nachbarn hat unter Berücksichtigung der Grundsätze zum Gebot der Rücksichtnahme (s. dazu ab Rn. 303 und 441) zu erfolgen (BVerwG, U.v. 19.9.1986 – 4 C 8/84 –, NVwZ 1987, 409 = juris).

286 Eine Beeinträchtigung öffentlicher Belange durch das geplante Vorhaben kann nur im Rahmen einer Bebauungsplanänderung durch Abwägung aller betroffener Belange gelöst werden, nicht durch eine Einzelentscheidung nach § 31 Abs. 2 BauGB.

(bb) Befreiung und Gebietsverträglichkeit

287 Auch und gerade für Befreiungen gilt das Gebot der Beachtung der Gebietsverträglichkeit. Gerade weil ein Vorhaben in Rede steht, das vom Verordnungsgeber weder als allgemein noch als ausnahmsweise zulässig eingestuft wurde, ist die Gefahr besonders groß, dass auf dem Wege einer Befreiung ein Fremdkörper in das Baugebiet hineingetragen wird.

288 **Beispiel für eine nachbarrechtswidrige Befreiung:** Bauvorhaben, die – außerhalb des Anwendungsbereichs des § 8 Abs. 3 Nr. 1 BauNVO (Wohnungen für Aufsichts- und Bereitschaftspersonen sowie für Betriebsinhaber und -leiter) – einer Wohn- oder wohnähnlichen Nutzung zu dienen bestimmt sind, sind mit dem Charakter eines Gewerbegebiets unvereinbar. Eine Befreiung darf nicht erfolgen; einem Gebietsansässigen steht ein Gebietserhaltungsanspruch zu.

289 **Beispiel für eine nicht nachbarrechtswidrige Befreiung (nach: VGH Mannheim, U.v. 21.2.2014 – 3 S 1992/13 –, juris):** In einem allgemeinen Wohngebiet ist ein Stellplatz für einen (ansonsten außerhalb des Baugebiets betriebenen) Kraftfahrzeughandel genehmigt worden. Ein solcher Betrieb ist dort typischerweise unzulässig, weil er nicht dem Typus der dort (allgemein oder ausnahmsweise) zulässigen Gewerbebetriebe entspricht und in der Regel Störungen für die Wohnruhe mit sich bringen kann. Für atypische, die Wohnruhe in einem allgemeinen Wohngebiet im Einzelfall nicht oder zumindest nicht nennenswert störende Nutzungen konnte eine Korrektur der Typisierung durch Anwendung des § 31 Abs. 2 BauGB erfolgen. Denn mit dem Vorhaben sind keine dem Charakter eines allgemeinen Wohngebiets widersprechenden Beeinträchtigungen verbunden. Denn nach der Betriebsbeschreibung werden nämlich jährlich nicht mehr als zwölf Fahrzeuge verkauft. Der Stellplatz dient allein als Park- bzw. Verkaufsfläche. Reparaturen oder Wartungsarbeiten an den Fahrzeugen dürfen auf dem Grundstück nicht durchgeführt werden. Ein nennenswerter Kundenverkehr kann ausgeschlossen werden. Störungen der Wohnruhe sind damit nicht zu erwarten. Die Abweichung von den Festsetzungen des Bebauungsplans ist städtebaulich vertretbar und lässt die Grundzüge der Planung unberührt. Die Abweichung von den Festsetzungen des Bebauungsplans ist auch unter Würdigung nachbarlicher Interessen mit den öffentlichen Belangen vereinbar. Zwar ist davon auszugehen, dass nachbarschützende Festsetzungen – insbesondere solche über die Art der baulichen Nutzung – im Interessengeflecht eines Bebauungsplans in der Regel eine derart zentrale Bedeutung haben, dass ihre Durchbrechung

das Bedürfnis nach einer Änderung des Bebauungsplans hervorruft. Etwas anders gilt jedoch dann, wenn die Nachbarn weder von dem Vorhaben selbst noch von dessen zu erwartenden Folgewirkungen nennenswert beeinträchtigt werden können (BVerwG, Urt. v. 9.6.1978 – 4 C 54.75 – BVerwGE 56, 71 = juris). Im Hinblick auf die bereits genannten Umstände hat der VGH Mannheim das angenommen. Der Nachbar hat kein Abwehrrecht.

(cc) Die Sonderregelungen in § 246 Abs. 10 und 12 BauGB

Für Aufnahmeeinrichtungen, Gemeinschaftsunterkünfte oder sonstige Unterkünfte für Flüchtlinge oder Asylbegehrende in einem Gewerbegebiet hat der Gesetzgeber mit § 246 Abs. 10 und Abs. 12 BauGB[35] Sonderregelungen für Befreiungen getroffen. 290

Er hat mit § 246 Abs. 10 BauGB (im Falle der Zulässigkeit einer Anlage für soziale Zwecke in dem Baugebiet, sei es im Wege einer Ausnahme oder allgemein) für solche Vorhaben die Möglichkeit einer Befreiung eröffnet, die ansonsten zumeist an der fehlenden Gebietsverträglichkeit gescheitert wäre. Voraussetzung ist allerdings auch in diesem Fall, dass die Befreiung mit öffentlichen Belangen vereinbar ist. Die Bestimmung gilt nicht, wenn der Bebauungsplan keine Ausnahme für Anlagen für soziale Zwecke zulässt; insoweit ist der Wortlaut des § 246 Abs. 10 BauGB eindeutig (vgl. auch VGH München, B.v. 5.3.2015 – 1 ZB 14.2373 –, NVwZ 2015, 912 = juris).

Während § 246 Abs. 10 BauGB „für“ die genannten Einrichtungen Befreiungen erlaubt, also auch die Errichtung stationärer Gebäude in Gewerbegebieten im Blick hat, spricht § 246 Abs. 12 BauGB lediglich die Errichtung mobiler Unterkünfte und Nutzungsänderungen an. Die Bestimmung stellt dies aber einerseits nicht unter die Voraussetzung der Zulassung von Anlagen für soziale Zwecke in diesem Gebiet und lässt sie andererseits in Gewerbe- und Industriegebieten und Sondergebieten nach den §§ 8 bis 11 BauNVO zu. Unter mobilen Unterkünften sind nach der Gesetzesbegründung zu § 246 Abs. 12 BauGB Behelfsunterkünfte wie insbesondere Wohncontainer und Zelte zu verstehen (siehe BT-Drs. 18/6185 S. 54). Ihr charakteristisches Merkmal 291

35 **§ 246 BauGB [Sonderregelungen für einzelne Länder; Sonderregelungen für Flüchtlingsunterkünfte]**
(10) Bis zum 31. Dezember 2019 kann in Gewerbegebieten (§ 8 der Baunutzungsverordnung, auch in Verbindung mit § 34 Absatz 2) für Aufnahmeeinrichtungen, Gemeinschaftsunterkünfte oder sonstige Unterkünfte für Flüchtlinge oder Asylbegehrende von den Festsetzungen des Bebauungsplans befreit werden, wenn an dem Standort Anlagen für soziale Zwecke als Ausnahme zugelassen werden können oder allgemein zulässig sind und die Abweichung auch unter Würdigung nachbarlicher Interessen mit öffentlichen Belangen vereinbar ist. § 36 gilt entsprechend.
(11) Soweit in den Baugebieten nach den §§ 2 bis 7 der Baunutzungsverordnung (auch in Verbindung mit § 34 Absatz 2) Anlagen für soziale Zwecke als Ausnahme zugelassen werden können, gilt § 31 Absatz 1 mit der Maßgabe, dass dort bis zum 31. Dezember 2019 Aufnahmeeinrichtungen, Gemeinschaftsunterkünfte oder sonstige Unterkünfte für Flüchtlinge oder Asylbegehrende in der Regel zugelassen werden sollen. Satz 1 gilt entsprechend für in übergeleiteten Plänen festgesetzte Baugebiete, die den in Satz 1 genannten Baugebieten vergleichbar sind.
(12) Bis zum 31. Dezember 2019 kann für die auf längstens drei Jahre zu befristende
1. Errichtung mobiler Unterkünfte für Flüchtlinge oder Asylbegehrende,
2. Nutzungsänderung zulässigerweise errichteter baulicher Anlagen in Gewerbe- und Industriegebieten sowie in Sondergebieten nach den §§ 8 bis 11 der Baunutzungsverordnung (auch in Verbindung mit § 34 Absatz 2) in Aufnahmeeinrichtungen, Gemeinschaftsunterkünfte oder sonstige Unterkünfte für Flüchtlinge oder Asylbegehrende
von den Festsetzungen des Bebauungsplans befreit werden, wenn die Befreiung auch unter Würdigung nachbarlicher Interessen mit den öffentlichen Belangen vereinbar ist. § 36 gilt entsprechend.
(14) Soweit auch bei Anwendung der Absätze 8 bis 13 dringend benötigte Unterkunftsmöglichkeiten im Gebiet der Gemeinde, in der sie entstehen sollen, nicht oder nicht rechtzeitig bereitgestellt werden können, kann bei Aufnahmeeinrichtungen, Gemeinschaftsunterkünften oder sonstigen Unterkünften für Flüchtlinge oder Asylbegehrende bis zum 31. Dezember 2019 von den Vorschriften dieses Gesetzbuchs oder den aufgrund dieses Gesetzbuchs erlassenen Vorschriften in erforderlichem Umfang abgewichen werden. (….).

ist, dass die wesentlichen Elemente nach einem Rückbau an anderer Stelle wieder verwendet werden können (so OVG Hamburg, B.v. 14.4.2016 – 2 BS 29/16 –, juris).

292 Gemeinsam ist den Regelungen der Absätze 10 und 12, dass das Vorhaben „auch unter Würdigung nachbarlicher Interessen mit öffentlichen Belangen vereinbar" sein muss. Angesichts des enormen Drucks, der auf den staatlichen Stellen ruht, und der auch von der Bevölkerung zu tragenden Pflicht, an der Lösung der Probleme mitzuwirken, ist bei der Aufgabe der Flüchtlingsunterbringung den Nachbarn auch ein „Mehr an Beeinträchtigungen zuzumuten" (BT-Drs. 18/6185, S. 74 f).

293 Eine gesonderte Prüfung, ob durch die Zulassung des Vorhabens Grundzüge der Planung berührt werden, ist nicht erforderlich (OVG Hamburg, B.v. 14.4.2016 – 2 BS 29/16 –, juris; Ewer/Mutschler-Siebert, NJW 2016, 11; Blechschmidt in: Ernst/Zinkahn/Bielenberg/Krautzberger, BauGB, § 246 Rn. 76 f.; Battis/Mitschang/Reidt, Das Flüchtlingsunterbringungs-Maßnahmengesetz 2015, NVwZ 2015, 1636). Denn es war gerade der Wille des Gesetzgebers, eine Befreiung nach § 246 Abs. 12 BauGB auch dann zu ermöglichen, wenn die Grundzüge der Planung berührt werden. (BT-Drs. 18/6185 S. 54). Dies wird auch darin deutlich, dass der Gesetzgeber als öffentliche Belange in seiner Begründung nur „gesunde Wohn- und Arbeitsverhältnisse" hervorgehoben hat.

294 Die Regelung in § 246 Abs. 14 BauGB hat in der gerichtlichen Praxis bislang eine geringe Rolle gespielt. Die gebotene Möglichkeit, unter den beschriebenen Voraussetzungen „von den Vorschriften dieses Gesetzbuchs oder den aufgrund dieses Gesetzbuchs erlassenen Vorschriften in erforderlichem Umfang" abzuweichen, gibt der zuständigen Stelle eine bemerkenswerte und außergewöhnliche Freiheit. Die baunachbarrechtlichen Konsequenzen sind in Rechtsprechung und Literatur noch wenig geklärt.

295 Der Übergang einer Nutzung zu einer in § 246 Abs. 8 bis 17 BauGB angesprochenen Nutzungsweisen stellt eine Nutzungsänderung dar. Demzufolge gehen eine bisherige Genehmigung und ein etwaiger Bestandsschutz unter (s. dazu und zum Begriff der Nutzungsänderung ab Rn. 793, 815 und 830). Für eine „Rückkehr" zur bisherigen oder einen Übergang zu einer anderen Nutzungsart bedarf es einer Genehmigung. Dies dürfte in Fällen der lediglich bestandsgeschützten Nutzung grundsätzlich ausgeschlossen sein. Eine Ausnahme davon machen § 246 Abs. 13 Satz 3 und § 246 Abs. 14 i.V.m. Abs. 13 Satz 3 BauGB, wonach eine „zulässigerweise" (s. dazu ab Rn. 795) ausgeübte Nutzung – ohne dass es dafür einer Genehmigung bedarf – „im Anschluss wieder aufgenommen werden" darf.

(c) Ermessensentscheidung über eine Ausnahme und eine Befreiung

296 Die Entscheidung der Baugenehmigungsbehörde über die Erteilung der Ausnahme oder eine Befreiung liegt in ihrem pflichtgemäßen Ermessen. Das besagt, dass auch bei Vorliegen der Voraussetzungen für eine Ausnahme oder eine Befreiung die Behörde die rechtliche Befugnis hat, die Erteilung der Ausnahme abzulehnen. Der Bauherr hat nur einen Anspruch auf ermessensfehlerfreie Entscheidung. Die Behörde muss hierfür die allgemeinen verwaltungsrechtlich anerkannten Grundsätze über die Ermessensausübung berücksichtigen: Sie muss zunächst von dem richtigen tatsächlichen

Sachverhalt ausgehen. Ferner muss sie den Gleichbehandlungsgrundsatz beachten: Der Bauherr hat einen Anspruch auf die Erteilung der Ausnahme bzw. Befreiung, wenn die Behörde sich durch die Erteilung von Ausnahmen bzw. Befreiungen in anderen, gleich gelagerten Fällen so sehr gebunden hat, dass die diesmalige Ablehnung gegen den Gleichheitsgrundsatz verstoßen würde. Die Behörde muss bei ihrer Entscheidung in einer dem Zweck der Ermächtigung entsprechenden Weise Gebrauch machen: Mit Blick auf die sich aus Art. 14 GG folgende Baufreiheit darf die Versagung darf nur aus städtebaulichen Gründen erfolgen. Dabei reicht es nicht aus, dass die Gemeinde dem Vorhaben bestimmte entgegenstehende Planungsabsichten hat. Denn um diese zu sichern stehen der Gemeinde andere Instrumente zur Verfügung, nämlich die Zurückstellung von Baugesuchen und die Veränderungssperre. Schließlich muss sie nach § 39 Abs. 1 Satz 3 Verwaltungsverfahrensgesetz eine Begründung fertigen, die die Gesichtspunkte erkennen lässt, von denen sie bei der Ausübung ihres Ermessens ausgegangen ist.

Für die Erteilung einer Ausnahme nach § 246 Abs. 11 BauGB oder einer Befreiung nach § 246 Abs. 10 oder 12 BauGB besteht ein intendiertes Ermessen (BT-Dr. 18/6185, S. 74). Deshalb ist das Ermessen ist in Richtung auf der Erlass einer Genehmigung unter Einschluss einer Ausnahme auszuüben, wenn nicht besondere Umstände vorliegen, die es als nicht mehr vertretbar erscheinen lassen, das Vorhaben zuzulassen; insoweit kommen insbesondere erhebliche Gesundheitsbeeinträchtigungen durch gewerbliche Nutzungen in Betracht. 297

(d) Nicht ausgesprochene Befreiung

Die Frage nach der Bedeutung einer rechtlich möglichen, aber unterbliebenen Ausnahme oder Befreiung wird in Rechtsprechung und Literatur unterschiedlich beantwortet. 298

Das OVG Münster formuliert in ständiger Rechtsprechung (z.B. U.v. 25.10.2010 – 7 A 1298/09 – nrwe, U.v. 21.12.2010 – 2 A 1419/09 –, nrwe, und U.v. 19.12.2005 – 10 A 930/05 –, nrwe) der Gebietserhaltungsanspruch finde (sinngemäß: nur) gegenüber Vorhaben Anwendung, die in dem betreffenden Baugebiet weder planungsrechtlich regelhaft zulässig seien noch nach § 31 Abs. 1 oder 2 BauGB im Wege einer Ausnahme oder Befreiung zugelassen werden könnten. Im Falle einer nicht erteilten Ausnahme könne eine Verletzung von subjektiven Nachbarrechten nur dann in Betracht kommen, wenn die Ausnahme, wäre ihre Erforderlichkeit erkannt worden, Nachbarrechte verletzen würden (so auch VG München, B.v. 9.6.2016 – M 11 SN 15.266 –, juris). Dem wird entgegen gehalten, die bloße Möglichkeit, die in der Erteilung der Baugenehmigung liegende Rechtsverletzung zu beseitigen, genüge nicht; die Ausnahme oder Befreiung müsse ausgesprochen werden, ansonsten werde allein schon durch dieses Versäumnis der Nachbar in seinen Rechten verletzt (so VGH Mannheim, U.v. 21.2.2014 – 3 S 1992/13 –, NVwZ-RR 2014, 548 = juris; Mampel, Rn. 703; offen gelassen von VGH München, B.v. 8.1.2016 – 1 CS 15.2687 –, juris).

Der erstgenannten Auffassung kann nicht zugestimmt werden. Denn die Baugenehmigung (als Verwaltungsakt mit Doppelwirkung) stellt sich gegenüber dem Nachbarn, der hiervon betroffen ist (vgl. § 43 Abs. 1 Satz 1 VwVfG), als belastender Ver- 299 waltungsakt dar. Sowohl die Erteilung einer Baugenehmigung unter Erteilung einer Ausnahme als auch eine (eingeschlossene oder selbständige) Befreiung sind Ermessensentscheidungen, die die an solche zu stellenden rechtlichen Anforderungen erfüllen müssen (BVerwG, U.v. 19.9.2002 – 4 C 13/01 –, BVerwGE 117, 50 = juris). Der Nachbar hat zumindest einen Anspruch darauf, dass in ermessensfehlerfreier Weise über seine Rechte entschieden wird, vgl. § 40 VwVfG. Auch das OVG Münster weist in dem Urteil vom 17.12.2008 (10 A 3001/07, nrwe) darauf hin, dass in jedem Befreiungsfall eine Einzelfallentscheidung zu treffen sei, die die Besonderheiten der konkreten Planungssituation vollständig erfassen und die Auswirkungen des zur Befreiung gestellten Vorhabens umfassend bewerten müsse. Im konkreten, vom Gericht entschiedenen Einzelfall leide die Erteilung der Befreiung an Ermessensfehlern, weil das Ermessen nicht ausgeübt worden sei. Der angefochtene Befreiungsbescheid enthalte weder die erforderliche Begründung noch Ermessenserwägungen.

300 Daraus folgt: Wird gar keine Ermessensentscheidung getroffen oder geht eine solche nicht aus der Genehmigung hervor, ist die Genehmigung auf jeden Fall nicht ermessensgerecht. Die bloße Möglichkeit, die in der Erteilung der Baugenehmigung liegende Rechtsverletzung zu beseitigen, genügt nicht; die Ausnahme oder Befreiung muss ausgesprochen werden.

301 Ob etwas anderes gilt, wenn das Ermessen der Genehmigungsbehörde „auf null“ reduziert ist, bleibt fraglich. Eine solche Ermessensreduzierung auf null kommt etwa dann in Betracht, wenn keine städtebaulichen Gesichtspunkte der Zulassung eines Vorhabens im Wege einer Ausnahme oder einer Befreiung entgegenstehen können (vgl. etwa VGH Mannheim, B.v. 6.10.2015 – 3 S 1695/15 –, juris, zur Zulassung einer Asylbewerberunterkunft in einem reinen Wohngebiet im Wege einer Ausnahme). Es mag argumentiert werden, dass stets dann, wenn schon kein Ermessen mehr besteht, der Nachbar auch keinen Anspruch auf eine Information über derartige Erwägungen haben könne. Das mag für die Erteilung einer Ausnahme zutreffend sein, weil hier der Satzungsgeber bereits die privaten Belange mit den öffentlichen abgewogen hat und für ergänzende Erwägungen in der Regel kein Raum mehr ist, vielmehr allein siedlungspolitische Belange zu erwägen sind. Für eine Befreiung, bei der die Genehmigungsbehörde stets in der Einzelfallregelung die nachbarlichen Belange in den Blick zu nehmen hat, kann der Nachbar jedoch zu Recht deren Würdigung und deren nachvollziehbare Verschriftlichung erwarten.

302 Eine bislang fehlende Befreiung kann in einem laufenden verwaltungsgerichtlichen Verfahren noch nachgeholt werden. Der klagende Nachbar; der sich gegen eine Baugenehmigung wendet, braucht die nachgeschobene Befreiung nicht gesondert anzufechten. Vielmehr ist die Rechtmäßigkeit der Befreiung im anhängigen Prozess zusammen mit der Baugenehmigung, zu der sie ergangen ist, zu prüfen (BVerwG, U.v. 17.2.1971 – IV C 2.68 –, DVBl 1971, 754 = juris; VGH Mannheim, U.v. 21.2.2014 – 3 S 1992/13 –, juris).

dd) Rücksichtnahmegebot nach § 15 BauNVO

Das Rücksichtnahmegebot findet im beplanten Innenbereich seine gesetzliche Ausformung in § 15 BauNVO.[36] Die Bestimmung ist nur für die Art der baulichen Nutzung, nicht auch auf das Maß der baulichen Nutzung anwendbar. Allerdings können nach dem Wortlaut der Vorschrift bauliche Anlagen auch ihrem Umfang nach der Eigenart des Baugebietes widersprechen. Das bedeutet aber nicht, dass § 15 Abs. 1 BauNVO auch die Maßfestsetzungen ergänzt. Vielmehr geht die Vorschrift davon aus, dass im Einzelfall Quantität in Qualität umschlagen kann, dass also die Größe einer baulichen Anlage die Art der baulichen Nutzung erfassen kann (BVerwG, U.v. 16.3.1995 – 4 C 3.94 –, BRS 57 Nr. 175 = juris; VGH München, B.v. 9.12.2015 – 15 CS 15.1935 –, juris). 303

Die Eigenart des Baugebiets ergibt sich nicht allein aus den typisierenden Regelungen der Baunutzungsverordnung, sondern ist auch unter Berücksichtigung der konkreten örtlichen Situation zu bestimmen (BVerwG, U.v. 16.3.1995 – 4 C 3.94 –, NVwZ 1995, 899 = juris, und B.v. 16.12.2008 – 4 B 68.08 –, ZfBR 2009, 376 = juris). Bei unbeplanten Gebieten im Sinne von § 34 Abs. 2 BauGB, in denen aufgrund der Verweisung die Bestimmung ebenfalls anzuwenden ist, ist auf den sich aus den örtlichen Verhältnissen ergebenden besonderen Gebietscharakter des konkreten Baugebiets abzustellen (BVerwG, B.v. 16.12.2008 – 4 B 68.08 –, ZfBR 2009, 376 = juris). 304

Das Gebot der Rücksichtnahme beinhaltet nicht die Verpflichtung, jede Beeinträchtigung eines Nachbarn zu vermeiden. Sofern eine Baugenehmigung mit den Planfestsetzungen übereinstimmt, besteht im Allgemeinen kein nachbarlicher Abwehranspruch unter Berufung auf das Gebot der Rücksichtnahme. Denn die hierfür maßgeblichen Erwägungen müssen bereits in den einen rechtsgültigen Bebauungsplan voraussetzenden Abwägungsvorgang eingeflossen sein; ansonsten ist der Plan ungültig. Grundsätzlich kann davon ausgegangen werden, dass der Satzungsgeber ein den Festsetzungen entsprechendes Vorhaben als zumutbar angesehen hat. Diese Entscheidung darf nicht über § 15 Abs. 1 BauNVO korrigiert werden (OVG Münster, B.v. 19.1.2009 – 10 B 1687/08 –, BRS 74 Nr. 29 = juris, m.w.N.). Insofern ist das Rücksichtnahmegebot von der vorausgegangenen Entscheidung gleichsam „aufgezehrt" (BVerwG, U.v. 12.9.2013 – 4 C 8.12 –, BRS 81 Nr. 99 = juris, B.v. 27.12.1984 – 4 B 278.84 –, BRS 42 Nr. 183 = juris, und B.v. 11.7.1983 – 4 B 123.81 –, juris; OVG Münster, B.v. 21.12. 2006 – 7 B 2193/06 –, BRS 70 Nr. 181 = juris). 305

36 **§ 15 BauNVO [Allgemeine Voraussetzungen für die Zulässigkeit baulicher und sonstiger Anlagen]**
(1) Die in den §§ 2 bis 14 aufgeführten baulichen und sonstigen Anlagen sind im Einzelfall unzulässig, wenn sie nach Anzahl, Lage, Umfang oder Zweckbestimmung der Eigenart des Baugebiets widersprechen. Sie sind auch unzulässig, wenn von ihnen Belästigungen oder Störungen ausgehen können, die nach der Eigenart des Baugebiets im Baugebiet selbst oder in dessen Umgebung unzumutbar sind, oder wenn sie solchen Belästigungen oder Störungen ausgesetzt werden.
(2) Die Anwendung des Absatzes 1 hat nach den städtebaulichen Zielen und Grundsätzen des § 1 Abs. 5 des Baugesetzbuchs zu erfolgen.
(3) Die Zulässigkeit der Anlagen in den Baugebieten ist nicht allein nach den verfahrensrechtlichen Einordnungen des Bundes-Immissionsschutzgesetzes und der auf seiner Grundlage erlassenen Verordnungen zu beurteilen.

ee) Kein Konkurrentenschutz

306 Das private Interesse eines Gewerbetreibenden an der Beibehaltung der von ihm unter Wettbewerbsgesichtspunkten als vorteilhaft erachteten Gegebenheiten ist unter baurechtlichen Gesichtspunkten nicht schutzwürdig. Das Bauplanungsrecht steht solchen Interessen neutral gegenüber. Es vermittelt dem einzelnen, innerhalb eines Versorgungsbereichs angesiedelten Gewerbetreibenden keine wehrhafte Rechtsposition gegenüber der einem potentiellen Konkurrenten erteilten Baugenehmigung, auch wenn eine Genehmigung unter Verstoß gegen bauplanungsrechtliche Bestimmungen ergeht (OVG Münster, B.v. 7.5.2014 – 10 B 402/14 –, n.v.). Sollte allerdings der Gewerbetreibende gleichzeitig dinglich Berechtigter an einem Grundstück in dem Baugebiet sein, so bleibt seine aus dem Gebietserhaltungsanspruch entspringende Befugnis zur Abwehr einer rechtswidrigen Nutzung davon unberührt.

b) Festsetzungen über das Maß der baulichen Nutzung

307 § 16 Abs. 2 BauNVO beschreibt, auf welche Weise das Maß der baulichen Nutzung in einem Bebauungsplan bestimmt werden kann. Nach Art und Umfang können bestimmte Ausnahmen von dem festgesetzten Maß der baulichen Nutzung vorgesehen werden. Der Umfang des Nachbarschutzes hinsichtlich dieser Festsetzungen ist unbestritten, soweit der Plangeber ihnen ausdrücklich nachbarschützenden Charakter gegeben hat. Im Übrigen steht die allgemeine Meinung einem Nachbarschutz ablehnend gegenüber; dies sollte infrage gestellt werden.

aa) Willensbekundung des Plangebers

308 Der nachbarschützende Charakter einer Festsetzung zum Maß der baulichen Nutzung[37] ist nicht zweifelhaft, wenn der Plangeber der Festsetzung diesen Charakter „verliehen“ hat. Darüber, dass er diese Befugnis hat und dass diese Wirkung dann dem Nachbarn Abwehrrechte verschafft, besteht Einigkeit. Die Anforderungen für die Bejahung dieser Wirkung sind indes recht hoch, ob zu Recht, ist allerdings zweifelhaft.

---

37 **§ 16 BauNVO [Bestimmung des Maßes der baulichen Nutzung]**
(1) Wird im Flächennutzungsplan das allgemeine Maß der baulichen Nutzung dargestellt, genügt die Angabe der Geschoßflächenzahl, der Baumassenzahl oder der Höhe baulicher Anlagen.
(2) Im Bebauungsplan kann das Maß der baulichen Nutzung bestimmt werden durch Festsetzung
1. der Grundflächenzahl oder der Größe der Grundflächen der baulichen Anlagen,
2. der Geschoßflächenzahl oder der Größe der Geschoßfläche, der Baumassenzahl oder der Baumasse,
3. der Zahl der Vollgeschosse,
4. der Höhe baulicher Anlagen.
(3) Bei Festsetzung des Maßes der baulichen Nutzung im Bebauungsplan ist festzusetzen
1. stets die Grundflächenzahl oder die Größe der Grundflächen der baulichen Anlagen,
2. die Zahl der Vollgeschosse oder die Höhe baulicher Anlagen, wenn ohne ihre Festsetzung öffentliche Belange, insbesondere das Orts- und Landschaftsbild, beeinträchtigt werden können.
(4) Bei Festsetzung des Höchstmaßes für die Geschoßflächenzahl oder die Größe der Geschoßfläche, für die Zahl der Vollgeschosse und die Höhe baulicher Anlagen im Bebauungsplan kann zugleich ein Mindestmaß festgesetzt werden. Die Zahl der Vollgeschosse und die Höhe baulicher Anlagen können auch als zwingend festgesetzt werden.
(5) Im Bebauungsplan kann das Maß der baulichen Nutzung für Teile des Baugebiets, für einzelne Grundstücke oder Grundstücksteile und für Teile baulicher Anlagen unterschiedlich festgesetzt werden; die Festsetzungen können oberhalb und unterhalb der Geländeoberfläche getroffen werden.
(6) Im Bebauungsplan können nach Art und Umfang bestimmte Ausnahmen von dem festgesetzten Maß der baulichen Nutzung vorgesehen werden.

Beispiel für einen angenommenen nachbarschützenden Charakter einer Festsetzung der höchstzulässigen Zahl der Vollgeschosse und der rückwärtigen Baugrenze „kraft Verleihung" (aus: VG Köln, U.v. 28.8.2015 – 2 K 6969/14 –, nrwe): Das Gericht hatte nach Auswertung der dem Bebauungsplan beigefügten Begründung und dem Plankonzept *„keine vernünftigen Zweifel daran, dass die Satzungsgeberin auf dem Vorhabengrundstück die höchstzulässige Zahl der Vollgeschosse und eine rückwärtige Baugrenze nicht nur aus städtebaulichen Gründen getroffen hat, sondern mit dieser Festsetzung auch Nachbarschutz zugunsten der betroffenen Angrenzer begründen wollte."* In der Planbegründung heißt es zur Ausweisung des allgemeinen Wohngebiets entlang der betroffenen Straße: 309

> „Weitergehende bauliche Verdichtungen, insbesondere in den Bereichen angrenzend an die Straßenräume sind jedoch nicht mehr tragbar und nicht vereinbar mit den allgemeinen Anforderungen an gesunde Wohn- und Arbeitsverhältnisse."

Die Plangeberin hatte, so das Gericht, mit diesen Ausführungen dokumentiert, dass sie im hier betroffenen Grundstücksareal Festsetzungen zum Maß der baulichen Nutzung und zur überbaubaren Grundstücksfläche nicht allein aus städtebaulichen Gründen getroffen hat. Sie habe diese Festsetzungen vielmehr ausdrücklich mit dem Willen verbunden, in diesem Grundstücksbereich, der schon von massiver Bebauung umgeben ist, gesunde Wohnverhältnisse zu erhalten.

bb) Fehlende Willensbekundung des Plangebers

Im Anschluss an sein richtungsweisendes Urteil vom 16.9.1993 (4 C 28/91, DVBl 1994, 284 = juris), mit dem es den Gebietserhaltungsanspruch begründete, sah sich das Bundesverwaltungsgericht mehrfach zur Beantwortung der Frage veranlasst, ob dessen Grundaussagen auf Festsetzungen zum Maß der baulichen Nutzung (und andere Festsetzungen) zu übertragen seien. Insbesondere war bedeutsam, ob solche Festsetzungen auch ohne eine entsprechende Willensbekundung des Plangebers nachbarschützenden Charakter haben. 310

(1) Die herrschende Ansicht in Rechtsprechung und Literatur

Das Bundesverwaltungsgericht vertritt stets die Auffassung, dass die Erwägungen, wegen derer den Festsetzungen über die Art der baulichen Nutzung nachbarschützende Funktion unabhängig von einer spürbaren tatsächlichen Beeinträchtigung durch ein baugebietswidriges Vorhaben zuzusprechen seien, sich nicht auf die Festsetzungen über das Maß der baulichen Nutzung übertragen lassen. Das Bundesverwaltungsgericht hat seine Meinung mit Beschluss vom 23.6.1995 (4 B 52/95, NVwZ 1996, 170 = juris) so begründet: 311

„Die Frage, ob die Festsetzungen eines Bebauungsplans betreffend Geschossigkeit, überbaubare Grundstücksfläche und Geschoßfläche nachbarschützende Bedeutung und Funktion im Sinne des Urteil des Bundesverwaltungsgerichts vom 16. September 1993 (a.a.O.) haben, auch wenn mit einer Abweichung von diesen Festsetzungen spürbare Beeinträchtigungen für den Nachbarn nicht verbunden sind, rechtfertigt nicht die Zulassung der Revision. Die Erwägungen, die den Senat in der Entscheidung vom 16. September 1993 veranlasst haben, den Festsetzungen eines Bebauungsplans über die Art der baulichen Nutzung nachbarschützende Funktion unabhängig davon zuzusprechen, ob der Nachbar durch ein baugebietswidriges Vorhaben tatsächlich spürbar beeinträchtigt wird, lassen sich nicht in gleicher Weise auf die Festsetzungen über das Maß der baulichen Nutzung übertragen. Zwar gilt auch insoweit, dass der Nachbarschutz auf dem Gedanken des wechselseitigen Austauschverhältnisses beruht. Der Grundstückseigentümer kann deshalb grundsätzlich die Beachtung 312

öffentlich-rechtlicher Baubeschränkungen auch im Verhältnis zum Nachbarn durchsetzen, weil und soweit er selbst in der Ausnutzung seines Grundstücks solchen Beschränkungen unterworfen ist. Allerdings werden die Planbetroffenen durch die Maßfestsetzungen eines Bebauungsplans nicht in gleicher Weise zu einer "Schicksalsgemeinschaft" verbunden, wie das der Senat für die Festsetzung der Art der Nutzung angenommen hat. Das gilt vor allem für die Frage, ob der Nachbarschutz eine spürbare Beeinträchtigung im jeweiligen Einzelfall voraussetzt. Das hat der Senat für eine baugebietsfremde Nutzungsart deshalb grundsätzlich verneint, weil durch das baugebietswidrige Vorhaben, das zwar für sich gesehen noch nicht zu einer tatsächlich spürbaren und nachweisbaren Beeinträchtigung des Nachbarn führen mag, gleichwohl typischerweise eine "schleichende" Verfremdung des Gebiets eingeleitet wird. Eine solche später nur schwer korrigierbare Entwicklung soll der Nachbar, der sich seinerseits an die Art der vorgeschriebenen Nutzung halten muss, rechtzeitig verhindern können.

Mit dieser Situation sind Abweichungen von den Festsetzungen über das Maß der baulichen Nutzung nicht vergleichbar. Sie lassen in aller Regel den Gebietscharakter unberührt und haben nur Auswirkungen auf das Baugrundstück und die unmittelbar anschließenden Nachbargrundstücke. Zum Schutz der Nachbarn ist daher das drittschützende Rücksichtnahmegebot des § 31 Abs. 2 BauGB (vgl. Urteil vom 19. September 1986 – BVerwG 4 C 8.84 – Buchholz 406.19 Nachbarschutz Nr. 71; vgl. auch Urteil vom 6. Oktober 1989 – BVerwG 4 C 14.87 – BVerwGE 82, 343 = Buchholz 406.19 Nachbarschutz Nr. 93 bei Verstoß gegen nicht nachbarschützende Vorschriften eines Bebauungsplans) ausreichend, das eine Abwägung der nachbarlichen Interessen ermöglicht und den Nachbarn vor unzumutbaren Beeinträchtigungen schützt. Ein darüber hinausgehender, von einer realen Beeinträchtigung unabhängiger Anspruch des Nachbarn auf Einhaltung der Festsetzungen über das Maß der baulichen Nutzung kann dagegen dem Bundesrecht nicht entnommen werden.“

313 Ergänzend führte das Gericht noch im selben Jahr aus (B.v. 19.10.1995 – 4 B 215/95 –, NVwZ 1996, 888 = juris):

„Dass der Nachbarschutz im nicht überplanten Bereich nicht denselben Grundsätzen folgt wie in Gebieten, für die ein Bebauungsplan vorhanden ist, verstößt nicht gegen den Gleichheitssatz. Die Ungleichbehandlung beruht auf Sachgesetzlichkeiten. Ob im Geltungsbereich eines Bebauungsplans ein Vorhaben zulässig ist, richtet sich nach den von der Gemeinde getroffenen konkreten planerischen Festsetzungen. Diese Anknüpfung versagt im nicht überplanten Bereich. § 34 Abs. 1 BauGB dient insoweit als Planersatz. Er enthält einen eigenständigen Zulässigkeitsmaßstab, der notwendigerweise weniger scharf ist, da er sich an der Umgebungsbebauung zu orientieren hat. Dies hat zur Folge, dass Vorhaben zulässig sein können, deren Verwirklichung auf der Grundlage der Festsetzungen eines Bebauungsplans ausgeschlossen werden könnte. Dem ist beim Nachbarschutz entsprechend Rechnung zu tragen. Angesichts der unterschiedlichen Ausgangssituation kann von einem Schutzdefizit des Nachbarn im Falle des § 34 Abs. 1 BauGB keine Rede sein. Entgegen der Annahme der Beschwerde unterliegt der Schutz des Nachbarn auch im Geltungsbereich eines Bebauungsplans Einschränkungen. Es trifft nicht zu, dass Festsetzungen über das Maß der

baulichen Nutzung oder die überbaubare Grundstücksfläche schlechthin nachbarschützende Wirkung haben. § 30 BauGB begründet aus sich heraus keine subjektiv-öffentlichen Rechte zugunsten des Nachbarn. Ob Festsetzungen auf der Grundlage der §§ 16 ff. und des § 23 BauNVO auch darauf gerichtet sind, dem Schutz des Nachbarn zu dienen, hängt vom Willen der Gemeinde als Planungsträger ab (...).“

An dieser Rechtsprechung hat das Bundesverwaltungsgericht seither festgehalten. Die untergeordneten Gerichte und die Literatur folgen ihr (vgl. nur: OVG Münster, B.v. 4.11.2015 – 7 B 744/15 –, nrwe). 314

(2) Stellungnahme

Die vorstehend wiedergegebene Rechtsprechung zum fehlenden nachbarschützenden Charakter von Festsetzungen zum Maß der baulichen Nutzung (soweit sich nicht erkennen lässt, dass der Plangeber den Festsetzungen ohnehin nachbarschützenden Charakter geben wollte) bedarf der kritischen Betrachtung. 315

Dabei beschränkt sich die Kritik auf die Verweigerung des nachbarschützenden Charakters solcher Maßfestsetzungen, die „absoluten“ Charakter haben, wie insbesondere die Höhe baulicher Anlagen und die Anzahl der Vollgeschosse. Hinsichtlich „relativer“ Maßfestsetzungen wie der Grundflächenzahl (GRZ) und der Geschossflächenzahl (GFZ) ist der zurückhaltenden Rechtsprechung ohne weiteres zuzustimmen.

Ferner sollen die nachstehenden Gesichtspunkte nur auf Fälle bezogen sein, in denen das Grundstück des Nachbarn und das Vorhabengrundstück innerhalb desselben durch eine sog. Perlschnur (vgl. Nr. 15.14 der Anlage zur Planzeichenverordnung) gekennzeichneten Bereichs liegen. In Übernahme der überzeugenden Rechtsprechung zur Art der baulichen Nutzung kann ein einen solchen Bereich übergreifender Schutzanspruch sicher nicht anerkannt werden.

- **Der Gesichtspunkt der Schicksalsgemeinschaft** 316

Dem Ansatz des Bundesverwaltungsgerichts in seiner grundlegenden Entscheidung vom 16.9.1993 (4 C 28/91 –, DVBl 1994, 284 = juris) mit der Frage nach einer Schicksalsgemeinschaft ist zweifelsfrei zu folgen.

In der Tat gehört es zu den Aufgaben des Bauplanungsrechts, die einzelnen Grundstücke einer auch im Verhältnis untereinander verträglichen Nutzung zuzuführen. Auch werden durch die Festsetzungen eines Bebauungsplans über die Art der baulichen Nutzung die Planbetroffenen im Hinblick auf die Nutzung ihrer Grundstücke zu einer rechtlichen Schicksalsgemeinschaft verbunden und werden die Beschränkung der Nutzungsmöglichkeiten des eigenen Grundstücks dadurch ausgeglichen, dass auch die anderen Grundeigentümer diesen Beschränkungen unterworfen sind. Ebenfalls mag es zutreffen, dass der Hauptanwendungsfall im Bauplanungsrecht für diesen Grundsatz die Festsetzungen über die Art der baulichen Nutzung sind. Dass diese Schicksalsgemeinschaft sich allein auf die Art der baulichen Nutzung bezieht, ist jedoch nicht zwingend. Damit wird dieses Merkmal im Verhältnis zu den anderen überbetont.

Aus dem berechtigten und schutzwürdigen Interesse der Eigentümer (oder sonst dinglich Berechtigen) von Grundstücken in einem Baugebiet (bzw. einem durch Perl- 317 schnur abgegrenzten Bereich) lässt sich eine solche nachbarrechtliche Marginalisierung der sonstigen Merkmale nicht herleiten. Dass die Art der baulichen Nutzung für das Band der Schicksalsgemeinschaft (oder überhaupt für deren Begründung) mehr Gewicht haben soll als etwa die Höhe der Gebäude und Anzahl der Vollgeschosse, wird der Wirklichkeit kaum entsprechen. Das berechtigte Interesse an der Abwehr von Störungen infolge einer Nutzung, die dem Katalog der in dem Baugebiet zulässigen Nutzungen nicht (mehr) entspricht, ist nicht größer als etwa das Interesse an der Verhinderung eines Bauvorhabens auf einem (benachbarten) Grundstück, das unter – objektiv-rechtlicher – Missachtung der diesbezüglichen Festsetzung (womöglich deutlich) höher ausgeführt wird oder mehr Vollgeschosse aufweist als zulässig.

318 ■ **Der Gesichtspunkt des Gebietscharakter**

Die Ansicht des Bundesverwaltungsgerichts (B.v. 23.6.1995 – 4 B 52/95 –, NVwZ 1996, 170 = juris), Festsetzungen über das Maß der baulichen Nutzung ließen in aller Regel den Gebietscharakter unberührt und hätten nur Auswirkungen auf das Baugrundstück und die unmittelbar anschließenden Nachbargrundstücke, setzt ein Verständnis von einem „Gebietscharakter“ voraus, der angreifbar ist. Denn ein Gebiet wird nicht allein charakterisiert durch die Art der baulichen Nutzung. Dabei unterliegt es keinen Zweifeln, dass ein Wohngebiet einen anderen Charakter hat als ein Gewerbegebiet. Es ist aber gleichermaßen richtig, dass ein Gebiet mit eingeschossiger Flachdachbauweise einen andern Charakter hat als ein Gebiet mit dreigeschossiger Bebauung. Diesen Charakterzug erhalten zu wissen, ist ein schutzwürdiges Recht des Grundeigentümers, der sich satzungsgemäß auf ein eingeschossiges Flachdach beschränkt hat. Der Verweis auf das Rücksichtnahmegebot erweist sich hier wegen dessen restriktiver Handhabung als nicht weiterführend, insbesondere dann nicht, wenn das Vorhabengrundstück nicht das unmittelbar benachbarte ist.

319 ■ **Die gegenseitige Beschränkung der (Aus-)Nutzungsmöglichkeit**

Der – zutreffende – Gedanke, dass die Beschränkung der Nutzungsmöglichkeiten des eigenen Grundstücks dadurch ausgeglichen wird, dass auch die anderen Grundeigentümer diesen Beschränkungen unterworfen sind, lässt sich ungeschmälert auf Festsetzungen zum Maß der baulichen Nutzung übertragen. Ohne weiteres ist z.B. bei jedem Grundeigentümer in einer Reihenhausbebauung einsichtig, dass das eigene Nicht-Dürfen dem seiner Nachbarn entspricht und dass dieses aus jenem folgt. Auch mit Blick auf die Merkmale des Maßes der baulichen Nutzung ergibt sich, dass jeder der Eigentümer die planungsrechtliche Bindung seiner Baufreiheit nur deshalb als zumutbar hinzunehmen hat, weil und solange sich auch alle anderen – (auch) zu seinen Gunsten – daran halten müssen. Das gilt sogar in besonderem Maße für Festsetzungen zum Maß der baulichen Nutzung. Denn in Bezug auf dieses Merkmal trifft der Plangeber in der Regel kleinteiligere, auf räumlich eng begrenzte Bereiche zugeschnittene Festsetzungen. Je kleiner aber die Einheit mit den einschlägigen Festsetzungen zugeschnitten ist, desto wichtiger und unverzichtbarer ist die Teilfunktion jedes einzelnen Grundstücks für die Erreichung des planerischen Zieles und desto näher liegt es, nicht nur eine objektiv-funktionale Einheit anzunehmen, sondern auch ein wechselseitiges Austauschverhältnis und eine planungsrechtliche Gemeinschaft zwischen allen Flurstücken zu bejahen.

■ **Der Gesichtspunkt des „Umkippens"** 320

Da die wegen der soeben angesprochenen Vorteile in Kauf genommenen eigenen Nachteile mit dem Wegfall der Gegenseitigkeit tendenziell ihre objektive und ausgleichende Funktion und damit ihren Sinn und Zweck verlieren oder zu verlieren drohen, muss jeder der Eigentümer schon den Anfängen wehren dürfen, wenn es um den ersten Verstoß geht. Das hat die Rechtsprechung zur Begründung des Gebietserhaltungsanspruchs hinsichtlich der Art der baulichen Nutzung stets zu Recht betont. Das Interesse besteht indes nicht weniger im Hinblick auf das Maß der baulichen Nutzung. Der Dritte in der Reihe darf nicht abwarten müssen, bis dass der Zweite dem schlechten Vorbild des Ersten folgt, sondern er muss sich schon gegen den Verstoß des Ersten wehren dürfen. Ein „Umkippen" eines Baugebiets kann nicht nur im Hinblick auf die Art der baulichen Nutzung geschehen, sondern auch im Hinblick auf das Merkmal des Maßes der baulichen Nutzung.

321 Das belegt die durch Rechtsprechung und Literatur anerkannte Rechtslage hinsichtlich der Funktionslosigkeit („Obsolet-Werden") einer Festsetzung (und unter Umständen des gesamten Bebauungsplans): Eine „schleichende" Verfremdung des Gebiets kann auch durch Nichtbeachtung des Maßes der baulichen Nutzung (insoweit wirkt sich die „normative Kraft des Faktischen" aus, s. zu diesem Begriff auch unten Rn. 3614) eingeleitet werden:

Bereits mit seinem Urteil vom 10.3.1967 (IV C 87.65, BVerwGE 26, 282 = juris) hat das Bundesverwaltungsgericht betont, dass Bebauungspläne durch eine von ihren Festsetzungen abweichende tatsächliche Entwicklung außer Kraft gesetzt werden, wenn diese Entwicklung zur Entstehung von Gewohnheitsrecht führt. Mit Rücksicht auf die im Vergleich zu abstrakt-allgemeinen Rechtssätzen stärkere Wirklichkeitsbezogenheit der Bebauungspläne seien an ihre Abänderung durch Gewohnheitsrecht geringere Anforderungen zu stellen, als dies sonst geboten sei. Später stellte das Gericht konkretisierend fest, eine bauplanerische Festsetzung trete wegen Funktionslosigkeit außer Kraft, wenn und soweit die Verhältnisse, auf die sie sich beziehe, in der tatsächlichen Entwicklung einen Zustand erreicht hätten, der eine Verwirklichung der Festsetzung auf unabsehbare Zeit ausschließe und die Erkennbarkeit dieser Tatsache einen Grad erreicht habe, der einem etwa dennoch in die Fortgeltung der Festsetzung gesetzten Vertrauen die Schutzwürdigkeit nehme (U.v. 29.4.1977 – IV C 39.75 –, BVerwGE 54, 5 = juris).

322 Wenn auch in der Folgezeit die Rechtsprechung der Verwaltungsgerichte zur Funktionslosigkeit von Festsetzungen zumeist solche zur Art der baulichen Nutzung betraf, so ist sie doch weder der Sache nach noch aufgrund einer inneren Rechtfertigung auf dieses Merkmal beschränkt. Im Gegenteil ist das Urteil vom 29.4.1977 (IV C 39.75, BVerwGE 54, 5 = juris) gerade zu den Folgen einer von der Festsetzung zur Bebauungstiefe abweichenden Entwicklung ergangen. Der Grundeigentümer hat auch mit Blick auf das Maß der baulichen Nutzung ein berechtigtes Interesse daran, dass diese Festsetzungen nicht durch planwidrige Genehmigungen funktionslos werden.

323 ■ **Der Verweis auf den Willen des Gesetzgebers**

Zuzustimmen ist der Rechtsprechung ferner mit der Aussage, es hänge vom Willen des Satzungsgebers ab, ob eine Festsetzung nachbarschützenden Charakter habe oder nicht. Soweit aber ein derartiger Wille bei der Festsetzung der Art der baulichen Nutzung gewissermaßen pauschal unterstellt wird, ist dies zwar einerseits zutreffend, greift aber, soweit dies nicht auf andere Festsetzungen erstreckt wird, zu kurz.

324 Ausgangspunkt der Erkenntnis, ob eine Festsetzung nachbarschützenden Charakter hat, ist selbstverständlich die Festsetzung selbst. Sie ist getroffen in dem Bebauungsplan, der als Satzung erlassen wird und eine Geltung beanspruchende Rechtsnorm darstellt. Um den ihr innewohnenden Inhalt zu erkennen ist, weil sie die Frage nicht unmittelbar beantwortet, eine Auslegung vonnöten. Gegenstand der Auslegung ist der Normtext als „Träger“ des in ihm niedergelegten Sinnes, um dessen Verständnis es in der Auslegung geht (Larenz, Methodenlehre der Rechtswissenschaft, S. 299) – wobei bei der Auslegung eines Bebauungsplans auf dessen „Sprache“ sowohl mittels zeichnerischer Darstellungen als auch mittels Worten abzustellen ist. Dabei sagen der Text und die zeichnerische Darstellung nur dem etwas, der von der Sache, von der beides handelt, etwas versteht (Larenz a.a.O.). Der Anwender geht – bezogen auf die Auslegung einer Festsetzung und unter dem Aspekt ihrer nachbarschützenden Wirkung – nicht „ahnungslos“ an seine Aufgabe der Auslegung heran, sondern in dem Wissen, dass Festsetzungen diese und jene Funktion haben können. Er erkennt, dass sie zum einen stets die Funktion der städtebaulichen Lenkung des Baugeschehens haben und zum anderen bisweilen darüber hinaus die Funktion haben, den Grundeigentümern subjektive, einklagbare Rechte auf ihre Einhaltung zu verschaffen. Ausgestattet mit diesem Bewusstsein ist die Frage zu stellen, ob die konkrete Festsetzung über die erstgenannte Funktion hinaus auch die zweitgenannte haben soll. Dabei liegt die Annahme, der Plangeber habe lediglich eine städtebauliche Ordnung im Sinn gehabt und sei nicht bereit gewesen, sich in die Betroffenheit der jeweiligen Grundeigentümer hinein zu versetzen, eher fern. Auch bei sehr alten Plänen wird unterstellt werden dürfen, dass z.B. die Festlegung einer Höchstanzahl von Vollgeschossen nicht allein dazu diente, ein geordnetes Städtebild zu erzwingen, sondern darüber hinaus, dem jeweiligen Grundeigentümer ein schutzwürdiges Vertrauen darauf zu verschaffen, auch der jeweilige Grundstücksnachbar werde sich an das Gebot halten.

325 Erst mit den im Laufe der Jahre verschärften Anforderungen an die Nachvollziehbarkeit eines Abwägungsvorgangs ist auch das Bewusstsein der Gemeinden für die Bedeutung der Verschriftlichung gewachsen. Aus der Tatsache, dass bestimmte Aspekte und Motive nicht niedergelegt wurden, zu schließen, sie seien nicht bedacht worden, ist eher eine Mutmaßung als eine Gewissheit. Aus diesem Schweigen die Verweigerung eines Abwehrrechts zu begründen, bedürfte einer weitergehenden Rechtfertigung. Die Mitglieder des Rates dürften sich auch als Interessenvertreter der Eigentümer der betroffenen Grundeigentümer verstanden haben.

326 Auch das Bundesverfassungsgericht betont, dass für den Inhalt einer Norm der in ihr zum Ausdruck kommende objektivierte Wille des Gesetzgebers entscheidend sei, so wie er sich aus dem Wortlaut der Vorschrift und dem Sinnzusammenhang ergibt, in

den sie hineingestellt ist (vgl. BVerfG, U.v. 19.3.2013 – 2 BvR 2628/10u.a. –, BVerfGE 133, 168 = juris, und U.v. 20.3.2002 – 2 BvR 794/95 –, BVerfGE 105, 135 = juris). Materialien zum Willen des historischen Gesetzgebers bei der Normsetzung sollten mit Vorsicht, lediglich unterstützend und insgesamt nur insofern herangezogen werden, als sie auf einen objektiven Norminhalt schließen ließen. Der sogenannte Wille des Normgebers bzw. der am Normerlassverfahren Beteiligten könne hiernach bei der Interpretation insoweit berücksichtigt werden, als er auch im Text Niederschlag gefunden habe. Die Materialien dürften nicht dazu verleiten, die subjektiven Vorstellungen der normgebenden Instanzen mit dem objektiven Norminhalt gleichzusetzen (BVerfG, U.v. 16.2.1983 – 2 BvE 1-4/83 –, BVerfGE 62, 1 = juris).

c) Festsetzung der Bauweise

Unter Bauweise im Sinne von § 22 BauNVO[38] ist die Anordnung der Gebäude auf den Baugrundstücken in Bezug auf die seitlichen Grundstücksgrenzen und damit in Bezug auf die Gebäude auf den insoweit benachbarten Grundstücken zu verstehen. Dabei spricht der Wortlaut nur von Gebäuden. Nach Sinn und Zweck wird man auch bauliche Anlagen, von denen Wirkungen wie von Gebäuden ausgehen, als von solchen Festsetzungen erfasst anzusehen haben. Diese prägen das Orts- und Stadtbild nicht minder, und der Umstand, dass sie evtl. nicht von Menschen betreten werden können oder/und nicht dem Schutz von Menschen oder Tieren oder Sachen zu dienen bestimmt sind, wird für den Plangeber bei der Festsetzung der Baugrenze keine Bedeutung gehabt haben (Schilder in: Bönker/Bischopink, BauNVO, § 22 Rn. 25, m.w.N.). Ob auch bauliche Anlagen umfasst sind, die in ihrer städtebaulichen Wirkung deutlich darunter liegen (z.B. eine an einer grenzständigen benachbarten Gebäudewand angebrachte Werbeanlage), ist zweifelhaft und umstritten (vgl. dazu VG Frankfurt, U.v. 19.4.2012 – 8 K 2378/11.F –, juris, mit Hinweisen auf die gegenteilige Rechtsprechung). 327

Die Regelung besagt nur etwas über „Ob" eines seitlichen Grenzabstands, nicht aber über dessen Größe; letztere ist Gegenstand der landesrechtlichen Abstandsflächenvorschriften.

Ist im Bebauungsplan offene Bauweise festgesetzt, sind dort Einzelhäuser, Doppelhäuser und Hausgruppen (jeweils mit einer Länge von höchstens 50 m) zulässig; eine weitere Differenzierung ist möglich. Die Aussage in § 22 Abs. 3 BauNVO, dass in der geschlossenen Bauweise die Gebäude ohne seitlichen Grenzabstand errichtet werden, besagt, dass in der offenen Bauweise dies gerade nicht der Fall ist. Hier werden bei Einzelhäusern zu beiden Seiten, bei Doppelhäusern zu einer und bei Hausgruppen die 328

38 § 22 BauNVO [Bauweise]
(1) Im Bebauungsplan kann die Bauweise als offene oder geschlossene Bauweise festgesetzt werden.
(2) In der offenen Bauweise werden die Gebäude mit seitlichem Grenzabstand als Einzelhäuser, Doppelhäuser oder Hausgruppen errichtet. Die Länge der in Satz 1 bezeichneten Hausformen darf höchstens 50 m betragen. Im Bebauungsplan können Flächen festgesetzt werden, auf denen nur Einzelhäuser, nur Doppelhäuser, nur Hausgruppen oder nur zwei dieser Hausformen zulässig sind.
(3) In der geschlossenen Bauweise werden die Gebäude ohne seitlichen Grenzabstand errichtet, es sei denn, dass die vorhandene Bebauung eine Abweichung erfordert.
(4) Im Bebauungsplan kann eine von Absatz 1 abweichende Bauweise festgesetzt werden. Dabei kann auch festgesetzt werden, inwieweit an die vorderen, rückwärtigen und seitlichen Grundstücksgrenzen herangebaut werden darf oder muss.

jeweils äußeren Häuser mit und das innere Haus (ggfs. die inneren Häuser) ohne seitlichen Grenzabstand errichtet. Im Plan kann eine von Absatz 1 abweichende Bauweise festgesetzt werden, z.B. die sog. halboffene Bauweise, bei der an der einen Seite ohne und an der anderen mit Grenzabstand gebaut wird.

329 Die Festsetzung der offenen Bauweise erfolgt in der Regel aus städtebaulichen Gründen, so dass ein nachbarschützender Charakter nicht bejaht werden kann und als Konsequenz hieraus im Falle eines Verstoßes gegen die Festsetzung ein Nachbar, auch der unmittelbare Grundstücksnachbar, nicht deswegen in seinen Rechten verletzt ist. Aus dem Charakter der Festsetzung kann nicht entnommen werden, dass sie stets auch der Rücksichtnahme auf individuelle Interessen und deren Ausgleich untereinander zu dienen bestimmt sind (vgl. VGH Mannheim, U.v. 29.1.1999 – 3 S 2662/98 –, VBlBW 1999, 310 = juris; Schilder in: Bönker/Bischopink, BauNVO, § 22 Rn. 25). Allerdings kann der Nachbar unter Umständen die Verletzung von Abstandsflächenvorschriften rügen.

330 Die (in bauplanungsrechtlicher Hinsicht) nachbarrechtliche Unbeachtlichkeit von Verstößen gegen das Gebot der Errichtung baulicher Anlagen in der offenen Bauweise gilt nicht ausnahmslos. Zum einen steht es dem Plangeber frei, diese Festsetzung mit nachbarschützendem Charakter zu versehen, indem er seine dahin gehende entsprechende Zweckrichtung im Rahmen der Beschlussfassung manifestiert. Zum anderen kann ein schutzwürdiges Interesse des Eigentümers einer Doppelhaushälfte daran bestehen, dass der Charakter dieses Haustyps nicht dadurch zerstört wird, dass die andere Haushälfte aus diesem Gefüge ausbricht. Gerade auch in der Beziehung dieser Eigentümer der Haushälften – das Gleiche gilt für Eigentümer von Häusern einer Hausgruppe – besteht ein nachbarliches Austauschverhältnis, das nicht einseitig aufgehoben oder aus dem Gleichgewicht gebracht werden darf (so BVerwG, U.v. 24.2.2000 – 4 C 12/98 –, NVwZ 2000, 1055 = juris). Ist ein Bauvorhaben darauf gerichtet, einer der Hälften so zu gestalten oder zu verändern, dass der Charakter eines Doppelhauses verloren geht, kann der Eigentümer der anderen Hälfte dies abwehren. Auch insoweit gilt die Parallele, dass dem Eigentümer eines Hauses in einer Hausgruppe ein gleichartiger Erhaltungsanspruch zusteht.

331 Bei der erstmaligen Errichtung eines Doppelhauses und bei der Veränderung einer Doppelhaushälfte ist darauf zu achten, dass ein Haus mit zwei aneinander gebauten Gebäuden_errichtet wird bzw. erhalten bleibt. Ob dieser Zustand entsteht, ist anhand einer wertenden Betrachtung festzustellen. Zu dieser Frage hat das Bundesverwaltungsgericht in seinem Urteil vom 24.2.2000 (4 C 12/98, NVwZ 2000, 1055 = juris), das Grundlage für zahlreiche nachfolgende gerichtliche Bewertungen war (vgl. BVerwG, B.v. 1.2.2016 – 4 BN 26/15 –, juris; BVerwG, B.v. 14.9.2015 – 4 B 16/15 –, juris; BVerwG, U.v. 05.12. 2013 – 4 C 5/12 –, BVerwGE 148, 290 = juris; VGH München, U.v. 11.12.2014 – 2 BV 13.789 –, juris; OVG Koblenz, B.v. 28.1.2016 – 8 B 11203/15 –, juris; OVG Berlin, B.v. 29.1.2016 – OVG 2 S 58.15 –, juris; VGH Kassel, B.v. 9.10.2015 – 4 B 1353/15 –, juris; OVG Hamburg, B.v. 27.7.2015 – 2 Bs 127/15 –, juris; VGH Mannheim, B.v. 29.04. 2009 – 3 S 569/09 –, juris; OVG Münster, U.v. 3.9.2015 – 7 A 1276/13 –, BauR 2016, 219 = juris), ausgeführt:

Ein Doppelhaus im Sinne von § 22 Abs. 2 Satz 2 BauNVO sei eine bauliche Anlage, die dadurch entstehe, dass zwei Gebäude auf benachbarten Grundstücken durch Aneinanderbauen an der gemeinsamen Grundstücksgrenze zu einer Einheit zusammengefügt werden. Gebäude im Sinne dieser Vorschrift sei das Doppelhaus als bauliche Einheit; denn nur als Gesamtgebäude werde es „mit seitlichem Grenzabstand", d.h. mit einem Grenzabstand vor den äußeren Seitenwänden errichtet. Ein Doppelhaus entstehe deshalb nur dann, wenn zwei Gebäude derart zusammengebaut werden, dass sie einen Gesamtbaukörper bilden. Nicht erforderlich sei, dass die Doppelhaushälften gleichzeitig oder deckungsgleich (spiegelbildlich) errichtet werden. Das Erfordernis einer baulichen Einheit im Sinne eines Gesamtbaukörpers schließe auch nicht aus, dass die ein Doppelhaus bildenden Gebäude an der gemeinsamen Grundstücksgrenze zueinander versetzt oder gestaffelt aneinandergebaut werden. Kein Doppelhaus bilden nach der Rechtsprechung zwei Gebäude, die sich zwar an der gemeinsamen Grundstücksgrenze noch berühren, aber als zwei selbständige Baukörper erscheinen. Obwohl in dem vom Bundesverwaltungsgericht entschiedenen Fall die streitigen Gebäude straßenseitig um 3 m versetzt angeordnet waren und eine unterschiedliche Gebäudetiefe aufwiesen, stellten sie sich nach Ansicht des Gerichts noch als ein die gemeinsame Grundstücksgrenze überbrückender, einheitlicher Baukörper dar, da sie grenzständig über eine Seitenlänge von 5 m aneinandergebaut werden sollten. 332

Darüber hinaus verlangt nach der Rechtsprechung des Bundesverwaltungsgerichts die bauplanungsrechtliche Festsetzung des Doppelhauses, dass die beiden „Haushälften" in wechselseitig verträglicher und abgestimmter Weise aneinander gebaut werden. Insoweit enthält das Erfordernis einer baulichen Einheit nicht nur ein quantitatives, sondern auch ein qualitatives Element. 333

„In dem System der offenen Bauweise, das durch seitliche Grenzabstände zu den benachbarten Grundstücken gekennzeichnet ist, ordnet sich ein aus zwei Gebäuden zusammengefügter Baukörper nur ein und kann somit als Doppelhaus gelten, wenn das Abstandsgebot an der gemeinsamen Grundstücksgrenze auf der Grundlage der Gegenseitigkeit überwunden wird. Ein einseitiger Grenzanbau ist in der offenen Bauweise unzulässig. Die Zulässigkeit einer Bebauung als Doppelhaus setzt daher in Gebieten der offenen Bauweise den wechselseitigen Verzicht auf seitliche Grenzabstände an der gemeinsamen Grundstücksgrenze voraus. Dieser Verzicht bindet die benachbarten Grundeigentümer bauplanungsrechtlich in ein Verhältnis des gegenseitigen Interessenausgleichs ein: Ihre Baufreiheit wird zugleich erweitert und beschränkt. Durch die Möglichkeit des Grenzanbaus wird die bauliche Nutzbarkeit der (häufig schmalen) Grundstücke erhöht. Das wird durch den Verlust seitlicher Grenzabstände an der gemeinsamen Grenze, die Freiflächen schaffen und dem Wohnfrieden dienen, "erkauft". Diese enge Wechselbeziehung, die jeden Grundeigentümer zugleich begünstigt und belastet, ist Ausdruck einer planungsrechtlichen Konzeption. Sie ist aus städtebaulichen Gründen (Steuerung der Bebauungsdichte, Gestaltung des Orts- oder Stadtbildes) gewollt und begründet ein nachbarliches Austauschverhältnis, das nicht einseitig aufgehoben oder aus dem Gleichgewicht gebracht werden darf. 334

335 *Damit wird nicht gefordert, dass die ein Doppelhaus bildenden Gebäude vollständig oder im wesentlichen deckungsgleich aneinandergebaut werden müssen. Die beiden "Haushälften" können auch zueinander versetzt oder gestaffelt an der Grenze errichtet werden, sie müssen jedoch zu einem wesentlichen Teil aneinandergebaut sein. Insoweit setzt die Doppelhaus-Festsetzung der Baufreiheit Schranken. In welchem Umfang die beiden Haushälften an der Grenze zusammengebaut sein müssen, lässt sich jedoch weder abstrakt-generell noch mathematisch-prozentual festlegen. Maßgeblich sind die Umstände des Einzelfalls. Kein Doppelhaus entsteht, wenn ein Gebäude gegen das andere an der gemeinsamen Grundstücksgrenze so stark versetzt wird, dass sein vorderer oder rückwärtiger Versprung den Rahmen einer wechselseitigen Grenzbebauung überschreitet, den Eindruck eines einseitigen Grenzanbaus vermittelt und dadurch einen neuen Bodennutzungskonflikt auslöst."*

336 Mit Urteil vom 26.6.2014 (7 A 1276/13, nrwe) hatte das OVG Münster einen mathematisch-prozentualen Ansatz gewählt, um eine möglichst rechtssichere Handhabung zu ermöglichen. Es hatte entschieden, dass (Leitsatz 3 der Entscheidung:) „ein einheitlicher Baukörper (...) unter den quantitativen Aspekten Geschossigkeit, Bautiefe und Gebäudehöhe der grenzständigen Gebäudeteile sowie oberirdisches Brutto-Raumvolumen des Gebäudes im Regelfall nicht mehr gegeben [sei], wenn sich auch nur eines dieser quantitativen Merkmale bei den jeweiligen Gebäuden um mehr als die Hälfte unterscheidet; nach einem so verstandenen Grundsatz müssen in Bezug auf jedes dieser quantitativen Merkmale die Übereinstimmungen der beiden Hälften grundsätzlich mindestens doppelt so stark ausgeprägt sein wie ihre Unterschiede." Das Bundesverwaltungsgericht folgte indes diesem Ansatz nicht, hob die Entscheidung auf und verwies das Verfahren an das OVG Münster zurück (U.v. 19.3.2015 – 4 C 12/14 –, NVwZ 2015, 1769 = juris). Zwar liege es nahe, bei der Gebäudehöhe ein Verhältnis als Ausgangspunkt zu wählen, weil dieses nach außen besonders sichtbar werde. Eine gemeinsame Gebäudehöhe sei für das Maß der Übereinstimmung beider Gebäude deshalb von besonderer Bedeutung. Für eine feste oder indizielle Grenze von 50 % fehle indes jeder Anhalt. Auch ob ein Versprung durch unterschiedliche Bautiefen den Eindruck eines gemeinsamen Baukörpers aufhebe und das Grenzgrundstück abriegele, hänge nur zum Teil davon ab, auf welcher Länge die Gebäude aneinander gebaut seien, namentlich, wenn die Länge der gemeinsamen Wand nicht sichtbar sei. Es seien regelmäßig weitere Kriterien in Betracht zu ziehen, etwa die Höhe der einseitig grenzständigen Wand sowie die Frage, ob der Versprung in voller Länge auf einer Gebäudeseite auftritt oder in jeweils geringerem Maße Vorder- und Rückseite belaste.

Dessen ungeachtet dürften die Überlegungen des OVG Münster als Orientierungshilfe Gewinn bringend sein, solange sie nicht als strikter Maßstab behandelt werden.

Wegen der Frage der Befreiung von der Festsetzung der Bauweise siehe ab Rn. 353.

337 Setzt ein Bebauungsplan geschlossene Bauweise fest, „werden die Gebäude ohne seitlichen Grenzabstand errichtet, es sei denn, dass die vorhandene Bebauung eine Abweichung erfordert". Welche die seitliche Grenze ist, ergibt sich aus einer Blickrichtung von der öffentlichen Verkehrsfläche aus. Das Gebot des Bauens auf die Grenze

gilt auch, wenn das benachbarte Grundstück noch unbebaut ist. Im Falle eines Verstoßes gegen das Gebot ist in erster Linie ein städtebauliches Ziel verfehlt. Dass ein Nachbarschutz geboten ist, ist nur in seltenen Konstellationen denkbar.

Beispiel für einen nachbarschützenden Charakter (nach: Schilder in: Bönker/Bischopink, BauNVO, § 22 Rn. 36): Dem Bauherrn wird – entgegen der Festsetzung einer geschlossenen Bauweise – erlaubt, mit 3 m Grenzabstand zu bauen. Setzt sich eine entsprechende Genehmigungspraxis durch (ohne dass die Festsetzung obsolet würde), besteht die Gefahr, dass die Genehmigungsbehörde auf einen späteren Bauantrag des Nachbarn zur Genehmigung eines Vorhabens mit geschlossener Bauweise den Standpunkt vertritt, es seien Zustände entstanden, in denen „die vorhandene Bebauung eine Abweichung erfordert“ (§ 22 Abs. 3 BauNVO). Um dieser Gefahr zu begegnen kann der Nachbar, der mit dem Bauherrn insofern in einem Austauschverhältnis steht, die Einhaltung der geschlossenen Bauweise einfordern. 338

d) Festsetzung der überbaubaren Grundstücksfläche (Baulinie, Baugrenze)

Durch Festsetzungen zur überbaubaren Grundstücksfläche (§ 23 BauNVO[39]) bestimmt der Plangeber, auf welchem Teil eines Grundstücks bauliche Anlagen errichtet werden dürfen. 339

Die Bestimmung gilt nicht nur für Gebäude, sondern auch für andere bauliche Anlagen, etwa Werbeanlagen. Das Bundesverwaltungsgericht begründet dies damit, dass bei einer anderen Auslegung der Bestimmung die Zielsetzung des § 9 Abs. 1 Nr. 2 BauGB, eine offene Bauweise zu erreichen, unterlaufen würde, wenn eine bauliche Anlage, die bauplanerisch weder Gebäude noch Nebenanlage sei, als Hauptnutzung vor der Baugrenze ohne weiteres zulässig wäre (BVerwG, U.v. 7.6.2001 – 4 C 1/01 –, NVwZ 2002, 90 = juris). Die Begrenzungen gelten auch unterhalb der Erdoberfläche (VGH Mannheim, U.v. 23.9.1981 – 3 S 966/81 –, juris, nur Leitsatz) und für alle Geschosse und Teile der Anlage (BVerwG, U.v. 21.10.2004 – 4 C 3/04 –, BVerwGE 122, 117 = juris, zur Fläche, die vom Rotor einer Windkraftanlage überstrichen werden kann); der Bebauungsplan kann Differenzierungen vorsehen.

Die Frage nach dem nachbarschützenden Charakter von Festsetzungen zur überbaubaren Grundstücksfläche wird unterschiedlich beantwortet: 340

Einigkeit besteht darüber, dass ein Nachbar das Überschreiten der zu seinem Grundstück ausgerichteten Baugrenze dann rügen kann, wenn der Ortsgesetzgeber dieser Festsetzung – gerade auch diesem Nachbarn gegenüber – nachbarschützenden Charakter geben wollte (BVerwG, U.v. 18.10.1985 – 4 C 19.82 –, juris; VGH München, B.v. 27.4.2009 – 14 ZB 08.1172 –, juris).

39 **§ 23 BauNVO [Überbaubare Grundstücksfläche]**
(1) Die überbaubaren Grundstücksflächen können durch die Festsetzung von Baulinien, Baugrenzen oder Bebauungstiefen bestimmt werden. § 16 Ab. 5 ist entsprechend anzuwenden.
(2) Ist eine Baulinie festgesetzt, so muß auf dieser Linie gebaut werden. Ein Vor- oder Zurücktreten von Gebäudeteilen in geringfügigem Ausmaß kann zugelassen werden. Im Bebauungsplan können weitere nach Art und Umfang bestimmte Ausnahmen vorgesehen werden.
(3) Ist eine Baugrenze festgesetzt, so dürfen Gebäude und Gebäudeteile diese nicht überschreiten. Ein Vortreten von Gebäudeteilen in geringfügigem Ausmaß kann zugelassen werden. Absatz 2 Satz 3 gilt entsprechend.
(4) Ist eine Bebauungstiefe festgesetzt, so gilt Absatz 3 entsprechend. Die Bebauungstiefe ist von der tatsächlichen Straßengrenze ab zu ermitteln, sofern im Bebauungsplan nichts anderes festgesetzt ist.
(5) Wenn im Bebauungsplan nichts anderes festgesetzt ist, können auf den nicht überbaubaren Grundstücksflächen Nebenanlagen im Sinne des § 14 zugelassen werden. Das gleiche gilt für bauliche Anlagen, soweit sie nach Landesrecht in den Abstandsflächen zulässig sind oder zugelassen werden können.

341 **Beispiel (aus: OVG Münster, U.v. 25.1.2013 – 10 A 2269/10 –, BRS 81 Nr. 176 = nrwe):** In einem festgesetzten Kleinsiedlungsgebiet waren und sind immissionsempfindliches Wohnen und Tierhaltung vorhanden. Die festgesetzte, zum klagenden Nachbarn hin gewandte seitliche Baugrenze soll im Interesse der Entzerrung des vom Rat bei der Plangebung erkannten Nutzungskonflikts größere Abstände sicherstellen, als sie die bauordnungsrechtlichen Regelungen zur Abstandsfläche gewährleisten. Die Baugrenze hat nach dem erkennbaren Willen des Rates (auch) die Aufgabe, dafür zu sorgen, dass die immissionsträchtigen baulichen Anlagen den umliegenden Wohngebäuden nicht zu nahe kommen.

342 Die Frage, ob generell Festsetzungen von Baugrenzen, Baulinien oder Bebauungstiefen gemäß § 23 BauNVO dem Nachbarschutz dienen, auch wenn sich eine Absicht nicht durch ausdrückliche diesbezügliche Aussagen des Plangebers erhärten lässt, ist nicht abschließend beantwortet.

343 Das Bundesverwaltungsgericht verneint dies. Auch auf dieses Merkmal bezieht das Gericht die schon früh getätigte und seither stets wiederholte Aussage, dass die Frage, ob Festsetzungen auf der Grundlage der §§ 16 ff. und des § 23 BauNVO auch darauf gerichtet sind, dem Schutz des Nachbarn zu dienen, (allein) vom Willen der Gemeinde als Planungsträger abhänge (BVerwG, U.v. 19.10.1995 – 4 B 215/95 –, NVwZ 1996, 888 = juris).

344 Das OVG Münster verneint ebenfalls in ständiger Rechtsprechung den nachbarschützenden Charakter von Baugrenzen (vgl. etwa B.v. 27.1.2014 – 2 A 1674/13 –, nrwe, B.v. 21.7.1994 – 10 B 10/94 –, juris, U.v. 9.3.1989 – 7 A 1817/87 –, nrwe, U.v. 20.6.1994 – 7 A 3074/91 –; B.v. 25.4.1990 –, 10 B 255/90 –, nrwe, und B.v. 16.9.1991 – 11 B 2070/91 –, nrwe), weil diese in erster Linie wegen ihrer städtebaulichen Ordnungsfunktion öffentlichen Belangen und nicht dem Nachbarschutz dienten (ebenso: OVG Lüneburg, B.v. 4.3.2015 – 1 LA 177/14 –, NVwZ-RR 2015, 565 = juris, B.v. 31.10.2007 – 1 ME 277/07 –, BRS 71 Nr. 172 = juris). Auf die Frage, an welcher Seite die Baugrenze überschritten wird, komme es dabei nicht an (so auch VGH München, B.v. 27.4.2009 – 14 ZB 08.1172 –, juris; B.v. 29.8.2006 – 15 CS 06.1943 –, juris). Dies gelte auch für Festsetzungen in einem Bebauungsplan, die die Zulässigkeit von Nebenanlagen außerhalb der überbaubaren Grundstücksflächen ausschließen oder einschränken (OVG Münster, U.v. 6.9.2011 – 2 A 908/10 –, nrwe).

345 Nach der Rechtsprechung des VGH Mannheim ist jedenfalls das Gebot zur Einhaltung der seitlichen Grundstücksgrenze demjenigen gegenüber nachbarschützend, zu dem sie ausgerichtet ist. Diese Grenzen dienten dessen Schutz, weil dadurch eine aufgelockerte Bebauung mit geringeren Beeinträchtigungen durch die bauliche Nutzung des Nachbargrundstücks sowie eine verstärkte Besonnung und Belichtung gewährleistet werden solle (U.v. 11.2.1993 – 5 S 2313/92 –, juris; U.v. 12.6.1991 – 5 S 2433/90 –, juris, m.w.N.).

346 Zutreffend dürfte sein, die Antwort auf die Frage, ob eine Baugrenze nachbarschützend ist, davon abhängig zu machen, welche konkrete objektive Funktion sie hat. Maßgeblich sind dabei vor allem die im Einzelfall gegebenen örtlichen Verhältnisse. Man wird in dieser Hinsicht umso eher eine nachbarschützende Funktion annehmen können, je größer die Wohndichte und je näher der Bezug zur Wohnqualität im Plangebiet ist (so auch VGH Mannheim, B.v. 19.2.2003 – 5 S 5/03 –, ZfBR 2004, 80 = juris).

Der nachbarschützende Charakter einer Festsetzung einer Baugrenze ist besonders dann zu erkennen, wenn es sich um ein schmales Grundstück handelt. Darauf hat das OVG Saarlouis mit Urteil vom 24.9.1996 (2 R 5/96, BRS 58 Nr. 172 = juris) zutreffend hingewiesen: Gerade wenn erst die planerischen Festsetzungen die Möglichkeit schaffen, schmale Grundstücke überhaupt oder zumindest sinnvoll baulich zu nutzen, indem sie eine Reihenhausbebauung vorsehen, entsprechen diesen Vorteilen für die Eigentümer auf der anderen Seite auch gewisse Lasten. Insbesondere Reihenhäuser, die auf schmalen Grundstücken als beidseitige oder zumindest einseitige Grenzbebauung realisiert werden, sind zur Gewährleistung einer ausreichenden Belichtung, Besonnung und Belüftung (und auch zur Wahrung des Wohnfriedens) auf ausreichende Freiflächen an der Vorder- und vor allem an den Rückseiten angewiesen, da die Gebäude trennende seitliche Grenzabstände fehlen, die regelmäßig diese Funktionen erfüllen. 347

Aus dem Urteil des OVG Saarlouis vom 24.9.1996: 348

„Dem entspricht es typischerweise, dass auf sämtlichen Reihenhausgrundstücken einer Hausgruppe gewissermaßen als "Ausgleich" für den Vorteil, die schmalen Grundstücke bis zu den seitlichen Grenzen bebauen und überhaupt oder sinnvoll baulich nutzen zu können, die an die Gebäude anschließenden rückseitigen Freiflächen von Bebauung freizuhalten sind, um auf diese Weise die erforderliche Belichtung, Besonnung und Belüftung sicherzustellen. In dieser Weise sind die Eigentümer von Reihenhausgrundstücken in der Art einer "bodenrechtlichen Lebens- und Schicksalsgemeinschaft" verbunden, die namentlich bei Veränderungen im Bereich der rückseitigen Freiflächen zu einer besonderen Rücksichtnahme auf die Interessen der anderen Eigentümer an der Freihaltung dieser Flächen zwingt.“ (So auch OVG Bremen, U.v. 20.2.1996 – 1 BA 53/95 – juris: *„Die geringe Breite der Reihenhausgrundstücke von 4,5 m schafft eine besondere nachbarliche Nähe. Damit kommt der Befriedungsfunktion der Baugrenze eine besondere Bedeutung zu. Die Festsetzung dient unter diesen Umständen nicht nur dem öffentlichen Interesse an einer geordneten städtebaulichen Entwicklung, sondern sie zielt zugleich auf einen Ausgleich der nachbarlichen Interessen.“*)

e) Festsetzung zur Zwei-Wohnungs-Klausel

Nach § 9 Abs. 1 Nr. 6 BauGB kann aus städtebaulichen Gründen die höchstzulässige Zahl der Wohnungen in Wohngebäuden festgesetzt werden (in der Version, dass nicht mehr als zwei Wohnungen entstehen dürfen: „Zwei-Wohnungs-Klausel“). Dabei ist die Wohnungsanzahl kein Kriterium des Maßes der baulichen Nutzung (vgl. § 16 Abs. 1 BauNVO), sondern hat als Ausdruck der Art der baulichen Nutzung bodenrechtliche Relevanz (BVerwG, U.v. 26.9.1991 – 4 C 5.87 –, BVerwGE 89, 69 = juris). 349

Mit Beschluss vom 9.10.1991 (4 B 137/91, juris) hat das Bundesverwaltungsgericht entschieden, dass eine solche Klausel geeignet sein kann, den Gebietscharakter im Sinne einer Bebauung vorwiegend mit Familienheimen zu bestimmen. Insoweit komme dieser Klausel auch bodenrechtliche Relevanz hinsichtlich der Art der Nutzung zu. An der Erhaltung oder Schaffung eines solchen Gebietscharakters könnten die

Planbetroffenen ein berechtigtes Interesse haben. Deshalb sei der Ortsgesetzgeber nicht gehindert, der entsprechenden planerischen Festsetzung drittschützende Wirkung beizulegen. Dann (aber offenbar nur dann) habe der Grundeigentümer die Möglichkeit, eine auch nur schrittweise Veränderung des Gebietscharakters abzuwehren. Ob der Plangeber das gewollt habe, sei durch Auslegung des jeweiligen Bebauungsplans unter Heranziehung seiner Begründung und ggf. weiterer Auslegungshilfen, wie etwa der Niederschriften über die Gemeinderatssitzungen o.Ä., zu ermitteln (BVerwG, B.v. 9.3.1993 – 4 B 38/93 –, NVwZ 1993, 1100 = juris).

350 **Beispiel (nach OVG Münster, U.v. 18.4.1991 – 11 A 696/87 –, nrwe):** Der Begründung und der Entstehungsgeschichte des Bebauungsplans ist zu entnehmen, dass die textlichen Festsetzungen, wonach in den Wohngebieten mit eingeschossiger Bebauung pro Wohngebäude nicht mehr als zwei Wohnungen zulässig sind, nachbarschützenden Charakter haben: Als der Bebauungsplan aufgestellt wurde, war das Plangebiet bereits mit mehreren Gebäuden, u.a. dem Wohnhaus des Klägers, bebaut. Dem Kläger, der sich nun gegen die Genehmigung eines Vorhabens mit mehr als zwei Wohnungen wehrte, selbst war seinerzeit nicht die beantragte Dachneigung von 38° – 40°, sondern nur eine solche von 30° Grad und auch nur eine eingeschossige Bauweise genehmigt worden. Dadurch sollte gewährleistet werden, dass die aufgrund des Bebauungsplans neu hinzukommende Bebauung sich nach Art und Maß im Rahmen dessen hielt, was bereits vorhanden war: eine nicht zu dichte Bebauung, bestehend aus Familienheimen mit nicht mehr als zwei Wohnungen als Einzel- oder Doppelhäuser. Dass dieses Ziel nicht nur aus städtebaulichen Gründen verfolgt wurde, zeigte die Begründung des Bebauungsplans. Dort heißt es: „Es kann festgestellt werden, dass sich der Bebauungsplan bei seiner Verwirklichung nicht nachteilig auf die persönlichen Lebensumstände der in dem Gebiet des Bebauungsplans wohnenden und arbeitenden Menschen auswirken wird, insbesondere im wirtschaftlichen und sozialen Bereich." Enthält aber die Begründung eines Bebauungsplans, dessen Festsetzungen sich ausdrücklich an der bereits im Plangebiet vorhandenen Bebauung orientieren, die Feststellung, dass sich die aufgrund des Bebauungsplans neu zu errichtenden Vorhaben nicht nachteilig auf die persönlichen Lebensumstände der im Planbereich bereits wohnenden Menschen im sozialen Bereich auswirken werden, ist dies ein wichtiges Indiz dafür, dass der Plangeber mit den hier in Rede stehenden Festsetzungen – jedenfalls auch – den individuellen Schutz der Nachbarn bezweckt hat (so das OVG Münster in dem genannten Urteil).

f) Weitere Beispielsfälle aus der Rechtsprechung für nachbarschützende Festsetzungen

351 ■ **Festsetzung von eingeschossigen Flachdachbungalows ohne Dachaufbauten mit „automatischem“ nachbarlichem Durchsetzungsanspruch**

Nach VGH München, U.v. 24.11.2015 – 15 B 13.2414 –, juris:

Streitgegenstand sind die Errichtung von Dachaufbauten auf Dächern eingeschossiger Flachdachbungalows und deren Nutzung. Das Gericht entnahm den Unterlagen zur Festsetzung des Bebauungsplans, dass mit der Beschreibung eines allein zulässigen Haustyps das Verbot jeglicher (Wohn-)Nutzung auf den Dächern verbunden sein sollte. Es erkannte einen nachbarschützenden Charakter der Festsetzung an: Im Rahmen des Aufstellungsverfahrens hatte der erste Bürgermeister einem Einwender geschrieben, mit Rücksicht auf die Geländeform könne eine andere Bebauung nicht zugelassen werden; insbesondere dürfe der Ausblick in das Wertachtal und nach Augsburg nicht durch Dachaufbauten genommen werden. Zweigeschossigen Wohnhäusern mit Dachaufbauten könne daher nicht zugestimmt werden. Daran hielt man sich, und die Praxis wurde, wie das Gericht formulierte, seit mittlerweile mehr als vier Jahrzehnten „gelebte Überzeugung“.

- **Festsetzung von Gartenhofhäusern (gemeint als Bebauung mit eingeschossigen Wohngebäuden mit einem fremder Sicht entzogenen Gartenhof)** 352

Aus OVG Koblenz, U.v. 26.11.2014 – 8 A 10674/14 –, juris:

„Mit dieser Festsetzung soll eine Bebauung erreicht werden, bei der die sich aus den Außenwänden des eigenen Gebäudes und der fensterlosen Grenzwand des Nachbarhauses ergebenden Gartenhöfe „fremder Sicht entzogen" sein sollten. Mit dem Ausschluss der Einsehbarkeit von fremder Seite, insbesondere also von Seiten des Nachbarn, sollte nicht bloß ein baugestalterischer Zweck verfolgt, sondern gerade auch nachbarschützenden Interessen gedient werden. (...) Es besteht ein Austauschverhältnis dergestalt, dass der Eigentümer eines Grundstücks zwar einerseits das Heranrücken des Nachbargebäudes bis auf die gemeinsame Grundstücksgrenze zu dulden hat, andererseits aber die Nichteinsehbarkeit seines Gartenhofs beanspruchen kann."

g) Befreiung vom Maß der baulichen Nutzung, der Bauweise oder der überbaubaren Grundstücksfläche

Soweit einer Festsetzung zum Maß der baulichen Nutzung, zur Bauweise oder zur 353
überbaubaren Grundstücksfläche in der konkreten Fallgestaltung (kraft stillschweigender oder ausdrücklicher „Verleihung") nachbarschützender Charakter zukommt, gelten für den Rechtsschutz des Nachbarn im Falle einer rechtswidrigen Befreiung dieselben Grundsätze, wie sie im Zusammenhang mit der Festsetzung zur Art der baulichen Nutzung gelten; auch hier führt das Fehlen einer der zwingenden Tatbestandsvoraussetzungen des § 31 Abs. 2 BauGB zu einem Aufhebungsanspruch des Nachbarn, ohne dass Weiteres hinzukommen muss (s. oben ab Rn. 276).

Sofern eine der genannten Festsetzungen keinen nachbarschützenden Charakter hat, 354
führt diese Tatsache nicht dazu, dass der Nachbar schutzlos ist, wenn eine Befreiung von einer solchen Festsetzung ausgesprochen (oder sogar nicht ausgesprochen) wird und eine Baugenehmigung erteilt wird. Nach der Rechtsprechung des Bundesverwaltungsgerichts ist im Falle der Befreiung von nicht nachbarschützenden Festsetzungen die Regelung in § 31 Abs. 2 BauGB insoweit drittschützend, als diese Vorschrift das Ermessen der Bauaufsichtsbehörde dahin bindet, dass die Abweichung auch „unter Würdigung nachbarlicher Interessen" mit den öffentlichen Belangen vereinbar sein muss. Unter welchen Voraussetzungen durch eine Befreiung Nachbarrechte verletzt werden, ist (in entsprechender Anwendung des § 15 BauNVO) nach den Grundsätzen des Gebots der Rücksichtnahme (vgl. dazu Rn. 303) zu beantworten (BVerwG, U.v. 6.10.1989 – 4 C 14/87 –, BVerwGE 82, 343 = juris; OVG Münster, B.v. 18.2.2014 – 7 B 1416/13 –, juris, m.w.N.). Maßgeblich kommt es darauf an, was einerseits dem Rücksichtnahmebegünstigten und andererseits dem Rücksichtnahmeverpflichteten nach Lage der Dinge zuzumuten ist (BVerwG, B.v. 27.8.2013 – 4 B 39.13 –, BRS 81 Nr. 181 = juris).

Bei der erforderlichen Interessenabwägung sind die Schutzwürdigkeit des betroffenen 355
Nachbarn, sein Interesse an der Einhaltung der Festsetzungen des Bebauungsplans und damit an einer Verhinderung von Beeinträchtigungen und Nachteilen sowie die Intensität der Beeinträchtigungen einerseits mit den Interessen des Bauherrn an der

Erteilung der Befreiung andererseits abzuwägen. Der Nachbar kann umso mehr an Rücksichtnahme verlangen, je empfindlicher seine Stellung z.B. durch ein an die Stelle des im Bebauungsplan festgesetzten Maßes der baulichen Nutzung tretendes andersartiges Maß der Nutzung berührt werden kann. Umgekehrt braucht derjenige, der die Befreiung in Anspruch nehmen will, umso weniger Rücksicht zu nehmen, je verständlicher und unabweisbarer die von ihm verfolgten Interessen sind. Unter welchen Voraussetzungen – im Konkreten – eine Befreiung Rechte des Nachbarn verletzt, hängt damit wesentlich von den Umständen des Einzelfalls ab. Im Rahmen dieser Interessen- und Zumutbarkeitsabwägung hat derjenige, der sich auf den Bebauungsplan berufen kann, grundsätzlich einen gewissen Vorrang (OVG Münster, B.v. 26.10.2007 – 10 A 273/07 –, nrwe).

356 Ist eine Genehmigung erteilt und die erforderliche Befreiung von einer nicht nachbarschützenden Bestimmung nicht erteilt worden, gelten die oben ab Rn. 298 dargestellten Grundsätze in gleicher Weise. Der Nachbar hat zwar keinen Anspruch darauf, dass die Genehmigungsbehörde die Erteilung der Genehmigung unter Einschluss einer Befreiung unterlässt. Er hat aber einen Anspruch auf eine ermessensfehlerfreie Entscheidung unter Berücksichtigung seiner nachbarlichen Belange.

h) Erschlossensein

357 Aus dem Gebot hinreichenden Erschlossenseins (§ 30 Abs. 1 BauGB) kann der Nachbar grundsätzlich für sich keine Rechte herleiten. Das Erfordernis dient nur den öffentlichen Interessen und hat keine nachbarschützende Funktion (BVerwG, B.v. 28.7.2010 – 4 B 19/10 –, juris; VGH München, U.v. 22.1.2010 – 14 B 08.887 –, juris; Söfker in: Ernst/Zinkahn/Bielenberg/Krauzberger, BauGB, § 30 Rn. 56). Ausnahmen können mit Blick auf das Gebot zur Einräumung eines Notwegerechts nach § 917 BGB gelten. Insoweit, wird auf die Ausführungen zum bauordnungsrechtlichen Erschlossensein (ab Rn. 728) verwiesen.

3. Nachbarschutz gegen Vorhaben während der Planaufstellung

358 Wird im Vorgriff auf einen noch in der Aufstellung befindlichen Bebauungsplan (§ 33 BauGB[40]) eine Baugenehmigung erteilt, obwohl eine der in der Bestimmung genannten Voraussetzungen nicht erfüllt ist, kann ein Dritter diese nur in dem Umfang anfechten, in dem die künftigen Festsetzungen selbst dem Drittschutz dienen. Er kann hingegen nicht rügen, die Festsetzungen würden nicht eingehalten, wenn diese keinen nachbarschützenden Charakter haben. Denn sonst würden ihm im Vorgriff auf den Bebauungsplan mehr Rechte zugestanden, als er bei dessen Wirksamkeit hätte (OVG Koblenz, B.v. 3.4.2012 – 1 B 10136/12 –, juris; VGH Mannheim, B.v. 24.2.1992 – 3 S 3026/91 –, juris).

40 **§ 33 BauGB** [Zulässigkeit von Vorhaben während der Planaufstellung]
(1) In Gebieten, für die ein Beschluss über die Aufstellung eines Bebauungsplans gefasst ist, ist ein Vorhaben zulässig, wenn
1. die Öffentlichkeits- und Behördenbeteiligung nach § 3 Abs. 2, § 4 Abs. 2 und § 4a Abs. 2 bis 5 durchgeführt worden ist,
2. anzunehmen ist, dass das Vorhaben den künftigen Festsetzungen des Bebauungsplans nicht entgegensteht,
3. der Antragsteller diese Festsetzungen für sich und seine Rechtsnachfolger schriftlich anerkennt und
4. die Erschließung gesichert ist.

Etwas anderes gilt allerdings nach Auffassung des OVG Münster (B.v. 15.2.1991 – 11 B 2659/90 –, NVwZ 1992, 278 = juris) für den Fall, dass die Vorweggenehmigung nach § 33 BauGB wegen mangelnder materieller Planreife objektiv rechtswidrig ist und eine Überprüfung der künftigen Planung wegen der fehlenden Planreife und der Unsicherheiten über das Schicksal des Entwurfs kaum möglich oder sinnvoll erscheint. In einem solchen Fall könne dem Nachbarn die rechtswidrige Genehmigung nach § 33 BauGB und die Prüfung seiner Nachbarrechte nach den Vorschriften, die ohne die Vorweggenehmigung und das eingeleitete Planaufstellungsverfahren anzuwenden wären, nicht entgegengehalten werden. 359

4. Nachbarschutz im unbeplanten Innenbereich

Der bauplanungsrechtliche Nachbarschutz gegen Vorhaben, die im unbeplanten Innenbereich verwirklicht werden sollen (§ 34 BauGB[41]), hängt – wie im Geltungsbereich eines Bebauungsplans und im Außenbereich – davon ab, ob das Vorhaben objektiv-rechtlich rechtswidrig ist und den Nachbarn in seinen subjektiven öffentlichen Rechten verletzt. 360

Für die objektiv-rechtliche Zulässigkeit eines Bauvorhabens im unbeplanten Innenbereich ist in planungsrechtlicher Sicht maßgeblich, ob es sich hinsichtlich der im Gesetz genannten Merkmale in die nähere Umgebung einfügt. Da anders als im beplanten Bereich kein Bebauungsplan existiert (hierzu zählen auch die Fälle, in denen ein mutmaßlich gültiger Plan in Wirklichkeit nicht wirksam und deshalb nicht anzuwenden ist; zur sog. Verwerfungskompetenz der Gerichte s. Rn. 1087) folgt die Antwort auf die Frage, was mit Blick auf Art und Maß der baulichen Nutzung, Bauweise und Grundfläche, die überbaut werden soll, planungsrechtlich zulässig ist, aus einer Ableitung aus dem Faktischen und einer hypothetischen Verwirklichung des zur Genehmigung gestellten Vorhabens. Man könnte in Anlehnung an Jellinek (s. Georg Jellinek/Walter Jellinek, Allgemeine Staatslehre, S. 337) von der „normativen Kraft des Faktischen“ sprechen, wobei der Gesetzgeber ausdrücklich dem Faktischen diese Wirkungskraft verliehen hat. 361

a) Die maßgebliche Umgebung

Im Rahmen der Prüfung, ob ein Vorhaben im unbeplanten Innenbereich unter den Gesichtspunkten Art der baulichen Nutzung, Maß der baulichen Nutzung, Bauweise und Grundfläche, die überbaut werden soll, materiell rechtmäßig ist, ist zunächst der maßgebliche Bereich festzustellen. Das ist die „nähere Umgebung“. Dabei erfolgt die objektiv-rechtliche Prüfung nicht etwa in der Weise, dass zunächst „allgemein“ der Umgebungsrahmen abgesteckt wird und sodann anhand der Gegebenheiten und für 362

41 **§ 34 BauGB [Zulässigkeit von Vorhaben innerhalb der im Zusammenhang bebauten Ortsteile]**
(1) Innerhalb der im Zusammenhang bebauten Ortsteile ist ein Vorhaben zulässig, wenn es sich nach Art und Maß der baulichen Nutzung, der Bauweise und der Grundstücksfläche, die überbaut werden soll, in die Eigenart der näheren Umgebung einfügt und die Erschließung gesichert ist. Die Anforderungen an gesunde Wohn- und Arbeitsverhältnisse müssen gewahrt bleiben; das Ortsbild darf nicht beeinträchtigt werden.“
(2) Entspricht die Eigenart der näheren Umgebung einem der Baugebiete, die in der auf Grund des § 9 a erlassenen Verordnung bezeichnet sind, beurteilt sich die Zulässigkeit des Vorhabens nach seiner Art allein danach, ob es nach der Verordnung in dem Baugebiet allgemein zulässig wäre; auf die nach der Verordnung ausnahmsweise zulässigen Vorhaben ist § 31 Abs. 1, im Übrigen ist § 31 Abs. 2 entsprechend anzuwenden.

jedes der Merkmale des Vorhabens nach dem Sich-Einfügen in diesen einheitlichen Umgebungsbereich gefragt wird. Denn die nach § 34 Abs. 1 BauGB maßgebliche Umgebung ist nicht für alle Tatbestandsmerkmale der Bestimmung die gleiche. Vielmehr ist für jedes der Merkmale der Umgebungsrahmen gesondert festzulegen und erst hiernach festzustellen, ob das Vorhaben sich in diese Umgebung einfügt; eine „Kreismethode“ als rein schematische Festlegung der näheren Umgebung wird den Anforderungen nicht gerecht. Denn die maßgebliche Umgebung ist je nach Art oder Maß, Bauweise oder überbaubarer Grundstücksfläche unterschiedlich weit zu ziehen. Welcher Bereich als nähere Umgebung im Sinn des § 34 Abs. 1 BauGB maßgebend ist, hängt nämlich davon ab, inwieweit sich einerseits die Ausführung des geplanten Vorhabens auf die benachbarte Bebauung und andererseits diese Bebauung auf den bodenrechtlichen Charakter des Baugrundstücks prägend auswirken; diese Auswirkungen können je nach dem Merkmal sehr unterschiedlich sein (BVerwG, B. v. 6.11.1997 – 4 B 172.97 –, ZfBR 1998, 164). So ist bei der überbaubaren Grundstücksfläche der maßgebliche Bereich in der Regel (deutlich) enger zu begrenzen als bei der Art der baulichen Nutzung. Denn die Prägung, die von der für die Bestimmung der überbaubaren Grundstücksflächen maßgeblichen Stellung der Gebäude auf den Grundstücken ausgeht, reicht im Allgemeinen (deutlich) weniger weit etwa als die Wirkungen der Art der baulichen Nutzung (OVG Magdeburg, B.v. 4.7.2012 – 2 L 94/11 –, BRS 79 Nr. 101 = juris; VGH München, U.v. 7.3.2011 – 1 B 10.3042 –, juris; OVG Bautzen, B.v. 29.12.2010 – 1 A 710/09 –, juris; OVG Münster, U.v. 9.9.2010 – 2 A 508/09 –, juris; VGH Mannheim, B.v. 15.12.2005 – 5 S 1847/05 –, VBlBW 2006, 191 = juris).

b) Die Ermittlung des Umgebungscharakters

363 Zur Vorgehensweise bei der Ermittlung des maßgeblichen Umgebungscharakters – gesondert für jedes einzelne der Merkmale – hat das Bundesverwaltungsgericht mit seinem Urteil vom 15.2.1990 – 4 C 23/86 –, BVerwGE 84, 322 = juris, herausgearbeitet:

„Das bedeutet (...), daß – gleichsam auf der ersten Stufe der Betrachtung – alles an Bebauung in den Blick zu nehmen ist, was in der näheren Umgebung tatsächlich vorhanden ist. Eine Beschränkung auf das, was von der vorhandenen Bebauung städtebaulich wünschenswert oder auch nur vertretbar ist, darf insoweit nicht vorgenommen werden. Auch eine städtebaulich unerwünschte Bebauung darf bei der Bildung des Maßstabs "nicht einfach... von vornherein vernachlässigt werden" (...).

364 *Nicht jegliche vorhandene Bebauung in der näheren Umgebung bestimmt jedoch ihren Charakter. Vielmehr muß die Betrachtung – zweitens – auf das Wesentliche zurückgeführt werden. Es muß alles außer acht gelassen werden, was die vorhandene Bebauung nicht prägt oder in ihr gar als Fremdkörper erscheint. (...) Auszusondern sind zum einen solche baulichen Anlagen, die von ihrem quantitativen Erscheinungsbild (Ausdehnung, Höhe, Zahl usw.) nicht die Kraft haben, die Eigenart der näheren Umgebung zu beeinflussen, die der Betrachter also nicht oder nur am Rande wahrnimmt. Ihre Aussonderung hat mit dem Begriff „Fremdkörper" nichts zu tun, sondern ist Ergebnis einer Beschränkung auf das Wesentliche. Schon diese Beschränkung*

ist zwar nicht ganz frei von wertenden Elementen; sie knüpft aber noch stärker an die Feststellung des tatsächlich Gegebenen an. Zum anderen können auch solche Anlagen aus der Bestimmung der Eigenart der näheren Umgebung auszusondern sein, die zwar quantitativ die Erheblichkeitsschwelle überschreiten, aber nach ihrer Qualität völlig aus dem Rahmen der sonst in der näheren Umgebung anzutreffenden Bebauung herausfallen. Das wird namentlich dann anzunehmen sein, wenn eine singuläre Anlage in einem auffälligen Kontrast zur übrigen Bebauung steht. In Betracht kommen insbesondere solche baulichen Anlagen, die nach ihrer – auch äußerlich erkennbaren – Zweckbestimmung in der näheren Umgebung einzigartig sind. Sie erlangen die Stellung eines „Unikats" um so eher, je einheitlicher die nähere Umgebung im übrigen baulich genutzt ist. Trotz ihrer deutlich in Erscheinung tretenden Größe und ihres nicht zu übersehenden Gewichts in der näheren Umgebung bestimmen sie nicht deren Eigenart, weil sie wegen ihrer mehr oder weniger ausgeprägt vom übrigen Charakter der Umgebung abweichenden Struktur gleichsam isoliert dastehen. Grundlage für ein solches Ausklammern ist zwar auch das tatsächlich Festgestellte; als Ergebnis beruht es aber auf einer überwiegend wertenden Betrachtung.

Derartige Anlagen dürfen bei der Bestimmung der Eigenart der näheren Umgebung 365
aber nur dann als „Fremdkörper" ausgeklammert werden, wenn sie wegen ihrer Andersartigkeit und Einzigartigkeit den Charakter ihrer Umgebung letztlich nicht beeinflussen können. Ob dies der Fall ist, muß – auf einer dritten Stufe – unter Würdigung des tatsächlich Vorhandenen ermittelt werden. Ausschlaggebend kann erneut die Größe der andersartigen Anlage sein. Einzelne bauliche Anlagen von stark abweichendem Charakter können nach Ausdehnung, Zahl und anderen Quantitätsmerkmalen ein solches Gewicht enthalten, daß sie trotz ihrer herausstechenden Andersartigkeit in einer abweichend und verhältnismäßig einheitlich strukturierten Umgebung ihrerseits tonangebend wirken. Dafür kommen neben der Größe des Gebäudes auch die Ausstrahlungswirkungen (Immissionen) einer einzelnen baulichen Anlage auf die nähere Umgebung in Betracht. Auf diesem Wege kann sogar ein einzelner Gewerbebetrieb in einem im übrigen einheitlich strukturierten Wohngebiet die Eigenschaft eines außer Betracht zu lassenden Fremdkörpers verlieren und seinerseits die Eigenart der Umgebung mitbestimmen. Wann dies im Einzelfall anzunehmen ist, läßt sich allerdings nicht allgemein formulieren. Allein aus dem Umstand, daß ein Gewerbebetrieb seine Umgebung stört, folgt noch nicht, daß er den Gebietscharakter mitprägt. Der Senat hat in seiner bisherigen Rechtsprechung beispielsweise die Rechtsauffassung gebilligt, daß eine in starkem Gegensatz zur sonst vorhandenen Bebauung stehende Möbelfabrik bei der Bestimmung des Gebietscharakters nicht berücksichtigt werden müsse (Beschluß vom 5. April 1967 – BVerwG 4 B 81.66 -). Ebenso hat er der Rechtsansicht des Oberverwaltungsgerichts für das Land Nordrhein- Westfalen in seinem Urteil vom 6. Februar 1964 (- 7 A 644.64 – BRS 15 Nr. 23) ausdrücklich zugestimmt, daß bei der Bestimmung des vorhandenen Baugebiets ein einzelnes Gebäude oder ein einzelner gewerblicher Betrieb dann keine Berücksichtigung finden könne, wenn dieses Gebäude oder diese Nutzung des Grundstücks in deutlichem Gegensatz zu der übrigen vorhandenen Bebauung stehe, und daß über einen solchen Fremdkörper nur dann nicht hinweggesehen werden könne, wenn von ihm Wirkun-

gen ausgingen, die auch der Umgebung ein bestimmtes Gepräge aufdrückten, wie es z.B. bei einem größeren Industriebetrieb der Fall sein dürfte (vgl. Urteil vom 13. Juni 1969 – BVerwG 4 C 81.68 – Buchholz 406.11 § 34 BBauG Nr. 22). Grundsätzlich sprechen große Qualitätsunterschiede zwischen einer einzelnen Anlage und ihrer im wesentlichen homogenen Umgebung dafür, daß die Anlage als ein für die Eigenart der Umgebung unbeachtlicher Fremdkörper zu werten ist. Diese Regel wird nur dann durchbrochen werden können, wenn die Anlage ihre Umgebung beherrscht oder aus anderen Gründen – wie etwa im Verhältnis einer Zeche zu der sie umgebenden Zechensiedlung – trotz der Andersartigkeit mit ihr eine Einheit bildet."

366 Die Feststellung des Vorhandenen nimmt die von außen wahrnehmbare Erscheinung der jeweiligen baulichen Anlage im Verhältnis zu seiner Umgebung in den Blick. Vorrangig ist auf diejenigen Merkmale abzustellen, in denen die prägende Wirkung besonders zum Ausdruck kommt.

367 **Beispiel für eine massive Prägung eines Gebiets, ohne dass eine Aussonderung als Fremdkörper veranlasst wäre (aus: OVG Münster, U.v. 10.3.2016 – 7 A 409/14 –, nrwe):** Ein Betriebsgebäude ist so ausgedehnt, dass es einen großen Teil des als nähere Umgebung zu betrachtenden Gebiets einnimmt. Die aufstehenden Gebäude sind so massiv und überschreiten die Höhe der Nachbarbebauung in der näheren Umgebung derart, dass die Umgebung von ihnen beherrscht wird. Insbesondere ein turmartiges Gebäude mit einer Werbeaufschrift überragt die Umgebungsbebauung deutlich und ist bereits von der Ferne deutlich erkennbar. Dem Betrieb kommt eine dominierende, die übrige Bebauung „in seinen Schatten stellende" Wirkung zu. Der Gebäudekomplex kann deshalb nicht als Fremdkörper aus der Betrachtung ausgesondert werden.

368 Eine Uneinheitlichkeit des Vorhandenen kann dazu führen, dass aus dem Faktischen kein Planersatz abgeleitet werden kann. Dies gilt insbesondere dann, wenn ihm keine städtebauliche Aussagekraft zukommt.

369 **Beispiel für die Feststellung einer (hier fehlenden) faktischen vorderen und hinteren Baugrenze (aus: VGH München, B.v. 9.9.2013 – 2 ZB 12.1544 –, juris):** *„Weder wird von allen Gebäuden die ohnehin nicht einheitliche vordere Baugrenze eingehalten, an welche zwingend anzubauen gewesen wäre. Noch ergibt sich aus der Größe der Bauräume und der konkreten Situierung der Gebäude eine hintere faktische Baugrenze. So liegen beispielsweise die Gebäude D...straße 18, 16, 14 a und 14 mitten im Bauraum ohne an die vordere Baugrenze angebaut zu sein. Das darauffolgende Gebäude D...straße 12 orientiert sich mit der rückwärtigen Gebäudefront an der hinteren Bauraumgrenze, wohingegen das Gebäude D...straße 10 einige Meter nach vorn versetzt errichtet wurde. Gleiches gilt für die Gebäude D...straße 8/8 a. Das Gebäude D...straße 6 springt hingegen wieder zurück und ist an der hinteren Bauraumgrenze orientiert. Das Gebäude K...weg 22 orientiert sich wiederum zur D...straße hin. Die Gebäude K...weg 11 und D...straße 4a/4 haben zwar eine gemeinsame vordere Gebäudeflucht jedoch keine gemeinsame hintere Gebäudeflucht. Insoweit kann aufgrund der höchst unterschiedlichen Bebauung weder von einer faktischen vorderen noch von einer faktischen rückwärtigen Baugrenze gesprochen werden."*

370 Eine widerruflich oder befristet genehmigte Bebauung, bei der die zuständige Behörde zum Ausdruck gebracht hat, dass sie sie nicht auf Dauer genehmigen oder auch nur dulden werde, ist nicht als vorhandene Bebauung zu berücksichtigen, die die Eigenart der näheren Umgebung prägt, wenn es um die Beurteilung der Zulässigkeit eben dieser Bebauung nach Fristablauf geht (BVerwG, B.v. 23.11.1998 – 4 B 29/98 –, NVwZ-RR 1999, 364 = juris). Andererseits kann auch eine aufgegebene Nutzung noch fortwirken. Der Zeitraum der Fortwirkung ist bei einer nur teilweisen Einschränkung der Nutzungsaufgabe größer zu bemessen als bei einer vollständigen Nutzungsaufgabe (VGH München, B.v. 24.4.2012 – 2 ZB 10.2894 –, juris). Erst

wenn eine Wiederaufnahme der Nutzung als ausgeschlossen erscheint, kann davon ausgegangen werden, dass sich der Gebietscharakter geändert hat (BVerwG, B.v. 29.5.2001 – 4 B 33/01 –, NVwZ 2001, 1055 = juris).

c) Das Sich-Einfügen nach den Merkmalen

Ist für das jeweilige Merkmal die maßgebliche Umgebung bestimmt und – mit Blick auf dieses Merkmal – deren Charakter erkannt, ist sodann danach zu fragen, ob das Vorhaben sich nach diesen Merkmalen in die Umgebungsbebauung einfügt. Auch diese Frage ist nach den Merkmalen getrennt zu beantworten. 371

aa) Art der baulichen Nutzung

Die Zulässigkeit eines Vorhabens nach der Art der baulichen Nutzung richtet sich zunächst danach, ob die nähere Umgebung, in der es verwirklicht werden soll, einem der Gebiete der Baunutzungsverordnung entspricht oder nicht (§ 34 Abs. 2 BauGB). Nach der vorstehend unter a) und b) beschriebene Prüfung ist das Ergebnis abzugleichen mit den Baugebietstypen nach der Verordnung. 372

(1) Objektiv-rechtliche Zulässigkeit

Entspricht die Eigenart der näheren Umgebung einem der Baugebiete entspricht, beurteilt sich die Zulässigkeit danach, was nach den Baugebietstypen der Baunutzungsverordnung in diesen Gebieten zulässig ist. Die vorzunehmende Beurteilung der bauplanungsrechtlichen Zulässigkeit folgt demselben Schema wie im beplanten Gebiet (s. oben ab Rn. 159), einschließlich der Regeln zur Ausnahme und zur Befreiung (s. oben ab Rn. 266 und 273). 373

Lässt sich kein homogenes Baugebiet nach der Baugebietstypen der Baunutzungsverordnung feststellen, verbleibt es für die dann gegebene Gemengelage hinsichtlich der objektiv-rechtlichen Zulässigkeit (und der subjektiv-rechtlichen Rechtsverletzung) bei einer Prüfung nach § 34 Abs. 1 Satz 1 BauGB. Hierbei haben nachbarliche Belange eine besondere Bedeutung. 374

(2) Nachbarrechtsschutz bei Verstoß gegen die Art der baulichen Nutzung

(a) Rechtsschutz in einem faktischen Baugebiet

Im unbeplanten Innenbereich gilt, soweit es die Art der baulichen Nutzung betrifft und sofern es sich um ein faktisches Baugebiet im Sinne von § 34 Abs. 2 BauGB i.V.m der Baunutzungsverordnung handelt, für den Rechtsschutz eines Dritten das zu dem Rechtsschutz in einem beplanten Gebiet Gesagte. Denn dann ersetzt das Faktische den Bebauungsplan, und auch in einem nach § 34 Abs. 2 BauGB zu beurteilenden Gebiet bilden die Grundstückseigentümer eine Schicksalsgemeinschaft und stehen untereinander in einem Austauschverhältnis. Die Gleichstellung geplanter und faktischer Baugebiete im Sinne der Baunutzungsverordnung hinsichtlich der Art der baulichen Nutzung bewirkt nämlich konsequenterweise, dass in diesem Umfang auch ein identischer Nachbarschutz schon vom Bundesgesetzgeber festgelegt worden ist (BVerwG, U.v. 16.9.1993 – 4 C 28/91 –, DVBl 94, 284 = juris; BVerwG, B.v. 18.12.2007 – 4 B 55.07 –, BRS 71 Nr. 68 = juris; OVG Münster, U.v. 28.2.2012 – 375

7 A 2444/09 –, BRS 79 Nr. 171 = nrwe; zum Nachbarschutz in einem geplanten Baugebiet s. ab Rn. 159).

(b) Rechtsschutz in einer Gemengelage

376 In einer Gemengelage, also einem Bereich, der keinem der Baugebiete nach der Baunutzungsverordnung zugeordnet werden kann, hat für das Baunachbarrecht das Rücksichtnahmegebot besondere Bedeutung. Dieses ist in dem in § 34 Abs. 1 BauGB ausgesprochenen Einfügungsgebot enthalten (ständige Rechtsprechung seit BVerwG, U.v. 13.3.1981 – 4 C 1/78 –, DÖV 1981, 672 = juris).

(aa) Bedeutung und Inhalt des Rücksichtnahmegebots

377 Die aufgrund des Gebotes der Rücksichtnahme zu stellenden Anforderungen an ein Vorhaben hängen von den Umständen des jeweiligen Einzelfalls ab. Dabei gilt: Je verständlicher und unabweisbarer die mit dem Vorhaben verfolgten Interessen sind, umso weniger braucht derjenige, der das Vorhaben verwirklichen will, Rücksicht zu nehmen. Je empfindlicher und schutzwürdiger die Stellung desjenigen ist, dem die Rücksichtnahme des Bauherrn im gegebenen Zusammenhang zu Gute kommt (also dem Nachbarn), umso mehr kann dieser an Rücksichtnahme verlangen. Abzustellen ist darauf, was einerseits dem Rücksichtnahmeverpflichteten und andererseits dem Rücksichtnahmebegünstigten nach Lage der Dinge zuzumuten ist (BVerwG, U.v. 23.9.1999 – 4 C 6.98 –, NVwZ 2000, 1050 = juris). Berechtigte Belange muss keiner zurückstellen, um gleichwertige fremde Belange zu schonen.

(bb) Zumutbarkeit bei Immissionsbelastung

378 Sind von einem Vorhaben Immissionen zu erwarten, ist das Kriterium der Zumutbarkeit in der Regel anhand der Grundsätze und Begriffe des Bundes-Immissionsschutzgesetzes (zum Immissionsschutz im Baurecht s. ab Rn. 501) auszufüllen. Denn dieses bestimmt die Grenze der Zumutbarkeit von Umwelteinwirkungen für Nachbarn und damit das Maß der gebotenen Rücksichtnahme mit Wirkung auch für das Baurecht allgemein. Immissionen, die das nach § 5 Abs. 1 Nr. 1 BImSchG zulässige Maß nicht überschreiten, begründen auch unter dem Gesichtspunkt des baurechtlichen Rücksichtnahmegebots keine Abwehr- oder Schutzansprüche. Ob Belästigungen im Sinne des Immissionsschutzrechts erheblich sind, richtet sich nach der konkreten Schutzwürdigkeit und Schutzbedürftigkeit der betroffenen Rechtsgüter. Soweit Immissionen auf schutzbedürftige Nutzungen treffen, ist zu berücksichtigen, in welchem Maße die Umgebung schutzwürdig ist und ob tatsächliche oder planerische Vorbelastungen vorhanden sind. Ist der Standort schon durch Belästigungen in einer bestimmten Weise vorgeprägt, so vermindern sich entsprechend die Anforderungen des Rücksichtnahmegebots (vgl. nur OVG Münster, U.v. 15.8.1996 – 7 A 1727/93 –, nrwe, m.w.N.).

379 Daneben muss aber auch demjenigen, der Emissionen verbreitet, dafür Raum zur Verfügung gestellt werden, in dem seine Anlage in ihrem Bestand und Betrieb vor Überforderungen durch störungsempfindliche Nachbarn geschützt ist (Gesichtspunkt der heranrückenden Wohnbebauung). Denn ist die Grundstücksnutzung aufgrund der konkreten örtlichen Gegebenheiten mit einer spezifischen gegenseitigen Pflicht

zur Rücksichtnahme belastet, führt dies nicht nur zu einer Pflichtigkeit desjenigen, der Immissionen verursacht, sondern auch zu einer Duldungspflicht desjenigen, der sich solchen Immissionen aussetzt (BVerwG, U.v. 29.11.2012 – 4 C 8/11 –, NVwZ 2013, 372 = juris). Insofern hat das Gebot der Rücksichtnahme nicht nur die Aufgabe, schädliche Umwelteinwirkungen von einer störanfälligen Nutzung fernzuhalten, sondern auch, emittierende Betriebe in ihrer Existenz zu sichern. In diesem Sinne fügt sich ein Vorhaben in die Eigenart der unmittelbaren Umgebung nicht ein, wenn es sich schädlichen Umwelteinwirkungen aussetzt, etwa zu nahe an einen vorhandenen emittierenden Betrieb heranrückt. Auf die Unzulässigkeit eines solchen Vorhabens kann sich deshalb auch der Betreiber berufen, von dessen vorhandenem Betrieb die kritischen Immissionen ausgehen (VG Düsseldorf, B.v. 12.10.2015 – 9 L 1357/15 –, nrwe, unter Berufung auf BVerwG, U.v. 23.9.1999 – 4 C 6.98 –, NVwZ 2000, 1050 = juris, und B.v. 5.9.2000 – 4 B 56.00 –, NVwZ-RR 2001, 82 = juris; OVG Münster, B.v. 2.2.1999 -10 B 2558/98 –, nrwe; Mampel, Nachbarschutz im öffentlichen Baurecht, Rn. 1086 ff.). Allerdings fügt sich ein Wohnvorhaben, was die von ihm hinzunehmenden gewerblichen Immissionen angeht, in die vorbelastete Eigenart der näheren Umgebung ein, wenn es nicht stärkeren Belastungen ausgesetzt sein wird als die bereits vorhandene Wohnbebauung. Die gewerbliche Nutzung braucht folglich gegenüber der hinzukommenden Wohnnutzung nicht mehr Rücksicht zu nehmen als gegenüber der bereits vorhandenen Wohnnutzung (BVerwG, B.v. 5.3.1984 – 4 B 171.83 –, BRS 42 Nr. 66 = juris, B.v. 3.12.2009 – 4 C 5.09 – BRS 74 Nr. 32 = juris; OVG Münster, B.v. 21.2.2012 – 2 B 15/12 –, nrwe).

Der Maßstab dessen, was eine zu einer empfindlichen Nutzung hinzukommende gewerbliche Nutzung oder die zu einem Lärm emittierenden Betrieb hinzukommende störempfindliche Nutzung hinzunehmen hat, ergibt sich aus der TA Lärm (BVerwG, U.v. 29.11.2012 – 4 C 8/11 –, NVwZ 2013, 372 = juris, zur TA Lärm ab Rn. 5171). Das Ziel der Einhaltung der Grenzwerte nach der TA Lärm kann unter Umständen durch die Beifügung von Nebenbestimmungen erzielt werden. Dabei sind allerdings die oben (Rn. 64) dargestellten Gesichtspunkte zur Zulässigkeit und Beachtlichkeit von Auflagen zu beachten. 380

Das Abwehrrecht des emittierenden Betriebes wird nicht dadurch geschmälert, dass der Bauherr sich „freiwillig“ in die Nähe des Emittenten begibt oder sich mit passiven Schutzmaßnahmen (z.B. Schallschutzmaßnahmen) – die keine zulässige Maßnahmen im Rahmen einer architektonischen Selbsthilfe (s. dazu unter Rn. 495 und 6414) darstellen – einverstanden erklärt. *„Denn das Bauplanungsrecht regelt die Nutzbarkeit der Grundstücke in öffentlich-rechtlicher Beziehung auf der Grundlage objektiver Umstände und Gegebenheiten mit dem Ziel einer möglichst dauerhaften städtebaulichen Ordnung und Entwicklung. Das schließt es aus, das bei objektiver Betrachtung maßgebliche Schutzniveau auf das Maß zu senken, das der lärmbetroffene Bauwillige nach seiner persönlichen Einstellung bereit ist hinzunehmen (…).“ (aus:* BVerwG, U.v. 29.11.2012 – 4 C 8/11 –, NVwZ 2013, 372 = juris) 381

(cc) Ausnahme und Befreiung

382 § 34 Abs. 2, 2. Halbsatz BauGB bestimmt, dass auf die nach der Baunutzungsverordnung ausnahmsweise zulässigen Vorhaben § 31 Abs. 1 BauGB und im Übrigen für Befreiungen § 31 Abs. 2 BauGB entsprechend anzuwenden ist.

Hinsichtlich der Erteilung einer Befreiung ergibt sich: Da einerseits die Rechtsprechung das faktische Baugebiet dem festgesetzten Baugebiet gleichsetzt und andererseits dieselben Regeln über die Erteilung einer Befreiung (mit Ausnahme des Gebotes der Beachtung der Grundzüge der Planung, die es im faktischen Baugebiet nicht gibt) gelten, führt – analog den Ausführungen ab Rn. 273 zum umfassenden Nachbarschutz im Falle einer festgesetzten Art – eine fehlerhafte Befreiung zur Art der baulichen Nutzung stets zum Abwehrrecht des Nachbarn. Umgekehrt greift ein Rechtsschutz wegen fehlerhafter Befreiung in einer Gemengelage kaum durch; insoweit bedarf es allerdings auch keiner weitgehenden Konstruktion, da das in dem Einfügungsgebot enthaltene und Individualinteressen in den Blick nehmende Rücksichtnahmegebot einen ausreichenden Rechtsschutz gewährt.

bb) Maß der baulichen Nutzung, Bauweise, überbaubare Grundstücksfläche

383 Die Verteidigungsmöglichkeiten gegen ein benachbartes Vorhaben sind im unbeplanten Innenbereich hinsichtlich des Maßes der baulichen Nutzung – jedenfalls auf den ersten Blick – noch geringer als im beplanten Bereich. Denn dem Maß der baulichen Nutzung als solchem – darunter fallen gemäß § 16 Abs. 2 Nr. 1 BauNVO u. a. die Grundfläche der baulichen Anlage und gemäß § 16 Abs. 2 Nr. 3 BauNVO auch die Zahl der Vollgeschosse – kommt im nicht überplanten Innenbereich nach § 34 Abs. 1 BauGB keine nachbarschützende Wirkung zu (BVerwG, B.v. 19.10.1995 – 4 B 215.95 –, juris; OVG Münster, B.v. 10.3.2016 – 7 A 409/14 –, nrwe). Dasselbe gilt für die Bauweise und die überbaubare Grundstücksfläche.

384 Während im Geltungsbereich eines Bebauungsplans zumindest anhand einer interessengerechten Auslegung der Planfestsetzungen und gegebenenfalls der Planunterlagen ein nachbarschützender Charakter von Maßfestsetzungen feststellbar sein kann (s. dazu unter Rn. 308), fehlt es im unbeplanten Bereich hieran. Da sich, anders als bei der Art der baulichen Nutzung (§ 34 Abs. 2 BauGB i.V.m. der jeweiligen Baugebietsfestsetzung nach der Baunutzungsverordnung), die Feststellung eines faktischen Charakters verbietet und eine „Schicksalsgemeinschaft“ nicht feststellbar ist, ist allein das Faktische Maßstab gebend (s. oben Rn. 361). Dem entspricht, dass der Nachbar aus dem Vorhandenen nicht (unmittelbar) auf das zu Beanspruchende schließen kann.

385 Für das Abwehrrecht eines Nachbarn in einem im Zusammenhang bebauten Ortsteil ist mit Blick auf die Merkmale Maß der baulichen Nutzung, Bauweise und überbaubare Grundfläche allein maßgeblich, ob das in dem Tatbestandsmerkmal des Sich-Einfügens enthaltene Rücksichtnahmegebot verletzt ist.

386 Für die Frage, ob ein nach § 34 Abs. 1 BauGB zu beurteilenden Vorhaben rücksichtslos ist, ist grundsätzlich maßgeblich, ob sich das Vorhaben innerhalb des aus seiner Umgebung hervorgehenden Rahmens hält.

Denn ein Verstoß gegen das Rücksichtnahmegebot setzt einen Verstoß gegen das objektive Recht voraus (BVerwG, U.v. 5.12.2013 – 4 C 5/12 –, BVerwGE 148, 290 = juris). Ein Vorhaben, das den Umgebungsrahmen wahrt, fügt sich in aller Regel in seine Umgebung ein und verletzt keine Rechte des Nachbarn (BVerwG, U. v. 26.5.1978 – IV C 9/77 –, BVerwGE 55, 369 = juris, und U. v. 15.12.1994 – 4 C 19/93 –, NVwZ 1995, 897 = juris).

Allerdings kann nach der Rechtsprechung des Bundesverwaltungsgerichts das alleinige Abstellen auf den Umgebungsrahmen dazu führen, dass den konkreten Verhältnissen in der unmittelbaren Nachbarschaft des Vorhabens nicht hinreichend Rechnung getragen wird. Unter Umständen kann der aus der vorhandenen Bebauung zu gewinnende Maßstab grob und ungenau sein (BVerwG, U. v. 23.3.1994 – 4 C 18/92 –, BVerwGE 95, 277 = juris). In diesem Fall kann ein Vorhaben den Rahmen seiner Umgebung wahren, sich aber gleichwohl nicht einfügen, weil es die gebotene Rücksicht auf die in seiner Nähe vorhandene Bebauung vermissen lässt (BVerwG, U. v. 26.5.1978 – IV C 9/77 –, BVerwGE 55, 369 = juris). Das Gebot der Rücksichtnahme stellt insoweit auf die gegenseitige Verflechtung der baulichen Situation unmittelbar benachbarter Grundstücke ab und nimmt das nachbarliche Austauschverhältnis in den Blick (so BVerwG, U. v. 16.9.2010 – 4 C 7/10 –, NVwZ 2011, 436 = juris; U. v. 5.12.2013 – 4 C 5/12 –, BVerwGE 148, 290 = juris). Insbesondere wenn der Umgebungsrahmen weitmaschig ist, kommt ihm eine notwendige Korrekturfunktion zu. Umgekehrt wird, je einheitlicher der Umgebungsrahmen ist, desto seltener ein Rückgriff auf diesen Korrekturmaßstab erforderlich sein (s. dazu: OVG Bremen, U.v. 19.3.2016 – 1 B 19/15 –, BauR 2015, 1802 = juris). 387

Auch eine Aussage des Inhalts „Ein Vorhaben, das sich nicht einfügt, ist rechtwidrig und verletzt den Nachbarn in seinen Rechten“ ist nicht zwingend gerechtfertigt. Denn selbst wenn ein Vorhaben sich auf den ersten Blick nicht in den Umgebungsrahmen einfügt, ist denkbar, dass es dennoch den Anforderungen des § 34 Abs. 1 BauGB nicht widerspricht. Geboten ist ergänzend eine wertende Betrachtung, die in den Blick nimmt, ob das Vorhaben geeignet ist, *„bodenrechtlich beachtliche und erst noch ausgleichsbedürftige Spannungen zu begründen oder die vorhandenen Spannungen zu erhöhen"* (BVerwG, U.v. 26.5.1978 – IV C 9.77 – NJW 1978, 2564 = juris.). Erst wenn diese ergänzende Prüfung einen Verstoß gegen § 34 Abs. 1 BauGB belegt, ist das Vorhaben objektiv-rechtlich rechtswidrig und kommt eine Nachbarrechtsverletzung in Frage. 388

Das Bundesverwaltungsgericht hat in seiner genannten Entscheidung ausgeführt: 389

„Die Feststellung, dass sich alle Vorhaben, die den durch ihre Umgebung gesetzten „Rahmen" einhalten, in der Regel dieser Umgebung „einfügen", erschöpft die Möglichkeit des „Einfügens" nicht. Auch Vorhaben, die den aus ihrer Umgebung ableitbaren Rahmen überschreiten, können sich dennoch dieser Umgebung „einfügen". Bei der „Einfügung" geht es weniger um „Einheitlichkeit" als um „Harmonie". Daraus, dass ein Vorhaben in seiner Umgebung – überhaupt oder doch in dieser oder jener Beziehung – ohne ein Vorbild ist, folgt noch nicht, dass es ihm an der („harmonischen") Einfügung fehlt. Das Erfordernis des Einfügens schließt nicht schlechthin

aus, etwas zu verwirklichen, was es in der Umgebung bisher nicht gibt. So ist es z.B. – je nach den konkreten Umständen – denkbar, dass sich in einem bisher tatsächlich nur dem Wohnen dienenden Gebiet ein außerhalb dieses Rahmens liegendes Kurheim „einfügt"; es ist nicht ausgeschlossen, dass sich ein Bauwerk mit einer hinter der maßgebenden Umgebung zurückbleibenden Geschoßflächenzahl oder mit einem zusätzlichen halben Geschoß seiner Umgebung „einfügt"; es kann sein, dass etwa ein Jugendheim, das im Zusammenhang mit seiner besonderen Funktion einen größeren Freiplatz benötigt, hinter die in der Umgebung eingehaltene Bauflucht zurücktritt und sich dennoch der Umgebung „einfügt". Das Gebot des „Einfügens" soll nicht als starre Festlegung auf den gegebenen Rahmen allen individuellen Ideenreichtum blockieren; es zwingt nicht zur Uniformität. Das Erfordernis des "Einfügens" hindert nicht schlechthin daran, den vorgegebenen "Rahmen" zu überschreiten. Aber es hindert daran, dies in einer Weise zu tun, die – sei es schon selbst oder sei es infolge der Vorbildwirkung – „geeignet ist,... (bodenrechtlich beachtliche und erst noch ausgleichsbedürftige) Spannungen zu begründen oder die vorhandenen Spannungen zu erhöhen" (Urteil vom 3. Juni 1977 – BVerwG IV C 37.75 – BVerwGE 54, 73 (79)). Auf diese – wenn man es so gegenüberstellen will – mehr formelle „Verschlechterung", auf das Vorliegen einer „Störung" oder „Belastung" in dieser Hinsicht (...) kommt es an, wenn zu entscheiden ist, ob ein den vorgegebenen Rahmen überschreitendes Vorhaben dennoch zulässig ist. In dieser Ausrichtung steht das Erfordernis des Einfügens nicht nur in Beziehung zu den in § 1 Abs. 6 BBauG 1976 angeführten öffentlichen Belangen, sondern darin liegt zugleich seine Beziehung zur Bauleitplanung: Ein Vorhaben, das im Verhältnis zu seiner Umgebung bewältigungsbedürftige Spannungen begründet oder erhöht, das – in diesem Sinne – „verschlechtert", „stört", „belastet" bringt die ihm vorgegebene Situation gleichsam in Bewegung. Es stiftet eine „Unruhe", die potentiell ein Planungsbedürfnis nach sich zieht. Soll es zugelassen werden, kann dies sachgerecht nur unter Einsatz der – jene Unruhe gewissermaßen wieder auffangenden – Mittel der Bauleitplanung geschehen. Ein Vorhaben, das um seiner Wirkung willen selbst schon planungsbedürftig ist oder doch das Bedürfnis einer Bauleitplanung nach sich zieht, fügt sich seiner Umgebung nicht ein."

390 Wegen des Maßes der baulichen Nutzung können städtebauliche Spannungen nur auftreten, wenn das Vorhaben – unabhängig von seiner Nutzungsart – den vorhandenen Rahmen in unangemessener Weise überschreitet (VGH München, B.v. 4.7.2016 – 15 ZB 14.891 –, juris). Das ist etwa der Fall, wenn eine bauliche Massierung zu einer sowohl in der Höhe als auch in der Tiefe erheblichen Nachverdichtung der Bebauung führen würde (vgl. BVerwG, U. v. 15.12.1994 – 4 C 19.93 – juris; B.v. 21.6.2007 – 4 B 8.07 –, juris). Erforderlich ist eine mehr als geringfügige, d. h. eine abweichende, störende Überschreitung des vorhandenen Maßes der baulichen Nutzung und ein erhebliches, krasses Herausfallen aus der näheren Umgebung, das nicht auflösbare Probleme verursacht, die auf diese abgewälzt werden (VGH Kassel, B.v. 16.12.1991 – 4 TH 1814/91 –, BRS 52 Nr. 2 = juris).

391 **Beispiel für das Entstehen bewältigungsbedürftiger Spannungen durch eine rückwärtige Bebauung (sog. Hinterlandbebauung), die sich hinsichtlich der überbaubaren Grundstücksfläche nicht in die nähere Umgebung einfügt (aus: VGH München, B.v. 3.3.2016 – 15 ZB 14.1542 –, juris):** Auf den rückwärtigen Gartenflächen der Grundstücke befinden sich jenseits der fakti-

schen Baugrenze ausschließlich Nebengebäude und Garagen, jedoch keine Wohngebäude oder dem Wohnbauvorhaben des Klägers vergleichbare Anbauten an das Wohngebäude. Angesichts dieser Bebauungsstruktur hätte die Zulassung einer solchen Hauptnutzung im rückwärtigen Teil des Grundstücks des Klägers eine Vorbildwirkung für ähnliche Bauwünsche auf den benachbarten Grundstücken und damit eine erheblichen Verdichtung der bisher in „zweiter Reihe" aufgelockerten Bebauung zur Folge. Besondere Grundstücksverhältnisse oder sonstige Umstände, die dies ausschließen würden, sind nicht ersichtlich.

Auch hinsichtlich der Merkmale Maß der baulichen Nutzung, Bauweise, überbaubare Grundfläche greift, wie bei der Art der baulichen Nutzung, ein Rechtsschutz wegen einer fehlerhaften Befreiung nur selten durch. Insofern muss ein Individualrechtsschutz aus dem Rücksichtnahmegebot abgeleitet werden. 392

d) Gesunde Wohn- und Arbeitsverhältnisse

Das in § 34 Abs. 1 Satz 2 BauGB enthaltene Gebot, dass gesunde Wohn- und Arbeitsverhältnisse gewahrt bleiben müssen, hat im öffentlichen Baunachbarrecht in doppelter Hinsicht Bedeutung: Zum einen dürfen Nutzungen, die geeignet sind, ungesunde Wohn- und Arbeitsverhältnisse herbeizuführen, nicht zu nahe an eine vorhandene Wohnbebauung oder sonst schutzwürdige Bebauung – wie etwa eine Kindertagesstätte – heranrücken. Zum anderen darf sich eine solche schutzwürdige Nutzung nicht zu sehr einer sie störenden Nutzung nähern. 393

Diese Grundsätze haben auch Bedeutung für die Genehmigung von Betriebsbereichen im Sinne von § 1 Abs. 1 der 12. BImSchV (Störfall-Verordnung). Für die Beurteilung, ob im konkreten Einzelfall das Rücksichtnahmegebot zulasten des Betreibers der Störfallanlage verletzt ist, können insbesondere die Kriterien herangezogen werden, die der Europäische Gerichtshof in seinem Urteil vom 15.12.2011 (C-53/10, juris) zur Ausfüllung des Wertungsspielraums bei der Anwendung des Abstanderfordernisses nach Art. 12 Abs. 1 der Seveso II – Richtlinie 96/82/EG genannt hat. 394

Zu berücksichtigen sind insbesondere (vgl. OVG Münster, B.v. 21.2.2012 – 2 B 15/12 –, nrwe) 395

- die Art der jeweiligen gefährlichen Stoffe,
- die Wahrscheinlichkeit eines schweren Unfalls sowie die Folgen eines etwaigen Unfalls für die menschliche Gesundheit und die Umwelt,
- die Art der Tätigkeit der neuen Ansiedlung oder die Intensität ihrer öffentlichen Nutzung und die Leichtigkeit, mit der Notfallkräfte bei einem Unfall eingreifen können.

Die heranrückende Bebauung ist allerdings dann nicht rücksichtslos gegenüber dem vorhandenen Betrieb, wenn bereits in einem wesentlich geringeren Abstand schutzbedürftige Wohnbebauung vorhanden ist; denn dann ist die heranrückende Nutzung nicht ursächlich für die Befürchtungen (OVG Münster, B.v. 21.2.2012 – 2 B 15/12 –, nrwe). 396

e) Erschlossensein

Wie bereits zu dem Tatbestandsmerkmal des Erschlossenseins zu Vorhaben im Geltungsbereich eines Bebauungsplans (§ 30 Abs. 1 BauGB) ausgeführt wurde (Rn. 357), kann der Nachbar auch im unbeplanten Innenbereich grundsätzlich aus dem Gebot 397 hinreichenden Erschlossenseins für sich keine Rechte herleiten. Eine Ausnahme gilt für die situationsbedingte Pflicht zur Einräumung eines Notwegerechts nach § 917 BGB (vgl. dazu ab Rn. 729).

5. Nachbarschutz im Außenbereich

398 Der Außenbereich (§ 35 BauGB) ist – nach der städtebaulichen Leitvorstellung des Gesetzgebers für die Beurteilung der Zulässigkeit eines Vorhabens im Außenbereich – von dem Grundsatz geprägt, den Außenbereich von baulichen Anlagen freizuhalten, soweit diese nicht ihrem Wesen nach in den Außenbereich gehören (Mitschang/Reidt in: Battis/Krautzberger/Löhr, BauGB, § 35 Rn. 1).

399 Eine nach Maßgabe des Bauplanungsrechts dennoch im Außenbereich zulässige und/ oder vorhandene Nutzung ist trotz dieser Tendenz wehrfähig. Allerdings ist der Schutzanspruch nicht derselbe, wie ihn eine Nutzung im Innenbereich in Anspruch nehmen kann. Das gilt insbesondere mit Blick auf Lärmimmissionen und Geruchsimmissionen. Ursache für beides können Anlagen sein, die dem Baurecht (z.B. ein landwirtschaftlicher Betrieb) oder dem Immissionsschutzrecht (z.B. eine Windkraftanlage) unterfallen.

400 Auch hinsichtlich des Rücksichtnahmegebotes gelten besondere Maßstäbe. Hingegen gilt das Bauordnungsrecht, z.B. mit seinen Regeln zur Abstandsfläche, zum Brandschutz und sonstigen Anforderungen im Interesse von Nachbargrundstücken, ohne jegliche Einschränkung auch im Außenbereich. Darüber hinaus muss, was im Außenbereich in der Regel einer besonderen Aufmerksamkeit bedarf, der betroffene Nachbar eine schutzwürdige Rechtsposition innehaben, auf deren Grundlage er gerade auch diese Störung abwehren kann.

a) Verstoß gegen eine nachbarschützende Bestimmung

401 Im Außenbereich besteht ein Abwehrrecht gegen ein Bauvorhaben – wie auch sonst – nur, wenn zum einen gegen eine Rechtsnorm verstoßen wird, zum anderen diese Norm (zumindest auch) den Zweck hat, subjektive Rechte des Nachbarn zu begründen und zu schützen. Infolge dessen ist ein lediglich objektiv-rechtlicher Rechtsverstoß eines benachbarten Vorhabens im Außenbereich nachbarrechtlich unbeachtlich.

402 Denn: *„Eine schutzwürdige Abwehr-Position, die bei der Abwägung der beiderseitigen Interessen ausschlaggebend sein könnte, erlangt der Nachbar nicht allein dadurch, dass die auf seinem Grundstück verwirklichte Nutzung baurechtlich zulässig, das auf dem anderen Grundstück genehmigte Vorhaben dagegen wegen einer Beeinträchtigung öffentlicher Belange, die nicht dem Schutz privater Dritter zu dienen bestimmt sind, nach § 35 Abs. 2 BauGB unzulässig ist. (...) Deshalb hat z.B. das (...) öffentliche Interesse, die Entstehung einer Splittersiedlung zu vermeiden, außer Betracht zu bleiben; denn es handelt sich um einen der öffentlichen Belange, deren Schutz sich nicht dadurch sicherstellen lässt, dass ein nachbarlicher Interessenausgleich herbeigeführt wird.“* (BVerwG, U.v. 28.10.1993 – 4 C 5/93 –, NVwZ 1994, 686 = juris)

403 Der Außenbereich ist kein Baugebiet, und deshalb gelten für ihn die Grundsätze, wie sie für den beplanten und den unbeplanten Innenbereich entwickelt worden sind,

nicht (BVerwG, B.v. 3.4.1995 – 4 B 47/95 –, BRS 57 Nr. 224 = juris, und B.v. 28.7.1999 – 4 B 38/99 –, NVwZ 2000, 552 f. = juris; VGH München, B.v. 29.11.2010 – 9 CS 10.2197 –, BayVBl 2011, 698 = juris). Insbesondere kann es dort keinen Gebietserhaltungsanspruch geben (s. dazu auch OVG Saarlouis, B.v. 4.7.2016 – 4 A 161/16 –, juris).

Selbst wenn eine Splittersiedlung entstanden ist (die noch keinen im Zusammenhang bebauten Ortsteil bildet), vermag diese keine „Schicksalsgemeinschaft" ihrer Bewohner im Sinne der Rechtsprechung des Bundesverwaltungsgerichts mit Blick auf die Art der baulichen Nutzung (s.o. Rn. 159) zu begründen. (Der Begriff der Schicksalsgemeinschaft wird allerdings – mit einer anderen Bedeutung – verwandt, um die erhöhten Duldungspflichten von Landwirten und ehemaligen Landwirten untereinander zu beschreiben, s. Rn. 422.) Auch ein Anspruch eines privilegiert im Außenbereich angesiedelten Vorhabens auf Beibehaltung der Außenbereichsqualität besteht nicht. 404

Der Nachbarschutz im Außenbereich wird aus dem Rücksichtnahmegebot (allgemein aus § 35 Abs. 3 BauGB und mit Blick auf das Gebot, schädliche Umwelteinwirkungen zu vermeiden, aus § 35 Abs. 3 Satz 1 Nr. 3 BauGB[42]) hergeleitet. Zwar wird das Gebot, auf schutzwürdige Individualinteressen Rücksicht zu nehmen, in § 35 Abs. 3 BauGB nicht ausdrücklich aufgeführt. Das Bundesverwaltungsgericht hat jedoch schon früh entschieden, dass das Gebot einen öffentlichen Belang darstellt, das im Beispielskatalog des § 35 Abs. 3 BauGB insofern Niederschlag gefunden, als es sich bei dem Erfordernis, schädliche Umwelteinwirkungen zu vermeiden, um nichts anderes handelt als eine besondere gesetzliche Ausformung dieses Gebots, wenn auch eingeschränkt auf Immissionskonflikte (BVerwG, U.v. 6.12.1967 – 4 C 94.66 –, BVerwGE 28, 268 U.v. 3.3.1972 – 4 C 4.69 –, BRS 25 Nr. 29 = juris; vgl. auch U.v. 28.10.1993 – 4 C 5/93 –, NVwZ 1994, 686 = juris; B.v. 28.7.1999 – 4 B 38/99 –, NVwZ 2000, 552 = juris; B.v. 5.9.2000 – 4 B 56/00 –, NVwZ-RR 2001, 82 = juris). 405

Das Rücksichtnahmegebot wird zulasten des Nachbarn verletzt, wenn durch das geplante Vorhaben die Nutzung des Nachbargrundstücks unzumutbar beeinträchtigt wird, also unter Berücksichtigung der Schutzwürdigkeit der Betroffenen, der Intensität der Beeinträchtigung und der wechselseitigen Interessen das Maß dessen überschritten wird, was der Nachbar billigerweise hinnehmen muss (vgl. BVerwG, B.v. 10.1.2013 – 4 B 48/12 –, BRS 81 Nr. 182 = juris). 406

Hierbei müssen im Außenbereich ansässige Betriebe auch auf etwaige benachbarte Wohnbebauung Rücksicht nehmen. *„Welche Anforderungen das Gebot der Rück-* 407

42 **§ 35 BauGB [Bauen im Außenbereich]**
(1) Im Außenbereich ist ein Vorhaben nur zulässig, wenn öffentliche Belange nicht entgegenstehen, die ausreichende Erschließung gesichert ist und wenn es .... (Es folgt eine abschließende Aufzählung der privilegiert zulässigen Vorhaben.)
(2) Sonstige Vorhaben können im Einzelfall zugelassen werden, wenn ihre Ausführung oder Benutzung öffentliche Belange nicht beeinträchtigt und die Erschließung gesichert ist.
(3) Eine Beeinträchtigung öffentlicher Belange liegt insbesondere vor, wenn das Vorhaben
(...)
3. schädliche Umwelteinwirkungen hervorrufen kann oder ihnen ausgesetzt wird,
(....).

sichtnahme (objektivrechtlich) stellt, hängt wesentlich von den jeweiligen Umständen ab. Dabei dürfen bestehende Vorbelastungen nicht außer Betracht bleiben. Was von einem genehmigten Betrieb – legal – an Belastungen verursacht wird und sich auf eine vorhandene Wohnbebauung auswirkt, kann deren Schutzwürdigkeit mindern. Daraus folgt, dass – sofern nicht die vorhandenen Immissionen bereits die Grenze des schweren und unerträglichen Eingriffs überschreiten und auch die Voraussetzungen des § 22 Bundes-Immissionsschutzgesetz nicht vorliegen – bei der Erweiterung eines legalen Betriebes nur zu prüfen ist, ob eine Verschlechterung der Immissionslage zu erwarten ist (BVerwG, Urteil vom 22. Juni 1990 – 4 C 6.87 – Buchholz 406.11 § 35 BauGB Nr. 261 = juris Rn. 29 m.w.N.)." (BVerwG, B.v. 7.4.2016 – 4 B 37/15 u.a. –, juris).

408 Dabei gilt das Rücksichtnahmegebot nicht nur für Außenbereichsvorhaben untereinander, sondern wirkt über Gebietsgrenzen hinweg und kommt auch Eigentümern zugute, deren Grundstücke im Geltungsbereich eines Bebauungsplans im Sinne des § 30 BauGB oder im unbeplanten Innenbereich im Sinne des § 34 BauGB liegen (vgl. BVerwG, U.v. 21.1.1983 – 4 C 59.79 –, juris, und B.v. 25.11. 1985 – 4 B 202.85 –, NVwZ 1986, 469 = juris).

409 Soweit das Rücksichtnahmegebot schädliche Umwelteinwirkungen als Maßstab für ein Abwehrrecht anlegt – insoweit gilt die Begriffsbestimmung in § 3 Abs. 1 BImSchG (BVerwG, B.v. 2.8.2005 – 4 B 41/05 –, BRS 69 Nr. 102 = juris; U.v. 23.9.1999 – 4 C 6.98 – BVerwGE 109, 314 = juris) –, haben § 22 Abs. 1 BImSchG und die in dem Kapitel „Abwehrrechte gegen schädliche Umwelteinwirkungen" (ab Rn. 501) dargestellten Grundsätze besondere Bedeutung:

410 Die Regelungen der TA Lärm als normkonkretisierende Verwaltungsvorschriften finden auch im Außenbereich Anwendung. Für landwirtschaftliche Nutzung gilt die TA Lärm allerdings nicht: Wegen der besonderen Privilegierung der Landwirtschaft sind nicht genehmigungsbedürftige landwirtschaftliche Anlagen nach Nr. 1 Abs. 2 Buchst. c TA Lärm ausdrücklich von ihrem Anwendungsbereich ausgenommen (s. Rn. 519, vgl. dazu VGH München, B.v. 4.3.2015 – 22 CS 15.33 u.a. –, juris; B.v. 10.2.2016 – 22 ZB 15.2329 –, juris).

411 Bei der Anwendung der TA Lärm ist maßgeblich, ob die (prognostizierten) Werte unterhalb der nach Nr. 6.1 c) TA Lärm für Mischgebiete geltenden Immissionsrichtwerte für den Beurteilungspegel für Immissionsorte außerhalb von Gebäuden am Tage von 60 dB(A) und in der Nachtzeit von 45 dB(A) liegen. Denn aufgrund der Außenbereichslage genießt die dortige Wohnnutzung nicht den Schutz der Wohnbebauung in ausgewiesenen Baugebieten nach §§ 3 und 4 BauNVO. Angesichts des Umstandes, dass die Eigentümer von Wohngebäuden im Außenbereich stets damit rechnen müssen, dass sich in ihrer unmittelbaren Nachbarschaft privilegierte Nutzungen ansiedeln, die z.B. in einem reinen oder allgemeinen Wohngebiet nicht zulässig wären, können für eine Wohnnutzung im Außenbereich allenfalls die Schutzmaßstäbe in Anspruch genommen werden, die auch für andere gemischt nutzbare Bereiche einschlägig sind (vgl. nur OVG Schleswig, U.v. 31.7.2016. – 1 MB 14/15 –, juris).

Die Geruchsimmissionsrichtlinie (GIRL, s. dazu eingehend ab Rn. 591) führt Immissionswerte für verschiedene Baugebiete auf, aber keine für den Außenbereich, der kein Baugebiet ist. Allerdings besagt Nr. 3.1 Abs. 2 der GIRL, dass sonstige Gebiete, in denen sich Personen nicht nur vorübergehend aufhalten, entsprechend den Grundsätzen des Planungsrechts den einzelnen Spalten der Tabelle 1 zuzuordnen sind. In der Begründung und den Auslegungshinweisen zu Nr. 3.1 der GIRL, 4. Aufzählungspunkt, wird erläuternd ausgeführt, dass das Wohnen im Außenbereich mit einem immissionsschutzrechtlich geringeren Schutzanspruch verbunden sei. Vor diesem Hintergrund sei es möglich, unter Prüfung der speziellen Randbedingungen des Einzelfalls bei der Geruchsbeurteilung im Außenbereich einen Wert von bis zu 0,25 (25 % Jahresgeruchsstunden) für landwirtschaftliche Gerüche heranzuziehen. Erforderlich ist aber stets eine Prüfung und Darlegung der maßgeblichen Zumutbarkeitsaspekte des konkreten Einzelfalls und eine wertende Gewichtung aller speziellen Randbedingungen des Einzelfalls (dazu sogleich). Solche Beschwerden stehen in der Praxis und in dieser Darstellung im Vordergrund. 412

b) Die Position des Nachbarn

Der öffentlich-rechtliche Baunachbarschutz setzt auch im Außenbereich eine schutzwürdige Position des Nachbarn gegenüber dem Vorhaben voraus; *„denn Rücksicht zu nehmen ist nur auf solche Interessen des Nachbarn, die wehrfähig sind, weil sie nach der gesetzgeberischen Wertung, die im materiellen Recht ihren Niederschlag gefunden hat, schützenswert sind. Werden in diesem Sinn schutzwürdige Interessen des Nachbarn nicht beeinträchtigt, greift das Rücksichtnahmegebot nicht; dabei kommt es nicht darauf an, ob die vom Nachbarn angefochtene Baugenehmigung – objektivrechtlich – rechtswidrig ist. Dem § 35 BauGB kommt nach der Rechtsprechung des Senats also gerade nicht die Funktion einer allgemein nachbarschützenden Norm zu (vgl. insbesondere Urteil vom 28. Oktober 1993 – BVerwG 4 C 5.93 – Buchholz 406.19 Nachbarschutz Nr. 120 = NVwZ 1994, 686 = DVBl 1994, 697).“* (BVerwG, B.v. 3.4.1995 – 4 B 47/95 –, BRS 57 Nr. 224 = juris; vgl. auch OVG Saarlouis, U.v. 10.11.1992 – 2 R 41/91 –, juris, bestätigt durch BVerwG, U.v. 28.10.1993 – 4 C 5.93 –, NVwZ 1994, 686 = juris). 413

Ist die Position des Nachbarn nach den nachstehenden Grundsätzen nicht schutzwürdig, ist sie nicht wehrfähig; ihre Beeinträchtigung kann nicht mit Erfolg geltend gemacht werden. 414

Eine formell und materiell illegale, der („freien“, s. ab Rn. 183) Wohnnutzung dienende bauliche Anlage ist baurechtlich nicht schutzwürdig und kann weder Geruchsimmissionen noch Lärmimmissionen noch sonstige von baulichen Anlagen ausgehende Störungen abwehren (vgl. zu einem solchen Fall: VG Köln, B.v. 15.12.2015 – 23 L 2516/15 –, juris). Das gilt nicht nur für Eigentumsbeeinträchtigungen, sondern auch für vermeintliche Gesundheitsbeeinträchtigungen. Dem Nachbar ist zuzumuten, sich solchen Störungen dadurch entziehen, dass er sich selbst rechtmäßig verhält, indem er die eigene Nutzung beendet. 415

Soweit in diesem Zusammenhang angeblicher „Bestandsschutz“ oder das „rechtmäßige Bestehen“ als wehrhafte Rechtspositionen geltend gemacht wird, bedarf es ge- 416 nauer Feststellungen darüber, ob diese Rechtsposition wirklich entstanden und nicht untergegangen ist. Hierzu wird auf die Ausführungen ab Rn. 795 und 815 verwiesen.

417 Eine klassische, freie Wohnnutzung ist nach der planungsrechtlichen Grundkonzeption des Gesetzgebers im Außenbereich nicht vorgesehen. Ist sie dennoch im Einklang mit dem geltenden Recht dort vorhanden, kann sie zwar Nachbarschutz beanspruchen, aber – wie auch sonst – nur insoweit, als ein Rechtsverstoß zu einer Verletzung der Rechte des dinglich Berechtigten führt.

418 Soweit nach diesen Grundsätzen dem Grunde nach ein Abwehrrecht bestehen kann, ist des Weiteren zu berücksichtigen, dass ein herabgesetzter Schutzmaßstab gilt (vgl. etwa VGH München, U.v. 10.5.2016 – 2 B 16.231 –, juris). Nach der Rechtsprechung des OVG Münster (U.v. 1.6.2015 – 8 A 1760/13 –, nrwe) ist in Bezug auf Geruchsimmissionen (zur GIRL s. ab Rn. 591) hinsichtlich der Frage, ob der Immissionswert von 0,15 im Außenbereich bis zu einem Wert von 0,25 überschritten werden kann, zunächst die Ortsüblichkeit im Sinne einer Vorprägung der maßgeblichen Umgebung zu berücksichtigen. Weist die Umgebung, in der die zu errichtende Anlage sowie der Immissionsort liegen, eine Prägung durch landwirtschaftliche Nutzungen – zum Beispiel durch das Vorhandensein mehrerer Betriebe auf engem Raum – auf, muss ein dort Wohnender Gerüche aus der Tierzucht in höherem Umfang hinnehmen.

419 Die historische Entwicklung ist zu betrachten und dabei zu berücksichtigen, dass sich landwirtschaftliche Prägungen über einen langen Zeitraum entwickeln und sich in der Folge auch nur allmählich verändern oder abschwächen. Der Schutzanspruch steigt danach (von einem niedrigen Niveau an) von Wohnnutzungen in einem „reinen" Außenbereich über Wohnbebauungen wie in Weilern, Straßendörfer und Streusiedlungen bis hin Wohnnutzungen in (faktischen oder beplanten) Baugebieten ohne die typische im Außenbereich vorzufindende Wechselbeziehung.

420 Mietern auf Hofstellen, die in diesem Sinne mit einer „Geruchshypothek" belastet seien, so das OVG Münster (U.v. 1.6.2015 – 8 A 1760/13 –, nrwe), dürfe keine stärkere Rechtsposition zukommen als dem tierhaltenden Eigentümer und Vermieter. Nicht nur der jetzige Zustand sei in die Wertung einzubeziehen, sondern auch die Nutzung in der Vergangenheit. Einem Gebäude, das auch in der Vergangenheit stets nur zu Wohnzwecken ohne besondere Zweckbestimmung gedient habe, könne ein höherer Schutzanspruch zukommen als solchen Wohnhäusern, die zwar heute nur noch Wohnzwecken dienen, aber ursprünglich Teil einer landwirtschaftlichen Hofstelle mit Tierhaltung gewesen seien, auch wenn diese aufgegeben worden sei.

421 Darüber, in welchem Umfang und wie lange ein geringerer Schutzanspruch nachwirkt, sind eindeutige Festlegungen nicht möglich. Die Rechtsprechung ist darüber einig, dass, solange die Umgebung weiterhin von landwirtschaftlicher Nutzung geprägt ist und insoweit die Wechselbezüglichkeit grundsätzlich fortbesteht, auch ein höheres Maß an Geruchsimmissionen hinzunehmen sein kann.

422 Das OVG Lüneburg (U.v. 26.11.2014 – 1 LB 164/13 –, BRS 82 Nr. 103 = juris) hat die Auffassung vertreten, die Schwelle könne unter Umständen sogar bis hin zu 50 % steigen und möglicherweise auch darüber hinaus. Wenn auf einem Grundstück im

Außenbereich die Landwirtschaft aufgegeben worden sei und ein Übergang vom privilegierten zum allgemeinen Wohnen erfolgt sei, sei der Bauherr zwar aus der Schicksalsgemeinschaft der Landwirte ausgeschieden. Das vormalig landwirtschaftlich genutzte Grundstück im Außenbereich sei aber weiterhin mit einer nachwirkenden Pflicht zur besonderen Rücksichtnahme auf benachbarte landwirtschaftliche Betriebe belastet.

Für diese nachwirkende Pflicht bestehe keine feste zeitliche Grenze. Ihr zeitlicher Umfang hänge von der weiteren Entwicklung der näheren Umgebung ab und könne viele Jahrzehnte andauern. Solange die nähere Umgebung weiterhin von landwirtschaftlicher Nutzung geprägt werde und die Schicksalsgemeinschaft der Landwirte oder auch nur ein die Umgebung aufgrund seiner Größe und/oder Emissionen in besonderer Weise prägender Betrieb fortbestehe, bleibe auch die besondere Rücksichtnahmepflicht bestehen. In einem solchen Fall stelle sich die aus der Landwirtschaft hervorgegangene Wohnnutzung weiterhin als Fremdkörper mit entsprechend geringerem Schutzanspruch dar (s. dazu auch VG Osnabrück, U.v. 28.4.2016 – 2 A 89/14 –, juris, m.w.N.). 423

c) Der Schutz des im Außenbereich Emittierenden

Der im Außenbereich aufgrund einer Genehmigung ansässige Betrieb, der durch seine Emissionen[43] schädliche Umwelteinwirkungen hervorruft, hat eine schutzbedürftige und schutzwürdige Stellung inne. Denn der Rücksicht bedarf nicht nur, wer von Immissionen wie Lärm oder Geruch betroffen wird. Auch demjenigen, der in zulässiger Weise Emissionen verbreitet, muss dafür Raum zur Verfügung gestellt werden, indem seine Anlage in ihrem Bestand und Betrieb vor Überforderungen durch störungsempfindliche Nachbarn geschützt ist (sog. Schutz gegen heranrückende Wohnbebauung). 424

aa) Der Schutz des Bestandes

Das Bundesverwaltungsgericht hat bereits mit Urteil vom 21.10.1968 (IV C 13.68, BBauBl 1970, 25 = juris) betont, § 35 Abs. 1 BBauG (heute: BauGB) sei seiner Struktur und Funktion nach dem § 30 BBauG vergleichbar. Die Bestimmung habe dem Bürger dem rechtlichen Rang nach keine geringeren Rechte eingeräumt als dem Bauwilligen, der ein Grundstück in einem beplanten Gebiet nutzen wolle. Allerdings fehle es im Falle des § 35 Abs. 1 BBauG an einer Einheitlichkeit des „Plangebiets", wie sie beim Gebiet eines „konkreten" Plans regelmäßig vorliege. Die vom „Plan" des § 35 Abs. 1 BBauG ausgehende Begünstigung könne daher – anders als im Fall des „konkreten" Bebauungsplans – nicht in der Festlegung eines bestimmten Gebiets- und Nutzungscharakters liegen, auf dessen Erhaltung die im Plangebiet des § 30 BBauG rechtlich Verbundenen einen Anspruch hätten. Die durch § 35 Abs. 1 BBauG vermittelte Begünstigung liege gerade in der Privilegierung, so dass sich der Anspruch des Begünstigten nur auf ungehinderte Ausnutzung des privilegierten Bestandes richten könne. Daraus folge, dass sich der Privilegierte nur auf diejenigen öffentlichen Belange berufen könne, deren Nichtbeachtung in Verbindung mit der daraus folgenden 425

43 **§ 3 BImSchG [Begriffsbestimmungen]**
(3) Emissionen im Sinne dieses Gesetzes sind die von einer Anlage ausgehenden Luftverunreinigungen, Geräusche, Erschütterungen, Licht, Wärme, Strahlen und ähnliche Erscheinungen.

Zulassung eines neuen Vorhabens die weitere Ausnutzung seiner Privilegierung und insbesondere seines privilegierten Baubestandes (faktisch) in Frage stellen oder gewichtig beeinträchtigen würden.

426 Ob das neue Vorhaben dabei seinerseits privilegiert oder nicht privilegiert sei, spiele in diesem Zusammenhang keine Rolle; entscheidend sei nur der Störungseffekt für den bereits vorhandenen privilegierten Bestand, also die Frage, ob der privilegierte Bestand und das beabsichtigte Vorhaben unvereinbar seien. Störe das geplante Vorhaben nicht in dem Sinne, dass es die weitere Ausnutzung der Privilegierung nicht in Frage stellen oder gewichtig beeinträchtigen würde, dann könne auch der Privilegierte nicht das nicht privilegierte Vorhaben unter Berufung auf angeblich beeinträchtigte öffentliche Belange abwehren. Störe das Vorhaben hingegen, könne sich der Privilegierte auf die entgegenstehenden öffentlichen Belange selbst gegenüber dem privilegierten Vorhaben berufen.

427 Der Schutzanspruch vor heranrückender Wohnbebauung ist nicht beschränkt auf im Außenbereich angesiedelte neue Wohnbebauung. Er gilt auch (und erst recht) mit Blick auf Wohnbebauung, die durch einen Bebauungsplan erlaubt werden soll (§ 30 BauGB), und solche, die nach § 34 BauGB genehmigt wird. *„Der im Außenbereich privilegiert Ansässige kann (...) die Bebauung eines benachbarten Innenbereichsgrundstücks zwar nicht generell verhindern; er kann aber auch bei der Bebauung benachbarter Innenbereichsgrundstücke erwarten, dass auf seine unmittelbar benachbarte Außenbereichsbebauung – zumal, wenn diese wegen der Art der Nutzung vom Gesetzgeber privilegiert in den Außenbereich verwiesen ist – Rücksicht genommen wird; und in den bezeichneten besonderen Fällen dieser Art kann sich dieses an sich objektivrechtliche Rücksichtsgebot auch nachbarschützend auswirken und ihm einen Abwehranspruch vermitteln.“* (BVerwG, U.v. 10.12.1982 – 4 C 28/81 –, NJW 1983, 2460 = juris)

bb) Der Schutz bei Erweiterungsabsicht

428 Mit den vorstehend dargelegten Grundsätzen steht aber lediglich fest, dass dem im Außenbereich privilegiert ansässigen, emittierenden (z.B. landwirtschaftlichen) Betrieb auf der Grundlage des in § 35 Abs. 3 Satz 1 Nr. 3 BauGB enthaltenen drittschützenden Rücksichtnahmegebotes ein Abwehranspruch gegen ein im Außenbereich oder sogar im Innenbereich geplantes Vorhaben unter dem Gesichtspunkt zusteht, dass das Vorhaben schädlichen Umwelteinwirkungen ausgesetzt sein wird. Werden die einschlägigen Immissionswerte mit Blick auf die heranrückende Wohnnutzung derzeit (noch) eingehalten, kommt aber eine Erweiterung des Betriebes in Betracht, die zu dann nicht mehr zumutbaren Werten führen wird, ist zu fragen, ob ein Recht des Betreibers besteht, deswegen die heranrückende Wohnbebauung abzuwehren.

429 Das Bundesverwaltungsgericht hat mit Beschluss vom 5.9.2000 (4 B 56/00, NVwZ-RR 2001, 82 = juris) die bis dahin umstrittene Frage eingeschränkt bejaht. Aus dem Umstand, dass nach § 35 Abs. 1 BauGB privilegierte bauliche Nutzungen generell dem Außenbereich zugewiesen seien, folge nicht, dass ein entsprechender Nutzungswunsch eines Landwirts allein schon die Qualität eines Rechts besitze und deshalb

eine mit ihm unvereinbare andere bauliche Nutzung ausschließe. Unter die Privilegierung des § 35 Abs. 1 BauGB falle nicht jedes beliebige Erweiterungsinteresse.

Einschränkungen ergäben sich daraus, dass das Vorhaben den Anforderungen genügen müsse, die sich aus dem Tatbestandsmerkmal des „Dienens" und aus dem Gebot ergäben, nach Möglichkeit Nutzungskonflikte zu vermeiden. Auch bei der Bauleitplanung sei zwar das Bedürfnis nach einer künftigen Betriebsausweitung im Rahmen einer normalen Betriebsentwicklung abwägungsbeachtlich, nicht jedoch eine unklare oder unverbindliche Absichtserklärung (BVerwG, U.v. 16.4.1971 – 4 C 66.67 –, DVBl. 1971, 746 = juris). Erst recht brauche bei der Zulassung eines Vorhabens im Außenbereich nicht schon auf vage Erweiterungsinteressen eines Landwirts Rücksicht genommen zu werden. 430

Die Tatsache, dass Erweiterungsabsichten nicht hinreichend konkret sind, kann unter Umständen aus dem Verhalten des Landwirts abgeleitet werden, der z.B. erst Monate nach der von ihm angefochtenen Baugenehmigung für ein heranrückendes Wohnbauvorhaben eine Bauvoranfrage oder einen Bauantrag zur Errichtung oder Erweiterung vorhandener landwirtschaftlicher Anlagen gestellt hat. 431

Beispiel (nach: VG Augsburg, U.v. 12.11.2014 – Au 4 K 13.1369 –, juris): Mit Bescheid vom 8. August 2013 genehmigte das Landratsamt den Neubau eines Einfamilienwohnhauses mit drei Garagen im Außenbereich. Mit Antrag vom 16. Januar 2014 begehrte ein benachbarter Landwirt, der sich mit seiner Klage gegen das Wohnbauvorhaben wehrt, die Genehmigung der Errichtung eines Hähnchenmaststalls. Nach seinem Plan soll der bisherige Rinderstall umgenutzt und ein weiterer Masthähnchenstall neu gebaut werden. Aus einer Stellungnahme des Amtes für Ernährung, Landwirtschaft und Forsten ergibt sich, dass zwar seit 2009 mehrere Beratungsgespräche über die Geflügelhaltung stattgefunden haben sollen. Allerdings sei bei den ersten Gesprächen die Legehennenhaltung oder Junghennenaufzucht im bestehenden Rindviehstall angedacht gewesen. Erst seit Mitte 2012 sei auch über die Geflügelmast gesprochen worden. Aus dieser Bestätigung folgerte das Gericht, dass die Erweiterungspläne des Klägers noch zum Zeitpunkt der Baugenehmigung nur vage gewesen sind. Der Kläger habe noch im Jahr 2013 keinerlei konkrete Vorstellungen von der Erweiterung seines Betriebes gehabt. Für eine konkrete Betriebserweiterung unabdingbar hätte zumindest dargelegt werden müssen, welche Tierart mit welcher Stückzahl zukünftig auf dem klägerischen Hof gehalten werden solle. Das Landratsamt musste zum Zeitpunkt der Genehmigungserteilung nicht mit konkreten Erweiterungsabsichten des Klägers rechnen und diese in seine Überlegungen mit einbeziehen. (S. auch OVG Münster, U.v. 1.3.2016 – 2 A 2106/15 –, nrwe: Bauvoranfrage drei Monate nach Erteilung der Baugenehmigung für die heranrückende Wohnbebauung) 432

Die Frage nach der Zulässigkeit der geplanten Erweiterung stellt sich allerdings nur, wenn bei der Erweiterung des legalen Betriebes eine Verschlechterung der Immissionslage zu erwarten ist; Veränderungen, die keine Auswirkungen auf die Immissionsbelastung der schon vorbelasteten Umgebung haben, sind nach der Rechtsprechung des Bundesverwaltungsgerichts unbeachtlich (BVerwG, U.v. 22.6.1990 – 4 C 6.87 –, NVwZ 1991, 64 = juris; s. auch BVerwG, B.v. 7.4.2016 – 4 B 37/15 u.a. –, BauR 2016, 1285 = juris). 433

Ist der Betriebsinhaber auch ohne weitere Maßnahmen bereits nach geltendem Recht verpflichtet, die Emissionen seines Betriebes zu begrenzen, weil sie schon jetzt nicht dem Stand der Technik entsprechen oder weil auf schon vorhandene nähere Nutzung Rücksicht genommen werden muss, ist die Genehmigung der neu heranrückenden Nutzung ihm gegenüber nicht rücksichtslos (vgl. hierzu im Einzelnen OVG Münster, 434

U.v. 15.12.2011 – 2 A 2645/08 –, nrwe, und B.v. 1.3.2016 – 2 A 2106/15 –, nrwe; OVG Lüneburg, U.v. 10.11.2009 – 1 LB 45/08 –, BRS 74 Nr. 185 = juris).

d) Erschlossensein im Außenbereich

435 Der Nachbar kann mit Blick auf eine fremde, nicht hinreichend erschlossene bauliche Anlage aus dem objektiv-rechtlichen Erfordernis des Erschlossenseins grundsätzlich für sich keine Rechte herleiten. Denn das Erfordernis dient auch im Außenbereich nur den öffentlichen Interessen und hat keine nachbarschützende Funktion (BVerwG, B.v. 28.7.2010 – 4 B 19/10 –, juris; OVG Münster, B.v. 15.11.2005 – 8 B 981/05 –, nrwe, und v. 8.2.2005 – 10 B 1876/04 –, nrwe, und U.v. 23.2.1983 – 11 A 1790/81 –, nrwe; VGH München, U.v. 22.1.2010 – 14 B 08.887 –, juris).

436 Im Außenbereich spielt die Frage des Erschlossenseins unter dem Gesichtspunkt des Nachbarrechts allerdings ausnahmsweise dann eine bedeutende Rolle, wenn in Ermangelung einer „herkömmlichen“ Erschließung die Frage der Erschließung über einen Notweg in Rede steht: Der Nachbar kann insoweit ein Abwehrrecht allenfalls dann haben, wenn eine anderweitige Erschließung fehlt, er ein Notwegerecht nach § 917 Abs. 1 BGB[44] dulden muss und die Baugenehmigung deshalb in sein durch Artikel 14 Abs. 1 GG geschütztes Eigentumsrecht eingreift (BVerwG, B.v. 11.5.1998 – 4 B 45.98 –, BRS 60 Nr. 182 = juris, U.v. 13.6.1969 – IV C 234.65 –, BVerwGE 32, 173 = juris, und U.v. 26.3.1976 – IV C 7.74 –, BVerwGE 50, 282 = juris, s. dazu ab Rn. 729).

437 Die Inanspruchnahme einer Fläche im Sinne eines Notwegs ist indes nur dann erforderlich, wenn ansonsten eine hinreichende Erschließung nicht gegeben ist. Gründe der Bequemlichkeit oder Zweckmäßigkeit können ein Notwegerecht nicht rechtfertigen. Von einer vorhandenen anderweitigen Verbindungsmöglichkeit muss der Grundstückseigentümer auch dann Gebrauch machen, wenn sie umständlicher, weniger bequem oder kostspieliger ist als ein Weg über das Nachbargrundstück (VG Münster, B.v 23.7.2015 – 10 L 766/15 –, n.v.).

438 In diesem Zusammenhang ist – gerade auch im Außenbereich – entscheidend, welche konkreten Anforderungen an die wegemäßige Erschließung in tatsächlicher Hinsicht zu stellen sind. Wenn lediglich eine minderwertige, den Bedürfnissen nicht gerecht werdende Erschließung gegeben ist, kann ein Anspruch auf ein Notwegerecht entstehen. Es kommt hierbei auf die Auswirkungen und Bedürfnisse des jeweiligen Bauvorhabens, insbesondere auf das zu erwartende Verkehrsaufkommen für die Nutzung des Bauvorhabens, an. So sind beispielsweise an die Sicherung der Erschließung eines im Außenbereich liegenden landwirtschaftlichen Betriebs herkömmlicherweise nur geringe Anforderungen zu stellen. Gleiches gilt auch für Windkraftanlagen, die nur gelegentlich, insbesondere zu Wartungszwecken, erreichbar sein müssen (VG Magdeburg, U.v. 30.10.2012 – 2 A 3/11 –, juris).

439 Unabhängig hiervon muss die Erreichbarkeit nicht nur tatsächlich möglich, sondern auch gesichert sein. In diesem Sinne gesichert ist die wegemäßige Erschließung nur dann, wenn damit zu rechnen ist, dass sie auf Dauer zur Verfügung stehen wird (vgl.

44 Gesetzestext unter Fn. 116.

BVerwG, U. v. 8.5.2002 – 9 C 5/01 –, NVwZ-RR 2002 = juris). Dies ist insbesondere dann anzunehmen, wenn die Zuwegung als öffentliche Straße gewidmet ist.

Unter Umständen kann von einer Widmung durch unvordenkliche Verjährung ausgegangen werden. Eine solche auf Gewohnheitsrecht beruhende Widmung setzt die Nutzung des Weges seit mindestens 80 Jahren durch die Öffentlichkeit voraus, sowie die Überzeugung von der Rechtmäßigkeit der Wegenutzung. Fehlt es an einer förmlichen Widmung durch Allgemeinverfügung, kann eine tatsächliche Freigabe des Weges für den öffentlichen Verkehr diese nicht ersetzen. Einzelheiten hierzu folgen aus dem Straßen- und Wegerecht der jeweiligen Bundesländer. Auch ein sog. Interessentenweg kann die anderweitige, ausreichende Erschließung gewährleisten (VG Münster, B.v. 23.7.2015 – 10 L 766/15 –, n.v.). 440

6. Das allgemeine Rücksichtnahmegebot

Der Begriff des Rücksichtnahmegebotes ist ein Schlüsselbegriff des Baurechts. Er kennzeichnet die Pflicht, bei der Verwirklichung eines Bauvorhabens Rücksicht zu nehmen auf schutzwürdige Belange Anderer. Ein Vorgehen, das diese Pflicht nicht beachtet, ist rücksichtslos. 441

a) Bedeutung und Funktion des Rücksichtnahmegebotes

Gegenstand einer Rechtmäßigkeitsprüfung ist vorwiegend das Bauvorhaben in seinen objektiven bauplanerischen, immissionsschutzrechtlichen und bauordnungsrechtlichen Bezügen. Das Rücksichtnahmegebot stellt hingegen den von dem Vorhaben Betroffenen in den Vordergrund, indem gefragt wird, wie sich die Verwirklichung des Vorhabens auf dessen Belange auswirkt, und gebietet deren Beachtung. Unzumutbare Nachteile durch ein Vorhaben werden dem Betroffenen nicht abverlangt. Erforderlich ist allerdings eine qualifizierte Störung; bloße Lästigkeiten reichen für einen Verstoß gegen das Rücksichtnahmegebot nicht aus (VGH München, U.v. 12.7.2012 – 2 B 12.1211 –, juris; OVG Berlin, B.v. 27.1.2012 – 2 S 50/10 –, juris). 442

Die Problematik des Rücksichtnahmegebotes liegt in der naturgegebenen Unvollständigkeit der nachbarschützenden Bestimmungen. Einerseits ist es Aufgabe des Normgebers zu bestimmen, was dem Betroffenen zuzumuten und (deshalb) nicht rücksichtslos ist, andererseits sind Normensammlungen typischerweise nicht in der Lage, vorausschauend für alle denkbaren Lebenssachverhalte ein lückenloses „wenn – dann" – Programm zu erstellen. Insofern ergeht es dem öffentlichen Baurecht nicht anders als dem Zivilrecht, das im Wege von Generalklauseln Grundsätze anwendet, die das gesamte Rechtsleben bestimmen (z.B. § 242 BGB, Treu und Glauben). 443

Das Rücksichtnahmegebot als Grundlage für Abwehransprüche von Nachbarn ist kein generelles, von Einzelvorschriften losgelöstes Gebot. Es existiert nur insoweit, als es Ausdruck im materiellen öffentlichen Recht gefunden hat, z.B. ausdrücklich in § 15 BauNVO (s. dazu oben Rn. 303), in dem in § 34 Abs. 1 BauGB enthaltenen Einfügungsgebot (s. dazu Rn. 3774), in dem in § 31 Abs. 2 BauGB enthaltenen Gebot der Vereinbarkeit mit nachbarlichen Belangen (s. dazu Rn. 285 und 355), in dem Gebot der Beachtung öffentlicher Belange (§ 35 Abs. 3 BauGB) sowie in dem in § 35 444

Abs. 3 Satz 1 Nr. 3 BauGB enthaltenen Verbot des Hervorrufens schädlicher Umwelteinwirkungen (Rn. 405).

445 **Beispiel:** Betriebe der Landwirtschaft sind im Hinblick auf ihren Standort beschränkt. Sie dürfen lediglich im Außenbereich (§ 35 Abs. 1 Nr. 1 BauGB) oder in Dorfgebieten (§ 5 Abs. 1, Abs. 2 Nr. 1 BauNVO) errichtet werden. Die dort mit ihnen einhergehenden Immissionen sind gerade auch unter dem Gesichtspunkt des Rücksichtnahmegebots von benachbarten Nutzungen grundsätzlich hinzunehmen. Dies kommt etwa in der Formulierung der „vorrangigen Rücksichtnahme" in § 5 Abs. 1 Satz 2 BauNVO zum Ausdruck, die sich gerade auch auf den Immissionsschutz bezieht und in erhöhtem Maß die Standortsicherheit der landwirtschaftlichen Betriebe gewährleisten soll (vgl. BR-Drs. 354/89 S. 49 f. zu § 5 BauNVO 1990). Die von landwirtschaftlichen Betrieben üblicherweise ausgehenden Emissionen (Tiergeräusche, Maschinenlärm, Geruchsentwicklung) sind gebietstypisch und daher in der Regel nicht als unzulässige Störung der in der Nachbarschaft vorhandenen oder geplanten Wohnnutzung anzusehen (vgl. VGH München, B.v. 03.05. 2016 – 15 CS 15.1567 –, juris). Dies geht im Kern auf das Rücksichtnahmegebot zurück.

446 Auch einige bauordnungsrechtliche Vorschriften gebieten eine Abwägung der widerstreitenden Belange und führen damit auf denselben Kern zurück (z.B. § 6 Abs. 15 Satz 2 BauO NRW, mit seinem Gebot der Würdigung nachbarlicher Belange).

447 Das Gebot ist keine allgemeine Härteklausel. Härten, die eine mit den Planfestsetzungen übereinstimmende Baugenehmigung hervorruft, stellen in der Regel keinen Verstoß gegen das Rücksichtnahmegebot dar. Denn entweder sind die situationsbedingten Umstände bei der Planaufstellung nicht sachgerecht mit- und gegeneinander abgewogen worden – dann leidet der Bebauungsplan unter Abwägungsmängeln (mit der möglichen Folge, dass die Zulässigkeit und damit der nachbarliche Abwehranspruch sich aus § 34 BauGB oder § 35 BauGB ergibt) – oder die Konflikte sind in dem rechtsgültigen Bebauungsplan gleichsam aufgezehrt (OVG Münster, B.v. 19.1.2009 – 10 B 1687/08 –, nrwe, mit Nachweisen zur Rechtsprechung des Bundesverwaltungsgerichts), so dass für Erwägungen im Sinne des Rücksichtnahmegebotes nur noch in geringem Umfang Raum bleibt.

448 Das Bundesverwaltungsgericht hat mit Urteil vom 26.9.1991 (4 C 5/87, BVerwGE 89, 69 = juris) ausgeführt: „*Soweit drittschützende Regelungen des einfachen Rechts vorhanden sind, kann ein weitergehender unmittelbar auf Art. 14 Abs. 1 Satz 1 GG beruhender Anspruch nicht bestehen. Denn durch eine den Anforderungen des Art. 14 Abs. 1 Satz 2 GG genügende gesetzliche Regelung werden Inhalt und Schranken des Eigentums dergestalt bestimmt, daß innerhalb des geregelten Bereichs weitergehende Ansprüche aus Art. 14 Abs. 1 Satz 1 GG ausgeschlossen sind. Im Hinblick auf Belästigungen und Störungen des Nachbarn durch ein Bauvorhaben besitzt das Bauplanungsrecht mit den §§ 31, 34 und 35 BauGB sowie mit § 15 BauNVO Regelungen, die Umfang und Grenzen des Nachbarschutzes umfassend bestimmen. Welche Beeinträchtigungen seines Grundeigentums der Nachbar hinnehmen muß und wann er sich gegen ein Bauvorhaben wenden kann, richtet sich nach den Grundsätzen des Rücksichtnahmegebotes, das in den genannten Vorschriften enthalten ist. Insoweit ist für weitergehende Ansprüche aus Art. 14 Abs. 1 Satz 1 GG kein Raum.*"

449 Die Beschränkung der Rechtsausübung mithilfe des Rücksichtnahmegebotes gilt für das Zivilrecht in gleicher Weise wie für das Öffentliche Recht. Bereits mit Urteil vom 15.6.1951 hat der BGH (V ZR 55/50, MDR 1951, 726) klargestellt (Leitsatz 1):

„Der Ausgleich widerstreitender Interessen von Grundstücksnachbarn geschieht in erster Linie durch die nachbarrechtlichen Gesetzesvorschriften. Eine über sie hinausgehende Beschränkung an sich bestehender Eigentumsrechte auf Grund der Pflicht zur Rücksichtnahme, die dem nachbarlichen Gemeinschaftsverhältnis entspricht, muss daher eine durch zwingende Gründe erforderliche Ausnahme bleiben." (zum nachbarlichen Gemeinschaftsverhältnis s. auch ab Rn. 936)

Die Funktion des bauplanungsrechtlichen Gebots der Rücksichtnahme besteht darin, 450
angesichts der gegenseitigen Verflechtungen der baulichen Situation benachbarter Grundstücke einen angemessenen planungsrechtlichen Ausgleich der verständigen Interessen von Bauherrn einerseits und Nachbarn andererseits zu schaffen. Dabei soll dem Bauherrn das ermöglicht werden, was von seiner Interessenlage her verständlich und unabweisbar ist. Andererseits soll dem Nachbarn erspart werden, was an Belästigungen und Nachteilen für ihn unzumutbar ist. Die Beachtung des Rücksichtnahmegebots soll, soweit es das Bauplanungsrecht betrifft, gewährleisten, Nutzungen, die geeignet sind, Spannungen und Störungen hervorzurufen, einander so zuzuordnen, dass Konflikte möglichst vermieden werden.

Das setzt 451

- eine objektive Feststellung der gegebenen und der zu erwartenden Situation,
- die Würdigung der konkreten Umstände des Einzelfalls und dabei insbesondere der gegenläufigen Interessen des Bauherrn und des Nachbarn,
- deren sachgerechte Gewichtung und
- schließlich eine an diesen Maßstäben orientierte Entscheidung voraus.

Die klassische Formel des Bundesverwaltungsgerichts in seinem Urteil vom 452
25.2.1977 (IV C 22.75 –, NJW 1978, 62 = juris) zum Inhalt und zur Interessenabwägung im Rahmen des Rücksichtnahmegebotes, die von diesem Gericht und der übrigen Rechtsprechung seither stets angewandt wird, lautet:

„Welche Anforderungen das Gebot der Rücksichtnahme (objektiv-rechtlich) begrün- 453
det, hängt wesentlich von den jeweiligen Umständen ab. Je empfindlicher und schutzwürdiger die Stellung derer ist, denen die Rücksichtnahme im gegebenen Zusammenhang zugute kommt, um so mehr kann an Rücksichtnahme verlangt werden. Je verständlicher und unabweisbarer die mit dem Vorhaben verfolgten Interessen sind, um so weniger braucht derjenige, der das Vorhaben verwirklichen will, Rücksicht zu nehmen. Bei diesem Ansatz kommt es für die sachgerechte Beurteilung des Einzelfalles wesentlich auf eine Abwägung zwischen dem an, was einerseits dem Rücksichtnahmebegünstigten und andererseits dem Rücksichtnahmepflichtigen nach Lage der Dinge zuzumuten ist.

Dabei muss allerdings demjenigen, der sein eigenes Grundstück in einer sonst zulässi- 454
gen Weise baulich nutzen will, insofern ein Vorrang zugestanden werden, als er berechtigte Interessen nicht deshalb zurückzustellen braucht, um gleichwertige fremde Interessen zu schonen." (Vgl. auch BVerwG, U.v. 21.1.1983 – 4 C 59.79 –, NVwZ 1983, 609 = juris, U.v. 28.10.1993 – 4 C 5.93 –, NVwZ 1994, 686 = juris, und U.v. 23.9.1999 – 4 C 6.98 –, NVwZ 2000, 1050 = juris; OVG Münster, B.v. 3.9.1999 – 10 B 1283/99 –, NVwZ 1999, 1360 = juris)

b) Abstandspflichten und Seveso-II-Richtlinie

455 Das Rücksichtnahmegebot mit der sich aus ihm ergebenden Verpflichtung, Nutzungen in sinnvoller Weise einander zuzuordnen sowie Spannungen und Störungen zu vermeiden, wird auch durch die Regelungen des Artikel 12 Abs. 1 (Überwachung der Ansiedlung) der Richtlinie 96/82/EG des Rates der Europäischen Union (Seveso-II-Richtlinie) vom 9.12.1996 (Amtsblatt der Europäischen Gemeinschaften, L 10 vom 14.1.1997, S. 13-33)[45] beeinflusst. Denn soweit es um die Beurteilung der Zulässigkeit von öffentlichen Gebäuden im Umkreis von Störfallbetrieben im Sinne dieser Richtlinie geht, verlangt nach der Rechtsprechung des Europäischen Gerichtshofs (EuGH) eine richtlinienkonforme Handhabung des Rücksichtnahmegebotes die Prüfung, ob das zuzulassende Vorhaben einen „angemessenen" Abstand im Sinne des Art. 12 Abs. 1 der Richtlinie einhält und falls dies nicht zutrifft, ob es trotzdem zugelassen werden kann. Wenn beides nicht der Fall ist, erweist sich das Vorhaben als rücksichtslos.

456 Der EuGH hat mit Urteil vom 15.9.2011 – C-53/10, Celex-Nr. 62010CJ0053 –, juris, entschieden (Leitsätze):

„1. Art. 12 Abs. 1 der Richtlinie 96/82 zur Beherrschung der Gefahren bei schweren Unfällen mit gefährlichen Stoffen in der durch die Richtlinie 2003/105 geänderten Fassung ist dahin auszulegen, dass die in ihm vorgesehene Verpflichtung der Mitgliedstaaten, dafür zu sorgen, dass langfristig dem Erfordernis Rechnung getragen wird, dass zwischen den unter diese Richtlinie fallenden Betrieben einerseits und öffentlich genutzten Gebäuden andererseits ein angemessener Abstand gewahrt bleibt, auch von einer für die Erteilung von Baugenehmigungen zuständigen Behörde zu beachten ist, und zwar auch dann, wenn sie in Ausübung dieser Zuständigkeit eine gebundene Entscheidung zu erlassen hat.

457 *2. Die in Art. 12 Abs. 1 der Richtlinie 96/82 zur Beherrschung der Gefahren bei schweren Unfällen mit gefährlichen Stoffen in der durch die Richtlinie 2003/105 geänderten Fassung vorgesehene Verpflichtung, langfristig dem Erfordernis Rechnung zu tragen, dass zwischen den unter diese Richtlinie fallenden Betrieben einerseits und öffentlich genutzten Gebäuden andererseits ein angemessener Abstand gewahrt bleibt, schreibt den zuständigen nationalen Behörden nicht vor, die Ansiedlung eines öffentlich genutzten Gebäudes in dem Fall zu verbieten, dass ein solches Gebäude*

---

45 **Artikel 12 der Richtlinie 96/82/EG [Überwachung der Ansiedlung]**
(1) Die Mitgliedstaaten sorgen dafür, dass in ihren Politiken der Flächenausweisung oder Flächennutzung und/oder anderen einschlägigen Politiken das Ziel, schwere Unfälle zu verhüten und ihre Folgen zu begrenzen, Berücksichtigung findet. Dazu überwachen sie
a) die Ansiedlung neuer Betriebe,
b) Änderungen bestehender Betriebe im Sinne des Artikels 10,
c) neue Entwicklungen in der Nachbarschaft bestehender Betriebe wie beispielsweise Verkehrswege, Örtlichkeiten mit Publikumsverkehr, Wohngebiete, wenn diese Ansiedlungen oder Maßnahmen das Risiko eines schweren Unfalls vergrößern oder die Folgen eines solchen Unfalls verschlimmern können.
Die Mitgliedstaaten sorgen dafür, dass in ihrer Politik der Flächenausweisung oder Flächennutzung und/oder anderen einschlägigen Politiken sowie den Verfahren für die Durchführung dieser Politiken langfristig dem Erfordernis Rechnung getragen wird, dass zwischen den unter diese Richtlinie fallenden Betrieben einerseits und Wohngebieten, öffentlich genutzten Gebieten und unter dem Gesichtspunkt des Naturschutzes besonders wertvollen bzw. besonders empfindlichen Gebieten andererseits ein angemessener Abstand gewahrt bleibt und dass bei bestehenden Betrieben zusätzliche technische Maßnahmen nach Artikel 5 ergriffen werden, damit es zu keiner Zunahme der Gefährdung der Bevölkerung kommt.

einen angemessenen Abstand zu einem bestehenden Betrieb nicht wahrt, wenn nicht oder nur unwesentlich weiter von dem Betrieb entfernt bereits mehrere vergleichbare öffentlich genutzte Gebäude vorhanden sind, der Betreiber infolge des neuen Vorhabens nicht mit zusätzlichen Anforderungen zur Begrenzung der Unfallfolgen rechnen muss und die Anforderungen an gesunde Wohn- und Arbeitsverhältnisse gewahrt sind.

Dagegen steht diese Verpflichtung nationalen Rechtsvorschriften entgegen, nach denen eine Genehmigung für die Ansiedlung eines solchen Gebäudes zwingend zu erteilen ist, ohne dass die Risiken der Ansiedlung innerhalb der genannten Abstandsgrenzen im Stadium der Planung oder der individuellen Entscheidung gebührend gewürdigt worden wären." 458

In Anwendung der sich aus der Richtlinie ergebenden Pflichten zur Beachtung eines angemessenen Abstandes müssen die Mitgliedstaaten „*in ihren Politiken hinsichtlich der Zuweisung oder Nutzung von Flächen und/oder anderen einschlägigen Politiken berücksichtigen, dass langfristig zwischen diesen Gebieten und gefährlichen Industrieansiedlungen ein angemessener Abstand gewahrt bleiben muss und dass bei bestehenden Betrieben ergänzende technische Maßnahmen vorgesehen werden, damit es zu keiner stärkeren Gefährdung der Bevölkerung kommt.*" (EuGH, U.v. 15.9.2011 – C-53/10, Celex-Nr. 62010CJ0053 –, juris) 459

Beispiel: Auf die vorstehenden Ausführungen des EuGH aufbauend hat der VGH Kassel (U.v. 11.3.2015 – 4 A 654/13 –, juris) entschieden: Ein im unbeplanten Innenbereich neben einem Störfallbetrieb geplantes Gartencenter sei bauplanungsrechtlich unzulässig, da es gegen § 34 Abs. 1 BauGB verstoße. Das Gebot der Rücksichtnahme, das in dem Tatbestandsmerkmal des § 34 Abs. 1 BauGB „einfügen" enthalten ist, sei verletzt, weil das Vorhaben sich zwar innerhalb des durch seine Umgebung vorgegebenen Rahmens halte, es aber die gebotene Rücksichtnahme vor allem auf die in der Nähe befindliche Bebauung fehlen lasse. Denn in der Nachbarschaft des Störfallbetriebes sei der Anstieg des Unfallrisikos oder die Verschlimmerung der Folgen eines Unfalls ausweislich eines sachverständigen Gutachtens zu hoch; insbesondere wegen der im Störfallbetrieb verwendeten Stoffe werde der störfallspezifisch angemessene Abstand durch das geplante Gartencenter der Klägerin nicht eingehalten. Erforderlich seien mehr als 550 m, während der geplante Abstand des Gartencenters, insbesondere der geplanten Freiverkaufsfläche, lediglich 64 m betrage. Die Errichtung des Gartencenters sei auch im Einzelfall nicht ausnahmsweise trotz Abstandsunterschreitung vertretbar. 460

Bei Anwendung des Begriffs „öffentlich genutztes Gebäude" nach Art. 12 Abs. 1 der Richtlinie ist ein weites Verständnis angezeigt. Es ist nicht entscheidend, ob das Gebäude einem öffentlichen Zweck dient, sondern vielmehr, ob das Gebäude von einem unbegrenzten und wechselnden Personenkreis genutzt bzw. aufgesucht wird. 461

Beispiel (nach VGH Mannheim, B.v. 29.4.2015 – 3 S 2101/14 –, juris): Ein Fitnesscenter soll neben einer Fabrik betrieben werden, in der giftige und umweltgefährdende Stoffe, darunter Blausäure, verwandt wird und die deshalb als Störfallbetrieb im Sinne der Zwölften Verordnung zur Durchführung des Bundes-Immissionsschutzgesetztes gilt. Bei dem Fitnesscenter handelte es sich nach Einschätzung des Gerichts um ein öffentlich genutztes Gebäude im Sinne des Gesetzes und der Richtlinie. Dessen Benutzerkreis umfasste ca. 1.000 Personen. Dass es mitgliedschaftlich organisiert war, führte zu keiner anderen Beurteilung. Die Einrichtung könnte nämlich von jedermann benutzt werden, der zuvor einen entsprechenden Benutzungsvertrag mit dem Betreiber des Fitnesscenters geschlossen hatte. 462

c) Keine Subsidiarität gegenüber landesrechtlichen Bestimmungen

463 Zwischen landesrechtlichen Regelungen z.B. des Abstandsflächenrechts und dem bundesrechtlichen Gebot der Rücksichtnahme besteht kein Lex-spezialis-Verhältnis. Dies ist schon wegen ihrer Zugehörigkeit zu verschiedenen Rechtsgebieten mit unterschiedlicher Zweckrichtung und unterschiedlicher Gesetzgebungskompetenz ausgeschlossen (vgl. Rechtsgutachten des BVerfG vom 16.6.1954 – 1 PBvV 2/52 –, BVerfGE 3, 407 = juris; BVerwG, U.v. 7.12.2000 – 4 C 3.00 –, BRS 63 Nr. 160 = juris, zum Verhältnis der nachbarschützenden Vorschrift des § 46 NBauO zum Gebot der Rücksichtnahme).

464 Das Bundesverwaltungsgericht geht z.B. mit Blick auf das Abstandsflächenrecht davon aus, dass das bauplanungsrechtliche Gebot der Rücksichtnahme auch verletzt sein kann, wenn die landesrechtlichen Abstandsvorschriften eingehalten werden (BVerwG, U.v. 11.1.1999 – 4 B 128.98 –, BRS 62 Nr. 102 = juris). In der genannten Entscheidung hat es allerdings auch ausgeführt, dass das Gebot der Rücksichtnahme zumindest im Regelfall nicht verletzt sein wird, wenn die Abstandsflächenvorschriften eingehalten sind. Denn mit der abstandsflächenrechtlichen Regelung habe der Gesetzgeber insoweit regelmäßig abschließend festgelegt, welches Maß an Rücksichtnahme der Bauherr seinem Nachbarn schulde und wann diesem ein Vorhaben auf dem Nachbargrundstück unzumutbar sei. Unter diesen Gesichtspunkten lasse sich deshalb bei gewahrten Abstandsflächen eine Rücksichtslosigkeit des Vorhabens nicht begründen (vgl. auch OVG Münster, U.v. 29.8.2005 – 10 A 3138/02 –, nrwe; ebenso VGH München, B.v. 9.2.2015 – 1 CS 14.2763 –, juris, und B.v. 16.8.2012 – 1 CS 12.1498 –, juris).

465 Das OVG Münster hat allerdings später, nachdem das Abstandsflächenrecht zugunsten einer besseren Ausnutzbarkeit der Grundstücke und zulasten der Nachbarn geändert worden ist, ausgeführt, dass es fraglich erscheine, ob an der bisherigen Rechtsprechung zur Einhaltung der Abstandsflächen als Indiz für die Beachtung des Rücksichtnahmegebots in vollem Umfang festzuhalten sei (OVG Münster, B.v. 27.6.2008 – 10 B 866/08 –, nrwe, und B.v. 29.9.2008 – 10 A 3575/07 –, nrwe).

466 Trotz dieser Bedenken kann im Grundsatz davon ausgegangen werden, dass ein Nachbar etwa mit Blick auf die nachstehend aufgeführten Aspekte z.B. der Gewährleistung einer ausreichenden Belichtung, Belüftung und Besonnung von Gebäuden und sonstigen Teilen seines Grundstücks grundsätzlich keine Rücksichtnahme verlangen kann, die über den Schutz des bauordnungsrechtlichen Abstandsflächenrechts hinausgeht.

d) Aspekte des Rücksichtnahmegebotes

aa) Kein Anspruch auf verträglichere Alternative

467 Gegenüber einem genehmigten Vorhaben kann von einem Nachbarn nicht eingewandt werden, das Vorhaben hätte auch in anderer Form gestaltet werden können, die für ihn erträglicher wäre. Ebenso wenig kann eingewandt werden, die Anlage hätte auch an einem anderen Standort auf dem Baugrundstück errichtet werden könne, an dem es sich für den Nachbarn weniger belastend ausgewirkt hätte. Denn für die Frage, ob ein Abwehranspruch gegen das Vorhaben besteht, ist allein maßgeblich, ob

das Vorhaben sich so, wie es zur Genehmigung gestellt wurde, als nachbarrechtskonform erweist (VG Aachen, U.v. 2.1.2014 – 5 K 1130/11 –, nrwe).

Steht nach bauordnungsrechtlichen und bauplanungsrechtlichen Gesichtspunkten (zu denen auch das Rücksichtnahmegebot zählt) fest, dass das Vorhaben objektiv-rechtlich rechtmäßig ist, ist es einer Alternativprüfung nicht mehr zugänglich (BVerwG, B.v. 13.10.1998 – 4 B 93.98 –, NVwZ 1999, 298 = juris; B.v. 26.6.1997 – 4 B 97.97 –, BRS 59 Nr. 176 = juris). Insoweit unterscheiden sich das Baugenehmigungsverfahren und der Abwehranspruch eines Nachbarn gegen das genehmigte Vorhaben etwa von dem Rechtsschutz gegen einen Planfeststellungsbeschluss, in dem die verträglichste Lösung gefunden werden muss. 468

Auf die Verletzung des Rücksichtnahmegebotes kann sich nicht berufen, wer selbst sein Haus möglichst nahe an der jetzt betroffenen Grenze errichtet hat. Er nicht verlangen, dass der Bauherr alleine wegen dieser Positionierung davon Abstand nimmt, sein Grundstück unter Ausnutzung des Rahmens zu bebauen, den ihm die Gesetze zur Verfügung stellen (VGH München, B.v. 30.5.2016 – 15 ZB 16.630 –, juris). 469

Allerdings gilt auch im Öffentlichen Recht das zivilrechtlich in § 226 BGB normierte Schikaneverbot. Eine Schikane liegt vor, wenn der Standort oder die Nutzung einer genehmigten Anlage keinem anderen Zweck als der Schädigung des Nachbarn dienen und der Bauherr kein schutzwürdiges Eigeninteresse verfolgt (vgl. VGH München, B.v. 3.5.2016 – 15 CS 15.1576 –, juris; und v. 22.8.2012 – 14 CS 12.1031 – juris; OVG Greifswald, B.v. 16.4.2014 – 3 M 29/14 –, juris; OVG Saarlouis, B.v. 23.2.2000 – 2 W 2/00 –, juris; VG Neustadt/Weinstraße, U.v. 9.12.2015 – 3 K 470/15.NW –, juris, zum Standort einer Müllsammelstelle). Das wird sich im Einzelfall jedoch kaum nachweisen lassen. 470

bb) Wertminderung

Wertminderungen als solche führen nicht schon zur Rücksichtslosigkeit. Als Folge der Nutzung einer Baugenehmigung für das Baugrundstück bilden sie für sich genommen keinen Maßstab für die Zulässigkeit eines Vorhabens (vgl. BVerwG, B.v. 17.2.1981 – 4 B 13/81 –, BRS 38 Nr. 84 = juris; VGH München, U.v. 12.7.2012 – 2 B 12.1211 –, juris, und B.v. 1.3.2016 – 15 CS 16.244 –, juris). Eine Wertminderung hat allenfalls indizielle Bedeutung für die Intensität eines (mittelbaren) Eingriffs in die Grundstückssituation des Nachbarn (VGH München, B.v. 3.5.2016 – CS 15.1576 –, juris). Sie ist nur dann zu berücksichtigen, wenn sie die Folge einer dem Betroffenen unzumutbaren Beeinträchtigung der Nutzungsmöglichkeiten des Grundstücks ist. Denn es gibt keinen allgemeinen Rechtssatz des Inhalts, dass der Einzelne einen Anspruch darauf hat, vor jeglicher Wertminderung bewahrt zu werden (BVerwG, B.v. 13.11.1997 – 4 B 195.97 –, BRS 59 Nr. 177 = juris, und B.v. 9.2.1995 – 4 NB 17/94 –, NVwZ 1995, 352 = juris; VGH München, U.v. 29.7.2011 – 15 N 08.2086 –, juris). 471

cc) „Erdrückende Wirkung“ einer baulichen Anlage

Rücksichtslosigkeit kann darin liegen, dass das Vorhaben eine „erdrückende Wirkung“ gegenüber dem Gebäude des Nachbarn ausübt. Das ist aber nur der Fall, 472 wenn die Größe des „erdrückenden“ Gebäudes aufgrund der Umstände des Einzelfalles derart übermächtig ist, dass das „erdrückte“ Gebäude nur noch oder überwiegend wie eine von einem „herrschenden“ Gebäude dominierte Fläche ohne eigene baurechtliche Charakteristik wahrgenommen wird (vgl. OVG Münster, U.v. 29.8.2005 – 10 A 3138/02 –, nrwe; B.v. 13.1.2005 – 10 B 971/05 –, nrwe, und B.v. 15.5.2002 – 7 B 558/02 –, nrwe).

473 Für eine solche erdrückende Wirkung setzt die Rechtsprechung voraus, dass eine bauliche Anlage wegen ihrer Ausmaße, ihrer Baumasse oder ihrer massiven Gestaltung ein benachbartes Grundstück unangemessen benachteiligt, indem es diesem förmlich „die Luft nimmt“ und für den Nachbarn das Gefühl des „Eingemauertseins“ oder einer „Gefängnishofsituation“ entsteht. Immer ist dies eine Frage der Einzelfallbewertung (vgl. über die genannten Entscheidungen hinaus: OVG Münster, B.v. 12.2.2010 – 7 B 1840/09 –, nrwe; VGH München B.v. 23.4.2014 – 9 CS 14.222 –, juris; OVG Koblenz, B.v. 27.4.2015 – 8 B 10304/15 –, juris; OVG Berlin, B.v. 27.2.2012 – OVG 10 S 39.11 –, juris).

474 **Beispiele für eine wegen erdrückender Wirkung rücksichtslose Bebauung:**

- aus BVerwG, U.v. 13.3.1981 – 4 C 1.78 –, BRS 38 Nr. 186 = juris
  „Zutreffend hat das Berufungsgericht ausgeführt, daß hier durch das zwölfgeschossige Gebäude mit einer Geschoßflächenzahl von 2,4, diese noch erhöht um 1 533 qm, sowie einer Überschreitung der bereits erhöhten Geschoßflächenzahl um 17,4 %, das Gebot der Rücksichtnahme objektiv verletzt wird: Die von dem Bauwerk der Beigeladenen ausgehende Beeinträchtigung ist dem Kläger nicht zuzumuten, weil die Situation in dem maßgeblichen Bereich bisher durch eine im wesentlichen zwei- und dreigeschossige Wohnbebauung geprägt ist. In diesem Bereich ein solches Bauwerk zu errichten, das mit seinem Übermaß an Höhe und Volumen auch nicht annähernd den dort vorhandenen Gebäuden gleichartig ist und das nur den unangemessen geringen Abstand von 15 Metern zum zweieinhalbgeschossigen Wohnhaus des Klägers einhält, verletzt das Gebot der Rücksichtnahme.“

475
- aus BVerwG, U.v. 23.5.1986 – 4 C 34/85 –, DVBl 1986, 1271 = juris
  Die Klägerin macht geltend, die genehmigten drei jeweils 11,50 m hohen Silos „erdrückten und erschlügen" ihr lediglich 7 m breites Grundstück. Die Silos wirkten „wie eine riesenhafte metallische Mauer". Die Silos vermittelten den Eindruck, als sei das Grundstück der Klägerin „in eine Industrieanlage einbezogen und selbst Teil einer solchen“. Die Nutzung „der zum Garten ausgerichteten Wohnräume sowie des Garten- und des Terrassenbereichs werde in einem unzumutbaren Maß beeinträchtigt". Das Bundesverwaltungsgericht befand, die hieraus gezogene Schlussfolgerung, die Baugenehmigung verstoße gegen das Rücksichtnahmegebot, „stehe mit der Rechtsprechung des Senats durchaus im Einklang.“

476
- Leitsatz 2 aus OVG Münster, B.v. 22.11.1991 – 11 B 2890/91 –, juris
  Die Errichtung einer 75 m langen, 9,5 bzw. 7,5 m hohen ungegliederten Halle, die einen Grenzabstand von 3 m einhält, erweist sich unter Berücksichtigung der Eigenart des Baugebietes und der konkreten Grundstückssituation gegenüber dem Nachbargrundstück als rücksichtslos, zumal im vorderen Grundstücksbereich bereits eine ca. 40 m lange und 2,10 m hohe Grenzmauer und auf dem anderen Nachbargrundstück eine 42,5 m lange und ca. 7 m hohe gewerblich genutzte Halle mit einem Grenzabstand von 3 m stehen.

477 **Beispiele für eine verneinte erdrückende Wirkung:**

- Münster, B.v. 21.7.1994 – 11 B 1511/94 –, juris
  Ein 270 m langer bepflanzter Lärmschutzwall mit einer Höhe von 5 m (mit Bewuchs 8 bis 9 m) und einem Böschungswinkel von 30 Grad soll in einer Entfernung von 22,5 m vom Haus des Nachbarn errichtet werden.

- OVG Münster, B.v. 13.9.1999 – 7 B 1457/99 –, nrwe 478
  Das Bauvorhaben der Beigeladenen ist nicht deshalb rücksichtslos, weil das Grundstück der Nachbarin schon in einer anderen Himmelrichtung von einem höher gelegenen Gebäude und in einer weiteren Richtung von höher liegendem Gelände umgeben ist und das Vorhaben der Bauherrin daher bewirke, dass das Grundstück der Nachbarin gewissermaßen von „allen Seiten eingemauert" werde. Wer in hängigem Gelände baut, hat die sich aus dieser Lage ergebenden Nachteile als ihm bekannte und vorgegebene Grundstückssituation grundsätzlich hinzunehmen.

dd) Einsichtnahmemöglichkeit

In einem bebauten innerstädtischen Wohngebiet müssen Nachbarn hinnehmen, dass 479
Grundstücke innerhalb des durch das Bauplanungs- und das Bauordnungsrecht (insbesondere das Abstandsflächenrecht) vorgegebenen Rahmens baulich ausgenutzt werden und es dadurch zu Einsichtmöglichkeiten kommt, die in einem bebauten Gebiet üblich sind (BVerwG, B.v. 3.1.1983 – 4 B 224.83 –, BRS 40 Nr. 192 = juris, seitdem ständige Rechtsprechung).

Die Grundstückseigentümer können nicht beanspruchen, dass benachbarte Grund- 480
stücke nicht oder nur so bebaut wird, dass die Möglichkeit eines Einblicks nicht gegeben ist (vgl. VGH Mannheim, B.v. 29.4.2009 – 3 S 569/09 –, BRS 74 Nr. 89 = juris, m.w.N.). Das gilt insbesondere, wenn in Anbetracht der Vorgaben des Bauplanungsrechts mit einer entsprechenden Bebauung dieses Grundstücks zu rechnen war (OVG Münster, B.v. 18.2.2014 – 7 B 1416/13 –, nrwe), und zwar nicht nur im Verhältnis des Nebeneinanders gleichartiger Nutzungen (OVG Münster, U.v. 21.8.2015 – 7 D 61/14.NE –, nrwe). Gerade im Rahmen der bauplanungsrechtlichen Zulässigkeit von Gebäuden in geschlossener Bauweise, Doppelhäusern und Hausgruppen, also immer dort, wo an die Grenze gebaut werden darf, wird die erhöhte Nutzbarkeit der benachbarten Grundstücke durch den Verzicht auf seitliche Grenzabstände und damit auf Freiflächen, die dem Wohnfrieden dienen, „erkauft" (vgl. BVerwG, U.v. 24.2.2000 – 4 C 12.98 –, NVwZ 2000, 1055 = juris).

Auch das bauplanungsrechtliche Gebot des Einfügens bezieht sich nur auf die in § 34 481
Abs. 1 BauGB genannten städtebaulichen Merkmale der Nutzungsart, des Nutzungsmaßes, der Bauweise und der überbaubaren Grundstücksfläche. Die Möglichkeit der Einsichtnahme ist – als nicht städtebaulich relevant – darin nicht angesprochen (vgl. BVerwG, B.v. 24.4.1989 – 4 B 72/89 – juris; VGH München, B.v. 25.1.2013 – 15 ZB 13.68 –, juris).

Anhaltspunkte für einen Ausnahmefall können sich allenfalls aus Besonderheiten des 482
Einzelfalls ergeben, etwa wenn durch einen Balkon gewissermaßen eine Aussichtsplattform über das gesamte Grundstück des Nachbarn entsteht und ein letzter intimer, der privaten Lebensgestaltung des Nachbarn zugeordneter Raum zerstört wird (VGH Kassel, B.v. 9.10.2015 – 4 B 1353/15 –, juris). Gleiches ist angenommen worden bei der Durchbrechung einer profilgleichen Reihenhausbauweise durch einen massiven Queranbau an ein Reiheneckhaus in den Ruhe- und Gartenbereich der Reihenhauszeile hinein (VGH München, B.v. 2.7.2010 – 9 CS 10.894 –, juris).

ee) Verschattung

483 Auch insoweit gilt, dass In einem bebauten innerstädtischen Wohngebiet Nachbarn hinnehmen müssen, dass es durch bauplanungsrechtlich und bauordnungsrechtlich rechtskonforme Bauvorhaben zu einer gewissen Verschattung des eigenen Grundstücks bzw. von Wohnräumen kommt. Auch wenn z.B. ein sehr schmal geschnittenes Grundstück stark von der Verschattung durch ein Nachbargebäude betroffen ist, beruht dies auf dem Grundstückszuschnitt und fällt grundsätzlich in die Risikosphäre des jeweiligen Eigentümers (OVG Münster, B.v. 18.2.2014 – 7 B 1416/13 –, nrwe; VGH München, B.v. 23.3.2016 – 9 ZB 13.1877 –, juris; VG Bremen, B.v. 27.042016 – 1 V 391/16 –, juris; VG Cottbus, B.v. 16.2.2016 – 3 L 193/15 –, juris).

484 Für die materiell-rechtliche Beurteilung der Zumutbarkeit einer Verschattung durch einen Baukörper gibt es keinen normativ verbindlichen Maßstab. Die DIN 5034-1 Tageslicht in Innenräumen in der Fassung vom Oktober 1999 bietet hierzu lediglich Anhaltspunkte (s. BVerwG, U.v. 23.2.2005 – 4 A 4/04 –, BVerwGE 123, 37 = juris). Sie soll nach ihrer Nr. 1 „Mindestanforderungen festlegen, um in Innenräumen einen hinreichenden subjektiven Helligkeitseindruck mit Tageslicht zu erzielen und eine ausreichende Sichtverbindung nach außen herzustellen“. Nr. 4.3.1.1 stellt daher Anforderungen an die „psychische Bedeutung“ eines „Helligkeitseindrucks“ (VGH Mannheim, U.v. 15.9.2015 – 3 S 975/14 –, BauR 2015, 1984 = juris).

485 Die DIN 5034-1 stellt darauf ab, ob in einem Wohnraum einer Wohnung am 17. Januar eine Mindestbesonnung von mindestens einer Stunde vorliegt. (Nach der vorangegangenen Fassung der DIN-Norm vom Februar 1983 war entscheidend, ob am Tag der Tag- und Nachtgleiche eine Mindestbesonnung von vier Stunden für einen Aufenthaltsraum pro Wohnung nachgewiesen wurde.) Eine schlichte Übertragung der Werte auf die Frage der Zumutbarkeit ist jedoch problematisch. Insbesondere bedeutet die Einhaltung der Vorgaben lediglich, dass hygienische oder gesundheitliche Beeinträchtigungen nicht drohen. Sie genügt jedoch nicht, um die Zumutbarkeit einer Verschattung zu bejahen. Auch Beeinträchtigungen der Wohnqualität muss z.B. ein Planbetroffener nicht bis zur Schwelle von Gesundheitsgefahren ohne Ausgleich hinnehmen (BVerwG, U.v. 23.2.2005 – 4 A 4/04 –, BVerwGE 123, 37 = juris, zu einem Planfeststellungsbeschluss des Regierungspräsidiums Chemnitz für den Bau der Bundesautobahn A 72 Chemnitz – Leipzig).

486 Erforderlich ist deshalb eine Beurteilung der Zumutbarkeit der Verschattung nach den Umständen des Einzelfalls (vgl. BVerwG, U.v. 20.10.1989 – 4 C 12/87 –, NJW 1990, 925 = juris). Allerdings wird, wenn die Mindestbesonnungsdauer erhalten bleibt, in der Regel eine Rücksichtlosigkeit nicht angenommen werden können (so OVG Münster, U.v. 21.8.2015 – 7 D 61/14.NE -nrwe,).

487 **Beispiel für eine Bewertung der Zumutbarkeit in einem Planfeststellungsverfahren (aus BVerwG, U.v. 23.2.2005 – 4 A 4/04 –, BVerwGE 123, 37 = juris):** *„Über das Jahr verteilt wird sich die Besonnung des Wohnhauses um weniger als 5 %, also in nur geringem Umfang, vermindern. In den sonnenarmen Wintermonaten, in denen das Sonnenlicht als besonders kostbar empfunden wird, vermindert sich die Besonnung der Südseite zwar um etwa 13 % und der Westseite um etwa 17 %. Eine solche Beeinträchtigung liegt aber noch im Rahmen dessen, womit ein Grundstückseigentümer in einem ländlich geprägten Wohngebiet aufgrund möglicher Veränderungen der Umgebung – auch unter Berücksichtigung des Umstandes, dass eine Autobahn in einem Wohngebiet*

ein Fremdkörper ist – rechnen muss. Insoweit liegt der Sachverhalt anders als in dem – gleichfalls mit Urteil vom 23. Februar 2005 abgeschlossenen – Parallelverfahren BVerwG 4 A 2.04. Für das Wohnhaus der dortigen Kläger ist durch das Brückenbauwerk eine Verminderung der Besonnung in den Wintermonaten um bis zu einem Drittel zu erwarten. Mit Blick auf diese erhebliche nachteilige Auswirkung hat auf Anregung des erkennenden Senats der Beklagte den Klägern in der mündlichen Verhandlung durch Erklärung zu Protokoll dem Grunde nach einen Entschädigungsanspruch wegen unzumutbarer Verschattung zugesprochen."

ff) Lichtimmissionen

Nach § 22 Abs. 1 BImSchG sind nach dem Bundes-Immissionsschutzgesetz nicht genehmigungsbedürftige Anlagen u.a. so zu errichten und zu betreiben, dass schädliche, nach dem Stand der Technik vermeidbare Umwelteinwirkungen verhindert oder nach dem Stand der Technik unvermeidbare schädliche Umwelteinwirkungen auf ein Mindestmaß beschränkt werden. Gemäß § 3 Abs. 1 BImSchG sind schädliche Umwelteinwirkungen Immissionen, die nach Art, Ausmaß oder Dauer geeignet sind, Gefahren, erhebliche Nachteile oder erhebliche Belästigungen für die Allgemeinheit oder die Nachbarschaft herbeizuführen. Zu den Immissionen zählt nach § 3 Abs. 2 BImSchG u.a. auch auf Menschen einwirkendes Licht (s. ab Rn. 634). Wegen der Möglichkeit der sog. architektonischen Selbsthilfe gegen Lichtimmissionen wird auf die Ausführungen unter Rn. 495, 638 und 6414 verwiesen. 488

gg) Störung der „freien Sicht"

Wird durch die Errichtung einer baulichen Anlage (etwa im Außenbereich) die bisher weitgehend ungestörte Sicht über die freie Feldflur vom Haus und/oder Garten aus gestört, ist das unerheblich. Die darin zu sehende Beeinträchtigung übersteigt in der Regel nicht das Maß dessen, was zumutbar ist. Einen allgemeinen Anspruch auf Schutz vor einer Verschlechterung der freien (schönen) Aussicht sieht die Rechtsordnung nicht vor. Die Aufrechterhaltung einer ungeschmälerten Aussicht ist lediglich als eine „Chance" anzusehen, die mit der Bebauung des Nachbargrundstücks in Frage gestellt werden kann, ohne dass wegen der Verschlechterung der Aussicht Abwehrrechte bestehen (vgl. BVerwG, U.v. 28.10.1993 – 4 C 5/93 –, BRS 55 Nr. 168 = juris, und B.v. 9.2.1995 – 4 NB 17/94 –, BRS 57 Nr. 42 = juris; OVG Münster, B.v. 25.7.2011 – 8 B 818/11 –, n.v.). 489

hh) Mithören sozialer Lebensäußerungen

Die Möglichkeit eines „unerwünschten Mithörens sozialer Lebensäußerungen" begründet ebenfalls keinen Verstoß gegen das Gebot der Rücksichtnahme. Insbesondere bei einer Doppelhaus- oder Reihenhausbebauung wird der Gewinn an nutzbarer Grundstücksfläche dadurch erkauft, dass die Nutzungsbereiche der jeweiligen Grundstücke näher aneinander rücken und ein erhöhtes Störpotenzial auftritt. Es gilt der allgemeine Grundsatz, dass dann, wenn die bauordnungsrechtlich einzuhaltenden Abstände eingehalten werden, ein Verstoß gegen das Rücksichtnahmegebot regelmäßig ausscheidet (BVerwG, B.v. 11.1.1999 – 4 B 128.98 –, BRS 62 Nr. 102; VGH Kassel, B.v. 20.11.2006 – 4 TG 2391/06 –, BRS 70 Nr. 168). 490

ii) Zumauern von vorhandenen Fenstern

491 Die Verwirklichung eines Vorhabens kann, in Übereinstimmung mit der Pflicht oder dem Recht, grenzständig zu bauen, dazu führen, dass vorhandene Fenster in der Außenwand eines Nachbargebäudes zugebaut werden.

Das Rücksichtnahmegebot verpflichtet nicht generell dazu, eine grenzständige Bebauung zu unterlassen, wenn durch sie „alte Fenster“ im Nachbarhaus zugemauert werden. Insbesondere muss derjenige Nachbar, der selbst an die Grenze gebaut hat, einen entsprechenden Grenzanbau des Bauherrn grundsätzlich dulden (VGH München, B.v. 5.11.2012 – 9 CS 12.1945 –, juris). Ein unabweisbares Bedürfnis des Bauherrn für die Verwirklichung eines Bauwunsches ist nicht erforderlich. Sein Interesse daran, mit der Ausübung seines Baurechts von seinem Eigentum Gebrauch zu machen und sein Grundstück entsprechend den planungsrechtlichen Vorgaben ebenso wie der Nachbar zu bauen, ist schutzwürdig (VGH München, B.v. 24.4.2015 – 9 ZB 12.1318 –, juris).

492 Auch vermittelt nicht etwa bereits der Umstand, dass die Fensteröffnungen bereits seit „unvordenklicher Zeit“ existieren, für sich genommen einen beachtlichen Vertrauensschutz oder Bestandsschutz des Nachbarn dahingehend, dass diese Öffnungen vom Bauherrn nicht zugebaut werden. Für das Bestehen wäre im Übrigen entsprechend allgemeiner prozessualer Grundsätze derjenige beweispflichtig, der sich auf diesen für ihn günstigen Umstand beruft, also derjenige, der den Bestandsschutz an dem Fenster behauptet. Das gilt unabhängig vom Alter des Gebäudes. Die Regeln des Anscheinsbeweises kommen ihm nicht zugute (OVG Münster, U.v. 29.3.2012 – 2 A 83/11 –, nrwe; BVerwG, B.v. 19.2.1988 – 4 B 33.88 –, juris).

493 Außerdem ist der Einwand des Bestandsschutzes (dazu eingehend ab Rn. 793) selbst bei seinem Bestehen im Nachbarrechtsverhältnis nicht mit automatischer Durchsetzungskraft ausgestattet. Der Bestandsschutz ist wegen seiner grundrechtlichen Verankerung in Art. 14 Abs. 1 Satz 1 GG vorrangig ein Abwehrmittel gegen bauaufsichtsbehördliche Eingriffe – also gegen hoheitliche Beeinträchtigungen eines bestandsgeschützten Baukörpers oder einer bestandsgeschützten baulichen Nutzung –, nicht aber gegen die Bebauung des Nachbargrundstücks als – ihrerseits durch Art. 14 Abs. 1 Satz 1 GG gestützte – Rechtsausübung eines privaten Dritten. Der Bestandsschutz für ein Fenster in einer Grenzwand hindert damit lediglich grundsätzlich die Bauaufsichtsbehörde und den Nachbarn, die Schließung des Fensters zu verlangen (s. dazu auch: OVG Berlin, B.v. 11.8.2010 – OVG 10 N 17.07 –, juris; OVG Hamburg, B.v. 10.1.2000 – 2 Bs 3.00 –, juris; VGH Mannheim, B.v. 14.6.1999 – 3 S 1357/99 –, juris).

494 Schließlich kann, sofern in solchen Fällen eine Anwendung des Rücksichtnahmegebots dem Grunde nach erwogen wird, bedeutsam sein, ob die Räume, die durch den Grenzanbau des Bauherrn beeinträchtigt werden, in besonderem Maße schutzwürdig sind, weil sie auf Belichtung und Belüftung durch ins Freie führende Fenster angewiesen sind. Handelt es sich nicht um Aufenthaltsräume, die zur ausreichenden Belichtung mit Tageslicht und Belüftung grundsätzlich über unmittelbar ins Freie führende Fenster (sog. notwendige Fenster) verfügen müssen, kann die erforderliche Belichtung

und Belüftung auch durch künstliches Licht sowie durch eine wirksame mechanische Lüftungsanlage entsprechend dem jeweiligen Stand der Technik sichergestellt werden (vgl. zur fehlenden Schutzwürdigkeit von Bädern und Toiletten: OVG Hamburg, B.v. 10.1.2000 – 2 Bs 3.00 –, juris; VGH Mannheim, B.v. 14.6.1999 – 3 S 1357/99 –, juris; zu Aufenthaltsräumen: BVerwG, B.v. 12.1.1995 – 4 B 197/94 –, NVwZ-RR 1995, 310 = juris).

jj) Sog. architektonische Selbsthilfe

Das Rücksichtnahmegebot begründet im Rahmen eines immissionsrelevanten Bauvorhabens sowohl für die hinzukommende als auch für die vorhandene Nutzung nicht nur Rechte, sondern auch Duldungspflichten und unter Umständen sogar Obliegenheiten zum Tätigwerden. In diesem Zusammenhang kann sich die Obliegenheit des betroffenen Nachbarn ergeben, durch Maßnahmen der architektonischen Selbsthilfe den Konflikt zu lösen. Weil diese Konflikte in der Regel Konflikte des Immissionsschutzes sind, wird auf diese Pflicht im Zusammenhang mit immissionsschutzrechtlichen Fragen eingegangen (unten ab Rn. 641). 495

kk) Rücksichtnahmegebot und Verbesserungsgenehmigung

Das Rücksichtnahmegebot hat im Außenbereich für Anlagen, die einer immissionsschutzrechtlichen Genehmigung bedürfen, durch die Anerkennung einer sog. Verbesserungsgenehmigung (§ 6 Abs. 3 BImSchG[46]) eine besondere Ausformung erfahren. Danach können im Umfang der Vorbelastung auch z.B. an sich nicht hinnehmbare Geruchsimmissionen im Einzelfall zumutbar sein, wenn die Änderungsgenehmigung („Sanierungsänderung"), die sie ermöglicht, die Geruchsimmissionssituation deutlich zu Gunsten der Nachbarschaft verbessert, weil das bereits emittierende Vorhaben unter Geltung der Änderungsgenehmigung weniger emittiert. 496

Schafft eine solche Änderungsgenehmigung eine derartige, für die nähere Umgebung wesentlich bessere Geruchsimmissionssituation, indem sie umfassende immissionsmindernde Vorkehrungen auch bezogen auf den Altbestand vornimmt, kann zumindest in der Regel kein überwiegendes Interesse des Nachbarn an der Beibehaltung des bisherigen – für ihn nachteiligeren – Zustands bestehen, nur um im Grundsatz legitime Änderungs- bzw. Erweiterungsinteressen etwa eines bestehenden, jedenfalls dem Grunde nach legalen Betriebs zu blockieren (vgl. OVG Münster, B.v. 16.9.2015 – 8 A 2384/13 –, nrwe; OVG Lüneburg, B.v. 28.8.2015 – 12 LA 120/14 –, juris; VG Minden, B.v. 2.12.2015 – 1 L 970/15 –, nrwe). 497

46 **§ 6 BImSchG [Genehmigungsvoraussetzungen]**
(3) Eine beantragte Änderungsgenehmigung darf auch dann nicht versagt werden, wenn zwar nach ihrer Durchführung nicht alle Immissionswerte einer Verwaltungsvorschrift nach § 48 oder einer Rechtsverordnung nach § 48 a eingehalten werden, wenn aber
1. der Immissionsbeitrag der Anlage unter Beachtung des § 17 Absatz 3 a Satz 3 durch das Vorhaben deutlich und über das durch nachträgliche Anordnungen nach § 17 Absatz 1 durchsetzbare Maß reduziert wird,
2. weitere Maßnahmen zur Luftreinhaltung, insbesondere Maßnahmen, die über den Stand der Technik bei neu zu errichtenden Anlagen hinausgehen, durchgeführt werden,
3. der Antragsteller darüber hinaus einen Immissionsmanagementplan zur Verringerung seines Verursacheranteils vorlegt, um eine spätere Einhaltung der Anforderungen nach § 5 Absatz 1 Nummer 1 zu erreichen, und
4. die konkreten Umstände einen Widerruf der Genehmigung nicht erfordern.

498 In der Rechtsprechung ist umstritten, ob dieser Grundsatz des Immissionsschutzrechts auch im Baurecht anwendbar ist. Das OVG Münster (B.v. 23.4.2013 – 2 B 141/13 –, nrwe) bejaht dies, da die Bestimmung einen allgemeinen Rechtsgedanken formuliere, der auch im Baurecht Geltung beanspruchen könne. Es sei Ausfluss des bauplanungsrechtlichen Rücksichtnahmegebots.

499 Demgegenüber wendet das OVG Lüneburg (B.v. 6.3.2013 – 1 ME 205/12 –, juris) diese Grundsätze im Baurecht nicht an. § 6 Abs. 3 BImSchG normiere mit der Verbesserungsgenehmigung keinen verallgemeinerungsfähigen Rechtsgedanken, sondern stelle ganz im Gegenteil eine nicht verallgemeinerungsfähige Sondervorschrift dar. Sie sei zwar vom Gedanken des Bestandsschutzes mit getragen. Ausgestaltungen des Bestandsschutzes seien aber nicht generell verallgemeinerungsfähig. Gewähre der Gesetzgeber für bestimmte Bereiche Vergünstigungen, müsse dies nicht bedeuten, sie gälten auch für andere. Das gelte namentlich dann, wenn er die Vergünstigungen an vergleichsweise kompliziert konzipierte, teilweise mit Gegenausnahmen versehene Voraussetzungen knüpfe. Dann bedürfe es besonderer Rechtfertigung anzunehmen, sie gelte auch in anderen, von der unmittelbaren Anwendung der Norm nicht erfassten Bereichen (so auch OVG Lüneburg, B.v. 9.4.2014 – 1 LA 60/13 –, BRS 82 Nr. 118 = juris). Dieser Ansicht ist allein schon aus rechtssystematischen Gründen zu folgen.

500 Bei unterstellter grundsätzlicher Anwendbarkeit des Grundsatzes auch im Baurecht ist jedenfalls eine Rücksichtslosigkeit nur dann zu verneinen, wenn – erstens – die Anlage bisher schon rechtmäßig betrieben wurde und – zweitens – der Immissionsbeitrag durch über den Stand der Technik hinausgehende Maßnahmen „deutlich" gesenkt wird. Was eine in diesem Sinne deutliche Verringerung des Immissionsbeitrags ist, die es rechtfertigt, z.B. dem Nachbarn die Hinnahme einer die Immissionswerte der GIRL (s. dazu ab Rn. 591) übersteigende Geruchsbelastung dauerhaft abzuverlangen, muss nach den konkreten Umständen des Einzelfalls beurteilt werden. Dabei muss die Reduzierung umso größer ausfallen, je größer die Überschreitung des eigentlich hinzunehmenden Immissionswerts ist (OVG Münster, B.v. 23.4.2013 – 2 B 141/13 –, nrwe; VG Hannover, U.v. 14.1.2013 – 4 A 205/12 –, juris; VG Regensburg, U.v. 8.5.2012 – RN 6 K 11.1187 –, juris). Anzustrebender Zielwert bleibt aber auch in diesen Fällen die Verringerung der Geruchsimmissionen auf ein Niveau von maximal 0,25 (OVG Münster, B.v. 23.4.2013 – 2 B 141/13 –, nrwe; vgl. auch VG Minden, B.v. 2.12.2015 – 1 L 970/15 –, nrwe).

III. Abwehrrechte gegen schädliche Umwelteinwirkungen

1. Bedeutung des Immissionsschutzrechts im Baurecht

501 Fragen des Immissionsschutzrechts spielen in erheblichem Umfang auch in das Baurecht und in den Rechtsschutz gegen bauliche Anlagen hinein. Denn auch bauliche Anlagen, die nicht immissionsrechtlich genehmigungsbedürftig sind, müssen immissionsschutzrechtlich unbedenklich sein. § 22 BImSchG[47] stellt hierfür konkrete Anforderungen auf.

47 **§ 22 BImSchG** [Pflichten der Betreiber nicht genehmigungsbedürftiger Anlagen]

Dagegen sind Fragen des nachbarlichen Rechtsschutzes gegen Anlagen, die einer immissionsschutzrechtlichen Genehmigung bedürfen, solche des eigentlichen Immissionsschutzrechts und nicht Gegenstand dieser Darstellung. Ob eine Anlage einer Baugenehmigung oder einer immissionsschutzrechtlichen Genehmigung, die nach § 13 BImSchG unter anderem eine Baugenehmigung mit einschließt, bedürfen, richtet sich nach der Art der Anlage. Nach § 4 Abs. 1 BImSchG bedürfen „die Errichtung und der Betrieb von Anlagen, die auf Grund ihrer Beschaffenheit oder ihres Betriebs in besonderem Maße geeignet sind, schädliche Umwelteinwirkungen hervorzurufen oder in anderer Weise die Allgemeinheit oder die Nachbarschaft zu gefährden, erheblich zu benachteiligen oder erheblich zu belästigen, sowie von ortsfesten Abfallentsorgungsanlagen zur Lagerung oder Behandlung von Abfällen" einer (gemeint ist: immissionsschutzrechtlichen) Genehmigung.[48]

Die Vierte Verordnung zur Durchführung des Bundes-Immissionsschutzgesetzes (4. BImSchV) vom 2.5.2013 führt in ihrem Anhang die einer immissionsschutzrechtlichen Genehmigung bedürftigen Anlagen auf und nennt in ihrem § 1 die Voraussetzungen, unter denen für sie die Genehmigungsbedürftigkeit besteht. Alle anderen Anlagen (sofern sie nicht spezialgesetzlichen Bestimmungen unterliegen, wie Flugplätze oder atomrechtliche Anlagen) bedürfen keiner solchen immissionsschutzrechtlichen Genehmigung. 502

Im Folgenden werden nur solche „baulichen" Anlagen angesprochen, die keiner immissionsschutzrechtlichen Genehmigung bedürfen („nicht genehmigungsbedürftige Anlagen").

Beispiel: In einer Gemengelage (§ 34 Abs. 1 BauGB), in der sich Wohnhäuser und Gewerbebetriebe befinden, soll eine vorhandene und genehmigte Schreinerei erweitert werden. Für das Vorhaben ist keine immissionsschutzrechtliche Genehmigung erforderlich, sondern lediglich eine Baugenehmigung. Ob diese unter dem Gesichtspunkt der Lärmimmissionen ergehen darf, hängt davon ab, ob das Vorhaben sich in die Umgebungsbebauung einfügt. Insoweit ist das in dem Einfügungsgebot enthaltene Rücksichtnahmegebot zu beachten. Dies ist dann verletzt, wenn die von dem Betrieb der Schreinerei zu erwartenden Lärmimmissionen der Wohnnutzung unzumutbar ist. Den Maßstab für diese Frage gibt § 22 Abs. 1 Satz 1 BImSchG vor, der nachbarschützenden Charakter hat. 503

Soweit in § 22 BImSchG allein schädliche Umwelteinwirkungen angesprochen sind und nach dem öffentlichen Baurecht unzumutbare Belästigungen oder Störungen unzulässig sind (§ 15 BauNVO oder nach dem allgemeinen Rücksichtnahmegebot), ist der Zulässigkeitsmaßstab immer derselbe: Erhebliche Störungen und Belästigungen sind unzumutbar, unerhebliche sind zumutbar. 504

Beispiel: Da das Läuten von Kirchenglocken (als ortsfeste Anlagen im Sinne von § 3 Abs. 5 BImSchG) einerseits Geräuschimmissionen verursacht, die Glocken andererseits aber keine nach Immissionsschutzrecht genehmigungsbedürftige Anlagen sind, gilt für sie das Gebot des § 22 BImSchG. Das Bundesverwaltungsgericht hat in seinem Urteil vom 7.10.1983 (7 C 44/81, DVBl 1984, 227 = juris) entschieden, mit dem herkömmlichen täglichen Glockenläuten werde in aller 505

(1) Satz 1: Nicht genehmigungsbedürftige Anlagen sind so zu errichten und zu betreiben, dass
1. schädliche Umwelteinwirkungen verhindert werden, die nach dem Stand der Technik vermeidbar sind,
2. nach dem Stand der Technik unvermeidbare schädliche Umwelteinwirkungen auf ein Mindestmaß beschränkt werden und
3. die beim Betrieb der Anlagen entstehenden Abfälle ordnungsgemäß beseitigt werden können.

48 Auszüge aus den §§ 3 bis 5 BImSchG unter Fn. 7.

Regel die Grenze des Zumutbaren nicht überschritten. Das kultische Glockengeläut sei eine jahrhundertealte kirchliche Lebensäußerung, die, wenn sie sich nach Zeit, Dauer und Intensität im Rahmen des Herkömmlichen halte, auch in einer säkularisierten Gesellschaft bei Würdigung der widerstreitenden Interessen hinzunehmen. Fallbezogen hat es ausgeführt: Das morgendliche Angelus-Läuten solle, nach dem Vortrag der beklagten katholischen Kirchengemeinde, die Gemeindemitglieder zu Beginn des Tagewerks zum Gebet aufrufen und damit der Verkündigung der christlichen Botschaft als der zentralen Aufgabe der Kirche dienen wie auch ein Zeichen der Präsenz der Kirche in der Gesellschaft sein. Eine solche sich im Rahmen des Herkömmlichen haltende kirchliche Lebensäußerung sei vom verfassungsrechtlich garantierten Selbstbestimmungsrecht der Kirche gedeckt und stelle zugleich einen vom Schutz des Art. 4 Abs. 2 GG erfassten Akt freier Religionsausübung dar (vgl. BVerfG, B.v. 16.10.1968 – 1 BvR 241/66 –, BVerfGE 24, 236 = juris). Sie überschreite nicht die Grenzen des Angemessenen und müsse daher von sich gestört fühlenden Einzelpersonen oder Personengruppen – auch unter dem Gebot gegenseitiger Toleranz – als sozialadäquat ertragen werden.

506 Im Rahmen des § 22 BImSchG kommt es nicht darauf an, ob sich der Nachteil bereits realisiert hat. Denn „schädliche Umwelteinwirkungen", deren Unterbleiben der von ihnen Betroffene nach § 22 Abs. 1 Satz 1 Nr. 1 BImSchG grundsätzlich verlangen kann, liegen nicht erst dann vor, wenn es tatsächlich zu einer Beeinträchtigung eines der in § 1 Abs. 1 BImSchG[49] aufgeführten Schutzgüter gekommen ist. Nach § 3 Abs. 1 BImSchG sind schädliche Umwelteinwirkungen vielmehr bereits dann zu bejahen, wenn Immissionen „geeignet" sind, Gefahren, erhebliche Nachteile oder erhebliche Belästigungen für die Nachbarschaft herbeizuführen. Es genügt deshalb, wenn Immissionen erfahrungsgemäß erhebliche negative Effekte auf die in § 1 Abs. 1 BImSchG bezeichneten Schutzgüter ausüben können weil „die Immissionen nach Art, Ausmaß und Dauer die Eignung besitzen, derartige Störungen hervorzubringen" (BT-Drs. 7/179, S. 29, vgl. VGH München, U.v. 25.11.2015 – 22 BV 13.1686 –, juris).

2. Wichtige Aspekte und Normensammlungen

507 Nachstehend werden die im öffentlichen Baunachbarrecht wichtigsten Aspekte des Schutzes gegen schädliche Umwelteinwirkungen und die angewandten Normensammlungen in einem Überblick vorgestellt; wegen der Einzelheiten muss auf die Fachliteratur zum Immissionsschutzrecht verwiesen werden.

Einige Bundesländer haben über die in diesem Kapitel genannten Regelungswerke hinaus eigene Landes-Immissionsschutzgesetze erlassen.[50] Auch auf diese landesspezifischen Regelungen kann hier nicht weiter eingegangen werden.

---

49 **§ 1 BImSchG [Zweck des Gesetzes]**
(1) Zweck dieses Gesetzes ist es, Menschen, Tiere und Pflanzen, den Boden, das Wasser, die Atmosphäre sowie Kultur- und sonstige Sachgüter vor schädlichen Umwelteinwirkungen zu schützen und dem Entstehen schädlicher Umwelteinwirkungen vorzubeugen.
(2) Soweit es sich um genehmigungsbedürftige Anlagen handelt, dient dieses Gesetz auch
– der integrierten Vermeidung und Verminderung schädlicher Umwelteinwirkungen durch Emissionen in Luft, Wasser und Boden unter Einbeziehung der Abfallwirtschaft, um ein hohes Schutzniveau für die Umwelt insgesamt zu erreichen, sowie
– dem Schutz und der Vorsorge gegen Gefahren, erhebliche Nachteile und erhebliche Belästigungen, die auf andere Weise herbeigeführt werden.

50 **Bayern:** Bayrisches Immissionsschutzgesetz vom 8.10.1974 (GVBl. 499), zuletzt geändert am 22.7.2008 (GVB. S. 466)
Berlin: Landesimmissionsschutzgesetz Berlin vom 5.12.2005 (GBl. S. 735), geändert am 3.2.2010 (GVBl. S. 38)
Brandenburg: Landesimmissionsschutzgesetz Brandenburg vom 22.7.1999 (GVBl. I S. 386), zuletzt geändert am 15.7.2010 (GVBl. I Nr. 28 S. 1)

a) Lärmimmissionen

aa) Begriffliches und Schutzziele

Als Lärm werden Schallereignisse (Töne, Klänge oder Geräusche) bezeichnet, die der 508
Mensch als unangenehm, lästig, störend oder sogar gesundheitsgefährdend empfindet. Schall stellt physikalisch eine sich im Raum ausbreitende Schallwelle dar. Die wichtigste Grundgröße zur Beschreibung der Schalleigenschaft ist der Schalldruck; je höher der Druck ist, desto lauter ist der Schall. Der Druck der Schallwelle nimmt mit der Entfernung ab. Im idealisierten Fall sinkt der Schallpegel innerhalb des Direktschallfeldes wie bei ungehinderter Schallausbreitung um 6 dB je Entfernungsverdoppelung. Änderungen der Lautstärke um 1 dB kann der Mensch unter bestimmten Voraussetzungen wahrnehmen; eine Pegeländerung um 10 dB entspricht etwa einer Verdopplung bzw. Halbierung der subjektiv empfundenen Lautstärke.

Neben dem Schalldruck ist für die Schallwahrnehmung auch die Tonhöhe, die 509
Schwingungsfrequenz der Schallwellen, maßgeblich.

In der nachstehenden Tabelle sind die Lautstärke und die zugehörige Geräuschemp- 510
findung einiger typischer Geräuscharten aufgeführt (aus: http://www.bmub.bund.de/themen/luft-laerm-verkehr/laermschutz/laermschutz-im-ueberblick/was-ist-laerm/)

Lärmstufe	Geräuschart	Lautstärke	Geräuschempfinden
I 30 – 65 dB(A) Psychische Reaktion	Ticken einer leisen Uhr, feiner Landregen, Flüstern	30 dB(A)	sehr leise
	nahes Flüstern, ruhige Wohnstraße	40 dB(A)	ziemlich leise
	Unterhaltungssprache	50 dB(A)	normal
	Unterhaltungssprache in 1 m Abstand, Bürolärm	60 dB(A)	normal bis laut
II 65 – 90 dB(A) Physiologische Reaktion	laute Unterhaltung, Rufen, Pkw in 10 m Abstand	70 dB(A)	laut bis sehr laut
	Straßenlärm bei starkem Verkehr	80 dB(A)	sehr laut

Bremen: Bremisches Immissionsschutzgesetz vom 26.6.2001 (Brem.GBl. S. 220), zuletzt geändert durch Gesetz vom 16.11.2010 (Brem.GBl. S. 567)
Hamburg: Hamburgisches Lärmschutzgesetz vom 30.11. 2010 (HmbGVBl. S. 621), geändert durch Gesetz vom 8.7.2014 (HmbGVBl. S. 293)
Niedersachsen: Niedersächsisches Lärmschutzgesetz vom 10.12.2012 (Nds. GVBl. S. 562)
Nordrhein-Westfalen: Landes-Immissionsschutzgesetz Nordrhein-Westfalen vom 18.3.1975 (GV.NRW. S. 232), zuletzt geändert durch Gesetz vom 5.7.2001 (GV.NRW. S. 358)
Rheinland-Pfalz: Landesimmissionsschutzgesetz Rheinland-Pfalz vom 20.12.2000 (GVBl. S. 578), zuletzt geändert durch Art. 1 des Gesetzes vom 19.8.2014 (GVBl. S. 194), sowie Lärmschutzverordnung vom 25.10. 1973 (GVBl. S. 312), geändert am 12.10.1999 (GVBl. S. 325, 343)
Schleswig-Holstein: Landes-Immissionsschutzgesetz Schleswig-Holstein vom 6.1.2009 (GVBl. S. 2), geändert am 13.10.2011 (GVBl. S. 280.).

Lärmstufe	Geräuschart	Lautstärke	Geräuschempfinden
III 90 – 120 dB(A) Gehörschaden, Ohrschmerz	laute Fabrikhalle	90 dB(A)	sehr laut
	Autohupen in 7 m Abstand	100 dB(A)	sehr laut bis unerträglich
	Kesselschmiede	110 dB(A)	sehr laut bis unerträglich
	Flugzeugtriebwerk	120 dB(A)	unerträglich bis schmerzhaft
		130 dB(A)	Schmerzschwelle

511 Im Allgemeinen wird zwischen den folgenden Lärmarten unterschieden, die insgesamt als Umgebungslärm bezeichnet werden:

- Verkehrslärm, zu dem Straßenverkehrslärm, Schienenverkehrslärm und Fluglärm zählt; auf den durch Verkehr verursachten Lärm wird im Rahmen dieser Darstellung nicht eingegangen, da er außerhalb des Baunachbarrechts liegt,
- Gewerbelärm und Industrielärm,
- Baustellenlärm,
- Nachbarschaftslärm, Freizeitlärm und Sportlärm sowie Lärm durch sonstige öffentliche Veranstaltungen.

512 Durch Lärm kann das körperliche, seelische und soziale Wohlempfinden beeinträchtigt werden. Die Lärmreaktionen sind nicht nur von der Höhe des Schalldrucks und der Tonhöhe abhängig, sondern werden auch durch individuelle Empfindlichkeiten und die Umgebungsbedingung beeinflusst; es tritt also zu dem objektiven, physikalischen Phänomen eine bewertende Komponente hinzu.

513 Die Bewertung von Lärm erfolgt anhand akustischer Kenngrößen, wie (nach: Laubinger/Storost in: Ule/Laubinger/Repkewitz, BImSchG, § 3 BImSchG, § 3 Rn. C 58 ff.):

Schalldruck	Er gibt an, wie sich durch eine Schalimmission am Ort der Messung der Luftdruck ändert.
Schalldruckpegel	Das ist das in dB angegebene logarithmische Verhältnis des jeweiligen Schalldrucks zu der Ruhehörschwelle von 0 dB.
Frequenz	Das ist die in Hertz angegebene Anzahl der Schwingungen in einer Sekunde.
Schallbewertungskurve A	Der mit der Frequenzbewertung „A“ versehene Schallpegel stellt eine Annäherung an die menschliche Lautstärkenempfindung dar. Mit der Einheit dB(A) werden die Unterschiede in der Hörbarkeit sehr hoher, mittlerer und sehr tiefer Töne berücksichtigt. Zur Beurteilung der Geräuschsituation über einen längeren Zeitraum wird zumeist der energieäquivalente Mittelungspegel nach der DIN 45641 verwendet.
Zuschläge	Zuschläge werden vergeben für besondere Geräuschmerkmale, bei denen ihr Ton, ihr Klang und ihr Informationsgehalt die Lästigkeit beeinflussen.

Dauerschallpegel	Er gibt – unter Nichtberücksichtigung auffälliger Einzeltöne und Impulsen – den über eine bestimmte Zeit gemittelten Wert des Schalldruckpegels an.
Beurteilungspegel	Er kennzeichnet die Einwirkung des Schalls auf den Immissionsort und ergibt sich aus dem Schalleistungspegel und dem Pegelverlust auf dem Ausbreitungsweg zum Immissionsort.

Ferner erfolgt die Bewertung von Lärm anhand nichtakustischer Einflussgrößen (sog. Moderatoren) wie 514

Tages- oder Nachtzeit und
Gebietscharakter mit unterschiedlichen Grenzwerten.

Die anerkannten Regelwerke verfolgen verschiedene Schutzziele, die zum Teil absolut gelten und zum Teil bezogen auf die jeweiligen Bereiche unterschiedliches Gewicht haben. Dies kommt in den unterschiedlichen Lärmrichtwerten zum Ausdruck. 515

Die Schutzziele sind: 516

- Vermeidung von Hörschäden,
- Vermeidung von Schlafstörungen,
- Vermeidung von Gesundheitsschäden und Krankheit,
- Vermeidung erheblicher Belästigungen,
- Vermeidung von Kommunikationsstörungen,
- Vermeidung der Beeinträchtigung der Erholungsfunktion,
- Schutz besonderer Einrichtungen.

bb) TA Lärm

Zur Beurteilung der Zumutbarkeit der von Betrieben ausgehenden Lärmimmissionen ist in vielen Fällen auf die auf der Grundlage von § 48 BImSchG erlassene Sechste Allgemeinen Verwaltungsvorschrift zum Bundes-Immissionsschutzgesetz (Technische Anleitung zum Schutz gegen Lärm – TA Lärm – vom 26.8.1998, GMBl Nr. 26/1998 S. 503) abzustellen. Obwohl sie auf den von gewerblichen Anlagen ausgehenden Lärm zugeschnitten ist, hat sie darüber hinaus große Bedeutung. An ihren Berechnungsmethoden ist in den vergangenen Jahren zunehmend Kritik geübt worden. Dieser setzt daran an, dass nach der TA Lärm der Lärm 1 m vor dem geöffneten Fenster gemessen wird, es aber um den Schutz im Innern der Räume gehe. Dem wird entgegengehalten, dass andere Messmethoden nicht praktikabel seien und sich die gängige Methode durch langjährige Erfahrung bewährt habe. Die Rechtsprechung, auch die des Bundesverwaltungsgerichts (z.B. U.v. 29.11.2012 – 4 C 8/11 –, NVwZ 2013, 372 = juris), wendet die TA Lärm problemlos an. 517

(1) Zweck und Anwendungsbereich

Zweck und Anwendungsbereich der TA Lärm sind in ihrer Nr. 1 abschließend beschrieben.[51] Aus der Regelung wird ihre Bedeutung auch für dem Baurecht unterlie- 518

---

51 **Nr. 1 TA Lärm [Anwendungsbereich]**
Diese Technische Anleitung dient dem Schutz der Allgemeinheit und der Nachbarschaft vor schädlichen Umwelteinwirkungen durch Geräusche sowie der Vorsorge gegen schädliche Umwelteinwirkungen durch Geräusche.

gende bauliche Anlagen und deren Nutzung („nicht genehmigungsbedürftige Anlagen“) deutlich erkennbar.

519 Wegen der besonderen Privilegierung der Landwirtschaft sind nicht genehmigungsbedürftige landwirtschaftliche Anlagen nach Nr. 1 Abs. 2 Buchst. c TA Lärm ausdrücklich vom Anwendungsbereich der TA Lärm ausgenommen (vgl. dazu VGH München, B.v. 4.3.2015 – 22 CS 15.33 u.a. –, juris; B.v. 10.2.2016 – 22 ZB 15.2329 –, juris). Landwirtschaftliche Anlagen im Sinn dieser Bestimmung sind Anlagen, die wie Lüftungsanlagen für Ställe, Melkmaschinen, Mähdrescher oder Traktoren im Rahmen der Urproduktion (vgl. § 201 BauGB) der Gewinnung landwirtschaftlicher Erzeugnisse oder der Zubereitung, Verarbeitung und Verwertung selbst gewonnener derartiger Erzeugnisse dienen (vgl. OVG Münster, B.v. 23.1.2008 – 8 B 237/07 –, juris; VGH München, B.v. 3.5.2016 – 15 CS 15.1576 –, juris). Da Betriebe der Landwirtschaft im Hinblick auf ihren Standort beschränkt sind und lediglich im Außenbereich oder in Dorfgebieten errichtet werden dürfen, sind dort die mit ihnen einhergehenden Immissionen gerade auch unter dem Gesichtspunkt des Rücksichtnahmegebots von benachbarten Nutzungen grundsätzlich hinzunehmen.

Dennoch kann die auf Gewerbelärm zugeschnittene TA Lärm im Einzelfall auch auf von landwirtschaftlichen Betrieben herrührenden Lärm entsprechend angewandt werden, wenn die Geräuschimmissionen ihrer Art nach den gewerblichen Emissionen entsprechen (vgl. VGH München, B.v 3.5.2016 – 15 CS 15.1576 –, juris; VGH Mannheim, U.v. 4.11.2014 – 10 S 1663/11 –, VBlBW 2015, 197 = juris; OVG Saarlouis, B.v. 8.12.2014 – 2 B 363/14 –, juris).

520 Auf Freiluftgaststätten ist die TA Lärm ausdrücklich nicht anwendbar (Buchstabe b). Etwas anderes soll allerdings nach VGH München, B.v. 9.6.2016 – 1 AS 16.812 –, juris, dann gelten, wenn in einer früheren Baugenehmigung für eine Freiluftgaststätte

---

Sie gilt für Anlagen, die als genehmigungsbedürftige oder nicht genehmigungsbedürftige Anlagen den Anforderungen des Zweiten Teils des Bundes-Immissionsschutzgesetzes (BImSchG) unterliegen, mit Ausnahme folgender Anlagen:
a) Sportanlagen, die der Sportanlagenlärmschutzverordnung (18. BImSchV) unterliegen,
b) sonstige nicht genehmigungsbedürftige Freizeitanlagen sowie Freiluftgaststätten,
c) nicht genehmigungsbedürftige landwirtschaftliche Anlagen,
d) Schießplätze, auf denen mit Waffen ab Kaliber 20 mm geschossen wird,
e) Tagebaue und die zum Betrieb eines Tagebaus erforderlichen Anlagen,
f) Baustellen,
g) Seehafenumschlagsanlagen,
h) Anlagen für soziale Zwecke.
Die Vorschriften dieser Technischen Anleitung sind zu beachten
a) für genehmigungsbedürftige Anlagen bei (...);
b) für nicht genehmigungsbedürftige Anlagen bei
aa) der Prüfung der Einhaltung des § 22 BImSchG im Rahmen der Prüfung von Anträgen auf öffentlichrechtliche Zulassungen nach anderen Vorschriften, insbesondere von Anträgen in Baugenehmigungsverfahren,
bb) Entscheidungen über Anordnungen und Untersagungen im Einzelfall (§§ 24 und 25 BImSchG);
c) für genehmigungsbedürftige und nicht genehmigungsbedürftige Anlagen bei der Entscheidung über Anordnungen zur Ermittlung von Art und Ausmaß der von einer Anlage ausgehenden Emissionen sowie der Immissionen im Einwirkungsbereich der Anlage (§ 26 BImSchG).
Ist für eine nicht genehmigungsbedürftige Anlage aufgrund einer Rechtsverordnung nach § 23 Abs. 1 a BImSchG antragsgemäß ein Verfahren zur Erteilung einer Genehmigung nach § 4 Abs. 1 Satz 1 in Verbindung mit § 6 BImSchG durchzuführen, so sind die Vorschriften dieser Technischen Anleitung für genehmigungsbedürftige Anlagen anzuwenden.

bestandskräftig festgelegt sei, dass die Bestimmungen der TA Lärm anzuwenden seien.

Auch Anlagen für soziale Zwecke sind nach Nr. 1 Buchstabe h aus dem Anwendungsbereich herausgenommen (Beispiel: Vereinshaus für eine Musikschule, VG Münster, U.v. 14.4.2016 – 2 K 1348/15 –, nrwe; das Gericht hat die Freizeitlärm-Richtlinie, s. dazu ab Rn. 570, als Orientierungshilfe herangezogen.) 521

Die Bedeutung der TA Lärm ist nicht auf die Frage der Genehmigungsfähigkeit einer emittierenden Anlage beschränkt und nicht nur heranzuziehen, wenn die Frage zu beantworten ist, ob eine schutzwürdige vorhandene Nutzung in unzumutbarer Weise durch die hinzukommende, Lärm verursachende Anlage gestört wird. Vielmehr beanspruchen ihre Aussagen Gültigkeit auch in der umgekehrten Situation, dass eine Nutzung sich einem emittierenden Betrieb nähert (sog. heranrückende Wohnbebauung). *„Denn das Bundesimmissionsschutzrecht und damit auch die auf der Grundlage von § 48 BImSchG erlassene TA Lärm legen die Grenze der Zumutbarkeit von Umwelteinwirkungen für den Nachbarn und damit das Maß der gebotenen Rücksichtnahme mit Wirkung auch für das Baurecht im Umfang seines Regelungsbereichs grundsätzlich allgemein fest."* (BVerwG, U.v. 29.11.2012 – 4 C 8/11 –, NVwZ 2013, 372 = juris, in Abgrenzung zu VGH Mannheim, B.v. 11.10.2006 – 5 S 1904/06 –, NVwZ-RR 2007, 168 = juris, der die Auffassung vertreten hatte, die TA Lärm enthalte lediglich Anforderungen an die Errichtung und den Betrieb von emittierenden Anlagen, regele aber nicht den Konflikt mit einer an eine latent störende gewerbliche Nutzung heranrückenden Wohnbebauung und sei deswegen für deren bauaufsichtliche Genehmigung nicht maßgeblich.) Aus der Spiegelbildlichkeit der gegenseitigen Verpflichtungen aus dem Rücksichtnahmegebot für die konfligierenden Nutzungen ergebe sich, so das Bundesverwaltungsgericht, dass mit der Bestimmung der Anforderungen an den emittierenden Betrieb auf der Grundlage der TA Lärm zugleich das Maß der vom Nachbarn zu duldenden Umwelteinwirkungen und mithin die – gemeinsame – Zumutbarkeitsgrenze im Nutzungskonflikt feststehe. 522

Ob bei der Beurteilung der Zumutbarkeit von Stellplätzen oder Garagen im rückwärtigen Grundstücksbereich die Immissionsrichtwerte der TA Lärm unmittelbar oder mittelbar heranzuziehen sind oder nicht ausschlaggebend sind, ist umstritten. Das OVG Münster verneint dies (B.v. 30.11.2015 – 7 B 1149/15 –, nrwe). Denn entscheidend sei, was die Betroffenen in dem Bereich, in dem diese sich auswirken werden, bereits hinzunehmen oder zu erwarten haben. Maßgebend sei nicht allein das Ausmaß an Beeinträchtigungen durch die Anlagen, sondern auch der Umstand, inwieweit der betreffende rückwärtige Grundstücksbereich bereits durch andere Grundstücke im näheren Umfeld als Standort für Stellplätze oder auf andere Weise durch Kfz-bedingte Immissionen vorgeprägt sei (Einzelheiten dazu unter Rn. 705). 523

Die TA Lärm ist als Allgemeine Verwaltungsvorschrift auf die Anwendung durch die Verwaltung zugeschnitten. Sie wird aber von der Rechtsprechung (trotz der Kritik, vgl. hierzu: Mampel, Nachbarschutz im öffentlichen Baurecht, Rn. 1111 f.) regelmäßig als verbindlich angesehen (als „antizipiertes Sachverständigengutachten"). Jedenfalls soweit sie unmittelbar anzuwenden ist, dient sie als Maßstab für die Frage der 524

Zumutbarkeit bzw. der Erheblichkeit von Immissionen. *„Für eine einzelfallbezogene Beurteilung der Schädlichkeitsgrenze aufgrund tatrichterlicher Würdigung lässt das normkonkretisierende Regelungskonzept der TA Lärm nur insoweit Raum, als es insbesondere durch Kann-Vorschriften (z.B. Nr. 6.5 Satz 3 und Nr. 7.2) und Bewertungsspannen (z.B. A.2.5.3) Spielräume eröffnet (Urteil vom 29. August 2007 – BVerwG 4 C 2/07 – BVerwGE 129,209 Rn. 12 m.w.N.).“* (BVerwG, U.v. 29.11.2012 – 4 C 8/11 –, NVwZ 2013, 372 = juris).

(2) Überblick über die wichtigsten Regelungen

525 Unter Nr. 6.1 trifft die TA Lärm eine Regelung für die Zumutbarkeit von Geräuschen und bestimmt, an welcher Stelle zu messen ist.

(a) Immissionsort

526 Wie sich aus Nr. 6.1 ergibt, sind für die Beurteilung der Zumutbarkeit der Lärmbeeinträchtigung außerhalb der betroffenen Gebäude gelegene Immissionsorte maßgeblich. Nr. 2.3 bestimmt den maßgeblichen Immissionsort[52] und verweist im Einzelnen auf Nr. A.1.3 des Anhangs.[53] Diese Orte können durch passive Schallschutzmaßnahmen gegen von außen wirkenden Luftschall (z.B. Anordnung von Schallschutzfenstern mit Belüftungseinrichtungen und einem Schalldämmmaß von mindestens 41 dB(A) für alle schutzbedürftigen Räume in einer Baugenehmigung) nicht beeinflusst werden. Solche Maßnahmen sieht die TA Lärm nicht vor. Zulässige Schallschutzmaßnahmen sind insofern nicht zu öffnende Fenster oder Schallschutzwände (s. zu öffenbaren Fenstern OVG Münster, B.v. 7.4.2016 – 2 B 1261/15 –, nrwe). Das Bundesverwaltungsgericht (U.v. 29.11.2012 – 4 C 8/11 –, NVwZ 2013, 372 = juris) begründet dies so:

527 *„Die Möglichkeit, einer Überschreitung der nach Nr. 6.1 und Nr. 6.7 maßgeblichen Immissionsrichtwerte mit passivem Lärmschutz zu begegnen, müsste auch das Schutzziel der TA Lärm verfehlen. Aus der Maßgeblichkeit der Außen-Immissionsrichtwerte nach Nr. 6.1 und der Definition des maßgeblichen Immissionsortes in A. 1.3 des Anhangs der TA Lärm – bei bebauten Flächen 0,5 m außerhalb vor der Mitte des geöffneten Fensters des vom Geräusch am stärksten betroffenen schutzbedürfti-*

---

52 **2.3 TA Lärm [Maßgeblicher Immissionsort]**
Maßgeblicher Immissionsort ist der nach Nummer A.1.3 des Anhang zu ermittelnde Ort im Einwirkungsbereich der Anlage, an dem eine Überschreitung der Immissionsrichtwerte am ehesten zu erwarten ist. Es ist derjenige Ort, für den die Geräuschbeurteilung nach dieser Technischen Anleitung vorgenommen wird.
Wenn im Einwirkungsbereich der Anlage aufgrund der Vorbelastung zu erwarten ist, dass die Immissionsrichtwerte nach Nummer 6 an einem anderen Ort durch die Zusatzbelastung überschritten werden, so ist auch der Ort, an dem die Gesamtbelastung den maßgebenden Immissionsrichtwert nach Nummer 6 am höchsten übersteigt, als zusätzlicher maßgeblicher Immissionsort festzulegen.

53 **TA Lärm Anhang A.1.3 [Maßgeblicher Immissionsort]**
Die maßgeblichen Immissionsorte nach Nummer 2.3 liegen
a) bei bebauten Flächen 0,5 m außerhalb vor der Mitte des geöffneten Fensters des vom Geräusch am stärksten betroffenen schutzbedürftigen Raumes nach DIN 4109, Ausgabe November 1989;
b) bei unbebauten Flächen oder bebauten Flächen, die keine Gebäude mit schutzbedürftigen Räumen enthalten, an dem am stärksten betroffenen Rand der Fläche, wo nach dem Bau- und Planungsrecht Gebäude mit schutzbedürftigen Räumen erstellt werden dürfen;
c) bei mit der zu beurteilenden Anlage baulich verbundenen schutzbedürftigen Räumen, bei Körperschallübertragung sowie bei der Einwirkung tieffrequenter Geräusche in dem am stärksten betroffenen schutzbedürftigen Raum. Ergänzend gelten die Bestimmungen nach DIN 45645-1, Ausgabe Juli 1996, Abschnitt 6.1 zu Ersatzmessorten sowie zur Mikrofonaufstellung und Messdurchführung.

gen Raumes – ergibt sich, dass dieses Regelungswerk – anders als etwa für Verkehrsanlagen die 16. und 24. BImSchV – den Lärmkonflikt zwischen Gewerbe und schutzwürdiger (insbesondere Wohn-) Nutzung bereits an deren Außenwand und damit unabhängig von der Möglichkeit und Notwendigkeit von Schutzmaßnahmen gelöst wissen will. Damit sichert die TA Lärm von vornherein für Wohnnutzungen einen Mindestwohnkomfort, der darin besteht, Fenster trotz der vorhandenen Lärmquellen öffnen zu können und eine natürliche Belüftung sowie einen erweiterten Sichtkontakt nach außen zu ermöglichen, ohne dass die Kommunikationssituation im Innern oder das Ruhebedürfnis und der Schlaf nachhaltig gestört werden können. Soweit andere Regelwerke wie die schon genannte 16. und 24. BImSchV passiven Lärmschutz zur Lösung des Nutzungskonflikts zulassen und damit einen geringeren Mindestwohnkomfort als Schutzziel zugrundelegen, beruht dies auf dem öffentlichen Interesse, das an den von diesen Regelungen erfassten (Verkehrs-)Anlagen besteht und weiterreichende Beschränkungen des Eigentumsinhalts zulasten der von Immissionen betroffenen Anliegern rechtfertigt.

Durch Nr. 6.1. TA Lärm soll von vornherein für Wohnnutzungen ein Mindestkomfort gesichert werden, der darin besteht, Fenster trotz der vorhandenen Lärmquellen öffnen zu können und eine natürliche Belüftung sowie einen erweiterten Sichtkontakt nach außen zu ermöglichen, ohne dass die Kommunikationssituation im Innern oder das Ruhebedürfnis und der Schlaf nachhaltig gestört werden können (vgl. BVerwG, a. a. O., Rn. 24). Bei nicht zu öffnenden Fenstern ist dieser Mindestkomfort von vornherein nicht gegeben und daher nicht zu sichern.“

(b) Immissionsrichtwerte

Nr. 6.1 nennt – als zentrale Vorschrift der TA Lärm – die Immissionsrichtwerte für bestimmte Baugebiete nach der Baunutzungsverordnung und darüber hinaus für Kurgebiete und (als besonders schutzwürdige Nutzungen) für Krankenhäuser und Pflegeanstalten.[54] 528

54 **6.1 TA Lärm [Immissionsrichtwerte für Immissionsorte außerhalb von Gebäuden]**
Die Immissionsrichtwerte für den Beurteilungspegel betragen für Immissionsorte außerhalb von Gebäuden

a) in Industriegebieten		70 dB(A)
b) in Gewerbegebieten		
	tags	65 dB(A)
	nachts	50 dB(A)
c) in Kerngebieten, Dorfgebieten und Mischgebieten		
	tags	60 dB(A)
	nachts	45 dB(A)
d) in allgemeinen Wohngebieten und Kleinsiedlungsgebieten		
	tags	55 dB(A)
	nachts	40 dB(A)
e) in reinen Wohngebieten		
	tags	50 dB(A)
	nachts	35 dB(A)
f) in Kurgebieten, für Krankenhäuser und Pflegeanstalten		
	tags	45 dB(A)
	nachts	35 dB(A)

Einzelne kurzzeitige Geräuschspitzen dürfen die Immissionsrichtwerte am Tage um nicht mehr als 30 dB(A) und in der Nacht um nicht mehr als 20 dB(A) überschreiten.

Über die in 6.1 genannten Immissionsrichtwerte hinaus ist in besonders schutzbedürftigen Gebieten ein Zuschlag für Tageszeiten mit erhöhter Empfindlichkeit vorzunehmen.[55]

529 Die in den vorgenannten Regelungen genannten Beurteilungszeiten („tags" und „nachts"), sind in Nr. 6.4 beschrieben.[56]

Die Nachtzeit kann bis zu einer Stunde hinausgeschoben werden, wenn eine achtstündige Nachtruhe der Nachbarschaft im Einwirkungsbereich der Anlage sichergestellt ist. Ob die emittierende Anlage in einem Gebiet liegt, das durch nächtliche Unterhaltungsaktivitäten geprägt wird, ist unerheblich. Denn die Festlegung der Nachtzeit bestimmt die während der Nacht einzuhaltenden Immissionsrichtwerte, die die TA Lärm entsprechend dem Schutzniveau des Gebiets, in dem die betroffene, zu schützende Nutzung stattfindet, vorgibt. „Besondere örtliche Verhältnisse" scheiden deshalb stets aus, wenn die in einem reinen oder allgemeinen Wohngebiet lebende Bevölkerung erwarten kann, ungestörten Schlaf bereits ab 22:00 Uhr zu finden (VGH München, B.v. 9.6.2016 – 1 AS 16.812 –, juris).

Von einer „achtstündigen Nachtruhe" kann nicht gesprochen werden, *„wenn die Möglichkeit ungestörten Schlafens während einer zusammenhängenden Zeitspanne von acht Stunden in einem Ausmaß beeinträchtigt ist, die bei den Betroffenen zu gesundheitlichen Beeinträchtigungen führen kann* (VGH München, U.v. 25.11.2015 – 22 BV 13.1686 –, GewArch 2016, 204 = juris). Die Grenze zur Gesundheitsgefährdung ist erreicht, wenn ein aus allen Geräuschen, die auf einen zum Schlafen bestimmten Raum einwirken, zu bildender Summenpegel über eine ins Gewicht fallende Zeitspanne hinweg 60 dB(A) überschreitet (BVerwG, U.v. 10.11.2004 – 9 A 67.03 –, juris; U.v. 23.2.2005 – 4 A 4.04 –, BVerwGE 123, 37 = juris; U.v. 13.5.2009 – 9 A 72.07 –, BVerwGE 134, 45 = juris).

---

55 **6.5 TA Lärm [Zuschlag für Tageszeiten mit erhöhter Empfindlichkeit]**
Für folgende Zeiten ist in Gebieten nach Nummer 6.1 Buchstaben d bis f bei der Ermittlung des Beurteilungspegels die erhöhte Störwirkung von Geräuschen durch einen Zuschlag zu berücksichtigen:

1. an Werktagen	06.00 – 07.00 Uhr 20.00 – 22.00 Uhr
2. an Sonn- und Feiertagen	06.00 – 09.00 Uhr 13.00 – 15.00 Uhr 20.00 – 22.00 Uhr

Der Zuschlag beträgt 6 dB.
Von der Berücksichtigung des Zuschlags kann abgesehen werden, soweit dies wegen der besonderen örtlichen Verhältnisse unter Berücksichtigung des Schutzes vor schädlichen Umwelteinwirkungen erforderlich ist.

56 **6.4 TA Lärm [Beurteilungszeiten]**
Die Immissionsrichtwerte nach den Nummern 6.1 bis 6.3 beziehen sich auf folgende Zeiten:

1. tags	06.00 – 22.00 Uhr
2. nachts	22.00 – 06.00 Uhr

Die Nachtzeit kann bis zu einer Stunde hinausgeschoben oder vorverlegt werden, soweit dies wegen der besonderen örtlichen oder wegen zwingender betrieblicher Verhältnisse unter Berücksichtigung des Schutzes vor schädlichen Umwelteinwirkungen erforderlich ist. Eine achtstündige Nachtruhe der Nachbarschaft im Einwirkungsbereich der Anlage ist sicherzustellen.
Die Immissionsrichtwerte nach den Nummern 6.1 bis 6.3 gelten während des Tages für eine Beurteilungszeit von 16 Stunden. Maßgebend für die Beurteilung der Nacht ist die volle Nachtstunde (z.B. 1.00 bis 2.00 Uhr) mit dem höchsten Beurteilungspegel, zu dem die zu beurteilende Anlage relevant beiträgt.

Nr. 6.6 TA Lärm bezieht sich für die Bestimmung des nach Nr. 6.1 maßgeblichen Gebietscharakters auf Festsetzungen in Bebauungsplänen. Für unbeplante Gebiete und Einrichtungen stellt die Regelung auf die Schutzwürdigkeit ab. Für Gemengelagen können geeignete Zwischenwerte zwischen den Immissionsrichtwerten für Wohngebiete und angrenzenden Gebietstypen gebildet werden.[57] 530

Zur Lösung von Immissionskonflikten im Außenbereich enthält die TA Lärm enthält keine Richtwerte. 531

Da die Situation im Außenbereich hinsichtlich der Schutzbedürftigkeit derjenigen in einem Kern-, Dorf- oder Mischgebiet vergleichbar ist, werden die für diese Gebiete geltenden Immissionsrichtwerte der TA Lärm im Allgemeinen auch für die Beurteilung von Immissionskonflikten im Außenbereich herangezogen (OVG Münster, U.v. 18.11.2002 – 7 A 2127/00 –, nrwe).

Liegt ein reines Wohngebiet am Rande zum Außenbereich, weicht die Rechtsprechung – nach den Umständen des Einzelfalls – von den Richtwerten für reine Wohngebiete ab. Denn der Eigentümer eines Grundstücks am Rande zum Außenbereich kann nicht damit rechnen, dass in seiner Nachbarschaft keine emittierende Nutzung oder allenfalls eine reine Wohnnutzung entsteht. Er darf grundsätzlich nur darauf vertrauen, dass im angrenzenden Außenbereich keine Nutzung entstehen wird, die mit der Wohnnutzung nicht mehr verträglich ist. Lediglich eine Lärmbelastung, die über das Maß hinausgeht, das in einem ebenso dem Wohnen dienenden Misch- und Dorfgebiet zulässig ist, ist mit der Wohnnutzung nicht mehr verträglich. Nach der Rechtsprechung ist dem Schutzbedürfnis des Eigentümers eines in einem (faktischen oder festgesetzten) reinen Wohngebiet gelegenen Grundstücks, das an den Außenbereich angrenzt, gegenüber Außenbereichsvorhaben regelmäßig dann genügt, wenn der entsprechende Immissionsrichtwert für allgemeine Wohngebiete nach Nr. 6.1 d) TA Lärm von 40 dB(A) nachts gewahrt ist (vgl. OVG Münster, B.v. 6.5.2016 – 8 B 866/15 –, nrwe; B.v. 4.11.1999 – 7 B 1339/99 – juris; VGH München, U.v. 24.8.2007 – 22 B 05.2870 –, juris; VGH Mannheim, U.v. 23.04. 2002 – 10 S 1502/01 –, NVwZ 2003, 365 = juris; VGH Kassel, U.v. 30.10.2009 – 6 B 2668/09 –, juris). 532

57 **6.6 TA Lärm [Zuordnung des Immissionsortes]**
Die Art der in Nummer 6.1 bezeichneten Gebiete und Einrichtungen ergibt sich aus den Festlegungen in den Bebauungsplänen. Sonstige in Bebauungsplänen festgesetzte Flächen für Gebiete und Einrichtungen sowie Gebiete und Einrichtungen, für die keine Festsetzungen bestehen, sind nach Nummer 6.1 entsprechend der Schutzbedürftigkeit zu beurteilen.
6.7 TA Lärm [Gemengelagen]
Wenn gewerblich, industriell oder hinsichtlich ihrer Geräuschauswirkungen vergleichbar genutzte und zum Wohnen dienende Gebiete aneinandergrenzen (Gemengelage), können die für die zum Wohnen dienenden Gebiete geltenden Immissionsrichtwerte auf einen geeigneten Zwischenwert der für die aneinandergrenzenden Gebietskategorien geltenden Werte erhöht werden, soweit dies nach der gegenseitigen Pflicht zur Rücksichtnahme erforderlich ist. Die Immissionsrichtwerte für Kern-, Dorf- und Mischgebiete sollen dabei nicht überschritten werden. Es ist vorauszusetzen, dass der Stand der Lärmminderungstechnik eingehalten wird.
Für die Höhe des Zwischenwertes nach Absatz 1 ist die konkrete Schutzwürdigkeit des betroffenen Gebietes maßgeblich. Wesentliche Kriterien sind die Prägung des Einwirkungsgebiets durch den Umfang der Wohnbebauung einerseits und durch Gewerbe- und Industriebtriebe andererseits, die Ortsüblichkeit eines Geräusches und die Frage, welche der unverträglichen Nutzungen zuerst verwirklicht wurde. Liegt ein Gebiet mit erhöhter Schutzwürdigkeit nur in einer Richtung zur Anlage, so ist dem durch die Anordnung der Anlage auf dem Betriebsgrundstück und die Nutzung von Abschirmungsmöglichkeiten Rechnung zu tragen.

(c) Schallereignisse innerhalb von Gebäuden und „seltene Ereignisse“

533 Die Zumutbarkeit von Geräuschen und Körperschall innerhalb von Gebäuden ist in Nr. 6.2 angesprochen.[58]

534 Eine privilegierende Sonderregelung gilt für so genannte seltene Ereignisse.[59] Der Begriff der seltenen Ereignisse wird in Nr. 7.2 definiert.[60]

535 **Beispiel für die Annahme eines seltenen Ereignisses (nach VGH München, B.v. 7.2.2013 – 15 CS 12.743 –, juris):** Die Genehmigungsbehörde hat in Anlehnung an die Regelung für seltene Ereignisse in Nr. 7.2 TA Lärm durch Auflage die Überschreitung der Immissionsrichtwerte beim Erntebetrieb an 10 Tagen im Jahr festgelegt. Diese Überschreitung ist zumutbar. Denn nach dem immissionsschutztechnischen Gutachten ist gewährleistet, dass die erhöhten Immissionsrichtwerte ohne weiteres eingehalten werden können. Für die Variante „Erntebetrieb" wird davon ausgegangen, dass diese nach den Angaben des beigeladenen Landwirts lediglich an zwei bis drei Tagen im Jahr erfolgt, an denen jeweils 75 Fahrten mit dem Traktor und Anhänger in das Fahrsilo nötig sind, und die Erntetätigkeiten ausschließlich während der Tagzeit stattfinden. Dieses Gutachten ist mit den darin festgeschriebenen Beurteilungsgrundlagen Bestandteil der Baugenehmigung. Konkrete Regelungen zur Zahl der Fahrten musste die Baugenehmigung nicht enthalten.

---

58 **6.2 TA Lärm [Immissionsrichtwerte für Immissionsorte innerhalb von Gebäuden]**
Bei Geräuschübertragungen innerhalb von Gebäuden oder bei Körperschallübertragung betragen die Immissionsrichtwerte für den Beurteilungspegel für betriebsfremde schutzbedürftige Räume nach DIN 4109, Ausgabe November 1989, unabhängig von der Lage des Gebäudes in einem der in Nummer 6.1 unter Buchstaben a bis f genannten Gebiete

tags 35 dB(A)
nachts 25 dB(A)

Einzelne kurzzeitige Geräuschspitzen dürfen die Immissionsrichtwerte um nicht mehr als 10 dB(A) überschreiten.
Weitergehende baurechtliche Anforderungen bleiben unberührt.

59 **6.3 TA Lärm [Immissionsrichtwerte für seltene Ereignisse]**
Bei seltenen Ereignissen nach Nummer 7.2 betragen die Immissionsrichtwerte für den Beurteilungspegel für Immissionsorte außerhalb von Gebäuden in Gebieten nach Nummer 6.1 Buchstaben b bis f

tags 70 dB(A)
nachts 55 dB(A)

Einzelne kurzzeitige Geräuschspitzen dürfen diese Werte
– in Gebieten nach Nummer 6.1 Buchstabe b am Tag um nicht mehr als 25 dB(A) und in der Nacht um nicht mehr als 15 dB(A),
– in Gebieten nach Nummer 6.1 Buchstaben c bis f am Tag um nicht mehr als 20 dB(A) und in der Nacht um nicht mehr als 10 dB(A)
überschreiten.

60 **7.2 TA Lärm [Bestimmungen für seltene Ereignisse]**
Ist wegen voraussehbarer Besonderheiten beim Betrieb einer Anlage zu erwarten, dass in seltenen Fällen oder über eine begrenzte Zeitdauer, aber an nicht mehr als zehn Tagen oder Nächten eines Kalenderjahres und nicht an mehr als an jeweils zwei aufeinander folgenden Wochenenden, die Immissionsrichtwerte nach den Nummern 6.1 und 6.2 auch bei Einhaltung des Standes der Technik zur Lärmminderung nicht eingehalten werden können, kann eine Überschreitung im Rahmen des Genehmigungsverfahrens für genehmigungsbedürftige Anlagen zugelassen werden. Bei bestehenden genehmigungsbedürftigen oder nicht genehmigungsbedürftigen Anlagen kann unter den genannten Voraussetzungen von einer Anordnung abgesehen werden.
Dabei ist im Einzelfall unter Berücksichtigung der Dauer und der Zeiten der Überschreitungen, der Häufigkeit der Überschreitungen durch verschiedene Betreiber insgesamt sowie von Minderungsmöglichkeiten durch organisatorische und betriebliche Maßnahmen zu prüfen, ob und in welchem Umfang der Nachbarschaft eine höhere als die nach den Nummern 6.1 und 6.2 zulässige Belastung zugemutet werden kann. Die in Nummer 6.3 genannten Werte dürfen nicht überschritten werden. In der Regel sind jedoch unzumutbare Geräuschbelästigungen anzunehmen, wenn auch durch seltene Ereignisse bei anderen Anlagen Überschreitungen der Immissionsrichtwerte nach den Nummern 6.1 und 6.2 verursacht werden können und am selben Einwirkungsort Überschreitungen an insgesamt mehr als 14 Kalendertagen eines Jahres auftreten.
Nummer 4.3 bleibt unberührt.

(d) Allgemeine Grundsätze für nicht genehmigungsbedürftige Anlagen

Während die TA Lärm unter Nr. 3 Allgemeine Grundsätze für (nach Immissionsschutzrecht) genehmigungsbedürftige Anlagen aufstellt, stellt sie unter Nr. 4 Grundsätze für die Prüfung nicht genehmigungsbedürftiger Anlagen auf, einschließlich der Beschreibung eines vereinfachten Beurteilungsverfahrens.[61] 536

Auch für die Anordnung von Maßnahmen nach § 24 BImSchG trifft die TA Lärm im Hinblick auf nicht genehmigungsbedürftige Anlagen eine von genehmigungsbedürftigen Anlagen abweichende Regelung.[62] 537

---

61 **4 TA Lärm [Allgemeine Grundsätze für die Prüfung nicht genehmigungsbedürftiger Anlagen]**
4.1 TA Lärm [Grundpflichten des Betreibers]
Nicht genehmigungsbedürftige Anlagen sind nach § 22 Abs. 1 Nr. 1 und 2 BImSchG so zu errichten und zu betreiben, dass
a) schädliche Umwelteinwirkungen durch Geräusche verhindert werden, die nach dem Stand der Technik zur Lärmminderung vermeidbar sind, und
b) nach dem Stand der Technik zur Lärmminderung unvermeidbare schädliche Umwelteinwirkungen durch Geräusche auf ein Mindestmaß beschränkt werden.
4.2 TA Lärm [Vereinfachte Regelfallprüfung]
Bei der immissionsschutzrechtlichen Prüfung im Rahmen der öffentlich-rechtlichen Zulassung einer nicht genehmigungsbedürftigen Anlage ist folgendes vereinfachtes Beurteilungsverfahren anzuwenden:
a) Vorbehaltlich der Regelungen in Nummer 4.3 ist sicherzustellen, dass die Geräuschimmissionen der zu beurteilenden Anlage die Immissionsrichtwerte nach Nummer 6 nicht überschreiten; gegebenenfalls sind entsprechende Auflagen zu erteilen.
b) Eine Prognose der Geräuschimmissionen der zu beurteilenden Anlage nach Nummer A.2 des Anhangs ist erforderlich, soweit nicht aufgrund von Erfahrungswerten an vergleichbaren Anlagen zu erwarten ist, dass der Schutz vor schädlichen Umwelteinwirkungen durch Geräusche der zu beurteilenden Anlage sichergestellt ist. Dabei sind insbesondere zu berücksichtigen:
- emissionsrelevante Konstruktionsmerkmale,
- Schalleistungspegel,
- Betriebszeiten,
- Abschirmung,
- Abstand zum Immissionsort und Gebietsart.

c) Eine Berücksichtigung der Vorbelastung ist nur erforderlich, wenn aufgrund konkreter Anhaltspunkte absehbar ist, dass die zu beurteilende Anlage im Falle ihrer Inbetriebnahme relevant im Sinne von Nummer 3.2.1 Abs. 2 zu einer Überschreitung der Immissionsrichtwerte nach Nummer 6 beitragen wird und Abhilfemaßnahmen nach Nummer 5 bei den anderen zur Gesamtbelastung beitragenden Anlagen aus tatsächlichen oder rechtlichen Gründen offensichtlich nicht in Betracht kommen.
4.3 TA Lärm [Anforderungen bei unvermeidbaren schädlichen Umwelteinwirkungen]
Anforderungen nach Nummer 4.1 Buchstabe a bestehen für nicht genehmigungsbedürftige Anlagen nur insoweit, als sie mit Maßnahmen nach dem Stand der Technik zur Lärmminderung eingehalten werden können. Danach unvermeidbare schädliche Umwelteinwirkungen sind auf ein Mindestmaß zu beschränken. Als Maßnahmen kommen hierfür insbesondere in Betracht:
- organisatorische Maßnahmen im Betriebsablauf (z.B. keine lauten Arbeiten in den Tageszeiten mit erhöhter Empfindlichkeit),
- zeitliche Beschränkungen des Betriebs, etwa zur Sicherung der Erholungsruhe am Abend und in der Nacht,
- Einhaltung ausreichender Schutzabstände zu benachbarten Wohnhäusern oder anderen schutzbedürftigen Einrichtungen,
- Ausnutzen natürlicher oder künstlicher Hindernisse zur Lärmminderung,
- Wahl des Aufstellungsortes von Maschinen oder Anlagenteilen.

§ 25 Abs. 2 BImSchG ist zu beachten.

62 **5.2 TA Lärm [Anordnungen im Einzelfall bei nicht genehmigungsbedürftigen Anlagen]**
Bei der Ermessensausübung im Rahmen der Anwendung des § 24 BImSchG können die unter Nummer 5.1 genannten Grundsätze mit Ausnahme der in Nummer 5.1 Abs. 3 getroffenen Regelung, die der Berücksichtigung der Vorbelastung im Genehmigungsverfahren Rechnung trägt, unter Beachtung der Unterschiede der maßgeblichen Grundpflichten nach den Nummern 3.1 und 4.1 entsprechend herangezogen werden.
Die Prüfung einer Anordnung im Einzelfall kommt insbesondere in Betracht, wenn
a) bereits eine Beurteilung nach den Nummern 4.2 und 4.3 ergibt, dass der Anlagenbetreiber die Grundpflichten nach Nummer 4.1 nicht erfüllt oder
b) konkrete Anhaltspunkte dafür vorliegen, dass vermeidbare Geräuschemissionen der Anlage einen relevanten Beitrag zu einer durch die Geräusche mehrerer Anlagen hervorgerufenen schädlichen Umwelteinwirkung leisten.

(e) **Prognose**

538 Die in der TA Lärm vorgegebenen Methoden können naturgemäß die Auswirkungen eines Vorhabens nicht exakt vorherbestimmen; sie können lediglich zu einer Prognose führen. Deshalb begnügt die verwaltungsgerichtliche Rechtsprechung sich in der Regel mit einer Beantwortung der Fragen, ob die schalltechnische Untersuchung keine erheblichen Mängel aufweist und ob sie methodisch einwandfrei ist. Die Gerichte überprüfen, ob die Prognose mit den im maßgebenden Zeitpunkt verfügbaren Erkenntnismitteln unter Beachtung der für sie erheblichen Umstände sachgerecht erarbeitet worden ist. Sie überprüfen insoweit die Wahl einer geeigneten fachspezifischen Methode, die zutreffende Ermittlung des der Prognose zugrunde liegenden Sachverhalts und ob das Ergebnis einleuchtend begründet worden ist. Ferner ist zu fragen, ob die mit jeder Prognose verbundene Ungewissheit künftiger Entwicklungen in einem angemessenen Verhältnis zu den Eingriffen steht, die mit ihr gerechtfertigt werden sollen. (Die Prognose muss „auf der sicheren Seite liegen".) Es ist hingegen nicht Aufgabe des Gerichts, das Ergebnis einer auf diese Weise sachgerecht erarbeiteten Prognose als solches darauf zu überprüfen, ob die prognostizierte Entwicklung mit Sicherheit bzw. größerer oder geringerer Wahrscheinlichkeit eintreten wird oder kann (vgl. OVG Münster, U.v. 10.3.2016 – 7 A 409/14 –, nrwe; und v. 2.10.2013 – 7 D 18/13.NE –, nrwe).

539 **Beispiel für eine rechtswidrige Baugenehmigung, die auf einer nicht fachgerechten Prognose beruht (aus: VG Gelsenkirchen, U.v. 10.11.2015 – 6 K 6069/13 –, nrwe):** Ein Schallgutachten zur Beurteilung des von einer Autowaschanlage zu erwartenden Lärms legt der Bestimmung der Beurteilungspegel nicht die maximal zu erwartende Zahl an Fahrzeugen zugrunde, sondern nur eine „mittlere Maximalauslastung". Dabei wird zwar mehr als die durchschnittliche Belastung angesetzt; einige Tage mit außergewöhnlich hoher Auslastung sind jedoch nicht berücksichtigt. Dies ist nach der TA Lärm nicht zulässig. Denn diese sieht eine Mittelung über längere Zeiträume – etwa alle Tage eines Jahres – nicht vor. Der (Tages-) Beurteilungspegel ist vielmehr für den Tag mit den größten Geräuschimmissionen bei bestimmungsgemäßem Betrieb der Anlage durch Mittelung über die Tagesbeurteilungszeit zu bestimmen. Der Gutachter hat die wenigen Tagen des Jahres, an denen die von ihm angenommene „mittlere Maximalauslastung" überschritten wird, als „seltene Ereignisse" im Sinne von Ziffer 7.2 der TA Lärm außer Betracht gelassen. Dem Gutachter steht es jedoch nicht zu, selbst Tage außergewöhnlicher Auslastung einer Autowaschanlage, die nur beim Zusammentreffen spezieller Tage des Jahres mit entsprechenden Straßen- und Wetterzuständen zu erwarten sind, als seltene Ereignisse zu behandeln und von vornherein außer Betracht zu lassen. Denn für die Entscheidung, ob und in welchem Umfang eine Überschreitung der Immissionsrichtwerte an Tagen mit „seltenen Ereignissen" unter Würdigung nachbarlicher Interessen zugelassen werden kann, ist nach Ziffer 7.2 der TA Lärm die Genehmigungsbehörde zuständig. Diese hat in der Baugenehmigung zudem Bestimmungen über zugelassene „seltene Ereignisse" und ihre Eingrenzung zu treffen, wenn von Ziffer 7.2 der TA Lärm Gebrauch gemacht werden soll.

cc) **Sportanlagenlärmschutzverordnung (18. BImSchV)**

540 Die Sportanlagenlärmschutzverordnung (18. BImSchV) vom 18.7.1991 (BGBl. I S. 1588), geändert durch die Erste Verordnung zur Änderung der Sportanlagenlärmschutzverordnung vom 9.2.2006 (BGBl. I S. 324), trägt den Besonderheiten des Lärms, der von Sportanlagen ausgeht, in begünstigender Weise Rechnung.

Kommen im Falle des Satzes 1 Buchstabe b Abhilfemaßnahmen auch gegenüber anderen Anlagenbetreibern in Betracht, ist zusätzlich Nummer 5.3 zu beachten.

Einerseits ist der von Sportanlagen ausgehende Lärm in besonderem Maße nachbarrechtlich relevant. Denn Sport wird oft gerade dann betrieben wird, wenn in der Umgebung schutzbedürftige Nutzungen ausgeübt werden, etwa wenn in den Abendstunden und an Sonn- und Feiertagen Ruhe erstrebt wird. Insoweit treffen Sportanlage auf dieselbe Problematik wie Freizeitanlagen (s. dazu ab Rn. 570), unterscheiden sich aber wesentlich von betrieblichen Anlagen, die überwiegender Regelungsgegenstand der TA Lärm sind (dazu Rn. 517). Außerdem werden die von Sportanlagen ausgehenden Immissionen wegen ihrer auffallenden Pegelveränderungen und ihrer Informationshaltigkeit als besonders störend empfunden. Allerdings besteht auch die Besonderheit, dass die Störungen teilweise nur an wenigen Tagen im Jahr auftreten. 541

Andererseits ist bedeutend, dass ein großes gesundheits- und sozialpolitisches Interesse an der Ausübung von Sport besteht. Mit Rücksicht auf diese und die nachfolgenden Gesichtspunkte enthält die Verordnung einige Privilegierungen. 542

Anlass für die 18. BImSchV (wegen der Einzelheiten der Entstehung der aktuellen Fassung siehe Reidt/Schiller in: Landmann/Rohmer, Vorb. 18. BImSchV 2.18, Rn. 8 ff.) war unter anderem die sog. Tegelsbarg-Entscheidung des Bundesverwaltungsgerichts (U. v. 19.1.1989 – 7 C 77/87 –, BVerwGE 81, 197 = juris), deren Gegenstand die von einer Bezirkssportanlage ausgehende nachbarliche Lärmbelästigung war (vgl. BT-Drs. 17/91 S. 32 ff./34). Ebenso wie ein vorangegangenes Urteil des Bundesgerichtshofs vom 17.12.1982 (V ZR 55/82, NJW 1983, 751 = juris) stellte die Entscheidung auf den Rechtsbehelf eines Nachbarn hin strenge Regeln für die Zumutbarkeit von Sportlärm auf, lehnte eine schematische Anwendung der TA Lärm ab und forderte eine einzelfallbezogene Betrachtung. Auf der Grundlage der Ermächtigung in § 23 Abs. 1 BImSchG und nach streitiger Diskussion mit dem Bundesrat wurde die Verordnung am 18.7.1991 in Kraft gesetzt. Aus Anlass der Durchführung der FIFA-Fußballweltmeisterschaft im Jahr 2006 in Deutschland erging eine Überarbeitung. Die Durchführung internationaler und nationaler Sportveranstaltungen, die oft spätabends beginnen und bis in die Nachtstunden hineinreichen, wurde als gefährdet angesehen. Es wurden unter anderem Ausnahmen für internationale und nationale Veranstaltungen von herausragender Bedeutung im öffentlichen Interesse zugelassen. Ferner wurde im Anhang unter 1.1 die Regelung über die zuzurechnenden Geräusche ergänzt um Aussagen zu Verkehrsgeräuschen. 543

(1) Sport – Sportanlage – Sportausübung

Der Anwendungsbereich der 18. BImSchV wird in ihrem § 1 beschrieben[63]. 544

63 **§ 1 18. BImSchV [Anwendungsbereich]**
(1) Diese Verordnung gilt für die Errichtung, die Beschaffenheit und den Betrieb von Sportanlagen, soweit sie zum Zwecke der Sportausübung betrieben werden und einer Genehmigung nach § 4 des Bundes-Immissionsschutzgesetzes nicht bedürfen.
(2) Sportanlagen sind ortsfeste Einrichtungen im Sinne des § 3 Abs. 5 Nr. 1 des Bundes-Immissionsschutzgesetzes, die zur Sportausübung bestimmt sind.
(3) Zur Sportanlage zählen auch Einrichtungen, die mit der Sportanlage in einem engen räumlichen und betrieblichen Zusammenhang stehen. Zur Nutzungsdauer der Sportanlage gehören auch die Zeiten des An- und Abfahrverkehrs sowie des Zu- und Abgangs.

Es existiert keine allgemein anerkannte Definition des Begriffs Sport und damit auch der Begriffe Sportanlage und Sportausübung (s. VG Köln, U.v. 2.2.2016 – 2 K 2808/15 –, nrwe).

Das führt zu Abgrenzungsschwierigkeiten, insbesondere bei der Abgrenzung zu Betätigungen, die in Regelwerken angesprochen sind, die Freizeitanlagen betreffen (z.B. Freizeitlärm-Richtlinie). Diese Abgrenzung ist erforderlich, weil sich aus den Regelwerken unterschiedliche Zulässigkeitskriterien ergeben (z.B. unterschiedliche Immissionsrichtwerte).

545 Es ist immerhin anerkannt, dass sich das Phänomen „Sport" durch bestimmte Wesensmerkmale definiert. Zu diesen gehören die körperliche Bewegung, Wettkampf- bzw. Leistungsstreben, das Vorhandensein von Regeln und Organisationsformen und die Betätigung als Selbstzweck ohne produktive Absichten (vgl. Reidt/Schiller in Landmann/Rohmer, Umweltrecht, 18. BImSchV 2.18, Rn. 27). Sportausübung kann auch dann vorliegen, wenn einzelne Voraussetzungen nicht erfüllt sind. Insbesondere beim Freizeit- und Breitensport kann beispielsweise das Leistungsprinzip nur eingeschränkte Geltung beanspruchen (vgl. Kuchler, NuR 2000, 77 m.w.N.). Andererseits wollte der Verordnungsgeber ersichtlich nicht jedwede Freizeitbetätigung privilegieren, die von dem Betreffenden als – im weitesten Sinne – sportliche Betätigung angesehen wird. Im Einzelfall kann zur Abgrenzung die gegenüber dem Anwendungsbereich der 18. BImSchV erheblich genauer definierende Aufzählung in der Freizeitlärm-Richtlinie herangezogen werden. Die dort bezeichneten Anlagen unterfallen, selbst wenn der Aufenthalt dort als sportliche Betätigung angesehen werden mag (z.B. Badeplätze, Erlebnisbäder, auch soweit sie in Verbindung mit Hallenbädern als Außenanlage betrieben werden; vgl. Nr. 1 der Freizeitlärm-Richtlinie) lediglich dieser Richtlinie und nicht jener Verordnung.

546 **Beispiel für die Abgrenzung von Sportanlagen zu Freizeitanlagen (nach VG Freiburg, B.v. 5.8.2011 – 3 K 1170/11 –, juris):** Ein Minigolfplatz ist keine Sportanlage. Zwar mögen auch hierbei körperliche Bewegung, das Wettkampf- bzw. Leistungsstreben, das Vorhandensein von Regeln und Organisationsformen und die Betätigung als Selbstzweck ohne produktive Absicht gegeben sein. Zur Sportausübung bestimmt ist eine Anlage aber nur dann, wenn sie primär, d.h. von ihrem Hauptzweck her der Durchführung von Wettkampfsport und/oder der körperlichen Ertüchtigung dienen soll. Bei einer Minigolfanlage überwiegt jedoch der Freizeitaspekt deutlich. Die körperliche Ertüchtigung ist vielmehr von allenfalls untergeordneter Bedeutung.

547 Schließlich ist bei der Abgrenzung im Einzelfall auch die Entstehungsgeschichte der Verordnung zu berücksichtigen. Anlass für den Erlass der Verordnung war nicht in erster Linie die Absicht, organisierten Wettkampfsport zu privilegieren, sondern den von der Bevölkerung ausgeübten Breitensport. Entsprechend heißt es in der amtlichen Begründung zu § 1 18. BImSchV (Anwendungsbereich): „...Damit sind fast alle Arten von Sportanlagen erfasst: z.B. Fußballstadien, Tennisplätze, Schwimmbäder, Eislaufbahnen, Bowlingbahnen, Sportplätze, Kegelbahnen, Turnhallen..." (BT-Drs. 17/91 S. 37).

(a) Merkmale von Sportanlagen

Aus diesen geschriebenen und ungeschriebenen Merkmalen ergibt sich: 548

- Das Merkmal „ortsfeste Einrichtungen“ schließt es aus, auch solchen Sportbereichen die Privilegierung zugutekommen zu lassen, die nur durch eine vorübergehende Aufstellung von „Einrichtungen“ (z.B. mobile Badminton- oder Beachvolleyballnetze oder Fußballtore) zur Sportanlage werden.

- Kleinräumige Anlagen, die ausschließlich für die körperliche Freizeitbetätigung 549 von Kindern bis zum Alter von 14 Jahren bestimmt sind, können nach Ansicht des Bundesverwaltungsgerichts nicht als Sportanlagen im Sinne der Verordnung eingeordnet werden (so BVerwG, B.v. 11.2.2003 – 7 B 88/02 –, NVwZ 2003, 751 = juris). Das ergebe sich ohne weiteres aus deren wörtlicher, systematischer und historischer Auslegung. Der Verordnungsgeber habe sich am Leitbild einer Sportanlage orientiert hat, die dem Vereinssport, Schulsport oder vergleichbar organisiertem Freizeitsport dient. Die Verpflichtungen des Betreibers, bestimmte Anforderungen an Lautsprecheranlagen und ähnliche technische Einrichtungen zu beachten (Nr. 1), Vorkehrungen zur Minderung des von Zuschauern verursachten Lärms zu treffen (Nr. 3) sowie An- und Abfahrtswege und Parkplätze durch Maßnahmen betrieblicher und organisatorischer Art lärmmindernd zu gestalten (Nr. 4), passten nicht auf kleinräumige Anlagen, die auf regelmäßig unorganisierte, ohne nennenswerte Beteiligung von Zuschauern und ohne Schiedsrichter oder Sportaufsicht stattfindende körperlich-spielerische Aktivitäten von Kindern zugeschnitten seien.

Ein Schwimmbad erfüllt auch dann den Sportanlagenbegriff der 18. BImSchV, wenn 550 die Ausübung des Breitensports „Schwimmen“ durch die Allgemeinheit im Vordergrund steht. Einzelne Elemente eines Erlebnis- oder Spaßbads ändern daran nichts, solange sie bei einer Gesamtbetrachtung den Charakter der Anlage nicht prägen (VGH München, U.v. 24.8.2007 – 22 B 05.2870 –, BayVBl 2008, 405 = juris). Jedenfalls können Freibäder dann Sportanlagen im Sinne der 18. BImSchV sein, wenn es sich um „sportorientierte“ Bäder handelt, die in erster Linie zur Nutzung für Wettkämpfe bzw. für den Schul- oder Vereinssport bestimmt sind und daneben auch der Öffentlichkeit zur Verfügung stehen. Eine Abgrenzung von sog. Sport-Freibädern zu (bloßen) Freizeitbädern würde zu sehr auf eine Forderung nach Wettkampforientiertheit hinauslaufen. Nach Reidt/Schiller in: Landmann/Rohmer, 18. BImSchV § 1 Rn. 32, sind Freizeitbäder Sportanlagen, sofern sie im konkreten Fall auch zur Nutzung durch den Schul- und Schwimmsport bestimmt sind, Spaß- und Erlebnisbäder hingegen nicht, da der Hauptzweck nicht das Schwimmen, sondern die Ruhe und Entspannung sind.

Einrichtungen für den Schulsport fallen in der Regel nicht unter den Anwendungsbe- 551 reich der 18. BImSchV. Sie sind Teile der Schulen und damit Anlagen des Gemeinbedarfs, die im Rahmen einer sinnvollen städtebaulichen Ordnung und Entwicklung ihren Standort in Wohnbereichen oder deren Nähe haben sollen (BVerwG, U.v. 24.4.1991 – 7 C 12/90 –, NVwZ 1991, 884 = juris; s. dazu auch siehe OVG Koblenz, U.v. 29.8.1989 – 7 A 26/89 –, NVwZ 1990, 279 = juris).

552 **Weitere Beispiele aus der Praxis:**

- Zur Anwendung der Bestimmungen der 18. BImSchV auf den Betrieb eines Sportplatzes neben einem reinen Wohngebiet, der lediglich als Schulsportanlage genehmigt wurde, auf dem aber auch Fußball außerhalb des Vereinssports von sog. Freizeitmannschaften gespielt wird siehe OVG Münster, U.v. 29.11.1993 – 11 A 773/90 –, NWVBl 1994, 385 = juris.
- Zur Anwendung der Bestimmungen der 18. BImSchV auf den Betrieb einer offenen Eissporthalle, in der u.a. Meisterschaftsspiele eines Eishockeyvereins ausgetragen werden siehe OVG Münster, U.v. 28.5.1993 – 21 A 1532/90 –, NVwZ 1994, 1018 = juris

Eine beispielhafte Übersicht über Sportanlagen findet sich bei Reidt/Schiller in: Landmann/Rohmer, Umweltrecht, 2.18 18. BImSchV, Rn. 32.

(b) Enger räumlicher und betrieblicher Zusammenhang

553 Die Einbeziehung von „Einrichtungen, die mit der Sportanlage in einem engen räumlichen und betrieblichen Zusammenhang stehen", ist Ausdruck der Privilegierung von Sportanlagen. In der BR-Drs. 17/91, S. 38, hat der Verordnungsgeber als Beispiele für einen betrieblichen Zusammenhang mit einer Sportanlage Umkleideräume, Restaurationsbetriebe und Parklätze genannt.

554 **Beispiele:** Eine Vereinsgaststätte steht in einem betrieblichen Zusammenhang mit der Sportanlage. Dies rechtfertigt sich durch die Absicht der Privilegierung von Sport (im weitesten Sinne), zu dem auch dessen Vorbereitung (Vereinssitzungen etc.) und die Geselligkeit im Zusammenhang mit der Sportausübung zählt. Auch ein ca. 95 qm großen „Mehrzweckraum", dem eine „Küche" mit knapp 10 qm räumlich zugeordnet ist, nimmt an der Privilegierung teil (OVG Münster, B.v. 22.7.2004 – 10 B 925/04 –, NVwZ-RR 2005, 102 = juris).

555 Bei einer Zusammenfassung mehrerer Anlagenteile, von denen einer eine Sportanlage darstellt, andere Teile aber nicht, würde eine *„segmentierende Betrachtung (...) den tatsächlichen Verhältnissen dann nicht mehr gerecht, wenn mehrere in räumlichem Zusammenhang stehende Anlagen trotz ihrer organisatorischen Trennung vom Betreiber im Sinne eines integrativen Konzepts zu einer Einheit zusammengefasst worden sind, etwa einem Betriebsbereich nach § 3 Abs. 5 a BImSchV vergleichbar"* (BVerwG, U.v. 16.5.2001 – 7 C 16/00 –, NVwZ 2001, 1167 = juris). Indizien für eine gebotene einheitliche Betrachtung können nach dieser Rechtsprechung sein: Die Weiterführung einer überkommenen verbundenen Nutzung (alte Turn- und Festhalle, Jugendheim), die einheitliche Planung auf einer dafür ausgewiesenen Gemeinbedarfsfläche, die gemeinschaftliche Bewältigung des Zufahrtsverkehrs durch eine alle Anlagen erfassenden Parkeinrichtung sowie eine einheitliche, auf das Gesamtvorhaben bezogene Baugenehmigung, die darauf hinweist, dass dieses auch im Hinblick auf seine Wirkungen auf die Umgebung zur einheitlichen genehmigungsrechtlichen Beurteilung gestellt worden ist (so BVerwG, U.v. 16.5.2001 – 7 C 16/00 –, NVwZ 2001, 1167 = juris).

556 Diese Betrachtungsweise führt dazu, dass je nach der Beantwortung der Frage nach der konzeptionellen Einheitlichkeit

- einerseits bei einer gebotenen getrennten Betrachtung der „Sportteil" nach der 18. BImSchV und der übrige Teil nach anderen Grundsätzen, ggfs. nach der Freizeitlärm-Richtlinie, zu beurteilen ist und
- andererseits bei einer gebotenen einheitlichen Betrachtung sich die Einheit öffentlicher Einrichtungen als „Freizeitbereich" darstellt, bei dem der Freizeitbereich

die Nutzung des Sportbereichs umfasst und diesem aus immissionsschutzrechtlicher Sicht seinen eigenständigen Charakter nimmt (vgl. auch VGH Mannheim, U.v. 26.6.2002 – 10 S 1559/01 –, BRS 65 Nr. 181 = juris, zu einem öffentlich-rechtlichen Anspruch auf Unterlassung von Lärmimmissionen aus kommunalen Einrichtungen, hier: Jugendhaus, Stadthalle und Sporthalle).

(2) Bedeutung der Privilegierung

Die baunachbarrechtliche Privilegierung einer Sportanlage hat bereits bei ihrer Errichtung und einer Erweiterung Bedeutung, indem eine geringere Distanz zu einer schutzbedürftigen Nutzung eingeplant werden kann. Dabei ergeben sich mit Blick auf das Bauplanungsrecht und das Bauordnungsrecht keine Besonderheiten, sondern nur hinsichtlich der von ihr – bei genehmigungskonformer Nutzung – ausgehenden Lärmimmissionen. Darüber hinaus sind die Besonderheiten des Lärmschutzes im Falle einer an die Sportanlage heranrückenden Wohnbebauung insofern von Bedeutung, als auch hier geringe Abstände möglich sind. In all diesen Fällen beansprucht die Verordnung unmittelbare Geltung und ist bei der Erteilung einer Genehmigung zwingend zu beachten. Schließlich wird bereits bei der Errichtung der Anlagen sowie bei ihrer Beschaffenheit, insbesondere hinsichtlich der fortdauernden Funktionsfähigkeit von lärmmindernden Anlagenteilen und Werkstoffen, zu beachten sein, dass den Lärmschutzanforderungen auch auf Dauer entsprochen werden muss. 557

Mit der ausdrücklichen Beschränkung auf die Nutzung „zum Zwecke der Sportausübung“ im Zusammenhang mit dem Begriff der Sportanlage hat der Verordnungsgeber deutlich gemacht, dass nicht maßgeblich ist, ob die Anlage zu irgendeinem Zeitpunkt der Sportausübung dient, sondern dass in den Genuss der Privilegierung nur die Sportausübung selbst kommen sollte (Reidt/Schiller in Landmann/Rohmer, Umweltrecht, 2.18 18. BImSchV, Rn. 2). Eine Musikveranstaltung oder Party in einer Turnhalle genießt daher nicht die Vorteile der 18. BImSchV. 558

(3) Verbindlichkeit der 18. BImSchV

Soweit die 18. BImSchV anwendbar ist und Regelungen enthält, ist sie abschließend und verbindlich. 559

BVerwG, B.v. 8.11.1994 – 7 B 73/94 –, NVwZ 1995, 993 = juris:

„Die normative Konkretisierung des gesetzlichen Maßstabs für die Zumutbarkeit von Sportlärm ist jedenfalls insoweit abschließend, als sie bestimmten Gebietsarten und Tageszeiten entsprechend ihrer Schutzbedürftigkeit bestimmte Immissionsrichtwerte zuordnet, Grenzwerte für kurzzeitige Geräuschspitzen festlegt und das Verfahren der Ermittlung und Beurteilung der Geräuschimmissionen vorschreibt. Die Sportanlagenlärmschutzverordnung zielt gerade darauf, die bisherige einzelfallbezogene Beurteilung anhand unbestimmter Rechtsbegriffe durch ein differenziertes Regelungssystem zu ersetzen, das auf der Grundlage allgemeingültiger Immissionsrichtwerte und Beurteilungsgrundsätze eine interessengerechte und gleichmäßige Bewertung der belästigenden Wirkung von Sportlärm ermöglicht (vgl. Begr. des Regierungsentwurfs, BR-Drs. 17/91, S. 33 ff.). Eine solche typisierende Regelung ist dem Normgeber nicht verwehrt. Die verbindliche Festlegung von Immissionsrichtwerten und Beurteilungs-

grundsätzen, die auf abstrakt-genereller Abwägung der widerstreitenden Interessen beruhen, dient der Rechtssicherheit in einem Bereich, der in besonderem Maße von Wertungen geprägt und daher höchst unterschiedlicher Beurteilung im Einzelfall ausgesetzt ist. Die Abweichung von den normierten Maßstäben und Grundsätzen im Einzelfall wäre mit dem Normzweck, eine gleichmäßige Rechtsanwendung sicherzustellen, unvereinbar. Für eine einzelfallbezogene Beurteilung der Zumutbarkeitsschwelle aufgrund tatrichterlicher Würdigung lässt das normative Regelungskonzept nur insoweit Raum, als die Sportanlagenlärmschutzverordnung durch Verweis auf weitergehende Vorschriften generell (vgl. § 4 der 18. BImSchV) oder durch Sollvorschriften für atypisch gelagerte Fälle Abweichungen zulässt.“

560 Ein Rückgriff auf die TA Lärm und die Freizeitlärm-Richtlinie ist, soweit die Verordnung einschlägig ist, nicht mehr zulässig. Allerdings sieht § 4 18. BImSchV vor, dass „weitergehende Vorschriften, vor allem zum Schutz der Sonn- und Feiertags-, Mittags- und Nachtruhe oder zum Schutz besonders empfindlicher Gebiete, (unberührt)“ bleiben. Damit wird einerseits dem Bund und den Ländern die rechtliche Möglichkeit eingeräumt, ihren Gestaltungswillen auszuüben, andererseits wird dem Umstand Rechnung getragen, dass ohne eine solche Öffnungsklausel wegen des Grundsatzes, dass Bundesrecht vor Landesrecht geht (Art. 30 GG), Bedenken gegen abweichende landesrechtliche Regelungen bestünden.

(4) Anwendung der Grundsätze über den Anwendungsbereich hinaus

561 Trotz des beschriebenen Privilegierungscharakters der Verordnung ist eine Anwendung einzelner ihrer Bestimmungen über ihren ausdrücklich bestimmten Anwendungsbereich hinaus (z.B. für rein spielerische Betätigung) nicht ausgeschlossen. Das kann selbstverständlich nicht für das in den Immissionsrichtwerten zum Ausdruck gekommene abgesenkte Schutzniveau gelten; denn ansonsten käme (schlicht) freizeitliche Betätigung in den Genuss von Vergünstigungen, die der Verordnungsgeber ihr gerade nicht zuteilwerden lassen wollte. Eine Anwendung der Regelungen über das Ermittlungs- und Messverfahren ist dagegen nicht nur rechtssystematisch unbedenklich, sondern auch sinnvoll. Denn dieses wird den Besonderheiten nicht nur der sportlichen, sondern auch der spielerischen Betätigung gerecht.

562 Zur Berücksichtigung der Grundsätze der 18. BImSchV auch außerhalb ihres unmittelbaren Anwendungsbereichs stellt das BVerwG mit B.v. 11.2.2003 (7 B 88/02 –, NVwZ 2003, 751 = juris) klar, dass „*der Ausschluss einer unmittelbaren Anwendung der Sportanlagenlärmschutzverordnung auf kindgerechte Ballspielplätze und vergleichbare Anlagen ihrer entsprechenden Heranziehung im Einzelfall nicht von vornherein entgegen [steht]. Es bietet sich namentlich an, die von solchen Anlagen ausgehenden Geräuschimmissionen mangels geeigneterer Vorschriften nach dem in der Sportanlagenlärmschutzverordnung festgelegten Ermittlungs- und Messverfahren zu bestimmen, das der Besonderheit der bei Sport und Spiel auftretenden Geräusche Rechnung trägt (vgl. Urteil vom 19. Januar 1989 – BVerwG 7 C 77.87 – BVerwGE 81, 197 <203 ff.>). Die Beurteilung der Zumutbarkeit von Geräuschen, die von Anlagen der hier in Rede stehenden Art ausgehen, muss jedoch wegen deren Atypik und Vielgestaltigkeit weitgehend der tatrichterlichen Wertung im Einzelfall vorbehalten*

bleiben. Diese richtet sich insbesondere nach der durch die Gebietsart und die tatsächlichen Verhältnisse bestimmten Schutzwürdigkeit und Schutzbedürftigkeit; dabei sind wertende Elemente wie Herkömmlichkeit, soziale Adäquanz und allgemeine Akzeptanz mitbestimmend (vgl. Urteil vom 30. April 1992 – BVerwG 7 C 25.91 – BVerwGE 90, 163 <165 f.>). Die normkonkretisierende Funktion der Immissionsrichtwerte der Sportanlagenlärmschutzverordnung, eine interessengerechte, gleichmäßige Bewertung der belästigenden Wirkung von Sportlärm zu ermöglichen und damit ein Höchstmaß an Rechtssicherheit zu erreichen (vgl. BRDrucks 17/91, S. 35 f.), kann die individuelle Würdigung bei den aus der Sicht der Verordnung atypischen Spiel- und Freizeitanlagen für Kinder nicht ersetzen.“ (ähnlich: OVG Berlin-Brandenburg, U.v. 11.11.2010 – OVG 11 B 24.08 –, NVwZ 2011, 574, juris).

(5) Überblick über Regelungen der 18. BImSchV

§ 2 Abs. 1 18. BImSchV bestimmt, dass Sportanlagen so zu errichten und zu betreiben sind, dass die in den Absätzen 2 bis 4 genannten Immissionsrichtwerte unter Einrechnung der Geräuschimmissionen anderer Sportanlagen nicht überschritten werden. 563

§ 2 Abs. 2 18. BImSchV nennt die Immissionsrichtwerte.[64] 564

Ähnlich wie Nr. 6.1 TA Lärm enthält die Verordnung in § 2 Abs. 4 eine Bestimmung zu kurzzeitigen Geräuschspitzen.[65]

Anders als die TA Lärm trifft die Verordnung keine Regelung zu einem Zuschlag für Tageszeiten mit erhöhter Empfindlichkeit.

---

64 **§ 2 18. BImSchV [Immissionsrichtwerte]**
(2) Die Immissionsrichtwerte betragen für Immissionsorte außerhalb von Gebäuden

1. in Gewerbegebieten	
tags außerhalb der Ruhezeiten	65 dB(A)
tags innerhalb der Ruhezeiten	60 dB(A)
nachts	50 dB(A)
2. in Kerngebieten, Dorfgebieten, Mischgebieten	
tags außerhalb der Ruhezeiten	60 dB(A)
tags innerhalb der Ruhezeiten	55 dB(A)
nachts	45 dB(A)
3. in allgemeinen Wohngebieten und Kleinsiedlungsgebieten	
tags außerhalb der Ruhezeiten	55 dB(A)
innerhalb der Ruhezeiten	50 dB(A)
nachts	40 dB(A)
4. in reinen Wohngebieten	
tags außerhalb der Ruhezeiten	50 dB(A)
tags innerhalb der Ruhezeiten	45 dB(A)
nachts	35 dB(A)
5. in Kurgebieten, für Krankenhäuser und Pflegeanstalten	
tags außerhalb der Ruhezeiten	45 dB(A)
tags innerhalb der Ruhezeiten	45 dB(A)
nachts	35 dB(A)

65 **§ 2 18. BImSchV [Immissionsrichtwerte]**
(4) Einzelne kurzzeitige Geräuschspitzen sollen die Immissionsrichtwerte nach Absatz 2 tags um nicht mehr als 30 dB(A) sowie nachts um nicht mehr als 20 dB(A) überschreiten; ferner sollen einzelne kurzzeitige Geräuschspitzen die Immissionsrichtwerte nach Absatz 3 um nicht mehr als 10 dB(A) überschreiten.

§ 2 Abs. 5 18. BImSchV bestimmt, auf welche Beurteilungszeiten die Vorgaben zu den Immissionsrichtwerten sich beziehen.[66]

Für die Bestimmung des nach § 2 Abs. 2 18. BImSchV maßgeblichen Gebietscharakters trifft § 2 Abs. 6 eine ähnliche Regelung wie Nr. 6.6 TA Lärm.[67]

565 Eine Regelung zur Beurteilung von Gemengelagen enthält die 18. BImSchV – anders als die TA Lärm und die Freizeitlärm-Richtlinie – nicht. Eine analoge Anwendung der Regelung in der TA Lärm bietet sich jedoch an und ist von der Rechtsprechung akzeptiert worden (BVerwG, U.v. 12.8.1999 – 4 CN 4/98 –, NVwZ 2000, 550 = juris).

In § 2 Abs. 3 trifft die 18. BImSchV eine Regelung für die Zumutbarkeit von Geräuschen und Körperschall innerhalb von Gebäuden.[68]

566 In § 5 bestimmt die 18. BImSchV die Pflicht und das Recht zum Erlass von Nebenbestimmungen und Anordnungen im Einzelfall; dort findet sich auf eine Bestimmung über die Festsetzung von Betriebszeiten bei seltenen Ereignissen (§ 5 Abs. 5 BImSchV).[69]

---

66 **§ 2 18. BImSchV [Immissionsrichtwerte]**
(5) Die Immissionsrichtwerte beziehen sich auf folgende Zeiten:

1. tags	an Werktagen	6.00 bis 22.00 Uhr,
	an Sonn- und Feiertagen	7.00 bis 22.00 Uhr,
2. nachts	an Werktagen	0.00 bis 6.00 Uhr
	und	22.00 bis 24.00 Uhr,
	an Sonn- und Feiertagen	0.00 bis 7.00 Uhr
	und	22.00 bis 24.00 Uhr,
3. Ruhezeiten	an Werktagen	6.00 bis 8.00 Uhr
	und	20.00 bis 22.00 Uhr,
	an Sonn- und Feiertagen	7.00 bis 9.00 Uhr,
		13.00 bis 15.00 Uhr
	und	20.00 bis 22.00 Uhr.

Die Ruhezeit von 13.00 bis 15.00 Uhr an Sonn- und Feiertagen ist nur zu berücksichtigen, wenn die Nutzungsdauer der Sportanlage oder der Sportanlagen an Sonn- und Feiertagen in der Zeit von 9.00 bis 20.00 Uhr 4 Stunden oder mehr beträgt.

67 **§ 2 18. BImSchV [Immissionsrichtwerte]**
(6) Die Art der in Absatz 2 bezeichneten Gebiete und Anlagen ergibt sich aus den Festsetzungen in den Bebauungsplänen. Sonstige in Bebauungsplänen festgesetzte Flächen für Gebiete und Anlagen sowie Gebiete und Anlagen, für die keine Festsetzungen bestehen, sind nach Absatz 2 entsprechend der Schutzbedürftigkeit zu beurteilen. Weicht die tatsächliche bauliche Nutzung im Einwirkungsbereich der Anlage erheblich von der im Bebauungsplan festgesetzten baulichen Nutzung ab, ist von der tatsächlichen baulichen Nutzung unter Berücksichtigung der vorgesehenen baulichen Entwicklung des Gebietes auszugehen.

68 **§ 2 18. BImSchV [Immissionsrichtwerte]**
(3) Werden bei Geräuschübertragung innerhalb von Gebäuden in Aufenthaltsräumen von Wohnungen, die baulich aber nicht betrieblich mit der Sportanlage verbunden sind, von der Sportanlage verursachte Geräuschimmissionen mit einem Beurteilungspegel von mehr als 35 dB(A) tags oder 25 dB(A) nachts festgestellt, hat der Betreiber der Sportanlage Maßnahmen zu treffen, welche die Einhaltung der genannten Immissionsrichtwerte sicherstellen; dies gilt unabhängig von der Lage der Wohnung in einem der in Absatz 2 genannten Gebiete.

69 **§ 5 18. BImSchV [Nebenbestimmungen und Anordnungen im Einzelfall]**
(1) Die zuständige Behörde soll von Nebenbestimmungen zu erforderlichen Zulassungsentscheidungen und Anordnungen zur Durchführung dieser Verordnung absehen, wenn die von der Sportanlage ausgehenden Geräusche durch ständig vorherrschende Fremdgeräusche nach Nummer 1.4 des Anhangs überlagert werden.
(2) Die zuständige Behörde kann zur Erfüllung der Pflichten nach § 2 Abs. 1 außer der Festsetzung von Nebenbestimmungen zu erforderlichen Zulassungsentscheidungen oder der Anordnung von Maßnahmen nach § 3 für Sportanlagen Betriebszeiten (ausgenommen für Freibäder von 7.00 Uhr bis 22.00 Uhr) festsetzen; hierbei sind der Schutz der Nachbarschaft und der Allgemeinheit sowie die Gewährleistung einer sinnvollen Sportausübung auf der Anlage gegeneinander abzuwägen.

§ 6 18. BImSchV ermächtigt die zuständige Behörde zur Zulassung von Ausnahmen von den Bestimmungen des § 5 Abs. 5 18. BImSchV.[70]

Die Verordnung gewährt in ihrem § 5 Abs. 4 einen sog. Altanlagenbonus im Sinne einer Art Bestandsschutzregelung. Dieser privilegiert Anlagen, die vor dem Inkrafttreten, also am 18.7.1991 errichtet wurden. Sie beantwortet aber nicht die Frage, welche Bauvorhaben zum Verlust dieses Bonus führen und bei welchen er erhalten bleibt. Die Errichtung von Ballfangzäunen und das Auswechseln des Belags auf Sport- und Spielflächen werden ebenso wenig zu einem Verlust führen wie einfache Instandhaltung- und Sanierungsarbeiten. Maßnahmen, die so erheblich sind, dass sie den Charakter der Anlage ändern (zu einem „aliud“ führen, s. dazu Rn. 118) lassen nach allgemeinen Grundsätzen über den Untergang des Bestandsschutzes (s. dazu ab Rn. 815) diesen auch bei einer „alten“ Sportanlage untergehen, so etwa bei dem Neubau eines Vereinsheims, der Erweiterung der Sanitär- und Umkleidebereiche oder der erstmaligen Errichtung einer Flutlichtanlage. 567

Im Anhang ist unter Nr. 1.5 im Wege einer Fiktion beschrieben, wann Ereignisse als selten gelten.[71]

(3) Die zuständige Behörde soll von einer Festsetzung von Betriebszeiten absehen, soweit der Betrieb einer Sportanlage dem Schulsport oder der Durchführung von Sportstudiengängen an Hochschulen dient. Dient die Anlage auch der allgemeinen Sportausübung, sind bei der Ermittlung der Geräuschimmissionen die dem Schulsport oder der Durchführung von Sportstudiengängen an Hochschulen zuzurechnenden Teilzeiten nach Nummer 1.3.2.3 des Anhangs außer Betracht zu lassen; die Beurteilungszeit wird um die dem Schulsport oder der Durchführung von Sportstudiengängen an Hochschulen tatsächlich zuzurechnenden Teilzeiten verringert. Die Sätze 1 und 2 gelten entsprechend für Sportanlagen, die der Sportausbildung im Rahmen der Landesverteidigung dienen.

(4) Bei Sportanlagen, die vor Inkrafttreten dieser Verordnung baurechtlich genehmigt oder – soweit eine Baugenehmigung nicht erforderlich war – errichtet waren, soll die zuständige Behörde von einer Festsetzung von Betriebszeiten absehen, wenn die Immissionsrichtwerte an den in § 2 Abs. 2 genannten Immissionsorten jeweils um weniger als 5 dB(A) überschritten werden; dies gilt nicht an den in § 2 Abs. 2 Nr. 5 genannten Immissionsorten.

(5) Die zuständige Behörde soll von einer Festsetzung von Betriebszeiten absehen, wenn infolge des Betriebs einer oder mehrerer Sportanlagen bei seltenen Ereignissen nach Nummer 1.5 des Anhangs Überschreitungen der Immissionsrichtwerte nach § 2 Abs. 2

1. die Geräuschimmissionen außerhalb von Gebäuden die Immissionsrichtwerte nach § 2 Abs. 2 um nicht mehr als 10 dB(A), keinesfalls aber die folgenden Höchstwerte überschreiten:

tags außerhalb der Ruhezeiten	70 dB(A),
tags innerhalb der Ruhezeiten	65 dB(A),
nachts	55 dB(A)

und

2. einzelne kurzzeitige Geräuschspitzen die nach Nummer 1 für seltene Ereignisse geltenden Immissionsrichtwerte tags um nicht mehr als 20 dB(A) und nachts um nicht mehr als 10 dB(A) überschreiten.

70 **§ 6 18. BImSchV [Zulassung von Ausnahmen]**
Die zuständige Behörde kann für internationale oder nationale Sportveranstaltungen von herausragender Bedeutung im öffentlichen Interesse Ausnahmen von den Bestimmungen des § 5 Abs. 5, einschließlich einer Überschreitung der Anzahl der seltenen Ereignisse nach Nummer 1.5 des Anhangs, zulassen. Satz 1 gilt entsprechend auch für Verkehrsgeräusche auf öffentlichen Verkehrsflächen außerhalb der Sportanlage durch das der Anlage zuzurechnende Verkehrsaufkommen nach Nummer 1.1 Satz 2 des Anhangs einschließlich der durch den Zu- und Abgang der Zuschauer verursachten Geräusche.

71 **Anhang 1.5 18. BImSchV [Seltene Ereignisse]**
Überschreitungen der Immissionsrichtwerte durch besondere Ereignisse und Veranstaltungen gelten als selten, wenn sie an höchstens 18 Kalendertagen eines Jahres in einer Beurteilungszeit oder mehreren Beurteilungszeiten auftreten. Dies gilt unabhängig von der Zahl der einwirkenden Sportanlagen.

§ 3 der Verordnung gibt dem Betreiber zur Erfüllung seiner Pflichten Maßnahmen auf, die insbesondere technische Einrichtungen und Kontrollen betreffen.[72]

568 In ihrem Anhang beschreibt die Verordnung das anzuwendende Ermittlungs- und Beurteilungsverfahren.

- Für die Beurteilung von Geräuschen bei neu zu errichtenden Sportanlagen sind die Geräuschimmissionen nach einem näher beschriebenen Prognoseverfahren, bei bestehenden Sportanlagen in der Regel durch Messung zu bestimmen.
- Treten während einer Beurteilungszeit unterschiedliche Emissionen, jeweils unter Einschluss der Impulshaltigkeit, auffälliger Pegeländerungen, der Ton- und Informationshaltigkeit sowie kurzzeitiger Geräuschspitzen, auf, ist zur Ermittlung der Geräuschimmission während der gesamten Beurteilungszeit diese in geeigneter Weise in Teilzeiten aufzuteilen, in denen die Emissionen im wesentlichen gleichartig sind. Eine solche Unterteilung ist z.B. bei zeitlich abgrenzbarem unterschiedlichem Betrieb der Sportanlage erforderlich.
- Enthält das zu beurteilende Geräusch während einer Teilzeit der Beurteilungszeit Impulse und/oder auffällige Pegeländerungen, wie z.B. Aufprallgeräusche von Bällen, Geräusche von Startpistolen, Trillerpfeifen oder Signalgebern, ist für diese Teilzeit ein Zuschlag zum Mittelungspegel zu berücksichtigen.
- Zur Gewährleistung eines hinreichenden Nachbarschutzes bieten sich bereits bei der Planung aktive, auf dem Betriebsgelände zu realisierende Schallschutzmaßnahmen an, die die Verursachung unzumutbarer Lärmbelästigung bereits im Bereich der Quelle verhindern und so das Störpotential reduzieren: Schalltechnisch sinnvolle Situierung der Lärmquellen, Abschirmung durch Betriebsgebäude oder sonstige Schallhindernisse sowie technische Maßnahmen an Ballfangzäunen und Lautsprecheranlagen.

569 Zurzeit ist der Entwurf einer Neufassung der 18. BImSchV in der Diskussion. Dieser sieht zum Teil erhebliche Änderungen gegenüber der derzeit gültigen Fassung vor. Diskutiert werden i.A. Änderungen der Richtwerte, der Mittagsruhezeit an Sonn- und Feiertagen, eine Privilegierung des Vereinssports von Kindern (unter anderem in den Ruhezeiten, etwa an Sonn- und Feiertagen) und eine Konkretisierung des Altanlagenbonus. Folgen wären in vielen Fällen eine mögliche Aufhebung von Betriebszeitenbeschränkungen innerhalb der Ruhezeiten an bestehenden Anlagen, das deutlich nähere Heranrücken neuer Anlagen an bestehende Wohnbebauungen sowie der zukünftige Verzicht auf kostenintensive Lärmschutzmaßnahmen. Bei Drucklegung dieses Werks sind der genaue Inhalt und ein Zeitpunkt des Inkrafttretens noch nicht absehbar.

---

72 **§ 3 18. BImSchV [Maßnahmen]**
Zur Erfüllung der Pflichten nach § 2 Abs. 1 hat der Betreiber insbesondere
1. an Lautsprecheranlagen und ähnlichen Einrichtungen technische Maßnahmen, wie dezentrale Aufstellung von Lautsprechern und Einbau von Schallpegelbegrenzern, zu treffen,
2. technische und bauliche Schallschutzmaßnahmen, wie die Verwendung lärmgeminderter oder lärmmindernder Ballfangzäune, Bodenbeläge, Schallschutzwände und -wälle, zu treffen,
3. Vorkehrungen zu treffen, daß Zuschauer keine übermäßig lärmerzeugenden Instrumente wie pyrotechnische Gegenstände oder druckgasbetriebene Lärmfanfaren verwenden, und
4. An- und Abfahrtswege und Parkplätze durch Maßnahmen betrieblicher und organisatorischer Art so zu gestalten, daß schädliche Umwelteinwirkungen durch Geräusche auf ein Mindestmaß beschränkt werden.

dd) LAI-Freizeitlärm-Richtlinie

Der Länderausschuss für Immissionsschutz (LAI), durch Beschluss der 63. Umweltministerkonferenz vom 4./5.11.2004 umbenannt in „Bund/Länderarbeitsgemeinschaft für Immissionsschutz“, hat eine zuletzt am 6.3.2015 aktualisierte Richtlinie zur Beurteilung von Freizeitlärm (LAI-Freizeitlärm-Richtlinie) beschlossen. Einige Bundesländer haben hierauf aufbauend eigene Freizeitlärm-Richtlinien erlassen, andere haben die LAI-Freizeitlärm-Richtlinie, z.T. in modifizierter Fassung, als Landesrecht eingeführt, wieder andere haben eigene Regelwerke (zum Teil mit Bezug zum Landesimmissionsschutzrecht, zur 18. BImSchV und zur TA Lärm) herausgegeben oder ganz von einer Normierung abgesehen.[73] 570

Die Freizeitlärm-Richtlinie hat über das Baurecht mit seinen immissionsschutzrechtlichen Bezügen (§ 22 Abs. 1 Satz 1 BImSchG) hinaus auch für das Gaststättenrecht Bedeutung. Denn soweit die Veranstaltung dem Gaststättenrecht unterliegt, muss sie sich an den rechtlichen Vorgaben des Gaststättengesetzes, insbesondere auch des Gebotes des Schutzes der Allgemeinheit und der Nachbarschaft vor schädlichen Umwelteinwirkungen[74] messen lassen. Dabei ist der Begriff der schädlichen Umweltein- 571

73 Exemplarisch:
- **Nordrhein-Westfalen:** In Nordrhein-Westfalen gilt der Runderlass des Ministeriums für Umwelt und Naturschutz, Landwirtschaft und Verbraucherschutz vom 23.10.2006 zu „Messung, Beurteilung und Verminderung von Geräuschimmissionen bei Freizeitanlagen" (Freizeitlärmrichtlinie, MBl. NRW. 2006 S. 566) in der Fassung vom 13.4.2016 (MBl. NRW. 2016 S. 237); darin wird den Kommunen empfohlen, für neue Veranstaltungen (Feste, Konzerte oder ähnliches), die in einer Kommune erstmalig stattfinden, die Freizeitlärm-Richtlinie der Bund/Länder Arbeitsgemeinschaft für Immissionsschutz vom 6.3.2015 zu berücksichtigen.
- **Baden-Württemberg:** In Baden-Württemberg wurde bislang keine eigene Freizeitlärmrichtlinie erlassen, die LAI-Freizeitlärmrichtlinie dient hier lediglich als Ergänzung zur Beurteilung nach der TA Lärm.
- **Niedersachsen:** Die Beurteilung von Freizeitlärm erfolgt nach der durch Gem. RdErl. Vom 25.5.2012 – 40502/7.0 –, Nds. MBl. Nr. 23/2012 S. 500, eingeführten Freizeitlärm-Richtlinie. Dieser bestimmt, die Beurteilung und Messung von Freizeitanlagen erfolge nach den entsprechenden Vorschriften der TA Lärm, aber unter anderem mit der Änderung, dass die Anzahl der Tage oder Nächte, an deren die Richtwerte für „seltene Ereignisse“ herangezogen werden können, auf maximal 18 begrenzt wird.
- **Bayern:** Für Bayern hat das Bayrische Staatsministerium für Wirtschaft und Medien, Energie und Technologie mit Erlass vom 15.5.2015 empfohlen, bei Volksfesten „unter Berücksichtigung der konkreten Umstände des Einzelfalls (...) die Freizeitlärm-Richtlinie (...) als Erkenntnisquelle heranzuziehen“. Außerdem gilt in Bayern die Bayerische Biergartenverordnung vom 20.4.1999 (GVBl. S. 142).
Eine ähnliche Empfehlung gilt in **Hessen, Sachsen** und **Sachsen-Anhalt.**
- **Mecklenburg-Vorpommern:** Mecklenburg-Vorpommern hat am 3.7.1998 – VIII 520 – 5724.0.06 – eine eigene Freizeitlärm-Richtlinie erlassen.
- **Brandenburg:** Für Brandenburg ist die Leitlinie des Ministers für Umwelt, Naturschutz und Raumordnung zur Ermittlung, Beurteilung und Verminderung von Geräuschimmissionen vom 12.8.1996, Anhang B Freizeitrichtlinie, Amtsblatt für Brandenburg S. 878 (891), anzuwenden
- **Saarland:** Für Musikveranstaltungen gilt die Verordnung zum Schutz vor Geräuschimmissionen durch Musikdarbietungen bei Volksfesten vom 10.6.2003 (ABl. S. 1642); ansonsten wird die Freizeitlärm-Richtlinie als Erkenntnisquelle empfohlen.
- **Berlin:** Es gelten das Landes-Immissionsschutzgesetz (2005) mit Ausführungsvorschrift (2015) und die Veranstaltungslärm-Verordnung vom 30.9.2015.

74 **§ 4 Gaststättengesetz [Versagungsgründe]**
(1) Die Erlaubnis ist zu versagen, wenn
(...)
3. der Gewerbebetrieb im Hinblick auf seine örtliche Lage oder auf die Verwendung der Räume dem öffentlichen Interesse widerspricht, insbesondere schädliche Umwelteinwirkungen im Sinne des Bundes-Immissionsschutzgesetzes oder sonst erhebliche Nachteile, Gefahren oder Belästigungen für die Allgemeinheit befürchten läßt,
§ 5 Gaststättengesetz [Auflagen]
(1) Gewerbetreibenden, die einer Erlaubnis bedürfen, können jederzeit Auflagen zum Schutze (...)
3. gegen schädliche Umwelteinwirkungen im Sinne des Bundes-Immissionsschutzgesetzes und sonst gegen erhebliche Nachteile, Gefahren oder Belästigungen für die Bewohner des Betriebsgrundstücks oder der Nachbargrundstücke sowie der Allgemeinheit erteilt werden.

wirkungen identisch mit demjenigen in § 3 Abs. 1 BImSchG. Das Gebot des Schutzes vor schädliche Umwelteinwirkungen ist auch im Rahmen einer erleichterten Gestattung aus besonderem Anlass zu beachten.[75] Dabei ist nach einhelliger, auch zivilrechtlicher Rechtsprechung bei der Bestimmung der Schwelle der „erheblichen" Nachteile und Belästigungen im Sinne von § 3 Abs. 1 BImSchG der besondere Anlass und der nur vorübergehende Charakter des zu gestattenden Gaststättenbetriebs zu berücksichtigen sind (vgl. BGH, U.v. 26.9.2003 – V ZR 41/03 –, NJW 2003, 3699 = juris; OVG Münster, B.v. 25.5.2016 – 4 B 581/16 –, nrwe; VGH München, B.v. 17.9.2014 – 22 CS 14.2013 –, juris; BVerwG, U.v. 4.7.1989 – 1 C 11.88 –, BVerwGE 82, 189 = juris).

Im Rahmen dieser Darstellung wird auf Fassung der LAI-Freizeitlärm-Richtlinie vom 6.3.2015 eingegangen.

572 Die Freizeitlärm-Richtlinie entspricht in ihrer Konzeption im Wesentlichen der TA Lärm. Im Gegensatz zu dieser ist sie aber nicht auf Anlagen zugeschnitten, die dem Arbeitsleben zuzurechnen sind, sondern auf Anlagen, die von Personen aufgesucht werden, die sich durch Aktivitäten in Freizeitanlagen erholen wollen. Sportanlagen sich ausdrücklich aus dem Anwendungsbereich ausgenommen; für die Ausübung von Sport auf Sportanlagen gilt die Sportanlagenlärmschutzverordnung (oben ab Rn. 540).

(1) Anwendungsbereich

573 Der Anwendungsbereich der LAI-Freizeitlärm-Richtlinie wird in ihrer Nr. 1 beschrieben.[76]

---

75 **§ 12 Gaststättengesetz [Gestattung]**
(1) Aus besonderem Anlaß kann der Betrieb eines erlaubnisbedürftigen Gaststättengewerbes unter erleichterten Voraussetzungen vorübergehend auf Widerruf gestattet werden.
(2) (weggefallen)
(3) Dem Gewerbetreibenden können jederzeit Auflagen erteilt werden.

76 **Nr. 1 Freizeitlärm-Richtlinie** [Anwendungsbereich]
Freizeitanlagen sind Einrichtungen im Sinne des § 3 Abs. 5 Nrn. 1 oder 3 BImSchG, die dazu bestimmt sind, von Personen zur Gestaltung ihrer Freizeit genutzt zu werden. Grundstücke gehören zu den Freizeitanlagen, wenn sie nicht nur gelegentlich zur Freizeitgestaltung bereitgestellt werden. Dies können auch Grundstücke sein, die sonst z.B. der Sportausübung, dem Flugbetrieb oder dem Straßenverkehr dienen.
Die Hinweise in diesem Abschnitt gelten insbesondere für folgende Anlagen:
- Grundstücke, auf denen in Zelten oder im Freien Diskothekenveranstaltungen, Lifemusik-Darbietungen, Rockmusikdarbietungen, Platzkonzerte, regelmäßige Feuerwerke, Volksfeste o. ä. stattfinden,
- Spielhallen,
- Rummelplätze,
- Freilichtbühnen,
- Autokinos,
- Freizeitparks,
- Vergnügungsparks,
- Abenteuer-Spielplätze (Robinson-Spielplätze, Aktiv-Spielplätze),
- Sonderflächen für Freizeitaktivitäten, z. B. Grillplätze,
- Badeplätze,
- Erlebnisbäder, auch soweit sie in Verbindung mit Hallenbädern als Außenanlage betrieben werden,
- Anlagen für Modellfahrzeuge, Wasserflächen für Schiffsmodelle,
- Sommerrodelbahnen,
- Zirkusse,
- Hundedressurplätze

Zu den sonstigen Freizeitanlagen im Sinne dieses Abschnittes gehören nicht Sportanlagen und Gaststätten. Die Hinweise gelten auch nicht für Kinderspielplätze, die die Wohnnutzung in dem betroffenen Gebiet ergänzen; die mit ihrer Nutzung unvermeidbar verbundenen Geräusche sind sozialadäquat und müssen deshalb von den Nachbarn hingenommen werden.

Die Richtlinie betrifft insbesondere Anlagen mit einem größeren Einzugsbereich.

Beispiel (nach VG Münster, U.v. 14.4.2016 – 2 K 1348/15 –, nrwe): Ein Vereinsheim für eine Musikschule ist als soziale Anlage nicht nach der TA Lärm zu beurteilen (s. Rn. 521). Für die Frage der Zumutbarkeit der Immissionsbelastung konnte in dem Verfahren als sachnächstes technisches Regelwerk die Freizeitlärmrichtlinie als Orientierungshilfe herangezogen werden: Aufgrund eines detaillierten Nutzungskonzeptes werden einem Jugendorchester verschiedene Räume in einem Flügel einer ehemaligen Schule zur Verfügung gestellt, deren Nutzung als Übungs-, Lehr- und Probenräume sich im weiteren Sinne als Freizeitgestaltung darstellen. Ein anderer Flügel des Gebäudes wird für den musikalischen Unterricht sowie der Orchesterausbildung zur Verfügung gestellt. In diesem Rahmen nehmen durchschnittlich 350 Kinder und Jugendliche an über 200 Musikkursen teil, die vorwiegend in den Nachmittagsstunden und den Abendstunden, also in Zeiten stattfinden, an denen die Kinder keinen regulären Schulunterricht besuchen müssen. Die Kinder und Jugendlichen geben einen Teil ihrer Freizeit, um ihren musikalischen Neigungen allein oder mit anderen auszuleben. Insoweit unterscheidet sich diese Art der Freizeitgestaltung nicht wesentlich von anderen Freizeitaktivitäten, namentlich im sportlichen oder künstlerischen Bereich. 574

Ob eine Freizeitanlage gewerblich betrieben wird oder nicht, spielt für die Anwendung der Freizeitlärm-Richtlinie keine Rolle. Abzustellen ist insoweit ausschließlich auf den primären Freizeitbezug (vgl. OVG Münster, U.v. 6.9.2011 – 2 A 2249/09 –, juris). 575

Um einen Abenteuerspielplatz, der nicht unter die Freizeitlärm-Richtlinie fällt („Abenteuerspielplätze, namentlich Robinson- und Aktiv-Spielplätze"), handelt es sich nur dann, wenn die Anlage hinsichtlich Art und Umfang mit den anderen in Ziffer 1 genannten Anlagen vergleichbar ist, es sich also um eine größere Anlage handelt, die über den nahen Einzugsbereich hinausgehende Besucher anzieht. 576

Beispiel (nach VG Aachen, U.v. 30.10.2015 – 6 K 1111/15 –, juris): Auf einem Spielplatz befinden sich neben einem Basketballspielfeld unter anderem ein Kombinationsspielgerät, ein Spielhaus, zwei Wipptiere und eine Sandbaustelle. Dies sind die üblichen auf Kinderspielplätzen, die die Wohnnutzung in einem bestimmten Gebiet ergänzen, anzutreffenden Spielgeräte. Einen Abenteuerspielplatz, Robinson- oder Aktiv-Spielplatz hat das Gericht deshalb nicht angenommen. 577

Beispiel für die Anwendung der Richtlinie auf eine gewerbliche Hundeschule unter dem Gesichtspunkt „Hundedressurplatz" (OVG Bautzen, B.v. 25.11.2013 – 1 B 433/13 –, NVwZ-RR 2014, 38 = juris): Eine Hundeschule kann eine Freizeitanlage sein, obwohl sie – worauf sich die Klägerin in dem entschiedenen Verfahren berufen hatte – nicht der Ausübung eines Hobbys dient und nicht der Erholung von Menschen dient. Entscheidend war für das Gericht, *„dass die Hundeschule der Beigeladenen von Personen frequentiert wird, die einen Hund halten und sich mit diesem näher beschäftigen, und dass diese Beschäftigung mit dem Hund regelmäßig keinen Bezug zum Erwerbsleben dieser Personen hat, sondern in deren Freizeit stattfindet. Hierfür sprechen insbesondere die Betriebszeiten der Hundeschule im Sommer mittwochs und freitags, im Winter nur freitags in den frühen Abendstunden sowie im Übrigen ganzjährig schwerpunktmäßig am Wochenende. Die Lärmemissionen (Hundegebell, Kommandos, Pfiffe) finden damit zu Zeiten statt, die von der Bevölkerung überwiegend zur Freizeitgestaltung genutzt werden, und es macht für diese wie auch den Antragsteller keinen Unterschied, ob die Geräusche von einem gewerblichen oder von einem vereinsbetriebenen Hundeplatz ausgehen."* 578

Durch menschliches Verhalten hervorgerufene, dem Anlagenbetrieb nicht zurechenbare Geräuschereignisse (Freizeitbetätigungen im Wohnbereich und in der freien Natur, z. B. Partys, Musikspielen) sind nicht nach diesen Hinweisen, sondern nach den verhaltensbezogenen Lärmbekämpfungsvorschriften der Länder und Gemeinden zu beurteilen. (....).

(2) Bedeutung der Richtlinie als „Orientierungshilfe“

579 Die Freizeitlärm-Richtlinie beansprucht keine unmittelbare Geltung. Insofern unterscheidet sie sich von der 18. BImSchV (als Rechtsnorm) und der TA Lärm (als Verwaltungsvorschrift). Die im Rahmen der Anwendung des § 22 Abs. 1 Satz 1 BImSchG vorzunehmende Beurteilung der Erheblichkeit der Lärmbelästigung durch Freizeitanlagen ist vielmehr aufgrund einer umfassenden Würdigung aller Umstände des Einzelfalls und insbesondere der speziellen Schutzwürdigkeit des jeweiligen Baugebiets zu bestimmen. Allerdings *„können auch technische Regelwerke zur Beurteilung von Lärmimmissionen herangezogen werden, wenn sie für die Beurteilung der Erheblichkeit der Lärmbelästigung im konkreten Streitfall brauchbare Anhaltspunkte liefern (vgl. BVerwG, Urteil vom 29. April 1988 – BVerwG 7 C 33.87 – BVerwGE 79, 254 <264 f.>). Geklärt ist ferner, dass technische Regelwerke dieser Art im Rahmen der gebotenen Einzelfallprüfung nur eine Orientierungshilfe oder einen "groben Anhalt" bieten. Unzulässig ist in jedem Falle eine nur schematische Anwendung bestimmter Mittelungs- oder Grenzwerte (BVerwG, Beschluss vom 27. Januar 1994, a.a.O.). Zu den Regelwerken, die als Orientierungshilfe in Betracht kommen, gehören auch die vom Länderausschuss für Immissionsschutz verabschiedeten und mehrfach fortgeschriebenen "Hinweise zur Beurteilung der durch Freizeitanlagen verursachten Geräusche" (NVwZ 1985, 98; 1988, 135), die im Jahr 1995 als "Freizeitlärm-Richtlinie" verabschiedet worden ist (vgl. hierzu BVerwG, Urteil vom 24. April 1991, a.a.O., S. 149).“* (BVerwG, B.v. 17.7.2003 – 4 B 55/03 –, NJW 2003, 3360 = juris; s. auch BVerwG, U.v. 16.5.2001 – 7 C 16.00 –, NVwZ 2001, 1167 = juris; BVerwG, B.v. 17.7.2003 – 4 B 55/03 –, NJW 2003, 3360 = juris; BGH U.v. 26.9.2003 – V ZR 41/03 –, NJW 2003, 3699 = juris.)

(3) Überblick über die Bestimmungen

580 Die Richtlinie besagt in ihrer Nr. 3, dass bei der Ermittlung der durch Freizeitanlagen verursachten Geräuschimmissionen auf die allgemein anerkannten akustischen Grundregeln, wie sie in der TA Lärm und der Sportanlagenlärmschutzverordnung (18. BImSchV) festgehalten sind, zurückgegriffen werden kann. Der Messort ist entsprechend den schutzwürdigen Nutzungen in der Nachbarschaft der Anlage auszuwählen. Dabei sollen die Regelungen des Anhangs der 18. BImSchV herangezogen werden.

581 Ferner trifft die Richtlinie Regelungen über Zuschläge für Impulshaltigkeit und/oder auffällige Pegelveränderungen, Tonhaltigkeit und Informationshaltigkeit.

Unter Nr. 4.1 setzt die Freizeitlärm-Richtlinie die Immissionsrichtwerte fest.[77] Nr. 4.3 ergänzt dies um eine Regelung zu einzelnen Geräuschspitzen (Maximalpegel).[78]

Nr. 3.3 stellt klar, dass ein über die Festlegung ruhebedürftiger Zeiten hinausgehender Zuschlag nicht erfolgt.[79]

Die Beurteilungszeiten sind in der Nr. 3.4 der Freizeitlärm-Richtlinie geregelt.[80]

---

77 **4.1 Freizeitlärm-Richtlinie** [Immissionsrichtwerte „Außen"]
Die Immissionsrichtwerte „Außen" betragen für Immissionsorte außerhalb von Gebäuden

a) Industriegebieten	
tags an Werktagen außerhalb der Ruhezeit	70 dB(A)
tags an Werktagen innerhalb der Ruhezeit und an Sonn- und Feiertagen	70 dB(A)
nachts	70 dB(A)
b) in Gewerbegebieten	
tags an Werktagen außerhalb der Ruhezeit	65 dB(A)
tags an Werktagen innerhalb der Ruhezeit und an Sonn- und Feiertagen	60 dB(A)
nachts	50 dB(A)
c) in Kerngebieten, Dorfgebieten und Mischgebieten	
tags an Werktagen außerhalb der Ruhezeit	60 dB(A)
tags an Werktagen innerhalb der Ruhezeiten und an Sonn- und Feiertagen	55 dB(A)
nachts	45 dB(A)
d) in allgemeinen Wohngebieten, Kleinsiedlungsgebieten	
tags an Werktagen außerhalb der Ruhezeit	55 dB(A)
tags an Werktagen innerhalb der Ruhezeit und an Sonn- und Feiertagen	50 dB(A)
nachts	40 dB(A)
e) in reinen Wohngebieten	
tags an Werktagen außerhalb der Ruhezeit	50 dB(A)
tags an Werktagen innerhalb der Ruhezeit und an Sonn- und Feiertagen	45 dB(A)
nachts	35 dB(A)
f) in Kurgebieten, für Krankenhäuser und Pflegeanstalten	
tags an Werktagen außerhalb der Ruhezeit	45 dB(A)
tags an Werktagen innerhalb der Ruhezeit und an Sonn- und Feiertagen	45 dB(A)
nachts	35 dB(A)

78 **4.3 Freizeitlärm-Richtlinie** [Maximalpegel]
Einzelne Geräuschspitzen sollen die Immissionsrichtwerte „Außen" tags um nicht mehr als 30 dB(A) sowie nachts um nicht mehr als 20 dB(A) überschreiten. Ferner sollen einzelne Geräuschspitzen die Immissionsrichtwerte „Innen" um nicht mehr als 10 dB(A) überschreiten.

79 **3.3 Freizeitlärm-Richtlinie** [Schutz ruhebedürftiger Zeiten und der Sonn- und Feiertage]
Der Schutz der ruhebedürftigen Zeiten und der Sonn- und Feiertage wird durch die in Nr. 4.1 für Ruhezeiten und Sonn- und Feiertage genannten niedrigeren Immissionsrichtwerte berücksichtigt. Ein Zuschlag für Ruhezeiten kommt daher nicht in Betracht.

80 **3.4 Freizeitlärm-Richtlinie** [Beurteilungszeiten]
An Werktagen gilt für Geräuscheinwirkungen
- tags außerhalb der Ruhezeiten (8 bis 20 Uhr) eine Beurteilungszeit von 12 Stunden,
- tags während der Ruhezeiten (6 bis 8 Uhr und 20 bis 22 Uhr) jeweils eine Beurteilungszeit von 2 Stunden,
- nachts (22 bis 6 Uhr) eine Beurteilungszeit von 1 Stunde (ungünstigste volle Stunde).

An Sonn- und Feiertagen gilt für Geräuscheinwirkungen
- tags von 9 bis 13 Uhr und 15 bis 20 Uhr eine Beurteilungszeit von 9 Stunden,
- tags von 7 bis 9 Uhr, 13 bis 15 Uhr und 20 bis 22 Uhr jeweils eine Beurteilungszeit von 2 Stunden,
- nachts (0 bis 7 Uhr und 22 bis 24 Uhr) eine Beurteilungszeit von 1 Stunde (ungünstigste volle Stunde).

582 Ebenso wie die TA Lärm und die 18. BImSchV trifft die LAI-Freizeitlärmrichtlinie eine Regelung für die Zumutbarkeit von Geräuschen und Körperschall innerhalb von Gebäuden.[81]

Besondere Bedeutung hat die umfangreiche Regelung zu einer gebotenen Sonderfallbeurteilung.[82] Dabei stellt die Richtlinie materiellrechtliche Anforderungen auf. Insbesondere muss es sich um eine Veranstaltung mit einer hohen Standortgebundenheit oder sozialen Adäquanz und Akzeptanz handeln, die zudem zahlenmäßig eng begrenzt durchgeführt wird.[83]

81 **4.2 Freizeitlärm-Richtlinie** [Immissionswerte „Innen"]
Bei Geräuschübertragung innerhalb von Gebäuden und bei Körperschallübertragung betragen die Richtwerte für Wohnräume unabhängig von der Lage des Gebäudes in einem der oben genannten Gebiete:

tags 35 dB(A)
nachts 25 dB(A).

82 **4.4 Freizeitlärm-Richtlinie** [Sonderfallbeurteilung bei seltenen Veranstaltungen mit hoher Standortgebundenheit oder sozialer Adäquanz und Akzeptanz]
Bei Veranstaltungen im Freien und/oder in Zelten können die unter Ziffer 4.1 bis 4.3 genannten Immissionsrichtwerte mitunter trotz aller verhältnismäßigen technischen und organisatorischen Lärmminderungsmaßnahmen nicht eingehalten werden.
4.4.2 Freizeitlärm-Richtlinie [Unvermeidbarkeit und Zumutbarkeit]
In derartigen Sonderfällen prüft die zuständige Behörde zunächst die Unvermeidbarkeit und Zumutbarkeit der zu erwartenden Immissionen:
· **Unvermeidbarkeit**
Trotz aller verhältnismäßigen technischen und organisatorischen Lärmminderungsmaßnahmen ist eine Überschreitung aufgrund der Umgebungsbedingungen und der Mindestversorgungspegel entsprechend VDI 3770:2012-09 unvermeidbar. Das kann insbesondere dann der Fall sein, wenn lokal geeignete Ausweichstandorte nicht zur Verfügung stehen.
· **Zumutbarkeit**
Voraussetzung ist die Zumutbarkeit der Immissionen unter Berücksichtigung von Schutzwürdigkeit und Sensibilität des Einwirkungsbereichs.
a) Sofern bei seltenen Veranstaltungen Überschreitungen des Beurteilungspegels vor den Fenstern im Freien von 70 dB(A) tags und/oder 55 dB(A) nachts zu erwarten sind, ist deren Zumutbarkeit explizit zu begründen.
b) Überschreitungen eines Beurteilungspegels nachts von 55 dB(A) nach 24 Uhr sollten vermieden werden.
c) In besonders gelagerten Fällen kann eine Verschiebung der Nachtzeit von bis zu zwei Stunden zumutbar sein.
d) Die Anzahl der Tage (24 Stunden-Zeitraum) mit seltenen Veranstaltungen soll 18 pro Kalenderjahr nicht überschreiten.
e) Geräuschspitzen sollen die Werte von 90 dB(A) tags und 65 dB(A) nachts einhalten.
Die Unvermeidbarkeit und Zumutbarkeit der zu erwartenden Immissionen ist schriftlich nachvollziehbar zu begründen. Da das Spektrum derjenigen Veranstaltungen, die die Immissionsrichtwerte der Ziffern 4.1 bis 4.3 nicht einhalten können groß ist und vom Dorffest bis zu überregionalen Großereignissen reicht, gilt: In je größerem Umfang die Abweichungen der Immissionsrichtwerte nach Ziffern 4.1 bis 4.3 in Anspruch genommen werden sollen und an je mehr Tagen (24 Stunden- Zeitraum) seltene Veranstaltungen stattfinden sollen, desto intensiver hat die zuständige Behörde die in dieser Ziffer genannten Voraussetzungen zu prüfen, zu bewerten und zu begründen. Bei herausragenden Veranstaltungen sind in der Begründung gerade der sozialen Adäquanz und Akzeptanz besondere Bedeutung beizumessen.

83 **4.4.1 Freizeitlärm-Richtlinie** [Standortgebundenheit, soziale Adäquanz und Akzeptanz der Veranstaltungen]
In Sonderfällen können solche Veranstaltungen gleichwohl zulässig sein, wenn sie
- eine hohe Standortgebundenheit oder soziale Adäquanz und Akzeptanz aufweisen
und zudem
- zahlenmäßig eng begrenzt durchgeführt werden.
Eine hohe Standortgebundenheit ist bei besonderem örtlichem oder regionalem Bezug gegeben. In diesem Sinne sind standortgebunden beispielsweise Großveranstaltungen wie der Hessentag, die Kieler Woche und mancherorts auch einzelne Konzerte in ex-ponierter Innenstadtlage. Ebenso können hierunter Feste mit kommunaler Bedeutung – wie die örtliche Kirmes oder das jährliche Fest der Feuerwehr – sowie besondere Vereinsfeiern (z. B. Meisterschaften für Modellfahrzeuge) fallen.
Von sozialer Adäquanz und Akzeptanz ist auszugehen, wenn die Veranstaltung eine soziale Funktion und Bedeutung hat. Sozial adäquat sind beispielsweise örtlich einmalige Jugendfestivals, wie etwa das Wiesbade-

Beispiel für eine solche „seltene Veranstaltung" (aus: OVG Münster, B.v. 25.5.2016 – 4 B 581/16 –, nrwe): Eine genehmigte und von einem Nachbarn angegriffene Jugendtanzveranstaltung ist Bestandteil des einmal im Jahr für wenige Tage stattfindenden Schützenfests, das ein traditioneller, allgemein akzeptierter Ausdruck des Gemeindelebens ist. Schützenfeste stärken Identität und Zusammenhalt der örtlichen Gemeinschaft und besitzen deshalb für viele Bewohner einen hohen Stellenwert. Damit einhergehende Geräusche sind daher aus der insoweit maßgeblichen Sicht eines verständigen Durchschnittsbetrachters in höherem Umfang zumutbar als andere Immissionen. 583

Über die materiellrechtlichen Voraussetzungen hinaus verlangt die Richtlinie für die privilegierte Zulassung einer solchen Veranstaltung dem Veranstalter eine konkrete verfahrensrechtliche Vorgehensweise ab: Sofern bei seltenen Veranstaltungen Überschreitungen des Beurteilungspegels vor den Fenstern im Freien von 70 dB(A) tags und/oder 55 dB(A) nachts zu erwarten sind, ist deren Zumutbarkeit explizit zu begründen. 584

Zur Gewährleistung einer Zumutbarkeit gibt die Richtlinie der zuständigen Behörde die Befugnis, von dem Veranstalter verschiedene Maßnahmen abzuverlangen.[84] Solche Maßnahmen sind im Rahmen der Abwägung der Interessen des Betreibers und derjenigen der Nachbarn aber nur dann geeignet, den Nachbarn einen hinreichenden Lärmschutz zu gewähren, wenn sie rechtssicher und genügend bestimmt sind. Nicht kontrollierbare Vorgaben sind unbeachtlich.

ee) Infraschall und tieffrequenter Schall

Als Infraschall wird der Luftschall unterhalb der Frequenz von 20 Hertz bezeichnet. Er ist in der Umwelt ein allgegenwärtiges Phänomen, das durch zahlreiche Quellen hervorgerufen wird und im Allgemeinen unterhalb der Wahrnehmungsschwelle des menschlichen Gehörs liegt. Tieffrequenter Schall liegt unterhalb der Frequenz von 100 Hertz und umfasst die für Menschen gerade noch hörbaren tiefen Töne (vgl. 585

ner Folklorefestival. Sozial akzeptiert ist zum Beispiel der von einem Großteil der Anwohner zumindest geduldete Karneval der Kulturen in Berlin.

84 **4.4.3 Freizeitlärm-Richtlinie** [Nebenbestimmungen]
In so definierten Sonderfällen können Veranstaltungen von der zuständigen Behörde nach Maßgabe einiger in der Richtlinie aufgeführter und ggf. als Nebenbestimmung festzulegender Maßnahmen zugelassen werden. Diese beziehen sich auf
- die Pflicht zur Vorlage von Unterlagen zur Beurteilung der Geräuschbelastung der Umgebung durch die Veranstaltung. Ggf. kann dafür eine Schallimmissionsprognose erforderlich sein;
- die Möglichkeit der Verschiebung des Beginns der Nachtzeit; diese soll auf Abende vor Samstagen sowie vor Sonn- und Feiertagen beschränkt werden;
- die Verteilung der Veranstaltungen auf einen längeren Zeitraum und auf nicht mehr als zwei aufeinander folgenden Wochenenden;
- die Verpflichtung des Veranstalters zur Eigenüberwachung und der Dokumentation der durchgeführten Maßnahmen. Dies kann z. B. durch Überwachungsmessungen oder durch Einpegelungen oder den Einsatz von Schallpegelbegrenzern erfolgen;
- die Pflicht des Veranstalters, die Nachbarschaft im Einwirkungsbereich rechtzeitig, d.h. in der Regel mindesten 14 Tage vorher über Art, Dauer und Ende der Veranstaltung zu unterrichten. Für exponierte Standorte mit saisonbedingter Mehrbelastung kann ein kontinuierlicher Einbindungsprozess von Anwohnern geboten sein. Bei einer Vielzahl potentieller Veranstaltungsorte ist die Entwicklung einer kommunalen Veranstaltungskonzeption empfehlenswert;
- die Ausrichtung und die Auswahl der Bühne und Beschallungstechnik in der Weise, dass die Belastung der Nachbarschaft minimiert wird. Insbesondere ist auf eine Reduzierung der abgestrahlten tiefen Frequenzanteile hinzuwirken (z. B. durch kardioide Aufstellung der Basslautsprecher als Array oder Minimierung einzelner nicht relevanter Terzen);
- die Benennung und öffentliche Bekanntmachung einer Telefonnummer eines Ansprechpartners für Anfragen bzw. Beschwerden. Die telefonische Erreichbarkeit des Ansprechpartners ist für den gesamten Veranstaltungszeitraum zu gewährleisten.

Bayerisches Landesamt für Umwelt, Windenergieanlagen – beeinträchtigt Infraschall die Gesundheit? http://www.lfu.bayern.de/umweltwissen/doc/uw_117_ windkraftanlagen_infraschall_gesundheit.pdf, abgerufen am 19.9.2016). Beide Phänomene spielen insbesondere eine Rolle bei Rechtsschutzbegehren gegen Windkraftanlagen, die zumeist dem Immissionsschutzrecht unterfallen. Aber auch von einzelnen von dem Baurecht unterfallenden Anlagen geht Infraschall aus (vgl. dazu den Bericht über Ergebnisse des Messprojekts 2013-2015 der Landesanstalt für Umwelt, Messungen und Naturschutz Baden-Württemberg, http://www4.lubw.baden-wuerttemberg.de/servlet/is/257896/tieffrequente_geraeusche_inkl_infraschall.pdf?command=downloadContent&filename=tieffrequente_geraeusche_inkl_infraschall.pdf, abgerufen am 19.9.2016.)

586 Wissenschaftlich gesicherte Hinweise darauf, dass z.B. von dem von Windenergieanlagen verursachten Infraschallanteil, der unterhalb der Wahrnehmungsschwelle des menschlichen Gehörs liegt, eine Gesundheitsgefahr oder eine erhebliche Belästigung ausgeht, bestehen nicht. Das Umweltbundesamt führt hierzu in einer im Jahre 2014 veröffentlichten Studie (vgl. Machbarkeitsstudie zu Wirkungen von Infraschall – Entwicklung von Untersuchungsdesigns für die Ermittlung der Auswirkungen von Infraschall auf den Menschen durch unterschiedliche Quellen (2014), abrufbar unter http://www.umweltbundesamt.de/publikationen/machbarkeitsstudie-zu-wirkungen-von-infraschall, abgerufen am 19.9.2016) aus, dass für eine negative Auswirkung von Infraschall unterhalb der Wahrnehmungsschwelle bislang keine wissenschaftlich gesicherten Erkenntnisse gefunden wurden, auch wenn zahlreiche Forschungsbeiträge entsprechende Hypothesen postulieren.

587 Auch die obergerichtliche Rechtsprechung geht davon aus, dass schädliche Umwelteinwirkungen durch den bei Windenergieanlagen auftretenden tieffrequenten Schall oder Infraschall jedenfalls außerhalb der Mindestabstände (z.B. für Windenergieanlagen) ausgeschlossen sind (vgl. VGH Mannheim, B.v. 6.7.2015– 8 S 534/15 –, juris; OVG Schleswig, U.v. 31.7.2015 – 1 MB 14/15 –, juris; VGH München, B.v. 8.6.2015 – 22 CS 15.686 –, juris; OVG Greifswald, B.v. 21.5.2014 – 3 M 236/13 –, juris; OVG Münster, B.v. 6.5.2016 – 8 B 866/15 –, nrwe).

b) Luftverunreinigungen

588 Der Begriff der Luftverunreinigungen ist im Bundes-Immissionsschutzgesetz legal definiert;[85] hierbei sind (nach: Jarass, BImSchG, § 3 Rn. 2):

- Rauch: sichtbare, in einem Trägergas dispergierte Stoffe,
- Ruß: fein verteilter Kohlenstoff, meist in flockiger Form, an den noch andere luftfremde Stoffe gebunden werden),
- Staub: in der Luft verteilte, disperse Feststoffe beliebiger Form, Struktur und Dichte,
- Gase: im Raum frei bewegliche Materie, insbesondere Abgase aus technischen Prozessen und Verbrennungsvorgängen,

---

85 **§ 3 BImSchG** [Begriffsbestimmungen]
(4) Luftverunreinigungen im Sinne dieses Gesetzes sind Veränderungen der natürlichen Zusammensetzung der Luft, insbesondere durch Rauch, Ruß, Staub, Gase, Aerosole, Dämpfe oder Geruchsstoffe.

- Aerosole einschließlich Bioaerosole: luftgetragene Mikroorganismen, s. dazu unter Rn. 631,
- Dämpfe: Gase, die ohne große Veränderungen kondensieren, z.B. Wasserstoff,
- Geruchsstoffe: geruchsintensive Stoffe.

aa) Geruchsimmissionen

In der Praxis spielen von Tierhaltungsbetrieben ausgehende Geruchsimmissionen eine bedeutende Rolle. Allerdings gibt es für die Beurteilung der Zumutbarkeit der von Tierhaltungsbetrieben verursachten Gerüche keine allgemein gültigen Regelungen ähnlich der TA Luft (zu dieser sogleich). Die Praxis greift auf Regelwerke als Orientierungshilfe zurück, die in der landwirtschaftlichen Praxis entwickelt wurden. Neben der Geruchsimmissionsrichtlinie wendet z.B. der VGH München in seiner ständigen Rechtsprechung (vgl. B.v. 11.3.2013 – 14 ZB 12.2073 –, juris; B.v. 24.4.2012 – 2 ZB 10.2894 –, juris; B.v. 2.8.2007 – 1 CS 07.801 –, juris) die Erhebungen der Bayerischen Landesanstalt für Landtechnik der Technischen Universität München/Weihenstephan „Geruchsimmissionen aus Rinderställen" vom März 1994 („Gelbes Heft 52") und „Geruchsfahnenbegehung an Rinderställen" vom Juni 1999 („Gelbes Heft 63") sowie die „Abstandsregelung für Rinderhaltungen" des bayerischen Arbeitskreises „Immissionsschutz in der Landwirtschaft" vom Oktober 2002, fortgeschrieben März 2009 und Oktober 2013, an, um die Schädlichkeit von Geruchsimmissionen auf Wohnbebauung ermitteln zu können (vgl. VGH München, B.v. 18.4.2011 – 15 ZB 09.1763 –, juris, und B.v. 3.2.2011 – 1 ZB 10.718 – juris). 589

Die TA Luft (s. dazu insbesondere ab Rn. 604) enthält zwar Abstandsregelungen zur Vorsorge gegen schädliche Umwelteinwirkungen durch Geruchsimmissionen und konkretisiert die Anforderungen des Bundes-Immissionsschutzgesetzes für genehmigungsbedürftige und nicht genehmigungsbedürftige Anlagen; auf letztere „sollen" ihre Vorgaben gem. Nr. 4 TA Luft angewandt werden. Allerdings wird in Nr. 1 Abs. 3 TA Luft ausdrücklich darauf hingewiesen, dass der Schutz vor Geruchsimmissionen in ihr nicht geregelt wird.[86] 590

(1) Geruchsimmissions-Richtlinie

Die Geruchsimmissions-Richtlinie (GIRL) wurde, ebenso wie die Freizeitlärm-Richtlinie, vom Länderausschuss für Immissionsschutz (LAI) entwickelt. Die erste Fassung aus 1989 wurde in den folgenden Jahren überarbeitet und mit einer Begründung und Auslegungshinweisen versehen. Der Text wurde zuletzt am 10.9.2008 ergänzt. Sie wurde in den Bundesländern teilweise verbindlich durch entsprechende Erlasse oder Verwaltungsvorschriften eingeführt.[87] In den Bundesländern, in denen sie nicht als Verwaltungsvorschrift eingeführt worden ist, wird sie dennoch im Einzelfall als Ori- 591

86 **TA Luft**
Nr. 1 Anwendungsbereich
(3) Der Schutz vor schädlichen Umwelteinwirkungen durch Geruchsimmissionen wird in dieser Verwaltungsvorschrift nicht geregelt; dagegen wird die Vorsorge gegen schädliche Umwelteinwirkungen durch Geruchsemissionen in dieser Verwaltungsvorschrift geregelt.

87 Z.B.: in **Nordrhein-Westfalen** als nordrhein-westfälische Geruchsimmissions-Richtlinie in der Fassung vom 29.2.2008 und einer Ergänzung vom 10.9.2008, anwendbar nach Maßgabe des Runderlasses des Ministeriums für Umwelt und Naturschutz, Landwirtschaft und Verbraucherschutz NRW vom 5.11.2009, MBl. NRW, S. 529,

entierungshilfe herangezogen (vgl. VGH München, B.v. 16.7.2014 – 15 CS 13.1910 –, juris, B.v. 7.10.2015 – 15 ZB 14.2115 –, juris, und B.v. 27.3.2014 – 22 ZB 13.692 –, juris; OVG Magdeburg, U.v. 24.3.2015 – 2 L 184/10 –, juris; VGH Mannheim, U.v. 12.3.2015 – 10 S 1169/13 –, juris).

592 Mit der GIRL wird dem Umstand Rechnung getragen, dass die belästigende Wirkung von Geruchsimmissionen in erheblichem Maße von der Sensibilität und subjektiven Faktoren abhängt. Anhand der GIRL sollen Massekonzentrationen mit Hilfe physikalisch-chemischer Messverfahren objektiv nachgewiesen werden. Während die Messung und Berechnung von Immissionskonzentrationen möglich ist, ist die Erfassung und Messung von Geruchsimmissionen in einem solchen Verfahren kaum möglich (so Nr. 1. Allgemeines der GIRL). Der Belästigungsgrad hängt von Faktoren wie Geruchsart (Hedonik), der tages- und jahreszeitlichen Verteilung der Einwirkungen, dem Rhythmus und insbesondere der Geruchshäufigkeit ab. Letzteres ist nach der GIRL das entscheidende Kriterium, um den Belästigungsgrad der Anwohner zu beschreiben.

593 Die GIRL „kann“ (nach ihren eigenen Worten) auf nicht genehmigungsbedürftige Anlagen angewandt werden. Dabei sind für die Bemessung der Vorbelastung die Anteile, die durch ausschließlich baurechtlich genehmigungsbedürftige Anlagen verursacht werden, ebenso zu berücksichtigen wie die Anteile, die von Anlagen im Sinne des § 4 BImSchG ausgehen (Begründung und Auslegungshinweise zu Nr. 1 GIRL). Deshalb wird z.B. bei der Beurteilung, ob landwirtschaftliche Gerüche, etwa von einem Güllebehälter ausgehende Geruchsimmissionen, als schädliche Umwelteinwirkungen zu qualifizieren sind, auf sie zurückgegriffen. Sie dient auch als Arbeitsgrundlage für die Immissionsschutzbehörden gemäß § 3 BImSchG.

(a) Die Bedeutung der GIRL

594 Wie andere technische Regelwerke erzeugt auch die GIRL für die Behörden und Gerichte keine Bindungswirkung, wenn der Gesetzgeber sie, wie das bei der GIRL der Fall ist, nicht in seinen Regelungswillen aufnimmt. Es handelt sich nicht um eine normkonkretisierende Verwaltungsvorschrift im Sinne der §§ 48, 51 BImSchG, da sie nicht nach den dort vorgesehen besonderen Verfahrensvorschriften von der Bundesregierung erlassen worden ist. Die Regelungen dürfen aber im Einzelfall im Rahmen der tatrichterlichen Bewertung als Orientierungshilfe herangezogen werden, und zwar unabhängig davon, ob sie im jeweiligen Bundesland umgesetzt sind (BVerwG, B.v. 28.7.2010 – 4 B 29/10 –, BRS 76 Nr. 191 = juris; vgl. zur Verbindlichkeit auch: BGH, U.v. 21.6.2001 – III ZR 313/99 –, juris; OVG Münster, U.v. 1.6.2015 – 8 A 1760/13 –, juris; OVG Magdeburg, U.v. 24.3.2015 – 2 L 184/10 –, juris; VGH Mannheim, U.v. 12.3.2015 – 10 S 1169/13 –, juris; zur Anwendung in Bayern, wo sie nicht als Verwaltungsvorschrift eingeführt wurde: VGH München, B.v. 3.5.2016 – 15 CS 15.1576 –, juris, m.w.N.).

595 Allerdings darf sich die Beurteilung von Geruchsimmissionen nicht allein an den in der GIRL festgelegten Immissionswerten für die Geruchshäufigkeit orientieren. Es

in Sachsen durch die Verwaltungsvorschrift des Sächsischen Staatsministeriums für Umwelt und Landesentwicklung zur Feststellung und Beurteilung von Geruchsimmissionen vom 16.3.1993.

hat eine umfassende Würdigung aller Umstände des Einzelfalls zu erfolgen. Das Erfordernis einer Einzelfallbeurteilung gilt insbesondere für die Bewertung von durch landwirtschaftliche Betriebe verursachten Gerüchen in Außenbereichslagen, für die die GIRL keinen Immissionswert enthält. In diesen Bereichen können die Grundstücke mit einer Pflicht zur gegenseitigen Rücksichtnahme belastet sein, auf Grund derer in erheblich höherem Maße Geruchseinwirkungen hinzunehmen sind. Dabei sind als landwirtschaftliche Gerüche nicht nur solche anzusehen, die von landwirtschaftlichen Betrieben im Sinne von § 201 BauGB ausgehen, sondern auch solche, die durch bauplanungsrechtlich als gewerblich einzuordnende Tierhaltungsanlagen hervorgerufen werden (OVG Münster, B.v. 16.9.2015 – 8 A 2384/13 –, nrwe).

Die Anwendung der GIRL ist keine Rechtsanwendung, sondern Tatsachenfeststellung (BVerwG, B.v. 5.8.2015 – 4 BN 28/15 –, juris; zu DIN-Normen: BVerwG, B.v. 30.9.1996 – 4 B 175/96 –, NVwZ-RR 1997, 214 = juris). 596

(b) Die Vorgehensweise nach der GIRL

Ähnlich dem Vorgehen im Bereich des Lärms werden in der GIRL für Baugebiete Immissionswerte als regelmäßiger Maßstab für die höchstzulässige Geruchsimmission festgelegt. Die Richtlinie enthält Regelungen, nach denen eine Genehmigung nicht versagt werden soll, wenn zwar der Immissionswert überschritten wird, dies aber bereits durch die bisherige Belastung geschieht oder bereits durch andere Quellen herbeigeführt wird (Kriterien der Irrelevanz) oder wegen anderer Kriterien die Geruchsbelästigung nicht als erheblich zu qualifizieren ist. Auf eine Heranziehung der GIRL wird verzichtet, wenn die Abstände der TA Luft und der einschlägigen VDI-Richtlinien (z.B. VDI-Richtlinie 3471, VDI-Richtlinie 2310, VDI-Richtlinie 3894) eingehalten werden. 597

Zur Ermittlung der zu erwartenden Geruchshäufigkeit bedarf es grundsätzlich einer Prognose, bei der aus der Vor- und der Zusatzbelastung im Wege einer Ausbreitungsrechnung die voraussichtliche Gesamtbelastung ermittelt wird (OVG Münster, B.v. 10.5.2010 – 8 B 992/09 –, juris). Allerdings kann unter Umständen auf eine Prognose verzichtet werden, wenn absehbar ist, dass von einem Vorhaben keine schädlichen Umwelteinwirkungen ausgehen werden. Bei der Prognose sind Vorbelastungen zu berücksichtigen. Dafür wird bei Begehungen in Anlehnung an die VDI-Richtlinie 3940 (Bestimmung der Geruchsimmission durch Begehungen) die olfaktorische Belastung festgestellt. Die daraufhin vorzunehmende Geruchsausbreitungsberechnung erfolgt anhand der Richtlinie VDI 3788 (Blatt 1), des Anhangs 3 der TA Luft und der speziellen Anpassungen entsprechend dem Referenzmodell AUSTAL 2000 (abrufbar unter www.austal2000.de). Es können jedoch auch andere vergleichbare Modelle eingesetzt werden. Aus der vorhandenen Belastung und der zu erwartenden Belastung wird eine zu erwartende Gesamtbelastung ermittelt, die mit dem Immissionswert nach der GIRL verglichen wird. 598

(c) Die Immissionswerte nach der GIRL

Die nachstehenden Ausführungen stellen die Regelungen nach der Geruchsimmissions-Richtlinie dar, so wie sie der Länderausschuss für Immissionsschutz ursprünglich am 12.1.1993 beschlossen hat, später überarbeitet und mit einer Begründung und 599

Auslegungshinweisen versehen worden ist und schließlich im Mai 1999 zur Anwendung in der Verwaltungspraxis empfohlen worden ist; die Werte weichen zum Teil von Länderregelungen ab.

600 Nr. 3.1 Tabelle 1 der GIRL nennt die Immissionswerte (IW = relative Häufigkeit der Geruchsstunden) für Wohn-/Mischgebiete (0,10 = 10 % der Jahresgeruchsstunden), Gewerbe-/Industriegebiete (0,15 = 15 % der Jahresgeruchsstunden) und Dorfgebiete (0,15 = 15 % der Jahresgeruchsstunden), die nicht überschritten werden sollen.[88] Andere Zuordnungen, insbesondere für Dorfgebiete, sind möglich.[89]

601 Einen Immissionswert für im Außenbereich gelegene Grundstücke gibt die GIRL nicht ausdrücklich vor. Sonstige Gebiete, in denen sich Personen nicht nur vorübergehend aufhalten, sind entsprechend den Grundsätzen des Planungsrechts den einzelnen Spalten der Tabelle 1 (Nr. 3.1. der GIRL) zuzuordnen. Auch im Außenbereich ist daher der für das Dorfgebiet geltende Immissionswert von 0,15 / 15 % Jahresgeruchsstunden für Tierhaltungsgerüche maßgeblich. Allerdings ist es „möglich, unter Prüfung der speziellen Randbedingungen des Einzelfalls bei der Geruchsbeurteilung im Außenbereich einen Wert bis zu 0,25 für landwirtschaftliche Gerüche heranzuziehen." In jedem Fall muss unter Berücksichtigung der konkreten örtlichen Gegebenheiten begründet werden, warum der Nachbarschaft eine Geruchsbelastung von bis 25 % der Jahresstunden (oder sogar darüber hinaus) zumutbar sei (vgl. dazu OVG Münster, U.v. 18.5.2016 – 2 B 1443/15 –, nrwe). Insoweit liegt weder die Nachweispflicht bei dem Nachbarn noch liegt die Untersuchungspflicht beim Gericht.

602 Abzustellen ist auf die Geruchsbelästigungen im Bereich von (zulässiger Weise genutzten) Gebäuden oder sonstigen zum dauernden Aufenthalt von Menschen be-

88 **3.1 GIRL [Immissionsrichtwerte]**
Tabelle 1: Immissionswerte IW für verschiedene Baugebiete

Wohn-/Mischgebiete	Gewerbe-/Industriegebiete
0,10	0,15

Sonstige Gebiete, in denen sich Personen nicht nur vorübergehend aufhalten, sind entsprechend den Grundsätzen des Planungsrechtes den Spalten 1 oder 2 zuzuordnen.

89 *Begründung und Auslegungshinweise zu Nr. 3.1 GIRL* [*Zuordnung der Immissionswerte*[]
In speziellen Fällen sind auch andere Zuordnungen als die in Tabelle 1 der GIRL aufgeführten möglich. Beispiele:
– Gemäß BauNVO vom 23.1. 1990 (§ 5 Abs. 1) dienen Dorfgebiete der Unterbringung der Wirtschaftsstellen land- und forstwirtschaftlicher Betriebe, dem Wohnen und der Unterbringung von nicht wesentlich störenden Gewerbebetrieben sowie der Versorgung der Bewohner des Gebiets dienenden Handwerksbetrieben. Auf die Belange der land- und forstwirtschaftlichen Betriebe – einschließlich ihrer Entwicklungsmöglichkeiten – ist vorrangig Rücksicht zu nehmen.
– Dominieren in einem Dorfgebiet die landwirtschaftlichen Betriebe, so kommt eine Zuordnung zum Gewerbe-/Industriegebiet (IW = 0,15) in Betracht. Entwickelt sich ein Dorf zum Wohngebiet und enthält nur noch wenige landwirtschaftliche Betriebe, so ist eine Zuordnung zum Wohn-/Mischgebiet (IW = 0,10) möglich. In begründeten Einzelfällen ist an die Möglichkeit der Festlegung von Zwischenwerten oder auch an die Überschreitung der Immissionswerte zu denken (s. Nr. 5 GIRL).
– Für Campingplätze besteht grundsätzlich kein höherer Schutzanspruch als für die sie umgebende Bebauung, wenn nicht die speziellen Randbedingungen des Einzelfalles entgegenstehen.
– Ferienhausgebiete sind im allgemeinen wie Wohngebiete zu beurteilen, wenn nicht die speziellen Randbedingungen des Einzelfalles entgegenstehen.
– Kleingartensiedlungen sind im allgemeinen wie Gewerbegebiete zu beurteilen, wenn nicht die speziellen Randbedingungen des Einzelfalles entgegenstehen.

stimmter Anlagen. Das sind insbesondere Wohngebäude. Auch ein begrenzter Außenwohnbereich – wie etwa Außenanlagen zur Freizeitgestaltung und Erholung an den Gebäuden (Terrassen oder Balkone), die entsprechend allgemeiner Wohngewohnheiten im Zusammenhang mit der Nutzung regelmäßig genutzt werden („Wohnen im Freien“) – ist nach allgemein vertretener Ansicht geschützt, darüber hinausgehende Flächen dagegen nicht. Es stehe nämlich nicht im freien Belieben eines Grundstückseigentümers, sein gesamtes Grundstück mit Außenwohnbereichen zu versehen und vom benachbarten Anlagenbetreiber zu verlangen, er habe darauf uneingeschränkt Rücksicht zu nehmen (so VGH Mannheim, B.v. 25.4.2016 – 3 S 1784/15 –, juris). Vielmehr könnten Außenwohnbereiche nur in dem Umfang geschützt werden, wie dies den mit der Eigenart des Baugebiets berechtigterweise verbundenen Wohnerwartungen und Wohngewohnheiten auch außerhalb des Wohngebäudes entspreche (so auch VGH München, B.v. 7.2.2013 – 15 CS 12.743 –, juris; OVG Lüneburg, B.v. 30.8.2004 – 1 LA 277/03 –, NVwZ-RR 2005, 455 = juris).

Dem ist zuzustimmen. Denn Schutzobjekt ist nicht das Grundstück als unbewegliche Sache, sondern die Nutzung des aufstehenden Gebäudes zu Wohnzwecken. Der Begriff des Wohnens umfasst sowohl das Leben innerhalb der Gebäude als auch die angemessene Nutzung der Außenwohnbereiche wie Balkone, Terrassen, Hausgärten, Kinderspielplätze und sonstigen Grün- und Freiflächen (vgl. BVerwG, U. v. 21.5.1976 – IV C 80.74 –, DVBl 76, 779 = juris).

(2) VDI-Richtlinien 3894 Blatt 2 (Emissionen und Immissionen aus Tierhaltungsanlagen)

Die VDI-Richtlinie 3894 Blatt – Emissionen und Immissionen aus Tierhaltungsanlagen – Methode zur Abstandbestimmung Geruch – von November 2012 sieht Abstandsregelungen vor. Diese sind aber nicht im Sinne der Definition einer Grenze der Zumutbarkeit zu verstehen. Vielmehr dienen sie, wie sich aus den Ausführungen zu Zielsetzung und Geltungsbereich der Richtlinie ergibt, der Vorsorge, indem sie mit einer vereinfachten schematischen Betrachtung den Abstand liefern, bei dem mit hinreichender Sicherheit eine bestimmte Geruchstundenhäufigkeit eingehalten wird. VDI-Richtlinien (wie auch DIN-Normen) erzeugen für die Behörden und Gerichte keine Bindungswirkung, wenn der Gesetzgeber sie nicht in seinen Regelungswillen aufnimmt. Sie dürfen aber – auch bei der Bewertung der Zumutbarkeit von Immissionen – im Einzelfall im Rahmen der tatrichterlichen Bewertung als Orientierungshilfe herangezogen werden, und zwar unabhängig davon, ob sie im jeweiligen Bundesland umgesetzt sind (vgl. BVerwG, B.v. 28.7.2010 – 4 B 29.10 –, BRS 76 Nr. 191 = juris; U.v. 19.1.1989 – 7 C 77/87 –, NJW 1989, 1291 = juris; VGH München, B.v. 16.7.2014 – 15 CS 13.1910 –, juris; B.v. 15.10.2012 – 1 ZB 12.1021 –, juris; B.v. 15.11.2010 – 15 CS 10.2131 –, juris). 603

bb) Luftschadstoffe

(1) TA Luft

Die auf § 48 BImSchG gestützte Technischen Anleitung zur Reinhaltung der Luft – TA Luft – (GMBl. 2002, 511) ist auf nicht (immissionsschutzrechtlich) genehmi- 604 gungsbedürftige Anlagen nur beschränkt anwendbar.[90] Zwar sind nach § 22 Abs. 1 BImSchG[91] auch nicht genehmigungsbedürftige bauliche Anlagen so zu errichten und zu betreiben, dass schädliche Umwelteinwirkungen – dazu zählen auch die Gesundheitsgefährdung und die unzumutbare Belästigung durch Luftschadstoffe – verhindert werden, die nach dem Stand der Technik vermeidbar sind und nach dem Stand der Technik unvermeidbare schädliche Umwelteinwirkungen auf ein Mindestmaß beschränkt werden. Aber lediglich die in Nr. 4 der TA Luft festgelegten und für anwendbar erklärten Grundsätze zur Ermittlung und Maßstäbe zur Beurteilung von schädlichen Umwelteinwirkungen haben insofern Bedeutung. Die unter Nr. 5.5 dargestellten Regeln über die Ableitung von Abgasen – u.a. die Methode zur Berechnung der erforderlichen Schornsteinhöhe – sind auf nicht genehmigungsbedürftige bauliche Anlagen nicht anwendbar.

605 Die nachstehende Beschreibung soll einen Überblick über einige Merkmale der Ermittlung und Maßstäbe für Luftschadstoffe geben.

Die Vorschriften in Nr. 4 dienen der Prüfung, ob der Schutz vor schädlichen Umwelteinwirkungen durch luftverunreinigende Stoffe durch den Betrieb einer Anlage sichergestellt ist (Nr. 4.1. Sätze 1 und 2 TA Luft). Sie enthalten Immissionswerte zum Schutz der menschlichen Gesundheit, zum Schutz vor erheblichen Belästigungen oder erheblichen Nachteilen und Immissionswerte zum Schutz vor schädlichen Umwelteinwirkungen durch Deposition, Anforderungen zur Ermittlung von Vor–, Zusatz- und Gesamtbelastung, Festlegungen zur Bewertung von Immissionen durch Vergleich mit den Immissionswerten und Anforderungen für die Durchführung der Sonderfallprüfung.

606 Nachbarrechtsrelevant sind folgende Regelungen:

Zum Schutz der menschlichen Gesundheit sind in Nr. 4.2 und einer Tabelle Immissionswerte genannt, bei deren Einhaltung der Schutz vor Gefahren für die menschliche Gesundheit durch bestimmte luftverunreinigende Stoffe (Benzol, Blei und seine anorganischen Verbindungen, Schwebstaub, Schwefeldioxid, Stickstoffdioxid und Tetrachlorethen) sichergestellt ist und wann trotz deren Überschreitung eine Genehmigung nicht versagt werden darf.

---

90 **TA Luft**
Nr. 1 Anwendungsbereich
(5) Soweit im Hinblick auf die Pflichten der Betreiber von nicht genehmigungsbedürftigen Anlagen nach § 22 Abs. 1 Nrn. 1 und 2 BImSchG zu beurteilen ist, ob schädliche Umwelteinwirkungen durch Luftverunreinigungen vorliegen, sollen die in Nummer 4 festgelegten Grundsätze zur Ermittlung und Maßstäbe zur Beurteilung von schädlichen Umwelteinwirkungen herangezogen werden. Die Ermittlung von Immissionskenngrößen nach Nummer 4.6 unterbleibt, soweit eine Prüfung im Einzelfall ergibt, dass der damit verbundene Aufwand unverhältnismäßig wäre. Tragen nicht genehmigungsbedürftige Anlagen zum Entstehen schädlicher Umwelteinwirkungen in relevanter Weise bei, ist zu prüfen, ob die nach dem Stand der Technik gegebenen Möglichkeiten zu ihrer Vermeidung ausgeschöpft sind. Nach dem Stand der Technik unvermeidbare schädliche Umwelteinwirkungen sind auf ein Mindestmaß zu beschränken. Soweit zur Erfüllung der Pflichten nach § 22 Abs. 1 Nrn. 1 und 2 BImSchG Anforderungen für nicht genehmigungsbedürftige Anlagen festgelegt werden können, können auch die in Nummer 5 für genehmigungsbedürftige Anlagen festgelegten Vorsorgeanforderungen als Erkenntnisquelle herangezogen werden. Luftreinhaltepläne sind bei Anordnungen nach §§ 24 und 25 BImSchG zu beachten.

91 Gesetzestext unter Fn. 47.

Der Schutz vor erheblichen Belästigungen oder erheblichen Nachteilen durch Staubniederschlag (Nr. 4.3) – gemeint ist hier nicht gefährlicher Staub – ist sichergestellt, wenn die Gesamtbelastung den in einer zugehörigen Tabelle bezeichneten Immissionswert an keinem Beurteilungspunkt überschreitet. Auch insoweit darf unter Umständen dennoch die Genehmigung nicht versagt werden (Nr. 4.3.1 und 4.3.2).

In Nr. 4.6 ist dargestellt, auf welche Weise unter anderem im Genehmigungsverfahren 607
die Immissions-Kenngrößen ermittelt werden und in welchen Fällen dies wegen Nichtüberschreitens der Bagatellmassenströme nicht erforderlich ist. Bei den Kenngrößen wird zwischen Vor-, Zusatz- und Gesamtbelastung unterschieden. Kenngröße für die Vorbelastung ist die schon vor dem Betrieb der Anlage vorhandene Belastung durch einen Schadstoff. Zusatzbelastung ist der Immissionsbeitrag, der durch die zu beurteilende Anlage (bei geplanten Anlagen:) voraussichtlich bzw. (bei bestehenden Anlagen:) tatsächlich hervorgerufen wird. Die Gesamtbelastung errechnet sich bei geplanten Anlagen aus der Vor- und Zusatzbelastung; bei bestehenden Anlagen ist dies die vorhandene Belastung.

Die Messhöhe ist mit „in der Regel in 1,5 m bis 4 m Höhe über Flur sowie in mehr 608
als 1,5 m seitlichem Abstand von Bauwerken“ beschrieben. Der Messzeitraum beträgt in der Regel ein Jahr und kann auf bis zu sechs Monate verkürzt werden, wenn die Jahreszeit mit den zu erwartenden höchsten Immissionen erfasst wird. Im Übrigen ist ein kürzerer Messzeitraum möglich, wenn auf Grund der laufenden Messungen klar wird, dass der Antragsteller von Immissionsmessungen freigestellt werden kann.

Beurteilungsgebiet ist die Fläche, die sich vollständig innerhalb eines Kreises um den 609
Emissionsschwerpunkt mit einem Radius befindet, der dem 50fachen der tatsächlichen Schornsteinhöhe entspricht und in der die Zusatzbelastung im Aufpunkt mehr als 3,0 vom Hundert des Langzeitkonzentrationswertes beträgt. Dies gilt bei einer Austrittshöhe der Emissionen von weniger als 20 m über Flur mit der Maßgabe, dass der Radius mindestens 1 km beträgt (Nr. 4.6.2.5).

Nr. 4.7 bestimmt, wann die Immissionswerte für den jeweiligen Schadstoff eingehal- 610
ten sind. Die Regelung differenziert entsprechend der in den vorstehenden Nummern genannten Immissions-Kenngrößen danach, ob der Immissions-Jahreswert, der Immissions-Tageswert oder der Immissions-Stundenwert maßgeblich ist.

Schließlich besagt Nr. 4.8: Bei luftverunreinigenden Stoffen, für die Immissionswerte 611
nicht festgelegt sind, und in den Fällen, in denen auf diese Nummer 4.8 verwiesen wird, ist eine Prüfung, ob schädliche Umwelteinwirkungen hervorgerufen werden können, erforderlich, wenn hierfür hinreichende Anhaltspunkte bestehen. Die Prüfung dient der Feststellung, zu welchen Einwirkungen die von der Anlage ausgehenden Luftverunreinigungen im Beurteilungsgebiet führen. Art und Umfang der Feststellung bestimmen sich nach dem Grundsatz der Verhältnismäßigkeit und der Beurteilung, ob diese Einwirkungen als Gefahren, erhebliche Nachteile oder erhebliche Belästigungen für die Allgemeinheit oder die Nachbarschaft anzusehen sind. Die Beurteilung richtet sich nach dem Stand der Wissenschaft und der allgemeinen Lebenserfahrung. Für die Beurteilung, ob Gefahren, Nachteile oder Belästigungen erheblich sind, gilt, dass Gefahren für die menschliche Gesundheit stets erheblich sind. Nach-

teile oder Belästigungen sind für die Nachbarschaft erheblich, wenn sie nach Art, Ausmaß oder Dauer unzumutbar sind.

612 In Anhang 3 der TA Luft ist beschrieben, dass maßgebliche Emissionsquellen die festzulegenden Stellen des Übertritts von Luftverunreinigungen aus der Anlage in die Atmosphäre sind. Die Ausbreitungsrechnung für Gase und Stäube wird unter Bezugnahme auf ihre tabellarisch dargestellte Depositions- und Sedimentationsgeschwindigkeit vorgegeben. Sofern nur eine Emissionsquelle zu betrachten ist, ist um die Quelle ein Kreis mit einem Radius mit dem 50fachen der Schornsteinhöhe zu ziehen; tragen mehrere Quellen zur Zusatzbelastung bei, besteht das Rechengebiet aus der Vereinigung der Rechengebiete der einzelnen Quellen. Bei besonderen Geländebedingungen kann es erforderlich sein, das Rechengebiet größer zu wählen (Nr. 7 des Anhangs 3). Meteorologische Daten wie Windrichtung, Windgeschwindigkeit und andere Faktoren sind in die Rechnung einzustellen (Nr. 8 des Anhangs 3). Da vorhandene Bebauung Einfluss auf die Immission und deren Transport – etwa in Richtung auf eine schutzwürdige Bebauung – hat, bestimmt Nr. 10 des Anhangs 3, wann und gegebenenfalls in welchem Umfang dies bei der Berechnung zu berücksichtigen ist. Da allein von der Faktizität auszugehen ist, haben Eigentumsverhältnisse an vorhandenen Gebäuden ebenso wenig Bedeutung wie die Frage, ob möglicherweise in Zukunft von einem Umbau oder Abriss der Gebäude auszugehen ist (OVG Münster, B.v. 18.9.2015 – 8 A 1247/12 –, nrwe).

(2) Verordnung über kleine und mittlere Feuerungsanlagen (1. BImSchV)

613 Die zu § 23 Abs. 1 BImSchG ergangene Erste Verordnung zur Durchführung des Bundes-Immissionsschutzgesetzes (Verordnung über kleine und mittlere Feuerungsanlagen vom 26.1.2010, BGBl. I S. 38, – 1. BImSchV -) konkretisiert die Betreiberpflichten hinsichtlich dieser Anlagen.[92]

614 Entspricht eine Feuerungsanlage den Anforderungen der 1. BImSchV, wird man im Allgemeinen davon ausgehen können, dass ein Betrieb nicht mit schädlichen Umwelteinwirkungen verbunden ist (BVerwG, Beschl. v. 28.7.1999 – 4 B 38/99 –, NVwZ 2000, 552; Jarass, BImSchG, § 23 Rn. 23). Allerdings enthält die 1. BImSchV keine abschließende Konkretisierung des § 22 BImSchG (vgl. § 21 1. BImSchV). In begrün-

92 **§ 1 1. BImSchV [Anwendungsbereich]**
(1) Diese Verordnung gilt für die Errichtung, die Beschaffenheit und den Betrieb von Feuerungsanlagen, die keiner Genehmigung nach § 4 des Bundes-Immissionsschutzgesetzes bedürfen.
(2) Die §§ 4 bis 20 sowie die §§ 25 und 26 gelten nicht für
1. Feuerungsanlagen, die nach dem Stand der Technik ohne eine Einrichtung zur Ableitung der Abgase betrieben werden können, insbesondere Infrarotheizstrahler,
2. Feuerungsanlagen, die dazu bestimmt sind,
a) Güter durch unmittelbare Berührung mit heißen Abgasen zu trocknen,
b) Speisen durch unmittelbare Berührung mit heißen Abgasen zu backen oder in ähnlicher Weise zuzubereiten,
c) Branntwein in Kleinbrennereien nach § 34 des Gesetzes über das Branntweinmonopol in der im Bundesgesetzblatt Teil III, Gliederungsnummer 612-7, veröffentlichten bereinigten Fassung, das zuletzt durch Artikel 7 des Gesetzes vom 13. Dezember 2007 (BGBl. I S. 2897) geändert worden ist, mit einer jährlichen Betriebszeit von nicht mehr als 20 Tagen herzustellen oder
d) Warmwasser in Badeöfen zu erzeugen,
es sei denn, sie unterliegen dem Anwendungsbereich des § 11,
3. Feuerungsanlagen, von denen nach den Umständen zu erwarten ist, dass sie nicht länger als während der drei Monate, die auf die Inbetriebnahme folgen, an demselben Ort betrieben werden.

deten Einzelfällen, wenn es ungeachtet der Einhaltung der Anforderungen der 1. BImSchV zu schädlichen Umwelteinwirkungen kommt, ist ein Einschreiten dennoch möglich. Dazu bedarf es aber konkreter Tatsachenfeststellung (OVG Bremen, U.v. 14.4.2015 – 1 A 214/13 –, juris; BVerwG, B.v. 25.8.1999 – 4 B 55/99 –, NVwZ RR 2000, 90; OVG Koblenz, U.v. 24.3.2010 – 1 A 10876/09 –, juris; OVG Hamburg, B. v. 17.11.2011 – 2 Bs 177/11 –, juris). Das folgt auch aus § 21 1. BImSchV, wonach die Befugnis der zuständigen Behörde, auf Grund der §§ 24 und 25 BImSchG andere oder weiter gehende Anordnungen zu treffen, unberührt bleibt (vgl. auch VG Aachen, U.v. 12.9.2014 – 6 K 2087/13 –, nrwe).

§ 3 Abs. 1 1. BImSchV bestimmt, welche festen Brennstoffe in Feuerungsanlagen 615
nach § 1 1. BImSchV eingesetzt werden dürfen und welche Anforderungen sie haben müssen.

Nach § 4 1. BImSchV dürfen Feuerungsanlagen für feste Brennstoffe unter anderem nur mit bestimmten Brennstoffen betrieben werden, für deren Einsatz sie nach den Angaben des Herstellers geeignet sind.[93] §§ 4 ff. 1. BImSchV stellen Anforderungen auf für Feuerungsanlagen mit einer Nennwärmeleistung von 4 Kilowatt oder mehr und für Öl- und Gasfeuerungsanlagen zur Beheizung von Gebäuden oder Räumen mit Wasser als Wärmeträger und einer Feuerungswärmeleistung unter 10 Megawatt, die ab dem 22. März 2010 errichtet worden sind oder werden.

§ 19 Abs. 1 1. BImSchV[94] enthält Vorgaben zur korrekten Anbringung der Aus- 616
trittsöffnung von solchen Schornsteinen bei Feuerungsanlagen für feste Brennstoffe,

93 **§ 4 Allgemeine Anforderungen**
(1) Feuerungsanlagen für feste Brennstoffe dürfen nur betrieben werden, wenn sie sich in einem ordnungsgemäßen technischen Zustand befinden. Sie dürfen nur mit Brennstoffen nach § 3 Absatz 1 betrieben werden, für deren Einsatz sie nach Angaben des Herstellers geeignet sind. Errichtung und Betrieb haben sich nach den Vorgaben des Herstellers zu richten.
§ 5 Feuerungsanlagen mit einer Nennwärmeleistung von 4 Kilowatt oder mehr
(1) Feuerungsanlagen für feste Brennstoffe mit einer Nennwärmeleistung von 4 Kilowatt oder mehr, ausgenommen Einzelraumfeuerungsanlagen, sind so zu errichten und zu betreiben, dass die nach Anlage 2 ermittelten Massenkonzentrationen die folgenden Emissionsgrenzwerte für Staub und Kohlenstoffmonoxid (CO) nicht überschreiten: (...)
§ 6 Allgemeine Anforderungen
(1) Öl- und Gasfeuerungsanlagen zur Beheizung von Gebäuden oder Räumen mit Wasser als Wärmeträger und einer Feuerungswärmeleistung unter 10 Megawatt, die ab dem 22. März 2010 errichtet werden, dürfen nur betrieben werden, wenn für die eingesetzten Kessel-Brenner-Einheiten, Kessel und Brenner durch eine Bescheinigung des Herstellers belegt wird, dass der unter Prüfbedingungen nach dem Verfahren der Anlage 3 Nummer 2 ermittelte Gehalt des Abgases an Stickstoffoxiden, angegeben als Stickstoffdioxid, in Abhängigkeit von der Nennwärmeleistung die folgenden Werte nicht überschreitet: (....).

94 **§ 19 Ableitbedingungen für Abgase**
(1) Die Austrittsöffnung von Schornsteinen bei Feuerungsanlagen für feste Brennstoffe, die ab dem 22. März 2010 errichtet oder wesentlich geändert werden, müssen
1. bei Dachneigungen
a) bis einschließlich 20 Grad den First um mindestens 40 Zentimeter überragen oder von der Dachfläche mindestens 1 Meter entfernt sein,
b) von mehr als 20 Grad den First um mindestens 40 Zentimeter überragen oder einen horizontalen Abstand von der Dachfläche von mindestens 2 Meter und 30 Zentimeter haben;
2. bei Feuerungsanlagen mit einer Gesamtwärmeleistung bis 50 Kilowatt in einem Umkreis von 15 Metern die Oberkanten von Lüftungsöffnungen, Fenstern oder Türen um mindestens 1 Meter überragen; der Umkreis vergrößert sich um 2 Meter je weitere angefangene 50 Kilowatt bis auf höchstens 40 Meter.
(2) Abweichend von Absatz 1 hat die Höhe der Austrittsöffnung bei Gas- und Ölfeuerungsanlagen mit einer Feuerungswärmeleistung von 1 Megawatt bis 10 Megawatt
1. die höchste Kante des Dachfirstes um mindestens 3 Meter zu überragen und
2. mindestens 10 Meter über Gelände zu liegen.

die ab dem 22. März 2010 errichtet oder wesentlich geändert worden sind oder werden. Dass nur bei Neuanlagen grundsätzlich diese verschärften Ableitbedingungen für Abgase erfüllt sein müssen, rechtfertigt allerdings nicht den Schluss, dass an vor dem 22. März 2010 errichtete (Alt-)Anlagen insoweit keine weitergehenden Anforderungen gestellt werden dürften. Zur Gewährleistung zumutbarer Lebensverhältnisse in der Umgebung von Altanlagen können andere Anforderungen an Schornsteinanordnung oder Schornsteinhöhe erforderlich sein als bei Neuanlagen. Insoweit können sich insbesondere aus der bereits vor Inkrafttreten der 1. BImSchV vom 26.1.2010 geschaffenen VDI-Richtlinie 3781 Blatt 4 (Bestimmung der Schornsteinhöhe für kleinere Feuerungsanlagen) von November 1980 (s. dazu sogleich) vergleichbare weitere bauliche Vorgaben ergeben, die in die Beurteilung der immissionsschutzrechtlichen Unbedenklichkeit der Ausführung des Schornsteins einzubeziehen sind (VG Magdeburg, U.v. 14.4.2015 – 4 A 184/14 –, juris; VG Minden, U.v. 13.12.2012 – 9 K 2834/11 –, juris).

(3) VDI-Richtlinie 3781 Blatt 4

617 Die VDI-Richtlinie 3781 Blatt 4 (Ausbreitung luftfremder Stoffe in der Atmosphäre – Bestimmung der Schornsteinhöhe für kleinere Feuerungsanlagen) aus November 1980, veröffentlicht im VDI-Handbuch Reinhaltung der Luft, Band 1, ist von der VDI-Kommission Reinhaltung der Luft erarbeitet worden. Das Richtlinienwerk soll nach der Vorbemerkung die Grundlage für Verwaltungsvorschriften bilden und u.a. eine einheitliche Emissionsbeurteilung in der Bundesrepublik ermöglichen. Ihr Anwendungsbereich (s. dazu VG Aachen, U.v. 12.9.2014 – 6 K 2087/13 –, nrwe) ist in Abschnitt 1 beschrieben.[95]

618 Nach Abschnitt 2 Satz 1 des Regelwerks sind aus Gründen des Immissionsschutzes Anforderungen an die Schornsteinausführung, die Schornsteinanordnung und die Schornsteinhöhe zu stellen, die sowohl gebäudebedingt (Abschnitt 2.3) als auch umgebungsbedingt (Abschnitt 2.4) sind. Ergeben sich nach diesen Abschnitten unterschiedliche Mündungshöhen der Schornsteine, ist die größere Höhe maßgebend (Satz 2). In 2.1 ist die Schornsteinausführung in ihrem lichten Querschnitt und mit ihrer Ausrüstung möglichst mit rohrförmigen Aufsätzen beschrieben.

Bei einer Dachneigung von weniger als 20 Grad ist die Höhe der Austrittsöffnung auf einen fiktiven Dachfirst zu beziehen, dessen Höhe unter Zugrundelegung einer Dachneigung von 20 Grad zu berechnen ist. Satz 1 Nummer 1 gilt nicht für Feuerungsanlagen in Warmumformungsbetrieben, soweit Windleitflächenlüfter eingesetzt werden.

(3) Abweichend von Absatz 1 sind die Abgase von Feuerungsanlagen nach § 11 über einen oder mehrere Schornsteine abzuleiten, deren Höhe nach den Vorschriften der Technischen Anleitung zur Reinhaltung der Luft vom 24. Juli 2002 (GMBl 2002, S. 511) zu berechnen ist.

95 **VDI-Richtlinie 3781 Blatt 4**

1. Geltungsbereich

Das Verfahren gilt für die Bestimmung der Schornsteinhöhe bei Feuerungsanlagen mit Heizöl EL sowie Steinkohle, Koks, Braunkohle und Holz mit einer Feuerungswärmeleistung (d.i. das Produkt aus Heizwert des Brennstoffs (GJ/kg bzw. GJ/m^3) und Brennstoffdurchsatz (kg/h bzw. m^3/h) < 4 GJ/h (1112 kW). Es gilt ferner für Feuerungen mit Flüssiggas und Gasen aus öffentlichen Leitungsnetzen mit einer Feuerungswärmeleistung < 8 GJ/h (2224 kW).

Bei mehreren Einzelfeuerungen, die an einen gemeinsamen Schornstein angeschlossen sind, oder bei mehreren Einzelfeuerungen, die jeweils an eigene Schornsteine einer Schornsteingruppe angeschlossen sind, ist die Summe der Feuerungswärmeleistungen der Einzelfeuerungen maßgebend.

(....).

Zur Anordnung besagt Abschnitt 2.2, dass 619

- (2.2.1.) bei einer Dachneigung ≥ 20° der Schornstein am First oder in der Nähe des Firstes,
- (2.2.2.) bei einer Dachneigung ≤ 20° der Schornstein in der Nähe der Außenseite des Gebäudes und
- (2.2.3.) bei einer Dachneigung > 10°, < 20° empfohlen wird, entsprechend Abschn. 2.2.1. zu verfahren.

Bei einem abgestuften Gebäude ist der Schornstein am höchsten Gebäudeteil hochzuführen (2.2.4. Abgestuftes Gebäude); bei Dachaufbauten ist der Schornstein in oder an Dachaufbauen hochzuführen (ausgenommen Lagerhallen o.ä., 2.2.5. Dachaufbauten).

Unter Abschnitt 2.3. beschreibt die Richtlinie die Mindesthöhe des Schornsteins, die von der Ausgestaltung des Gebäudes („gebäudebedingt") abhängig ist. Diese soll 620

- bei einem Dachneigungswinkel von ≥ 20° und einer Feuerungswärmeleistung von ≤ 1 GJ/h 0,4 m und bei einer Feuerungswärmeleistung von > 1 GJ/h 1 m,
- bei einem Dachneigungswinkel von < 20° und einer Feuerungswärmeleistung von ≤ 1 GJ/h 0,4 m

betragen.

Bei einer Feuerungswärmeleistung von ≤ 1 GJ/h (das entspricht etwa 278 kW) soll der Abstand der Schornsteinmündung von der Dachfläche nicht weniger als 1,0 m betragen. Bei einer größeren Leistung sind je nach der Brennstoffart unterschiedliche, von dem hydraulischen Durchmesser der Schornstein-Querschnittsfläche des größten Einzelschornsteins abhängige Abstände einzuhalten, mindestens jedoch 1,5 m (2.3.2.2.). Für die Berechnung der Höhe von Dachaufbauten und die Anforderungen in diesem Fall trifft 2.3.2.3 Dachaufbauten eine Sonderregelung.

Umgebungsbedingte Anforderungen an die Schornsteinhöhe werden nach Abschnitt 2.4 nur erhoben, wenn im Einwirkungsbereich der Quelle Gebäude vorhanden sind. Dabei ist der Einwirkungsbereich als Kreis um den Mittelpunkt der Mündungsfläche anzunehmen. Der Kreisradius beträgt mindestens 10 m (0 GJ/h) und höchstens 50 m (4 GJ/h); zwischen diesen Grenzen wird er durch lineare Interpolation ermittelt (2.4.1. Satz 1). Als Bezugsniveau der Quelle gilt die Höhe über dem Erdboden der Fensteroberkante(n) der höchsten zu schützenden und zum ständigen Aufenthalt von Menschen bestimmten Räumen im Einwirkungsbereich. Als Raum im Sinne dieser Regelung kommt allerdings nur ein Raum in Frage, dessen Nutzung formell legal und damit schutzwürdig ist (vgl. dazu VG Gelsenkirchen, U.v. 22.2.2011 – 6 K 1773/11 –, juris; vgl. auch OVG Münster, U.v. 9.3.2012 – 2 A 2732/10 –, nrwe: neben der formellen Illegalität auch materielle Illegalität der Dachgeschossnutzung, weil der nach § 17 Abs. 3 BauO NRW erforderliche bauliche zweite Rettungsweg fehlt; ebenso VG Magdeburg, U.v. 14.4.2014 – 4 A 184/14 –, juris). 621

Beispiel (aus: VG Düsseldorf, U.v. 9.4.2015 – 9 K 6599/12 –, juris): Ist ein Raum mit einem betroffenen Fenster in der Vergangenheit genehmigt worden und nur noch bestandsgeschützt, später aber das Fenster ohne Genehmigung in rechtserheblichem Umfang geändert worden, ist es nicht mehr schutzbedürftig und kann keinen Schutz nach der VDI-Richtlinie beanspruchen. 622

623 Die erforderliche Schornsteinhöhe errechnet sich aus diesem Bezugsniveau und einem aus einem Diagramm abzulesenden, von der Brennstoffart und der Feuerungswärmeleistung abhängigen Wert. Sie muss in jeden Fall die Oberkante des Fensters um mindestens 1 m überragen.

Schließlich gibt Abschnitt 2.5. auf, in „besonderen Fällen (z.B. bei besonderen baulichen oder Umgebungs-Verhältnissen, bei sehr geringem Abgasauftrieb unter Auslegungsbedingungen)" zu prüfen, ob die nach Abschnitt 2.1 bis 2.4 erforderlichen Maßnahmen einen ausreichenden Immissionsschutz gewährleisten.

624 Die Richtlinie ist als Orientierungshilfe für die Beurteilung der Zumutbarkeit der Immissionen, die von kleineren Feuerungsanlagen ausgehen, anwendbar (VGH Kassel, B.v. 30.9.2004 – 3 ZU 1788/03 –, juris). Sie erzeugt zwar für die Behörden und Gerichte keine Bindungswirkung, da der Gesetzgeber sie nicht in seinen Regelungswillen aufgenommen hat. Sie darf aber – auch bei der Bewertung der Zumutbarkeit von Immissionen – im Einzelfall im Rahmen der tatrichterlichen Bewertung herangezogen werden (vgl. BVerwG, B.v. 28.7.2010 – 4 B 29.10 –, juris, und v. 30.7.2003 – 4 B 16.03 –, juris; OVG Münster, U.v. 9.3.2012 – 2 A 2732/10 –, juris; VGH Kassel, B.v. 30.9.2004 – 3 ZU 1788/03 –, juris).

625 Dabei sind die in der Richtlinie genannten Maße nicht rechtssatzmäßig (vgl. OVG Bremen, U.v. 14.4.2015 – 1 A 214/13 –, juris: „schematische und quasi-normative Anwendung der VDI-Richtlinie" unzulässig) anzuwenden. Wie andere Technische Regelwerke kann die Richtlinie bei der Beurteilung, ob im konkreten Einzelfall schädliche Umwelteinwirkungen hervorgerufen werden, nur als Orientierungshilfe dienen (BVerwG, B.v. 30.7.2003 – 4 B 16/03 –, BRS 66 Nr. 172 = juris). Sie macht aber, auch wenn es um ein behördliches Einschreiten auf der Grundlage der §§ 22, 24 BImSchG geht, die konkrete Einzelfallbeurteilung nicht entbehrlich.

Deshalb kommt es für die konkrete Bestimmung des gebotenen Abstandes eines oder mehrerer Schornsteine zu Türen oder zu öffnenden Fenstern in einem Nachbargebäude stets (auch) darauf an, wie sie sich z.B. aus der Betriebsdauer der Feuerstätten, den verwendeten Brennstoffen oder der vorherrschenden Windrichtung ergeben.

626 Da für die Beantwortung der Frage, ob Immissionen „geeignet" sind, zu Gesundheitsschäden zu führen oder sonstige unzumutbare Beeinträchtigungen hervorzurufen, ein objektiver Maßstab gilt, kommt es allein darauf an, ob Immissionen in dem festgestellten Umfang nach wissenschaftlichen Erkenntnissen Gesundheitsschäden bei der Bevölkerung, möglicherweise auch bei einer Bevölkerungsgruppe hervorrufen können. Dagegen müssen besondere psychische oder physische Empfindlichkeiten einer Einzelperson außer Betracht bleiben. Da bei der Bewertung der Auswirkung von Emissionen nicht auf jede nur denkbare Besonderheit bzw. auf jede mögliche Lebenssituation abgestellt werden kann, kommt es auf etwaige besondere Umstände nicht an (VG Magdeburg, U.v. 14.4.2014 – 4 K 184/14 –, juris).

627 Nicht schon bei jedem Über- oder Unterschreiten der angegebenen Maßzahlen ist ein nachbarrechtswidriger Verstoß anzunehmen. Vielmehr kann etwa der Umstand, dass der Schornstein den First nicht überragt, unbeachtlich sein, weil jedenfalls ein ausreichender Abstand der Mündung des Schornsteins zur Dachfläche gegeben ist. Auch ist

zu berücksichtigen, dass die Richtlinie auch für sehr leistungsstarke Anlagen gilt und unter Umständen von deutlich schwächeren Anlagen, sollten einzelne Maße nicht erfüllt sein, dennoch keine schädlichen Umwelteinwirkungen zu erwarten sein werden (so auch OVG Münster, U.v. 9.3.2012 – 2 A 2732/10 –, nrwe; s. zu den im Einzelfall zu berücksichtigen Gesichtspunkten auch: OVG Bremen, U.v. 14.4.2015 – 1 A 214/13 –, juris).

Andererseits ist nicht bereits jede vermeintliche Besonderheit auf den betroffenen Grundstücken Anlass, von den Vorgaben abzuweichen. Denn die Richtlinie berücksichtigt mit ihren Werten nach Abschnitt 2 die innerhalb von Ortslagen üblichen topographischen Gegebenheiten und die üblichen Windverhältnisse und deckt damit von vornherein ein breites Spektrum an unterschiedlichen Ausgangssituationen ab, somit auch solche Sachlagen, bei denen sich die lokalen Verhältnisse tendenziell eher immissionssteigernd auswirken. Ein Abweichen von den Grundsätzen ist nur veranlasst, wenn eine von der Richtlinie ersichtlich nicht erfasste Situation vorliegt. Die bloße Wahrnehmbarkeit des Rauches genügt nicht zur Annahme eines besonderen Falles im Sinne von Abschnitt 2.5 der VDI-Richtlinie 3781 Blatt 4, selbst wenn – subjektiv empfunden – die Anzahl der Geruchsereignisse besonders hoch sein sollte (OVG Münster, B.v. 30.6.2016 – 7 A 1362/15 –, nrwe). 628

Aus dem Nachbarschaftsverhältnis ergibt sich überdies ein beiderseitiges Pflichten- und Lastenverhältnis, das auf der einen Seite eine Rücksichtnahme auf die Belange des Nachbarn erfordert, aber auf der anderen Seite den Nachbarn in der Weise belastet, dass er sozialadäquates Verhalten des Anlagenbetreibers hinnehmen muss. Dass eine sozialadäquate, nämlich den Vorgaben der 1. BImSchV entsprechende und der VDI-Richtlinie 3781 Blatt 4 nicht widersprechende Nutzung einer Kleinfeuerungsanlage bei bestimmten klimatischen Verhältnissen zu Beeinträchtigungen führen kann, entspricht gerade üblichen und somit nicht atypischen Verhältnissen (vgl. VG Mainz, U.v. 28.4.2010 – 3 K 812/09.MZ –, juris). 629

In der jüngeren Zeit wurden Bedenken geäußert, dass die mittlerweile viele Jahre alte VDI-Richtlinie der seitdem eingetretenen technischen Entwicklung möglicherweise nicht mehr ausreichend Rechnung trägt. Das OVG Bremen hat in seinem Urteil vom 14.4.2015 – 1 A 214/13 –, juris, Anhaltspunkte dafür gesehen, dass bei der immissionsrechtlichen Beurteilung inzwischen deutlicher zwischen Feuerungsanlagen für feste Brennstoffe einerseits und Gas- und Ölfeuerungsanlagen andererseits unterschieden werden müsse. Der einheitliche Maßstab für den für die Immissionsbeurteilung relevanten Umkreis der Anlage entspreche möglicherweise nicht mehr den tatsächlichen Gegebenheiten. Insoweit verweist das Gericht auf die speziellen und umfassenden Regelungen für die Ableitbedingungen bei der Neufassung der 1. BImSchV vom 26.1.2010 sowie die Bayerische Feuerungsverordnung vom 11.11.2007. Diese Neuregelungen, in die die aktuellen Erkenntnisse über die von Feuerungsanlagen ausgehenden Umweltbeeinträchtigungen eingeflossen seien, wecken nach Ansicht des Gerichts Zweifel, ob die VDI-Richtlinie 3187 Blatt 4 für die Bestimmung des Einwirkungsbereichs einer Feuerungsanlage heute noch als ausreichend verlässliche Beurteilungsgrundlage herangezogen werden kann. 630

(4) Bioaerosole

631 Unter Bioaerosolen sind nach der Definition in dem Entwurf der VDI-Richtlinie 4250, Blatt 1, alle im Luftraum befindlichen Ansammlungen von Partikeln zu verstehen, denen Pilze (Sporen, Konidien, Hyphenbruchstücke), Bakterien, Viren und/oder Pollen sowie deren Zellwandbestandteile und Stoffwechselprodukte (z. B. Endotoxine, Mykotoxine) anhaften bzw. die diese beinhalten oder bilden. Es ist möglich, dass von Tierhaltungsbetrieben ausgehende luftgetragene Schadstoffe wie insbesondere Stäube-, Mikroorganismen, z. B. Pilzsporen und Endotoxine, grundsätzlich geeignet sind, nachteilig auf die Gesundheit zu wirken. Es gibt aber weder ein anerkanntes Ermittlungsverfahren noch verallgemeinerungsfähige Untersuchungsergebnisse über die gesundheitliche Gefährdung der Nachbarschaft durch eine landwirtschaftliche oder gewerbliche Tierhaltung. Messtechnische Untersuchungen, die das nordrhein-westfälische Landesamt für Naturschutz, Umwelt und Verbraucher (LANUV) seit dem Jahre 2007 an Schweineställen und Legehennenställen betreibt, haben ergeben, dass sich eine Erhöhung bestimmter Parameter – insbesondere von Staphylokokken – an der in Windrichtung gelegenen Seite eines Legehennenstalls gegenüber der windabgewandten Seite, die der jeweiligen örtlichen Hintergrundbelastung entspricht, noch in einer Entfernung von bis zu 500 m nachweisen lässt (zitiert nach OVG Münster, U.v. 11.10.2015 – 8 A 1031/15 –, nrwe). Allerdings lagen die ermittelten Immissionskonzentrationen nach Einschätzung des LANUV auf einem vergleichsweise niedrigen Niveau und erreichten bei weitem nicht die Konzentrationen, wie sie an Arbeitsplätzen gemessen werden.

632 Die TA Luft sieht Immissionswerte oder Emissionswerte für Bioaerosole nicht vor. Insbesondere enthält sie in Bezug auf Bioaerosole kein Emissionsminderungsgebot. Es gibt bislang auch keine sonstigen Grenzwerte oder Orientierungswerte, die die Schädlichkeitsschwelle für Bioaerosole beschreiben. In Betracht kommt daher allenfalls eine Sonderfallprüfung nach Nr. 4.8 der TA Luft, wenn hinreichende Anhaltspunkte dafür bestehen, dass ein Vorhaben schädliche Umwelteinwirkungen hervorruft. Dies ist hier allerdings nach der Rechtsprechung (BVerwG, B.v. 20.11.2014 – 7 B 27/14 –, NVwZ-RR 2015, 94 = juris, U.v. 19.4.2012 – 4 CN 3/11 –, NVwZ 2012, 1338 = juris; OVG Münster, B.v. 31.3.2016 – 8 B 1341/15 –, nrwe; U.v. 10.11.2015 – 8 A 1031/15 –, nrwe; U.v. 30.1.2014 – 7 A 2555/11 –, nrwe; OVG Magdeburg, U.v. 24.3.2015 – 2 L 184/10 –, juris; B.v. 13.6.2013 – 2 M 16/13 –, juris; VGH Kassel, U.v. 1.4.2014 – 9 A 2030/12 –, juris; VGH München, B.v. 27.3.2014 – 22 ZB 13.692 –, juris; OVG Schleswig, U.v. 8.3.2013 – 1 LB 5/12 –, juris; OVG Lüneburg, B.v. 19.12.2012 – 1 MN 164/12 –, juris; OVG Koblenz, U.v. 28.6.2016 – 1 C 10575/15 –, juris) nicht der Fall.

633 Da nach alledem ungewiss ist, ob mit einem Schadenseintritt durch Bioaerosole zu rechnen ist. greifen die immissionsschutzrechtliche Schutzpflicht und das bauplanungsrechtliche Rücksichtnahmegebot als Instrumente der Gefahrenabwehr nicht ein. Bioaerosole sind danach allenfalls potentiell schädliche Umwelteinwirkungen. Ein nur möglicher Zusammenhang zwischen Emissionen und Schadenseintritt oder ein generelles Besorgnispotential können nur Anlass für Vorsorgemaßnahmen sein. Auf deren Einhaltung hat ein Nachbar aber grundsätzlich aber keinen Anspruch

(BVerwG, B.v. 9.4.2008 – 7 B 2/08 –, NVwZ 2008, 789 = juris; U.v. 11.12.2003 – 7 C 19/02 –, NVwZ 2004, 610 = juris).

c) Lichtimmissionen

Nach § 3 Abs. 2 BImSchG zählt auf Menschen einwirkendes Licht zu Immissionen. 634
Diese Immissionen stellen schädliche Umwelteinwirkungen im Sinne des Bundes-Immissionsschutzgesetzes dar, wenn sie nach Art, Ausmaß oder Dauer geeignet sind, Gefahren, erhebliche Nachteile oder erhebliche Belästigungen für die Allgemeinheit oder die Nachbarschaft herbeizuführen. Auch hierfür gilt das Gebot in § 22 Abs. 1 BImSchG, dass nicht genehmigungsbedürftige Anlagen so zu errichten und zu betreiben sind, dass schädliche Umwelteinwirkungen verhindert werden, die nach dem Stand der Technik vermeidbar sind, und nach dem Stand der Technik unvermeidbare schädliche Umwelteinwirkungen auf ein Mindestmaß beschränkt werden. Im Hinblick auf die Zumutbarkeit ist unter anderem die durch die Gebietsart und die tatsächlichen Verhältnisse bestimmte Schutzwürdigkeit und Schutzbedürftigkeit der betroffenen Nachbarschaft zu berücksichtigen, wobei wertende Elemente wie Herkömmlichkeit, soziale Adäquanz und allgemeine Akzeptanz einzubeziehen sind. Alle Faktoren sind in eine wertende Gesamtbeurteilung im Sinne einer Güterabwägung einzustellen (OVG Münster, U.v. 11.7.1997 – 21 A 2145/96 –, nrwe)[96].

In einem durch Wohnnutzung geprägten Gebiet ist eine von Wohngebäuden ausge- 635
hende Lichtimmission grundsätzlich hinzunehmen, zumal es dem Nachbarn grundsätzlich zumutbar ist, Maßnahmen der Selbstabhilfe zu ergreifen, soweit dies – etwa durch das Schließen von Rollläden, Jalousien, Vorhängen u. ä. – ohne größeren Aufwand im Rahmen des Ortsüblichen und Sozialadäquaten möglich ist (s. dazu ab Rn. 641).

Beispiel (aus OVG Koblenz, B.v. 22.6.2016 – 8 B 10411/16 –, juris): Auf einem Grundstück ist ein 636
Altenheim genehmigt worden. Eine Nachbarin macht störende Lichtimmissionen durch eine mit einem Bewegungsmelder versehene Notbeleuchtungsanlage im Treppenhaus geltend. Eine solche Anlage ist jedoch nicht rücksichtslos. Grundsätzlich haben Nachbarn einer in dem Baugebiet ihrer Art nach zulässigen Einrichtung deren Ausstattung mit zeitgemäßen, den Sicherheitsanforderungen genügenden Beleuchtungsanlagen als sozialadäquat hinzunehmen. Gegen etwaige die Schwelle des Zumutbaren überschreitenden Auslösungen der Nottreppenbeleuchtung – durch missbräuchliche oder übermäßige Nutzung der Treppenanlage durch Bewohner oder Personal der Einrichtung –, können Nachbarn nur zivilrechtliche oder ordnungsrechtliche Schritte einleiten.

Nachbarn haben auch keinen generellen Anspruch darauf, dass Lichtwerbung nicht 637
auf ihr Wohngrundstück einwirkt. Das gilt jedenfalls dann, wenn die Aufstellung und Anbringung von Anlagen der Außenwerbung eine zulässige gewerbliche Grundstücksnutzung darstellen, unabhängig davon, ob es sich um Eigen- oder Fremdwerbung handelt (OVG Münster, U.v. 15.3.2007 – 10 A 998/06 –, nrwe). Insbesondere in der Nachbarschaft zu einem Gewerbe-, Industrie- oder Sondergebiet muss hingenom-

96 In **Nordrhein-Westfalen** kann zur Beurteilung der Gemeinsame Runderlass des Ministeriums für Umwelt und Naturschutz, Landwirtschaft und Verbraucherschutz, des Ministeriums für Wirtschaft und Mittelstand, Energie und Verkehr und des Ministeriums für Städtebau und Wohnen, Kultur und Sport des Landes Nordrhein-Westfalen vom 13.9.2000, MBl. NRW vom 2.11.2000, S. 1283, herangezogen werden (vgl. dazu OVG Münster, B.v. 27.2.2007 – 7 B 1647/08 –, nrwe).

men werden, dass durch die in diesem Gebiet angesiedelten Gewerbebetriebe (Licht-)Werbung stattfindet, die im angrenzenden Wohngebiet zu sehen ist.

638 Zur Vermeidung unzumutbarer Belästigung bieten sich unter Umständen immissionsreduzierende Maßnahmen in der Baugestaltung an.

639 **Beispiel für die in einer Lichtuntersuchung vorgeschlagene Gestaltung eines Parkhauses, durch die die Belastung der Nachbarschaft durch Lichtimmissionen soweit wie möglich reduziert werden kann (aus: OVG Münster, U.v. 21.8.2015 – 7 D 61/14.NE –, nrwe):** Durch die Wahl der Leuchtkörper, durch geschlossene Fassadenelemente sowie Lamellen in den Fassadenöffnungen können die von der Parkhausbeleuchtung ausgehenden Lichtimmissionen weitgehend reduziert werden. Die Beleuchtungskörper können so ausgerichtet werden, dass auf den oberen Parkdecks nur die Parkflächen ausgeleuchtet und auf den weiteren Ebenen eine Abstrahlung durch die Fassadenöffnungen vermieden und nachts nur eine Notbeleuchtung betrieben wird. Die Blendwirkung durch Kraftfahrzeugscheinwerfer der auf den Parkebenen fahrenden Fahrzeuge kann durch weitgehend geschlossene oder nicht transparente Fassadenelemente sowie Lamellenkonstruktionen minimiert werden.

d) Unbeachtlichkeit persönlicher Umstände

640 Persönliche Umstände wie Krankheit oder eine besondere Empfindlichkeit gegen Geruchsstörungen, Lärm oder sonstige Umwelteinwirkungen sind baurechtlich unbeachtlich. Denn das öffentliche Baunachbarrecht (auch soweit es immissionsschutzrechtliche Fragen betrifft) ist grundstücksbezogen. Deshalb kommt es für das Bestehen eines Abwehrrechts auf individuelle Besonderheiten nicht an (vgl. dazu insbesondere VGH München, B.v. 2.3.2015 – 9 ZB 12.1377 –, juris). Bei der Beurteilung, ob von einem Vorhaben schädliche Umwelteinwirkungen ausgehen, kommt es allein darauf an, ob die Einwirkungen bezogen auf eine durchschnittliche Empfindlichkeit das zumutbare Maß überschreiten.

e) „Architektonische Selbsthilfe“

aa) Anwendbarkeit des Grundsatzes

641 Mitunter vermag eine so genannte architektonische Selbsthilfe zur Verringerung oder Beseitigung der Störung beitragen. Es ist anerkannt, dass im Baunachbarrecht im Rahmen des Rücksichtnahmegebotes solche Mittel des passiven Lärmschutzes, des Schutzes vor Lichtimmissionen oder anderweitigen Immissionsschutzes zu berücksichtigen ist, wenn durch eine zumutbare Maßnahme der Konflikt gelöst und damit die Erteilung der Baugenehmigung für das Vorhaben eines Dritten oder ein eigenes Vorhaben (im Falle des beabsichtigten Heranrückens an einen emittierenden Betrieb) ermöglicht wird (BVerwG, U.v. 29.11.2012 – 4 C 8/11 –, NVwZ 2013, 372 = juris). Deshalb sind etwa bei Lichtimmissionen dem betroffenen Nachbarn Maßnahmen zur Lichtdämpfung zuzumuten (OVG Münster, B.v. 12.5.2003 – 10 B 145/03 –, nrwe; OVG Lüneburg, U.v. 26.2.2003 – 1 LC 75/02 –, BRS 66 Nr. 146 = juris; VGH München, U.v. 7.10.2010 – 2 B 09.328 –, juris: Anbringen von Jalousien). Die Rechtfertigung hierfür liegt darin, dass das Rücksichtnahmegebot sowohl für die hinzukommende als auch für die vorhandene Nutzung nicht nur Rechte, sondern auch Duldungspflichten und unter Umständen sogar Obliegenheiten zum Tätigwerden begründet.

Soweit die Maßnahmen die Vermeidung von unzumutbarem Lärm bezwecken, ist allerdings zu berücksichtigen, dass sie im Einklang mit der TA Lärm stehen müssen; ihr zuwider laufende Regelungen/Auflagen in einer Baugenehmigung sind nicht geeignet, einen hinreichenden Lärmschutz sicherzustellen und deshalb unbeachtlich. Als vom Nachbarn zur Vermeidung von unzumutbaren Lärmimmissionen zu erwartende Maßnahmen kommen – im Einklang mit der TA Lärm – insbesondere die Stellung des Gebäudes, der äußere Zuschnitt des Hauses oder die Anordnung der Räume oder der notwendigen Fenster in Frage (BVerwG, U.v. 29.11.2012 – 4 C 8/11 –, NVwZ 2013, 372 = juris, und U.v. 23.9.1999 – 4 C 6/98 –, NVwZ 2000, 1050 = juris). Auch können nicht zu öffnende Fenster eingebaut oder verlangt werden, sofern dies im konkreten Fall bauordnungsrechtlich zulässig ist. 642

bb) Beispiele für die Anwendung des Grundsatzes

Beispiel für das (erfolgreiche) Bemühen des an einen emittierenden landwirtschaftlichen Betrieb Heranrückenden, Vorkehrungen zum Schutz seiner Wohnnutzung im Wege der architektonischen Selbsthilfe zu treffen (aus: VGH München, U.v. 10.5.2016 – 2 B 16.231 –, juris): Ein Landwirt klagt gegen eine Genehmigung zur Wohnnutzung, die sich seinem Geruch emittierenden Betrieb nähert. Der dem Gerichtsverfahren beigeladene Bauherr hatte jedoch nach Ansicht des Gerichts alle baulichen Möglichkeiten zur Minderung der Geruchsbelästigung auf seinem Grundstück umgesetzt. Zur besonders geruchsbelasteten Ostseite hin liegen lediglich nicht schutzwürdige Räumlichkeiten, wohingegen die Wohn- und Schlafräume sich auf der weniger belasteten Westseite befinden. Zudem ist eine Be- und Entlüftungsanlage vorhanden, die die Frischluftzufuhr ebenfalls auf der Westseite des Grundstücks hat. Diese Maßnahmen der architektonischen Selbsthilfe sind nicht nur ausreichend, um eine dauerhafte Konfliktlösung zu erreichen, sie sind auch zulässig und geeignet. Zu den schutzwürdigen Räumlichkeiten zählen Wohnräume, Schlafräume oder Kinderzimmer, nicht aber sonstige „Nebenräume“ wie hier ein Wirtschaftsraum, Bad oder WC sowie Flure, die nicht zum längeren Aufenthalt dienen. 643

Beispiel für zumutbare Maßnahmen der architektonischen Selbsthilfe zur Vermeidung von erheblichen optischen Störungen durch den Betrieb von Windkraftanlagen (aus: OVG Münster, B.v. 8.7.2014 – 8 B 1230/13 –, nrwe): Der als störend empfunden Effekt einer Windkraftanlage kann durch eine Verdichtung des Baumbewuchses und/oder eine Erhöhung einer Hecke weiter verstärkt werden. Grundsätzlich sind solche Anpflanzungen jedenfalls dann finanziell zumutbar, wenn es nicht der Anschaffung teurer großer Bäume bedarf, um einen Sichtschutz zu bieten. Unter Umständen können Räume und Außenwohnbereiche durch den Einbau eines Sichtschutzsegels, von Sichtschutzwänden oder – wie in dem entschiedenen Fall bereits geschehen – die Aufstellung eines kleinen Gartenhauses optisch abgeschirmt werden. 644

Windkraftanlagen sind zwar nach Immissionsschutzrecht zu beurteilen, die Aussagen des Gerichts lassen sich aber übertragen auf Störungen im Zusammenhang mit dem Betrieb (rein) baulicher Anlagen, wie etwa vom Betrieb eines Parkplatzes oder einer Tiefgarage ausgehende Lichtimmissionen (weiteres Beispiel für Schutz gegen Lichtimmissionen: OVG Münster, U.v. 15.3.2007 – 10 A 998/06 –, nrwe). 645

f) Schutzbedürftigkeit trotz Einwilligung

Rückt ein Bauherr so nah an einen störenden Betrieb heran, dass z.B. die Werte der TA Lärm nicht eingehalten werden, kann der Eigentümer des Betriebs diese Genehmigung ungeachtet der Tatsache anfechten, dass der Bauherr den Bauantrag in Kenntnis der zu erwartenden Störung (etwa des zu erwartenden Betriebslärms) gestellt und sich gleichsam mit den Beeinträchtigungen einverstanden erklärt hat. Denn, wie das Bundesverwaltungsgericht (U.v. 29.11.2012 – 4 C 8/11 –, NVwZ 2013, 372 646

= juris) formuliert, der von der TA Lärm gewährte Schutzstandard steht nicht zur Disposition des Lärmbetroffenen und kann nicht durch dessen Einverständnis mit passiven Schallschutzmaßnahmen suspendiert werden: „*Das Bauplanungsrecht regelt die Nutzbarkeit der Grundstücke in öffentlich-rechtlicher Beziehung auf der Grundlage objektiver Umstände und Gegebenheiten mit dem Ziel einer möglichst dauerhaften städtebaulichen Ordnung und Entwicklung. Das schließt es aus, das bei objektiver Betrachtung maßgebliche Schutzniveau auf das Maß zu senken, das der lärmbetroffene Bauwillige nach seiner persönlichen Einstellung bereit ist hinzunehmen.*“

IV. Nachbarschutz im Bauordnungsrecht

647 In materiellrechtlicher Hinsicht gewähren Bestimmungen des Bauordnungsrechts keinen geringeren Rechtsschutz als Bestimmungen des Bauplanungsrechts und des baurechtlichen Immissionsschutzrechts. Mit Blick auf das bauordnungsrechtliche Verfahrensrecht ist allerdings zu beachten, dass die Verletzung subjektiv-öffentlicher Rechte des Bauordnungsrechts wegen eines baurechtlichen Geschehens nicht stets und in gleicher Weise geltend gemacht werden kann. In Abhängigkeit von dem jeweiligen Landesrecht können mutmaßliche Verstöße gegen bauordnungsrechtliche Bestimmungen einer erteilten Genehmigung zum Teil nur beschränkt entgegengehalten werden. Denn soweit nach landesrechtlichen Vorschriften das Prüfprogramm der Baugenehmigungsbehörde auf bestimmte Normen oder Normkomplexe reduziert ist, bezieht sich die Feststellungswirkung der Baugenehmigung nur auf die Vorschriften, die geprüft worden sind. Der Nachbar, der sich gegen ein Vorhaben wendet, kann nicht den Verstoß gegen Normen rügen kann, die die Behörde nicht geprüft hat, sondern er kann allenfalls ein Einschreiten der Behörde verlangen, wenn der Bauherr bauordnungsrechtswidrig baut (s. oben ab Rn. 56).

648 Im Folgenden wird – aus systematischen Gründen – unterstellt, dass die Genehmigungsbehörde das „volle Prüfprogramm“, also auch das gesamte Bauordnungsrecht abzuarbeiten hat, ferner, dass dem entsprechend die Feststellung der Übereinstimmung mit allen bauordnungsrechtlichen Bestimmungen Genehmigungsinhalt wird und schließlich als Folge hiervon der Nachbar auch die fehlende Übereinstimmung des Bauvorhabens mit diesen Bestimmungen, sofern sie Nachbarschutz vermitteln, rügen kann.

649 Nach dem Rechtsgutachten des Bundesverfassungsgerichts vom 16.6.1954 – 1 PBvV 2/52 –, BVerfGE 3, 407 = juris, sind für das „Baupolizeirecht im bisher gebräuchlichen Sinne“ – gemeint ist damit der Bereich des öffentlichen Baurechts, der heute mit „Bauordnungsrecht“ bezeichnet wird – die Länder zuständig. Nur mit Blick auf das Raumordnungsrecht und das Städtebaurecht (einschließlich des Bauplanungsrechts) ist das öffentliche Baurecht Aufgabe des Bundes.

650 Das Bauordnungsrecht der Länder ist in den landesrechtlichen Bestimmungen (Landesbauordnungen und Verordnungen über Sonderbauten, das Prüfverfahren und vieles mehr) der 16 Bundesländer niedergelegt. Die Bauordnungen, die entgegen dem Eindruck, der durch diese Bezeichnung entstehen könnte, keine Verordnungen, sondern Gesetze im materiellen Sinn sind, enthalten materiellrechtliche und formellrecht-

liche Bestimmungen. Während die erstgenannten Bestimmungen allgemeine und spezielle Anforderungen an die baulichen Anlagen und diesen gleichgestellte Anlagen enthalten, betreffen die zweitgenannten Bestimmungen das bauaufsichtliche Genehmigungsverfahren und die Frage, wann dieses nicht oder nur eingeschränkt durchgeführt zu werden braucht. Zudem nennen sie die Voraussetzungen, unter denen die Bauaufsicht zur Durchsetzung des öffentlichen Baurechts tätig werden kann und welche rechtlichen Mittel ihr dafür zur Verfügung stehen.

Das Bauordnungsrecht ist ein Teilbereich des Ordnungsrechts und dient der Abwehr von Gefahren und Störungen der öffentlichen Sicherheit und Ordnung. Es verbietet Handlungen oder gebietet Unterlassungen, die im bauordnungsrechtlichen Sinn „gefährlich" sind. Es geht zum einen um die Abwehr von Gefahren und Störungen für die Nutzer der Anlagen (so etwa bei Absturzsicherungen oder Rettungswegen). Zum anderen zielen sie auf die Vermeidung von Gefahren und Störungen der Öffentlichkeit (Brandgefahr oder Verunstaltungsverbot) oder konkreter Dritter (Abstandsflächenregelungen). 651

Die in den Gliederungspunkten 1. bis 15. angesprochenen Problemfelder sind die im Bauordnungsrecht in Nachbarschaftkonflikten am häufigsten angesprochenen.

Für den Nachbarschutz im Bauordnungsrecht gelten in materiellrechtlicher Hinsicht weitgehend dieselben Grundsätze wie im Bauplanungsrecht und im baunachbarrechtlichen Immissionsschutzrecht: Auch hier kommt es für den Nachbarschutz in gleichrangiger Weise darauf an, ob ein materiellrechtlicher Rechtsverstoß zu bejahen ist und ob die verletzte Bestimmung nachbarschützenden Charakter hat, also den Schutz (zumindest auch) eines konkreten Dritten, der sich auf den rechtlichen Fehler beruft, bezweckt. 652

Mit Blick auf die erstgenannte Voraussetzung stellt sich in einigen Rechtsgebieten und bei vielen Nachbarschaftskonflikten die Frage der Erteilung einer Abweichung; darauf wird ab Rn. 735 eingegangen. 653

Die zweite Frage nach dem nachbarschützenden Charakter lässt sich ohne Weiteres bejahen bei Vorschriften, die ausdrücklich Anlagen oder Handlungen verbieten, von denen Gefahren, erhebliche Nachteile oder Belästigungen für einen bestimmten benachbarten Personenkreis ausgehen oder die in besonderem Maße die Nachbarn stören. Soweit der Gesetzestext keinen ausdrücklichen Hinweis auf den nachbarschützenden Charakter enthält, ist im Wege einer Auslegung zu klären, ob der Gesetzgeber eine individuelle Rechtsschutzgewährung vornehmen wollte. Für die meisten Bestimmungen ist die Frage in Rechtsprechung und wissenschaftlicher Literatur geklärt. 654

Als Richtschnur für die jeweilige Entscheidung kann die Aussage des Bundesverwaltungsgerichts in seinem Urteil vom 19.9.1986 (4 C 8/84, NVwZ 1987, 409 = juris, s. schon Rn. 125) dienen, nach der es 655

„jeweils der Klärung [bedarf], ob eine baurechtliche Vorschrift ausschließlich objektivrechtlichen Charakter hat oder ob sie (auch) dem Schutz individueller Interessen dient, ob sie also Rücksichtnahme auf Interessen Dritter gebietet. (...) Es kommt weder darauf an, ob die Norm einen geschützten Personenkreis räumlich, etwa durch

Bezeichnung eines Gebiets, abgrenzt, noch darauf, ob sie in ihrer vollen Reichweite auch dem Schutz individueller Interessen zu dienen bestimmt ist. (...) Worauf es ankommt ist, dass sich aus individualisierenden Tatbestandsmerkmalen der Norm ein Personenkreis entnehmen lässt, der sich von der Allgemeinheit unterscheidet. (...) Freilich ist Drittschutz nicht in jedem Fall ohne Rücksicht auf den Grad der Beeinträchtigung zu gewähren. Denn die Auslegung einer Vorschrift, die im Grundsatz Drittschutz vermitteln will, kann durchaus zu dem Ergebnis führen, dass Drittschutz nur zu gewähren ist, wenn eine bestimmte Schwelle der Beeinträchtigungen erreicht wird; (...)"

656 Ein drittschützender Charakter ist demnach zu bejahen, wenn sich bei Anwendung der Tatbestandsmerkmale einer Norm ergibt, dass

- erstens (zumindest unter anderem) ein Personenkreis angesprochen ist, „der sich von der Allgemeinheit unterscheidet" (zum Begriff des Nachbarn allgemein s. ab Rn. 17), und
- zweitens „eine bestimmte Schwelle der Beeinträchtigungen" erreicht wird; hierbei ist nicht etwa die Intensität der Rechtsverletzung im konkret-individuellen Fall (z.B. das Ausmaß der Unterschreitung der gebotenen Abstandsfläche) bedeutsam, sondern, ob der Gesetzgeber in abstrakt-genereller Weise die in der Norm vorgegebene Einhaltung des Rechts als erforderlich zur Vermeidung von (bloßen, rechtlich nicht relevanten) Belästigungen oder von (erheblichen, rechtlich relevanten) Unzumutbarkeiten ansah.

657 Gefahren, Belästigungen oder Missstände zu Lasten von Benutzern der baulichen Anlage sind unter dem Gesichtspunkt des Nachbarrechts irrelevant; denn diese sind nicht im baunachbarrechtlichen Sinne Nachbarn.

1. Allgemeine Anforderungen / Baustellen

658 Alle Landesbauordnungen enthalten Regelungen zu den „Allgemeinen Anforderungen" an Anlagen oder an bauliche Anlagen sowie Grundstücke, andere Anlagen und Einrichtungen.[97] Ähnliche Regelungen enthalten die Bauordnungen zu Baustellen.

Einige Bauordnungen unterwerfen nicht nur (bauliche) Anlagen den genannten Anforderungen, sondern auch andere Anlagen, Einrichtungen und Grundstücke. Übereinstimmend wird an das Anordnen, Errichten, Ändern und Instandhalten angeknüpft. § 3 Abs. 4 Musterbauordnung und § 3 Abs. 1 S. 2 LBO BW bestimmen ergänzend, dass das Verbot für die Beseitigung bzw. den Abbruch baulicher Anlagen entsprechend gilt.

97 **§ 3 Musterbauordnung [Allgemeine Anforderungen]**
(1) Anlagen sind so anzuordnen, zu errichten, zu ändern und instand zu halten, dass die öffentliche Sicherheit und Ordnung, insbesondere Leben, Gesundheit und die natürlichen Lebensgrundlagen, nicht gefährdet werden.
(...)
(4) Für die Beseitigung von Anlagen und für die Änderung ihrer Nutzung gelten die Absätze 1 und 3 entsprechend.
Vgl. auch **§ 3 LBO BW, Art. 3 BayBO, § 3 BauO Bln, § 3 BbgBO, § 3 BremLBO, § 3 HBauO, § 3 HBO, § 3 BauO MV, § 3 NBauO, § 3 BauO NRW, § 3 LBauO RP, § 3 LBO SL, § 3 SächsBO, § 3 BauO LSA, § 3 LBO SH, § 3 ThürBO.**

Der Schutzbereich der Normen ist im Wesentlichen gleich ausgestaltet: Zumeist wird verboten, die öffentliche Sicherheit und Ordnung, insbesondere Leben, Gesundheit und die natürlichen Lebensgrundlagen zu gefährden. Ergänzt wird dies in der Bremischen Landesbauordnung, der Hamburgischen Bauordnung, der Niedersächsischen Bauordnung, der Landesbauordnung für das Saarland und der Landesbauordnung für das Land Schleswig-Holstein durch das Verbot unzumutbarer Belästigungen. Die Landesbauordnungen für Baden-Württemberg, Bayern, Brandenburg und Hamburg sehen darüber hinaus vor, dass die Anlagen ihrem Zweck entsprechend ohne Missstände benutzbar sein müssen. 659

Tatbestandsmerkmal ist also eine Gefahr, eine unzumutbare Belästigung oder ein Missstand. Nach der Definition des Preußischen Oberverwaltungsgerichts vom 23.3.1933 – 2IV.C.22/33 –, PrOVGE 90, 293 –, ist eine Gefahr ein Zustand, der nach verständigem Ermessen den Eintritt eines Schadens mit Wahrscheinlichkeit erwarten lässt. Das Bundesverwaltungsgericht (z.B. U.v. 26.6.1970 – IV C 99.67 –, NJW 1970, 1890 = juris) betont, dass hinsichtlich des Grades der Wahrscheinlichkeit differenziert werden muss je nachdem, welches Schutzgut auf dem Spiel steht. Ist der möglicherweise eintretende Schaden sehr groß, dann können an die Wahrscheinlichkeit des Schadenseintritts nur geringere Anforderungen gestellt werden. Das führt zu einer Pflicht zu vorsorglichem Verhalten der Ordnungsbehörden. Auch wenn die Wahrscheinlichkeit eines Schadenseintritts nach aller Erfahrung äußerst gering ist und in aller Regel allenfalls die nur entfernte Möglichkeit eines Schadenseintritts besteht oder bestand, „*muss wegen des damit verbundenen – wenn auch noch so entfernten – Risikos dieser (Schein)gefahr nachgegangen werden, weil – wenn entgegen aller Wahrscheinlichkeit die Gefahr sich verwirklichen sollte – der dann zu gewärtigende Schaden so groß wäre, dass ein Eingreifen trotz der nur entfernten Möglichkeit des Schadenseintritts nicht nur gerechtfertigt, sondern sogar geboten ist (...). Das bedeutet, dass bei der Gefahr besonders großer Schäden ausnahmsweise zur "hinreichenden Wahrscheinlichkeit" in der erwähnten Faustformel auch die entfernte Möglichkeit eines Schadenseintritts gehört.*“ (BVerwG, U.v. 26.6.1970 – IV C 99.67 –, NJW 1970, 1890 = juris) 660

Schutzobjekt von Generalklauseln ist in der Regel die allgemeine Öffentlichkeit. Ein unbeteiligter Dritter (z.B. ein Straßenpassant) kann einen Gesetzesverstoß nicht rügen. Das gilt selbst dann, wenn von einer Anlage eine Gefahr ausgeht, z.B. ein Dachziegel über dem Gehweg, den er täglich geht, herabzufallen droht. Dies folgt unmittelbar aus der Rechtsprechung des Bundesverwaltungsgerichts, da die Allgemeinheit aus dem Schutzbereich der Bestimmungen des Bauordnungsrechts ausgenommen ist (s. ab Rn. 18). 661

Die Voraussetzungen an den Personenkreis, „der sich von der Allgemeinheit unterscheidet“, sind allerdings bei dem Eigentümer des Nachbargrundstücks zweifellos gegeben, ihn will die Norm schützen. (Siehe OVG Münster, U.v. 9.6.2011 – 7 A 1494/09 –, juris: Auch § 3 Abs. 1 Satz 1 BauO NRW könne im Einzelfall nachbarschützenden Charakter haben, wenn z.B. die Gefährdung des Eigentums einzelner Nachbarn so handgreiflich sei, dass dies die notwendige Qualifizierung, Individualisierung und Abgrenzung der von der Norm geschützten Dritten bewirkt.) 662

663 **Beispiel (nach OVG Münster, U.v. 23.10.2006 —7 A 1605/05 –, nrwe):** Durch die genehmigte Ausgestaltung einer Tiefgaragenzufahrt und die zwangsläufig zu erwartenden Rangiervorgänge bei Ausfahrten aus der Zufahrt ist mit hoher Wahrscheinlichkeit zu erwarten, dass Kraftfahrer selbst bei vorsichtiger Fahrweise gegen das Gebäude des Nachbarn fahren oder – jedenfalls bei schlechter Witterung – rutschen und damit nicht unerhebliche Schäden an dessen Haus herbeiführen. Damit ist eine von der Nutzung der genehmigten Tiefgaragenzufahrt ausgehende Gefährdung zumindest des Eigentums des Nachbarn wegen der hier gegebenen besonderen Umstände anzunehmen. Deshalb ist die notwendige Qualifizierung, Individualisierung und Eingrenzung der von der Norm geschützten Dritten, nämlich des Nachbarn als Eigentümer des unmittelbar an der Gefahrenstelle liegenden Grundstücks, gegeben.

664 **Weiteres Beispiel (nach OVG Berlin, B.v. 15.9.2015 – OVG 10 S 19.15 –, juris):** Von einem gerissenen Stahlspannring, der sich bereits aus seiner Verankerung am Schornstein gelöst hat und der von einem weiteren Herabstürzen nur durch Schellen eines Blitzableiters gehalten wird, geht eine konkrete Gefahr für das Nachbargrundstück aus. Denn nach der allgemeinen Lebenserfahrung besteht objektiv die hohe Wahrscheinlichkeit, dass unter Berücksichtigung der Höhe des Schornsteins und der hohen Masse des Stahlspannringes bei dessen Herabstürzen mit einer erheblichen Beeinträchtigung für die anliegenden Baulichkeiten zu rechnen ist und – wegen der in der Nähe gelegenen Wohnnutzungen auf dem Nachbargrundstück – auch eine hinreichende Wahrscheinlichkeit von Gesundheitsschädigungen der sich dort aufhaltenden Personen besteht.

665 Anders beurteilt aber das VG Würzburg (U.v. 19.5.2015 – W 4 K 14.1212 –, juris) unter Berufung auf den VGH München (U.v. 10.3.1987 – 1 B 86.02710 –, BayVBl. 1987, 727 = juris) die Frage des nachbarschützenden Charakters: Art. 3 BayBO diene grundsätzlich nur den Interessen der Allgemeinheit und sei nicht als nachbarschützend anzusehen. Auch das VG Freiburg (B.v. 22.12.2009 – 4 K 2089/09 –, juris) meint: Soweit § 3 Abs. 1 BauO BW fordere, bauliche Anlagen dürften die Standsicherheit auf dem Nachbargrundstück nicht gefährden, sei nur die Bauausführung angesprochen. Dadurch werde keine Verpflichtung der Baurechtsbehörde begründet, die Einhaltung dieser Forderung bereits im Baugenehmigungs- oder im Kenntnisgabeverfahren sicherzustellen.

666 Soweit die Landesbauordnungen für die Einrichtung von Baustellen die allgemeinen Anforderungen konkretisieren, haben diese Regelungen nachbarschützenden Charakter. Denn sie verbieten Gefahren und vermeidbare Belästigungen gerade auch im Interesse der Nachbarn. Fraglich und entscheidend ist allerdings in jeden Fall, ob die Baustelleneinrichtung Teil der Genehmigung ist; andernfalls scheidet eine Nachbarrechtsverletzung von vornherein aus (OVG Lüneburg, B.v. 18.6.2015 – 1 ME 77/15 –, juris; VG Bayreuth, B.v. 7.7.2015 – B 2 S 15.418 –, juris).

2. Schutz vor Schall, Erschütterungen und sonstigen schädlichen Einflüssen

667 Die Musterbauordnung und die Landesbauordnungen enthalten Bestimmungen darüber, dass Erschütterungen, Schwingungen oder Geräusche, die von ortsfesten Anlagen oder Einrichtungen in baulichen Anlagen oder auf Grundstücken ausgehen, so zu dämmen sind, dass Gefahren oder unzumutbare Belästigungen nicht entstehen.[98] Au-

98 **§ 15 Musterbauordnung [Wärme-, Schall-, Erschütterungsschutz]**
(1) Gebäude müssen einen ihrer Nutzung und den klimatischen Verhältnissen entsprechenden Wärmeschutz haben.
(2) Gebäude müssen einen ihrer Nutzung entsprechenden Schallschutz haben. Geräusche, die von ortsfesten Einrichtungen in baulichen Anlagen oder auf Baugrundstücken ausgehen, sind so zu dämmen, dass Gefahren oder unzumutbare Belästigungen nicht entstehen.

ßerdem müssen bauliche Anlagen sowie andere Anlagen und Einrichtungen so angeordnet, beschaffen und gebrauchstauglich sein, dass durch Wasser, Feuchtigkeit, pflanzliche oder tierische Schädlinge sowie andere chemische, physikalische oder biologische Einflüsse Gefahren oder unzumutbare Belästigungen nicht entstehen.[99]

Diese Bestimmungen haben nachbarschützende Wirkung, wie sich bereits aus dem Verbot unzumutbarer Belästigungen, die sich naturgemäß insbesondere auf Nachbargrundstücke auswirken, ergibt (so auch: Johlen in: Gädtke/Czepuck/Johlen/Plietz/Wenzel, BauO NRW, § 18 Rn. 66 und 68 a; OVG Koblenz, U.v. 20.3.1980 – 1 A 51/78 –, DÖV 1981, 189 = juris). 668

Das Gleiche gilt für Bestimmungen der Bauordnungen, die eine ähnliche Zielrichtung haben. Hierzu zählen Verbote von unzumutbaren Belästigungen durch Gerüche und Staub, die von Ställen, Dungstätten, Gärfutterbehältern und Ähnlichem ausgehen können.

3. Standsicherheit

Die Musterbauordnung und die Landesbauordnungen[100] bestimmen, dass jede bauliche Anlage im Ganzen und in ihren einzelnen Teilen für sich allein standsicher sein muss. Die Standsicherheit anderer baulicher Anlagen und die Tragfähigkeit des Baugrunds der Nachbargrundstücke dürfen nicht gefährdet werden. 669

Die Regelungen haben zum einen Bedeutung für das Genehmigungsverfahren. 670

Hierbei wird die Genehmigung zur Errichtung baulicher Anlagen weniger relevant sein. Denn dass schon eine Errichtung in einer die Standfestigkeit nicht gewährleistenden Weise genehmigt wird, die sich zudem auch noch auf ein Nachbargrundstück auswirkt, wird eher selten der Fall sein. Erforderlich wäre für ein erfolgreiches Rechtsschutzbegehren eines Nachbarn auf jeden Fall, dass die Standsicherheitsgefährdung durch die Art der Ausführung in konkreter Weise substantiiert vorgetragen wird.

Bedeutsamer sind die Bestimmungen für Abbruchgenehmigungen. Denn bei einem Abbruch kann ein Nachbargrundstück von Erschütterungen, herabfallenden Bauteilen oder durch einen Eingriff auf das eigene Gebäude des Nachbarn betroffen sein. Genügt eine bauliche Anlage den Anforderungen an eine hinreichende Standsicher- 671

(3) Erschütterungen oder Schwingungen, die von ortsfesten Einrichtungen in baulichen Anlagen oder auf Baugrundstücken ausgehen, sind so zu dämmen, dass Gefahren oder unzumutbare Belästigungen nicht entstehen.
Vgl. auch **§ 13 und § 15 (2) und (3) BauO LSA, § 16 und § 18 (2) und (3) BauO NRW, (§ 15 (2) und (3), Art. 11 und Art. 13 (2) und (3) BayBO, § 13 und 15 (2) NBauO, § 13 und § 16 (2) und (3) BauO RP.**

99 **§ 13 Musterbauordnung [Schutz gegen schädliche Einflüsse]**
(1) Satz 1: Bauliche Anlagen müssen so angeordnet, beschaffen und gebrauchstauglich sein, dass durch Wasser, Feuchtigkeit, pflanzliche und tierische Schädlinge sowie andere chemische, physikalische oder biologische Einflüsse Gefahren oder unzumutbare Belästigungen nicht entstehen.

100 **§ 12 Musterbauordnung [Standsicherheit]**
(1) Jede bauliche Anlage muss im Ganzen und in ihren einzelnen Teilen für sich allein standsicher sein. Die Standsicherheit anderer baulicher Anlagen und die Tragfähigkeit des Baugrundes der Nachbargrundstücke dürfen nicht gefährdet werden.
Vgl. auch **§ 13 LBO BW, Art. 10 BayBO, § 12 BauO Bln, § 11 BbgBO, § 12 BremLBO, § 15 BauO HA, § 11 BauO HE, § 12 BauO MV, § 15 BauO NRW, § 12 NBauO, § 13 LBauO PR, § 13 LBO SL, § 12 SächsBO, § 12 BauO LSA, § 13 LBO SH, § 12 ThürBO.**

heit nicht (mehr), ist eine weitere Prüfung, ob eine konkrete Gefährdung vorliegt, nicht mehr vonnöten. Denn die fehlende Standsicherheit indiziert bereits die Gefahr eines vollständigen oder teilweisen Einsturzes der Anlage und damit eine erhebliche Gefahr für Leben und Gesundheit (VG Gelsenkirchen, B.v. 11.11.2015 – 6 L 1695/15 –, nrwe; OVG Münster, B.v. 26.10.2000 – 10 A 4113/00 –, nrwe; Garrelmann in: Schönenbroicher/Kamp, BauO NRW, § 15 Rn. 2).

672 Die Behörde muss, wenn hinreichende Anzeichen für eine fehlende Standsicherheit während des Abbruchvorgangs oder danach vorliegen, den Sachverhalt zuverlässig aufklären, um über den Antrag auf Erteilung einer Abbruchgenehmigung sachgerecht entscheiden zu können. Die Intensität dieser Aufklärungspflicht hängt u.a. davon ab, welches Ausmaß etwaige Gefahren oder Schäden annehmen könnten und wie gewichtig die auf derartige Gefahren hindeutenden Indizien im Einzelfall sind. Soweit es um konkrete Gefahren für Leib oder Leben von Menschen geht, sind an die Aufklärungspflicht der Behörde grundsätzlich hohe Anforderungen zu stellen. Die Behörde hat sicherzustellen, dass derartige Gefahren für die öffentliche Sicherheit und konkret für Nachbarn durch eine von ihr erteilte Abbruchgenehmigung nicht eintreten (OVG Münster, B.v. 28.1.2005 – 10 B 2827/04 –, juris). Die Baugenehmigungsbehörde kann Gefahren für die öffentliche Sicherheit in aller Regel durch die Beifügung von Auflagen mit konkreten Vorgaben zu dem Baugeschehen abwehren (zu Auflagen s. ab Rn. 64).

673 Über das Genehmigungsverfahren hinaus hat die Bestimmung im Rahmen des Nachbarschutzes zum anderen Bedeutung für einen Anspruch auf bauaufsichtliches Einschreiten. Sollte die Bauaufsichtsbehörde nicht von sich aus – von Amts wegen, ggfs. nach einem Hinweis – tätig werden, kann sie auf eine Verpflichtungsklage hin durch das Verwaltungsgericht hierzu verpflichtet werden, wenn die materiellrechtlichen Voraussetzungen für ein Einschreiten erfüllt sind, ein Dritter (Nachbar) durch den Rechtsverstoß in einem subjektiv-öffentlichen Rechts verletzt und sich das Ermessen in der Weise verdichtet ist, dass nur die Entscheidung tätig zu werden sich als rechtmäßig erweist. Dabei ist der Grund für die fehlende Standsicherheit unerheblich (vgl. nur VG Gelsenkirchen, B.v. 18.9.2015 – 9 L 1306/15 –, nrwe; allgemein zu einem Anspruch auf bauaufsichtliches Einschreiten s. ab Rn. 777)

674 Die Vorschrift dient (auch) dem Interesse von Nachbarn an dem Erhalt von Sachwerten und der Vermeidung von Personenschäden und begründet deren subjektiv-öffentliche Rechte (OVG Münster, B.v. 9.7.2003 – 7 B 949/03 –, juris; und U.v. 9.6.2011 – 7 A 1494/09 –, juris; VG Düsseldorf, B.v. 23.11.2015 – 9 L 3546/15 –, nrwe; VG Würzburg U.v. 19.5.2015 – W 4 K 14.1212 –, juris; VG Neustadt/Weinstraße, B.v. 17.2.2014 – 4 L 89/14.NW –, juris). Ist eine Genehmigung unter dem Gesichtspunkt der Standsicherheit rechtwidrig oder sind die Voraussetzungen für ein Einschreiten erfüllt und liegt das gefährdete Grundstück im Schutzbereich der Norm, kann der Nachbar sich auf sie berufen. Dasselbe gilt, wenn der Bauherr bei der Ausführung eines Vorhabens, das nicht genehmigt ist oder bei dessen Genehmigung diese Vorschrift nicht zu prüfen war, gegen das Standsicherheitsgebot verstößt; die Behörde hat sofort repressiv mittels einer Stilllegungsverfügung gegen die Bauausführung vorzugehen (OVG Münster, U.v. 9.6.2011 – 7 A 1494/09 –, juris; vgl. auch OVG

Koblenz, B.v. 18.11.1991 – 8 B 11955/91 –, juris; OVG Bautzen, B.v. 25.2.1998 – 1 S 38/98 –, juris).

4. Abstandsflächen

Das Abstandsflächenrecht ist in den 16 Bundesländern in der Detailausführung sehr unterschiedlich geregelt; nur in Teilen decken die Bestimmungen sich mit der Regelung in der Musterbauordnung.[101] Eine genaue Darstellung des materiellen Rechts ist 675

101 **§ 6 Musterbauordnung [Abstandsflächen, Abstände]**
(1) Vor den Außenwänden von Gebäuden sind Abstandsflächen von oberirdischen Gebäuden freizuhalten. Satz 1 gilt entsprechend für andere Anlagen, von denen Wirkungen wie von Gebäuden ausgehen, gegenüber Gebäuden und Grundstücksgrenzen. Eine Abstandsfläche ist nicht erforderlich vor Außenwänden,
1. die an Grundstücksgrenzen errichtet werden, wenn nach planungsrechtlichen Vorschriften an die Grenze gebaut werden muss oder gebaut werden darf,
oder
2. soweit nach der umgebenden Bebauung im Sinne des § 34 Abs. 1 Satz 1 BauGB abweichende Gebäudeabstände zulässig sind.
(2) Abstandsflächen sowie Abstände nach § 30 Abs. 2 Nr. 1 und § 32 Abs. 2 müssen auf dem Grundstück selbst liegen. Sie dürfen auch auf öffentlichen Verkehrs-, Grün- und Wasserflächen liegen, jedoch nur bis zu deren Mitte. Abstandsflächen sowie Abstände im Sinne des Satzes 1 dürfen sich ganz oder teilweise auf andere Grundstücke erstrecken, wenn öffentlich-rechtlich gesichert ist, dass sie nicht überbaut werden; Abstandsflächen dürfen auf die auf diesen Grundstücken erforderlichen Abstandsflächen nicht angerechnet werden.
(3) Die Abstandsflächen dürfen sich nicht überdecken; dies gilt nicht für
1. Außenwände, die in einem Winkel von mehr als 75 Grad zueinander stehen,
2. Außenwände zu einem fremder Sicht entzogenen Gartenhof bei Wohngebäuden der Gebäudeklassen 1 und 2,
3. Gebäude und andere bauliche Anlagen, die in den Abstandsflächen zulässig sind.
(4) Die Tiefe der Abstandsfläche bemisst sich nach der Wandhöhe; sie wird senkrecht zur Wand gemessen. Wandhöhe ist das Maß von der Geländeoberfläche bis zum Schnittpunkt der Wand mit der Dachhaut oder bis zum oberen Abschluss der Wand. Die Höhe von Dächern mit einer Neigung von weniger als 70 Grad wird zu einem Drittel der Wandhöhe hinzugerechnet. Andernfalls wird die Höhe des Daches voll hinzugerechnet. Die Sätze 1 bis 4 gelten für Dachaufbauten entsprechend. Das sich ergebende Maß ist H.
(5) Die Tiefe der Abstandsflächen beträgt 0,4 H, mindestens 3 m. In Gewerbe und Industriegebieten genügt eine Tiefe von 0,2 H, mindestens 3 m. Vor den Außenwänden von Wohngebäuden der Gebäudeklassen 1 und 2 mit nicht mehr als drei oberirdischen Geschossen genügt als Tiefe der Abstandsfläche 3 m. Werden von einer städtebaulichen Satzung oder einer Satzung nach § 86 Außenwände zugelassen oder vorgeschrieben, vor denen Abstandsflächen größerer oder geringerer Tiefe als nach den Sätzen 1 bis 3 liegen müssten, finden die Sätze 1 bis 3 keine Anwendung, es sei denn, die Satzung ordnet die Geltung dieser Vorschriften an.
(6) Bei der Bemessung der Abstandsflächen bleiben außer Betracht
1. vor die Außenwand vortretende Bauteile wie Gesimse und Dachüberstände,
2. Vorbauten, wenn sie
a) insgesamt nicht mehr als ein Drittel der Breite der jeweiligen Außenwand in Anspruch nehmen,
b) nicht mehr als 1,50 m vor diese Außenwand vortreten und
c) mindestens 2 m von der gegenüberliegenden Nachbargrenze entfernt bleiben,
3. bei Gebäuden an der Grundstücksgrenze die Seitenwände von Vorbauten und Dachaufbauten, auch wenn sie nicht an der Grundstücksgrenze errichtet werden.
(7) Bei der Bemessung der Abstandsflächen bleiben Maßnahmen zum Zwecke der Energieeinsparung und Solaranlagen an bestehenden Gebäuden unabhängig davon, ob diese den Anforderungen der Absätze 2 bis 6 entsprechen, außer Betracht, wenn sie
1. eine Stärke von nicht mehr als 0,25 m aufweisen und
2. mindestens 2,50 m von der Nachbargrenze zurückbleiben.
§ 67 Abs. 1 Satz 1 bleibt unberührt.
(8) In den Abstandsflächen eines Gebäudes sowie ohne eigene Abstandsflächen sind, auch wenn sie nicht an die Grundstücksgrenze oder an das Gebäude angebaut werden, zulässig
1. Garagen und Gebäude ohne Aufenthaltsräume und Feuerstätten mit einer mittleren Wandhöhe bis zu 3 m und einer Gesamtlänge je Grundstücksgrenze von 9 m,
2. gebäudeunabhängige Solaranlagen mit einer Höhe bis zu 3 m und einer Gesamtlänge je Grundstücksgrenze von 9 m,
3. Stützmauern und geschlossene Einfriedungen in Gewerbe- und Industriegebieten, außerhalb dieser Baugebiete mit einer Höhe bis zu 2 m.

in diesem Zusammenhang nicht möglich. Sie ist auch nicht erforderlich, weil die im Einzelnen bestehenden Unterschiede – insofern muss auf die jeweiligen landesrechtlichen Vorschriften sowie die dazu ergangene Rechtsprechung und die Literatur verwiesen werden – sich nicht auf die grundsätzlichen Fragen des Nachbarschutzes auswirken. Steht das Vorhaben in Übereinstimmung mit den Vorschriften des Abstandsflächenrechts des Bundeslandes, in dem es verwirklicht werden soll, kann der Nachbar keine Rechtsverletzung geltend machen. Steht es nicht damit in Übereinstimmung und ist es auch nicht im Wege einer Abweichung oder Befreiung genehmigungsfähig, kann der Nachbar sich zumeist auf die objektive Rechtswidrigkeit stützen, weil sie gleichsam automatisch zur subjektiven Rechtsverletzung führt.

676 Die Vorschriften über die einzuhaltenden Abstände und die freizuhaltenden Abstandsflächen sind gewissermaßen die klassischen nachbarschützenden Bestimmungen des Bauordnungsrechts. Dass sie eine solche Funktion haben, ist nicht ernsthaft zu bezweifeln (vgl. etwa OVG Münster, B.v. 1.8.1994 – 7 B 1626/94 –, nrwe; OVG Magdeburg, B.v. 6.2.1996 – 1 M 27/95 –, juris; VGH München, B.v. 17.4.2000 – GrS 1/1999, 14 B 97.2901 –, NVwZ-RR 2001, 291 = juris; OVG Greifswald, B.v. 14.7.2005 – 3 M 69/05 –, juris; OVG Berlin, B.v. 19.12.2012 – OVG 2 S 44.12 –, NVwZ-RR 2013, 400 = juris; VGH Kassel, B.v. 20.2.2014 – 3 B 265/14 –, juris). Einschränkend wirkt allerdings § 6 Abs. 5 Satz 3 BremLBO, wo es (nach der Angabe der erforderlichen Tiefe der Abstandsflächen) heißt: „Nachbarschützende Wirkung kommt nur Dreiviertel der Tiefe der nach Satz 1 bis 3 erforderlichen Abstandsfläche, mindestens jedoch einer Tiefe von 2,50 m zu.“ Die (fast) uneingeschränkte nachbarschützende Wirkung der Abstandsflächenvorschriften bedeutet, dass ein Abwehrrecht gegen Genehmigungen oder faktische Zustände unabhängig vom Umfang des Verstoßes besteht.

677 Im Bereich des Abstandsflächenrechts (aber nicht nur hier) wird die Frage diskutiert, welche Folgen für die Ausübung eines Nachbarrechts sich ergeben, wenn nicht nur der Bauherr gegen zwingende Rechtsvorschriften – insbesondere solche, die dem Nachbarschutz dienen – verstößt, sondern auch der Nachbar selbst. Dies ist allerdings nicht eine Frage des materiellen Rechts, sondern der Befugnis, dieses Recht auszuüben. Auf sie wird deshalb im Zusammenhang mit der Frage des Verlusts eines Rechts eingegangen (ab Rn. 952).

a) Die Aufgabe der Abstandsflächenvorschriften

678 Die Abstandsfläche hat – auch und insbesondere – die Aufgabe, eine ausreichende Besonnung, Belichtung, Belüftung und einen effektiven Brandschutz des Nachbargrundstücks und seiner Bebauung zu gewährleisten sowie durch einen sog. Sozialabstand die Wahrung des nachbarlichen Wohnfriedens zu fördern (allgemeine Meinung, vgl. nur: OVG Berlin, U.v. 22.5.1992 – 2 B 22.90 –, juris; VGH Mannheim, U.v. 10.10.2002 – 5 S 1655/01 –, juris; VGH Kassel, U.v. 31.1.2002 – 4 UE 2231/95 –, juris; OVG Münster, U.v. 14.1.1994 – 7 A 2002/92 –, nrwe; OVG Saarlouis, U.v. 6.3.1987 – 2 R 180/84 –, BRS 47 Nr. 100 = juris; OVG Koblenz, U.v. 7.7.1994 –

Die Länge der die Abstandsflächentiefe gegenüber den Grundstücksgrenzen nicht einhaltenden Bebauung nach Nummern 1 und 2 darf auf einem Grundstück insgesamt 15 m nicht überschreiten.

1 A 11939/93 –, BRS 56 Nr. 103 = juris). Daneben haben die Abstandsflächenvorschriften das städtebauliches Ziel, einer geordneten Bebauung im Interesse gesunder Wohn- und Arbeitsverhältnisse zu dienen (s. dazu Reichel/Schulte, Handbuch Bauordnungsrecht, 3. Kapitel, Rn. 40).

Die Abstandsflächenvorschriften geben in ihrem wesentlichen Kern die Antwort auf 679
diese Frage: Welchen Abstand einer fremden baulichen Anlage zu seinem Grundstück und zu seiner eigenen baulichen Anlage muss der Eigentümer (oder sonst dinglich Berechtigte) erdulden?

Vorrangig legt das Planungsrecht durch Bebauungspläne und, soweit solche nicht bestehen, durch das Faktische (§ 34 Abs. 1 BauGB) mithilfe von Aussagen über die zulässige Bauweise fest, was dem jeweils benachbarten Grundstückseigentümer an Nähe zuzumuten ist. Die Abstandsflächenvorschriften regeln in dem vom Planungsrecht für bauordnungsrechtliche Regelungen gelassenen Spielraum in ihrer Zielrichtung nicht, wie weit der Bauherr seine Anlagen an die Nachbargrenze heranbauen darf, sondern legen fest, welches Heranbauen (d.h. in welchem Umfang und bei welchen Anlagen) der Nachbar zu dulden verpflichtet ist. Wenn beide Aspekte sich auch bedingen und zwei Seiten derselben Münze darstellen, ist doch diese Erkenntnis bedeutsam für den Charakter der Abstandsflächenvorschriften und die in ihnen enthaltenen Ausnahmen und Privilegierungen und die Folgen von Verstößen gegen sie.

Auszugehen ist von dem Grundsatz, dass ein möglichst großer Abstand wünschens- 680
wert wäre, um Gefahren und Störungen jeglicher Art zu vermeiden. Die Gefahren können z.B. in einer gegenseitigen Brandübertragung und die Störungen in Beeinträchtigungen der Besonnung, Belichtung und Belüftung und allgemein des Sozialabstandes zum eigenen Grundstück bestehen. Dem Gesetzgeber der Abstandsflächenvorschriften ist bewusst, dass ein in Grenznähe stehender Baukörper immer, also auch wenn die in der Abstandsregelung verlangte Abstandfläche gewahrt wird, eine Gefährdung und/oder Beeinträchtigung des Nachbarn zur Folge haben kann. Dem Nachbarn sollen aber im Hinblick auf sein Betroffensein nur dann Abwehrrechte eingeräumt werden, wenn die verlangten Abstandsmaße unterschritten werden oder dort der Art oder Bauausführung nach nicht zugelassene Anlagen errichtet werden. Mit der Beschränkung des Nachbarschutzes auf ein bestimmtes Maß der Abstandsflächentiefe oder einen bestimmten Baukörper bestimmt der Gesetzgeber die Grenzen dessen, was einem Grundstückseigentümer durch die Bebauung eines Nachbargrundstücks (noch) zugemutet werden kann (VGH Mannheim, B.v. 8.10.1996 – 8 S 2566/96 –, juris, zu der damaligen Regelung in § 6 Abs. 4 Nr. 2 LBO BW, heute § 6 Abs. 3 S. 2 LBO BW). Mit anderen Worten: Indem das Gesetz dem Bauherrn und der Baugenehmigungsbehörde die Einhaltung exakt berechenbarer Maße der Tiefe der Abstandsflächen und die Fernhaltung nicht privilegierter Anlagen gebietet, kommt die grundsätzliche Wertung des Gesetzes zum Ausdruck, dass die Nichteinhaltung der gebotenen Abstände abstrakt-generell auch unmittelbar die geschützten Nachbarinteressen an einem effektiven Brandschutz, einer ausreichenden Licht- und Luftzufuhr und allgemein einem einzuhaltenden Sozialabstand beeinträchtigt (OVG Münster, B.v. 18.5.2015 – 2 A 126/15 –, nrwe). Sind nicht alle Voraussetzungen einer (weiter-

gehenden) Privilegierung erfüllt, gilt folglich die grundsätzliche Aussage des Verbots und der Nachbarrechtsverletzung.

b) Die Folgen des Unterschreitens des vorgeschriebenen Abstands

681 Wird die von Gesetzes wegen einzuhaltende Abstandsfläche unterschritten, löst dies (vorausgesetzt, die jeweiligen landesrechtlichen Bestimmungen gewähren insoweit keinen Spielraum) ein Abwehrrecht aus, ohne dass es auf den Umfang des Unterschreitens der Abstandsfläche ankäme. Ein nach dem jeweiligen Abstandsflächenrecht bestehender nachbarlicher Abwehranspruch ist nicht davon abhängig, dass der Nachbar hiervon spürbar betroffen ist. Auch eine Unterschreitung, die mit dem bloßen Auge nicht sichtbar ist, ist eine Verletzung des Rechts, die der Nachbar nicht hinzunehmen braucht. Denn der Gesetzgeber hat dadurch, dass er feste und durch Messung überprüfbare Maße bestimmt hat, gleichzeitig bestimmt, was der Nachbar hinzunehmen und was er nicht hinzunehmen hat. Diese Grenze ist bereits überschritten, wenn die Abstandsfläche auch nur im Zentimeterbereich nicht eingehalten wird. *„Mit der Abstandsflächenregelung unterstellt der Gesetzgeber nicht, dass eine Beeinträchtigung des Nachbarn bei einem die Abstandflächenregelungen nicht vollständig ausnutzenden Bauwerk völlig fehlt und erst dann abrupt einsetzt, wenn die Abstandswerte unterschritten werden. Es wurde lediglich gesetzlich verankert, dass das Heranrücken eines Bauwerks und die damit verbundene Beeinträchtigung des Nachbarn erst dann rechtlich mit der Folge des Entstehens eines nachbarlichen Abwehranspruchs relevant werden, wenn die gesetzlich festgelegten Abstandswerte unterschritten werden."* (OVG Münster, U.v. 14.1.1994 – 7 A 2002/92 –, BRS 56 Nr. 196; vergleiche auch OVG Saarlouis, U.v. 6.3.1987 – 2 R 180/84 –, juris, Leitsatz 2: *„Auch ein dem Bauwichgebot unterworfenes Gebäude, das statt der vorgeschriebenen 3 m nur einen Grenzabstand von 2,99 m einhält, verstößt gegen die „zentimeterscharfe" Abstandsverpflichtung."*)

c) Die abstandsflächenrechtlichen Privilegierung bestimmter Anlagen

682 Der Nachbar, dem das Gesetz zumutet, ein Heranrücken bestimmter baulicher Anlagen an sein Grundstück hinzunehmen, kann geltend machen, er brauche ein konkretes Vorhaben an einem konkreten Standort nicht zu dulden, wenn und weil es dafür die Privilegierung nicht in Anspruch nehmen könne. Denn der Gesetzgeber hat sich in dem Interessengeflecht zwischen Bauherrn und Nachbarn zwar für bestimmte Vorhaben zugunsten des Bauherrn und zulasten des Nachbarn entschieden. Er hat dafür aber dezidierte Regeln aufgestellt, die der Bauherr einhalten muss, damit die rechtspolitische Entscheidung ihre Rechtfertigung behält. Hält der Bauherr sich nicht an die Regeln, ist er also nicht aus der Sicht des Gesetzgebers in dem Interessenkonflikt bevorzugungswürdig, gewinnen wieder die Interessen des Nachbarn Vorrang. Das gilt auch für eine an der Grenze privilegierte Anlage, z.B. eine Grenzgarage, die im Zentimeterbereich das Höchstmaß (an Höhe, Länge oder ggf. Dachneigung) nicht einhält. Auch Anlagen, die nach ihrer Zweckbestimmung oder konkreten Nutzungsweise nicht unter die Privilegierung fallen, können die (weitergehende) Privilegierung nicht in Anspruch nehmen und, was unter Nachbarrechtsgesichtspunkten wesentlich ist, diese braucht der Nachbar in der Abstandsfläche nicht zu erdulden.

Das Privilegierungssystem und der von einer spürbaren Beeinträchtigung unabhängige Abwehranspruch wird besonders deutlich, wenn zwar an der zum Nachbarn gelegen Grundstücksseite alle gesetzlichen Voraussetzungen für die Inanspruchnahme der Privilegierung erfüllt sind, aber das Gesetz hierfür mit Blick auf die übrigen Grenzen weitere Anforderungen stellt, die nicht erfüllt sind; denn auch dann besteht der Abwehranspruch. 683

Beispiel (nach OVG Münster, B.v. 7.9.2010 – 10 B 846/10 –, nrwe): Die Regelung über die maximal zulässige Länge einer Grenzgarage beträgt nach § 6 Abs. 11 Satz 5 BauO NRW (s. auch § 6 Abs. 8 Musterbauordnung, s. Fn. 101, und nach den meisten anderen landesrechtlichen Regelungen) 9 m und die maximal zulässige Länge der gesamten Grenzbebauung 15 m. Dies ist das Maß dessen, was allen unmittelbaren Nachbarn eines Grundstücks an privilegierter Grenzbebauung abstandsflächenrechtlich zuzumuten ist. Wird die Gesamtlänge solcher (im Grundsatz privilegierter) Anlagen überschritten, entfällt die Privilegierung, und zwar für jede der Anlagen. Infolge dessen kann sich jeder Nachbar, an dessen Grenze eine dieser Anlagen steht, gegen die Genehmigung einer dieser Anlagen zur Wehr setzen bzw. deren Beseitigung verlangen, ohne dass es auf die Länge der Grenzbebauung an seiner Seite ankommt. Dabei ist auch unerheblich, ob sich die anderen Grenznachbarn mit der Überschreitung des Zulässigen an ihrer Seite abgefunden haben. 684

d) Die Bedeutung des nachbarlichen Einverständnisses

Weil die im Abstandsflächenrecht zu berücksichtigenden städtebaulichen Aspekte nicht zur Disposition Einzelner stehen und deshalb eine „Vereinbarung unter Nachbarn" diese Aspekte nicht überwinden kann, ist mehr als bedenklich, wenn – was in der Praxis nicht unüblich ist – aufgrund solcher nachbarlicher Einverständniserklärungen abstandsflächenrechtliche Rechtsverstöße als überwindbar angesehen werden. Denn die Regelungen über Abstände und Abstandsflächen dienen nicht allein dem Nachbarschutz. Sie haben auch eine städtebauliche Funktion: 685

Abstandsflächenrecht ist, als Teil des landesrechtlichen Bauordnungsrechts, nachrangig gegenüber dem Bauplanungsrecht. Es kann Wirkung nur entfalten, soweit nicht Bundesrecht etwas anderes regelt. Deshalb sind Abstände nur einzuhalten und Abstandsflächen nur freizuhalten, soweit sich nicht aus einer bundesrechtlichen Bestimmung ergibt, dass dies nicht erforderlich ist. So ist selbstverständlich in der geschlossenen Bauweise keine Abstandsfläche freizuhalten. Dasselbe gilt bei Doppelhäusern dort, wo die Haushälften aneinandergebaut sind. Gleiches gilt für die einzelnen Gebäude von Hausgruppen. Bauplanungsrechtlich relevante Zustände sind indes nicht immun gegenüber Veränderungen, die durch Fakten geschaffen werden können. Soweit kein Bebauungsplan existiert und die „normative Kraft des Faktischen" die bauplanungsrechtliche Zulässigkeit von Vorhaben steuert (§ 34 Abs. 1 BauGB), können selbst ungenehmigte – aber faktisch („passiv") geduldete – Zustände eine Änderung der Umgebung herbeiführen, die sich, wenn ein ausreichendes Gewicht entstanden ist, einen beachtenswerten Planersatz bilden können. Außerdem kann in einem beplanten Bereich eine Festsetzung funktionslos („obsolet") werden, wenn die Festsetzung in einer großen Zahl der Fälle missachtet wird und die Festsetzung ihre städtebauliche Lenkungsfunktion auf unabsehbare Zeit verloren hat. Beide Folgen können eintreten, wenn im Wege der Baugenehmigung oder im Falle der Untätigkeit im Rahmen der Bauaufsicht kein nachhaltiger Wert auf die Einhaltung von Abständen gelegt wird. Wird ein Vorhaben, das in die bauordnungs- und bauplanungsrechtlich gebote- 686 ne Abstandsfläche hineinragt oder sogar diese vollends in Anspruch nimmt, wegen des Einverständnisses des Nachbarn genehmigt oder geduldet, stellt dies den planungsrechtlichen Charakter des Gebäudes in (teil-)offener Bauweise in Frage. Das kann Vorbildwirkung für andere, vergleichbare Vorhaben erzeugen. Bei einer regellosen Fortsetzung steht die faktische und unter Umständen sogar die festgesetzte (teil-)offene Bauweise auf dem Spiel. Dessen muss sich die zuständige Behörde bewusst sein, wenn sie im Rahmen ihrer Genehmigungs- und Bauaufsichtspraxis die Bedeutung von Nachbarzustimmungen bewertet.

5. Geländeoberfläche

687 Einige Landesbauordnungen enthalten Regelungen über die Berechtigung, bei der Errichtung oder Änderung baulicher Anlagen zu verlangen, dass die Geländeoberfläche erhalten oder verändert wird, um die Geländeoberfläche der Höhe der Nachbargrundstücke anzugleichen, so etwa § 9 Abs. 3 BauO NRW.[102] Ob aus einer solchen Regelung im Falle des Verstoßes ein unmittelbarer öffentlich-rechtlicher Abwehranspruch des Grundstücksnachbarn abgeleitet werden kann, ist fraglich.

688 Das OVG Münster bejaht dies unter Geltung des § 9 Abs. 3 BauO NRW seit Jahren. Es gründet seine Auffassung auf den Umstand, dass eine Anhebung des Geländeniveaus im unmittelbaren Grenzbereich unvermeidlich für das Nachbargrundstück nachteilige Folgen nach sich ziehe. Ohne Schutzmaßnahmen seien die Lebensäußerungen auf dem Grundstück des Bauherrn von demjenigen des Nachbarn aus in stärkerem Maße wahrnehmbar. Entsprechend erhöhten sich die Einsichtmöglichkeiten auf das Grundstück des Nachbarn. Würden zur Vermeidung Maßnahmen zur Abschirmung auf erhöhtem Niveau vorgenommen, komme es zu stärkerer Verschattung als dies von Abschirmungsmaßnahmen bei geländegleicher Nutzung hervorgerufen würde (OVG Münster, U.v. 27.11.1989 – 11 A 195/88 –, juris; vgl. auch U.v. 26.4.2010 – 7 A 2162/09 –, nrwe, und B.v. 20.1.2015 – 10 B 1388/14 –, nrwe).

689 Dem wird jedenfalls dann kaum (noch) zuzustimmen sein, wenn, wie in Nordrhein-Westfalen, die Regelungen über die einzuhaltenden Abstände und Abstandsflächen

102 **§ 9 BauO NRW [Nicht überbaute Flächen, Spielflächen, Geländeoberflächen]**
(3) Bei der Errichtung oder Änderung baulicher Anlagen kann verlangt werden, dass die Geländeoberfläche erhalten oder verändert wird, um eine Störung des Straßen-, Orts- oder Landschaftsbildes zu vermeiden oder zu beseitigen oder um die Geländeoberfläche der Höhe der Verkehrsflächen oder der Nachbargrundstücke anzugleichen.
s. auch **§ 10 BauO BW [Höhenlage des Grundstücks]**
Bei der Errichtung baulicher Anlagen kann verlangt werden, dass die Oberfläche des Grundstücks erhalten oder ihre Höhenlage verändert wird, um
1. eine Verunstaltung des Straßen-, Orts- oder Landschaftsbildes zu vermeiden oder zu beseitigen,
2. die Oberfläche des Grundstücks der Höhe der Verkehrsfläche oder der Höhe der Nachbargrundstücke anzugleichen oder
3. überschüssigen Bodenaushub zu vermeiden.
§ 5 BauO SL [Bebauung der Grundstücke]
(5) Bei der Errichtung oder Änderung baulicher Anlagen hat die Bauaufsichtsbehörde, soweit erforderlich, die Geländeoberfläche und die Höhenlage der baulichen Anlage festzulegen; die Gemeinde ist zu hören. Die Bauaufsichtsbehörde kann verlangen oder untersagen, dass die Oberfläche des Grundstücks verändert wird, um
1. eine Störung des Straßen-, Orts- oder Landschaftsbildes zu vermeiden oder zu beseitigen,
2. eine Angleichung an die Höhe der Verkehrsfläche oder an die Oberfläche des Nachbargrundstücks zu erreichen,
3. Gefahren oder Beeinträchtigungen zu vermeiden.

auch Aussagen darüber enthalten, in welchem Umfang sie auch gelten für bauliche Anlagen, von denen Wirkungen wie von Gebäuden ausgehen oder die dazu geeignet sind, von Menschen betreten zu werden (z.B. § 6 Abs. 10 BauO NRW); zu solchen Anlagen gehören auch Geländeanschüttungen. Denn dann haben die oben beschriebenen schutzwürdigen Belange in der Abstandsflächenvorschrift ihre Bedeutung gefunden und sind vom Gesetzgeber abschließend bewertet worden. Eines erweiterten Schutzes durch die Regelung zur Geländeoberfläche bedarf der Nachbar nicht.

Die Höhe der Geländeoberfläche erlangt besondere Bedeutung im Zusammenhang 690
mit den Abstandsflächenvorschriften. Der Festsetzung der Höhenlage der baulichen Anlage kommt jedenfalls dann nachbarschützende Bedeutung zu, wenn und soweit die darin liegende Abweichung von der natürlichen Geländeoberfläche (gegebenenfalls auf der Grundlage eines in der Genehmigung ausgesprochenen Gebots zur Erhöhung der Geländeoberfläche) in ihren Auswirkungen einer Unterschreitung des Bauwichs gleichkommt. Geländeveränderungen haben deshalb dann eine Nachbarrelevanz, wenn sie dazu dienen oder zumindest bewirken, dass die Abstandsflächenvorschriften unterlaufen werden. Die im Zusammenhang mit einem Bauvorhaben geplanten Veränderungen der Geländeoberfläche sind nur dann beachtlich, wenn es für ihre Vornahme einen rechtfertigenden Grund gibt, etwa weil der Geländeverlauf einer sinnvollen Bebauung des Grundstücks entgegensteht oder um den Sicherheits- oder Gestaltungsvorschriften widersprechende Zustände zu vermeiden (vgl. OVG Koblenz, U.v. 2.4.2003 – 8 A 10936/02 –, juris; B.v. 24.10.2006 – 8 A 11008/06 –, juris;; OVG Saarlouis, B.v. 17.9.1979 – II W 1.2047/79 –, BRS 35 Nr. 99;. OVG Lüneburg, U.v. 25.3.1980 – 1 A 29/79 –, juris). Nicht zu berücksichtigen sind Aufschüttungen, die nicht aus baulichen Gründen, sondern nur deshalb genehmigt worden oder verlangt worden sind (so im Fall des VG Mainz, U.v. 13.7.2016 – 3 K 741/15.MZ –, juris), um einen sonst gegebenen Verstoß gegen nachbarschützende Vorschriften zu beseitigen. Denn andernfalls hätte es der Bauherr in der Hand, durch „künstliche" Veränderungen des bisherigen Geländeverlaufs die Anforderungen der Abstandsvorschriften zu unterlaufen (so auch VGH Mannheim, B.v. 7.2.2006 – 3 S 60/06 –, juris). Da die ungerechtfertigte Festlegung der Geländehöhe wegen der damit verbundenen Vorgabe für die Höhe baulicher Anlagen zur Umgehung von nachbarschützenden Vorschriften des Abstandsflächenrechts führen kann, ist die Bauaufsichtsbehörde gehalten, diese in den Blick zu nehmen; im Falle der Umgehung und der darauf gegründeten Verletzung von Abstandsflächenrecht steht dem Nachbarn ein Abwehranspruch zu.

Wenn eine Absenkung der Geländeoberfläche eines Grundstücks vorgenommen wird, 691
kann sich auch nach Ansicht des OVG Münster dadurch eine Rechtsverletzung des Angrenzers regelmäßig nur bei besonderen Umständen ergeben, da, anders als bei einer Geländeerhöhung, Beeinträchtigungen der Belichtung und Besonnung seines Grundstücks ausscheiden und es auch nicht einer verstärkten Einsichtnahme ausgesetzt sein kann (OVG Münster. U.v. 26.4.2010 – 7 A 2162/09 –, nrwe).

6. Bestimmungen über Anlagen für Abwasser und Niederschlagswasser

692 Einige Bauordnungen bestimmen (sinngemäß), dass bauliche Anlagen nur errichtet werden dürfen, wenn die einwandfreie Beseitigung der Abwässer einschließlich Niederschlagswasser dauernd gesichert ist. Die Anlagen dafür sind so anzuordnen, herzustellen und zu unterhalten, dass sie betriebssicher sind und Gefahren, unzumutbare Nachteile oder unzumutbare Belästigungen nicht entstehen.[103]

Nach Auffassung des VGH Kassel (B.v. 25.3.2004 – 9 UZ 2458/03 –, juris) hatte der dies seinerzeit regelnde § 42 Abs. 1 BauO HE (heute § 39 Abs. 1 BauO HE) insoweit nachbarschützender Charakter, als von baulichen Anlagen kein Abwasser auf Nachbargrundstücke abgeleitet werden darf, durch das für den Nachbarn unzumutbare Nachteile oder Belästigungen entstehen. Auch das OVG Saarlouis hat entschieden, dass die Bestimmung, nach der Wasserversorgungsanlagen und Anlagen für die Ableitung und Behandlung des Schmutzwassers und des Niederschlagswassers betriebssicher, dicht, sicher und leicht erreichbar und so angeordnet und beschaffen sein müssen, dass Gefahren oder erhebliche Nachteile oder Belästigungen, insbesondere durch Gerüche und Geräusche, nicht entstehen, auch dem Schutz der Nachbarn des Baugrundstücks dienen (U.v. 13.2.1974 – II R 87/75 –, DÖV 1976, 574 = juris; anders VG Augsburg, B.v. 7.10.2015 – Au 5 S 15.1418 –, juris, wonach das öffentliche Baurecht keinen Schutz gegen den Abfluss von Wasser auf das Nachbargrundstück gewährt; der Schutz des Nachbarn habe hier ausschließlich auf dem Privatrechtsweg zu erfolgen).

7. Brandschutz

693 Der vorbeugende und der abwehrende Brandschutz gehören seit jeher zu den Kernbereichen der bauordnungsrechtlichen Gefahrenabwehr und damit des Bauordnungsrechts. In allen Bauordnungen finden sich – neben einer Generalklausel[104] – diesen Schutz bezweckende detaillierte Regelungen insbesondere in den Geboten zur Beschaffenheit bestimmter Bauteile und Bauprodukte, dem Verbot von Öffnungen, Regeln zu deren Entfernung zu anderen baulichen Anlagen, zur Anbringung von Warnanlagen, zur Anbringung und der Gestaltung von Rettungswegen und vielem mehr.

---

103 **§ 44 Musterbauordnung [Kleinkläranlagen, Gruben]**
Kleinkläranlagen und Gruben müssen wasserdicht und ausreichend groß sein. Sie müssen eine dichte und sichere Abdeckung sowie Reinigungs- und Entleerungsöffnungen haben. Diese Öffnungen dürfen nur vom Freien aus zugänglich sein. Die Anlagen sind so zu entlüften, dass Gesundheitsschäden oder unzumutbare Belästigungen nicht entstehen. Die Zuleitungen zu Abwasserentsorgungsanlagen müssen geschlossen, dicht, und, soweit erforderlich, zum Reinigen eingerichtet sein.
§ 33 LBO BW [Wasserversorgungs- und Wasserentsorgungsanlagen, Anlagen für Abfallstoffe und Reststoffe]
(1) Bauliche Anlagen dürfen nur errichtet werden, wenn die einwandfreie Beseitigung des Abwassers und des Niederschlagswassers dauernd gesichert ist. Das Abwasser ist entsprechend den §§ 55 und 56 des Wasserhaushaltsgesetzes und § 46 des Wassergesetzes für Baden-Württemberg zu entsorgen.
(2) Wasserversorgungsanlagen, Anlagen zur Beseitigung des Abwassers und des Niederschlagswassers sowie Anlagen zur vorübergehenden Aufbewahrung von Abfällen und Reststoffen müssen betriebssicher sein. Sie sind so herzustellen und anzuordnen, dass Gefahren sowie erhebliche Nachteile oder Belästigungen, insbesondere durch Geruch oder Geräusch, nicht entstehen.
Vgl. auch **§ 39 (1) BauO HE, § 41 (2) LBauO RP.**

104 **§ 14 Musterbauordnung [Brandschutz]**
Bauliche Anlagen sind so anzuordnen, zu errichten, zu ändern und instand zu halten, dass der Entstehung eines Brandes und der Ausbreitung von Feuer und Rauch (Brandausbreitung) vorgebeugt wird und bei einem Brand die Rettung von Menschen und Tieren sowie wirksame Löscharbeiten möglich sind.

Im Zusammenhang mit dem öffentlichen Baunachbarrecht sind ausschließlich diejenigen Regelungen relevant, die – ggfs. neben dem Schutz der Eigentümer und Nutzer der Anlage – zumindest auch den Schutz benachbarter Grundstücke zum Ziel haben. Das ist bei den Bestimmungen anzunehmen, deren Auslegung ihren Zweck verdeutlicht, ein Übergreifen eines Feuers oder von Rauch auf ein Nachbargrundstück zu verhindern. Diesem Zweck dienen Bestimmungen über die Beschaffenheit von Brandwänden oder Gebäudeabschlusswänden, anders als die Vorschriften über innere Brandwände. Das gilt insbesondere auch für das Verbot von Öffnungen in Brandwänden als Gebäudeabschlusswänden, weil sie dem Schutzziel widersprechen, ausreichend lange die Brandausbreitung zu verhindern (vgl. nur: VGH München, B.v. 19.7.2016 – 9 CS 15.336 –, juris, m.w.N.). 694

Ebenso wie diese dienen auch Regelungen zum Mindestabstand von Dachaufbauten sowohl dem Eigenschutz als auch dem Nachbarschutz. Da ein Brand durch eine in der Dachfläche vorhandene Öffnung schneller von innen nach außen dringt als durch die Dachfläche selbst, ist zum Schutz des Nachbarn grundsätzlich ein Mindestabstand des Bauteils zu diesem erforderlich. Das gilt allerdings nur mit Blick auf eine realistische Gefahr der Brandausbreitung auf das konkrete benachbarte Gebäude. Ist eine solche Gefahr wegen der großen Entfernung nicht ansatzweise erkennbar, hat die Bestimmung nicht den Zweck, dem Schutz auch dieses Gebäudes zu dienen. 695

Wegen der Möglichkeit der Erteilung von Abweichungen s. ab Rn. 735.

Bestimmungen über den notwendigen Inhalt eines Brandschutzkonzepts und die inhaltlichen Anforderungen an bautechnische Nachweise begründen für sich alleine keine Abwehrrechte des Nachbarn (VG Würzburg, B.v. 11.4.2014 – W 5 S 14.301 –, juris). Aus dem Brandschutznachweis kann allenfalls mittelbar auf eine etwaige Nachbarrechtsverletzung geschlossen werden, soweit darin eine mit dem Vorhaben genehmigte Bauausführung beschrieben wird, die in Widerspruch zu drittschützenden bauordnungsrechtlichen Anforderungen steht oder diese nicht hinreichend berücksichtigt (VG München, U.v. 6.7.2009 – M 8 K 08.5723 –, juris). 696

8. Stellplatzpflicht

Die Stellplatzpflicht[105] hat keine nachbarschützende Wirkung. Die Verpflichtung des Bauherrn, bei der Errichtung von Anlagen, bei denen Kraftfahrzeugverkehr zu erwarten ist, Stellplätze und Garagen zu schaffen, soll vielmehr verhindern, dass der öffentliche Verkehrsraum über den Gemeingebrauch hinaus durch das Abstellen von Fahrzeugen belastet und dadurch die öffentliche Sicherheit gefährdet wird (so der Gesetzeszweck nach den amtlichen Begründungen zu den Entwürfen der Landesregierung zu § 64 Abs. 2 BauO NW 1962, LT-Drs. 4/327, S. 117, und zu § 47 i.d.F. des 4. Änderungsgesetzes, LT-Drs. 11/3928, S. 10). Sie dient damit ausschließlich und allein dem Schutz öffentlicher Interessen. 697

105 § 49 Musterbauordnung [Stellplätze, Garagen und Abstellplätze für Fahrräder]
(1) Die notwendigen Stellplätze und Garagen sowie Abstellmöglichkeiten für Fahrräder (§ 86 Abs. 1 Nr. 4) sind auf dem Baugrundstück oder in zumutbarer Entfernung davon auf einem geeigneten Grundstück herzustellen, dessen Benutzung für diesen Zweck öffentlich-rechtlich gesichert wird.

698 Allerdings kann ein Mangel an Stellplätzen eines Bauvorhabens gegen das Rücksichtnahmegebot verstoßen. Das setzt voraus, dass mit dem Vorhaben eine Verschärfung der Verkehrssituation für Nachbargrundstücke, die durch Straßen- und Parksuchverkehr situationsvorbelastet sind, verbunden ist und die sich hieraus ergebende Gesamtbelastung die Eigentümer der Nachbargrundstücke bei Abwägung aller Belange unzumutbar trifft (VG Düsseldorf U.v. 3.9.2015 – 9 K 5926/14 –, nrwe; OVG Münster, U.v. 10.7.1998 – 11 A 7238/95 – juris; vgl. ferner zu den entsprechenden Vorschriften in den Bauordnungen anderer Länder z.B. VGH München, U.v. 2.2.1977 – 380 II 74 –, BRS 32 Nr. 110 = juris; VGH Kassel, U.v. 14.12.1992 – 4 TH 1204/92 –, juris; OVG Lüneburg, U.v. 14.3.1997 – 1 M 6589/96 –, juris).

9. Anordnung von Garagen und Stellplätzen

a) Rechtliche Herleitung

699 Einige (Landes-)Bauordnungen enthalten Bestimmungen über die Anordnung von Stellplätzen und Garagen.[106] Sie bestimmen z.B., dass „Stellplätze und Garagen so angeordnet und ausgeführt werden (müssen), dass ihre Benutzung die Gesundheit nicht schädigt und Lärm oder Gerüche das Arbeiten und Wohnen, die Ruhe und die Erholung in der Umgebung nicht über das zumutbare Maß hinaus stören.“, so etwa § 51 Abs. 7 BauO NRW und § 43 Abs. 6 BbgBO, ähnlich § 47 Abs. 7 LBauO RP.

700 In einigen Bundesländern ist die früher ausdrückliche Pflicht aus dem Gesetzestext gestrichen worden. Soweit die (Landes-)Bauordnungen keine (ausdrücklichen) Verbote nicht (mehr) enthalten, leiten die jeweiligen Verwaltungsgerichte den Nachbarrechtsschutz aus dem Planungsrecht ab. Bisweilen werden bauordnungsrechtliche und bauplanungsrechtliche Bestimmungen nebeneinander und ergänzend angewandt. Hierbei wird in einem im Zusammenhang bebauten Ortsteil das in dem Einfügungsgebot des § 34 Abs. 1 BauGB enthaltene und bei einem Standort im Geltungsbereich eines Bebauungsplans das in § 15 BauNVO ausdrücklich angesprochene Rücksichtnahmegebot bemüht. Insoweit wird ausgeführt: § 12 Abs. 1 BauNVO[107] bestimme, dass Stellplätze und Garagen in allen Baugebieten zulässig sind, soweit sich aus den Absätzen 2 bis 6 nichts anderes ergebe. Deshalb seien das mit der zulässigen Nutzung eines Grundstücks verbundene Abstellen von Kraftfahrzeugen auf dem Grundstück und die normalerweise sich daraus ergebenden Störungen von den Anwohnern grundsätzlich hinzunehmen (VG Cottbus, B.v. 16.2.2016 – 3 L 193/15 –, juris, unter Hinweis auf BVerwG, U.v. 7.12.2006 – 4 C 11/15 –, juris; vgl. auch BVerwG, B.v. 20.3.2003 – 4 B 59.02 –, NVwZ 2013, 1516 = juris; VGH München, U.v. 29.2.2012 – 9 B 09.2502 –, juris).

701 Insbesondere stellten sich in einem (reinen oder allgemeinen) Wohngebiet ein Stellplatz, ein Carport oder eine Garage, die zum Abstellen des eigenen Pkw des Bauherrn

106 Z.B. **§ 51 BauO NRW [Stellplätze und Garagen, Abstellplätze für Fahrräder]**
(7) Stellplätze und Garagen müssen so angeordnet und ausgeführt werden, dass ihre Benutzung die Gesundheit nicht schädigt und Lärm oder Gerüche das Arbeiten und Wohnen, die Ruhe und die Erholung in der Umgebung nicht über das zumutbare Maß hinaus stören. Es kann verlangt werden, dass anstelle von Stellplätzen Garagen hergestellt werden.
Ähnlich z.B. **§ 43 Abs. 6 BbgBO und § 47 Abs. 7 LBauO RP.**

107 Gesetzestext unter Fn. 29.

dienen, als „Zubehör zum Wohnen“ zu der Nutzungsart dar (VG Bremen, U.v. 13.5.2015 – 1 K 798/12 –, juris; Stock, in: Ernst/Zinkahn/Bielenberg/Krautzberger, BauGB, § 12 BauNVO Rn. 57). Auch aus deren allgemeiner Gebietsverträglichkeit folge, dass die typischerweise mit solchen Anlagen verbundenen Störungen grundsätzlich hinzunehmen seien (VG Bremen, B.v. 2.5.2013 – 1 V 2110/12 –, juris; BVerwG, U. v. 7.12.2006 – 4 C 11.05 –, juris). Der Verordnungsgeber mute deshalb den Anwohnern auch in reinen und allgemeinen Wohngebieten zu, das mit einer zulässigen Nutzung verbundene Abstellen und Einparken von Kraftfahrzeugen und das damit einhergehende Lärmaufkommen als sozialadäquat von den Nachbarn hinzunehmen seien (vgl. OVG Koblenz, U.v. 8.8.2002 – 8 A 11289/00.OVG –, juris, und v. 27.6.2002 – 1 A 11669/99.OVG –, juris).

Auch wenn bei der Anordnung und der Beschaffenheit der Stellplätze und Garagen etwaige landesrechtliche Vorgaben eingehalten sind, hindert das nicht die Anwendung des § 15 BauNVO. Denn zwischen den landesrechtlichen Bestimmungen und § 15 Abs. 1 BauNVO besteht schon wegen ihrer Zugehörigkeit zu verschiedenen Rechtsgebieten mit unterschiedlicher Zweckrichtung und unterschiedlicher Gesetzgebungskompetenz kein lex-spezialis-Verhältnis (so BVerwG, U.v. 7.12.2000 – 4 C 3/00 –, NVwZ 2001, 813 = juris). Unterschiede können sich dann ergeben, wenn aufgrund einer besonderen Fallgestaltung die landesrechtliche Bestimmung ausnahmsweise keinen Nachbarschutz vermittelt (zu einem solchen Fall s. OVG Lüneburg, U.v. 2.7.1999 – 1 L 5277/96 –, BRS 62 Nr. 147 = juris). In der Regel stimmen allerdings die Vorgaben des Rücksichtnahmegebotes und der jeweiligen landesrechtlichen Bestimmung überein, soweit sie gebieten, dass von Stellplätzen keine unzumutbaren Beeinträchtigungen für die Nachbarschaft ausgehen dürfen (BVerwG, U.v. 7.12.2000 – 4 C 3.00 –, NVwZ 2001, 813 = juris und v. 7.12.2006 – 4 C 11.05 –, BRS 70 Nr. 78 = juris). 702

b) Inhalt des Rechts und der Pflicht

Unabhängig von der Beantwortung der Frage, ob das Gebot aus einer landesrechtlichen Bestimmung oder aus dem planungsrechtlichen Rücksichtnahmegebot abzuleiten ist, besteht allgemeine Einigkeit darüber, dass der Pflicht ein subjektives öffentliches Recht des Nachbarn darauf entspricht, dass diese Pflicht beachtet wird; der uneingeschränkte rechtliche Anspruch ist unbestritten. 703

Einigkeit besteht auch darüber, dass maßgeblich die Umstände des Einzelfalls sind. Trotz der zur Beurteilung der Frage anerkannten Grundsätze steht stets die – von der Genehmigungsbehörde und im Streitfall vom Gericht vorzunehmende – Würdigung im Vordergrund, ob den Bauherrninteressen oder den Nachbarinteressen oder allgemeinen öffentlichen Interessen Vorrang einzuräumen ist.

Soweit es die Bauherrninteressen betrifft, ist zu berücksichtigen, dass diese nur im Rahmen des geltenden Rechts schutzwürdig sind. Das Eigentumsrecht besteht nur im Rahmen der einfachen Gesetze. Deshalb müssen einem Bauvorhaben auch dann die Grenzen aufgezeigt werden, wenn es allein daran scheitert, dass eine nachbarverträgliche Anordnung der rechtlich erforderlichen Stellplätze nicht möglich ist. Wäre aus bauordnungs- und bauplanungsrechtlicher Sicht eine intensive Ausnutzung eines 704

Grundstücks, z.B. mit einer großen Zahl von Wohneinheiten, zulässig, müssten dafür aber einige Stellplätze (oder auch nur ein einziger Stellplatz) in einer für den Nachbarn unzumutbaren Weise angeordnet werden, ist das gesamte Vorhaben unzulässig. Ist die Genehmigung der Stellplätz- oder Garagenanlage nur ein Teil eines umfangreicheren Vorhabens, das einen entsprechenden Stellplatzbedarf hervorruft, handelt es sich also um notwendige Stellplätze, ist eine isolierte Aufhebung dieses Teils nicht möglich. Denn es bliebe ein „Torso“ übrig, der mit dem Bauordnungsrecht nicht vereinbar wäre. Gegenstand des Rechtsbehelfs des Nachbarn kann deshalb nicht allein die Anordnung der Stellplätze/Garagen sein, sondern das gesamte Vorhaben, wenn auch im Mittelpunkt der gerichtlichen Überprüfung allein die Angriffe gegen diese Anordnung sind.

705 Das maßgebliche Kriterium für die Nachbarinteressen liegt in deren Schutzwürdigkeit. Diese wird unter anderem durch die oben ab Rn. 701 genannten gesetzlichen Wertungen vorgezeichnet. Die Regelungen über Abstandsflächen erlauben die privilegierte Errichtung und Nutzung von Gebäuden und sonstigen baulichen Anlagen für das Abstellen von Kraftfahrzeugen an der Grenze nebst deren erforderlicher Zuwegung. Darin kommt die Entscheidung des Gesetzgebers zum Ausdruck, dass diese Grundstücksnutzung im Regelfall dem Nachbarn zuzumuten ist. Dies bedeutet zugleich, dass auch die mit der Benutzung der Garage notwendigerweise verbundenen Geräusche (Öffnen und Schließen des Garagentores, Motorengeräusch des ein- und ausfahrenden PKW, Türenschlagen, Gespräche vor der Garage etc.) und die von dem PKW bei der Zu- und Abfahrt zur Garage verursachten Abgase nach der gesetzgeberischen Wertung auch und gerade an der Nachbargrenze grundsätzlich als zumutbar anzusehen sind (VG Gelsenkirchen, B.v. 25.2.2013 – 5 L 1464/12 –, nrwe).

706 Des Weiteren wird die Schutzwürdigkeit der Position des Nachbarn geprägt durch den Baugebietstyp sowie die ausgeübte und/oder mögliche Nutzung des betroffenen Bereichs. Dabei ist die Grenze des Zumutbaren umso niedriger anzusetzen, je empfindlicher und schutzwürdiger der Bereich ist, in dessen Nähe die Stellplätze errichtet werden sollen. Dabei ist nicht nur ein Wohngebäude – insbesondere auch die Nutzung der betroffenen Räume – schutzwürdig, sondern auch ein rückseitiger, der Ruhe und Erholung dienender Hausgarten (OVG Berlin, B.v. 19.8.2014 – OVG 10 S 57.12 –, juris).

707 Ist die Umgebung des Baugrundstücks bereits durch bauliche Nutzungen für Stellplätze vorbelastet, kann ein Nachbar nicht damit rechnen, bei einer Neubebauung von jeglicher Störung durch derartige Nutzungen befreit zu werden. Dabei kommt es nicht darauf an, dass für den Nachbarn bislang keine tatsächliche merkbare Belastung durch die im Umfeld seines Grundstücks bereits vorhandenen Garagen einschließlich der Zufahrten gegeben war. Entscheidend für die Zumutbarkeitsbewertung ist vielmehr der Umstand, inwieweit der betreffende Bereich bereits auf anderen Grundstücken im näheren Umfeld als Standort für Stellplätze und Garagen und damit zugleich als Quelle von Kfz-bedingten Immissionen oder durch sonstige Störungen wie eine Straße oder Eisenbahntrasse vorgeprägt ist (so auch OVG Münster, U.v. 6.7.2016 – 7 A 1027/15 –, nrwe, und B.v. 5.11.2015 – 10 B 1041/15 –, nrwe).

c) Bedeutung der TA Lärm und der VDI-Richtlinie 2058

Von Teilen der Rechtsprechung wird die TA Lärm unmittelbar angewandt, zum Teil wird sie mittelbar herangezogen, andere Gerichte wiederum lehnen die (unmittelbare oder mittelbare) Anwendung strikt ab: So wendet etwa das VG Bremen (B.v. 2.11.2004 – 1 V 2119/04, 1 V 2120/04 –, juris) die TA Lärm an. Das Bundes-Immissionsschutzgesetz und die TA Lärm konkretisierten die gebotene Rücksichtnahme auf die Nachbarschaft allgemein und damit auch für das Baurecht (ähnlich OVG Greifswald, B.v. 24.2.2005 – 3 M 185/04 –, juris). Strikt ablehnend stehen hingegen das OVG Bautzen (U.v. 25.9.2003 – 1 B 786/00 –, juris) und das OVG Münster (U.v. 25.1.2008 – 7 A 270/07 –, nrwe) einer Anwendung der TA Lärm und der VDI-Richtlinie 2058 gegenüber. Technisch-rechnerisch ermittelte Immissionswerte seien nicht ausschlaggebend (anders auch das VG Düsseldorf, U.v. 3.9.2015 – 9 K 5926/14 –, nrwe, unter Hinweis auf das Urteil des Bundesverwaltungsgerichts v. 29.11.2012 – 4 C 8/11 –, NVwZ 2013, 372 = juris). 708

d) Beispiele für gerichtliche Abwägungen

Beispiel für eine Bewertung der Anordnung als (noch) zumutbar: VG Gelsenkirchen, B.v. 25.2.2013 – 5 L 1464/12 –, nrwe: Die sechs vorgesehenen Stellplätze wirken zwar auf den Gartenbereich des Nachbarn ein, liegen aber von dem besonders schützenswerten Terrassenbereich mit darüber liegendem Schlafzimmer über 20 Metern Luftlinie entfernt. Zudem werden, auch wenn einige der Garagen voraussichtlich nicht in einem Zug angefahren werden können, aufgrund des großzügig bemessenen Garagenvorplatzes gleichwohl keine schwierigen und damit besonders lärmträchtigen Rangiervorgänge erforderlich sein. Diese Vorgänge sind zudem gegenüber dem Terrassenbereich des Nachbarn durch die Garagen selbst abgeschirmt. Außerdem hat das Gericht berücksichtigt, dass Garagen sich für den Nachbarn weniger störend auswirken als Stellplätze, da sie gegen die Schallausbreitung etwa beim Starten des Motors oder beim Zuschlagen von Fahrzeugtüren abschirmen. Auch die Zufahrt, die auf der Strecke von der Straße bis zum Garagenvorplatz mit einem weitestgehend gleichmäßigen Gefälle von ca. 7 % den durch das natürliche Gelände vorgegebenen Höhenunterschied von 2,45 Metern überwindet, sah das Gericht als zumutbar an. Es sei nicht erkennbar, dass diese Konstruktion allein aufgrund der bestehenden Steigung zu einer ungewöhnlichen Lärmentstehung führen werde. Vielmehr sei bereits durch die geringe Breite der Zufahrt von nur etwas über drei Metern sichergestellt, dass – gerade im Bereich der Terrasse des Nachbarn – keine zu starken Beschleunigungen erfolgen. Schließlich würden lediglich drei Einzelgaragen über die Zufahrt an der Grundstücksgrenze zum Antragsteller angefahren, während die daneben befindliche Mehrfachgarage mit weiteren drei Stellplätzen über die Zufahrt auf der anderen – dem Grundstück des Nachbarn abgewandten – Grundstücksseite angefahren werde. 709

Beispiel für eine Bewertung der Anordnung als nicht zumutbar (OVG Münster, B.v. 5.11.2015 – 10 B 1041/15 –, nrwe): Die geplante Zufahrt führt über eine Länge von 7 m unmittelbar an dem rückwärtigen Bereich des Grundstücks der Nachbarn entlang. Dieser Abschnitt der Zufahrt mit einer maximalen Fläche von nur 7 m x 6 m muss auch für Rangiervorgänge vor der Doppelgarage genutzt werden. Angrenzend an diese Fläche sind auf dem Grundstück der Nachbarn im Abstand von rund 5 m mit der etwa 0,4 m tiefer als die Zufahrt gelegenen Terrasse und dem Wohnzimmer lärmempfindliche, der Erholung der Bewohner dienende Nutzungen genehmigt. Das Gericht ging davon aus, dass wegen der konkreten Ausgestaltung der geplanten, nur 3 m breiten Zufahrt zu der Doppelgarage, die im Winkel von 90 Grad um die Ecke des Hauptgebäudes führt, regelmäßig Rangiervorgänge erforderlich werden. *„Das beim Ein- oder Ausfahren erforderlich werdende Vor- und Zurücksetzen der Kraftfahrzeuge steigert die für die Antragsteller mit dem einzelnen Gesamtvorgang verbundene Lästigkeit des Lärms und der Gerüche der Abgase und führt wegen der Nähe der Rangierfläche zu den besonders schutzbedürftigen Bereichen auf dem Nachbargrundstück zu unzumutbaren Störungen im Sinne des § 51 Abs. 7 BauO NRW."* 710

10. Verunstaltungsverbot

711 Die Musterbauordnung und alle Bauordnungen kennen das Verunstaltungsverbot.[108] Nach der Rechtsprechung der Oberverwaltungsgerichte und Verwaltungsgerichtshöfe (vgl. z.B. OVG Bremen, U.v. 4.5.2001 – 1 A 436/00 –, juris; OVG Münster, U.v. 18.2.1965 – VII A 655/63 –, BRS 16 Nr. 74; VGH Mannheim, U.v. 4.2.1969 – II 347/68 –, BRS 22 Nr. 167; VGH München, B.v. 3.3.2016 – 9 ZB 15.779 –, juris; OVG Saarlouis, B.v. 26.6.1985 – 2 W 1331/85 –, BRS 44, Nr. 162 = juris; OVG Lüneburg, U.v. 5.9.1985 – 6 A 104/83 –, BRS 44 Nr. 118 = juris) ist es nicht nachbarschützend (s. auch Oberlandesgericht des Landes Sachsen-Anhalt, U.v. 12.10.2015 – 12 U 165/14 –, juris, Leitsatz 1: „Das Verunstaltungsverbot des § 9 BauO LSA ist keine drittschützende Vorschrift, deren Verletzung einen Beseitigungsanspruch aus §§ 1004, 823 Abs. 2 BGB begründen könnte.“). Es diene vielmehr allein dem öffentlichen Interesse und scheide deshalb sowohl als Grundlage für einen Nachbarrechtsbehelf gegen eine Genehmigung als auch für einen Anspruch auf behördliches Einschreiten aus.

712 An dieser Rechtsprechung werden, jedenfalls soweit sie mit dieser kategorischen Aussage allgemeine Geltung beansprucht, Zweifel angemeldet. Das OVG Bremen (U.v. 4.5.2001 – 1 A 436/00 –, NVwZ-RR 2002, 488 = juris) weist darauf hin, dass nach § 12 Abs. 1 BremLBO bauliche Anlagen nach Form, Maßstab, Verhältnis der Baumassen und Bauteile zueinander, Werkstoff und Farbe so gestaltet sein müssen, dass sie nicht verunstaltet wirkten. Die Vorschrift begreife eine bauliche Anlage als eine gestalterische Einheit. Es erscheine denkbar, dass daraus im Einzelfall nachbarliche Wechselbeziehungen resultieren können. Das gelte in gleicher Weise für das Verhältnis einer baulichen Anlage zu seiner Umgebung, das in § 12 Abs. 2 BremLBO erfasst werde. Je nach dem Gewicht des vorhandenen gestalterischen Gefüges sowie der Art der (beabsichtigten oder schon vorgenommenen) Änderung könne ein „Ausbrechen" aus dem vorgegebenen Rahmen unter Umständen eine qualifizierte Störung des nachbarlichen Austauschverhältnisses bewirken.

Dem ist jedenfalls insoweit zuzustimmen, als ein Eingriff in Nachbarrecht nicht von vornherein ausgeschlossen sein darf, falls die Wirkung der verunstaltenden Anlage so gravierend ist, dass die Baumaßnahme einem Eingriff in das Grundeigentum gleichkommt. Jedenfalls dann dürfen Nachbarrechte nicht kategorisch mit Hinweis auf die vermeintliche allein städtebauliche Funktion der Vorschrift abgewiesen werden (so auch Johlen in: Gädtke/Czepuck/Johlen/Plietz/Wenzel, BauO NRW, § 74 Anhang Rn. 62).

713 Einige Bauordnungen enthalten Regeln für die beschränkte Zulässigkeit von Werbeanlagen in bestimmten Baugebieten.[109] Zum Teil wird diesen Bestimmungen nachbar-

108 **§ 9 Musterbauordnung [Gestaltung]**
Bauliche Anlagen müssen nach Form, Maßstab, Verhältnis der Baumassen und Bauteile zueinander, Werkstoff und Farbe so gestaltet sein, dass sie nicht verunstaltet wirken. Bauliche Anlagen dürfen das Straßen-, Orts- und Landschaftsbild nicht verunstalten.
Ähnlich z.B. **§ 12 BauO NRW, Art. 8 BayBO, § 11 LBO BW, § 9 BauO LSA, § 9 BauO HE, § 10 NBauO.**

109 **§ 10 Musterbauordnung [Anlagen der Außenwerbung, Warenautomaten]**
(4) In Kleinsiedlungsgebieten, Dorfgebieten, reinen und allgemeinen Wohngebieten sind Werbeanlagen nur zulässig an der Stätte der Leistung sowie Anlagen für amtliche Mitteilungen und zur Unterrichtung der Be-

schützender Charakter beigemessen, weil sie die Baunutzungsverordnung in Bezug auf Werbeanlagen ergänzten (so z.B. Johlen in: Gädtke/Czepuck/Johlen/Plietz/Wenzel, BauO NRW, § 74 Anhang Rn. 63). Dies verkennt die Funktion der Vorschrift. Sie hat – mit der oben unter Rn. 712 a.E. vorgenommenen Einschränkung – allein baugestalterische Bedeutung, indem sie die Berücksichtigung entfernter – wenngleich noch innerhalb des Wirkungsbereiches der streitbetroffenen Anlage gelegener – Grundflächen gebietet. Dies beruht darauf, dass ein Wohngebiet vor negativen gestalterischen Auswirkungen durch Werbeanlagen auch dann noch zu schützen sein kann, wenn eine bodenordnungsrechtliche Beeinträchtigung des Wohngebiets durch ein angrenzendes Gewerbegebiet nicht auszuschließen ist. Mit einem Gebietserhaltungsanspruch mit Blick auf die Art der baulichen Nutzung hat das nichts zu tun.

11. Gestaltungsfestsetzungen

Nach der obergerichtlichen Rechtsprechung haben Gestaltungsvorschriften („örtliche Bauvorschriften")[110], sofern ihnen keine besonderen weiteren Anhaltspunkte entnommen werden können, regelmäßig keine nachbarschützende Wirkung. Sie zielen, so die regelmäßige Begründung, auf die Gestaltung des Ortsbildes und dienen damit allein öffentlichen Zwecken (vgl. nur OVG Münster, B.v. 3.9.1993 – 11 B 1789/93 –, juris; und U.v. 14.1.1994 – 7 A 2238/92 –, nrwe; VGH München, B.v. 21.05. 2014 – 9 ZB 12.2081 –, juris; VGH Kassel, B.v. 28.8.2013 – 3 B 1486/13 –, juris). Mit Blick auf planungsrechtliche Festsetzungen z.B. zu Gartenhofhäusern oder Atriumhäusern 714

völkerung über kirchliche, kulturelle, politische, sportliche und ähnliche Veranstaltungen; die jeweils freie Fläche dieser Anlagen darf auch für andere Werbung verwendet werden. In reinen Wohngebieten darf an der Stätte der Leistung nur mit Hinweisschildern geworben werden.
Ähnlich u.a. **§ 11 LBO BW**, **§ 10 BremLBO**, **§ 10 BauO Bln**, § 13 BauO NRW.

110 **§ 86 Musterbauordnung [Örtliche Bauvorschriften]**
(1) Die Gemeinden können durch Satzung örtliche Bauvorschriften erlassen über
1. besondere Anforderungen an die äußere Gestaltung baulicher Anlagen sowie von Werbeanlagen und Warenautomaten zur Erhaltung und Gestaltung von Ortsbildern,
2. über das Verbot von Werbeanlagen und Warenautomaten aus ortsgestalterischen Gründen,
3. die Lage, Größe, Beschaffenheit, Ausstattung und Unterhaltung von Kinderspielplätzen (§ 8 Abs. 2),
4. Zahl, Größe und Beschaffenheit der Stellplätze sowie Abstellmöglichkeiten für Fahrräder (§ 49 Abs. 1), die unter Berücksichtigung der Sicherheit und Leichtigkeit des Verkehrs, der Bedürfnisse des ruhenden Verkehrs und der Erschließung durch Einrichtungen des öffentlichen Personennahverkehrs für Anlagen erforderlich sind, bei denen ein Zu- und Abgangsverkehr mit Kraftfahrzeugen oder Fahrrädern zu erwarten ist (notwendige Stellplätze und Abstellplätze für Fahrräder), einschließlich des Mehrbedarfs bei Änderungen und Nutzungsänderungen der Anlagen sowie die Ablösung der Herstellungspflicht und die Höhe der Ablösungsbeträge, die nach Art der Nutzung und Lage der Anlage unterschiedlich geregelt werden kann,
5. die Gestaltung der Plätze für bewegliche Abfallbehälter und der unbebauten Flächen der bebauten Grundstücke sowie über die Notwendigkeit, Art, Gestaltung und Höhe von Einfriedungen; dabei kann bestimmt werden, dass Vorgärten nicht als Arbeitsflächen oder Lagerflächen benutzt werden dürfen,
6. von § 6 abweichende Maße der Abstandsflächentiefe, soweit dies zur Gestaltung des Ortsbildes oder zur Verwirklichung der Festsetzungen einer städtebaulichen Satzung erforderlich ist und eine ausreichende Belichtung sowie der Brandschutz gewährleistet sind,
7. die Begrünung baulicher Anlagen.
(2) Örtliche Bauvorschriften können auch durch Bebauungsplan oder, soweit das BauGB dies vorsieht, durch andere Satzungen nach den Vorschriften des BauGB erlassen werden. Werden die örtlichen Bauvorschriften durch Bebauungsplan oder durch eine sonstige städtebauliche Satzung nach dem BauGB erlassen, so sind die Vorschriften des Ersten und des Dritten Abschnitts des Ersten Teils, des Ersten Abschnitts des Zweiten Teils, die §§ 13, 13 a, 30, 31, 33, 36, 214 und 215 BauGB entsprechend anzuwenden.
(3) Anforderungen nach den Absätzen 1 und 2 können innerhalb der örtlichen Bauvorschrift auch in Form zeichnerischer Darstellungen gestellt werden. Ihre Bekanntgabe kann dadurch ersetzt werden, dass dieser Teil der örtlichen Bauvorschrift bei der Gemeinde zur Einsicht ausgelegt wird; hierauf ist in den örtlichen Bauvorschriften hinzuweisen.

wird auf die Ausführungen unter Rn. 352 verwiesen. Das OVG Münster hat mit Beschluss vom 3.5.2007 – 7 A 2364/06 –, juris, (fallbezogen) den nachbarschützenden Charakter einer Gestaltungsvorschrift zur Atriumbauweise, von der der Bauherr abgewichen war verneint.

715 Allerdings erkennt die zitierte Rechtsprechung auch an, dass eine Gestaltungsvorschrift über das allgemeine öffentliche Interesse hinaus auch Individualinteressen dienen und Rechte des Individuums begründen kann, wenn sich der Begründung Anhaltspunkte für eine solche Absicht entnehmen lassen. Außerdem wirkt das Rücksichtnahmegebot insoweit auch in das Bauordnungsrecht hinein, als es auch bei einem Verstoß gegen eine der Gestaltung dienenden Satzung zu berücksichtigen ist.

716 In der Landesgesetzgebung und der hierzu ergangenen Rechtsprechung werden unterschiedliche Wege zur Einbeziehung von Individualinteressen und des Rücksichtnahmegebotes gegangen: Zumeist wird den Gemeinden die Freiheit gelassen, eine isolierte Gestaltungssatzung zu erlassen oder die Festsetzungen in einen Bebauungsplan aufzunehmen.[111] Hierauf aufbauend entscheidet sich der mögliche Rechtsschutz eines Nachbarn gegen gestalterische Festsetzungen zum einen nach dem Charakter der Satzung als isolierte Gestaltungssatzung oder als Teil eines Bebauungsplans und zum anderen danach, wie der Landesgesetzgeber die Möglichkeit einer Befreiung oder Abweichung hiervon (und damit die rechtlichen Kontrollmöglichkeiten des Nachbarn darüber) ausgestaltet hat.

a) Bauplanerischer Ansatz

717 In einigen Ländern enthält die Regelung über örtliche Bauvorschriften einen direkten Verweis auf enumerativ aufgezählte Bestimmungen des Bauplanungsrechts (so § 81 Abs. 2 BayBO). Insbesondere auch die Erwähnung des § 31 BauGB führt dazu, dass im Falle einer – ausgesprochenen oder unausgesprochenen – Befreiung diese Bestimmungen einschließlich der hierzu ergangenen Rechtsprechung zum Rechtsschutz anzuwenden ist. Deshalb gilt für den Fall der Satzung in einem Bebauungsplan: Unter Anwendung der allgemein anerkannten Grundsätze zum Planungsrecht, dass eine Festsetzung (nur) dann nachbarschützenden Charakter hat, wenn der Ortsgesetzgeber der Bestimmung eine solche Wirkung gegeben hat, wird zunächst nach dem hierauf bezogenen Willen des Satzungsgebers gefragt. Dieser kann sich aus der Satzung selbst oder aus den Planaufstellungsvorgängen ergeben. Ist im Einzelfall keine eindeutige Äußerung des Satzungsgebers dazu zu finden, ist im Wege der Auslegung der je-

111 Z. B.: **Art. 81 (2) BayBO [Örtliche Bauvorschriften]** und § 85 (3) **BauO LSA [Örtliche Bauvorschriften]** Örtliche Bauvorschriften können auch durch Bebauungsplan oder, soweit das Baugesetzbuch dies vorsieht, durch andere Satzungen nach den Vorschriften des Baugesetzbuchs erlassen werden. In diesen Fällen sind, soweit das Baugesetzbuch kein abweichendes Verfahren regelt, die Vorschriften des Ersten und des Dritten Abschnitts des Ersten Teils, des Ersten Abschnitts des Zweiten Teils des Ersten Kapitels, die §§ 13, 13 a, 30, 31, 33, 36, 214 und 215 BauGB entsprechend anzuwenden.“ (ähnlich **§ 85 Abs. 3 BremLBO**, allerdings ohne den Verweis auf §§ 13 und 13 a BauGB)
§ 86 BauO NW [Örtliche Bauvorschriften]
(4) Bauvorschriften können auch als Festsetzungen in einen Bebauungsplan im Sinne von § 8 oder § 12 des Baugesetzbuches aufgenommen werden; in diesem Fall sind die Vorschriften des Baugesetzbuches über die Aufstellung, Änderung, Ergänzung und Aufhebung der Bebauungspläne einschließlich ihrer Genehmigung und ihrer Sicherung (§§ 1 bis 18 Baugesetzbuch) sowie über die Wirksamkeitsvoraussetzungen (§§ 214 bis 216 Baugesetzbuch) anzuwenden.

weiligen Festsetzung zu ermitteln, welche Funktion sie haben soll. Entscheidend kommt es dabei auf die Zweckbestimmung der Festsetzung im Regelungszusammenhang des jeweiligen Bebauungsplans an, wie er sich aus der Planbegründung oder den Umständen der Entstehung des Plans ergibt (VGH München, U.v. 22.5.2006 – 26 B 04.1947 –, juris). Maßgeblich ist, ob die Nachbarn durch die Festsetzung im Sinne eines „Austauschverhältnisses" rechtlich so verbunden werden sollten, dass sie zur gegenseitigen Rücksichtnahme verpflichtet sein sollten oder eine „Schicksalsgemeinschaft" bilden sollten (VG Köln, B.v. 22.9.2011 – 23 L 1187/11 –, juris, unter Berufung auf OVG Münster, U.v. 3.5.2007 – 7 A 2364/06 –, juris).

Beispiel für die Begründung des nachbarschützenden Charakter einer Gestaltungsfestsetzung (aus VGH München, U.v. 22.5.2006 – 26 B 04.1947 –, juris): Die Festsetzungen der hier maßgeblichen Gestaltungsvorgaben, die (nur) ausnahmsweise zulässigen Wintergartenanbauten und Dachterrassenaufbauten seien in Glas mit leichter Holz-, Kunststoff- oder Metallkonstruktion auszuführen, dienen nach Einschätzung des Gerichts auch der Bewältigung des Konfliktes zwischen einerseits dem Interesse der erweiterungswilligen Hauseigentümer und andererseits dem Interesse der benachbarten Grundstückseigentümer an der Erhaltung der Wohnruhe, an ausreichender Besonnung und Belüftung durch die Verhinderung einer „Einhausung" ihrer Grundstücke sowie am Erhalt von Blickschneisen in die Umgebung. Die Festsetzung, die sogar die Verwendung von Glasbausteinen, die den freien Durchblick nicht mehr ermöglichen, ausdrücklich für unzulässig erklärte, diente *„nicht nur einem städtebaulichen Interesse, sondern ersichtlich auch dem nachbarlichen Interesse an der Verhinderung einer zu starken baulichen Verdichtung im Interesse der Wohnqualität. Der so vorgenommene nachbarliche Interessensausgleich hat Austauschcharakter und führt deshalb zur Annahme einer – auch – nachbarschützenden Wirkung der genannten Gestaltungsfestsetzungen."* 718

Hat die Festsetzung („kraft Verleihung") nachbarschützenden Charakter, wendet diese Rechtsprechung die Grundsätze an, die oben zu der Möglichkeit einer Befreiung von Festsetzungen des Bebauungsplans dargestellt worden sind (ab Rn. 273). Entsprechend gilt: Für den Fall des Fehlens einer der Voraussetzungen für eine Befreiung von einer nachbarschützenden Bestimmung wird der betroffene Nachbar stets in seinen subjektiven öffentlichen Rechten verletzt, ohne dass es auf eine Abwägung seiner Belange mit denen des Bauherrn unter dem Gesichtspunkt des Rücksichtnahmegebotes mehr bedürfte. Insoweit kommt – wie im Falle der Befreiungen von sonstigen bauplanerischen Festsetzungen – insbesondere dem Merkmal der Nichtberührung planerischer Grundsätze Bedeutung zu. Der Wille des Satzungsgebers darf nicht durch eine Befreiung unterlaufen werden. Handelt es sich bei der Festsetzung um den Teil eines einheitlichen Planungskonzepts kommt eine Befreiung nicht in Frage und es bedarf keiner gesonderten Prüfung mehr, ob die weiteren Voraussetzungen für eine Befreiung erfüllt sind und ob der Nachbar spürbar in der Ausübung seiner Eigentumsrechte beeinträchtigt wird (vgl. auch VGH München, U.v. 22.5.2006 – 26 B 04.1947 –, juris). 719

Kommt die Prüfung des nachbarschützenden Charakters zu einem negativen Ergebnis, ist, wiederum analog zu den bei einer Befreiung von nicht nachbarschützenden Festsetzungen des Bauplanungsrechts geltenden Grundsätzen, allein danach zu fragen, ob das Rücksichtnahmegebot verletzt ist. In diesem Zusammenhang wird die – zumeist zu verneinende – Frage beantwortet werden müssen, ob eine „Würdigung nachbarlicher Belange" ergibt, dass das Vorhaben den Nachbarn tatsächlich unzumutbar beeinträchtigt (VG Würzburg, B.v. 8.5.2006 – W 5 S 06.211 –, juris). 720

b) Bauordnungsrechtlicher Ansatz

721 Hat der Landesgesetzgeber die Möglichkeit von Gestaltungssatzungen und des Abweichens von deren Bestimmungen allein nach Landesrecht ausgestaltet, leiten sich die Rechtsschutzmöglichkeiten eines Nachbarn von dessen Regelungen ab. Insoweit ist im Falle eines Rechtsbehelfs gegen Gebote oder Verbote der Gestaltungssatzung entscheidend, ob rechtsfehlerfrei von der Bestimmung eine Abweichung oder Befreiung erteilt worden ist[112] und wenn nicht, ob damit der Nachbar in einem subjektiven öffentlichen Recht verletzt ist.

Nachbarn können sich auf das der Ausnahmevorschrift innewohnende Rücksichtnahmegebot in der Weise berufen, als ihre nachbarlichen Interessen hierbei zu würdigen und im Verhältnis zu den öffentlichen Belangen und dem Bauwunsch der Beigeladenen in einen gerechten Ausgleich gebracht werden müssen (VG Düsseldorf U.v. 27.3.2014 – 9 K 1095/11 –, nrwe, unter Berufung auf den zu § 68 Abs. 3 BauO NRW 1984 ergangenen Beschluss des OVG Münster vom 13.4.1989 – 7 B 67/89 –, nrwe). Die in diesem Zusammenhang anzustellenden Erwägungen decken sich mit denjenigen aus dem Bauplanungsrecht.

12. Baulast

722 Die meisten Bundesländer[113] enthalten Bestimmungen über Baulasten[114] (nicht: Bayern und Brandenburg). Der mögliche Inhalt besteht darin, dass durch Erklärung

---

112 S. z.B: **§ 66 NBauO [Abweichungen]**
(1) Die Bauaufsichtsbehörde kann Abweichungen von Anforderungen dieses Gesetzes und aufgrund dieses Gesetzes erlassener Vorschriften zulassen, wenn diese unter Berücksichtigung des Zwecks der jeweiligen Anforderung und unter Würdigung der öffentlich-rechtlich geschützten nachbarlichen Belange mit den öffentlichen Belangen, insbesondere den Anforderungen nach § 3 Abs. 1 vereinbar sind.
(5) Abweichungen von örtlichen Bauvorschriften nach § 84 Abs. 1 und 2 dürfen nur im Einvernehmen mit der Gemeinde zugelassen werden.
§ 86 BauO NRW [Örtliche Bauvorschriften]
(5) Abweichungen (§ 73) von örtlichen Bauvorschriften werden im Einvernehmen mit der Gemeinde von der Bauaufsichtsbehörde zugelassen. § 36 Abs. 2 Satz 2 des Baugesetzbuches gilt entsprechend.
§ 73 BauO NRW [Abweichungen]
(1) S. 1: Soweit in diesem Gesetz oder in aufgrund dieses Gesetzes erlassenen Vorschriften nichts anderes geregelt ist, kann die Genehmigungsbehörde Abweichungen von bauaufsichtlichen Anforderungen dieses Gesetzes und der aufgrund dieses Gesetzes erlassenen Vorschriften zulassen, wenn sie unter Berücksichtigung des Zwecks der jeweiligen Anforderungen und unter Würdigung der nachbarlichen Interessen mit den öffentlichen Belangen vereinbar sind.

113 **§§ 71, 72 LBO BW, § 82 BauO Bln, § 83 BremLBO, § 79 HBauO, § 75 HBO, § 83 BauO MV, § 81 NBauO, § 83 BauO NRW, § 86 LBauO RP, § 83 LBO SL, § 83 SächsBO, § 82 BauO LSA, § 80 LBO SH, § 82 ThürBO.**

114 **§ 83 Musterbauordnung [Baulasten, Baulastenverzeichnis]**
(1) Durch Erklärung gegenüber der Bauaufsichtsbehörde können Grundstückseigentümer öffentlich-rechtliche Verpflichtungen zu einem ihre Grundstücke betreffenden Tun, Dulden oder Unterlassen übernehmen, die sich nicht schon aus öffentlichrechtlichen Vorschriften ergeben. Baulasten werden unbeschadet der Rechte Dritter mit der Eintragung in das Baulastenverzeichnis wirksam und wirken auch gegenüber Rechtsnachfolgern.
(2) Die Erklärung nach Absatz 1 bedarf der Schriftform; die Unterschrift muss öffentlich beglaubigt oder vor der Bauaufsichtsbehörde geleistet oder vor ihr anerkannt werden.
(3) Die Baulast geht durch schriftlichen Verzicht der Bauaufsichtsbehörde unter. Der Verzicht ist zu erklären, wenn ein öffentliches Interesse an der Baulast nicht mehr besteht. Vor dem Verzicht sollen der Verpflichtete und die durch die Baulast Begünstigten angehört werden. Der Verzicht wird mit der Löschung der Baulast im Baulastenverzeichnis wirksam.
(4) Das Baulastenverzeichnis wird von der Bauaufsichtsbehörde geführt. In das Baulastenverzeichnis können auch eingetragen werden
1. andere baurechtliche Verpflichtungen des Grundstückseigentümers zu einem sein Grundstück betreffendes Tun, Dulden oder Unterlassen,

gegenüber der Baurechtsbehörde der Grundstückseigentümer eine öffentlich-rechtliche Verpflichtungen zu einem sein Grundstück betreffenden Tun, Dulden oder Unterlassen übernimmt, die sich nicht schon aus öffentlich-rechtlichen Vorschriften ergibt.

Besonders häufig sind Erschließungsbaulasten, Abstandsflächenbaulasten und Vereinigungsbaulasten. 723

Der Zweck einer Erschließungsbaulast, die zur dauerhaften Gewährleistung der Erschließung des Grundstücks des Bauherrn (Baulastberechtigter) zu Lasten des Grundstücks des Nachbarn (Baulastverpflichteter) eingetragen worden ist, besteht darin, die Voraussetzungen dafür zu schaffen, dass ein Vorhaben in Hinblick auf das Erschlossensein zulässig werden kann, das ohne sie nicht zulässig wäre. Die Baulast entfaltet für sich genommen regelmäßig kein subjektiv-öffentliches Recht für den Baulastberechtigten. Sie soll lediglich im öffentlichen Interesse die der Erteilung einer Baugenehmigung entgegenstehenden rechtlichen Hindernisse auszuräumen. Das gilt auch dann, wenn eine privatrechtliche Vereinbarung vorliegt; es ist nicht Aufgabe der Baulast, diese zu sichern (OVG Münster, B.v. 18.3.2011 – 2 A 157/10 –, nrwe, und v. 6.5.2011 – 7 B 165/11 –, nrwe). 724

Subjektiv-öffentliche Rechte können sich allenfalls mittelbar aus der Missachtung einer Baulast ergeben, wenn dadurch zugleich eine Norm verletzt wird, die dem Baulastbegünstigten gegenüber drittschützenden Charakter hat, wie etwa die Abstandsflächenvorschrift (vgl. OVG Münster, B.v. 29.5.2008 – 10 B 616/08 –, BRS 73 Nr. 127, juris; VGH Mannheim, B.v. 9.12.1997 – 5 S 2568/97 –, BRS 59 Nr. 112, juris; Hahn in: Boeddinghaus/Hahn/Schulte, BauO NRW, § 83 Rn. 84). Ob dies der Fall ist, setzt die Erkenntnis voraus, was Regelungsgegenstand der Baulast ist und ob die Genehmigung bzw. das tatsächliche Geschehen dem Inhalt der Genehmigung zuwider läuft. Die Feststellung des Regelungsgehalts ergibt sich aus deren Auslegung. Baulasten sind – wie andere Rechtstexte – auslegungsfähig. Entscheidend ist, wie der Inhalt der jeweiligen konkreten Baulast bei verständiger Würdigung zu verstehen ist (VG Gelsenkirchen, U.v. 12.7.2012 – 5 K 2628/10 –, nrwe; OVG Münster, B.v. 7.12.2009 – 7 A 3150/08 –, juris). 725

Unter Umständen steht dem Baulastverpflichteten ein Anspruch auf Löschung der Baulast zu. Wenn das Baulastenverzeichnis unrichtig ist, hat derjenige, der durch die unrichtige Eintragung in seinen Rechten verletzt wird, einen Anspruch auf Löschung dieser Eintragung. Unrichtig ist das Verzeichnis dann, wenn und soweit darin eine Baulast eingetragen ist, die entweder von vornherein nicht wirksam entstanden ist oder aber nicht mehr besteht. Von vornherein unwirksam ist eine Baulast vor allem dann, wenn die Eintragungsverfügung einen unzulässigen oder unbestimmten Inhalt hat oder die zwingenden Formvorschriften nicht gewahrt wurden. Ob und ggfs. unter welchen Voraussetzungen die Anfechtung von Baulasterklärungen entsprechend §§ 119 ff., 142, 143 BGB nach erfolgter Eintragung der Baulast in das Baulastenverzeichnis zugelassen werden kann, ist zweifelhaft. Weitgehend geklärt ist, dass eine 726

2. Auflagen, Bedingungen, Befristungen und Widerrufsvorbehalte.
(5) Wer ein berechtigtes Interesse darlegt, kann in das Baulastenverzeichnis Einsicht nehmen oder sich Abschriften erteilen lassen.

Anfechtung nicht mehr möglich ist, wenn die Baulast zur Erteilung der Baugenehmigung geführt hat und das Bauvorhaben wegen der Baulast ungesetzt worden ist (OVG Lüneburg, U.v. 21.1.1999 – 1 L 5580/96 –, NVwZ 1999, 1364 = juris; VGH Mannheim, U.v. 13.6.1984 – 3 S 696/84 –, NVwZ 1985, 592 = juris). Für die Zeit vor Beginn der Bauausführung ist das nicht abschließend geklärt. Dasselbe gilt für eine Anfechtung wegen arglistiger Täuschung oder Drohung nach § 123 BGB (s. dazu Kamp in: Schönenbroicher/Kamp, BauO NRW, § 83 Rn. 54). Die Voraussetzungen dafür dürften jedenfalls in den seltensten Fällen erfüllt sein.

727 Ein Anspruch auf eine Verzichtserklärung mit anschließender Löschung der Baulast (§ 83 Abs. 3 Musterbauordnung) setzt voraus, dass ein öffentliches Interesse an der Baulast nicht mehr besteht. Dabei führt nicht jede Änderung der tatsächlichen oder rechtlichen Verhältnisse zum Wegfall des öffentlichen Interesses. Erforderlich ist vielmehr, dass die bauaufsichtlichen Belange, wegen deren die Baulast bestellt wurde, nicht mehr sicherungsbedürftig oder sicherungsfähig sind. Baurechtswidrige Zustände dürfen durch den Verzicht nicht geschaffen werden. Bei einer Erschließungsbaulast kommt eine Löschung in Betracht, wenn seinerzeit die Baulast erforderlich war, um die gebotene Erschließung zu vermitteln, mittlerweile aber eine andere, dem gesetzlichen Erfordernis ebenfalls genügende Erschließungsweise entstanden ist (VG Gelsenkirchen, U.v. 12.7.2012 – 5 K 2628/10 –, nrwe).

13. Erschlossensein, Zugang und Zufahrt

728 Aus dem Gebot der Gewährleistung eines hinreichenden bauordnungsrechtlichen Erschlossenseins des Baugrundstücks und geeigneter Zugänge und Zufahrten[115] kann der Nachbar (ebenso wie hinsichtlich des bauplanungsrechtlichen Erschlossenseins, vgl. dazu oben, Rn. 357, 397 und 435) grundsätzlich für sich keine Rechte herleiten.

729 Jedoch kann der Nachbar unter eng begrenzten Voraussetzungen einen öffentlichrechtlichen Abwehranspruch gegen eine dem Bauherrn unter Verstoß gegen die Vor-

115 **§ 4 Musterbauordnung [Bebauung der Grundstücke mit Gebäuden]**
(1) Gebäude dürfen nur errichtet werden, wenn das Grundstück in angemessener Breite an einer befahrbaren öffentlichen Verkehrsfläche liegt oder wenn das Grundstück eine befahrbare, öffentlich-rechtlich gesicherte Zufahrt zu einer befahrbaren öffentlichen Verkehrsfläche hat.
(2) Ein Gebäude auf mehreren Grundstücken ist nur zulässig, wenn öffentlich-rechtlich gesichert ist, dass dadurch keine Verhältnisse eintreten können, die Vorschriften dieses Gesetzes oder aufgrund dieses Gesetzes widersprechen.
§ 5 Musterbauordnung [Zugänge und Zufahrten auf den Grundstücken]
(1) Von öffentlichen Verkehrsflächen ist insbesondere für die Feuerwehr ein geradliniger Zu- oder Durchgang zu rückwärtigen Gebäuden zu schaffen; zu anderen Gebäuden ist er zu schaffen, wenn der zweite Rettungsweg dieser Gebäude über Rettungsgeräte der Feuerwehr führt. Zu Gebäuden, bei denen die Oberkante der Brüstung von zum Anleitern bestimmten Fenstern oder Stellen mehr als 8 m über Gelände liegt, ist in den Fällen des Satzes 1 anstelle eines Zu- oder Durchgangs eine Zu- oder Durchfahrt zu schaffen. Ist für die Personenrettung der Einsatz von Hubrettungsfahrzeugen erforderlich, sind die dafür erforderlichen Aufstell- und Bewegungsflächen vorzusehen. Bei Gebäuden, die ganz oder mit Teilen mehr als 50 m von einer öffentlichen Verkehrsfläche entfernt sind, sind Zufahrten oder Durchfahrten nach Satz 2 zu den vor und hinter den Gebäuden gelegenen Grundstücksteilen und Bewegungsflächen herzustellen, wenn sie aus Gründen des Feuerwehreinsatzes erforderlich sind.
(2) Zu- und Durchfahrten, Aufstellflächen und Bewegungsflächen müssen für Feuerwehrfahrzeuge ausreichend befestigt und tragfähig sein; sie sind als solche zu kennzeichnen und ständig frei zu halten; die Kennzeichnung von Zufahrten muss von der öffentlichen Verkehrsfläche aus sichtbar sein. Fahrzeuge dürfen auf den Flächen nach Satz 1 nicht abgestellt werden.
Vgl. auch **§§ 4 und 5 BauO NRW, Art. 4 und Art. 5 BayBO.**

aussetzung des Erschlossenseins erteilte Baugenehmigung unmittelbar aus Art. 14 Abs. 1 GG herleiten. Ein solcher Ausnahmefall ist dann gegeben, wenn die Baugenehmigung den Nachbarn zwingt, ein Notwegerecht nach § 917 Abs. 1 BGB[116] zu dulden („aufgezwungenes Notwegerecht"). Sind einerseits bei einer Verwirklichung eines genehmigten Bauvorhabens die Voraussetzungen für einen Anspruch des Bauherrn gegen den Nachbarn auf Bewilligung eines Notwegs nach § 917 BGB gegeben und würde andererseits dem Nachbarn die Anfechtbarkeit der Baugenehmigung unter diesem Gesichtspunkt nicht zugestanden, liefe das auf eine Unanfechtbarkeit der Genehmigung hinaus. Dann könnte der Nachbar gegenüber dem auf dem Notweg bestehenden Bauherrn in einem etwaigen Zivilprozess nicht entgegenhalten, die der Inanspruchnahme zugrunde liegende Benutzung des Nachbargrundstücks sei schon deshalb nicht ordnungsmäßig, weil sie dem öffentlichen Recht widerspreche (BVerwG, U.v. 26.3.1976 – IV C 7.74 –, BauR 1976, 269 = juris); er wäre zur Duldung verpflichtet. Um diese Folge abwehren zu können wird dem Nachbarn – ausnahmsweise – das Recht zugestanden, bereits in einem Anfechtungsprozess gegen die Baugenehmigung die mangelnde Erschließung und das Angewiesensein auf einen Notweg auf seinem – des Nachbarn – Grundstück zu rügen (s. auch BVerwG, B.v. 11.5.1998 – 4 B 45.98 –, BRS 60 Nr. 182 = juris; zur zivilrechtlichen Rechtslage s. auch: BGH, U.v. 7.7.2006 – V ZR 159/05 –, BRS 70 Nr. 155 = juris).

Zur Erreichbarkeit eines Grundstücks im Sinne des Notwegerechts gehören nach der Rechtsprechung des Bundesgerichtshofs die sichere Erreichbarkeit des Grundstücks mit Kraftfahrzeugen sowie die problemlose Anlieferung von Gegenständen des täglichen Lebensbedarfs (vgl. BGH, Teilurteil vom 12.12.2008 – V ZR 106/07 –, NJW-RR 2009, 515 = juris). 730

In der umgekehrten Situation besteht die Anfechtungsmöglichkeit allerdings nicht: Macht der Eigentümer eines über einen Notweg erschlossenen benachbarten Grundstücks geltend, durch die Umsetzung der angefochtenen Baugenehmigung werde die wegemäßige Erschließung des eigenen Grundstücks dadurch beeinträchtigt, dass ein bereits bestehendes Überfahrtrecht auf dem Baugrundstück vereitelt werde, wird das Nachbargrundstück nicht durch die Baugenehmigung selbst und unmittelbar in Anspruch genommen. Die Belastung betrifft vielmehr nur eine allenfalls mittelbare Folge hinsichtlich der künftigen Benutzbarkeit seines Grundstücks. Der Nachbarn kann sei- 731

116 **§ 917 BGB [Notweg]**
(1) Fehlt einem Grundstück die zur ordnungsmäßigen Benutzung notwendige Verbindung mit einem öffentlichen Wege, so kann der Eigentümer von den Nachbarn verlangen, dass sie bis zur Hebung des Mangels die Benutzung ihrer Grundstücke zur Herstellung der erforderlichen Verbindung dulden. Die Richtung des Notwegs und der Umfang des Benutzungsrechts werden erforderlichenfalls durch Urteil bestimmt.
(2) Die Nachbarn, über deren Grundstücke der Notweg führt, sind durch eine Geldrente zu entschädigen. Die Vorschriften des § 912 Abs. 2 Satz 2 und der §§ 913, 914, 916 finden entsprechende Anwendung.
§ 918 [Ausschluss des Notwegrechts]
(1) Die Verpflichtung zur Duldung des Notwegs tritt nicht ein, wenn die bisherige Verbindung des Grundstücks mit dem öffentlichen Wege durch eine willkürliche Handlung des Eigentümers aufgehoben wird.
(2) Wird infolge der Veräußerung eines Teils des Grundstücks der veräußerte oder der zurückbehaltene Teil von der Verbindung mit dem öffentlichen Wege abgeschnitten, so hat der Eigentümer desjenigen Teils, über welchen die Verbindung bisher stattgefunden hat, den Notweg zu dulden. Der Veräußerung eines Teils steht die Veräußerung eines von mehreren demselben Eigentümer gehörenden Grundstücken gleich.

ne Rechte gegebenenfalls auf dem Zivilrechtsweg geltend machen (VGH München, B.v. 1.6.2016 – 15 CS 16.789 –, juris)

732 Dem Anspruch aus Art. 14 GG wegen des Notwegerechts aus § 917 BGB kann allerdings entgegenstehen, dass der Nachbar ohnehin schon jetzt aus anderen Rechtsgründen zur Duldung des Rechts verpflichtet ist und die schon bestehende Verpflichtung nur ausgedehnt wird. Die damit verbundenen Beeinträchtigungen sind unter Umständen unwesentlich und müssen deshalb von ihm hingenommen werden. Das kommt in Betracht, wenn sich die Inanspruchnahme auf wenige Fahrten täglich mit einem Pkw oder Fahrrad bzw. auf geringen Fußgängerverkehr beschränkt (VG Köln, U.v. 6.8.2013 – 2 K 3283/11 –, nrwe).

14. Anforderungen an Feuerungsanlagen

733 Die Landesbauordnungen[117] und einige Feuerungsverordnungen[118] stellen immissionsschutzrechtliche Anforderungen für die Ausführung von Feuerungsanlagen. So besagt z.B. § 42 Abs. 3 Satz 1 Musterbauordnung, dass Abgase von Feuerstätten durch Abgasleitungen, Schornsteine und Verbindungsstücke (Abgasanlagen) so abzuführen sind, dass keine Gefahren oder unzumutbaren Belästigungen entstehen.

734 Die Regelungen über die Abführung von Abgasen dienen nicht allein dem öffentlichen Brandschutz. Die Bestimmungen zur Höhe und Anordnung der Mündung von Abgasanlagen verfolgen auch den Zweck, eine hinreichende Ableitung der Abgase in den freien Luftstrom zu gewährleisten und dadurch unzuträglichen Immissionen vorzubeugen. Damit korrespondiert die z.B. in § 9 Abs. 3 FeuVO NRW vorgesehene Möglichkeit, weitergehende Anforderungen zu stellen, wenn Gefahren oder „andere unzumutbare Belästigungen" zu befürchten sind (OVG Münster, U.v. 9.3.2012 – 2 A 2732/10 –, nrwe; vgl. dazu, dass die bauordnungsrechtlichen Bestimmungen über die Feuerungsanlagen auch dem Immissionsschutz dienen und insoweit nachbarschützend sind auch Radeisen in: Boeddinghaus/Hahn/Schulte, BauO NRW, § 43 Rn. 25, § 74 Rn. 335; Johlen, in: Gädtke/Czepuck/Johlen/Plietz/Wenzel, BauO NRW, § 74 Rn. 74).

15. Abweichungen

735 Die Landesbauordnungen sehen (sinngemäß) vor, dass die Bauaufsichtsbehörde Abweichungen von Anforderungen der Bauordnungen oder aufgrund der Bauordnung

---

117 **§ 42 Musterbauordnung [Feuerungsanlagen, sonstige Anlagen zur Wärmeerzeugung, Brennstoffversorgung]**
(1) Feuerstätten und Abgasanlagen (Feuerungsanlagen) müssen betriebssicher und brandsicher sein.
(2) Feuerstätten dürfen in Räumen nur aufgestellt werden, wenn nach der Art der Feuerstätte und nach Lage, Größe, baulicher Beschaffenheit und Nutzung der Räume Gefahren nicht entstehen.
(3) Abgase von Feuerstätten sind durch Abgasleitungen, Schornsteine und Verbindungsstücke (Abgasanlagen) so abzuführen, dass keine Gefahren oder unzumutbaren Belästigungen entstehen. Abgasanlagen sind in solcher Zahl und Lage und so herzustellen, dass die Feuerstätten des Gebäudes ordnungsgemäß angeschlossen werden können. Sie müssen leicht gereinigt werden können.
(4) Behälter und Rohrleitungen für brennbare Gase und Flüssigkeiten müssen betriebssicher und brandsicher sein. Diese Behälter sowie feste Brennstoffe sind so aufzustellen oder zu lagern, dass keine Gefahren oder unzumutbaren Belästigungen entstehen.
(5) Für die Aufstellung von ortsfesten Verbrennungsmotoren, Blockheizkraftwerken, Brennstoffzellen und Verdichtern sowie die Ableitung ihrer Verbrennungsgase gelten die Absätze 1 bis 3 entsprechend.

118 Z.B. **FeuVO NRW** vom 11. März 2008, GV. NRW. 2008, 338.

erlassener Vorschriften zulassen kann, wenn sie unter Berücksichtigung des Zwecks der jeweiligen Anforderung und unter Würdigung der öffentlich-rechtlich geschützten nachbarlichen Belange mit den öffentlichen Belangen vereinbar sind.[119]

Die tatbestandlichen Voraussetzungen für eine Abweichung sind restriktiv zu handhaben. Einerseits dienen die meisten Vorschriften der Landesbauordnungen der Vermeidung abstrakter Gefahren. Andererseits gebietet das Verfassungsrecht, da nicht alle Fallgestaltungen vom Gesetzgeber vorausschauend in den Blick genommen werden können, Bestimmungen vorzusehen, die praktisch handhabbare und flexible Instrumente für Fälle bieten, in denen das strikte Festhalten an vorgegebenen Normen, insbesondere in Maßzahlen ausgedrückten Abständen, nicht geboten oder sogar unsinnig wäre. Das Instrument der Abweichung dient in diesem Sinne dazu, unzweckmäßige und vom Gesetzgeber mit seiner Regelung nicht angestrebte Ergebnisse der Rechtsanwendung zu vermeiden. 736

Ein beliebiges Abweichen von Vorschriften ist hingegen nicht gestattet. Insbesondere rechtfertigt allein der in eine bestimmte Richtung gehende Bauwunsch des Bauherrn eine Atypik nicht. Deshalb bleibt für eine Abweichung in der Regel nur Raum, wenn eine atypische Grundstücks- oder Bausituation vorliegt, die deutlich erkennbar vom Regelfall abweicht (VGH München, B.v. 19.7.2016 – 9 CS 15.336 –, juris; OVG Münster, B.v. 5.3.2007 – 10 B 274/07 –, nrwe; OVG Bremen, B.v. 8.4.2013 – 1 B 303/12 –, juris; OVG Berlin, U.v. 25.2.2015 – OVG 10 B 6.10 –, juris; OVG Greifswald, U.v. 4.12.2013 – 3 L 143/10 –, juris; OVG Koblenz, U.v. 3.11.1999 – 8 A 10951/99 –, juris). 737

Das Gebot der Beachtung berechtigter nachbarlicher Interessen verpflichtet in Fällen des nachbarschützenden Charakters bauordnungsrechtlicher Bestimmungen wie z.B. der Abstandsflächen dazu, den Nachbarinteressen die Geltung zu verschaffen, die das Gesetz ihnen zugebilligt hat. Dies gebietet schon allein der Umstand, dass durch die baurechtlichen Vorschriften die schutzwürdigen und schutzbedürftigen Belange und Interessen regelmäßig in einen gerechten Ausgleich gebracht worden sind und die Gleichmäßigkeit des Gesetzesvollzuges ein mehr oder minder beliebiges Abweichen von den Vorschriften der Bauordnung nicht gestattet (Vgl. OVG Münster, B.v. 25.11.2009 – 10 A 2849/08 –, nrwe; Johlen in: Boeddinghaus/Hahn/Schulte/Radeisen, BauO NRW, § 73 Rn. 24). In dem Konkurrenzverhältnis zwischen Bauherrn-Interesse und nachbarlichem Interesse haben die nachbarlichen Interessen von 738

119 § 67 **Musterbauordnung** [Abweichungen]
(1) Die Bauaufsichtsbehörde kann Abweichungen von Anforderungen dieses Gesetzes und aufgrund dieses Gesetzes erlassener Vorschriften zulassen, wenn sie unter Berücksichtigung des Zwecks der jeweiligen Anforderung und unter Würdigung der öffentlich-rechtlich geschützten nachbarlichen Belange mit den öffentlichen Belangen, insbesondere den Anforderungen des § 3 Abs. 1 vereinbar sind. § 3 Abs. 3 Satz 3 bleibt unberührt; [der Zulassung einer Abweichung bedarf es auch nicht, wenn bautechnische Nachweise durch einen Prüfsachverständigen bescheinigt werden].
(2) Die Zulassung von Abweichungen nach Absatz 1, von Ausnahmen und Befreiungen von den Festsetzungen eines Bebauungsplans oder einer sonstigen städtebaulichen Satzung oder von Regelungen der Baunutzungsverordnung (BauNVO) ist gesondert schriftlich zu beantragen; der Antrag ist zu begründen. Für Anlagen, die keiner Genehmigung bedürfen, sowie für Abweichungen von Vorschriften, die im Genehmigungsverfahren nicht geprüft werden, gilt Satz 1 entsprechend.
(3) Über Abweichungen nach Absatz 1 Satz 1 von örtlichen Bauvorschriften sowie über Ausnahmen und Befreiungen nach Absatz 2 Satz 1 entscheidet bei verfahrensfreien Bauvorhaben die Gemeinde nach Maßgabe der Absätze 1 und 2.

Gesetzes wegen einen hohen Stellenwert, weil sie in das normative Konfliktschlichtungsprogramm Eingang gefunden haben und damit als besonders schutzwürdig anerkannt worden sind. Eine Zurückstellung derart geschützter Interessen verlangt daher private und/oder öffentliche Belange von herausgehobener Bedeutung, um sich gegen die Nachbarinteressen durchsetzen zu können (so zutreffend VGH München, B.v. 19.7.2016 – 9 CS 15.336 –, juris).

739 Deshalb sind z.B. nach Maßgabe des jeweiligen Landesrechts mögliche Abweichungen von brandschutzrechtlichen Vorgaben nur zu gestatten, soweit die konkrete Bauausführung den berechtigten nachbarlichen Interessen hinreichend Rechnung trägt. Dabei ist insbesondere nach dem Zweck der jeweiligen bauordnungsrechtlichen Anforderung zu fragen. Insoweit sind Gesichtspunkte wie dass keine Verschlechterung gegenüber dem bisherigen (mutmaßlich bislang bestandsgeschützten, aber mit dem Vorhaben aufzugebenden) Zustand entstehen würde oder dass die bauordnungsrechtskonforme Ausführung mit einem erheblichen Kostenaufwand verbunden wäre, keine den Schutz von Leben und Gesundheit aufwiegenden tragfähigen Gesichtspunkte (s. auch VGH München, B.v. 19.7.2016 – 9 CS 15.336 –, juris).

740 Im Rahmen der Erteilung einer Abweichung von Brandschutzvorschriften kommen insbesondere Ersatzmaßnahmen in Betracht, die sich auf die Brennbarkeit der zu verwendenden Baustoffe oder Hindernisse gegen die Brandübertragung beziehen.

741 **Beispiel für eine Abweichung von § 35 Abs. 6 Satz 2 BauO NRW zum Mindestabstand von Dachaufbauten (aus: VG Aachen, U.v. 15.10.2013 – 7 K 2770/12 –, nrwe):** Die von einem Nachbarn angefochtene Baugenehmigung erlaubt eine grenzständige Dachgaube, die eine Höhe von ca. 1,60 m und eine Breite von 4,70 m aufweist. Die Abweichung bezieht sich darauf, dass die Gaube den Mindestabstand von 1,25 m zur Mittellinie der gemeinsamen Gebäudeabschlusswand nicht einhält. Der Dachaufbau des Vorhabens ist laut Genehmigung ohne den Mindestabstand zulässig, da die Gebäudeabschlusswand in F 90 A-B herzustellen sei und den Dachaufbau im Profil begleite. Damit sind (auch nach Ansicht des Gerichts) hinreichende Ersatzmaßnahmen gefordert worden und ist dem Brandschutz und den Anforderungen des § 35 Abs. 6 Satz 2 BauO NRW hinreichend Rechnung getragen. Die Gefahr eines Brandüberschlags von der Dachgaube in Richtung des benachbarten Grundstücks ist äußerst gering. Jedenfalls wird diese Gefahr hier durch die Reduzierung des Mindestabstands nicht signifikant erhöht.

V. Nachbarschutz im Denkmalrecht

742 Die Frage, ob dem Eigentümer eines geschützten (Kultur-)Denkmals ein Anspruch auf Schutz vor Beeinträchtigungen der Denkmalwürdigkeit seines Anwesens durch Vorhaben in der Umgebung überhaupt zustehen kann, war lange Zeit umstritten. Mit seinem Urteil vom 21.4.2009 (4 C 3/08, BVerwGE 133, 347 = juris) hat das Bundesverwaltungsgericht die Frage eingeschränkt bejaht. Es sei Aufgabe des Landesgesetzgebers des jeweiligen Denkmalschutzgesetzes, zu bestimmen, inwieweit denkmalschutzrechtliche Vorschriften, die die Zulässigkeit eines Vorhabens in der Umgebung eines geschützten Denkmals regeln, zugunsten des Eigentümers des Denkmals drittschützend seien. Unabhängig davon habe aber jedenfalls dann, wenn ein Vorhaben in der Umgebung des geschützten Denkmals dessen Denkmalwürdigkeit erheblich beeinträchtige, der Eigentümer des Denkmals das Recht, auch die Genehmigung eines Vorhabens in seiner Nachbarschaft anzufechten. Denn einerseits habe der Eigentümer im öffentlichen Interesse die Pflicht, das Denkmal zu erhalten. Andererseits sei

diese Pflicht aber nur gerechtfertigt, wenn gewährleistet sei, dass das Denkmal mit seinen Beziehungen zur Umgebung, soweit diese denkmalrechtlich schutzwürdig seien, erhalten bleibe. Soweit die Erreichung dieses Ziels von dritter Seite vereitelt werde, könne es auch die Inpflichtnahme des Eigentümers nicht mehr rechtfertigen. Der Eigentümer habe ein schutzwürdiges Interesse daran, dass die Belastungen, die ihm infolge der Erhaltungspflicht zum Schutz des Denkmals auferlegt werden, den mit der Unterschutzstellung angestrebten Zweck auch tatsächlich und auf Dauer erreichen könnten. Nur wenn er die Genehmigung eines Vorhabens (unter den nachstehenden Voraussetzungen) anfechten und das Vorhaben dadurch gegebenenfalls verhindern könne, werde die Unverhältnismäßigkeit der Erhaltungspflicht – wie von Art. 14 Abs. 1 GG gefordert – real vermieden. Weil der Erhaltungsaufwand sich auf die Denkmalsubstanz beziehe, bestehe ein schutzwürdiges Interesse daran, dass das Erscheinungsbild des Denkmals erhalten bleibt. Die Erhaltung der Objekt-Raum-Beziehung zwischen dem Denkmal und seiner Umgebung liege dagegen im öffentlichrechtlichen Interesse, die der Eigentümer nicht wahrnehmen könne.

Nach diesen Grundsätzen kann der Eigentümer eines Denkmals ein Vorhaben in der 743
näheren Umgebung anfechten, wenn der im Erscheinungsbild des Denkmals zum Ausdruck kommende Denkmalwert durch das angegriffene Vorhaben erheblich beeinträchtigt wird (OVG Münster, B.v. 30.10.2014 – 7 A 1739/13 –, nrwe; U.v. 8.3.2012 – 10 A 2037/11 –, nrwe). Als Erscheinungsbild eines Denkmals ist der von außen sichtbare Teil geschützt, an dem jedenfalls der sachkundige Betrachter den Denkmalwert, der dem Denkmal innewohnt, abzulesen vermag. Das Erscheinungsbild ist von Vorhaben in der engeren Umgebung nur dann betroffen, wenn die Beziehung des Denkmals zu seiner engeren Umgebung für den Denkmalwert von Bedeutung ist (OVG Münster, Urt. v. 8.3.2012 – 10 A 2037/11 –, nrwe).

Die wertende Einschätzung, ob das Erscheinungsbild des Kulturdenkmals empfind- 744
lich gestört wird, wird maßgeblich bestimmt von dessen Denkmalwert. Für die Bestimmung des Erscheinungsbildes des Denkmals kommt es auf die Gründe an, die zu seiner Unterschutzstellung geführt haben (OVG Berlin, B.v. 28.9.2012 – 10 S 21.12 –, BRS 79 Nr. 214, juris). Es ist die Wertigkeit des Denkmals in Relation zu setzen zu der Beeinträchtigung seines Erscheinungsbildes. Eine die verfassungsrechtliche Eigentumsgewährleistung berührende – und damit einen Abwehranspruch des Denkmaleigentümers auslösende – erhebliche Beeinträchtigung des Denkmals kommt dem entsprechend dann in Betracht, wenn die Schutzwürdigkeit des Denkmals als besonders hoch zu bewerten ist oder dessen Erscheinungsbild durch das Vorhaben den Umständen nach besonders schwerwiegend beeinträchtigt wird (OVG Berlin, B.v. 25.1.2011 – 2 S 93.10 –, juris; OVG Magdeburg, B.v. 5.3.2014 – 2 M 164/13 –, juris).

Diese Grundsätze gelten auch im Außenbereich. Gemäß § 35 Abs. 1 BauGB ist im 745
Außenbereich auch ein privilegiertes Vorhaben nur zulässig, wenn öffentliche Belange nicht entgegenstehen. Eine Beeinträchtigung öffentlicher Belange liegt u.a. vor, wenn das Vorhaben Belange des Denkmalschutzes beeinträchtigt (§ 35 Abs. 3 Satz 1 Nr. 5 BauGB). Auch insoweit gilt, dass die Belange des Denkmalschutzes in der Regel – positiv wie negativ – durch das Landesdenkmalrecht konkretisiert werden. § 35 Abs. 3 Satz 1 Nr. 5 BauGB ist zugunsten des Eigentümers eines Denkmals drittschützend, so-

weit ein benachbartes Vorhaben Belange des Denkmalschutzes beeinträchtigt, weil es nicht die gebotene Rücksicht auf das schutzwürdige Interesse des Eigentümers am Erhalt der Denkmalwürdigkeit seines denkmalgeschützten Anwesens nimmt.

VI. Nachbarschutz aus einer verfahrensrechtlichen Bestimmung?

746 Verfahrensrechtliche Vorschriften allgemeiner Art dienen nicht dem Schutz von Nachbarn. So kann ein Nachbar nicht mit Erfolg rügen, dem Bauherrn stehe das für jeden Antrag erforderliche Sachbescheidungsinteresse nicht zu, weil der Bauherr für das Vorhaben keine Genehmigung benötige oder diese nicht ausnutzen könne (vgl. VGH München, U.v. 25.11.2010 – 9 B 10.531 –, BRS 78 Nr. 155 = juris). Denn diese Erfordernisse dienen der öffentlichen Verwaltung vor unnützer Verwaltungsarbeit und nicht der Wahrung nachbarlicher Rechte.

747 Ob ein Anspruch eines von einer Baugenehmigung Betroffenen auf Aufhebung der Maßnahme allein wegen eines (bauordnungsrechtlichen) Verfahrensfehlers besteht, richtet sich danach, ob das einschlägige Verfahrensrecht dies vorsieht. Einige Bestimmungen des Verfahrensrechts haben in der Vergangenheit in diesem Punkt erhebliche Veränderungen vollzogen, und die Rechtsprechung ist uneinheitlich. Besonderen Einfluss hat die Frage im Bereich des Umweltrechts durch europarechtliche Bestimmungen und die Rechtsprechung des EuGH erlangt.

Wesentliche Bestimmung über die Folgen von Verfahrensfehler ist § 46 VwVfG.[120] Nach der sog. Subsidiaritätsklausel des § 1 VwVfG[121] ist das Verwaltungsverfahrensgesetz allerdings nicht anzuwenden, wenn und soweit eine andere Vorschrift eine abschließende Regelung über das anzuwendende Verfahrensrecht enthält. Darüber hinaus sind einzelne Bestimmungen nicht anzuwenden, wenn der jeweilige Gesetzgeber ihre Anwendung ausdrücklich ausgeschlossen hat. Letzteres ist vielfach durch die Landesbauordnungen geschehen, z.B. im Bereich der Angrenzer- und Nachbarbeteiligung.[122] Die nachfolgenden Ausführungen gelten deshalb, soweit sie sich auf Bestimmungen des Verwaltungsverfahrensgesetzes beziehen, nur in dem Umfang, in dem

120 **§ 46 Verwaltungsverfahrensgesetz [Folgen von Verfahrens- und Formfehlern]**
Die Aufhebung eines Verwaltungsaktes, der nicht nach § 44 nichtig ist, kann nicht allein deshalb beansprucht werden, weil er unter Verletzung von Vorschriften über das Verfahren, die Form oder die örtliche Zuständigkeit zustande gekommen ist, wenn offensichtlich ist, dass die Verletzung die Entscheidung in der Sache nicht beeinflusst hat.

121 **§ 1 VwVfG [Anwendungsbereich]**
(1) Dieses Gesetz gilt für die öffentlich-rechtliche Verwaltungstätigkeit der Behörden
1. (...)
2. der Länder, der Gemeinden und Gemeindeverbände, der sonstigen der Aufsicht des Landes unterstehenden juristischen Personen des öffentlichen Rechts, wenn sie Bundesrecht im Auftrag des Bundes ausführen, soweit nicht Rechtsvorschriften des Bundes inhaltsgleiche oder entgegenstehende Bestimmungen enthalten.

122 **Z.B.: § 74 BauO NRW [Öffentlichkeitsbeteiligung, Beteiligung der Angrenzer]**
(1) Auf das Baugenehmigungsverfahren findet § 25 Absatz 3 des Verwaltungsverfahrensgesetzes für das Land Nordrhein-Westfalen keine Anwendung.
(2) Die Eigentümerinnen und Eigentümer sowie die Erbbauberechtigten angrenzender Grundstücke (Angrenzer) sind nach den Absätzen 3 bis 5 zu beteiligen. Die Vorschriften des Verwaltungsverfahrensgesetzes für das Land Nordrhein-Westfalen sind insoweit nicht anzuwenden.
Art. 66 BayBO [Beteiligung des Nachbarn]
(2) Der Nachbar ist Beteiligter im Sinn des Art. 13 Abs. 1 Nr. 1 BayVwVfG. Art. 28 BayVwVfG findet keine Anwendung. (....).

nicht die jeweilige Bestimmung dieses Gesetzes vom Anwendungsbereich ausgenommen ist.

1. Verfahrensfehler im Anwendungsbereich des § 46 VwVfG

§ 46 VwVfG trifft eine Sonderregelung für die Verletzung von Vorschriften über das Verfahren, die Form und die örtliche Zuständigkeit. Der Anwendungsbereich der Bestimmung ist auf diese Fehler beschränkt und nicht analogiefähig. Insbesondere gilt die Unbeachtlichkeitsregelung nicht für materiellrechtliche Fehler, die infolge der genannten Verfahrensfehler entstanden sind. Die Bestimmung ist nach ihrem eindeutigen Wortlaut nur auf Anfechtungsklagen (auch Drittanfechtungsklagen im Bereich des Baunachbarrechts) und nicht auf Verpflichtungsklagen anwendbar. 748

Rechtsfolge der Bestimmung ist allein, dass der Aufhebungsanspruch nicht besteht; an der Rechtswidrigkeit der Entscheidung, die z.B. für eine Rücknahme eines rechtswidrigen Verwaltungsaktes (§ 48 VwVfG) Bedeutung hat, ändert dies nichts.

Verfahrensfehler im Sinne der Vorschrift sind alle Verstöße gegen Verfahrensvorschriften nach den §§ 9 bis 30 VwVfG, also z.B. gegen Beteiligungsvorschriften (vgl. dazu: VGH München, B.v. 28.1.2016 – 9 ZB 12.839 –, juris), Befangenheitsvorschriften oder gegen eine Hinweispflicht und den Untersuchungsgrundsatz. Die Heilung von Formfehlern (z.B. Verstoß gegen das Schriftlichkeitsgebot für Baugenehmigungen) ist kaum denkbar. Soweit ein Verstoß gegen die örtliche Zuständigkeit in Frage kommt, ist zu beachten, dass insofern nur ein Verstoß gegen § 3 Abs. 1 Nr. 2 bis 4 VwVfG in Frage kommt, da im Fall des § 3 Abs. 1 Nr. 1 VwVfG der Verwaltungsakt nichtig ist.

Durch das Gesetz zur Beschleunigung von Genehmigungsverfahren vom 12.9.1996 (BGBl. I S. 1354) wurde die Bestimmung des § 46 VwVfG ergänzt durch den Zusatz, dass die Aufhebung wegen der in der Bestimmung genannten Fehler nur dann nicht beansprucht werden kann, wenn offensichtlich ist, dass die Verletzung die Entscheidung in der Sache nicht beeinflusst hat (Kausalitätsprüfung). Mit diesem Zusatz ordnet die Bestimmung die in ihr genannten Verfahrensfehler den sog. relativen Verfahrensfehlern zu („harmless error prinziple"). Im Gegensatz zu diesen führen absolute Verfahrensfehler stets und unmittelbar zu einem Aufhebungsanspruch des Betroffenen; solche Verfahrensvorschriften sollen die Schutzpflicht des Staates für ein Grundrecht realisieren und sind wegen dieser Bedeutsamkeit vom Gesetzgeber mit dem Absolutheitsausspruch versehen worden. Sofern der Gesetzgeber einen Fehler nicht ausdrücklich der einen oder anderen Kategorie zugewiesen hat, ist die Unterscheidung anhand der Auslegung der jeweiligen Bestimmung vorzunehmen. 749

Beispiel: Die Missachtung der Beteiligungsrechte der Gemeinden im Genehmigungs- und Planfeststellungsverfahren, die die gemeindliche Planungshoheit berühren können, stellt einen absoluten Verfahrensfehler dar. 750

Verstöße gegen Verfahrensvorschriften im Zusammenhang mit der Erteilung einer Baugenehmigung stellen sich in der Regel als relative Verfahrensfehler dar. Bei solchen Verfahrensfehlern ist danach zu fragen, ob die konkrete Möglichkeit besteht, dass die Behörde ohne den Verfahrensfehler anders entschieden hätte. Insofern ist 751 eine Rekonstruktion des Entscheidungsvorgangs erforderlich (Kopp/Ramsauer, VwVfG, § 46 Rn. 26).

752 Zur Ergebnisrelevanz stellt das Urteil des BVerwG v. 24.11.2011 – 9 A 23/10 –, BVerwGE 141,171 = juris, klar, dass *„bei der Prüfung, ob ein Mangel bei der Abwägung i.S.v. § 17e Abs. 6 Satz 1 FStrG ohne Einfluss auf das Abwägungsergebnis ist, (...) der Abwägungsvorgang in allen seinen Phasen in den Blick zu nehmen [ist]. Die Ergebnisrelevanz ist nur dann zu verneinen, wenn der konkret vorliegende Abwägungsfehler weggedacht werden kann, ohne dass auf einer nachfolgenden Stufe der Abwägung ein weiterer ergebnisrelevanter Mangel erwächst.“*

753 Im Rahmen gebundener Entscheidung ergibt sich die Verpflichtung und Berechtigung zum Erlass des Verwaltungsaktes zwingend aus einfachgesetzlichen Bestimmungen. Das trifft in der Regel auch für Baugenehmigungen zu. Denn sofern die von der Behörde zu prüfenden Vorschriften dem Vorhaben nicht entgegenstehen, hat der Bauherr einen Anspruch auf sie.[123] In diesen Fällen kann der Fehler keinen Einfluss auf das Ergebnis haben. Insofern ist hier der Offensichtlichkeitsbeweis, leicht zu führen (vgl. VGH München, B.v. 28.1.2016 – 9 ZB 12.839 –, juris).

754 **Beispiel:** Ist die (ansonsten rechtmäßige) Baugenehmigung von einer örtlich unzuständigen Stelle erteilt worden, kann der Nachbar dies nicht rügen. Denn offensichtlich hat die Verletzung der Vorschrift über die örtliche Zuständigkeit nicht die Entscheidung in der Sache beeinflusst; die wirklich zuständige Stelle hätte genauso entschieden (s. auch VG Gelsenkirchen, B.v. 9.5.2014 – 9 L 552/14 –, nrwe; so im Erg. auch VGH Mannheim, B.v. 25.4.2006 – 3 S 547/06 –, juris).

755 Bei Ermessensentscheidungen, Beurteilungsspielräumen und planerischen Entscheidungen kann allerdings grundsätzlich nicht ausgeschlossen werden, dass die Behörde bei Beachtung der verfahrensrechtlichen Bestimmungen zu einem anderen Ergebnis gekommen wäre. Insofern trägt nach allgemeinen Grundsätzen die Behörde die materielle Beweislast für das Vorliegen der Voraussetzungen der Bestimmung, also der fehlenden Kausalität. Etwas anderes gilt allerdings dann, wenn das Ermessen auf Null reduziert ist, da dann wiederum (faktisch) eine gebundene Entscheidung zu treffen ist.

Nach der Rechtsprechung werden diese Grundsätze auch auf den Fall angewandt, dass die Genehmigung in dem „falschen“ Verfahren – etwa wegen einer zu Unrecht angenommener Verfahrensfreistellung – erteilt worden (vgl. OVG Saarlouis, B.v. 10.7.2013 – 2 B 320/13 –, juris). Eine Klage führe nur dann zur Aufhebung der angefochtenen Genehmigung, wenn das fehlerhafte Verfahren zu einer Verletzung eigener materieller Rechte geführt habe (vgl. OVG Koblenz, U.v. 29.10.2008 – 1 A 11330/07 –, DVBl. 2009, 390 = juris).

123 **§ 72 Musterbauordnung [Baugenehmigung, Baubeginn]**
(1) Die Baugenehmigung ist zu erteilen, wenn dem Bauvorhaben keine öffentlich-rechtlichen Vorschriften entgegenstehen, die im bauaufsichtlichen Genehmigungsverfahren zu prüfen sind. Die durch eine Umweltverträglichkeitsprüfung ermittelten, beschriebenen und bewerteten Umweltauswirkungen sind nach Maßgabe der hierfür geltenden Vorschriften zu berücksichtigen.

2. Bestimmtheit

Nach § 37 Abs. 1 VwVfG[124] muss der Verwaltungsakt hinreichend bestimmt sein, d.h. die im Bescheid getroffene Regelung muss für die Beteiligten – gegebenenfalls nach Auslegung – eindeutig zu erkennen und einer unterschiedlichen subjektiven Bewertung nicht zugänglich sein (vgl. nur VGH München, B.v. 16.4.2015 – 9 ZB 12.205 –, juris). Das gilt uneingeschränkt auch für Baugenehmigungen. Betrifft die Unbestimmtheit ein nachbarrechtlich relevantes Merkmal, wird der Nachbar durch sie in seinen Rechten verletzt. Eine Baugenehmigung ist daher aufzuheben, wenn wegen Fehlens oder Unvollständigkeit der Bauvorlagen Gegenstand und Umfang der Baugenehmigung nicht eindeutig festgestellt und aus diesem Grund eine Verletzung von Nachbarrechten nicht eindeutig ausgeschlossen werden kann (OVG Münster, U.v. 10.9.2014 – 2 B 918/14 –, nrwe). Der Inhalt der Baugenehmigung bestimmt sich nach der Bezeichnung des Bauvorhabens und den Regelungen im Baugenehmigungsbescheid, der konkretisiert wird durch die in Bezug genommenen Bauvorlagen. 756

Wird in der Genehmigung auf den Antrag oder Antragsunterlagen verwiesen – was zulässig ist (BVerwG, U.v. 29.11.2012 – 4 C 8.11 –, NVwZ 2013, 372 = juris) –, ist die Genehmigung hinreichend bestimmt, wenn es der Antrag oder die Antragsunterlagen sind (BVerwG, B.v. 20.5.2014 – 4 B 21/14 –, BRS 82 Nr. 167 = juris). Es ist auch grundsätzlich zulässig, in der Baugenehmigung auf Lärmgutachten oder ähnliche Ausarbeitungen Bezug zu nehmen, um sicherzustellen, dass das genehmigte Vorhaben rechtmäßig errichtet und betrieben wird. Insbesondere zum Schutz der betroffenen Nachbarschaft gegen schädliche Umwelteinwirkungen ist ein solches Vorgehen sachdienlich. Die erforderliche Bestimmtheit der Baugenehmigung kann problematisch sein, wenn das in Bezug genommene Gutachten – etwa ein Lärmgutachten – seinerseits auf weitere Gutachten – etwa ein Verkehrsgutachten zur Ermittlung der Ausgangsgrößen für das Lärmgutachten – verweist oder aus dem Gutachten nicht klar hervorgeht, welche Maßnahmen oder Prämissen für die erstellte Prognose als erforderlich angesehen werden und für welche Maßnahmen oder Annahmen dies nicht gilt. In derartigen Fällen kann der Regelungsgehalt der Baugenehmigung zulasten schutzbedürftiger Betroffener unklar bleiben und damit ist eine Vollstreckungsfähigkeit etwaiger Nebenbestimmungen nicht mehr gegeben (OVG Münster, B.v. 7.12.2007 – 10 B 1852/07 –, n.v.). 757

Nachbarn müssen zweifelsfrei feststellen können, ob und in welchem Umfang sie betroffen sind (vgl. VGH München, B.v. 29.4.2015 – 2 ZB 14.1164 –, juris). Eine Baugenehmigung ist deshalb i.A. dann in einer für den Nachbarn nachteiligen Weise unbestimmt, wenn der Nutzungsumfang der genehmigten Anlage nicht mit der erforderlichen Sicherheit erkennbar ist und die von der genehmigten Anlage auf das benachbarte Grundstück einwirkenden Immissionen und etwaigen schädlichen Umwelteinwirkungen nicht eindeutig absehbar sind. Maßgebend sind die Umstände des Einzelfalls, wobei Unklarheiten zu Lasten der Behörde gehen (Kopp/Ramsauer, VwVfG, § 37 Rn. 6, 7). 758

124 **§ 37 VwVfG [Bestimmtheit und Form des Verwaltungsaktes; Rechtsbehelfsbelehrung]**
(1) Ein Verwaltungsakt muss inhaltlich hinreichend bestimmt sein.
(....).

759 Die Belastung des Nachbarn beurteilt sich im Fall der Genehmigung eines Gaststättenbetriebs nach der genehmigten Zahl der Gastplätze sowie dem durch das Bauvorhaben bedingten Verkehr. Lässt die Baugenehmigung die Zahl der Personen nicht erkennen, die die insgesamt genehmigte Anlage mit all ihren Teilen nutzen, sind die den Nachbarn betreffenden Immissionen nicht abschließend feststellbar (VGH München. B.v. 28.10.2015 – 9 CS 15.1633 –, juris). Dabei müssen die Angaben in dem Bauantrag zum Bauvorhaben mit der objektiv möglichen Nutzung vereinbar sein (Krautzberger in: Ernst/Zinkahn/Bielenberg/Krautzberger, BauGB, § 29 Rn. 21), ansonsten liegt ein „Etikettenschwindel" vor (s. dazu oben Rn. 60).

760 Allerdings müssen die Baugenehmigungsunterlagen nicht jede einzelne denkbare Nutzung (etwa in Form von konkreten Veranstaltungen) aufführen und diese mit der Baugenehmigung festgeschrieben werden. Entscheidend und ausreichend ist vielmehr, dass die Nutzung eines Bauvorhabens nach Art, Umfang und Zeitdauer so klar beschrieben ist, dass eine Einschätzung der Auswirkungen auf die Nachbarschaft mit hinreichender Zuverlässigkeit möglich ist und gegebenenfalls entsprechende Schutzauflagen verfügt werden können.

761 **Beispiel (nach: VG Münster, U.v. 14.4.2016 – 2 K 1348/15 –, nrwe):** Die Genehmigung zur Nutzungsänderung einer Schule in ein Vereinshaus eines Musikvereins (Jugendorchester) nimmt die Betriebsbeschreibung in Bezug, in der dargestellt ist, wem die aufgegebenen Schulräume zur Verfügung gestellt werden und wie sich die Nutzung durch das Jugendorchester auf die einzelnen zur Verfügung stehenden Räume verteilt. Während die immissionsträchtigsten Proben durch elektronisch verstärkte Musikinstrumente und Schlagzeugunterricht in den Kellerräumen untergebracht sind, befinden sich im Erdgeschoss neben Verwaltungs- und Archivräumen auch einige wenige Einspielräume und ein Orchesterproberaum. Die eigentlichen Unterrichtsräume sind neben einem Abstell- und Lagerraum im Obergeschoss untergebracht. Hierdurch ist unter Hinzuziehung der Bauvorlagen, die Gegenstand der Baugenehmigung sind, unter nachbarrechtlichen Gesichtspunkten genau festgelegt, welche Räume für welche Proben zur Verfügung stehen. Ferner ist in einer Nebenbestimmung festgelegt, dass genau bestimmte Immissionsgrenzwerte tagsüber außerhalb und innerhalb der Ruhezeiten, gemessen jeweils 0,5 m vor dem geöffneten, vom Lärm am stärksten betroffenen Fenster am Wohngrundstück der Kläger nicht überschritten werden dürfen. Auf dieser Grundlage ist die Überprüfung der Nachbarrechtskonformität der Anlage sowohl für das Gericht als auch für die Nachbarn möglich.

762 **Beispiel für eine infolge eines in sich widersprüchlichen Bauantrags widersprüchliche Baugenehmigung (aus: OVG Münster, B.v. 3.2.2003 – 10 B 1439/02 –, juris):** Die Baugenehmigung nimmt Bezug auf Bauvorlagen, in denen die Brüstungshöhe der genehmigten Dachterrasse teilweise mit 171,67 m über NN (Nord-West und Süd-Ost-Ansicht), teilweise mit 171,47 m über NN (Detailschnitt, Nordansicht und Abstandsflächenberechnung) angegeben wird. Geht man von einer Brüstungshöhe von 171,67 m aus, so liegt die Abstandsfläche teilweise auf dem Grundstück des Nachbarn. Der Widerspruch lässt sich nicht durch Auslegung der Baugenehmigung beseitigen, weil keiner der genannten Bauvorlagen ein Auslegungsvorrang zukommt. Die prozessuale Erklärung des Bauherrn, die Höhenangabe 171,67 m über NN beruhe auf einem Versehen, ändert an der Widersprüchlichkeit des maßgeblichen objektiven Erklärungswerts nichts, insbesondere ist damit eine rechtlich erhebliche Korrektur der angeblich unzutreffenden Höhenangabe, die durch die Nachtragsbaugenehmigung erfolgen könnte, nicht verbunden.

3. Beteiligungsvorschriften

Alle Bauordnungen enthalten Regelungen zur Beteiligung von Nachbarn oder Angrenzern.[125] In der Rechtsprechung wird allgemein die Auffassung vertreten, dass der eigentliche Zweck von Beteiligungsvorschriften darin liege, die Behörde rechtzeitig und umfassend über den entscheidungserheblichen Sachverhalt zu unterrichten (vgl. VGH München, B.v. 28.1.2016 – 9 ZB 112.839 –, juris). Dass sie den Beteiligungsberechtigten die Möglichkeit geben, frühzeitig von dem Bauvorhaben Kenntnis zu nehmen und ihre Rechte zur Geltung zu bringen, begründet für diese kein subjektives öffentliches Recht (s. nur: Reichel/Schulte, Handbuch Bauordnungsrecht, 14. Kapitel, Rn. 276; OVG Münster, B.v. 4.11.2015 – 7 B 744/15 –, nrwe; VG Ansbach, B.v. 7.3.2016 – 9 S 15.02464 –, juris, zu Art. 66 Abs. 1 BayBO). 763

4. Besonderheiten im Umweltrecht

Im Umweltrecht, das in besonderem Maße durch das Europarecht und Entscheidungen des EuGH beeinflusst ist, gelten besondere Regelungen für den Fall der Verletzung von Verfahrensvorschriften. 764

a) UmwRG und UVPG

Die verfahrensrechtlichen drittschützenden Bezüge des Umweltrechts treten insbesondere zutage in dem Gesetz über ergänzende Vorschriften zu Rechtsbehelfen in Umweltangelegenheiten nach der EG-Richtlinie 2003/35/EG (Umwelt-Rechtsbehelfsgesetz, UmwRG), neugefasst durch Bekanntmachung vom 8.4.2013 (BGBl I 753), zuletzt geändert durch Art. 1 des Gesetzes vom 20.11.2015 (BGBl. I 2069). Der Hauptanwendungsbereich des UmwRG liegt in den Vorhaben, in denen nach dem Gesetz über die Umweltverträglichkeitsprüfung (UVPG) in der Fassung der Bekanntmachung vom 24.2.2010 (BGBl I S. 94), zuletzt geändert durch Artikel 2 des Gesetzes vom 21.12.2015 (BGBl I S. 2490), eine Umweltverträglichkeitsprüfung oder eine allgemeine oder standortbezogene Umweltverträglichkeitsvorprüfung durchzuführen ist.[126] 765

Das UVPG bestimmt, ob Vorhaben einer allgemeinen oder standortbezogenen Vorprüfung unterliegen oder UVP-pflichtig sind. Die meisten der in der Liste in Anhang 766

---

125 § 55 LBO BW, Art. 66 BayBO, § 64 BbgBO, § 70 BremLBO, § 71 HBauO, § 62 HBO, § 70 BauO MV, § 68 NBauO, § 74 BauO NRW, § 68 LBauO RP, § 71 LBO Saar, § 70 SächsBO, § 69 BauO LSA, § 72 LBO SH, § 69 ThürBO.

126 **§ 1 UmwRG [Anwendungsbereich]**
(1) Dieses Gesetz findet Anwendung für Rechtsbehelfe gegen
1. Entscheidungen im Sinne von § 2 Absatz 3 des Gesetzes über die Umweltverträglichkeitsprüfung über die Zulässigkeit von Vorhaben, für die nach
a) dem Gesetz über die Umweltverträglichkeitsprüfung,
b) der Verordnung über die Umweltverträglichkeitsprüfung bergbaulicher Vorhaben oder
c) landesrechtlichen Vorschriften
eine Pflicht zur Durchführung einer Umweltverträglichkeitsprüfung (UVP) bestehen kann;
(...)
Dieses Gesetz findet auch Anwendung, wenn entgegen geltenden Rechtsvorschriften keine Entscheidung nach Satz 1 getroffen worden ist. § 15 Absatz 5 und § 16 Absatz 3 des Gesetzes über die Umweltverträglichkeitsprüfung und § 44 a der Verwaltungsgerichtsordnung bleiben unberührt. Die Sätze 1 und 2 gelten nicht, wenn eine Entscheidung im Sinne dieses Absatzes auf Grund einer Entscheidung in einem verwaltungsgerichtlichen Streitverfahren erlassen worden ist.
(....).

1 aufgeführten Vorhaben sind (zum Teil wegen ihrer Größe und der Intensität der Nutzung) immissionsschutzrechtlich genehmigungsbedürftige Vorhaben, so z.B. Anlagen zur Gewinnung oder Bearbeitung von Steinen und Erden, Glas, Keramik, Baustoffen, Stahl, Eisen und sonstigen Metallen, Anlagen zur Errichtung von Intensivhaltung (oder –aufzucht) von Hennen, Junghennen, Mastgeflügel, Truthühnern, Rindern, Kälbern, Mastschweinen Sauen, Ferkeln und Pelztieren, Anlagen zur Abfallverwertung und -beseitigung, Errichtung und Betrieb einer Anlage zur Erzeugung von Strom, Dampf, Warmwasser, Prozesswärme oder erhitztem Abgas in einer Verbrennungseinrichtung, sonstige Industrieanlagen, Anlagen zur Kernenergie, Wasserwirtschaftliche Vorhaben mit Benutzung oder Ausbau eines Gewässers, bestimmte Verkehrsvorhaben und Leitungsanlagen.

767 Unter Nr. 18 trifft das Gesetz Regelungen zur UVP-Pflichtigkeit bestimmter Bauvorhaben. Je nach der Anzahl der Betten, Stellplätze, Größe, Geschosszahl und Grundfläche wird bestimmt, ob die Vorhaben UVP-pflichtig sind oder einer allgemeinen Vorprüfung des Einzelfalls unterliegen oder wegen der geringen Menge bzw. Größe gar nicht dem UVPG unterliegen.

- 18.1: Bau eines Feriendorfes, eines Hotelkomplexes oder einer sonstigen großen Einrichtung für die Ferien- und Fremdenbeherbergung, für den im bisherigen Außenbereich im Sinne des § 35 des Baugesetzbuchs ein Bebauungsplan aufgestellt wird,
- 18.2: Bau eines ganzjährig betriebenen Campingplatzes, für den im bisherigen Außenbereich im Sinne des § 35 des Baugesetzbuchs ein Bebauungsplan aufgestellt wird,
- 18.3: Bau eines Freizeitparks, für den im bisherigen Außenbereich im Sinne des § 35 des Baugesetzbuchs ein Bebauungsplan aufgestellt wird,
- 18.4: Bau eines Parkplatzes, für den im bisherigen Außenbereich im Sinne des § 35 des Baugesetzbuchs ein Bebauungsplan aufgestellt wird,
- 18.5: Bau einer Industriezone für Industrieanlagen, für den im bisherigen Außenbereich im Sinne des § 35 des Baugesetzbuchs ein Bebauungsplan aufgestellt wird,
- 18.6: Bau eines Einkaufszentrums, eines großflächigen Einzelhandelsbetriebes oder eines sonstigen großflächigen Handelbetriebes im Sinne des § 11 Absatz 3 Satz 1 der Baunutzungsverordnung, für den im bisherigen Außenbereich im Sinne des § 35 des Baugesetzbuchs ein Bebauungsplan aufgestellt wird,
- 18.7: Bau eines Städtebauprojektes für sonstige bauliche Anlagen, für den im bisherigen Außenbereich im Sinne des § 35 des Baugesetzbuchs ein Bebauungsplan aufgestellt wird,
- 18.8: Bau eines Vorhabens der in den Nummern 18.1 bis 18.7 genannten Art, soweit der jeweilige Prüfwert für die Vorprüfung erreicht oder überschritten wird und für den in sonstigen Gebieten ein Bebauungsplan aufgestellt, geändert oder ergänzt wird, sowie
- 18.9: Vorhaben, für das nach Landesrecht zur Umsetzung der Richtlinie 85/337/EWG des Rates über die Umweltverträglichkeitsprüfung bei bestimmten öffentlichen und privaten Projekten (ABl. EG Nr. L 175 S. 40) in der durch die Änderungsrichtlinie 97/11/EG des Rates (ABl. EG Nr. L 73 S. 5) geänderten Fas-

sung eine Umweltverträglichkeitsprüfung vorgesehen ist, sofern dessen Zulässigkeit durch einen Bebauungsplan begründet wird oder ein Bebauungsplan einen Planfeststellungsbeschluss ersetzt.

b) Anfechtungsrecht

§ 4 UmwRG[127] regelt das Anfechtungsrecht bei Fehlern in einer Entscheidung über die Zulässigkeit eines Vorhabens nach § 1 Abs. 1 Satz 1 Nr. 1 und 2 UmwRG. Das Anfechtungsrecht steht nach § 4 Abs. 3 UmwRG auch natürlichen und juristischen Personen sowie rechtsfähigen Vereinigungen zu. 768

Die Fehlerfolgen sind unterschiedlich, je nachdem ob es sich um einen „absoluten“ Verfahrensfehler oder einen „relativen“ Verfahrensfehler handelt (s. dazu ab Rn. 773). Im Falle eines absoluten Verfahrensfehlers führt ein Verstoß unmittelbar zu einer Rechtsverletzung des Betroffenen, ohne dass dieser dartun muss, dass dieser Verstoß sich auf die Sachentscheidung ausgewirkt hat; der Verfahrensfehler selbst bewirkt dann bereits die Rechtsverletzung.

§ 4 UmwRG enthält eine klare Unterscheidung zwischen den Folgen relativer und absoluter Verfahrensfehler. Diese Bestimmung in der jetzt gültigen Fassung geht zurück 769

127 **§ 4 UmwRG [Fehler bei der Anwendung von Verfahrensvorschriften]**
(1) Die Aufhebung einer Entscheidung über die Zulässigkeit eines Vorhabens nach § 1 Absatz 1 Satz 1 Nummer 1 und 2 kann verlangt werden, wenn
1. eine nach den Bestimmungen des Gesetzes über die Umweltverträglichkeitsprüfung, nach der Verordnung über die Umweltverträglichkeitsprüfung bergbaulicher Vorhaben oder nach entsprechenden landesrechtlichen Vorschriften
a) erforderliche Umweltverträglichkeitsprüfung oder
b) erforderliche Vorprüfung des Einzelfalls zur Feststellung der UVP-Pflichtigkeit
weder durchgeführt noch nachgeholt worden ist,
2. eine erforderliche Öffentlichkeitsbeteiligung im Sinne von § 9 des Gesetzes über die Umweltverträglichkeitsprüfung oder im Sinne von § 10 des Bundes-Immissionsschutzgesetzes weder durchgeführt noch nachgeholt worden ist oder
3. ein anderer Verfahrensfehler vorliegt, der
a) nicht geheilt worden ist,
b) nach seiner Art und Schwere mit den in den Nummern 1 und 2 genannten Fällen vergleichbar ist und
c) der betroffenen Öffentlichkeit die Möglichkeit der gesetzlich vorgesehenen Beteiligung am Entscheidungsprozess genommen hat; zur Beteiligung am Entscheidungsprozess gehört auch der Zugang zu den Unterlagen, die zur Einsicht für die Öffentlichkeit auszulegen sind.
Eine durchgeführte Vorprüfung des Einzelfalls zur Feststellung der UVP-Pflichtigkeit, die nicht dem Maßstab des § 3 a Satz 4 des Gesetzes über die Umweltverträglichkeitsprüfung genügt, steht einer nicht durchgeführten Vorprüfung nach Satz 1 Nummer 1 Buchstabe b gleich.
(1 a) Für Verfahrensfehler, die nicht unter Absatz 1 fallen, gilt § 46 des Verwaltungsverfahrensgesetzes. Lässt sich durch das Gericht nicht aufklären, ob ein Verfahrensfehler nach Satz 1 die Entscheidung in der Sache beeinflusst hat, wird eine Beeinflussung vermutet.
(1 b) Unberührt bleiben
1. § 45 Absatz 2 des Verwaltungsverfahrensgesetzes sowie
2. § 75 Absatz 1 a des Verwaltungsverfahrensgesetzes und andere entsprechende Rechtsvorschriften zur Planerhaltung.
Auf Antrag kann das Gericht anordnen, dass die Verhandlung bis zur Heilung von Verfahrensfehlern im Sinne der Absätze 1 und 1 a ausgesetzt wird, soweit dies im Sinne der Verfahrenskonzentration sachdienlich ist.
(2) Soweit Gegenstand der gerichtlichen Überprüfung Beschlüsse im Sinne des § 2 Absatz 3 Nummer 3 des Gesetzes über die Umweltverträglichkeitsprüfung sind, gelten abweichend von den Absätzen 1 bis 1 b die §§ 214 und 215 und die diesbezüglichen Überleitungsvorschriften des Baugesetzbuchs sowie die einschlägigen landesrechtlichen Vorschriften.
(3) Die Absätze 1 bis 2 gelten auch für Rechtsbehelfe von Beteiligten nach § 61 Nummer 1 und 2 der Verwaltungsgerichtsordnung. Absatz 1 Satz 1 Nummer 3 ist mit der Maßgabe anzuwenden, dass die Aufhebung einer Entscheidung nur verlangt werden kann, wenn der Verfahrensfehler dem Beteiligten die Möglichkeit der gesetzlich vorgesehenen Beteiligung am Entscheidungsprozess genommen hat.

auf das Urteil des EuGH vom 7.11.2013 – C-72/12 [ECLI:EU:C:2013:712] (Altrip), bestätigt durch Urteil vom 15.10.2015 – C-137/14 – [ECLI:EU:C:2015:683]. Zuvor hatte die Rechtsprechung auf von § 4 Abs. 1 UmwRG a.F. nicht erfasste Verfahrensfehler das allgemeine Verwaltungsverfahrensrecht und damit auch § 46 VwVfG angewendet (BVerwG, U.v. 24.11.2011 – 9 A 23.10 –, BVerwGE 141, 171= juris). Eine Aufhebung konnte deshalb nur beansprucht werden, wenn der Verfahrensfehler für das den Kläger belastende Ergebnis der Planfeststellung kausal war. In der Altrip-Entscheidung hat der EuGH ausgesprochen, dass im Falle einer – von § 4 Abs. 1 UmwRG a.F. nicht erfassten – fehlerhaft durchgeführten UVP in Bezug auf das Kausalitätskriterium eine Rechtsverletzung im Sinne der UVP-Richtlinie nur verneint werden könne, wenn das Gericht zu der Feststellung in der Lage sei, dass die angegriffene Entscheidung ohne den vom Rechtsbehelfsführer geltend gemachten Verfahrensfehler nicht anders ausgefallen wäre. Dabei sei es auch Sache des Gerichts, unter anderem den Grad der Schwere des geltend gemachten Fehlers zu berücksichtigen und dabei insbesondere zu prüfen, ob dieser Fehler der betroffenen Öffentlichkeit eine der Garantien genommen hat, die geschaffen wurden, um ihr im Einklang mit den Zielen der UVP-Richtlinie Zugang zu Informationen und die Beteiligung am Entscheidungsprozess zu ermöglichen. Im Anschluss an die Altrip-Entscheidung wurde unter anderem § 4 UmwRG geändert. In den neu gefassten Absätzen 1 bis 1 b sollte „deutlicher zwischen absoluten (Absatz 1) und relativen (Absatz 1 a) Verfahrensfehlern" unterschieden werden (BT-Drs. 18/5927 S. 9).

770 Die in § 4 Abs. 1 UmwRG genannten Verfahrensfehler sind absolute Verfahrensfehler. *„Die in § 4 Abs. 1 UmwRG geregelten absoluten Verfahrensfehler führen ohne weiteres, d.h. unabhängig von den in § 113 Abs. 1 Satz 1 VwGO und § 46 VwVfG geregelten Voraussetzungen, zur Aufhebung des Verwaltungsakts. Nicht unter Absatz 1 fallende – relative – Verfahrensfehler werden nunmehr in § 4 Abs. 1 a UmwRG gesetzlich geregelt. § 4 Abs. 1 a Satz 1 UmwRG stellt klar, dass bei relativen Verfahrensfehlern – anders als bei absoluten Verfahrensfehlern – § 46 VwVfG gilt. Die Aufhebung eines (nicht nichtigen) Verwaltungsakts kann deshalb wegen eines relativen Verfahrensfehlers nicht beansprucht werden, wenn offensichtlich ist, dass die Verletzung der Verfahrensvorschrift die Entscheidung in der Sache nicht beeinflusst hat.“* (BVerwG, U.v. 21.1.2016 – 4 A 5/14 –, juris)

771 **Beispiel (nach VG Aachen, B.v. 20.1.2016 – 3 K 2445/12 –, nrwe):** Die Bauherrin errichtete auf der Grundlage einer ihr erteilten Baugenehmigung einen großflächigen Lebensmittel-Discountmarkt mit 96 Stellplätzen. Das Grundstück der Kläger grenzt unmittelbar an. Den Bebauungsplan, mit dem das vorher dem Außenbereich zugehörige Baugrundstück überplant wurde, erklärte das Normenkontrollgericht für unwirksam. Nach Errichtung des Vorhabens setzte die Genehmigungsbehörde das umweltrechtliche Prüfungsverfahren, das in einem vorangegangenen Verfahren beanstandet worden war, fort. In einem Verfahren auf Erteilung einer Nachtragsbaugenehmigung verwies sie auf eine erneute Vorprüfung. Darin verneinte sie die Erheblichkeit von Umweltauswirkungen. Es heißt dort: „Überschlägige Beschreibung der Umweltauswirkung: Beeinträchtigung durch Verkehrslärm durch Anlieferung und Kundenverkehr; Lärm kann durch entsprechende Maßnahmen gemindert werden; Verbesserung des örtlichen Nahversorgungsangebotes“.

772 Das Gericht entschied: *„Die erneute Vornahme ("Nachholung") dieser Vorprüfung im Rahmen der Erteilung der Nachtragsbaugenehmigung vom 30. Dezember 2014 dürfte dem einschlägigen rechtlichen Maßstab in § 3 a Satz 4 des Gesetzes über die Umweltverträglichkeitsprüfung (UVPG) nicht*

genügt haben. In die dort vorgenommene Beschreibung der Umweltauswirkung ist ausweislich von Ziffer 2.3 der Vorprüfung ein sachfremder Gesichtspunkt eingegangen. So beschreibt die Beklagte die Umweltauswirkungen des Vorhabens nicht nur mit der Beeinträchtigung durch Verkehrslärm, sondern u.a. auch mit der "Verbesserung des örtlichen Nahversorgungsangebotes". Letztgenannter Gesichtspunkt besitzt erkennbar keinen umweltrechtlichen Bezug im Sinne von §§ 3 a, 12 UVPG und darf daher nicht als Begründung dafür dienen, die Lärmauswirkungen des betreffenden Lebensmittelmarktes als "mittel", also als nicht erheblich einzuordnen. Schon damit verliert die behördliche Vorprüfung, die durch das Gericht nicht ersetzt werden kann, die erforderliche Nachvollziehbarkeit."

„Relativ" ist ein Verfahrensfehler dann, wenn er nur für den Fall beachtlich ist, dass er sich auf die Sachentscheidung ausgewirkt hat oder haben konnte. § 4 Abs. 1 a UmwRG verweist für die in diesem Absatz angesprochenen Verfahrensfehler (also solche, die nicht in Abs. 1 aufgeführt sind) wegen der Rechtsfolge auf § 46 VwVfG mit der dortigen Regelung über relative Verfahrensfehler. Zusätzlich ist bestimmt, dass für den Fall, dass die Kausalität nicht aufgeklärt werden kann, eine Beeinflussung der Sachentscheidung vermutet wird. 773

Das Bundesverwaltungsgericht hat mit Urteil vom 21.1.2016 (4 A 5/14, NVwZ 2016, 844 = juris) zu der Frage, welche Anstrengungen das Gericht unternehmen muss, um sich Gewissheit darüber zu verschaffen, ob die Verletzung der Verfahrensvorschrift die Entscheidung in der Sache (nicht) beeinflusst hat, klargestellt: 774

„Zur Aufklärung dieser Frage hat das Gericht im Rahmen seiner Pflicht zur Erforschung des Sachverhalts von Amts wegen (§ 86 VwGO) alle verfügbaren Erkenntnismöglichkeiten auszuschöpfen. Lässt sich nicht aufklären, ob der Verfahrensfehler die Entscheidung in der Sache beeinflusst hat, wird eine Beeinflussung nach § 4 Abs. 1 a Satz 2 UmwRG n.F. vermutet (Kausalitätsvermutung). Das Gericht hat in diesem Fall also zugunsten des Klägers zu unterstellen, dass der Verfahrensfehler Einfluss auf die Sachentscheidung gehabt hat. Damit soll sichergestellt werden, dass § 46 VwVfG in Übereinstimmung mit den Grundsätzen, die der Europäische Gerichtshof zur Beachtlichkeit von Verfahrensfehlern im Altrip-Urteil aufgestellt hat, angewandt wird, insbesondere, dass dem Rechtsbehelfsführer in keiner Form die (materielle) Beweislast für die Frage auferlegt wird, ob die angegriffene Entscheidung ohne den Verfahrensfehler anders ausgefallen wäre (BT-Drs. 18/5927 S. 10)."

Zu den Mitteln und dem Erkenntnisziel der Untersuchung der Frage, ob es offensichtlich ist, dass die angegriffene Entscheidung ohne den vom Kläger geltend gemachten Verfahrensfehler nicht anders ausgefallen wäre, weiter aus dem Urteil des Bundesverwaltungsgericht: 775

„Erkenntnismittel des Gerichts sind die vom Vorhabenträger oder der zuständigen Behörde vorgelegten Beweise sowie die gesamten dem Gericht vorliegenden Akten und Planunterlagen, aber auch sonst erkennbare oder naheliegende Umstände (...). Erkenntnisziel ist, ob nach den Umständen des Einzelfalls die konkrete Möglichkeit besteht, dass ohne den angenommenen Verfahrensmangel die Entscheidung anders ausgefallen wäre (...). Eine solche konkrete Möglichkeit besteht immer dann, wenn sich anhand der in Betracht kommenden Erkenntnismittel die Möglichkeit abzeichnet, dass der Verfahrensmangel von Einfluss auf das Ergebnis gewesen sein kann (...). Diesem konkreten Kausalitätsbegriff hat weder der Europäische Gerichtshof

eine Absage erteilt, noch hat sich der Bundesgesetzgeber mit der Neuregelung des § 4 Abs. 1 a Satz 1 UmwRG hiervon distanziert. Dabei ist es Sache des Gerichts, unter anderem auch die Schwere des geltend gemachten Verfahrensfehlers zu gewichten und insbesondere zu prüfen, ob dieser Fehler der betroffenen Öffentlichkeit eine der Garantien genommen hat, die geschaffen wurden, um ihr im Einklang mit den Zielen der UVP-Richtlinie Zugang zu Informationen und die Beteiligung am Entscheidungsprozess zu ermöglichen (EuGH, Urteil vom 7. November 2013 – C-72/12 – Rn. 54).“

776 In Anwendung dieser Rechtsgrundsätze kam das Gericht in dem konkreten Fall zu der Erkenntnis, *„dass die von den Klägern gerügten Bekanntmachungsfehler die Entscheidung in der Sache offensichtlich nicht beeinflusst haben, also die angegriffene Entscheidung ohne die Fehler nicht anders ausgefallen wäre. Die Fehler führen deshalb weder zur Aufhebung noch zur Feststellung der Rechtswidrigkeit und Nichtvollziehbarkeit des Verwaltungsakts.“*

C. Anspruch auf bauaufsichtliches Einschreiten

777 Gegenstand der nachfolgenden Darstellung ist ein möglicher Anspruch auf bauaufsichtliches Einschreiten.

Darunter fällt – analog der Verpflichtung der Beachtung der Vorgaben aus § 22 BImSchG in einem Genehmigungsverfahren – auch ein Anspruch auf bauaufsichtliches Einschreiten wegen einer baulichen Anlage, der darauf gegründet wird, dass die Anlage in ihrer Errichtung oder ihrem Betrieb nicht den rechtlichen Vorgaben des § 22 BImSchG entspreche. Nicht zu erörtern ist hingegen im Rahmen dieser auf öffentliches Baunachbarrecht beschränkten Darstellung ein Anspruch auf Tätig-Werden nach §§ 24, 25 BImSchG (der unter Umständen neben einem und unabhängig von einem auf Baurecht gestützten Anspruch bestehen kann und z.B. wegen des größeren Kreises der Anspruchsberechtigten einem weiter reichenden Personenkreis Rechte gewährt, vgl. oben Rn. 17 einerseits und Rn. 32 andererseits). Ein solcher Anspruch ist Teil des hier nicht zu behandelnden Immissionsschutzrechts. Der Kern der Materie bestimmt sich nämlich nach der Rechtsnorm, aus der der Anspruch hergeleitet wird, und bei den §§ 24 und 25 BImSchG handelt es sich um Ermächtigungs- und Anspruchsgrundlagen des eigentlichen Immissionsschutzrechts, auch wenn sie in einem Einzelfall zur Durchsetzung von Pflichten für die Errichtung und den Betrieb baulicher Anlagen nach § 22 BImSchG dienen.

778 Der Anspruch auf bauaufsichtliches Einschreiten ist die Kehrseite des Abwehranspruchs gegen die bauaufsichtliche Zulassung eines Vorhabens. Er kommt in Frage, wenn die Bauaufsicht mit Blick auf ein baurechtliches relevantes Geschehen nicht von Amts wegen tätig wird. Hierzu zählt auch der Fall der Legalisierung eines Vorhabens unter Ausklammerung nachbarrechtsrelevanter Fragen, die außerhalb des obligatorischen Prüfungsrahmens liegen. Denn auch in diesen Fällen müsste die Bauaufsichtsbehörde eigentlich, jedenfalls aus der Sicht des Nachbarn, im Hinblick auf den Ver-

stoß gegen nachbarschützende Vorschriften sofort von Amts wegen tätig werden. Soweit die Behörden nicht nach der landesrechtlichen Rechtslage ohnehin verpflichtet sind, zur Abwehr von Gefahren für Leben und Gesundheit die Vereinbarkeit eines Vorhabens auch mit solchen Vorschriften zu prüfen, die außerhalb ihres obligatorischen Prüfungsrahmens liegen (s. dazu oben Rn. 54), dürften sie spätestens nach Verwirklichung des Vorhabens dessen Vereinbarkeit mit dem gesamten materiellen Bauordnungsrecht (und ohnehin des Bauplanungsrechts) zu prüfen haben, um dann gegebenenfalls repressiv gegen den Bauherrn vorzugehen. Stehen in diesem Zusammenhang Nachbarrechte in Rede, kann auch in diesen Fällen der Nachbar ein bauaufsichtliches Einschreiten verlangen.

Beispiele: 779

- aus dem Bauplanungsrecht:
  - bauplanungsrechtlich unzulässige gewerbliche Nutzung einer baulichen Anlage in -einem reinen Wohngebiet,
  - Veränderung einer Doppelhaushälfte, die diesen Charakter zerstört
- aus dem Bauordnungsrecht:
  - Herstellung einer unzulässigen Öffnung in einer Brandwand,
  - Nutzung einer Grenzgarage zu anderen als privilegierten Zwecken

I. Verpflichtung zum Einschreiten

1. Anspruchsgrundlage

Die Landesbauordnungen enthalten keine ausdrücklich formulierte Anspruchsgrundlage zugunsten eines Nachbarn gegen die Bauaufsichtsbehörde auf bauaufsichtliches Einschreiten gegen ein baurechtliches Vorhaben oder einen baulichen Zustand auf einem anderen Grundstück. Dennoch wird ein solcher Anspruch in ständiger Rechtsprechung anerkannt. Er folgt dogmatisch aus der Befugnis der Behörde zum Handeln, die sich zu einer Verpflichtung wandeln kann. Der Anspruch eines Nachbarn auf bauordnungsbehördliches Einschreiten beruht deshalb auf der landesrechtlichen Eingriffsermächtigung.[128] 780

Der Anspruch auf bauaufsichtliches Einschreiten besteht, wenn 781

- die fragliche bauliche Anlage (in ihrer Existenz oder Nutzung) wegen Verstoßes gegen das objektive Recht materiellrechtlich rechtswidrig ist,
- die Anlage den Nachbarn in seinen subjektiven öffentlichen Rechten verletzt (insofern gelten die zum Begriff des „Nachbarn“ und zum nachbarschützenden Charakter einzelner Bestimmungen dargestellten Grundsätze),
- die Anlage nicht durch (noch fortdauernde) formelle oder materielle Legalität gedeckt wird (als schutzwürdige Position im Sinne der Ausführungen ab Rn. 795),

128 **§ 58 Musterbauordnung [Aufgaben und Befugnisse der Bauaufsichtsbehörden]**
(1) Die Bauaufsicht ist Aufgabe des Staates.
(2) Die Bauaufsichtsbehörden haben bei der Errichtung, Änderung, Nutzungsänderung und Beseitigung sowie bei der Nutzung und Instandhaltung von Anlagen darüber zu wachen, dass die öffentlich-rechtlichen Vorschriften eingehalten werden, soweit nicht andere Behörden zuständig sind. 2ie können in Wahrnehmung dieser Aufgaben die erforderlichen Maßnahmen treffen.
Ähnlich: z.B: **§ 61 BauO NRW, § 81 LBauO RP, Art. 76 Satz 1 BayBO.**

- dieser Nachbar seine Abwehrrechte nicht verloren hat (zum Verlust der Nachbarrechte s. ab Rn. 887) sowie
- das Ermessen der Behörde auf Null reduziert ist (dazu sogleich).

2. Entschließungsermessen und Opportunitätsprinzip

782 Ein Nachbar, der durch eine rechtswidrig errichtete Anlage in seinen Rechten verletzt wird, hat gegenüber der Behörde grundsätzlich nur einen Anspruch auf ermessensgerechte Entscheidung. Denn im Rahmen ihrer bauaufsichtlichen Tätigkeit liegt die Entscheidung der Bauaufsichtsbehörde, ob und ggfs. wie und gegen wen sie tätig wird, in ihrem pflichtgemäßen Ermessen (§ 40 VwVfG[129]). Ein Rechtsanspruch auf Einschreiten steht ihm dann zu, wenn das Ermessen auf Grund der konkreten Umstände des Einzelfalls zu seinen Gunsten auf Null reduziert ist. Wäre das Ermessen stets schon bei Vorliegen der Tatbestandsvoraussetzung der Ermächtigungsnorm, d.h. bei formeller und materieller Illegalität der baulichen Anlage zu Gunsten des Nachbarn auf Null reduziert, würde die gesetzgeberische Ausgestaltung als Ermessensnorm leerlaufen (vgl. VGH München, B.v. 4.7.2011 – 15 ZB 09.1237 –, juris).

783 Das Bundesverwaltungsgericht hat mit Urteil vom 18.8.1960 (I C 42.59, NJW 1961, 793 = juris) zu dem Opportunitätsprinzip im Spannungsverhältnis zur Ermessensfreiheit im Bauordnungsrecht grundlegend ausgeführt:

„Die Behörde muss sich von dem Sinn des Gesetzes leiten lassen, das ihr ein Ermessen einräumt. Andernfalls wird ihre Entschließung ebenso rechtswidrig (Ermessensmissbrauch) wie bei Verkennung der Grenzen des eingeräumten Ermessensspielraums (Ermessensüberschreitung oder Nichtgebrauch des Ermessens). Das hier in Rede stehende polizeiliche Ermessen zum Einschreiten gegen baurechtswidrige Zustände hat sich nach der leitenden Aufgabe der Polizei, der Erhaltung der öffentlichen Sicherheit und Ordnung, zu richten. Soweit die verletzten Vorschriften zugleich dem Nachbarschutz dienen, sind auch die Nachbarn zu berücksichtigen. Für eine rechtsfehlerfreie Ermessensausübung kann neben anderen Umständen auch das Ausmaß oder die Schwere der Störung oder Gefährdung eine maßgebende Bedeutung haben. Bei hoher Intensität der Störung oder Gefährdung kann eine Entschließung der Behörde zum

---

129 **§ 40 VwVfG [Ermessen]**
Ist die Behörde ermächtigt, nach ihrem Ermessen zu handeln, hat sie ihr Ermessen entsprechend dem Zweck der Ermächtigung auszuüben und die gesetzlichen Grenzen des Ermessens einzuhalten.
s. auch **§ 39 VwVfG [Begründung des Verwaltungsaktes]**
(1) Ein schriftlicher oder elektronischer sowie ein schriftlich oder elektronisch bestätigter Verwaltungsakt ist mit einer Begründung zu versehen. In der Begründung sind die wesentlichen tatsächlichen und rechtlichen Gründe mitzuteilen, die die Behörde zu ihrer Entscheidung bewogen haben. Die Begründung von Ermessensentscheidungen soll auch die Gesichtspunkte erkennen lassen, von denen die Behörde bei der Ausübung ihres Ermessens ausgegangen ist.
(2) Einer Begründung bedarf es nicht,
1. soweit die Behörde einem Antrag entspricht oder einer Erklärung folgt und der Verwaltungsakt nicht in Rechte eines anderen eingreift;
2. soweit demjenigen, für den der Verwaltungsakt bestimmt ist oder der von ihm betroffen wird, die Auffassung der Behörde über die Sach- und Rechtslage bereits bekannt oder auch ohne Begründung für ihn ohne weiteres erkennbar ist;
3. wenn die Behörde gleichartige Verwaltungsakte in größerer Zahl oder Verwaltungsakte mit Hilfe automatischer Einrichtungen erlässt und die Begründung nach den Umständen des Einzelfalls nicht geboten ist;
4. wenn sich dies aus einer Rechtsvorschrift ergibt;
5. wenn eine Allgemeinverfügung öffentlich bekannt gegeben wird.

Nichteinschreiten unter Umständen sogar als schlechthin ermessensfehlerhaft erscheinen. Praktisch kann dieserhalb die rechtlich gegebene Ermessensfreiheit derart zusammenschrumpfen, dass nur eine einzige ermessensfehlerfreie Entschließung, nämlich die zum Einschreiten, denkbar ist und höchstens für das Wie des Einschreitens noch ein ausnutzbarer Ermessensspielraum der Behörde offenbleibt. Unter dieser besonderen Voraussetzung kann der an sich nur auf ermessensfehlerfreie Entschließung der Behörde gehende Rechtsanspruch im praktischen Ergebnis einem strikten Rechtsanspruch auf ein bestimmtes Verwaltungshandeln gleichkommen. Die Grundauffassung des Berufungsgerichts aber, die dies nicht ausschließt, verletzt den Rechtsstaatsgrundsatz nicht."

3. Reduzierung des Entschließungsermessens

Davon, dass die Ermessensfreiheit sich zu einer Verpflichtung zum Handeln gewandelt hat, ist in der Regel auszugehen, wenn gegen eine Bestimmung verstoßen wird, die gerade auch den Zweck hat, Rechte dieses Nachbarn zu begründen und zu schützen. Allerdings führt die Rechtsverletzung nicht stets „reflexartig" zu einer Handlungspflicht der Behörde und zu einem Anspruch des Nachbarn auf Einschreiten. Vielmehr ist die Frage einer Ermessensreduzierung zugunsten eines bauaufsichtlichen Einschreitens auch bei einer Verletzung nachbarschützender Normen von den konkreten Umständen des Einzelfalls abhängig. Insoweit sind insbesondere die jeweilige landesrechtliche Rechtslage und deren Ausformung durch die Rechtsprechung maßgeblich. 784

Die verwaltungsgerichtliche Rechtsprechung ist sich weitgehend darüber einig, dass eine Ermessensreduzierung auf Null hinsichtlich des bauaufsichtlichen Einschreitens in Form einer Rückbauverpflichtung nur dann anzunehmen, wenn die in dem Rechtsverstoß des Bauherrn liegende Störung des Nachbarn ein gewisses Gewicht hat. Dies ist zweifellos (aber nicht erst dann) gegeben, wenn eine unzumutbare, auf andere Weise nicht zu beseitigende Gefahr für hochwertige Rechtsgüter wie Leben oder Gesundheit droht oder sonst unzumutbare Belästigungen bestehen.

Nach der Rechtsprechung zu Art. 67 Satz 1 BayBO (vgl. z.B. VGH München, B.v. 18.6.2008 – 9 ZB 07.497 –, juris, und B.v. 29.3.2011 – 15 ZB 09.412 – juris) ist eine Ermessensreduzierung auf Null nur gegeben, wenn von der rechtswidrigen baulichen Anlage oder deren Nutzung Beeinträchtigungen ausgehen, die einen „erheblichen Grad" erreichen, und die Abwägung der Beeinträchtigung des Nachbarn mit dem Schaden des Bauherrn ein „deutliches Übergewicht der Interessen des Nachbarn" ergibt. 785

Beispiel (nach VG München, U.v. 13.10.2015 – M 1 K 15.2563 –, juris): Die streitige Garage des Bauherrn hält den unter Heranziehung des 16 m-Privilegs erforderlichen Mindestabstand von 3 m nicht ein, sondern unterschreitet ihn um 33 cm. Gegenüber der Garage befindet sich das Gartenhaus der Klägerin, das – über die bloße Nichteinhaltung des Maßes der Abstandsflächen hinaus – keine nennenswerte Beeinträchtigung erfährt. Die Belange Belichtung, Belüftung und Besonnung werden bei dem erhöht stehenden Gartenhaus kaum beeinträchtigt. Das Wohnhaus der Klägerin, das besonderen Schutz genießen würde, liege weiter nördlich und circa 20 m von der Garage entfernt, so dass diese hierauf keine negative Auswirkung hat. Es ist nach Ansicht des Gerichts der Klägerin ohne weiteres möglich und zumutbar, Beeinträchtigungen nach § 1004 BGB zivilrechtlich geltend zu machen. 786

787 **Weiteres Beispiel (nach OVG Münster, U.v. 25.10.2010 – 7 A 2907/09 –, nrwe):** Der Grundstücksteil, auf den die Abstandsfläche fällt, wird weder baulich genutzt noch ist seine Bebauung absehbar. Denn er ist ein im Außenbereich gelegener Teil einer Wald- und Wiesenfläche, der sich von dem wohngenutzten Bereich des Flurstücks erkennbar abhebt. Diese tatsächliche Nutzung ist im Hinblick auf die vom Abstandsrecht geschützten Belange nicht schutzbedürftig.

788 Diese restriktive Rechtsprechung ist zwar im Ergebnis zutreffend, jedoch dogmatisch zweifelhaft und rechtlich nicht erforderlich. Sie verkennt, dass unter dem Blickwinkel der behördlichen Tätigkeit hinsichtlich der Nachbarinteressen im Rahmen repressiver ordnungsbehördlicher Tätigkeit kein anderer Maßstab gelten darf, als er im Rahmen präventiver Genehmigungspraxis anzuwenden ist. Denn andernfalls würde der Bauwillige bei zweifelhafter Genehmigungslage geradezu eingeladen, das Bauvorhaben zunächst unter Umgehung des präventiven Kontrollmechanismus „schwarz" zu errichten, um dann auf die vermeintlich erhöhten Anforderungen für einen nachbarlichen Beseitigungsanspruch zu vertrauen. Das würde die Durchsetzungskraft des formellen Baurechts unnötig schwächen. Den Bagatellfällen kann mit dem Schikaneverbot ausreichend und angemessen begegnet werden, indem die Antragstellung, sofern die Voraussetzungen dieses Verbot erfüllt sind, als rechtmissbräuchliche und deshalb unzulässige Rechtsausübung angesehen wird. Im Ergebnis würden zwar im Wesentlichen dieselben Fragen zu beantworten sein und beide Wege auf dasselbe Ergebnis hinauslaufen. Die hier favorisierte Sichtweise lenkt indes den Blick auf den antragstellenden Nachbarn, dessen Position vorrangig zu betrachten ist.

II. Entscheidungsfreiheit zur Auswahl des Mittels

789 Auch wenn der Bauaufsichtsbehörde bei der Frage, ob eingeschritten wird, kein Ermessen mehr verbleibt, kann sie doch ermessensgerecht über den Weg entscheiden, auf dem dem Anspruch des Nachbarn entsprochen wird. Denn die Behörde schuldet lediglich das Ziel, die Wahrung der Rechte des Nachbarn. Den Weg dorthin kann der Nachbar nicht vorschreiben. Das Ermessen bedingt im Falle des Einschreitens wegen unzulässiger Nutzung eines Bolzplatzes, Spielplatzes o.Ä. (s. dazu ab Rn. 860) auch, dass die Behörde zunächst bestimmte Maßnahmen ausprobieren und auf ihre Eignung und Effektivität überprüfen darf – sofern es sich nicht um ersichtlich ungeeignete Maßnahmen handelt –, um sodann nach Auswertung gegebenenfalls andere Maßnahmen zu ergreifen (OVG Münster, B.v. 20.1.2011 – 7 E 1386/10 –, nrwe).

790 Die Ermessensfreiheit bezieht sich auch auf eine dem derzeitigen Nutzer einer illegalen Anlage für die Aufgabe der Nutzung zu setzende Frist. Hier besteht nur ein Anspruch des Nachbarn auf eine – auch die Interessen des Nutzers an einer nicht überzogenen Forderung berücksichtigende – angemessene Frist.

791 Hat die Behörde einen Antrag auf bauaufsichtliches Einschreiten abgelehnt, weil sie verkannt hat, dass die Tatbestandsvoraussetzungen zugunsten des Nachbarn vorliegen, hat sie also über das „Ob" unrichtig entschieden, und ist sie auf der Grundlage dieser irrigen Ansicht nicht zur Entscheidung über das „Wie" gelangt, kann aus den genannten Gründen, falls die Anspruchsvoraussetzungen dem Grunde nach (bzgl. des „Ob") gegeben sind, der Nachbar keinen Anspruch auf ein Einschreiten in einer konkreten Form durchsetzen; denn die Sache ist noch nicht „spruchreif". Prozessual ist

die Situation mit einer Bescheidungsklage anstatt einer Verpflichtungsklage (entsprechend einem Bescheidungsausspruch anstatt eines Verpflichtungsausspruchs) nach Maßgabe des § 113 Abs. 5 S. 2 VwGO) zu bewältigen. Die Behörde ist, unter Abweisung der Klage im Übrigen, zu verpflichten, den Kläger unter Beachtung der Rechtsauffassung des Gerichts neu zu bescheiden. Dem entspricht der unter Rn. 10524 formulierte Antrag/Tenor.

Beispiel (nach VG Ansbach, U.v. 27.7.2016 – AN 9 K 14.01599 –, juris): Der Bauherr hat einen materiell rechtswidrigen grenzständigen Anbau errichtet. Hinsichtlich der Schwere der dadurch bewirkten Beeinträchtigungen zulasten der klagenden Nachbarin ist zu berücksichtigen, dass zuvor schon die bisherige Trennwand zwischen den benachbarten Terrassen sowie die darüber liegenden Balkone eine Verschattungswirkung für die Klägerin ergeben haben. Unmittelbar neben dem Anbau befindet sich der Kellerabgang auf dem Grundstück der Klägerin, auf den sich im Wesentlichen die Verschattungswirkung erstreckt. Schließlich wird durch den streitgegenständlichen Anbau keine reine Südseite verschattet. Das Gericht befand auch, dass sich möglicherweise eine Genehmigungsfähigkeit im Wege der Abweichung ergeben könnte; eventuell könne eine Atypik dann angenommen werden, wenn sich in der Reihenhauszeile bzw. im Plangebiet bereits entsprechende Terrassenüberdachungen bzw. -anbauten finden würden. 792

Nachdem die Behörde vorliegend kein Ermessen ausgeübt hatte (da sie von der materieller Baurechtmäßigkeit der baulichen Anlage ausgegangen war) und die Beeinträchtigung nachbarlicher Rechte kein solches Gewicht aufweist, dass nur im Wege der Beseitigung rechtmäßige Zustände hergestellt werden könnten, hat die Klägerin keinen Anspruch auf Verpflichtung der Beklagten auf Erlass einer Abbruchverfügung, sondern lediglich einen Anspruch auf Neubescheidung unter Beachtung der Rechtsauffassung des Gerichts. Im Übrigen war die Klage abzuweisen.

III. Rechtmäßiges Bestehen und Bestandsschutz als Gegenrechte

Trotz Vorliegens der Tatbestandsvoraussetzungen eines Anspruchs auf bauaufsichtliches Einschreiten (materielle Rechtswidrigkeit und Rechtsverletzung des Nachbarn) kann der Nachbar mit seinem Begehren nicht erfolgreich sein, wenn der in Anspruch zu nehmende Bauherr für die bauliche Anlage und/oder deren Nutzung geltend machen kann, dass die Anlage rechtmäßig besteht. Das gilt auch, wenn erst nachträglich eine verschärfende Rechtsänderung eingetreten ist (und deshalb für die Anlage Bestandsschutz in Anspruch genommen wird), in deren Folge die Anlage nunmehr als materiell nachbarrechtswidrig anzusehen ist. Den Umstand, dass eine bauliche Anlage (formell oder materiell) rechtmäßig errichtet ist und existiert oder genutzt wird, kann der Rechtsinhaber nicht nur einer von Amts wegen erlassenen Ordnungsverfügung entgegenhalten, sondern auch einer Verfügung, die die Aufsichtsbehörde erlässt, um damit dem Antrag eines Dritten zu entsprechen. 793

Diese Aussagen gelten allerdings nicht ohne Einschränkungen (s. dazu ab Rn. 847).

1. Begriffsinhalte von „rechtmäßig bestehend" und „bestandsgeschützt"

Die Formulierungen „rechtmäßig errichtete", „zulässigerweise errichtete" oder „rechtmäßig bestehende" bauliche Anlage[130] werden oft zu Unrecht synonym mit dem Begriff bestandsgeschützt benutzt. Zulässigerweise oder rechtmäßig errichtet 794

130 Der nordrhein-westfälische Gesetzgeber verwendet sogar nur die Formulierung „Bei Gebäuden, die (…) bestehen, …" (§ 6 (15) BauO NW) und meint dabei ersichtlich (formell oder materiell) rechtmäßig erstellte und bestehende Gebäude.

oder bestehend sind bauliche Anlagen immer dann, wenn sie (nach Maßgabe der nachfolgenden Grundsätze) entweder formell oder materiell legal errichtet sind und diese Eigenschaft nicht verloren haben. Die Verwendung des Begriffs „bestandsgeschützt“ für sie ist mindestens unscharf, weil die von der Rechtsordnung anerkannte Rechtsposition unzweifelhaft noch andauert und ihr Inhaber keines besonderen, erweiterten Rechtsschutzes bedarf; die Anlage ist „schlicht“ legal. In Bedrängnis (und deshalb schutzbedürftig) wird der Inhaber des Rechts (und des „Bestandes“) erst, wenn sich die Rechtslage zu Lasten der baulichen Anlage ändert (s. dazu ab Rn. 810). Erst von diesem Zeitpunkt an ist es gerechtfertigt zu formulieren, dass die (zulässigerweise oder rechtmäßig errichtete und bestehende) Anlage Bestandsschutz genießt; in allen anderen Fällen ist die Verwendung dieses Begriffs verwirrend.

2. Voraussetzungen für das Entstehen der schutzwürdigen Position

a) Formelle Legalität

795 Eine schutzwürdige Position als Voraussetzung für das Gegenrecht (in der Ausprägung einer „schlicht“ rechtmäßig bestehenden baulichen Anlage oder in der Ausprägung einer bestandsgeschützten Anlage) entsteht primär und normalerweise dadurch, dass die Genehmigung erteilt wird, sei es zur Errichtung oder auch nur zur Nutzung einer baulichen Anlage. Eine Schlussabnahme legalisiert eine von einer Genehmigung abweichende Bauausführung nicht.

796 **Beispiel zu einem Fenster und einem Abluftrohr in einer Außenwand (nach: VGH München, B.v. 14.6.2016 – 9 ZB 14.1409 –, juris):** In der Außenwand eines Gebäudes, die eigentlich als Brandwand ausgebildet werden müsste, befindet sich ein Fenster. Der Eigentümer beruft sich auf dessen angebliche formelle Legalität. Die (behauptete) Feststellung dieses Zustandes durch einen Baukontrolleur und die (behauptete) langjährige Duldung durch das Bauamt ersetzen jedoch keine Baugenehmigung und können deshalb auch keine formelle Legalität herbeiführen. Dasselbe gilt für die Bescheinigung eines Kaminkehrers. Diese ist keine bauaufsichtliche Zulassungsentscheidung, die Öffnungen in Brandwänden legalisieren könnte, schon weil der Kaminkehrer keine zur Erteilung einer Baugenehmigung oder Abweichung zuständige Bauaufsichtsbehörde ist.

797 Das gilt auch dann, wenn die Genehmigung rechtswidrig (aber nicht nichtig, § 44 VwVfG) war und deshalb nicht hätte erteilt werden dürfen. Dies findet nach der Rechtsprechung des Bundesverwaltungsgerichts (BVerwG, U.v. 8.6.1979 – 4 C 23.77 – BVerwGE 58, 124 = juris, B.v. 16.1.2014 – 4 B 32/13 –, juris) seine Rechtsfertigung darin, dass (nur) die Baugenehmigung die verbindliche Feststellung umfasst, dass das genehmigte Vorhaben mit dem im Zeitpunkt ihrer Erteilung geltenden öffentlichen Recht übereinstimmte. Aus demselben Grund lässt sich auch nicht aus dem Fehlen einer Genehmigungsbedürftigkeit formeller Bestandsschutz herleiten.

798 Bei der Feststellung der Legalität kommt der Frage des Genehmigungsinhalts besondere Bedeutung zu. Diese kann oft nur durch Auslegung unter Hinzuziehung aller greifbaren Unterlagen beantwortet werden. Betreffen vorliegende Genehmigungen eine bestimmte konstruktive Form der Errichtung oder eine genau definierte Nutzungsart (z.B. Errichtung eines Gebäudes in einer genau beschriebenen Bauweise und dessen Nutzung als Wochenendhaus), kann nur dieser Genehmigungsinhalt die schutzwürdige Position (und auch Bestandsschutz) begründen.

In Fällen einer lange zurück liegenden Genehmigungserteilung oder einer wenig detailreichen und schlecht lesbaren Bauvorlage kann die Feststellung des seinerzeitigen Genehmigungsgeschehens gelegentlich mühsam sein. 799

Beispiel (aus BVerwG, U.v. 12.12.1957 – I C 87.57 –, BVerwGE 6, 56 = juris, die Fundstellen sind aus dieser Entscheidung entnommen): Eine seinerzeit erteilte Ansiedlungsgenehmigung hat das Gelände nicht schlechthin zu Bauland gemacht, sondern lediglich ausgesprochen, dass gegen dieses konkrete Bauvorhaben Bedenken aus dem Ansiedlungsgesetz nicht bestanden. Das preußische Ansiedlungsgesetz ermöglichte gar keine umfassende baurechtliche Prüfung eines Vorhabens, sondern war auf die Geltendmachung bestimmter Ordnungsbelange beschränkt. 800

Auch die baupolizeiliche Behandlung eines Bauvorhabens nach den Vorschriften der Verordnung über die baupolizeiliche Behandlung von öffentlichen Bauten vom 20.11.1938 (RGBl. I S. 1677) und die dann erteilte Zustimmung der Bauaufsichtsbehörde bedeutete nur, dass nach den damaligen kriegsbedingten Verhältnissen die mittelbar militärischen Zwecken dienende Anlage geduldet werde, nicht aber, dass das Gelände ganz ohne Rücksicht darauf, um welche Bauten es sich handele, von nun an Bauland sei.

Die sogenannte Standortprüfung, die auf dem sogenannten Melde-Erlaß nach der Verordnung zur Durchführung des Siedlungsordnungsgesetzes vom 5.71934 (RGBl. I S. 582) beruht, stellt allein die siedlungspolitische und wirtschaftspolitische Unbedenklichkeit fest, gibt dem Gelände aber nicht unabhängig von dem Vorhaben eine Baulandeigenschaft.

Oft ist zweifelhaft, ob die behauptete Baugenehmigung seinerzeit tatsächlich erteilt worden ist. Ist sie weder bei der Baugenehmigungsbehörde noch bei dem Bauherrn/Eigentümer der Anlage vorhanden und bestreitet die Behörde die Erteilung, ist grundsätzlich der Bauherr beweispflichtig (BVerwG, std. Rspr. seit U.v. 23.2.1979 – IV C 86/76 –, NJW 1980, 252 = juris). Dies beruht auf dem allgemeinen prozessrechtlichen Grundsatz, dass derjenige, der im Wege einer Einwendung ein Gegenrecht geltend macht, im Bestreitensfall dessen Vorliegen beweisen muss. Kann er das nicht, wird in einem Streitfall das Gericht in aller Regel das Ergehen einer Baugenehmigung oder das Bestehen einer Genehmigungsfähigkeit und damit das Entstehen der schutzwürdigen Position nicht annehmen können. Unter Umständen wird aber von dieser Regel abzuweichen sein. Allein die Beweisnot, die sich aus dem Zeitablauf, häufigem Eigentümerwechsel oder der möglichen Vernichtung von Bauakten durch Kriegseinwirkung ergibt, bewirkt allerdings noch keine Beweislastumkehr. 801

Ein Anscheinsbeweis kommt nur bei typischen Abläufen in Betracht. Derart typisch kann nur ein Ablauf sein, der vom menschlichen Willen unabhängig ist, d.h. gleichsam mechanisch abrollt (BVerwG, U.v. 7.12.1967 – II C 127.64 –, juris). *„Bei Vorgängen, die vom bewussten individuellen Verhalten gesteuert werden, mag es von Fall zu Fall statistisch belegbare "Erfahrungen" darüber geben, dass die eine Verhaltensweise die Regel und die andere die Ausnahme ist. Erfahrungen dieser Art geben aber zugunsten eines Anscheinsbeweises nichts her.“* (BVerwG, U.v. 23.2.1979 – IV C 86/76 –, NJW 1980, 252 = juris) 802

b) Schutzwürdigkeit durch materielle Legalität trotz formeller Illegalität

Eine schutzwürdige Rechtsposition kann auch dadurch entstehen, dass die Anlage oder ihre Nutzung im Zeitpunkt ihrer Errichtung bzw. Nutzungsaufnahme materiell legal war, d.h. auf einen entsprechenden Antrag hin eine Genehmigung hätte erteilt werden können (BVerwG, U.v. 8.6.1979 – 4 C 23/77 –, NJW 1980, 1010 = juris). Es ist deshalb ergänzend die Genehmigungsfähigkeit zu prüfen, also ob das Vorhaben 803 mit dem damals geltenden öffentlichen Recht übereinstimmte (BVerwG, U.v. 28.7.1956 – I C 93.54 –, BVerwGE 3, 351 = juris; U.v. 25.10.1967 – IV C 129.65 –, BVerwGE 28, 145 = juris; B.v. 16.1.2014 – 4 B 32/13 –, juris). Diese Auffassung hatte bereits das frühere Preußische Oberverwaltungsgericht (PrOVG) vertreten (vgl. OVG Bd. 96 S. 196, Bd. 99 S. 212, Bd. 104 S. 223; RuPrVBl. Bd. 52 S. 132 Nr. 4, zitiert nach: BVerwG, U.v. 28.7.1956 – I C 93.54 –, BVerwGE 3, 351 = juris). Streitig war allein, auf welche Rechtslage insoweit abzustellen ist. Das PrOVG und die überwiegende Meinung in der Literatur (Nachweise bei BVerwG, U.v. 28.7.1956 – I C 93.54 –, BVerwGE 3, 351 = juris) vertraten den Standpunkt, bei den ohne Genehmigung errichteten Bauten sei für die materielle Legalität nicht die Rechtslage zur Zeit der Errichtung der Bauten, sondern die zur Zeit des behördlichen Eingreifens maßgebend. Das Bundesverwaltungsgericht schloss sich dem nicht an (BVerwG, U.v. 28.7.1956 – I C 93.54 –, BVerwGE 3, 351 = juris). Denn einerseits hätten die Bestimmungen für das Genehmigungserfordernis nur den Zweck der baurechtlichen Überprüfung des Vorhabens und andererseits mache es keinen Sinn, im Nachhinein bei einer späteren Überprüfung formell illegaler Vorhaben eine Rechtslage zugrunde zu legen, die zur Zeit der Errichtung des Bauwerkes noch gar nicht bestand und für die materielle Ordnung der Bebauung, deren Sicherstellung der Zweck der Baugenehmigung ist, also gar nicht in Betracht kommen konnte.

804 Später (U.v. 22.1.1971 – IV C 62.66 –, NJW 1971, 1624 = juris) räumte das Gericht ein, dass *„diese Rechtsprechung faktisch zu einer Begünstigung dessen führen kann, der einen sogenannten "Schwarzbau" errichtet hat. Diese Gefahr besteht insbesondere dann, wenn die Errichtung des "Schwarzbaues" kurze Zeit vor einer Änderung des (materiellen) Baurechts erfolgt, ein ordnungsgemäß gestellter Bauantrag jedoch wegen der der Behörde zuzubilligenden angemessenen Bearbeitungszeit angesichts des inzwischen in Kraft getretenen dem Bauherrn ungünstigeren Rechts zur rechtmäßigen Ablehnung des Baugesuchs geführt hätte.“* Das Gericht hielt aber stets an seiner Rechtsprechung fest.

805 Die Rechtsprechung erweitert diese Grundsätze dahin, dass von einer rechtmäßig errichteten (materiell legalen und damit eine schutzwürdige Position beanspruchenden) baulichen Anlage auch dann ausgegangen werden kann, wenn die Anlage zwar nicht im Zeitpunkt ihrer Errichtung, aber in der sich anschließenden Zeit einmal für einen gewissen Zeitraum (OVG Koblenz, U.v. 12.12.2012 – 8 A 10875/12 –, BRS 79 Nr. 132 = juris: „hinreichend langer Zeitraum“; OVG Bautzen, B.v. 2.5.2011 – 1 B 30/11 –, juris: „relevanter Zeitraum“; OVG Münster, U.v. 28.8.2001 – 10 A 3051/99 –, BRS 64, Nr. 201 = nrwe: „nennenswerter Zeitraum“) genehmigungsfähig gewesen ist.

806 Bei Vorhaben, die befristet, auflösend bedingt oder widerruflich genehmigt worden sind, kann jedoch eine schutzwürdige Position selbst nicht angenommen werden, wenn die bauliche Anlage während der Dauer der Wirksamkeit der Genehmigung materiell legal war. Denn ein schutzwürdiges Vertrauen ist in diesen Fällen zu keinem Zeitpunkt entstanden (BVerwG, U.v. 10.12.1982 – 4 C 52/78 –, juris).

c) Ins-Werk-Setzen als Voraussetzung

807 Eine rechtlich schutzwürdige Position setzt grundsätzlich einen vorhandenen Bestand voraus, in dem das (formell oder materiell) Zulässige verwirklicht worden ist. Insbesondere der Bestandsschutz sichert, wie das Bundesverwaltungsgericht betont hat, ausschließlich die Erhaltung eines vorhandenen Bestandes, und zwar grundsätzlich in seiner bisherigen Funktion (BVerwG, U.v. 25.11.1970 – IV C 119.68 –, BVerwGE 36, 296 = juris). Schon deswegen können Bestandteile eines Gebäudes, die ihre Funktion als Teil des Gebäudes noch nicht erfüllen, keinen Bestandsschutz genießen. In seinem Beschluss vom 9.7.1969 – IV B 61.69 –, BauR 1970, 97 = juris, hat das Bundesverwaltungsgericht auch darauf hingewiesen, dass die Nichtnutzbarkeit von (in jenem Fall nicht nur materiell, sondern auch formell legal) bereits ausgeführten Bauteilen eines insgesamt noch nicht fertigen Gebäudes eine Ausweitung des Bestandsschutzes nicht rechtfertigt, sondern im Gegenteil den Schluss darauf zulässt, dass der vorhandene Bestand, weil nicht nutzbar, schon als solcher nicht schutzwürdig ist: *„Auch wenn (...) eine sichtbare und wirtschaftlich bereits erhebliche Eigentumsausübung vorliegt und das Vorhaben durch diese Eigentumsausübung individualisiert ist, so fehlt es dennoch an der Schutzwürdigkeit des bereits vorhandenen, noch unfertigen Bestandes jedenfalls dann, wenn dieser als solcher die Nutzung nicht ermöglicht, die nach dem im Zeitpunkt der Errichtung geltenden Recht zulässig wäre. Geschützt durch Art. 14 GG wird ein Bestand vielmehr regelmäßig erst dann, wenn das Vorhaben fertiggestellt oder jedenfalls im wesentlichen fertiggestellt ist, weil grundsätzlich erst von diesem Zeitpunkt an die bestimmungsgemäße Nutzbarkeit gegeben sein wird.“*

808 Ist eine Baugenehmigung seinerzeit für ein bestimmtes Bauvorhaben erteilt, aber tatsächlich ein anderes Vorhaben verwirklicht worden, ist keine schutzwürdige Position entstanden. Ein anderes Vorhaben ist auch dann verwirklicht worden, wenn das verwirklichte Vorhaben sich in baurechtlich relevanter Weise von dem genehmigten Vorhaben unterscheidet, also ein „aliud“ hergestellt worden ist. Dann hat zum einen nach Ablauf der für die Gültigkeitsdauer maßgeblichen Rechtslage der Bauherr die Berechtigung, diese auszunutzen verloren (§ 73 Abs. 1 Musterbauordnung: nach drei Jahren, vgl. auch ab Rn. 93). Zum anderen ist die stattdessen errichtete Anlage weder „rechtmäßig errichtet“ worden. noch vermochte sie jemals in den Genuss von Bestandsschutz gelangen.

809 **Beispiel (nach: VG Gelsenkirchen, B.v. 14.1.2014 – 6 K 2222/11 –, nrwe):** Der Bauherr hatte im Jahr im November 2010 eine Baugenehmigung für Umbauarbeiten erhalten. Die im Jahr 2011 durchgeführten Arbeiten führten jedoch dazu, dass die Außenwand zur Grundstücksgrenze nicht den in den Bauvorlagen zur Baugenehmigung vorgesehenen Abstand von drei Metern einhielt, sondern weniger. Der Bauherr errichtete damit ein Vorhaben, das in wesentlicher Weise von der Genehmigung abwich und nicht von der Baugenehmigung gedeckt war. Gemäß § 77 Abs. 1 BauO NRW erlosch die Genehmigung nach drei Jahren, mithin im November 2013.

3. bestandsschutzrelevante Veränderung der Rechtslage zu Lasten des Rechtsinhabers

810 Der Ursprung des Bestandsschutzes liegt in Art. 14 Abs. 1 S. 1 GG. Die Gesetze bestimmen den Inhalt und die Schranken der Ausübung des Eigentumsrechts nach der

Schutzwürdigkeit des Berechtigten. Von der Rechtsordnung wird derjenige als schutzwürdig behandelt, der sich auf eine rechtlich gebilligte Position berufen kann. Eine solche liegt vor, wenn die bauliche Anlage bei ihrer Errichtung oder bei Aufnahme der Nutzung mit der Rechtsordnung im Einklang stand. Dann soll dem Berechtigten diese Position auch dann nicht wieder entzogen werden dürfen, wenn die Rechtslage sich zu seinen Lasten ändert. Der Bestandsschutz schützt also den Bestand einer baulichen Anlage (weitgehend, aber nicht uneingeschränkt) davor, wegen einer Änderung der für sie maßgeblichen Rechtslage vernichtet werden zu müssen oder in ihrer Ausnutzbarkeit eingeschränkt zu sein. Damit sind die wesentlichen Komponenten des Bestandsschutzes umrissen: Es muss eine im oben bezeichneten Sinne schutzwürdige Rechtsposition entstanden sein, die Rechtslage muss sich zu Lasten des Inhabers des Rechts verändert haben und das Recht darf nicht durch einen rechtserheblichen Eingriff in die bauliche Anlage oder ihre Ausnutzung untergegangen sein.

811 Der Bestandsschutz gewährleistet, dass sich die formell bzw. materiell legale Existenz oder Nutzung der baulichen Anlage gegen neues entgegenstehendes Recht durchsetzt. Der Bestandsschutz setzt sich gegenüber der Änderung jeder Art von Rechtssatz durch, sei es ein Gesetz, eine Verordnung oder eine Satzung.

812 **Beispiel:** Ein viergeschossiges Wohnhaus ist im Jahr 1980 auf der Grundlage der damals geltenden Fassung der Bauordnung für das Land Nordrhein-Westfalen genehmigt worden. Bis zum Inkrafttreten der Bauordnung vom 26.6.1984 (in Kraft ab 1.1.1985) galten (aus heutiger Sicht) geringere Anforderungen an einen zweiten Rettungsweg. Die Grundsätze wurden erstmals im Jahr 1984 durch die Regelungen des neuen § 17 BauO NRW dahin geändert, dass als zweiter Rettungsweg in den Fällen, in denen kein Sicherheitstreppenraum vorhanden ist, entweder eine zweite notwendige Treppe – also eine bauliche Maßnahme – oder eine mit Rettungsgeräten der Feuerwehr erreichbare Stelle gefordert wurde. Aus den Regelungen der BauO NRW 1984 lässt sich also ein neuer, die Anforderungen verschärfender Grundsatz ableiten: In den Fällen, in denen – trotz Einhaltung der gesetzlich vorgegebenen Anforderungen an die Zugänglichkeit der Gebäude auf dem Baugrundstück – der Einsatz der von der Feuerwehr vorgehaltenen Rettungsgeräte nicht ausreichend möglich ist, müssen bestimmte bauliche Vorkehrungen getroffen werden. Zugleich verlangte § 17 BauO NRW 1984 seinerzeit erstmals ausdrücklich, dass jede „Nutzungseinheit mit Aufenthaltsräumen" in jedem Geschoss über zwei voneinander unabhängige Rettungswege erreichbar sein müsse. Das vor dieser Rechtsänderung genehmigte und errichtete Gebäude genießt Bestandsschutz.

813 Auch Bebauungspläne, die als Satzungen erlassen werden, ändern die planungsrechtliche Rechtslage. Erlaubte z.B. die bisherige planungsrechtliche Situation in einem Baugebiet eine bestimmte gewerbliche Nutzung, ändert die Gemeinde aber nunmehr für dieses Gebiet einen vorhandenen oder erlässt sie erstmals einen Bebauungsplan mit dem Ergebnis einer andersartigen Gebietsausweisung, die von nun an derartige Nutzungen ausschließt, so setzt sich eine unter Geltung der früheren Rechtslage erteilte Baugenehmigung (oder auch eine Schutzwürdigkeit durch seinerzeit materiell rechtmäßige Errichtung oder Nutzungsaufnahme) gegenüber dieser Rechtsänderung durch.

814 Unter Umständen können auch Veränderungen im Tatsächlichen die Rechtslage ändern. Das ist dann der Fall, wenn dem Faktischen rechtssetzende Bedeutung zukommt, so in § 34 BauGB. Dort bestimmt die „normative Kraft des Faktischen" (s. oben Rn. 361) was rechtlich zulässig ist. Ändert sich das Faktische in signifikanter Weise, ändert sich gleichzeitig die Rechtslage in planungsrechtlicher Hinsicht. Dies

kann bewirken, dass früher einmal genehmigte oder genehmigungsfähige bauliche Anlagen später nicht mehr genehmigungsfähig, aber bestandsgeschützt sind.

4. Untergang der Rechtsposition

Eine durch formelle oder materielle Legalität erlangte schutzwürdige Rechtsposition 815
(und in deren Ausprägung der Bestandsschutz) geht unter, wenn die Anlage ihre Identität verliert (std. Rspr, vgl. z.B. BVerwG, U.v. 18.10.1974 – IV C 75.71 –, DVBl 1975, 501 = juris). Weil nach dem Sinn des durch Art. 14 GG angestrebten Schutzziel und des Rechtsinstituts des Bestandsschutzes rechtmäßig erworbene Eigentumsrechte weiterhin geschützt werden sollen, besteht kein Grund mehr, die Durchsetzbarkeit des (ggfs. erst mittlerweile entgegenstehenden) Baurechts auszuschließen, wenn das zu schützende Eigentum in seiner eigentlichen Form nicht mehr existiert.

Sind die schutzwürdige Position und ggfs. der Bestandsschutz einmal untergegangen, 816
ist diese Rechtsfolge nicht revisibel. Eine Wiederherstellung des ursprünglichen Zustandes durch Wiederaufbau der beseitigten Anlage oder Wiederaufnahme der seinerzeit ausgeübten Nutzung kann beides nicht wiederaufleben lassen (BVerwG, B.v. 23.12.1994 – 4 B 262/94 –, juris; U.v. 23.2.1979 – 4 C 86.76 –, NJW 1980, 252 = juris; B.v. 5.8.1991 – 4 B 130.91 –, juris).

Bautechnische Veränderungen an der baulichen Anlage und Änderungen (oder Aufgabe) der Nutzung können die Identität beeinflussen:

a) Bautechnische Veränderungen

Die Frage, wann eine bauliche Anlage durch bautechnische Veränderungen ihre Iden- 817
tität verliert, kann nicht abstrakt-generell beantwortet werden. Selbstverständlich beeinflusst nicht jedwede Arbeit an einer baulichen Anlage deren Identität. Die höchstrichterliche Rechtsprechung betont immer wieder, dass dies eine Frage „tatrichterlicher Würdigung" ist. Das bedeutet nichts anderes, als dass das Gericht und selbstverständlich auch die Verwaltung sich in jedem Fall eine eigene Überzeugung darüber bilden müssen, ob der Bestandsschutz noch erhalten ist; unter Umständen müssen (Bau-) Fachleute bei dieser Beurteilung helfen. Dessen ungeachtet haben sich in der Rechtsprechung Fallgruppen herausgebildet, in denen von einem Untergang des Bestandsschutzes durch einen Eingriff in den vorhandenen Baubestand gesprochen werden kann.

Vorangestellt wird stets, dass zu entscheiden ist, ob trotz einer etwaigen Änderung 818
das ursprüngliche Gebäude nach wie vor als „Hauptsache" erscheint oder ob durch die Änderung etwas anderes, ein „aliud", entstanden ist (zum Begriff des aliuds s. Rn. 101).

Ausgangspunkt für die Überlegung ist, dass die schutzwürdige Position und der Bestandsschutz dem Grunde nach nur das Recht gewähren, das Bauwerk weiter so zu unterhalten und zu nutzen, wie es seinerzeit errichtet wurde, und dass beides mithin nicht einen Ersatzbau anstelle des (bestands-)geschützten Bauwerks rechtfertigt (BVerwG, U.v. 19.10.1966 – IV C 16.66 –, BVerwGE 25, 161 = juris, v. 22.9.1967 – IV C 109.65 –, BVerwGE 27, 341 = juris; U. v. 25.11.1970 – IV C 119.68 –, BVerwGE 36, 296 = juris, und U.v. 16.2.1973 – IV C 61.70 –, BVerwGE 42, 8 =

juris). Besonders schwierig ist die Abgrenzung der (Neu)Errichtung zu Instandsetzungsarbeiten, die die Rechtsposition in der Regel unberührt lassen.

819 **Beispiel (aus BVerwG, B.v. 21.3.2001 – 4 B 18/01 –, NVwZ 2002, 92 = juris):** Kennzeichen der Identität ist, *„dass das ursprüngliche Gebäude nach wie vor als "Hauptsache" erscheint. Hieran fehlt es dann, wenn der mit der Instandsetzung verbundene Eingriff in den vorhandenen Bestand so intensiv ist, dass er die Standfestigkeit des gesamten Gebäudes berührt und eine statische Nachberechnung des gesamten Gebäudes erforderlich macht, oder wenn die für die Instandsetzung notwendigen Arbeiten den Aufwand für einen Neubau erreichen oder gar übersteigen, oder wenn die Bausubstanz ausgetauscht oder das Bauvolumen wesentlich erweitert wird. Das Berufungsgericht hat – selbst bei Unterstellung, dass die Außenwände im Wesentlichen unverändert geblieben sind – angenommen, dass die Hütte durch zahlreiche (auch baugenehmigungsfreie) Baumaßnahmen so sehr verändert worden sei, dass sie einem Neubau gleichgesetzt werden müsse. Seine Beurteilung steht in Übereinstimmung mit den hierzu vom Bundesverwaltungsgericht aufgestellten Rechtsgrundsätzen."*

820 Aus dem zitierten Beschluss ist der Klammerzusatz hervorzuheben, dass auch genehmigungsfreie Baumaßnahmen geeignet sind, die schutzwürdige Rechtsposition und den Bestandsschutz untergehen zu lassen. Der Umstand, dass eine Bautätigkeit – unter Umständen nach dem jeweiligen Landesrecht unterschiedlich – genehmigungsfrei ist, belegt also nicht, dass durch sie die Position nicht untergegangen ist; er ist allenfalls ein Indiz hierfür.

aa) Untergang des Bestandsschutzes durch Eingriff in die Bausubstanz

821 Das Bundesverwaltungsgericht hat bereits mit Urteil vom 18.10.1974 (IV C 75.71, BVerwGE 47, 126 = juris) ausgeführt, Kennzeichen der Identität sei die Übereinstimmung im Standort, im Bauvolumen und in der Zweckrichtung und weiterhin, ob ein „adäquates Verhältnis" zwischen dem ursprünglichen Gebäude und den Instandsetzungsmaßnahmen dergestalt bestehe, dass das ursprüngliche Gebäude als die Hauptsache erscheine. Die (Wieder-)Herstellung eines teilweise vernichteten bestandsgeschützten Bauwerks, welche die statische Neuberechnung des gesamten Gebäudes erforderlich mache, führe zu etwas Neuem, das nicht mehr mit dem bestandsgeschützten ursprünglichen „Eigentum" identisch sei und deshalb nicht dessen Bestandsschutz gegenüber dem nunmehr geltenden, ihm entgegenstehenden Baurecht genieße. Denn die durch die statische Berechnung festzustellende Standfestigkeit eines Gebäudes sei ein wesentliches Element seines Bestandes wie auch seiner Nutzbarkeit. Deshalb könne sie als ein dem Eigentumsschutz des Art. 14 Abs. 1 GG gerecht werdendes Kriterium für die Unterscheidung zwischen dem ursprünglichen und dem infolge Wiederherstellung „neuen" Bauwerk dienen (qualitativer Gesichtspunkt). Bestandsschutz ermögliche dem Eigentümer den Austausch beschädigter Gebäudeteile so lange, wie die Identität der Hauptsache noch gewahrt bleibe (so auch VGH Mannheim, U.v. 17.9.1998 – 3 S 1934/96 –, juris). Bei einem Eingriff in die Bausubstanz, die in dem beschriebenen Sinn die Identität der baulichen Anlage ändert, geht der Bestandsschutz unter.

822 **Beispiel (nach OVG Münster, B.v. 27.8.2002 – 10 B 1233/02 –, nrwe):** Durch den Neueinbau einer Stahlbetondecke geht ein bisheriger Bestandsschutz unter. Denn die Änderung der Deckenkonstruktion wirkt sich auf die Statik des Gebäudes aus und erfordert in bauordnungsrechtlicher Hinsicht eine erneute Überprüfung der Standsicherheit.

weiteres Beispiel (aus OVG Münster, U.v. 16.8.2011 – 10 A 1224/09 –, nrwe): Durch Bauarbeiten wurde Wohnraum von 13,92 m^2 neu geschaffen und Teile der Außenwand wurden verschoben. Der bisher eingeschossige Anbau wurde um ein zweites Vollgeschoss mit Satteldach aufgestockt, eine circa 2,30 m breite Gaube mit zwei Fenstern wurde eingebaut und die Garage vergrößert. Damit wurde ein mit dem bisherigen Gebäude nicht mehr identischer Baukörper geschaffen. 823

weiteres Beispiel (nach VG Münster, U.v. 3.3.2016 – 2 K 1089/14 –, nrwe): Im Innern eines Gebäudes wurden mehrere Wände entfernt. So sind im nordöstlichen Gebäudetrakt alle bisherigen Innenwände herausgebrochen worden, um dadurch einen einzigen Schlafraum mit 39,53 m² herzustellen. Zudem sind Innenwände zu den jetzigen Bädern und im Bereich des südwestlichen Wintergartens entfernt worden. Darüber hinaus ist die südöstliche Wand des überdachten Eingangs bzw. der Veranda entfernt worden, mit der Folge, dass das Vordach des überdachten Eingangs nunmehr allein auf drei Säulen aufliegt. Zusammen mit dem Umstand, dass das bis dahin bestehende Dachgeschoss im Zuge der Arbeiten vollständig entfernt wurde, handelt es sich zumindest in den genannten Bereichen um einen grundlegenden Eingriff in den Bestand des Gebäudes, der eine statische Nachberechnung erforderlich macht und auch Auswirkungen auf das Raumvolumen hat. Dass bei den Arbeiten die Außenwände des Gebäudes und damit der Grundriss des Gebäudes im Wesentlichen erhalten geblieben sind, ändert an diesem Befund nichts. Die Decken waren nach dem eigenen Vortrag des Klägers „gegen Einsturz mittels Pendelstützen gesichert“. Mit den vorhandenen Außenmauern ist lediglich ein Torso verblieben, der nicht mehr Grundlage für einen Bestandsschutz sein kann. 824

Unter Umständen kann bereits die Verwendung eines durch die fortgeschrittene Bautechnik entwickelten moderneren Baumaterials die Anfertigung einer neuen Statik für das gesamte Gebäude erfordern, obwohl keine Änderung im Bauvolumen oder der Bausubstanz vorliegt. Wo moderneres Baumaterial zur Wiederherstellung eines teilweise zerstörten Bauwerks verwendet wird mit der Folge, dass gerade (auch) wegen der Neuheit dieses Materials eine statische Neuberechnung des gesamten Bauwerks erforderlich wird, erweist sich gerade durch diesen Umstand, dass das wiederhergestellte ein „neues", mit dem ursprünglichen nicht mehr identisches Bauwerk ist. Ob dadurch eine Änderung im Bauvolumen eintritt, ist dann unerheblich; eine Änderung der „Bausubstanz" tritt schon wegen des andersartigen, moderneren Wiederherstellungsmaterials ein (so BVerwG, B.v. 24.5.1993 – 4 B 77/93 –, juris). 825

Schließlich ist das ursprüngliche Gebäude nicht mehr die ursprüngliche Anlage, wenn die für die Instandsetzung notwendigen Arbeiten den Aufwand für einen Neubau erreichen oder gar übersteigen, wobei „Luxusaufwendungen“ nicht in die Berechnung einzubeziehen sind (BVerwG, B.v. 24.10.1980 – IV C 81.77 –, NJW 1981, 2140 = juris). 826

Beispiel (nach VG Münster, U.v. 3.3.2016 – 2 K 1089/14 –, nrwe): Die Umbauarbeiten haben einen Umfang erreicht, der in quantitativer Hinsicht an den einer Neuerrichtung eines Gebäudes in vergleichbarer Lage heranreicht. Die Baukosten haben nach dem Vortrag des Klägers insgesamt 130.000 € für die Positionen Rohbau, Dachdecker, Fensterbau, Estrich, Fliesen, WDVS, Trockenbau, Lüftung, Heizung/Sanität, Elektro, Fußböden, Maler und Innentüren eingenommen. Selbst wenn einzelne Positionen hierbei unberücksichtigt blieben, kann nicht mehr von einer reinen Instandhaltung ausgegangen werden. 827

bb) Untergang des Bestandsschutzes durch Verfall

Ist die bauliche Anlage verfallen, ist sie nicht mehr für die bisherige Nutzung offen und verliert damit ihre baurechtliche Existenzberechtigung. Zwar räumt Art. 14 Abs. 1 GG dem Berechtigten zum Schutz seines Vertrauens in den Fortbestand seiner 828 bisherigen Rechtsposition eine gewisse Zeitspanne ein, innerhalb derer der Bestandsschutz noch nachwirkt und noch Gelegenheit besteht, an den früheren Zustand anzuknüpfen (OVG Koblenz, U.v. 22.4.1999 – 1 A 11193/98 –, BRS 62 Nr. 207 = juris, s. dazu auch nachfolgend unter Rn. 8379). Dies schließt daran an, dass der Bestandsschutz als Abwehrrecht verhindern soll, dass eine vorhandene und funktionsentsprechende, nutzbare Bausubstanz vernichtet wird (OVG Münster, U.v. 3.2.1994 – 10 A 1149/91 –, juris). Diese Schutzwürdigkeit besteht aber nicht mehr, wenn äußerlich erkennbar dokumentiert wird, dass die Anlage aufgegeben worden ist.

b) Bestandsschutz für die Nutzung

829 Bauliche Anlagen haben in der Regel keinen Sinn allein in ihrer Existenz. Sie dienen bestimmten Zwecken und sollen zweckentsprechend genutzt werden. Mit der Änderung der Funktion wird dem Vorhaben die Identität entzogen. Gegenstand der erneuten Beurteilung hat dann die bauliche Anlage in ihrer geänderten Funktion zu sein. Inwieweit eine bestimmte Art der Nutzung einer baulichen Anlage trotz einer Änderung der Nutzung weiterhin in ihrem Bestand geschützt ist, richtet sich danach, ob und gegebenenfalls in welchem Maße die bebauungsrechtliche Situation nach der Verkehrsauffassung als noch von der bisherigen Nutzung geprägt erscheint.

aa) Untergang des Bestandsschutzes durch Nutzungsänderung

830 Die bebauungsrechtliche Situation wird nach der Verkehrsauffassung besonders dann nicht mehr von der bisherigen Nutzung geprägt, wenn der Berechtigte in dem Gebäude oder der sonstigen baulichen Anlage eine andersartige Nutzung aufnimmt und dies nach außen sichtbar wird. Der tatsächliche Beginn einer anderen Nutzung, die erkennbar nicht nur vorübergehend ausgeübt werden soll, unterbricht den Zusammenhang und lässt die schutzwürdige Position und den Bestandsschutz, die lediglich die Fortsetzung der bisherigen, einmal rechtmäßig ausgeübten Nutzung gewährleisten sollen, untergehen (BVerwG, U.v. 25.3.1988 – 4 C 21.85 –, juris, und v. 18.5.1990 – 4 C 49.89 –, juris; OVG Münster, B.v. 2.8.2007 – 7 A 880/07 –, nrwe).

831 Allerdings erfüllt nicht jede – alltagssprachliche – Änderung einer Nutzungsweise die Voraussetzungen, die an eine Nutzungsänderung im Sinne des Bauplanungsrechts zu stellen sind. Diese liegt nur dann vor, wenn der baulichen Anlage eine von der bisherigen Zweckbestimmung abweichende Zweckbestimmung geben wird; Maßstab dafür ist der jeweils aktuelle genehmigte Bestand.

Eine Nutzungsänderung in diesem Sinn ist jedenfalls dann gegeben, wenn ein Übergang von einer der Nutzungskategorien, wie sie in den Baugebietsvorschriften der Baunutzungsverordnung beschrieben sind, zu einer anderen Nutzungskategorie erfolgt.

832 **Beispiel (aus: BVerwG, U.v. 25.3.1988 – 4 C 21/85 –, NVwZ 1989, 667 = juris):** In einem Gebäude war früher ein Altersheim untergebracht gewesen. Der Kläger hat in dem Gebäude eine Hotel-Pension eröffnet und diese Art der Nutzung – unter anderem durch an der Straße aufgestellte Werbeschilder – nach außen kenntlich gemacht. Damit hat im Vergleich zur früheren Nutzung des Hauses ein Wechsel in der Nutzungsart stattgefunden. Die bebauungsrechtliche Situation des Gebäudes ist nach dieser tatsächlichen Veränderung nicht mehr durch die vormals dort ausgeübte Nutzung als Altersheim geprägt, zumal diese schon dreieinhalb Jahre zuvor ihr Ende gefunden hatte. Der Bestandsschutz für die frühere Nutzung ist damit erloschen.

weiteres Beispiel (nach BVerwG, B.v. 1.11.1994 – 4 B 220/94 –, juris): Der Übergang von einem bislang bestandsgeschützten Tankstellenbetrieb zu einem Gebrauchtwagenhandel stellt nicht lediglich eine besondere Nutzungsvariante, sondern eine Nutzungsänderung dar. Ein bisheriger Bestandsschutz ist durch die Nutzungsänderung untergegangen und die Zulässigkeit des Gebrauchtwagenhandels muss sich an dem derzeit geltenden Bauplanungsrecht messen lassen. 833

Darüber hinaus ist eine Nutzungsänderung (in bauplanungsrechtlicher Hinsicht) auch dann anzunehmen, wenn ein Wechsel von einem „nicht störenden Gewerbebetrieb“ (vgl. § 4 Abs. 3 Nr. 2 BauNVO) zu einem „nicht wesentlich störenden Gewerbebetrieb“ (§ 7 Abs. 2 Nr. 3 BauNVO) erfolgt. Der Verordnungsgeber hat nämlich mit dieser nach dem Störungsgrad differenzierenden Zuordnung zu den Baugebieten zum Ausdruck gebracht, dass er hierin ein wesentliches Merkmal der Nutzungsart erblickt, er hat diesen Merkmalen bodenrechtliche Relevanz beigemessen (vgl. zu dieser Frage OVG Koblenz, U.v. 20.6.2013 – 1 A 11230/12 –, juris). Maßgeblich ist insoweit, ob die neue Nutzungsweise außerhalb der Variationsbreite der bisherigen Nutzungsart liegt (BVerwG, U.v. 25.3.1988 – 4 C 21.85 –, juris; B.v. 1.11.1994 – 4 B 220/94 –, juris). Eine bloße Intensivierung der Nutzung reicht allerdings nicht aus, um den Tatbestand einer Nutzungsänderung zu erfüllen (BVerwG, U.v. 29.10.1998 – 4 C 9.97 –, DVBl 1999, 244 = juris). So gibt es beim Übergang etwa von einer Gaststätte mit Tanzsaal in eine Diskothek eine „schleichende“ Entwicklung, in der die Abgrenzung schwierig ist; die Feststellung ist in jedem Fall anhand objektiver Kriterien unter Würdigung der tatsächlichen Verhältnisse vorzunehmen (BVerwG, B.v. 11.7.2001 – BRS 64 Nr. 73 = juris). 834

Auswirkungen auf den Fortbestand einer (tatsächlich erteilten oder als erteilt anzusehenden) Genehmigung haben indes nicht nur Nutzungsänderungen im Sinne eines Wechsels von einer Nutzungskategorie in eine andere. Als logische Folge aus der Anknüpfung an die Genehmigungsfrage ist eine auf den Fortbestand der schutzwürdigen Position und den Bestandsschutz sich auswirkende Nutzungsänderung auch und schon dann anzunehmen, wenn die Nutzungsweise aus bauordnungsrechtlichen Gründen nicht mehr von der seinerzeitigen Genehmigung gedeckt ist. Ob dies der Fall ist, ist danach zu beurteilen, was konkret Genehmigungsgegenstand war oder, falls sie nicht Gegenstand einer behördlichen Prüfung war (z.B. weil keine Genehmigung erforderlich war oder die Frage außerhalb des obligatorischen Prüfungsrahmens lag), was Gegenstand der Bauvorlagen war. Ist angesichts der gegenwärtig durchgeführten Nutzungsweise eine (ggfs. erneute) Prüfung der bauordnungsrechtlichen Unbedenklichkeit geboten, liegt eine bauordnungsrechtliche Nutzungsänderung vor. 835

Beispiel: In einem bestandsgeschützten Wohngebäude wurden vor einiger Zeit zwei zusätzliche Wohneinheiten geschaffen. Da eine Wohnung besondere bauordnungsrechtliche Anforderungen erfüllen muss, stellt sich durch eine solche Baumaßnahme die Genehmigungsfrage neu. Bei der Abtrennung von Wohneinheiten in einem bestehenden Gebäude handelt es sich nicht bloß um eine Nutzungsintensivierung, sondern eine Nutzungsänderung in bauordnungsrechtlichem Sinn; der Bestandsschutz ist untergegangen. 836

bb) Untergang des Bestandsschutzes durch Nutzungsaufgabe

Nicht immer findet unmittelbar nach der Aufgabe der bestandsgeschützten Nutzung eine neue Nutzung statt. Das ist für sich genommen mit Blick auf die Fortgeltung der rechtmäßig erworbenen Rechtsposition und damit auch des Bestandsschutzes un- 837 schädlich. Denn Art. 14 Abs. 1 Satz 1 GG räumt dem Berechtigten zum Schutz des Vertrauens in den Fortbestand einer bisherigen Rechtsposition je nach den konkreten Einzelumständen eine gewisse Zeitspanne ein, innerhalb derer der Bestandsschutz nachwirkt und noch Gelegenheit besteht, an den früheren Zustand anzuknüpfen. In der Rechtsprechung besteht Einigkeit darüber, dass erst mit der endgültigen Aufgabe einer zugelassenen Nutzung der Bestandsschutz für sie endet (BVerwG, U.v. 18.5.1990 – 4 C 49.89 –, BRS 50 Nr. 166 = juris). Bis hierher besteht in der Rechtsprechung noch Einigkeit. Unstimmigkeiten beginnen bei der Frage, welche Kriterien für die Beantwortung der Frage, wann eine endgültige Aufgabe der zugelassenen Nutzung anzunehmen ist, anzuwenden sind.

(1) Das Zeitmodell des Bundesverwaltungsgerichts

838 Das Bundesverwaltungsgericht hat in seiner Rechtsprechung zur erleichterten Zulassung der „alsbaldigen Neuerrichtung eines zulässigerweise errichteten, durch Brand, Naturereignisse oder andere außergewöhnliche Ereignisse zerstörten, gleichartigen Gebäudes an gleicher Stelle" (§ 35 Abs. 4 Satz 1 Nr. 3 BauGB) ein so genanntes Zeitmodell entworfen, das es auf die Beurteilung der Fortdauer des Bestandsschutzes überträgt: Im ersten Jahr nach der Zerstörung eines Bauwerks rechne die Verkehrsauffassung stets mit dem Wiederaufbau. Eine Einzelfallprüfung erübrige sich. Im zweiten Jahr nach der Zerstörung spreche für die Annahme, dass die Verkehrsauffassung einen Wiederaufbau noch erwarte, eine Regelvermutung, die im Einzelfall jedoch entkräftet werden könne, wenn Anhaltspunkte für das Gegenteil vorhanden seien. Nach Ablauf von zwei Jahren kehre sich diese Vermutung um. Es sei davon auszugehen, dass die Grundstückssituation nach so langer Zeit für eine Neuerrichtung nicht mehr offen sei. Der Bauherr habe besondere Gründe dafür darzulegen, dass die Zerstörung des Gebäudes noch keinen als endgültig erscheinenden Zustand herbeigeführt habe. (BVerwG, U.v. 18.5.1995 – 4 C 20/94 –, BVerwGE 98, 235 = juris; vgl. auch BVerwG, U.v. 21.8.1981 – 4 C 65.80 –, BVerwGE 64, 42 = juris; B.v. 17.5.1988 – 4 B 82.88 –, juris).

839 Dies hat das Gericht übertragen auf die Frage des Untergangs des Bestandsschutzes durch Nichtnutzung. Es hat mit Beschluss vom 5.6.2007 (4 B 20/07, BRS 71 Nr. 113 = juris) eine Entscheidung der Vorinstanz (VGH München, U.v. 1.2.2007 – 2 B 05.2407 –, juris) gebilligt, in der diese – gewissermaßen zur Plausibilisierung des Leerstandes eine Wohnhauses für dreieinhalb Jahre – darauf abgestellt hatte, dass das Gebäude nach einem Wasserschaden leer gestanden habe und mit einer Reparatur gewartet habe und damit die Vermutung widerlegt habe, es sei eine endgültige Aufgabe der Wohnnutzung beabsichtigt gewesen. Ähnlich hat das BVerwG in seinem Urteil vom 18.051995 – 4 C 20/94 –, NVwZ 1996, 379 = juris, in seinem Leitsatz 2 formuliert: *„Ist die baurechtlich genehmigte Nutzung eines Gebäudes (hier: für eine Autolackiererei) für mehr als ein Jahr nicht ausgeübt worden, so ist auch die vor Ablauf des zweiten Jahres wiederaufgenommene Nutzung nicht mehr vom Bestandsschutz gedeckt, wenn Umstände vorlagen, aus denen nach der Verkehrsauffassung geschlossen werden konnte, mit der Wiederaufnahme der ursprünglichen Nutzung sei nicht mehr zu rechnen."*

(2) Anwendung des § 43 Abs. 2 VwVfG

Die Rechtsprechung des Bundesverwaltungsgerichts ist immer wieder kritisiert worden. Manche Gerichte verweigern dem Bundesverwaltungsgericht offen die Gefolgschaft (VGH Kassel, B.v. 12.4.2016 – 4 A 1438/15.Z –, juris: „Das vom Bundesverwaltungsgericht zu § 35 Abs. 4 Satz 1 Nr. 3 BauGB entwickelte Zeitmodell (...) ist auf den Fall der Nutzungsunterbrechung nicht anzuwenden."), andere folgen ihm scheinbar und nehmen „im Rahmen der Rechtsprechung des Bundesverwaltungsgerichts" Wertungen vor, die in Wirklichkeit die Grenzen ignorieren und die aus verfahrensrechtlichen Gründen unangreifbar sind (aus der umfangreichen Rechtsprechung z.B. OVG Weimar, B.v. 29.11.2007 – 1 EO 658/99 –, NVwZ-RR 2000, 578 = juris; VGH München, B.v. 6.2.2014 – 1 ZB 11.1675 –, juris; OVG Münster, B.v. 9.8.2013 – 2 A 2520/12 –, nrwe; OVG Koblenz, U.v. 12.3.2013 – 8 A 11152/12 –, juris; OVG Lüneburg, B.v. 3.1.2011 – 1 ME 209/10 –, BRS 78 Nr. 159 = juris; VGH Mannheim, U.v. 4.3.2009 – 3 S 1467/07 –, BRS 74 Nr. 164 = juris). Diese Gerichte wenden § 43 Abs. 2 VwVfG[131] an und fragen danach, ob aus dem Verhalten des Bauherrn ein hinreichend schlüssiger Wille dafür ablesbar ist, auf die Baugenehmigung zu verzichten, oder ob Anhaltspunkte für eine – ggfs. stillschweigende – Übereinkunft der Beteiligten vorliegen, die Baugenehmigung habe sich erledigt (sei obsolet). 840

Exemplarisch für den Umgang der instanzlichen Rechtsprechung mit dem Zeitmodell des Bundesverwaltungsgerichts siehe OVG Münster, B.v. 9.8.2013 – 2 A 2520/12 –, nrwe: 841

„Gleichwohl bleibt es dabei, dass (...) die Prüfung der Erledigung einer Baugenehmigung (...) letztentscheidend von den gesetzlichen Vorgaben des § 43 Abs. 2 VwVfG NRW abhängt. Der durch Art. 14 Abs. 1 Satz 1 GG geschützte Bestandsschutz, den eine Baugenehmigung vermittelt, wird durch Landesrecht als Inhaltsbestimmung im Sinne des Art. 14 Abs. 1 Satz 2 GG ausgestaltet. In welchem Umfang das Vertrauen in den Fortbestand einer bestimmten Rechtsposition Schutz genießt, richtet sich dann nach der landesrechtlichen Norm, die hierfür die Grundlage bildet, hier also § 43 Abs. 2 VwVfG NRW (vgl. dazu BVerwG, Urteil vom 7. November 1997 – 4 C 7.97 –, BRS 59 Nr. 109 = juris Rn. 21 und Rn. 23). Folge dessen ist, dass das – nicht normativ verankerte – "Zeitmodell" die Anwendung des § 43 Abs. 2 VwVfG NRW und das Verständnis des Begriffs der Erledigung jedenfalls nicht strikt steuern kann. Dies relativiert seine Bedeutung für die Beurteilung, wann und unter welchen Voraussetzungen sich eine Baugenehmigung erledigt haben kann, stark. Das "Zeitmodell" kann insofern nicht mehr als eine grobe Richtschnur, eine Art Auslegungshilfe bei der Subsumtion des § 43 Abs. 2 VwVfG NRW darstellen, die stets mit dem allgemeinen Terminus der Erledigung und den besonderen Einzelfallumständen abzugleichen ist. Ein rein schematisches Vorgehen, das maßgeblich auf den Zeitablauf abstellt, ist grundsätzlich nicht möglich. Ähnlich wie bei der Figur der Verwirkung hat das Zeitmoment einer Nutzungsaufgabe bzw. einer Nutzungsunterbrechung aus sich heraus keinen eindeutigen Erklärungswert. Es muss regelmäßig durch ein wie auch immer geartetes Umstandsmoment ergänzt werden, um (rechtsvernichtende) Rechtsfolgen

131 Gesetzestext unter Fn. 17.

auslösen zu können. Aus ähnlichen Gründen kann die Erledigung einer Baugenehmigung auch nicht autoritativ über den Vorhabenbegriff des § 29 BauGB erschlossen werden. Baurechtlich relevante Änderungen der Grundstückssituation, die von der genehmigten Lage abweichen, werfen abgesehen von eindeutigen Fällen wie der Zerstörung eines Gebäudes – des tatsächlichen Wegfalls des Regelungsobjekts – die Erledigungsfrage erst auf. Sie beantworten sie aber nicht jenseits von § 43 Abs. 2 VwVfG NRW."

842 **weiteres Beispiel (nach VGH München, B.v. 6.2.2014 – 1 ZB 11.1675 –, juris):** Mit Beschluss des Bezirksamts Erding vom 28. Februar 1924 wurde ein Gebäude als „Stallung" genehmigt. Durch einen Lageplan lässt sich die Übereinstimmung zwischen dem genehmigten und dem errichteten Gebäude hinreichend sicher feststellen. Der Bestandsschutz für das Gebäude ist nicht durch eine (unstreitige) Nutzungsunterbrechung von mehr als 10 Jahren entfallen. Das Gericht konnte insoweit nicht feststellen, dass – wie erforderlich – der Berechtigte zu erkennen gegeben hat, dass er von der Baugenehmigung keinen Gebrauch mehr machen will. Vielmehr hat er die Rinderhaltung nie aufgegeben und den Stall nie einer anderen Nutzung zugeführt. Er hat den Leerstand nachvollziehbar damit erklärt, dass er die Hofstelle aus betriebswirtschaftlichen Gründen grundlegend umstrukturiert und durch den damit im Zusammenhang stehenden Anbau der landwirtschaftlichen Geräteunterstellhalle die Zugänglichkeit zum Stallgebäude nicht bzw. nur sehr eingeschränkt gegeben war.

(3) Eigene Stellungnahme

843 Die Konstruktion des Untergangs des Bestandsschutzes durch Anwendung des § 43 Abs. 2 VwVfG ist bestechend. Denn die normorientierte Feststellung des Unwirksamwerdens bietet – trotz der Unsicherheit bei der Feststellung der (konkludenten) Erledigungserklärung – die Möglichkeit, an Grundregeln des allgemeinen Verwaltungsverfahrensrechts anzuknüpfen. Sie lässt aber auch Fragen unbeantwortet. So bleibt diese Methode die Antwort schuldig, wie das Unwirksamwerden im Falle des Entstehens des Bestandsschutzes ohne eine Genehmigung, wenn dieser also allein wegen der seinerzeitigen oder zeitweiligen materiellen Legalität entstanden ist, dogmatisch zu konstruieren ist. Allenfalls käme in diesen Fällen eine analoge Anwendung des § 43 Abs. 2 VwVfG in Betracht, was aber mangels jeglicher Zustimmungserklärung der Behörde zur Begründung der schutzwürdigen Position rechtlichen Bedenken begegnen muss.

cc) Nutzungsaufgabe und Bestandsschutz für die Gebäudesubstanz

844 Der Verlust des Bestandsschutzes hinsichtlich der Nutzung zieht nicht zwingend auch den Verlust des Bestandsschutzes hinsichtlich der baulichen Anlage nach sich. Zwar genießt die bauliche Anlage Bestandsschutz in ihrer durch ihre Nutzung bestimmten Funktion. Jedoch rechtfertigt die endgültige Aufgabe der lediglich bestandsgeschützten Nutzung für sich genommen noch nicht den Erlass einer Beseitigungsverfügung. Denn schließlich könnte in Betracht kommen, dass später einmal für die Anlage eine genehmigungsfähige Nutzung aufgenommen wird. Etwas anderes gilt aber dann, wenn für die Anlage nach Verlust des Bestandsschutzes für die Nutzung keinerlei legale Nutzung mehr in Betracht kommt. „*Lässt das geltende materielle Baurecht hierfür keinen Raum, so schließt das öffentliche Interesse an einer Durchsetzung der bebauungsrechtlichen Ordnung auch das Mittel der Beseitigungsanordnung ein.*" (BVerwG, B.v. 9.9.2002 – 4 B 52/02 –, BRS 65 Nr. 92 = juris)

Beispiel (nach BVerwG, B.v. 9.9.2002 – 4 B 52/02 –, BRS 65 Nr. 92 = juris): Nach Beendigung eines Jagdpachtvertrages sind Jagdhütten, sofern sie nicht von dem neuen Jagdpächter weitergenutzt werden, zu beseitigen. Denn „*wird ein Bauwerk, das bisher für einen nach § 35 Abs. 1 BauGB im Außenbereich privilegierten Zweck genutzt worden ist, für einen anderen Zweck genutzt, so liegt hierin nicht nur eine Nutzungs-, sondern zugleich auch eine Funktionsänderung, die zu einer Entprivilegierung führt (vgl. BVerwG, Urteile vom 15. November 1974 – BVerwG 4 C 32.71 – BVerwGE 47, 185 und vom 24. Oktober 1980 – BVerwG 4 C 81.77 – BVerwGE 61, 112). Damit erledigt sich auch der Bestandsschutz, der dem Gebäude zukommt (vgl. BVerwG – Urteil vom 18. Mai 1990 – BVerwG 4 C 49.89 – Buchholz 406.16 Eigentumsschutz Nr. 52). Bauliche Substanz und Nutzung unterliegen nicht unabhängig voneinander unterschiedlichen rechtlichen Regelungen. Bestandsschutz genießt die bauliche Anlage in ihrer durch die Nutzung bestimmten Funktion. Reicht freilich eine Nutzungsuntersagung aus, um einen rechtmäßigen Zustand herbeizuführen, so hat die Bauordnungsbehörde es hiermit bewenden zu lassen. Dies setzt jedoch voraus, dass eine rechtmäßige Nutzung überhaupt in Betracht kommt. Lässt das geltende materielle Baurecht hierfür keinen Raum, so schließt das öffentliche Interesse an einer Durchsetzung der bebauungsrechtlichen Ordnung auch das Mittel der Beseitigungsanordnung ein (vgl. BVerwG, Beschluss vom 27. Februar 1993 – BVerwG 4 B 5.93 – Buchholz 406.16 Eigentumsschutz Nr. 61). Jagdhütten machen insoweit keine Ausnahme (vgl. BVerwG, Urteil vom 10. Dezember 1982 – BVerwG 4 C 52.78 – Buchholz 406.11 § 35 BBauG Nr. 193; Beschluss vom 21. Juni 1994 – BVerwG 4 B 108.94 – Buchholz 406.16 Eigentumsschutz Nr. 65).*“ 845

5. Rechtsfolgen für den nachbarlichen Rechtsschutz

Der Umstand, dass eine vom Nachbarn als belästigend oder störend angesehene bauliche Anlage genehmigt oder genehmigungsfähig war, bewirkt im Grundsatz, dass die Aufsichtsbehörde – auch bei einem in diese Richtung gehenden Antrag des Nachbarn – gehindert ist, mittels einer Ordnungsverfügung gegen diese vorzugehen. Diese Rechtsfolge tritt auch bei bestandsgeschützten Anlagen ein und macht im Kern die Relevanz dieses Rechtsinstituts aus. 846

Die vorgenannte Aussage muss jedoch eine Einschränkung erfahren, soweit das Tätigwerden zur Abwehr einer (erheblichen) Gefahr geboten ist. Das gilt auch und insbesondere für ein Einschreiten auf Verlangen des in Gefahr befindlichen Nachbarn. 847

Die Berechtigung zum Einschreiten und die Anspruchsvoraussetzungen eines Nachbarn im Falle formeller (und erforderlichenfalls materieller) Legalität folgen hauptsächlich aus der jeweiligen landesrechtlichen bauordnungsrechtlichen Generalklausel. Viele Landesbauordnungen enthalten darüber hinaus ausdrückliche Bestimmungen über die Befugnis der Bauaufsicht, auch bei bestandsgeschützten Anlagen eine Anpassung von baulichen Anlagen (und ggfs. nur von Teilen davon) zu verlangen (sog. Anpassungsverlangen). Dies setzt allerdings voraus, dass das wegen einer (erheblichen) Gefahr für Leben oder Gesundheit von Menschen erforderlich ist. Dabei verwenden nur wenige Bauordnungen den Begriff der bestandsgeschützten Anlage (so etwa Art. 54 Abs. 4 BayBO[132]). Im Übrigen werden, soweit nicht ohnehin auf eine Sonderregelung verzichtet wird, zumeist „(rechtmäßig) bestehende“ bauliche Anlagen, die 848

132 **Art. 54 BayBO Aufgaben und Befugnisse der Bauaufsichtsbehörden**
(4) Bei bestandsgeschützten baulichen Anlagen können Anforderungen gestellt werden, wenn das zur Abwehr von erheblichen Gefahren für Leben und Gesundheit notwendig ist.
§ 57 LBO Saar Aufgaben und Befugnisse der Bauaufsichtsbehörden
(3) Bei bestandsgeschützten baulichen Anlagen können Anforderungen gestellt werden, wenn dies zur Abwehr von Gefahren für Leben und Gesundheit oder von unzumutbaren Belästigungen erforderlich ist.
(4) Sollen rechtmäßig bestehende bauliche Anlagen, andere Anlagen oder Einrichtungen wesentlich geändert werden, so kann gefordert werden, dass auch die von der Änderung nicht unmittelbar berührten Teile

den geltenden Vorschriften nicht entsprechen, angesprochen.[133] Einige Länder, wie auch die Musterbauordnung, verzichten (mittlerweile) ganz auf eine solche Bestimmung, weil, wie der Landesgesetzgeber der Landesbauordnung für Mecklenburg-Vorpommern zu Recht erkannt hat, eine solche Bestimmung zur Erfüllung der Aufgabe der Gefahrenabwehr nicht erforderlich ist, vielmehr die allgemeine Befugnisnorm (§§ 58 Abs. 1 Satz 2 – neu – BauO M-V) insoweit ausreicht (s. dazu eingehend OVG Greifswald, B.v. 12.9.2008 – 3 L 18/02 –, BRS 73 Nr. 187 = juris).

849 Voraussetzung für ein Anpassungsverlangen ist aber stets, dass eine Gefahr für Leben und Gesundheit von Menschen besteht (zum Begriff der Gefahr s. oben Rn. 660). Eine solche ist z.B. bei einem Verstoß gegen Brandschutzvorschriften stets zu bejahen. Das gilt auch dann, wenn erst im Laufe der Jahre, nach Entstehen der schutzwürdigen Position, neue, verschärfende Brandschutzvorschriften (ausreichend: in einer Verordnung, z.B. einer Sonderbauverordnung) eingeführt worden sind. Denn diese Verschärfung der Bestimmung belegt – sofern an der Gültigkeit der Bestimmung keine begründeten Zweifel bestehen (s. zur Verwerfungskompetenz s. Rn. 1089) – dass in den angesprochenen baulichen Verhältnissen eine abstrakte Gefahr gesehen wurde, die mittels der Regelung bekämpft werden sollte. Im Falle der Nutzung der Anlage ist die Gefahr nicht mehr nur abstrakt, sondern konkret.

Im Einzelfall ist zu prüfen, ob eine solche Gefahr vorliegt, die es – auch unter Wahrung des Grundsatzes der Verhältnismäßigkeit – rechtfertigt, einzuschreiten bzw. ein Einschreiten zu verlangen.

850 **Beispiel für eine Ordnungsverfügung trotz bestandskräftiger Genehmigung:** In der Gebäudeabschlusswand/Brandwand eines grenzständigen Gebäudes befindet sich eine dort nicht zulässige Öffnung, die ausweislich einer Urkunde vor Jahrzehnten mit (voraussichtlich rechtswidriger, aber jedenfalls bestandskräftiger) Genehmigung errichtet wurde und deshalb eine formelle Legitimation ihres Bestandes genießt. Die zuständige Bauaufsichtsbehörde kann dennoch die Beseitigung (d.h. das Zumauern) verlangen, wenn der Zustand mit einer – je nach landesrechtlichen Vorgaben erforderlichen erheblichen und/oder konkreten – Gefahr für Leben und Gesundheit verbunden ist, z.B. auf das bislang unbebaute Nachbargrundstück nunmehr ein Wohnhaus errichtet wird. Der Nachbar, für den die Gefahr besteht, kann, wenn die Behörde nicht von Amts wegen tätig wird, unter den gleichen Voraussetzungen ein entsprechendes Einschreiten verlangen.

851 Die Bauaufsichtsbehörde hat das Gefährdungspotential im Zweifelsfall durch fachliche Begutachtung ihres Bausachverständigen, ggf. auch unter Beteiligung der Feuer-

---

mit diesem Gesetz oder den auf Grund dieses Gesetzes erlassenen Vorschriften in Einklang gebracht werden, wenn dies für die Bauherrin oder den Bauherrn keine unzumutbaren Mehrkosten verursacht.
(5) Bei bestandsgeschützten Sonderbauten,
1. mit deren Nutzung eine besondere Brand- oder Explosionsgefahr verbunden ist,
2. durch die im Falle eines Brandes, einer Explosion oder eines sonstigen gefahrbringenden Ereignisses eine größere Anzahl von Menschen oder erhebliche Sachwerte gefährdet werden können oder
3. bei denen zur Gewährleistung der Sicherheit oder Ordnung der Besucherinnen und Besucher eine regelmäßige oder ständige Anwesenheit der Polizei erforderlich ist,
kann verlangt werden, dass Anlagen nach § 51 Satz 2 Nr. 24 eingebaut, unterhalten und an den jeweiligen Stand der von Feuerwehr und Polizei verwendeten Kommunikationstechnik angepasst werden, wenn dies keine unzumutbaren Kosten verursacht.

133 Z.B. § 87 (1) **BauO NRW**: „rechtmäßig bestehende Anlagen und Einrichtungen"; § 85 **BauO Bln** (§ 81 **BauO Bln 2017**): „rechtmäßig bestehende bauliche Anlagen"; § 81 (1) **BgbBO**: „bestehende bauliche Anlagen und andere Anlagen und Einrichtungen"; § 76 (1) **LBO BW**: „rechtmäßig bestehende oder nach genehmigten Bauvorlagen bereits begonnene Anlagen".

wehr oder durch die Einholung eines Sachverständigengutachtens zu ermitteln. Hinsichtlich des Grades der Wahrscheinlichkeit ist nach der Schutzbedürftigkeit des gefährdeten Schutzgutes zu differenzieren (VGH Kassel, B.v. 18.10. 1999 – 4 TG 3007/97 –, BRS 62 Nr. 144 = juris). Weil ein Brand praktisch jederzeit entstehen kann und die Schutzgüter Leben und Gesundheit dann in der Regel betroffen sind, ist bei Brandschutzmaßnahmen die fachkundige, nach den örtlichen Gegebenheiten getroffene Feststellung ausreichend, dass der Eintritt eines Schadens nicht ganz unwahrscheinlich ist (vgl. VGH Mannheim, B.v. 29.3.2011 – 8 S 2910/10 –, BRS 78 Nr. 205 = juris; OVG Münster, B.v. 15.8.2015 – 7 B 283/15 –, nrwe; OVG Bautzen, B.v. 21.8.2013 – 1 B 353/13 –, juris).

6. Besonderheiten im Anwendungsbereich des BImSchG

Die vorstehend zur schutzwürdigen Position und zum Bestandsschutz dargestellten Grundsätze gelten nicht für Anlagen, die einer immissionsschutzrechtlichen Genehmigung bedürfen und auch nicht für Anlagen, die zwar einer solchen Genehmigung nicht bedürfen, aber den Grundpflichten des § 22 BImSchG unterliegen: 852

Für Anlagen, die einer immissionsschutzrechtlichen Genehmigung bedürfen, gelten die vorstehenden Ausführungen ohnehin nicht. Denn der Bestandsschutz für solche Anlage ist erheblich geringer als für Anlagen, die dem Baurecht unterliegen. Das wird besonders deutlich durch die sog. dynamischen Betreiberpflichten (§ 5 BImSchG), die dem Betreiber auch unter Geltung der bestehenden Genehmigung verpflichten, die Anlage erforderlichenfalls anzupassen und nachzubessern. Im Immissionsschutzrecht gibt es keinen Grundsatz, dass dem Anlagenbetreiber eingeräumte Positionen trotz Rechtsänderungen zu belassen seien und nur gegen Entschädigung entzogen werden dürften (BVerwG, U.v. 30.6.2005 – 7 C 26/04 –, NVwZ 2005, 1178 = juris). Nachträglichen Rechtsänderungen kann nicht entgegengehalten werden, in einen als rechtmäßig festgestellten Bestand dürfe nicht eingegriffen werden (BVerwG, U.v. 23.10.2008 – 7 C 48/07 –, BVerwGE 132, 224 = juris). Das gilt auch für eine in einer immissionsschutzrechtlichen Genehmigung eingeschlossene Baugenehmigung. 853

Den lediglich eingeschränkten Bestandsschutz des Immissionsschutzrechts können außerdem solche bauliche Anlagen in Anspruch nehmen, die sich an dem Maßstab des § 22 BImSchG messen lassen müssen. Denn: *„Es macht keinen Unterschied, ob die Baugenehmigung für eine genehmigungsbedürftige Anlage von der immissionsschutzrechtlichen Genehmigung eingeschlossen wird (§ 13 BImSchG) oder aber für bauliche Änderungen an einer immissionsschutzrechtlich genehmigten Anlage mangels Vorliegen der Tatbestandsvoraussetzungen des § 15 BImSchG eine selbstständige Baugenehmigung erteilt wird. In beiden Fällen wird der baurechtliche Bestandsschutz durch den immissionsschutzrechtlichen Bestandsschutz überlagert und eingeschränkt. Dasselbe gilt auch für immissionsschutzrechtlich nicht genehmigungsbedürftige Anlagen im Sinne von § 22 Abs. 1 BImSchG. Auch diese unterstehen dem Regime des Bundesimmissionsschutzgesetzes, das gegenüber dem Baurecht nicht mehr, sondern weniger Bestandsschutz gewährt (vgl. Sendler, Bestandsschutz im Wirtschaftsleben, WiVerw 1993, 236, 273).“* (BVerwG, U.v. 23.10.2008 – 7 C 4/08 –, NVwZ 2009, 647 = juris) 854

855 Die letztgenannte Erstreckung des sehr eingeschränkten Bestandsschutzes auf nicht genehmigungsbedürftige Anlagen findet ihre Rechtfertigung darin, dass auch für sie dynamische Grundpflichten aus § 22 BImSchG gelten. Die in der Bestimmung genannten Pflichten sind nicht nur im Zeitpunkt der Errichtung der Anlage und des Betriebsbeginns zu beachten, sondern solange die Anlage betrieben wird (Jarass, BImSchG, § 22 Rn. 12; BVerwG, B.v. 9.3.1988 – 7 B 34/88 –, NJW 1988, 2552 = juris). Einer Verschärfung der Rechtslage hinsichtlich einer immissionsträchtigen baulichen Anlage kann deshalb auch ein baulicher Bestandsschutz nicht entgegengehalten werden (Jarass, BImSchG, § 22 Rn. 41).

IV. Vollstreckung

856 Der nachbarliche Anspruch auf Einschreiten und die behördliche Pflicht hierzu beschränken sich nicht auf den Erlass einer entsprechenden Ordnungsverfügung, sondern umfassen auch deren Durchsetzung. Das ist dem Anspruch auf effektiven Rechtsschutz (Art. 19 Abs. 4 GG) geschuldet. Ist die Bauaufsichtsbehörde im Interesse des Nachbarn bauaufsichtlich tätig geworden, wird die Verfügung aber von dem Pflichtigen nicht oder nur unzureichend tätig, kann der Begünstigte deshalb beantragen, dass aus der Verfügung vollstreckt wird. Dasselbe gilt für die Verpflichtung aus einer gerichtlichen Entscheidung. (Dabei kann auch eine Gemeinde pflichtig sein, wenn sie – schlicht hoheitlich, vgl. dazu ab Rn. 860 – Betreiberin der Anlage ist.) Beruht die Baurechtswidrigkeit einer Anlage auf der Verletzung nachbarschützender Vorschriften des öffentlichen Rechts, ist das Entschließungsermessen der Bauaufsichtsbehörde in aller Regel auf eine Pflicht zum Einschreiten reduziert. Diese Pflicht zum Einschreiten beschränkt sich jedoch nicht auf den Erlass einer entsprechenden Ordnungsverfügung, sondern umfasst auch deren Durchsetzung, falls der Pflichtige der Ordnungsverfügung nicht nachkommt.

857 Das Begehren kann z.B. dahin gehen, dass ein Zwangsgeld angedroht oder ein angedrohtes Zwangsgeld vollstreckt wird. Unter Umständen kann es auch im Wege einer Einstweiligen Anordnung durchgesetzt werden.

858 **Beispiel (aus: VG Gelsenkirchen, B.v. 7.6.2011 – 5 L 561/11 –, nrwe):** Der Bauherr hatte bereits vor mehr als 10 Jahren im Bereich der Grenze zu den Nachbarn eine Stützwand aus Pflanzringen errichtet. Die Behörde war trotz eines Antrags der Nachbarn nicht tätig geworden. Auf eine Klage der Nachbarn hin war die Behörde mit rechtskräftigem Urteil verpflichtet worden, durch Erlass einer bauaufsichtlichen Ordnungsverfügung die Beseitigung der Stützwand anzuordnen. Dem war die Behörde nachgekommen: Der Bauherr wurde aufgefordert, innerhalb von vier Monaten nach Bestandskraft die auf seinem Grundstück errichtete Wand aus Pflanzringen zu beseitigen sowie das dahinter liegende Gelände so zu ändern, dass eine Böschung mit einer Neigung von maximal 45° zur Horizontalen angelegt wurde. Außerdem drohte die Behörde dem Bauherrn ein Zwangsgeld in Höhe von 2.500 € an. Die Ordnungsverfügung wurde bestandskräftig. Der Bauherr ist jedoch dem Gebot nicht nachgekommen. Den Nachbarn steht deshalb gegenüber der Behörde ein Anspruch auf Durchsetzung der Ordnungsverfügung zu. Diesen können sie auch im Wege einer Einstweiligen Anordnung verfolgen. Denn im Hinblick auf den schon seit vielen Jahren bestehenden baurechtswidrigen Zustand ist den Nachbarn ein Abwarten auf den Ausgang des Hauptsacheverfahrens nicht mehr zumutbar. Bei einem Verweis auf das Hauptsacheverfahren hätten sie unter Umständen wiederum über Jahre hinweg einen mit der geltenden Gesetzeslage nicht im Einklang stehenden Zustand hinzunehmen.

Der öffentlich-rechtliche Anspruch auf Vollstreckung gewährt dem Störungsbetroffenen keinen Anspruch auf bestimmte Maßnahmen. Der Bauaufsichtsbehörde steht es frei, nach ihrem Ermessen darüber zu befinden, auf welche Weise sie den Verpflichtungen nachkommen möchte. 859

Eine rechtmäßige Vollstreckung setzt voraus, dass die zu vom Bauherrn geschuldete und von der Behörde zu vollstreckende Maßnahme dem Bauherrn rechtlich und tatsächlich möglich ist. Ist für die Maßnahme das Mitwirken eines Dritten (womöglich des von der verlangten Maßnahme Begünstigten) erforderlich und verweigert dieser seinen Mitwirkungsbeitrag, bedarf es diesem gegenüber einer Duldungsverfügung und eines Zwangsmittels zur Akzeptanz der Duldungsverfügung (s. zu einem solchen Fall OVG Saarlouis, B.v. 10.6.2016 – 2 B 68/16 –, juris).

D. Abwehranspruch gegen „schlicht hoheitliches“ Handeln

Das öffentliche Recht räumt dem Privaten einen Rechtsschutz gegen eine Anlage ein, 860 die „schlicht hoheitlich“ betrieben wird (Spielplatz, Bolzplatz, Parkanlage oder dergleichen) und ihn in seinen subjektiven Rechten verletzt. Dabei meint der Begriff des schlicht hoheitlichen Handelns ein solches Handeln der öffentlichen Hand, das nicht aufgrund eines (vorangegangenen) Verwaltungsaktes (§ 35 VwVfG, z.B. Baugenehmigung) erfolgt, sondern ohne diesen. (Sollte für die Anlage eine (baurechtliche) Genehmigung erlassen worden sein, ist Rechtsschutz hiergegen wie gegen die Genehmigung eines Privaten gegeben.)

Beispiel (nach: VGH Mannheim, U.v. 11.4.1994 – 1 S 1081/93 –, NVwZ 1994, 920 = juris): Eine Ge- 861 meinde betreibt einen Grillplatz als öffentliche Einrichtung. Hierbei handelt es sich um eine nicht nach Immissionsschutz genehmigungsbedürftige Anlage im Sinne von § 22 Abs. 1 BImSchG. Der Gemeinde sind grundsätzlich die von den Benutzern ausgehenden Lärmimmissionen zuzurechnen. Der Zurechnungszusammenhang wird allein durch den Erlaß einer Grillplatzordnung, die u.a. die Benutzungszeiten regelt, nicht unterbrochen

Für die Rechtsschutzmöglichkeiten ist von entscheidender Bedeutung, welches Ver- 862 langen im Vordergrund steht.

- Stellt die öffentliche Einrichtung eine bauliche Anlage dar und wird geltend ge- 863 macht, von ihr oder von ihrer Benutzung gingen baurechtlich relevante Störungen aus (z.B. ein Abstandflächenverstoß), ist das Verlangen gegenüber derjenigen Stelle geltend zu machen, die für die Einhaltung des öffentlichen Baurechts zuständig ist. Dieser Anspruch steht im Vordergrund dieser Darstellung.
- Begehrt der Nachbar ein Einschreiten wegen Verhaltensweisen, die dem allgemei- 864 nen Polizei- und Ordnungsrecht unterfallen (z.B. Schutzmaßnahmen dagegen, dass Gegenstände von einer öffentlichen Einrichtung auf das Grundstück des Nachbarn geworfen werden, oder gegen nächtliche Trinkgelage auf einem Spielplatz), ist das Abwehrrecht gegenüber der für das allgemeine Ordnungsrecht zuständigen Stelle geltend zu machen.

865 ■ Wird ein Einschreiten wegen Verletzung von immissionsschutzrechtlichen Bestimmungen geltend gemacht oder werden Schutzmaßnahmen wegen zu starker Lärmimmissionen durch den Betrieb einer städtischen Einrichtung, etwa einer Schützenhalle, verlangt, ist das (Landes-)Immissionsschutzrecht anzuwenden. Insofern kommen Maßnahmen auf der Grundlage der §§ 24 und 25 BImSchG in Betracht. Die Befugnis zum Erlass hoheitlicher Anordnungen auf der Grundlage dieser Bestimmungen ist allerdings auch nach der dies bejahenden Entscheidung des BVerwG vom 25.7.2002 – 7 C 24/01 –, NVwZ 2003, 346 = juris, nicht unumstritten (vgl. dazu Glöckner, Anordnungsbefugnis der Immissionsschutzbehörden gegenüber kommunalen Anlagenbetreibern nach § 24 BImSchG, NVwZ 2003, 1207 ff., und Scheidler, Immissionsschutzrechtliche Anordnungen gegenüber Gemeinden, UPR 2004, 253 ff.).

866 Für all die vorgenannten Rechtsschutzbegehren ist der Verwaltungsrechtsweg gemäß § 40 Abs. 1 Satz 1 VwGO eröffnet. Denn da die Einwirkungen auf das Grundstück des Nachbarn durch die Nutzung einer öffentlichen Einrichtung hervorgerufen werden und das beeinträchtigende Geschehen dem öffentlichen Recht zuzuordnen ist, handelt es sich um öffentlich-rechtliche Streitigkeiten. Statthafte Klageart ist die allgemeine Leistungsklage, weil nicht ein Verwaltungsakt abgewehrt (Anfechtungsklage) oder begehrt (Verpflichtungsklage) wird, sondern ein „schlichtes“ Handeln abgewehrt oder Unterlassen begehrt wird (VGH München, U.v. 30.11.1987 – 26 B 82 A. 2088 –, NVwZ 1989, 269 = juris).

I. Anspruchsgrundlage

867 Über die Anspruchsgrundlage eines Abwehranspruch gegen eine hoheitlich betriebene Anlage besteht in Rechtsprechung und Literatur noch weitgehend Unklarheit (Nachweise zum Streitstand bei Ossenbühl, Staatshaftungsrecht, S. 355 f.). Er wird zum Teil aus dem grundrechtlichen Abwehranspruch nach Art. 2 Abs. 2 Satz 1 GG (freie Entfaltung der Persönlichkeit, Recht auf Leben und körperliche Unversehrtheit, Freiheit der Person) und Art. 14 Abs. 1 Satz 1 GG (Eigentum) oder aus dem Rechtsstaatsprinzip (Art. 20 Abs. 3 GG) hergeleitet. Zum Teil wird ein „allgemeiner öffentlich-rechtlicher Abwehr-, Unterlassungs- und (Folgen-)Beseitigungsanspruch“ angenommen. Überwiegend wird der Anspruch aus einer analogen Anwendung der §§ 1004 und 906 BGB[134] hergeleitet. Das Bundesverwaltungsgericht hat die Frage ausdrücklich offen gelassen (U.v. 19.1.1989 – 7 C 77.87 –, BVerwGE 81, 197 = juris). Eine Festlegung ist zumeist nicht erforderlich, da die rechtlichen Voraussetzungen weitgehend die gleichen sind.

868 Diesseits wird – in Übereinstimmung mit der wohl herrschenden Rechtsprechung – ein aus den §§ 906 und 1004 BGB abzuleitender Anspruch favorisiert (so auch: VGH München, U.v. 11.1.2013 – 22 B 12.2367 –, juris; VG Koblenz, U.v. 5.11.2015 – 4 K 877/14.KO –, juris; VG Aachen, U.v. 9.5.2012 – 6 K 1937/09 –, juris; VG Berlin, U.v. 18.6.2014 – 10 K 147.13 –, juris). Denn die analoge Anwendung der zivilrechtlichen Vorschriften berücksichtigt zum einen, dass die öffentliche Hand keine geringe-

134 Gesetzestexte unter Fn. 2.

ren Pflichten hat als der Privateigentümer eines Grundstücks, dem die genannten Bestimmungen entgegengehalten werden können. Zum anderen ermöglichen die zu diesem Rechtsinstitut bestehenden Rechtsgrundsätze durch die Parallele zum Zivilrecht eine ergänzende und sachgerechte Konkretisierung der Rechte und Pflichten, insbesondere auch der Duldungspflicht des Betroffenen.

II. Duldungspflicht

Die Anwendung der §§ 906 Abs. 1 Satz 1, 1004 Abs. 1 BGB als Anspruchsgrundlage 869
bietet den sachgerechten Vorteil einer gesetzlich definierten Begrenzung des Anspruchs in Gestalt der Regelung in § 906 Abs. 1 BGB.

1. Allgemeine Duldungspflicht nach § 906 Abs. 1 BGB

Bei Anwendung des in § 906 Abs. 1 BGB genannten Maßstabes besteht die Dul- 870
dungspflicht des Nachbarn, wenn die Einwirkung die Benutzung seines Grundstücks nicht oder nur unwesentlich beeinträchtigt (Satz 1). Nach den Sätzen 2 und 3 liegt eine unwesentliche Beeinträchtigung „in der Regel vor, wenn die in Gesetzen oder Rechtsverordnungen festgelegten Grenz- oder Richtwerte von den nach diesen Vorschriften ermittelten und bewerteten Einwirkungen nicht überschritten werden. Gleiches gilt für Werte in allgemeinen Verwaltungsvorschriften, die nach § 48 des Bundes-Immissionsschutzgesetzes erlassen worden sind und den Stand der Technik wiedergeben." Insoweit ist im Hinblick auf bauliche Anlagen § 22 Abs. 1 i.V.m. § 3 Abs. 1 BImSchG heranzuziehen (vgl. u.a. BVerwG, U.v. 19.1.1989 – 7 C 77.87 –, juris). Denn was für die Nachbarschaft z.B. erhebliche Geräuschbelästigungen und damit schädliche Umwelteinwirkungen im Sinne dieser Bestimmungen sind, sind auch Geräuscheinwirkungen, die i.S. des § 906 Abs. 1 BGB die Benutzung eines Nachbargrundstücks nicht nur unwesentlich beeinträchtigen. Umgekehrt sind Geräusche, die unerheblich und damit keine schädlichen Umwelteinwirkungen sind, auch unwesentlich i.S. des § 906 Abs. 1 BGB (BVerwG, U.v. 29.4.1988 – 7 C 33/87 –, DVBl 1988, 967 = juris, für den Fall einer Feuerwehrsirene; vgl. auch VGH Mannheim, U.v. 28.5.1985 – 1 S 292/84 –, NVwZ 1986, 62 = juris, zur Beurteilung der Wesentlichkeit der Beeinträchtigung der Nutzung eines Wochenendhausgrundstücks im Außenbereich durch Lärmimmission eines kommunalen Waldfestplatzes).

Auch wenn § 906 Abs. 1 Sätze 2 und 3 BGB auf Grenz- und Richtwerte verweist, 871
können diese Regelwerke zur Beantwortung der Frage, ob z.B. Geräusche als schädliche Umwelteinwirkungen in diesem Sinne anzusehen sind, nur in dem Umfang und mit der z.T. beschränkten Verbindlichkeit herangezogen werden, in dem sie im Immissionsschutzrecht diese Bedeutung haben. Denn im (analog angewandten) Zivilrecht kann den Regelwerken keine weitergehende Bedeutung zukommen als in ihrem eigentlichen Anwendungsbereich. In jedem Fall ist neben der Berücksichtigung der Immissionsrichtwerte auch eine individuelle Würdigung vorzunehmen, die die Umstände des Einzelfalls berücksichtigt (BVerwG, B.v. 30.7.2003 – 4 B 16.03 –, BRS 66 Nr. 172 = juris; B.v. 17.7.2003 – 4 B 55.03 –, BRS 66 Nr. 167 = juris, und v. 11.2.2003 – 7 B 88.02 –, NVwZ 2003, 75 = juris).

872 Die Wertung im Einzelfall richtet sich insbesondere auch nach der durch die Gebietsart und die tatsächlichen Verhältnisse bestimmten Schutzwürdigkeit und Schutzbedürftigkeit. Dabei sind wertende Elemente wie Herkömmlichkeit, soziale Adäquanz und allgemeine Akzeptanz mitbestimmend. Ebenso ist zu berücksichtigen, ob das Grundstück des Immissionsbetroffenen tatsächlich oder rechtlich vorbelastet ist. Alle diese Umstände müssen im Sinne einer „Güterabwägung" in eine wertende Gesamtbetrachtung einfließen (BVerwG, B.v. 17.7.2003 – 4 B 55/03 –, juris; B.v. 11.2.2003 – 7 B 88.02 –, NVwZ 2003, 751 = juris; U.v. 19.1.1989 – 7 C 77.87 –, BVerwGE 81, 197 = juris; U.v. 24.4.1991 – 7 C 12.90 –, BVerwGE 88, 143 = juris; U.v. 30.4.1992 – 7 C 25.91 –, BVerwGE 90, 163, 165 = juris; VGH München, B.v. 16.11.2004 – 22 ZB 04.2269 –, NVwZ-RR 2005, 532 = juris; VGH Mannheim, U.v. 16.4.2002 – 10 S 2443/00 –, NVwZ-RR 2002, 643 = juris; VGH Kassel, U.v. 30.11.1999 – 2 UE 263/97 –, juris).

873 **Beispiel (aus: VG Köln, U. v. 2.7.1992 – 4 K 2071/89 –, NVwZ 1993, 401 = juris):** Bei der Auswahl der Standorte für Altglas- und Altpapiercontainer hat die aufstellende Körperschaft eine Abwägung vorzunehmen, in die alle erheblichen Belange einzustellen sind. Dazu zählt insbesondere der Schutz der Nachbarschaft vor den mit der Benutzung der Container verbundenen Geräuschimmissionen. Eine konkrete Standortentscheidung ist rechtlich nur zu beanstanden, wenn sich ein anderer Standort unter Berücksichtigung aller maßgeblichen Umstände (z.B. Einzugsgebiet, Verkehrssituation, Akzeptanz) als besser geeignet anbietet. Ansonsten sind die mit ihrer (ordnungsgemäßen) Benutzung verbundenen, durch baulich-technische Maßnahmen nicht weiter vermeidbaren Geräuschimmissionen als nicht erhebliche Belästigungen i.S.d. §§ 3 Abs. 1, 22 Abs. 1 BImSchG bzw. als unwesentliche Beeinträchtigungen i.S.v. § 906 Abs. 1 BGB anzusehen und damit von den Bewohnern eines (allgemeinen oder reinen) Wohngebietes grundsätzlich hinzunehmen. Hingegen brauchen die Anwohner solche Geräuschimmissionen nicht zu dulden, die sich aus einer Benutzung der Container unter Verstoß gegen zum Schutz der Wohn- und Nachtruhe der Nachbarschaft festgelegte Benutzungszeiten (Einwurfzeiten) ergeben. Solche Störungen sind der jeweiligen Körperschaft zuzurechnen, da diese durch die Aufstellung der Container die adäquat-kausale Ursache für deren missbräuchliche Benutzung gesetzt hat. Hieraus erwächst ihr eine Überwachungs- und Einschreitenspflicht, verbotswidrige Benutzungen der Container mit den ihr verfügbaren und zumutbaren Mitteln zu unterbinden.

2. Duldungspflicht bei Spielanlagen

874 Bei Spielanlagen hat im Rahmen der Güterabwägung das so genannte Toleranzgebot eine wichtige Bedeutung.

a) Zumutbare Beeinträchtigungen: „typische" Kinderspielplätze und die bestimmungsgemäße Nutzung

875 Durch Art. 1 des Gesetzes vom 20.7.2011 hat der Bundesgesetzgeber mit Wirkung vom 28.7.2011 § 22 Abs. 1 a in das Bundes-Immissionsschutzgesetz eingeführt.[135] Nach dieser Regelung steht Kinderlärm unter einem besonderen Toleranzgebot der Gesellschaft; Geräusche spielender Kinder sind Ausdruck der kindlichen Entwicklung und Entfaltung und daher grundsätzlich zumutbar (vgl. die Begründung des Gesetzesentwurfs zu § 22 Abs. 1 a BImSchG, BT-Drs. 17/4836, S. 4). Diese Bestimmung privi-

135 **§ 22 BImSchG [Pflichten des Betreibers nicht genehmigungsbedürftiger Anlagen]**
(1 a) Geräuscheinwirkungen, die von Kindertageseinrichtungen, Kinderspielplätzen und ähnlichen Einrichtungen wie beispielsweise Ballspielplätzen durch Kinder hervorgerufen werden, sind im Regelfall keine schädliche Umwelteinwirkung. Bei der Beurteilung der Geräuscheinwirkungen dürfen Immissionsgrenz- und -richtwerte nicht herangezogen werden.

legiert den von den erfassten Einrichtungen durch Kinder verursachten Lärm in zweifacher Hinsicht:

Zunächst verbietet § 22 Abs. 1 a Satz 2 BImSchG die Heranziehung von Immissions- 876
grenz- und Richtwerten bei der Beurteilung von Geräuscheinwirkungen, die von Kindertageseinrichtungen, Kinderspielplätzen und ähnlichen Einrichtungen durch Kinder hervorgerufen werden. Dadurch soll gewährleistet werden, dass für die Beurteilung der Zumutbarkeit solcher Immissionen jeweils eine Entscheidung im Einzelfall getroffen wird, bei der die besonderen Umstände des Einzelfalles berücksichtigt und die widerstreitenden Interessen abgewogen werden.

Darüber hinaus enthält § 22 Abs. 1 a BImSchG nach dem Willen des Gesetzgebers 877
eine Privilegierungsregelung grundsätzlicher Art, die auf das sonstige Immissionsschutzrecht und über das zivile Nachbarschaftsrecht hinaus Wirkung hat, soweit dies für die Bewertung von Kinderlärm relevant ist. Der Gesetzgeber hat normiert, was bereits als gefestigte Rechtsprechung zum Beurteilungsmaßstab von Kinderlärm zugrunde gelegt worden war, dass nämlich die von wohnortnah gelegenen Spielplätzen und ähnlichen Einrichtungen ausgehenden Lärmeinwirkungen regelmäßig als ortsübliche, sozialadäquate Lebensäußerungen der Kinder hinzunehmen sind, hinter die das Ruhebedürfnis Erwachsener zurücktreten muss (OVG Münster, B.v. 19.8.2008 – 10 A 492/07 –, nrwe, unter Hinweis auf BVerwG, U.v. 12.12.1991 – 4 C 5.88 –, NJW 1992, 1779 = juris). Die Nachbarn haben deshalb grundsätzlich die Geräuschimmissionen des Spielplatzbetriebs innerhalb der Öffnungszeiten bis hin zur Grenze möglicher Gesundheitsbeeinträchtigungen als sozialadäquat hinzunehmen (vgl. OVG Münster, B.v. 25.5.2004 – 21 A 1849/03 –, nrwe; VGH München B.v. 21.12.1994 – 22 B 93.2343 –, juris).

Dabei wird davon ausgegangen, dass die Öffnungszeiten kindgerecht ausgestaltet und 878
so großzügig bemessen sind, dass ein angemessenes Ausleben des kindlichen Spieltriebs ermöglicht wird. Insbesondere eine zweistündige Mittagsruhe von 13 bis 15 Uhr ist angesichts der Ruhegewohnheiten kleinerer und der schulischen Verpflichtungen älterer Kinder nicht zu lang. Auch eine Nachtruhe ab 20 Uhr engt den Spielbetrieb bei einer Altersbeschränkung auf 14 Jahre nicht unangemessen ein (VG Aachen, U.v. 7.9.2009 – 6 K 1755/08 –, nrwe).

Die Privilegierungsregelung des § 22 Abs. 1 a BImSchG ist nicht anwendbar, wenn der 879
Benutzerkreis der Anlage von dem Träger nicht verbindlich und nach außen erkennbar auf Kinder unter 14 Jahren im Sinne des § 22 Abs. 1 a BImSchG beschränkt worden ist. Nach der Gesetzesbegründung knüpft der in § 22 Abs. 1 a BImSchG verwendete Begriff des Kindes an die Definition des § 7 Abs. 1 Nr. 1 SGB VIII an; Kind ist mithin, wer noch nicht 14 Jahre alt ist (vgl. BT-Drs. 17/4836, S. 6). Soll die Anlage nach dem erklärten Willen des Trägers auch der sportlichen Betätigung für Jugendliche und junge Erwachsene dienen, ist die Bestimmung schon wegen des unterschiedlichen Lärmprofils nicht anwendbar.

Nach der Gesetzesbegründung soll die Regelung zwar auf Ballspielflächen für Kinder 880
anwendbar sein; diese werden deshalb in § 22 Abs. 1 a BImSchG aber lediglich exemplarisch aufgeführt. Davon zu unterscheiden sind nach dem Willen des Gesetzgebers

u.a. Bolzplätze sowie Streetball-Felder für Jugendliche, die großräumiger angelegt sind und ein anderes Lärmprofil haben als Kinderspielplätze; diese Anlagen werden von der Privilegierung ausdrücklich nicht erfasst (vgl. BT-Drs. 17/4836, S. 6).

b) unzumutbare Beeinträchtigungen und Zurechnung missbräuchlichen Verhaltens

881 Die Nachbarn haben ein berechtigtes Interesse an der Einhaltung der in der Nutzungsordnung der Einrichtung bestimmten und in der Regel auf einem Schild angegebenen Ruhezeiten. Sie brauchen solche Immissionen nicht zu dulden, die durch eine missbräuchliche Nutzung von Sport- und Spielanlagen z.B. in den Abend- und Nachtstunden sowie an Sonn- und Feiertagen, ausgehen (BVerwG, B.v. 30.1.1990 – 7 B 162/89 –, NVwZ 1990, 858 = juris).

882 Die öffentliche Hand ist als Betreiberin für solche Geräusch- und andere Belästigungen nicht verantwortlich, die von den Benutzern einer kommunalen Einrichtung durch eine missbräuchliche Benutzung verursacht werden, sofern zu dieser Art der Benutzung nach den örtlichen Gegebenheiten kein besonderer Anreiz besteht (OVG Münster, U.v. 16.9.1985 – 15 A 2856/83 –, nrwe: missbräuchliche Benutzung einer öffentlichen Parkanlage und einer Parkbank „durch Jugendliche und Stadtstreicher“; VGH München, U.v. 30.11.1987 – 26 B 82 A.2088 –, NVwZ 1989, 269 = juris). Der Standort oder die Ausgestaltung der Anlage können so gelagert sein, dass sie zu einer missbräuchlichen Nutzung und/oder einem nicht zugelassenen Personenkreis geradezu herausfordern (OVG Münster, B.v. 13.3.2013 – 7 A 1404/12 –, nrwe).

883 Anderenfalls sind Störungen solcher Art nicht durch das Einschreiten gegen die generelle Nutzung, sondern lediglich polizei- oder ordnungsrechtlich zu beseitigen (vgl. OVG Koblenz, U.v. 24.10.2012 – 8 A 10301/12 –, juris; VGH Mannheim, B.v. 6.3.2012 – 10 S 2428/11 –, NVwZ 2012, 837; VGH Kassel, U.v. 25.7.2011 – 9 A 125/11 –, NVwZ-RR 2012, 21 = juris; OVG Münster, B.v. 18.5.2009 – 10 E 289/09 –, juris; OVG Münster, U.v. 10.8.1989 – 7 A 1926/86 –, nrwe; OVG Lüneburg, B.v. 29.6.2006 – 9 LA 113/04 –, NVwZ 2006, 1199 = juris; VGH München, U.v. 30.11.1987 – 26 B 82 A.2088 –, NVwZ 1989, 269 = juris; VGH Mannheim, U.v. 27.4.1990 – 8 S 1820/89 –, NVwZ 1990, 988 = juris, Leitsätze: *„Die Anlage und der Betrieb von Spielplätzen ist so zu organisieren, dass vermeidbare Lärmbelästigungen für die Anwohner vermieden werden. Gegen mißbräuchliche Benutzung sind geeignete Vorkehrungen zu treffen.“*).

884 **Beispiel für eine Zurechnung der missbräuchlichen Nutzung (nach VG Aachen, U.v. 7.9.2009 – 6 K 1755/08 –, nrwe):** Der Missbrauch des Spielplatzes beruht wesentlich auch auf der mit seiner konkreten Lage verbundenen außergewöhnlichen Anziehungskraft. Er liegt innerhalb einer Grünanlage und ist hier wiederum an einer für den öffentlichen Straßenverkehr nur schwer zugänglichen Stelle positioniert. Besucher des Spielplatzes müssen daher nur mit Fußgängerverkehr rechnen, der nachts nahezu zum Erliegen kommt. Dieser Umstand bietet im Vergleich zu anderen Spielplätzen einen besonderen Anreiz für Jugendliche, die sich von Passanten unbeobachtet treffen und ungestört unter sich sein wollen. Dies gilt in ganz besonderem Maße dann, wenn die Jugendlichen sich außerhalb der gemeindlichen oder privaten Jugendeinrichtungen treffen, um dort verbotene oder missbilligte Verhaltensweisen an den Tag zu legen. (Weiteres Beispiel: VGH Mannheim, B.v. 6.3.2012 – 10 S 2428/11 –, juris)

885 **Beispiel für die Nichtzurechnung einer missbräuchlichen Nutzung (OVG Münster, B.v. 13.3.2013 – 7 A 1404/12 –, BRS 49 Nr. 204 = juris):** Das vorgehaltene Spielplatzangebot (zwei Sitzbänke, ein

Sandkasten, eine Kleinkinderrutsche, eine Wippe, ein Multifunktions-Spielgerät, zwei Rutschen) fordert ein missbräuchliches Verhalten nicht heraus. Der Träger des Spielplatzes hat durch die Aufstellung von Hinweisschildern, die ausgedehnte Erreichbarkeit des Ordnungsamtes (bis 1:15 Uhr, an Freitagen, Samstagen und vor Feiertagen bis 3:15 Uhr) und zahlreiche Kontrollen vor Ort gezeigt, dass er gewillt ist, die Einhaltung der bestimmungsgemäßen Nutzung des Spielplatzes zu gewährleisten. Dennoch stattfindende Störungen können damit nicht mehr dem Verantwortungsbereich dem Träger der Einrichtung zugerechnet werden, sondern unterfallen dem allgemeinen Ordnungs- und Polizeirecht.

III. Kein Anspruch auf eine bestimmte Maßnahme

Der Nachbar hat auch im Rahmen eines Anspruchs gegen die bestimmungswidrige Nutzung einer durch schlicht hoheitliches Handeln betriebenen baulichen Anlage keinen Anspruch darauf, dass die Verwaltung eine bestimmte Maßnahme ergreift. Grundsätzlich steht es ihr frei, nach ihrem Ermessen darüber zu befinden, auf welche Weise sie ihren rechtlichen Verpflichtungen nachkommt. Aufgrund ihres Ermessensspielraums darf sie zunächst bestimmte, grundsätzlich geeignete Maßnahmen ausprobieren und auf ihre konkrete Eignung und Effektivität überprüfen. Im Bedarfsfall darf sie danach andere Maßnahmen ergreifen. Dabei ist in Rechnung zu stellen, dass der Erfolg der Maßnahmen erst nach einem gewissen „Lerneffekt“ eintreten mag (OVG Münster, B.v. 20.1.2011 – 7 E 1386/10 –, nrwe). 886

E. Verlust des Nachbarrechts

Sowohl Rechte zur Einlegung eines Rechtsbehelfs gegen eine Baugenehmigung (dieser Begriff steht im Folgenden für alle ein Bauvorhaben legalisierendem behördlichen Maßnahmen) als auch zur Geltendmachung eines Anspruchs auf bauaufsichtliches Einschreiten können untergehen oder aus sonstigen Gründen nicht (mehr) geltend zu machen sein. Gründe hierfür können sich aus einer unmittelbaren Anwendung des geschriebenen Rechts oder auch aus ungeschriebenen Rechtsgrundsätzen ergeben. 887

I. Keine rechtzeitige Einlegung eines Rechtsbehelfs

Für die Frage, ob die Frist zur Einlegung eines Rechtsbehelfs gegen eine Baugenehmigung eingehalten ist, muss – erstens – der Zeitpunkt des Beginns des Fristenlaufs ermittelt, – zweitens – die Länge der Frist festgelegt sowie – drittens – nach der rechtzeitigen Vornahme der Rechtshandlung innerhalb dieser Frist gefragt werden. 888

1. Fristbeginn

Der Fristbeginn bestimmt sich, sofern nach Landesrecht ein Widerspruch vorgesehen ist, nach § 70 Abs. 1 Satz 1 VwGO[136], sofern ein Widerspruch nicht vorgesehen ist, 889

136 § 70 VwGO [Widerspruchsform und -frist]
(1) Satz 1: Der Widerspruch ist innerhalb eines Monats, nachdem der Verwaltungsakt dem Beschwerten bekanntgegeben worden ist, schriftlich oder zur Niederschrift bei der Behörde zu erheben, die den Verwaltungsakt erlassen hat.

nach § 74 Abs. 1 VwGO[137]. In beiden Fällen ist der Widerspruch bzw. die Klage innerhalb eines Monats, nachdem der Verwaltungsakt bzw. der Widerspruchsbescheid dem Beschwerten bekanntgegeben worden ist, zu erheben. Für den Fristbeginn ist also grundsätzlich der Zeitpunkt der Bekanntgabe maßgeblich. Unter Umständen kann allerdings eine Frist auch zu laufen beginnen, obwohl eine förmliche Bekanntgabe nicht erfolgt ist.

a) Fristbeginn nach Bekanntgabe

890 Der Bekanntgabe-Zeitpunkt ist „relativ", d.h. er kann hinsichtlich verschiedener Personen differieren.[138] Wird eine Baugenehmigung einem betroffenen Nachbarn erst später bekanntgegeben als dem Bauherrn, beginnen die Rechtsmittelfristen für sie zu unterschiedlichen Zeitpunkten zu laufen. Ähnliches gilt für etwaige Unterschiede im Inhalt: Wird dem Nachbarn gegenüber nur ein Teil der Genehmigung bekanntgegeben, ist deren Regelungsgehalt und damit der Gegenstand einer möglichen Anfechtung reduziert gegenüber einer vollständigen, an den Bauherrn gerichteten Genehmigung.

891 Der Begriff Bekanntgabe ist der Oberbegriff über sämtliche Formen zulässiger Eröffnung eines Verwaltungsaktes gegenüber dem Betroffenen. Neben einer mündlichen Mitteilung kommen die schriftliche Übersendung durch die Post, die elektronische Übermittlung und die öffentliche Bekanntmachung in Frage. Für die Zustellung, eine besonders formalisierte Form der Bekanntgabe, gelten die Bestimmungen der Verwaltungszustellungsgesetze.

892 Für die Bekanntgabe eines Verwaltungsaktes gilt Formfreiheit, soweit nicht gesetzlich eine bestimmte Bekanntgabeform vorgeschrieben ist. Das gilt grundsätzlich auch für die Bekanntgabe einer Baugenehmigung an einen Nachbarn. Allerdings bestimmen viele Bauordnungen, dass unter bestimmten Voraussetzungen dem Nachbarn eine Ausfertigung zuzustellen ist.[139] Ein Verstoß gegen die Beteiligungsvorschrift berührt

---

137 **§ 74 VwGO [Klageerhebung und Frist]**
(1) Die Anfechtungsklage muß innerhalb eines Monats nach Zustellung des Widerspruchsbescheids erhoben werden. Ist nach § 68 ein Widerspruchsbescheid nicht erforderlich, so muß die Klage innerhalb eines Monats nach Bekanntgabe des Verwaltungsakts erhoben werden.

138 **§ 43 VwVfG [Wirksamkeit des Verwaltungsaktes]**
(1) Ein Verwaltungsakt wird gegenüber demjenigen, für den er bestimmt ist oder der von ihm betroffen wird, in dem Zeitpunkt wirksam, in dem er ihm bekannt gegeben wird. Der Verwaltungsakt wird mit dem Inhalt wirksam, mit dem er bekannt gegeben wird.

139 Z.B.: **§ 70 Musterbauordnung [Beteiligung der Nachbarn]**
(3) Haben die Nachbarn dem Bauvorhaben nicht zugestimmt, ist ihnen die Baugenehmigung zuzustellen. Bei mehr als 20 Nachbarn, denen die Baugenehmigung zuzustellen ist, kann die Zustellung nach Satz 1 durch öffentliche Bekanntmachung ersetzt werden; die Bekanntmachung hat den verfügenden Teil der Baugenehmigung, die Rechtsbehelfsbelehrung sowie einen Hinweis darauf zu enthalten, wo die Akten des Baugenehmigungsverfahrens eingesehen werden können. Sie ist im amtlichen Veröffentlichungsblatt der Bauaufsichtsbehörde bekannt zu machen. Die Zustellung gilt mit dem Tag der Bekanntmachung als bewirkt.
§ 74 BauO NRW [Öffentlichkeitsbeteiligung, Beteiligung der Angrenzer]
(4) Wird den Einwendungen nicht entsprochen, so ist die Entscheidung über die Abweichung dem Angrenzer zuzustellen. Wird den Einwendungen entsprochen, kann auf die Zustellung der Entscheidung verzichtet werden.
Art. 66 BayBO [Beteiligung des Nachbarn]
(1) Satz 6: Hat ein Nachbar nicht zugestimmt oder wird seinen Einwendungen nicht entsprochen, so ist ihm eine Ausfertigung der Baugenehmigung zuzustellen.

die Rechtmäßigkeit der Genehmigung nicht, sondern wirkt sich allein auf die Bekanntgabe an den Adressaten und damit den Fristbeginn aus.

Die Genehmigungsbehörde kann nach ihrem Ermessen den Kreis derer, denen gegen- 893
über sie die Genehmigung bekanntgeben will, weiter ziehen als sie rechtlich verpflichtet ist. Damit kann sie im Interesse der Rechtssicherheit den Zeitpunkt des Fristbeginns für den Lauf eines Rechtsbehelfs und damit auch des Fristendes und der Bestandskraft des Bescheides aktenkundig machen. Dies liegt oftmals auch im Interesse des Bauherrn und betroffener Nachbarn.

Die Bekanntgabe einer Baugenehmigung an einen Dritten setzt als subjektives Ele- 894
ment einen entsprechenden Bekanntgabewillen voraus. Dabei genügt nicht der Wille, die Genehmigung gegenüber dem Bauherrn bekanntzugeben, sondern erforderlich ist der Wille zur Bekanntgabe gerade auch an den Drittbetroffenen (BVerwG, B.v. 16.3.2010 – 4 B 5/10 –, juris). Dies erfordert eine bewusste Willensentscheidung, dass und wann der Verwaltungsakt bekannt gegeben werden soll; eine zufällige Kenntnisnahme durch den Dritten, etwa durch Übermittlung seitens des Bauherrn, genügt nicht (OVG Münster, U.v. 14.1.1994 – 22 A 3760/92 –, juris; OVG Greifswald, U.v. 13.4.2000 – 3 L 107/99 –, juris).

Der Zeitpunkt der Bekanntgabe mit einfachem Brief oder elektronisch ist in § 41 895
Abs. 2 VwVfG[140] geregelt.

Für den Nachweis des Zeitpunkts der Absendung ist, anders als bei der Zustellung durch die Post mittels eingeschriebenen Briefes, ein Vermerk in den Akten über den Tag der Aufgabe zur Post nicht vorgeschrieben. Es genügt, dass die Behörde auf andere Weise – auch nachträglich – den ihr obliegenden Nachweis über den Tag der Aufgabe zur Post führt. Durch die Dokumentation wird bestätigt, dass der schriftliche Verwaltungsakt tatsächlich einem Postdienstleister übergegeben wurde und nicht auf dem Weg vom Sachbearbeiter zur Poststelle verloren gegangen oder aus anderen Gründen nicht zur Versendung gelangt ist (OVG Bautzen, B.v. 1.2.2016 – 3 B 355/15 –, juris). Der Nachweis kann auch dadurch geführt werden, dass der zuständige Sachbearbeiter erklärt, dass der Brief mit der Genehmigung an einem bestimmten Tag an die Adresse des Nachbarn zur Post gegeben worden ist (OVG Münster, B.v. 7.3.2001 – 19 A 4216/99 –, nrwe).

Ist der Postausgang in geeigneter Weise dokumentiert und kommt das Schreiben 896
nicht als unzustellbar zurück, sind Zweifel am Zugang und am Zugangszeitpunkt – soll die Zugangsfiktion nicht ihren Sinn verlieren – nur gerechtfertigt, wenn der

§ 70 NBauO [Baugenehmigung und Teilbaugenehmigung]
(5) Hat ein Nachbar Einwendungen gegen die Baumaßnahme erhoben, so ist die Baugenehmigung oder die Teilbaugenehmigung mit dem Teil der Bauvorlagen, auf den sich die Einwendungen beziehen, ihm mit einer Rechtsbehelfsbelehrung zuzustellen. Die Baugenehmigung oder die Teilbaugenehmigung ist auf Verlangen der Bauherrin oder des Bauherrn auch Nachbarn, die keine Einwendungen erhoben haben, mit einer Rechtsbehelfsbelehrung zuzustellen.

140 **§ 41 VwVfG [Bekanntgabe des Verwaltungsaktes]**
(2) Ein schriftlicher Verwaltungsakt, der im Inland durch die Post übermittelt wird, gilt am dritten Tag nach der Aufgabe zur Post als bekannt gegeben. Ein Verwaltungsakt, der im Inland oder in das Ausland elektronisch übermittelt wird, gilt am dritten Tag nach der Absendung als bekannt gegeben. Dies gilt nicht, wenn der Verwaltungsakt nicht oder zu einem späteren Zeitpunkt zugegangen ist; im Zweifel hat die Behörde den Zugang des Verwaltungsaktes und den Zeitpunkt des Zugangs nachzuweisen.

Adressat einen atypischen Geschehensablauf schlüssig vorträgt (OVG Bautzen, B.v. 1.2.2016 – 3 B 355/15 –, juris). Die Frage des Zugangs ist nach den allgemeinen Beweisregeln, insbesondere denjenigen des Indizienbeweises, zu beurteilen.

897 Die Zugangsfiktion des § 41 Abs. 2 Satz 1 VwVfG greift nur dann ein, wenn die Behörde eine sichere und geeignete Bekanntgabeform gewählt hat. Dies ist nicht der Fall, wenn die Behörde ihren Bescheid falsch adressiert hat (OLG Köln, B.v. 9.6.2009 – 83 Ss 40/09 –, juris). Die Ermittlung der richtigen Anschrift des Bescheidadressaten fällt grundsätzlich in die Risikosphäre der Behörde (Stelkens/Bonk/Sachs, VwVfG, § 41 Rn. 70).

898 Ein schriftlicher Verwaltungsakt ist zugegangen, wenn er derart in den Machtbereich des Adressaten gelangt ist, dass dieser bei gewöhnlichem Verlauf und unter normalen Umständen die Möglichkeit der Kenntnisnahme hat (OVG Bautzen, B. v. 12.8.2014 – 3 B 498/13 –, juris); auf die tatsächliche Kenntnisnahme kommt es nicht an. Die auf der gewählten Bekanntgabeform beruhenden Risiken einschließlich der Gefahr des Verlustes des Schriftstücks hat bis zum tatsächlichen Zugang beim Empfänger die Behörde zu tragen (OVG Schleswig, B.v. 02.08. 2001 – 1 M 24/00 –, juris).

899 Ob die Vermutung der Bekanntgabe gemäß § 41 Abs. 2 VwVfG auch dann eingreift, wenn der für die Bekanntgabe bzw. Zustellung maßgebende dritte Tag nach der Aufgabe zur Post auf einen Samstag, Sonntag oder Feiertag fällt, ist umstritten. Dies hängt davon ab, ob die auf das Ende einer Frist abstellenden Regelungen in § 31 Abs. 3 Satz 1 VwVfG und § 193 BGB analog anzuwenden sind. Nach diesen Vorschriften endet eine Frist mit dem Ablauf des nächstfolgenden Werktages, wenn die Frist an einem Samstag, Sonntag oder Feiertag abläuft. Das OVG Münster lehnt dies mit Hinweis darauf ab, dass eine Analogie nur bei einer planwidrigen Unvollständigkeit der gesetzlichen Regelung in § 41 Abs. 2 VwVfG in Betracht käme, die aber nicht zu erkennen sei (B.v. 7.3.2001 – 19 A 4216/99 –, juris, unter Auseinandersetzung mit der umfangreichen Rechtsprechung und Literatur zu dieser Frage).

900 Erfolgt die Bekanntgabe der Baugenehmigung an den Nachbarn im Wege einer Zustellung, wird für diesen eine Frist nur in Gang gesetzt, wenn die Zustellung ordnungsgemäß erfolgt ist. Die Regeln dazu ergeben sich aus dem jeweils einschlägigen Zustellungsgesetz. Soll z.B. eine Zustellung gegen Postzustellungsurkunde erfolgen und kann das Schriftstück an den Adressaten oder einen sonstigen Berechtigten nicht in der Wohnung oder dem Geschäftsraum übergeben werden (§ 178 Abs. 1 Nr. 1 und 2 ZPO), ist eine Ersatzzustellung vorzunehmen. Diese erfolgt durch Einlegung in den zur Wohnung oder dem Geschäftsraum gehörenden Briefkasten (§ 73 Abs. 3 Satz 2 VwGO, § 3 Abs. 2 Satz 1 VwZG, § 180 Satz 1 ZPO). Der Tag der Zustellung mit Uhrzeit muss von dem Postzusteller auf dem Umschlag des Schriftstücks vermerkt werden (§ 180 Satz 3 ZPO). Die Postzustellungsurkunde hat Beweiskraftwirkung. Denn sie ist eine öffentliche Urkunde und begründet deshalb nach §§ 418 Abs. 1, 182 Abs. 1 Satz 2 ZPO den vollen Beweis der in ihr bezeugten Tatsachen. Die Beweiskraft erstreckt sich auch darauf, dass der Postzusteller die Sendung in einen zu der Wohnung oder dem Geschäftsraum des Zustellungsempfängers gehörenden Briefkasten eingeworfen hat (OVG Münster, U.v. 12.8.2015 – 8 A 847/12 –, nrwe, unter

Hinweis auf BVerfG, B.v. 3.6.1991 – 2 BvR 511/89 –, NJW 1999, 224 = juris, BVerwG, B.v. 5.3.1992 – 2 B 22/92 –, = juris, BFH, B.v. 06.12. 2011 – XI B 44/11 –, BFH/NV 2012, 745 = juris). Ist die solche Tatsache gemäß § 418 Abs. 1 ZPO bewiesen, kann sie nur dadurch erfolgreich widerlegt werden, dass ein Sachverhalt vorgetragen und bewiesen wird, der zur Überzeugung des Gerichts jede Möglichkeit ihrer Richtigkeit ausschließt. Dieser Gegenbeweis ist substantiiert anzutreten. Insoweit muss eine gewisse Wahrscheinlichkeit für die Unrichtigkeit der bezeugten Tatsache dargelegt werden. Ein schlichtes Bestreiten oder das Hervorrufen bloßer Zweifel an der Richtigkeit der urkundlichen Feststellungen reichen nicht aus. Die Substantiierungslast findet ihr Maß und ihre Grenze in dem subjektiven Wissen der Parteien und der Zumutbarkeit weiterer Ausführungen (OVG Münster, U.v. 12.8.2015 – 8 A 847/12 –, nrwe, m.w.N.).

Lässt sich die formgerechte Zustellung der Genehmigung nicht nachweisen oder ist 901
sie unter Verletzung zwingender Zustellungsvorschriften zugegangen, gilt sie als in dem Zeitpunkt zugestellt, in dem sie dem Nachbarn tatsächlich zugegangen ist (vgl. § 8 VwZG).

Nach § 173 VwGO i.V.m. § 222 ZPO i.V.m. § 187 Abs. 1 BGB wird bei der Berech- 902
nung der Frist der Tag nicht mitgerechnet, in den das Ereignis fällt. Tag des Ereignisses ist hier der Tag der Bekanntgabe der Baugenehmigung an den Nachbarn.

b) Fristbeginn ohne förmliche (amtliche) Bekanntgabe

Im Baunachbarrecht wird von dem Grundsatz, dass die Bekanntgabe einer Baugeneh- 903
migung an einen Dritten als subjektives Element einen entsprechenden Bekanntgabewillen der Behörde voraussetzt, in bestimmten Fällen eine bedeutsame Ausnahme gemacht: Wird die Baugenehmigung dem Nachbarn nicht aufgrund eines entsprechenden Willensaktes förmlich bekannt gegeben, hat dieser aber von einer dem Bauherrn erteilten Baugenehmigung zuverlässig Kenntnis erlangt, so muss er sich so behandeln lassen, als sei ihm die Baugenehmigung bekannt gegeben worden, und zwar zu dem Zeitpunkt der sicheren Kenntnisnahme. Das beruht auf dem im nachbarlichen Gemeinschaftsverhältnis geltenden Grundsatz von Treu und Glauben (std. Rspr seit BVerwG, U.v. 25.1.1974 – IV C 2/72 –, NJW 1974, 1260 = juris). Aus dem nachbarlichen Gemeinschaftsverhältnis wird also gewissermaßen eine Bekanntgabe zu einem bestimmten Zeitpunkt fingiert (vgl. auch OVG Münster, U.v. 28.1.2016 – 10 A 447/14 –, nrwe).

Dabei ist nicht ausreichend und entscheidend, dass der Nachbarn erkennt, dass über- 904
haupt eine Baugenehmigung ergangen ist. Der Grundsatz von Treu und Glauben verlangt dem Nachbarn nicht ab, gleichsam vorsorglich gegen jedes bauliche Vorhaben vorzugehen, um seine Rechte zu wahren. Der Vorwurf der Treuwidrigkeit ist nur berechtigt, wenn der Betroffene den Inhalt der Baugenehmigung insoweit erkennen kann, als diese zu seinen Lasten eine mutmaßliche Rechtsverletzung beinhaltet.

Da dem Nachbarn keine Rechtsbehelfsbelehrung erteilt worden ist, muss er das Rechtsmittel innerhalb der Jahresfrist des § 58 Abs. 2 VwGO einlegen.

905 Entsprechendes gilt dann, wenn der Nachbar von der Baugenehmigung zuverlässig Kenntnis hätte haben müssen, weil sich ihm ihr Vorliegen aufdrängen musste und es ihm möglich und zumutbar war, sich beispielsweise durch Nachfrage beim Bauherrn oder bei der Bauaufsichtsbehörde darüber Gewissheit zu verschaffen (BVerwG, U.v. 25.1.1974 – IV C 2/72 –, NJW 1974, 1260 = juris; B.v. 18.1.1988 – 4 B 257.87 –, juris, und U.v. 16.5.1991 – 4 C 4/89 –, juris; vgl. auch OVG Münster, U.v. 28.1.2016 – 10 A 447/14 –, nrwe; U.v. 3.8.2000 – 7 A 1941/99 –, n.v.; OVG Saarland, B.v. 19.9.1997 – 2 V 10/97 –, juris; VG Neustadt/Weinstraße, B.v. 17.6.2016 – 5 L 265/16.NW –, juris). Je einfacher die Informationen über das Bauvorhaben zugänglich sind, desto eher ist dem Nachbarn die Erkundigung zuzumuten. Bei deutlich wahrnehmbaren Bauarbeiten gibt es Anlass, der Frage der eigenen Beeinträchtigung nachzugehen (VG Köln, U.v. 3.11.2015 – 2 K 2961/14 –, nrwe; VGH Mannheim, U.v. 14.5.2012 – 10 S 2693/09 –, BRS 79 Nr. 183 = juris). All dies setzt aber voraus, dass ein solches nachbarliches Gemeinschaftsverhältnis überhaupt der Sache nach besteht; liegen die Grundstücke mehrere hundert Meter voneinander entfernt, kann dies zweifelhaft sein (OVG Münster, B.v. 27.1.2016 – 10 B 14/16 –, n.v.).

906 **Beispiel (nach VG Köln, U.v. 3.11.2015 – 2 K 2961/14 –, nrwe):** Ein Nachbar klagt gegen eine Nutzungsänderung eines Gebäudes in eine Schule und die damit einhergehende Erstellung eines zweiten Rettungsweges in Form einer zu seinem Grundstück ausgerichteten Außentreppe durch die dem Verfahren beigeladene Bauherrin. Am 2. Mai 2013 war mit der Montage eines Gerüsts begonnen worden, das dazu diente, die zur Erreichbarkeit der Außentreppe vom Gebäudeinnern her erforderlichen Türöffnungen (statt der bereits vorhandenen Fensteröffnungen) in der Gebäudeaußenwand zu schaffen. Ein solcher Austritt konnte nur Sinn haben, wenn von hier aus eine Treppe oder ein Balkon betreten werden sollten. Nach Ansicht des Gerichts war dem Nachbarn von diesem Zeitpunkt an *„möglich und zumutbar, sich durch Anfrage bei der Beigeladenen bzw. dem Eigentümer des Vorhabengrundstücks oder der Baugenehmigungsbehörde über die Genehmigungslage Gewissheit zu verschaffen und nicht (weiter) tatenlos zuzuwarten, bis nach Fertigstellung des Bauvorhabens sogar noch weitere acht Monate vergehen."*

907 In entsprechender Anwendung des § 166 Abs. 1 BGB und den Grundsätzen über die Wissensvertretung muss der Nachbar sich die Kenntnis eines von ihm Vertretenen anrechnen lassen. Das setzt aber voraus, dass die Person, deren Wissen zugerechnet werden soll, selbständig für seinen Geschäftsherrn gehandelt hat und befugt war, rechtserhebliche Informationen zur Kenntnis zu nehmen, um diese gegebenenfalls an ihn weiterzuleiten (vgl. VG Arnsberg, U.v. 11.10.2011 – 4 K 2108/08 –, n.v., unter Verweis auf die zivilrechtliche Rechtsprechung des BGH, U.v. 16.5.1989 – VI ZR 251/88 –, NJW 1989, 2323 = juris).

2. Länge und Ablauf der Frist

908 Für die Länge der Frist gelten die Bestimmungen der Verwaltungsgerichtsordnung; es gilt die Monatsfrist des § 74 Abs. 1 VwGO.[141]

141 Gesetzestext unter Fn. 137.

Diese Frist gilt allerdings nur bei zutreffender Rechtsbehelfsbelehrung.[142] In den Fällen der nicht förmlichen Bekanntgabe, in denen eine Rechtsbehelfsbelehrung regelmäßig fehlt, läuft daher stets die Jahresfrist des § 58 Abs. 2 VwGO. Einschränkungen sind allerdings ggfs. nach den Grundsätzen von Treu und Glauben vorzunehmen.

Eine (schriftliche) Rechtsbehelfsbelehrung muss vollständig und zutreffend sein (§ 58 Abs. 2 VwGO). Wenn und soweit ein Dritter zur Einlegung eines Rechtsbehelfs berechtigt ist, darf die Belehrung keinen Zusatz enthalten, der unrichtig und/oder irreführend ist und geeignet ist, die Einlegung des in Betracht kommenden Rechtsbehelfs nennenswert zu erschweren und ihn davon abzuhalten, einen Rechtsbehelf überhaupt oder rechtzeitig einzulegen (vgl. dazu eingehend Kopp/Schenke, VwGO, § 58 Rn. 12). In diesem Zusammenhang ist problematisch, dass Baugenehmigungen (so wie andere Bescheide mit Doppelwirkung) vorrangig denjenigen im Blick haben, der unmittelbar durch die Regelung belastet oder begünstigt werden soll; der Nachbar wird oft aus den Augen verloren. Wird als widerspruchs- oder klagebefugte Person ausschließlich der Bauherr genannt, kann bei dem Nachbarn, der sich nicht angesprochen zu fühlen braucht, der Eindruck erweckt werden, er habe diese Rechte nicht. Scheinbar allein den Bauherrn ansprechende Formulierungen wie „Ihre Rechte“ und „Sie können gegen diesen Bescheid ... einlegen“ sind geeignet den Eindruck zu erwecken, andere Personen seien von der Rechtsbehelfsbelehrung nicht betroffen (so VG Arnsberg, U.v. 11.10.2011 – 4 K 2108/11 –, n.v.). Ihnen gegenüber ist die Rechtsbehelfsbelehrung mit der Folge des § 58 Abs. 2 VwGO – es gilt die Jahresfrist – unrichtig. 909

Die Rechtsbehelfsfrist verlängert sich nicht dadurch, dass die dem Bauherrn erteilte Genehmigung von der Behörde verlängert wird. Denn die Verlängerung ist nicht der Erteilung einer neuen Genehmigung gleichzusetzten. Vielmehr wird allein der Zeitpunkt, an dem die Geltungsdauer endet, verschoben, was allein für die Beziehung zwischen Bauherrn und Genehmigungsbehörde von Belang ist. Deshalb braucht der Nachbar die Verlängerung auch nicht (ebenfalls) anzufechten, um seine Rechte gegen die Genehmigung zu wahren (OVG Münster, B.v. 26.9.1979 – XI B 1528/78 –, BRS 35 Nr. 202). 910

Das Ende der Frist berechnet sich nach § 31 VwVfG i.V.m. §§ 188 Abs. 2, 193 BGB. Die Frist endet „mit dem Ablauf desjenigen Tages (...) des letzten Monats, welcher durch (...) seine Zahl dem Tage entspricht, in den das Ereignis oder der Zeitpunkt fällt“. Begann eine Frist am 28. Februar eines Jahres zu laufen, endet sie am 27. März desselben Jahres. Fällt der letzte Tag der Frist auf einen Sonntag, einen am Erklärungs- oder Leistungsort staatlich anerkannten allgemeinen Feiertag oder einen Sonnabend, so tritt an die Stelle eines solchen Tages der nächste Werktag (§ 193 BGB). 911

142 § 58 VwGO [Beginn der Frist; Rechtsbehelfsbelehrung]
(1) Die Frist für ein Rechtsmittel oder einen anderen Rechtsbehelf beginnt nur zu laufen, wenn der Beteiligte über den Rechtsbehelf, die Verwaltungsbehörde oder das Gericht, bei denen der Rechtsbehelf anzubringen ist, den Sitz und die einzuhaltende Frist schriftlich oder elektronisch belehrt worden ist.
(2) Ist die Belehrung unterblieben oder unrichtig erteilt, so ist die Einlegung des Rechtsbehelfs nur innerhalb eines Jahres seit Zustellung, Eröffnung oder Verkündung zulässig, außer wenn die Einlegung vor Ablauf der Jahresfrist infolge höherer Gewalt unmöglich war oder eine schriftliche oder elektronische Belehrung dahin erfolgt ist, daß ein Rechtsbehelf nicht gegeben sei. § 60 Abs. 2 gilt für den Fall höherer Gewalt entsprechend.

3. Fristversäumung

912 War der Nachbar ohne Verschulden gehindert, die Frist zur Einlegung des Widerspruchs bzw. zur Erhebung der Klage einzuhalten, ist ihm auf Antrag Wiedereinsetzung in den vorigen Stand zu gewähren (§§ 60 bzw. 70 VwGO). Der Antrag ist binnen zwei Wochen nach Wegfall des Hindernisses zu stellen. Die Tatsachen zur Begründung des Antrags sind bei der Antragstellung oder im Verfahren über den Antrag glaubhaft zu machen. Innerhalb der Antragsfrist ist die versäumte Rechtshandlung nachzuholen. Ist dies geschehen, so kann die Wiedereinsetzung auch ohne Antrag gewährt werden. Nach einem Jahr seit dem Ende der versäumten Frist ist der Antrag unzulässig, außer wenn der Antrag vor Ablauf der Jahresfrist infolge höherer Gewalt unmöglich war (§ 60 Abs. 2 und 3 VwGO). Das Verschulden eines Bevollmächtigten wird ihm zugerechnet.

913 „Ohne Verschulden" handelt, wer diejenige Sorgfalt anwendet, die einem gewissenhaften Prozessführenden nach den gesamten Umständen und nach allgemeiner Verkehrsanschauung zuzumuten ist. Für den Fall, dass gesetzlich bestehende Fristen bis zum letzten Tag ausgeschöpft werden, erhöhen sich zwar die Sorgfaltspflichten (BVerwG, B.v. 28.12.1989 – 5 B 13/89 –, juris). Jedoch kann der Bürger nach der Rechtsprechung des Bundesverfassungsgerichts und der obersten Bundesgerichte grundsätzlich darauf vertrauen, dass die nach ihren organisatorischen und betrieblichen Vorkehrungen für den Normalfall festgelegten Postlaufzeiten eingehalten werden. Versagen diese Vorkehrungen, darf das dem Bürger, der darauf keinen Einfluss hat, im Rahmen der Wiedereinsetzung in den vorigen Stand nicht als Verschulden zur Last gelegt werden (BVerfG, Kammerbeschluss v. 22.9.2000 – 1 BvR 1059/00 –, NJW 2001, 744 = juris; BGH, B.v. 13.5.2004 – V ZB 62/03 –, NJW-RR 2004, 1217 = juris; BAG, U.v. 8.6.1994 – 10 AZR 452/93 –, NJW 1995, 548 = juris).

914 Für die Zustellung von Briefen und Einschreiben durch die Deutsche Post gilt die Laufzeitvorgabe E+1 (1 Tag nach Einlieferung). Es kann danach grundsätzlich davon ausgegangen werden, dass, wenn keine Besonderheiten vorliegen, Postsendungen, die an einem Werktag aufgegeben werden, am folgenden Werktag beim Empfänger eingehen (OLG Hamm, B.v. 16.10.2014 – III – 3 Ws 357/14 –, juris; VG Neustadt/Weinstraße, U.v. 18.1.2016 – 3 K 890/15.NW –, juris).

II. Untergang der Nachbarrechte durch Verzicht/Zustimmung

915 Ein Nachbar kann auf seine Abwehrrechte gegen das Vorhaben verzichten. Dies kann durch ausdrückliche oder konkludente Erklärung geschehen. Auch eine Abstandsflächenbaulast bewirkt, dass der Nachbar nicht mehr das Recht hat, einer (baulastgemäßen) Baugenehmigung entgegenzuhalten, das Vorhaben verletze Abstandsflächenvorschriften. Die Wirkungen einer solchen Baulast kommen daher dem Verzicht gleich (OVG Lüneburg, U.v. 27.9.2001 – 1 LB 1137/01 –, BRS 64 Nr. 130 = juris).

1. Verzicht/Zustimmung durch ausdrückliche Erklärung

916 Ein Verzicht des Nachbarn auf seine Nachbarrechte kann dadurch erfolgen, dass er dem Vorhaben ausdrücklich zustimmt, etwa durch den Vermerk „Ich bin als Nach-

bar mit der Planung einverstanden.“. Allein der Einblick in die Baupläne stellt jedoch noch keinen Verzicht oder einen sonstigen Umstand dar, der das spätere Geltendmachen des nachbarlichen Abwehrrechts als Verstoß gegen Treu und Glauben erscheinen lässt (BVerwG, B.v. 7.8.1996 – 4 B 147/96 –, BRS 58 Nr. 186 = juris).

Die Verzichtserklärung (auch in Form der Zustimmung) ist eine empfangsbedürftige Willenserklärung, die mit ihrem Erklärungsgehalt wirksam wird (§ 130 Abs. 1 Satz 1 BGB). Der Nachbar kann die Zustimmungserklärung mit Einschränkungen versehen. Diese müssen dann gegenüber der Bauaufsichtsbehörde mit der gebotenen Klarheit und Eindeutigkeit zum Ausdruck gebracht werden. Gegebenenfalls ist durch Auslegung zu ermitteln, welchen Inhalt eine von dem Nachbarn zu dem Vorhaben abgegebene Erklärung hat (OVG Münster, B.v. 6.2.2009 – 10 B 1803/09 –, n.v., und v. 9.7.2009 – 10 A 1817/09 –, n.v.). Einer nachbarlichen Erklärung, mit einem Bauvorhaben einverstanden zu sein, kommt allerdings nur insoweit Bindungswirkung zu, als sie sich auf ein konkretes Vorhaben bezieht und die Baugenehmigung für dieselben Bauvorlagen erteilt worden ist, denen der Nachbar zugestimmt hat (OVG Münster, B.v. 20.1.2015 – 10 B 1388/14 –, nrwe). Beschränkt ein Nachbar sein Einverständnis mit einem Bauvorhaben ausdrücklich auf eine bestimmte Form des Vorhabens, dann deckt dieses Einverständnis ein geändertes Vorhaben selbst dann nicht, wenn die Änderung nachbarliche Interessen nicht zusätzlich berührt (OVG Münster, B.v. 2.8.2007 – 7 A 880/07 –, nrwe). 917

Auch wenn der Nachbar den Verzicht oder die Zustimmung tatsächlich gegenüber dem Bauherrn (sinnvollerweise schriftlich) äußert, ist rechtlich betrachtet Adressat die Baugenehmigungsbehörde. Denn sie hat die Vereinbarkeit des Vorhabens mit dem öffentlichen Baurecht zu prüfen und ihr gegenüber bewirkt der Verzicht auf bestehende materiell-rechtliche Abwehrrechte, dass die entsprechenden Rechte dem Vorhaben nicht mehr entgegenstehen. Soweit der Verzicht tatsächlich gegenüber dem Bauherrn erklärt wird, fungiert dieser als Bote, überbringt also eine nicht für ihn bestimmte Erklärung an den Empfänger im Sinne des § 130 Abs. 1 Satz 1 BGB (OVG Lüneburg, B.v. 28.8.2013 – 1 LA 235/13 –, juris). 918

In entsprechender Anwendung von § 130 Abs. 1 Satz 2 und Abs. 3 BGB kann der Widerruf nur bis zum Zugang der Zustimmungserklärung bei der Baugenehmigungsbehörde erklärt werden (OVG Münster, B.v. 28.6.2002 – 7 B 1061/02 –, nrwe; vgl. auch BGH, U.v. 13.7.2012 – V ZR 254/11 –, juris, und B.v. 14.3.1985 – X ZB 13/83 –, juris). 919

Nach Eingang bei der Bauaufsichtsbehörde ist die Zustimmung nur nach Maßgabe der entsprechend anwendbaren Vorschriften der §§ 119 ff. BGB anfechtbar. 920

Beispiel (aus OVG Lüneburg, U.v. 17.5.1995 – 1 L 4212/93 –, NVwZ-RR 1996, 378 = juris, zu einem Fall der Irreführung durch den Architekten der dem Gerichtsverfahren beigeladenen Bauherrin): 921
Der Architekt der Bauherrin war – ebenso wie das Bauamt – davon ausgegangen, dass die Klägerin eine Nachbarbebauung mit einem Grenzabstand von 1/2 H hinnehmen müsse. Nach der landesrechtlichen Abstandsflächenvorschrift darf der Grenzabstand aber nur in bestimmten Bebauungsplangebieten auf 1/2 H reduziert werden, in dem betroffenen Gebiet jedoch nicht. Das Gebäude hätte einen Abstand von 1 H einhalten müssen. Da der Architekt von einer unzutreffenden Einschätzung der Rechtslage ausging und diese Rechtslage auch in den Verhandlungen mit der Nachbarin zugrunde legte, konnte diese den Umfang der Rechtsverletzung nicht zutref-

fend abschätzen. Eine stillschweigende Zustimmung oder eine Verwirkung von Nachbarrechten setzen voraus, dass der Nachbar die mögliche Rechtsverletzung erkannt hat oder hätte erkennen müssen (BVerwG, B.v. 18.1.1988 – 4 B 257.87 –, BRS 48 Nr. 180 = juris). Dies war angesichts der unzutreffenden Unterrichtung der Nachbarin durch den Architekten der Bauherrin ausgeschlossen. Die Bauherrin kann sich nicht darauf berufen, dass sie darauf vertrauen durfte, dass die Nachbarin ihre Abwehrrechte nicht mehr geltend machen werde, wenn die Bauherrin durch ihren Architekten die Nachbarin völlig unzutreffend über die Rechtslage unterrichtete. *„Der Vorwurf der Treuwidrigkeit, die für den Rechtsverlust durch Verwirkung konstitutiv ist (vgl. BVerwG, Urt. v. 16.5.1991 – 4 C 4.89 – BRS 52 Nr. 218), trifft in diesem Zusammenhang nicht die Klägerin* [das ist die Nachbarin], *sondern eher die Beigeladene."*

922 Die Zustimmung des Nachbarn zu einem Bauvorhaben bewirkt sowohl einen materiell-rechtlichen als auch einen verfahrensrechtlichen Verzicht auf mögliche Abwehrrechte; die entsprechenden Rechte gehen damit – soweit sie disponibel sind – unter (OVG Münster, B.v. 20.1.2015 – 10 B 1388/14 –, nrwe).

Der Verzicht bindet auch die Rechtsnachfolger. Denn Abwehrrechte sind mit der dinglichen Berechtigung an einem Grundstück verknüpft. Sind Abwehrrechte des Nachbarn durch Verzicht untergegangen, so können sie auf dessen Rechtsnachfolger nicht mehr übergehen und leben auch nicht wieder auf (OVG Münster, U.v. 2.9.2010 – 10 A 2616/08 –, nrwe; VGH Mannheim, U.v. 16.8.1978 – III 470/78 –, BRS 33 Nr. 176; VGH Kassel, B.v. 27.4.1994 – 3 TH 20/94 –, BRS 56 Nr. 181 = juris).

Eine Vereinbarung über den Verzicht gegen eine Gegenleistung ist zulässig und verstößt nicht gegen ein gesetzliches Verbot (§ 134 BGB, BGH, U.v. 11.12.1980 – III ZR 38/79 –, NJW 1981, 811 = juris).

2. Fingierte Zustimmung

923 Die Zustimmung eines Nachbarn zu einem Vorhaben kann auch darin liegen, dass sie aufgrund des Verhaltens des Nachbarn fingiert wird. In der Musterbauordnung und in einigen Landesbauordnungen wird ausdrücklich bestimmt, dass in bestimmten Fällen die Unterschrift als Zustimmung gilt.[143] In anderen Ländern ist die Regelung über die Beteiligung der Nachbarschaft als ausdrückliche materielle Präklusionsbestim-

143 **§ 70 Musterbauordnung [Beteiligung der Nachbarn]**
(4) Bei baulichen Anlagen, die auf Grund ihrer Beschaffenheit oder ihres Betriebs geeignet sind, die Allgemeinheit oder die Nachbarschaft zu gefährden, zu benachteiligen oder zu belästigen, kann die Bauaufsichtsbehörde auf Antrag des Bauherrn das Bauvorhaben in ihrem amtlichen Veröffentlichungsblatt und außerdem in örtlichen Tageszeitungen, die im Bereich des Standorts der Anlage verbreitet sind, öffentlich bekannt machen; verfährt die Bauaufsichtsbehörde nach Halbsatz 1, findet Absatz 1 keine Anwendung. Mit Ablauf einer Frist von einem Monat nach der Bekanntmachung des Bauvorhabens nach Satz 1 Halbsatz 1 sind alle öffentlich-rechtlichen Einwendungen gegen das Bauvorhaben ausgeschlossen. Die Zustellung der Baugenehmigung nach Absatz 3 Satz 1 kann durch öffentliche Bekanntmachung ersetzt werden; Absatz 3 Satz 4 sowie Satz 1 Halbsatz 1 gelten entsprechend. In der Bekanntmachung nach Satz 1 Halbsatz 1 ist darauf hinzuweisen,
1. wo und wann die Akten des Verfahrens eingesehen werden können,
2. wo und wann Einwendungen gegen das Bauvorhaben vorgebracht werden können,
3. welche Rechtsfolgen mit Ablauf der Frist des Satzes 2 eintreten und
4. dass die Zustellung der Baugenehmigung durch öffentliche Bekanntmachung ersetzt werden kann.
s. auch: § 68 LBauO RP [Beteiligung der Nachbarinnen und Nachbarn]
(1) Nachbarinnen und Nachbarn sind die Eigentümerinnen und Eigentümer der angrenzenden Grundstücke. Die Bauherrin oder der Bauherr hat den Nachbarinnen und Nachbarn den Lageplan und die Bauzeichnungen zur Unterschrift vorzulegen, wenn Abweichungen von Bestimmungen erforderlich sind, die auch dem Schutz nachbarlicher Interessen dienen. Die Unterschrift gilt als Zustimmung. Wird eine Unterschrift verweigert, so hat die Bauherrin oder der Bauherr dies der Bauaufsichtsbehörde unter Angabe der Gründe mitzuteilen.

mung mit Hinweispflicht ausgestaltet.[144] Wieder andere Landesbauordnungen begründen eine Informations- und Beteiligungspflicht und nennen eine Frist, innerhalb derer Einwendungen vorzubringen sind, begründen aber nicht ausdrücklich einen Einwendungsausschluss.[145]

Soweit eine fiktive Zustimmung und in deren Folge eine materielle Präklusion in Frage kommt oder aus sonstigen Gründen an das Schweigen nach Ablauf einer Frist rechtvernichtende Folgen geknüpft werden, setzt dies voraus, dass die hierauf bezogene Frist zu laufen begonnen hat. Dabei sind die allgemeinen Grundsätze des Verwaltungsverfahrens- und Verwaltungsprozessrechts nicht anzuwenden, weil es sich nicht um einen Verwaltungsakt handelt. Dennoch muss die Belehrung, wenn sie erforderlich ist und beigefügt wird, inhaltlich zutreffend sein, um die erheblichen Folgen der Präklusion zu rechtfertigen; ob sich die Fehlerhaftigkeit auf die Einhaltung der Frist ausgewirkt hat, ist unerheblich (vgl. zu einem solchen Fall VGH Mannheim, B.v. 9.1.2008 – 3 S 2016/07 –, juris). Soweit die Präklusionsbestimmung – wie etwa § 55 Abs. 2 Satz 1 BauO BW, s. Fn. 144 – den Zugang des Benachrichtigungsschreibens mittels Zustellung voraussetzt, ist diese nach den Vorschriften des Landeszustellungsgesetzes zu bewirken. Ein Fehler in dem Zustellungsvorgang kann nach der Rechtsprechung des VGH Mannheim in Bezug auf die in Rede stehende Präklusion nicht mit fristauslösender Wirkung geheilt werden. Die erhebliche Eingriffswirkung der zu einem materiellen Rechtsverlust führenden Vorschrift des § 55 Abs. 2 Satz 2 LBO erfordere nämlich von den Baurechtsbehörden und Gemeinden die exakte Einhaltung der entsprechenden zur materiellen Präklusion führenden Verfahrensvorga- 924

Art. 66 BayBO [Beteiligung des Nachbarn]
(1) Den Eigentümern der benachbarten Grundstücke sind vom Bauherrn oder seinem Beauftragten der Lageplan und die Bauzeichnungen zur Unterschrift vorzulegen. Die Unterschrift gilt als Zustimmung. Fehlt die Unterschrift des Eigentümers eines benachbarten Grundstücks, kann ihn die Gemeinde auf Antrag des Bauherrn von dem Bauantrag benachrichtigen und ihm eine Frist für seine Äußerung setzen. Hat er die Unterschrift bereits schriftlich gegenüber der Gemeinde oder der Bauaufsichtsbehörde verweigert, unterbleibt die Benachrichtigung. Ist ein zu benachrichtigender Eigentümer nur unter Schwierigkeiten zu ermitteln oder zu benachrichtigen, so genügt die Benachrichtigung des unmittelbaren Besitzers. Hat ein Nachbar nicht zugestimmt oder wird seinen Einwendungen nicht entsprochen, so ist ihm eine Ausfertigung der Baugenehmigung zuzustellen.

144 Z.B.: **§ 55 BauO BW [Nachbarbeteiligung]**
(1) Die Gemeinde benachrichtigt die Eigentümer angrenzender Grundstücke (Angrenzer) innerhalb von fünf Arbeitstagen ab dem Eingang der vollständigen Bauvorlagen von dem Bauvorhaben. Die Benachrichtigung ist nicht erforderlich bei Angrenzern, die
1. eine schriftliche Zustimmungserklärung abgegeben oder die Bauvorlagen unterschrieben haben oder
2. durch das Vorhaben offensichtlich nicht berührt werden.
Die Gemeinde kann auch sonstige Eigentümer benachbarter Grundstücke (sonstige Nachbarn), deren öffentlich-rechtlich geschützte nachbarliche Belange berührt sein können, innerhalb der Frist des Satzes 1 benachrichtigen. Bei Eigentümergemeinschaften nach dem Wohnungseigentumsgesetz genügt die Benachrichtigung des Verwalters.
(2) Einwendungen sind innerhalb von vier Wochen nach Zustellung der Benachrichtigung bei der Gemeinde schriftlich oder zur Niederschrift vorzubringen. Die vom Bauantrag durch Zustellung benachrichtigten Angrenzer und sonstigen Nachbarn werden mit allen Einwendungen ausgeschlossen, die im Rahmen der Beteiligung nicht fristgemäß geltend gemacht worden sind und sich auf von der Baurechtsbehörde zu prüfende öffentlich-rechtliche Vorschriften beziehen (materielle Präklusion). Auf diese Rechtsfolge ist in der Benachrichtigung hinzuweisen. (…)
(3) Bei Vorhaben im Kenntnisgabeverfahren gilt Absatz 1 entsprechend. (…)
Ähnlich: **§ 70 (2) Satz 4 BremLBO, § 71 (3) Satz 4 BauO HA, § 72 (1) Satz 4 LBO SH, § 71 (3) LBO Saar, § 70 (4) Satz 3 SächsBO: Monatsfrist ab öffentlicher Bekanntmachung,** ähnlich. § 70 (4) Satz 2 BauO MV, § 69 (4) Satz 3 ThürBO.

145 Z.B. **§ 62 BauO HE: zwei Wochen nach Zugang der Benachrichtigung, ebenso § 69 (1) Satz 2 BauO LSA, § 64 (2) Satz 1 BbgBO, § 62 (1) Satz 2 BauO HE, Besonderheiten nach § 70 (4) BauO Bln 2017.**

ben. Namentlich im Hinblick auf Art. 19 Abs. 4 und Art. 14 Abs. 1 Satz 1 GG trete die Präklusion daher nicht ein, wenn das Verfahren fehlerhaft war (VGH Mannheim, B.v. 01.082016 – 3 S 1082/16 –, juris, m.w.N.).

3. Auslegung und Reichweite des Verzichts und der Zustimmung

925 Die Inhalt der Zustimmung und der Zustimmungsfiktion sowie deren Reichweite bedürfen unter Umständen der Auslegung. Dabei sind die §§ 133, 157 BGB anzuwenden. Im Rahmen der Auslegung sind alle zur Erkenntnisgewinnung brauchbaren Umstände zu berücksichtigen, unter Umständen auch Zeugenaussagen.

926 Ob in einen für eine bestimmte Bauausführung abgegebenen Verzicht gleichzeitig hineingelesen werden kann, dieser erstrecke sich auch auf andere Nachbarrechtsverletzungen, ist fraglich. Dies ist insbesondere zweifelhaft mit Blick auf spätere, noch nicht erkennbare Rechtsverletzungen durch ein abweichend ausgeführtes Vorhaben oder durch abweichend genehmigte Teile des ursprünglichen Vorhabens. Dies gilt selbst dann, wenn sich das spätere Vorhaben oder dessen teilweise geänderte Bauausführung objektiv als weniger beeinträchtigend herausstellen sollte als dasjenige, mit dem sich der Nachbar einverstanden erklärt hatte. Denn der Nachbar kann eine bestimmte Beeinträchtigung hinzunehmen bereit sein, ohne auf Abwehrrechte gegen eine objektiv geringere Beeinträchtigung zu verzichten. Er kann sogar ein eigenes (subjektives) Interesse daran haben, gerade die konkrete Beeinträchtigung, nicht aber eine möglicherweise (objektiv) geringere hinzunehmen. So kann ein Nachbar z.B. auf Abwehrrechte gegen eine geschlossene Einfriedung an der Grenze mit einer Höhe von 3 m verzichten, aber mit einer nur 2,10 m hohen Mauer nicht einverstanden sein – dabei wird unterstellt, dass beide Höhen nachbarrechtswidrig sind –, weil er selber ein Interesse an einer höheren Abschirmung zum Baugrundstück hat (Beispiel aus: OVG Münster, B.v. 30.4.2004 – 7 B 2430/03 –, nrwe).

III. Materielle Verwirkung und unzulässige Rechtsausübung

927 Bei dem Rechtsinstitut der materiellen Verwirkung geht es darum, ob ein bestehendes Recht, das an sich weiterhin geltend gemacht werden könnte, wegen besonderer Umstände vernichtet worden ist. Eine Rechtsausübung ist unzulässig, wenn ein Recht, das noch fortbesteht, wegen der besonderen Umstände nicht ausgeübt werden darf.

1. Materielle Verwirkung

928 Die materielle Verwirkung eines Rechts (s. dazu insbesondere Charnitzky und Rung, Die Verwirkung nachbarlicher Abwehrrechte im Öffentlichen Baurecht, BauR 2016, 1254 und 1406) setzt ein Zeitmoment und ein Umstandsmoment voraus. Das Zeitmoment ist insbesondere relevant für den Fall des Untätigbleibens des Berechtigten (dazu Rn. 942). Das Umstandsmoment ist erfüllt, wenn zu dem Zeitmoment besondere Umstände hinzutreten, die die verspätete Geltendmachung als Verstoß gegen Treu und Glauben erscheinen lassen.

929 Das vertrauensbildende Verhalten des Berechtigten kann zum einen durch ein aktives Tun bewirkt werden (s. dazu die Beispiele bei Charnitzky und Rung, Die Verwirkung nachbarlicher Abwehrrechte im Öffentlichen Baurecht, BauR 2016, 1407). Zum an-

deren kann unter bestimmten Umständen ein Unterlassen dieselbe Wirkung entfalten. Im zweiten Fall des Nichttuns bekommt das Zeitmoment besondere Bedeutung:

a) Zeitmoment

Für den Zeitpunkt, an dem die „Frist" für die materielle Verwirkung in Gang gesetzt wird, sind die Grundsätze zum Beginn des Laufs einer gesetzlichen Frist (s.o. ab Rn. 903) anzuwenden: Sie beginnt mit Kenntnisnahme von der Genehmigung bzw. dem genehmigungswidrigen Zustand. Wegen des im nachbarlichen Gemeinschaftsverhältnis geltenden Grundsatzes von Treu und Glauben gilt nach der Rechtsprechung Entsprechendes dann, wenn der Nachbar von der Baugenehmigung oder dem Zustand zuverlässig Kenntnis hätte haben müssen, weil sich ihm dies aufdrängen musste und es ihm möglich und zumutbar war, sich durch Nachfrage darüber Gewissheit zu verschaffen. 930

Allgemeine geltende Kriterien für die Bemessung des Zeitraums der Untätigkeit bestehen nicht. Sie hängen von den jeweiligen Umständen des Einzelfalls ab. In einem nachbarlichen Gemeinschaftsverhältnis erfordern Treu und Glauben besondere gegenseitige Rücksichtnahme. Um dem Verwirken zu entgegnen, ist vom Nachbarn zu verlangen, durch zumutbares aktives Handeln dazu beizutragen, wirtschaftlichen Schaden vom Bauherrn abzuwenden oder möglichst gering zu halten. Grundsätzlich gehört dazu, dass der Nachbar nach Erkennen einer Beeinträchtigung durch Baumaßnahmen seine nachbarlichen Einwendungen „ungesäumt" geltend macht (vgl. BVerwG U.v. 16.5.1991 – 4 C 4/89 –, BRS 52 Nr. 218 = juris). 931

Dabei können *„verfahrensrechtliche Rechtsbehelfsfristen als Anhaltspunkt für die Bemessung eines Mindestzeitraums für die Verwirkung materieller Rechte herangezogen werden. Ist dem Berechtigten für die Geltendmachung eines Abwehrrechts, das ihm gegenüber einer einem Dritten erteilten behördlichen Genehmigung zusteht, eine Überlegungs- und Handlungsfrist eingeräumt, die er trotz voller Kenntnis aller maßgeblichen Umstände in jedem Fall ausschöpfen darf, bevor er sein materielles Recht mit dem dafür vorgesehenen Rechtsbehelf geltend machen muss, so kann während dieses von der Rechtsordnung zur Verfügung gestellten regulären Zeitraums für die Rechtsverfolgung nicht bereits eine Verwirkung der in Rede stehenden materiellen Rechtsposition eintreten. Vielmehr muss sich, da es bei der Verwirkung um einen aus dem Grundsatz von Treu und Glauben abgeleiteten außerordentlichen Rechtsverlust geht, die für diesen rechtsvernichtenden Einwand tatbestandlich vorausgesetzte Zeitkomponente nach oben hin deutlich von der jeweils in Betracht kommenden regelmäßigen Rechtsbehelfsfrist unterscheiden. Ein Abwehrrecht des Nachbarn gegen eine durch Erteilung einer Baugenehmigung zugelassene Nutzung des benachbarten Grundstücks kann demnach nicht schon dann verwirkt sein, wenn der Nachbar nur während der regulären Monatsfrist für die Erhebung des Widerspruchs gemäß § 70 in Verbindung mit § 58 Abs. 1 VwGO, die ihm selbst bei ordnungsgemäßer Zustellung der Baugenehmigung mit Rechtsmittelbelehrung zustehen würde, seine Abwehrposition nicht gegenüber dem Bauherrn geltend gemacht hat. Eine Verwirkung des materiellen Abwehrrechts kommt vielmehr in Fällen dieser Art erst dann in Betracht, wenn der Berechtigte deutlich länger als einen Monat untätig geblieben ist."* 932

933 Die Rechtsprechung ist darüber einig, dass die „Frist" zur Geltendmachung der rechtlichen Bedenken und zur Vermeidung des Vorwurfs der Treuwidrigkeit nur durch die Einlegung eines förmlichen Rechtsbehelfs gewahrt wird. Das gilt sowohl für den Rechtsbehelf gegen eine erteilte bauaufsichtliche Zulassung (Widerspruch bzw. Anfechtungsklage) als auch für einen Antrag bzw. die Klage auf Verpflichtung zum bauaufsichtlichen Einschreiten. Das informelle Vorbringen von Beschwerden, und sei es noch so ernsthaft formuliert, kann nicht verhindern, dass der Bauherr darauf vertraut, der Nachbar werde letztlich doch die konkrete Bauausführung hinnehmen; erst ein formlicher Rechtsbehelf ist geeignet das Vertrauen zu zerstören (vgl. die Beispiele bei Charnitzky und Rung, Die Verwirkung nachbarlicher Abwehrrechte im Öffentlichen Baurecht, BauR 2016, 1406,1412.

b) Umstandsmoment: Vertrauensgrundlage, Vertrauenstatbestand und Vertrauensbetätigung

934 Der Untergang des Rechts ist nur dann gerechtfertigt, wenn – erstens – der Verpflichtete infolge des in der Tätigkeit oder Untätigkeit liegenden Verhaltens des Berechtigten darauf vertrauen durfte, dass dieser das Recht nach so langer Zeit nicht mehr geltend machen würde (Vertrauensgrundlage), – zweitens – der Verpflichtete tatsächlich darauf vertraut hat, dass das Recht nicht mehr ausgeübt werde (Vertrauenstatbestand) sowie – drittens – der Bauherr sich, aufbauend auf sein berechtigtes Vertrauen, in seinen Vorkehrungen und Maßnahmen so eingerichtet hat, dass ihm durch die verspätete Durchsetzung des Rechts ein unzumutbarer Nachteil entstehen würde (Vertrauensbetätigung, vgl. BVerwG, U.v. 16.5.1991 – 4 C 4/89 –, BRS 52 Nr. 218 = juris).

aa) Vertrauensgrundlage

935 Ob der Verpflichtete infolge der Tätigkeit oder Untätigkeit des Berechtigten darauf vertrauen durfte, dass dieser das Recht nicht mehr geltend machen werde (Vertrauensgrundlage), ist eine Frage des Einzelfalls.

Im Falle der Untätigkeit des Berechtigten ist eine objektive Betrachtung der Situation des Berechtigten geboten. Dabei kommt der Länge der verstrichenen Zeit und der Zumutbarkeit von nachbarlichen Initiativen besondere Bedeutung zu. Die Zumutbarkeit wird im Allgemeinen aus dem nachbarlichen Gemeinschaftsverhältnis abgeleitet. In diesem sei dem Nachbarn, der von einem Bauvorhaben betroffen sei, zuzumuten, aktiv tätig gegen das Bauvorhaben zu werden, um nicht zu bewirken, dass der Bauherr darauf vertrauen dürfe, der Nachbar werde seine Rechte nicht mehr wahrnehmen; andernfalls verliere er seine Rechte.

(1) Das nachbarliche Gemeinschaftsverhältnis

936 Das nachbarliche Gemeinschaftsverhältnis ist, wenngleich es auf den ersten Blick ein eher soziologisches Phänomen zu sein scheint, auch und insbesondere ein rechtliches. Als Rechtsinstitut ist es im privaten Nachbarrecht seit Jahrzehnten anerkannt (BGH, U.v. 19.2.1931 – VI 386/30 –, RGZ 132, 51 = juris, U.v. 10.4.1953 – V ZR 115/51 –, BB 1953, 373 = juris, U.v. 31.1.2003 – V ZR 143/02 –, NJW 2003, 1392 = juris, U.v. 8.2.2013 – V ZR 56/12 –, NJW-RR 2013, 650 = juris). Auch im Öffentlichen

Baunachbarrecht ist es unumstritten und kann Verbindlichkeit beanspruchen, wenn auch die dogmatische Herleitung der gegenseitigen Rechte und Pflichten recht vage ist.

Der Bereich, in dem ein solches nachbarliches Gemeinschaftsverhältnis überhaupt entstehen kann, ist nicht mit mathematisch-geographischen Mitteln allgemeinverbindlich festzulegen. Weil nicht ein soziologisches Gemeinschafts- oder Zusammenhangsgefühl in Rede steht, sondern „handfeste" eigentumsbezogene Interessenwahrnehmungen aufeinanderstoßen, sind allein bauordnungs-, bauplanungsrechtliche und immissionsschutzbezogene Aspekte bedeutsam. Im Hinblick auf diese Aspekte ist der Begriffsteil „nachbarlich" im Blick auf das jeweilige Interesse relativ; insofern gilt das oben (ab Rn. 17) zum Begriff des „Nachbarn" Gesagte. „Nachbar" im Sinne des nachbarlichen Gemeinschaftsverhältnis ist deshalb derjenige, der ein subjektives öffentliches Recht hat, das ihm der Gesetz- oder Satzungsgeber durch den Erlass der Norm (konkludent oder ausdrücklich) verliehen hat. Dem entsprechend ist die Gemeinschaft der „Mitglieder" des nachbarschaftlichen Gemeinschaftsverhältnisses unterschiedlich zusammengesetzt, je nachdem, um welchen Aspekt des baurechtlich relevanten „Nebeneinander" es geht. Diese merkmalbezogene Sicht führt in ihrer Folge zu einer störungsbezogenen Betrachtungsweise. Es gibt also im baunachbarrechtlichen Gemeinschaftsverhältnis nicht eine einheitliche nachbarliche Gemeinschaft, sondern viele, deren Mitglieder sich aus all denen zusammensetzen, die von einer bestimmten Störungsform betroffen sind. Dabei ist die Gruppe derer, die von einem Abstandsflächenverstoß betroffen sind, naturgemäß deutlich kleiner als die Gruppe derer, die sich über unzumutbare Geruchsimmissionen beklagen können, oder derer, die sich gegen eine gebietsfremde Nutzung wehren können. Denn während der ersten Gruppe nur diejenigen angehören, die ein dingliches Recht an einem angrenzenden Grundstück besitzen, zählen zur zweiten Gruppe alle, die von den Geruchsimmissionen betroffen sind und zur dritten die, die im Sinne der Rechtsprechung zur Schicksalsgemeinschaft im Hinblick auf die Art der baulichen Nutzung in einem hierauf bezogenen Rechte- und Pflichtenverhältnis zueinander stehen (vgl. hierzu s. ab Rn. 159). 937

Dieser einheitliche, dem materiellen Recht entsprechende Nachbarbegriff rechtfertigt sich auch aus dem Gedanken der Einheit der Rechtsordnung. Denn es wäre ein sinnwidriger Bruch in dem System des Rechte- und Pflichtengefüges, würde dem Nachbarn einerseits, weil er dem Kreis der Nachbarn im Sinne eines nachbarlichen Gemeinschaftsverhältnis zugerechnet wird, zugemutet, zur Wahrung seiner Rechte (als Obliegenheit) Initiativen zu ergreifen (z.B. sich nach dem Inhalt einer offenbar erteilten Genehmigung zu erkundigen, s. oben ab Rn. 905), andererseits aber seine Klage mangels Rechtsverletzung (§ 113 Abs. 1 Satz 1 VwGO) nicht begründet wäre; ebenso sinnwidrig wäre die umgekehrte Annahme, er wäre nicht in den Mitgliederkreis des nachbarlichen Gemeinschaftsverhältnisses zu nehmen, ihm wäre aber zuzugestehen, dass er im Falle des Rechtsverstoßes in seinen subjektiven öffentlichen Rechten verletzt ist. 938

Oftmals werden sich beide Personenkreise decken.

939 **Beispiel (nach OVG Münster, B.v. 27.1.2016 – 10 B 14/16 –, nrwe):** Der Kläger wendet sich gegen die Genehmigung des Neubaus eines Schweinemaststalles und eines Güllesilos, von denen nach seiner Einschätzung für ihn unzumutbare Geruchsemissionen ausgehen werden. Obwohl seit der Erkennbarkeit der Baumaßnahmen mehr als ein Jahr vergangen ist, hat er – so jedenfalls die Ansicht des OVG Münster – sein behauptetes Abwehrrecht nicht verwirkt, weil wegen der Entfernung zur Hofstelle von mehreren hundert Metern kein nachbarliches Gemeinschaftsverhältnis vorliegt. Die Genehmigung verletzt ihn jedoch nicht in seinen subjektiven Rechten, weil die zu erwartenden Geruchsimmissionen wegen der Entfernung erheblich zu gering sind, als dass der Kläger in seinen Rechten verletzt würde.

940 Der sich aus dem nachbarlichen Gemeinschaftsverhältnis ergebende Rechte- und Pflichtenkreis ist hinsichtlich des Entstehens des materiellen Abwehrrechts zwar nur in Ansätzen kodifiziert, aber durch die Rechtsprechung konkretisiert oder fortgebildet; dies ist Gegenstand der in den Kapiteln A bis D dargelegten Grundsätze. Beispielhaft soll insoweit auf das Beispiel des Abwehrrechts der Mitglieder einer Schicksalsgemeinschaft im Falle eines Verstoßes hinsichtlich der Art der baulichen Nutzung hingewiesen werden.

941 Soweit es darum geht, ob ein Recht, das wirksam entstanden ist, wegen besonderer Umstände des konkreten Falls vernichtet worden ist (ab Rn. 928) oder ob ein Rechts zwar noch fortbesteht, aber wegen der besonderen Umstände nicht ausgeübt werden darf (nachfolgend ab Rn. 949), stehen das Verbot treuwidrigen Handelns, das Gebot der Beachtung von Treu und Glauben (§ 242 BGB) und das Verbot der unzulässigen Rechtsausübung im Vordergrund. Die hieraus abzuleitenden Rechtsgrundsätze werden sowohl auf die Anfechtung einer nachbarrechtswidrigen Genehmigung als auch auf den Antrag auf bauaufsichtliches Einschreiten wegen einer nicht genehmigten (oder bei einer Genehmigung nicht geprüften) und zu Lasten des Nachbarn materiell rechtswidrigen Errichtung oder Nutzung einer baulichen Anlage angewandt.

(2) Die Zumutbarkeit im nachbarlichen Gemeinschaftsverhältnis

942 Auch bei Zugehörigkeit zu der – unter Umständen weit zu bemessenden – nachbarlichen Gemeinschaft kann vernünftigerweise nicht jedem ihrer Angehörigen zugemutet werden, auch nur vagen Zweifeln nachzugehen und zur Vermeidung des Untergangs der eigenen Rechts beim Bauherrn und/oder der Baugenehmigungs- oder Bauaufsichtsbehörde vorstellig zu werden. Dies wäre nicht nur der (diesmal im alltagssprachlichen Sinn gemeinten) nachbarlichen Gemeinschaft abträglich, sondern würde dem Nachbarn Handlungsweisen abverlangen, die den rechtlichen, nach Treu und Glauben zu stellenden Anforderungen nicht mehr entsprächen. In der Tat würde, worauf Charnitzky und Rung (Charnitzky und Rung, Die Verwirkung nachbarlicher Abwehrrechte im Öffentlichen Baurecht, BauR 2016, 1254 und 1406) zu Recht hingewiesen haben, einem Nachbarn, der einen Gebietserhaltungsanspruch geltend machen will, abverlangt, sich auch um die Aufklärung von Bauvorhaben auf weiter entfernten Grundstücken bemühen, wenn diese noch zur näheren Umgebung i.S.v. § 34 BauGB zählen. Vielmehr müssen über die Zugehörigkeit zur nachbarlichen Gemeinschaft hinaus besondere Umstände des Einzelfalls hinzutreten, damit aus dem Erkennen eines baurechtlich relevanten Geschehens die Obliegenheit zum Handeln erwächst. In der Regel kann der Nachbar nämlich davon ausgehen, dass die Genehmigungsbehörde nur erlaubt, was erlaubt werden darf; er kann auch annehmen, dass

ein Bebauungsplan, der die Grundlage eines Bauvorhabens ist, wirksam ist und die Genehmigung sich mit seinen Festsetzungen deckt und etwaige Ausnahmen und Befreiungen rechtsfehlerfrei erteilt worden sind. Ansonsten würden letztlich Nachbarn anstelle der Bauämter faktisch zu Baukontrolleuren funktionalisiert.

Deshalb ist der für das Entstehen der Obliegenheit anerkannte der Grundsatz, dass 943

- je einfacher die Informationen über das Bauvorhaben zugänglich sind, desto eher dem Nachbarn die Erkundigung zuzumuten ist,

zu ergänzen durch die Voraussetzung, dass

- nur bei sich aus den Bauarbeiten aufdrängenden Abweichungen von dem rechtlich Zulässigen

Anlass besteht, der Frage der eigenen Beeinträchtigung nachzugehen. Nur in einem solchen Fall ist es gerechtfertigt, die Schaffung einer Vertrauensgrundlage durch aktives Tun einer solchen durch Untätigkeit gleichzusetzen.

Wegen der Einzelheiten, insbesondere zu dem erkennbaren Beeinträchtigungspotenzial, wird auf die Darstellung von Charnitzky und Rung, Die Verwirkung nachbarlicher Abwehrrechte im Öffentlichen Baurecht, BauR 2016, 1406,1408, verwiesen, denen insoweit uneingeschränkt zu folgen ist.

bb) Vertrauenstatbestand

Schutzbedürftig gegenüber treuwidrigem Verhalten ist nur, wer „wirklich“ aus dem Verhalten des Anderen den jeweiligen Schluss gezogen hat, der ihn schutzbedürftig erscheinen lässt. Nur wer als Bauherr z.B. wegen des Unterlassens von Rechtsbehelfen des berechtigten Nachbarn darauf vertraut hat, dieser werde sein Recht nun nicht mehr ausüben, kann sich später hierauf beruhen. Fehlt es an diesem Vertrauen, ist die – späte – Ausübung des Rechts nicht missbräuchlich. 944

cc) Vertrauensbetätigung

Die erforderliche Vertrauensbetätigung kann nicht bejaht werden, wenn der Bauherr nicht durch die über längere Zeit andauernde Untätigkeit des Nachbarn und im Hinblick auf ein Vertrauen auf dessen Einverständnis zu seinen Baumaßnahmen veranlasst worden ist, sondern unabhängig davon eine ihm erteilte Genehmigung von sich aus sofort in vollem Umfang ausgenutzt und weitgehende, mit erheblichem Kapitaleinsatz verbundene Schritte unternommen hat. Dann fehlt es für das Merkmal der Treuwidrigkeit an der neben dem Zeitablauf erforderlichen kausalen Verknüpfung des Verhaltens des Berechtigten mit bestimmten Maßnahmen des Verpflichteten und deren Folgen (OVG Münster, U.v. 9.4.1992 – 7 A 1521/90 –, BRS 54 Nr. 201 = juris). Wo die schadensverursachende Maßnahme, nämlich die Bauarbeiten, nicht auf einem solchen Vertrauen beruht, sondern unabhängig von einem eventuellen Vertrauen vorgenommen ist, kann insoweit keine Verwirkung eintreten (OVG Münster, U.v. 4.9.2008 – 7 A 2358/08 –, juris, unter Berufung auf BVerwG, U.v. 16.5.1991 – 4 C 4/89 –, juris). 945

Beispiel (aus OVG Saarlouis, U.v. 14.7.2016 – 2 A 46/15 –, juris): Die Nachbarin hat ihren Abwehranspruch gegen die seit vielen Jahren auf dem Nachbargrundstück im reinen Wohngebiet ausgeübte Pferdehaltung verwirkt. Denn infolge der jahrelangen Untätigkeit durfte der Bauherr 946 darauf vertrauen, dass die Nachbarin die ihr zustehenden Abwehrrechte gegen die Pferdehaltung nicht mehr geltend machen werde (Vertrauensgrundlage). Der Bauherr hat hierauf auch tatsächlich vertraut (Vertrauenstatbestand) und dieses Vertrauen betätigt, indem er sich in seinen Vorkehrungen und Maßnahmen so eingerichtet hat, dass ihm durch eine jetzt erfolgende Durchsetzung des Rechts ein unzumutbarer Nachteil entstehen würde (Vertrauensbetätigung). Er hat nämlich im Jahr 2005 den Pferdestall mit erheblichem finanziellem Aufwand umgebaut. Könnte er den Pferdestall infolge der verspäteten Geltendmachung ihrer Abwehrrechte durch die Nachbarin nicht mehr nutzen, wären seine Aufwendungen damit letztlich vergebens.

c) kein Wiederaufleben des verwirkten Rechts

947 Ergeht nach dem Eintritt der materiellen Verwirkung eines Anspruchs auf bauaufsichtliches Einschreiten eine Baugenehmigung, mit der das bislang ungenehmigte (und materiell rechtswidrige) Vorhaben legalisiert werden soll, kann dadurch das verwirkte Abwehrrecht grundsätzlich nicht wieder aufleben. Das gilt jedenfalls dann, wenn „schlicht" der vorhandene Zustand legalisiert wird; dann bleibt es bei der Unanfechtbarkeit infolge Verwirkung (so OVG Münster, B.v. 21.9.2015 – 2 A 1403/15 –, nrwe; vgl. auch BVerwG, B.v. 18.3.1988 – 4 B 50.88 –, NVwZ 1988, 730 = juris). Andererseits sind nach der Rechtsprechung Fälle denkbar, in denen sich für den Nachbarn – unter Einbeziehung von Treu und Glauben – die Frage eines Vorgehens mit Erteilung der Baugenehmigung neu stellen, etwa wenn mit der Genehmigung auch Weiterungen und Änderungen erlaubt werden, die zu einem gerade auch aus nachbarrechtlicher Sicht anderen Vorhaben führen (vgl. BVerwG, U.v. 16.5.1991 – 4 C 4.89 –, BRS 52 Nr. 218 = juris; VGH München, B.v. 25.3.2003 – 20 CS 03.768 –, juris).

948 Die Rechtsfolgen einer Verwirkung treffen auch den jeweiligen Rechtsnachfolger (OVG Münster, B.v. 17.7.1995 – 7 B 3068/94 –, juris; VGH Kassel, B.v. 7.12.1994 – 4 TH 3032/94 –, DVBl 1995, 525 = juris; OVG Greifswald, B.v. 5.11.2001 – 3 M 93/01 –, NVwZ-RR 2003, 15 = juris).

2. Sonstige Treuwidrigkeit

949 In Rechtsprechung und Literatur ist anerkannt, dass dem Nachbarn die Geltendmachung eines Rechtsverstoßes durch ein Vorhaben auf einem anderen Grundstück verwehrt sein kann, wenn sich die Geltendmachung des Verstoßes wegen der besonderen Umstände des Einzelfalls als treuwidrig darstellt. Die rechtlichen Voraussetzungen für die Verweigerung der Rechtsschutzmöglichkeiten sind jedoch in großem Umfang ungeklärt.

a) Allgemein treuwidriges Handeln

950 Dogmatische Grundlage des Verbotes treuwidrigen Handelns und der Beachtung von Treu und Glauben sind § 242 BGB und dessen Ausprägung des Verbots der unzulässigen Rechtsausübung. Die Grundsätze werden sowohl auf die Anfechtung einer nachbarrechtswidrigen Genehmigung als auch auf den Antrag auf bauaufsichtliches Einschreiten wegen einer nicht genehmigten (oder bei einer Genehmigung nicht geprüften) und zu Lasten des Nachbarn materiell rechtswidrigen Errichtung oder Nutzung einer baulichen Anlage angewandt.

951 **Beispiel (aus OVG Münster, B.v. 22.6.1990 – 7 B 740/90 –, NVwZ-RR 1991, 169 = juris):** Der Grundstücksnachbar wehrt sich gegen ein Vorhaben mit der zutreffenden Begründung, das Vor-

haben wahre nicht die erforderlichen Abstandsflächen. An der Durchführung und Vorbereitung des Vorhabens war er seinerzeit er als damaliger Prokurist der Bauherrin selbst beteiligt gewesen und hatte mit den Voreigentümern des gekauften Grundstückes im Interesse der Bauherrin verhandelt. Mit der Beendigung des Dienstverhältnisses endeten für ihn zwar die vertraglichen Verpflichtungen, sich im Interesse der Bauherrin des streitigen Vorhabens anzunehmen. Trotz der Beendigung können nach Treu und Glauben jedoch nachwirkende Verpflichtungen bestehen, aus denen Handlungs- und Unterlassungsverpflichtungen resultieren können. Solche Nachwirkungen liegen hier darin, dass es ihm auch in seiner jetzigen Position als Nachbar weiterhin obliegt, nichts zu unternehmen, um das von ihm seinerzeit für die Bauherrin geförderte Projekt zu verhindern. Treu und Glauben gebieten, seine Nachbarrechte zurückzustellen und sie dem Vorhaben der Bauherrin nicht entgegenzusetzen. Seine Berufung auf seine Rechtsposition stellt sich als rechtsmissbräuchlich dar.

b) Gegenseitige Rechtsverstöße

Das Rechtsinstitut der unzulässigen Rechtsausübung erfährt besondere Bedeutung im Zusammenhang mit gegenseitigen Rechtsverstößen (s. aus der umfangreichen Rechtsprechung: VGH Mannheim, U.v. 6.6.2008 – 8 S 18/07 –, juris; B.v. 29.9.2010 – 3 S 1752/10 –, juris; OVG Magdeburg, B.v. 6.2.1996 – 1 M 27/95 –, juris; U.v. 16.3.2000 – A 2 S 62/98 –, juris; B.v. 24.1.2012 – 2 M 157/11 –, juris; OVG Münster, U.v. 23.10.2003 – 10 A 3223/01 –; U.v. 26.6.2014 – 7 A 2057/12 –; B.v. 30.8.2012 – 2 B 983/12 –, nrwe, und B.v. 20.2.2014 – 2 A 1599/13 –, nrwe; VGH München, U.v. 4.2.2011 – 1 BV 08,131 –, juris; B.v. 5.7.2011 – 14 CS 11.814 –, juris; OVG Greifswald, B.v. 14.7.2005 – 3 M 69/05 –, juris; OVG Koblenz, B.v. 29.10.1981 – 1 B 59/81 –, juris,; OVG Berlin, B.v. 8.9.2015 – OVG 2 S 28/15 –, juris, und v. 8.9.2015 – OVG 2 S 28/15 –, juris; ausführlich Kuchler, BauR 2015, S. 1580 ff.). 952

aa) Bedeutung von Quantität und Qualität

Über die Frage, bei welcher Qualität oder Quantität des eigenen Rechtsverstoßes dem Nachbarn die Geltendmachung des Rechtsverstoßes des Bauherrn verwehrt ist, herrscht keine Übereinstimmung. 953

Beispiele aus der Rechtsprechung: VGH München, B.v. 5.7.2011 – 14 CS 11.814 –, juris: Rechtsmissbrauch, weil die eigene Nichteinhaltung der nachbarschützenden Abstandsflächenvorschriften erheblich schwerer wiegt als die durch das streitgegenständliche Vorhaben 954

OVG Münster, U.v. 23.10.2003 – 10 A 3223/01 –, nrwe: Widersprüchliches Verhalten ist anzunehmen, wenn sich der Nachbar gegen einen Abstandsflächenverstoß des Bauherrn wendet, obgleich auf seinem Grundstück ein vergleichbarer Abstandsflächenverstoß zu Lasten des Grundstücks des Bauherrn gegeben ist

OVG Münster, B.v. 20.2.2014 – 2 A 1599/13 –, nrwe: Der Nachbar kann nur solche Rechtsverstöße abwehren, die ihn stärker beeinträchtigen als sein eigener Rechtsverstoß das Nachbargrundstück beeinträchtigt

OVG Münster, U.v. 26.6.2014 – 7 A 2057/12 –, nrwe: Verstoß gegen Treu und Glauben, weil der eigene Rechtsverstoß jedenfalls nicht weniger schwer wiegt als der Verstoß des Bauherrn;

VGH Mannheim, B.v. 29.9.2010 – 3 S 1752/10 –, juris: kein Rügerecht, wenn die eigene Rechtsverletzung nicht schwerer wiegt als der eigene Verstoß

Das OVG Münster, U.v. 18.10.2011 – 10 A 26/09 –, nrwe, vertritt diesen Standpunkt: Der Grundstückseigentümer, dessen Gebäude selbst nicht mit den Abstandsflächenvorschriften vereinbar ist, müsse nicht hinnehmen, dass die Bebauung auf dem Grundstück des Nachbarn in unzulässiger Weise stärker beeinträchtigend an sein 955

Grundstück heranrückt, als sein eigenes Gebäude an das Grundstück des Nachbarn. Er brauche nur eine solche Verletzung der Abstandsflächenvorschriften durch die Nachbarbebauung zu dulden, die mit dem eigenen Rechtsverstoß vergleichbar sei. Die Vergleichbarkeit der die Nachbarn wechselseitig beeinträchtigenden Rechtsverstöße sei nicht mathematisch genau allein auf der Grundlage der jeweiligen Grenzabstände zu ermitteln. Vielmehr sei bei der Bewertung der von einem Baukörper für das Nachbargrundstück ausgehenden Beeinträchtigung neben dem konkreten Grenzabstand auch die Qualität der mit der Verletzung der Abstandsflächenvorschriften einhergehenden Beeinträchtigung von wesentlicher Bedeutung. Es mache beispielsweise einen erheblichen Unterschied für die Beeinträchtigung des Nachbarn aus, auf welcher Länge das fragliche Gebäude die Abstandsflächenvorschriften missachte, welche Höhe es aufweise, welche Emissionen (Lärm, Licht, Staub oder Gerüche) mit seiner Nutzung verbunden seien, welche Brandgefahren von ihm ausgingen und in welcher Himmelsrichtung es vom Nachbargrundstück aus gesehen stehe.

bb) Stellungnahme

956 Ausgangspunkt bei der Frage nach der Bedeutung des eigenen Rechtsverstoßes muss der im nachbarrechtlichen Gemeinschaftsverhältnis wurzelnde Grundsatz von Treu und Glauben sein. In dem Umfang, in dem subjektiv-öffentliche Abwehrrechte anzuerkennen sind, besteht ein Gegenseitigkeitsverhältnis im Sinne eines „baunachbarrechtlichen Synallagmas“. (Im Zivilrecht ist der Begriff des Synallagmas zur Beschreibung eines vertraglichen Anspruchs auf die Gegenleistung anerkannt; er ist aber der Sache nach nicht auf vertragliche Ansprüche begrenzt, da die Wechselbeziehung der Ansprüche, die damit angesprochen ist, auch bei gesetzlichen Ansprüchen vorliegen kann, vgl. BGH, U.v. 25.1.2008 – V ZR 118/07 –, NJW-RR 2008, 824 = juris). Insbesondere im Bereich des Abstandsflächenrechts, in dem die Vorschriften einen „Sozialabstand“ gewährleisten sollen und in dem demjenigen gegenüber, der in einer empfindlichen und schutzwürdigen Position ist, Rücksicht genommen werden muss, bestehen gegenseitige, auf einander bezogene Rechte und Pflichten. Diese subjektivrechtliche Sicht führt zu der Erkenntnis, dass der objektiv-rechtliche Verstoß gegen eine den Bauherrn des streitigen Vorhabens schützende Bestimmung allein nicht ausreicht, eine Treuwidrigkeit in der Geltendmachung der eigenen Rechtsbeeinträchtigung anzunehmen. Der Blickwinkel des Individualrechtsschutzes würde systemwidrig verlassen, wenn in dem vorliegenden Zusammenhang die rein objektiv-rechtliche Betrachtung des Rechtsverstoßes des Nachbarn zulässig wäre. Nur soweit gegenseitige Ansprüche wirklich bestehen und ihrer Durchsetzung keine Hindernisse entgegenstehen, können sie in diesem Zusammenhang Relevanz beanspruchen.

957 Folge dieser Erkenntnis ist: Solche Rechtsverstöße, die sich aus Normen ergeben, die nicht (auch) den Zweck haben, Rechte gerade auch dieses Nachbarn (hier: des Bauherrn des streitigen Vorhabens) zu schützen, scheiden von vornherein als gegeneinander aufzurechnende Gesichtspunkte aus. Deshalb ist einem Nachbarn die Rüge verwehrt, ein dem Bauherrn genehmigtes Mehrfamilienhaus verstoße gegen die Begrenzung der höchstzulässigen Anzahl von Vollgeschossen, die nach ganz herrschender Meinung keinen nachbarschützenden Charakter hat (vgl. dazu aber VGH Mannheim, B.v. 29.9.2010 – 3 S 1752/10 –, juris).

Ferner sind solche Rechtsverstöße ohne Belang, die sich zwar aus auch diesen Nachbarn (d.i. der Bauherr des streitigen Vorhabens) schützenden Bestimmungen ergeben, die aber von diesem nicht mehr geltend gemacht werden können. Das gilt nicht nur für den förmlichen Rechtsverlust des Abwehrrechts wegen Nichtanfechtung einer Genehmigung oder Zustimmung oder Verzicht, sondern auch für den Rechtsverlust wegen Verwirkung. Dieses Ergebnis entspricht auch der Billigkeit: Es wäre mit den schutzwürdigen Interessen an einer hinreichenden Rechtssicherheit nicht vereinbar, wenn ein Recht, das nicht mehr geltend gemacht werden kann, wieder berücksichtigungsbedürftig und -fähig würde, nur weil ein Vorhaben in der Nachbarschaft genehmigt wird. Daraus ergeben sich Folgen für eine etwaige zu Gunsten des Nachbarn unter einer geänderten Rechtslage ergangene Genehmigung. Hat sich seither die Rechtslage insoweit verändert, als die Genehmigung nunmehr nicht erteilt werden könnten, ist dies unbeachtlich. Zwar ist dies keine Frage des Bestandsschutzes, weil mit diesem Begriff allein die fehlende Befugnis eines staatlichen Eingriffs in materiell oder formell rechtmäßig gewesene, infolge einer Rechtsänderung aber nunmehr materiell illegale bauliche Anlagen angesprochen sind. Es beruht aber darauf, dass allein nach dem gegenwärtigen Bestehen eines durchsetzbaren Abwehrrechts gefragt wird; frühere Rechtslagen, mögen sie günstiger (oder ungünstiger) gewesen sein, sind unbeachtlich. 958

Ein quantitativer Vergleich der Rechtsverstöße ist entgegen der ganz herrschenden Auffassung (s. die Beispiele unter Rn. 954) nicht vorzunehmen. Im Anwendungsbereich zivilrechtlicher Vorschriften (§§ 242, 281 BGB) ist anerkannt, dass die eigene Vertragsuntreue des Gläubigers dazu führen kann, dass der Leistungsanspruch nicht durchsetzbar ist, ohne dass es auf den Umfang der eigenen Leistungsverweigerung ankäme (Palandt/Grüneberg, BGB, § 281 Rn. 35). Höchstrichterlich ist z.B. entschieden: Der nachleistungspflichtige Gläubiger ist nicht berechtigt, die Leistung zu verlangen, wenn er selbst zur Gegenleistung nicht bereit ist (BGH, U.v. 16.5.1968 – VII ZR 40/66 –, BGHZ 50, 175 = juris); die Ausübung eines vertraglichen Rücktrittsrechts ist nach Treu und Glauben ausgeschlossen, wenn der Zurücktretende selbst nicht vertragstreu ist (BGH, U.v. 13.11.1998 – V ZR 386/97 –, juris, unter Hinweis auf BGH, U. v. 28.9.1984 – V ZR 43/83 –, NJW 1985, 266, 267; und v. 12.6.1968 – V ZR 161/66 –, WM 1968, 1299). Diese rechtsvernichtende Wirkung tritt auch ein, wenn der eigene Rechtsverstoß im Verhältnis zu dem fremden überaus geringgewichtig ist (Palandt/Grüneberg, BGB, § 242 Rn. 53). Dies hat der Bundesgerichtshof z.B. für den Fall sanktionslos gebliebener Verletzungen von Obliegenheitspflichten, die die Stellung des Versicherers nicht verschlechterten, bejaht (BGH, U.v. 8.7.1983 – V ZR 53/82 –, BGHZ 88, 91-97 = juris; vgl. auch U.v. 8.7.1981 – VIII ZR 247/80 –, NJW 1981, 2686 = juris). Rechtsmissbrauch ist letztlich bei der Geltendmachung eines Rechts nur anzunehmen, wenn an einen im Ergebnis folgenlos gebliebenen Verstoß weitreichende, eindeutig unangemessene Rechtsfolgen geknüpft werden oder wenn die Gegenseite wiederholt Verstöße toleriert hat und dadurch einen Vertrauenstatbestand erzeugt hat (Palandt/Grüneberg, BGB, § 242 Rn. 53 m.w.N.). 959

Angewandt auf das baunachbarrechtliche Verhältnis bedeutet dies: Ein (noch fortdauernder) Verstoß des Nachbarn gegen den Bauherrn schützende Bestimmungen ist 960 unter dem Gesichtspunkt des Rechtsmissbrauchs auch dann nicht unbeachtlich, wenn der eigene Verstoß geringgewichtig(er) ist, wobei das Verhältnis nicht völlig unangemessen sein darf. Dies beruht darauf, dass eine solche Relativierung dem öffentlichen Baunachbarrecht fremd ist. Aus dem auch dem Gebietserhaltungsanspruch innewohnenden Recht, bereits den ersten Anfängen eines Umkippens des Gebietscharakters zu begegnen, wird deutlich, dass das öffentliche Baunachbarrecht dem betroffenen Nachbarn, sofern diesem dem Grunde nach ein Abwehrrecht zusteht, nicht etwa bei einer etwaigen Geringgewichtigkeit zumutet, dies dennoch hinzunehmen (so im Ergebnis auch: Kuchler, BauR 2015, S. 1580 ff.).

961 Als Ausnahme ist die Geltendmachung eines Abwehrrechts allerdings dann nicht ausgeschlossen, wenn neben dem subjektive Recht ein überragendes privates oder öffentliches Interesse an der Vermeidung des entstandenen Zustandes besteht, etwa schlechthin untragbare oder als Missstand zu qualifizierenden Verhältnissen entstünden (vgl. VGH München, B.v. 4.2.2011 – 1 BV 08.131 –, juris) oder eine konkrete Gefahr einträte (vgl. OVG Münster, B.v. 7.8.1997 – 7 A 150/96 –, nrwe; OVG Berlin, B.v. 19.12.2012 – OVG 2 S 28/15 –, juris; VGH Mannheim, B.v. 29.9.2010 – 3 S 1752/10 –, juris; vgl. auch VG Köln, U.v. 28.8.2012 – 2 K 4020/11 –, nrwe: *„Etwaige Verstöße gegen das Abstandflächenrecht, die aus dem baulichen Zustand u.a. des überdachten Freisitzes im rückwärtigen Grundstücksbereichs resultieren mögen, sind nicht geeignet, die konkrete und handgreiflich unzumutbare Belästigung durch Abgasimmissionen der Heizungsanlage zu kompensieren.")*.

cc) Beachtlichkeit trotz Legalisierung

962 Auf die Frage, ob der Nachbar sich im Hinblick auf den in seiner Sphäre liegenden materiell-rechtlichen Verstoß gegen die bauordnungsrechtlichen oder bauplanungsrechtlichen Vorschriften auf eine durch Erteilung einer Baugenehmigung formell abgesicherte Position berufen kann, kommt es nicht an. Denn die Erteilung der Genehmigung mag ihm zwar gegenüber der Behörde Bestandsschutz zu vermitteln; sie ändert jedoch nichts an der faktischen Nichteinhaltung der gesetzlichen Normen (etwa der geforderten Abstandsflächen) und hat daher keinen Einfluss auf die zwischen den Nachbarn bestehende Wechselbeziehung (so auch OVG Münster, B.v. 12.2.2010 – 7 B 1840/09 –, nrwe, und v. 7.8.1997 – 7 A 150/96 –, nrwe; OVG Lüneburg, U.v. 12.9.1984 – 6 A 49/83 –, juris; VGH Mannheim, B.v. 29.9.2010 – 3 S 1752/10 –, juris).

2. Teil: Öffentliches Baunachbarrecht im Verwaltungsprozess

A. Der Rechtsschutz gegen eine bauaufsichtliche Zulassung

Ein Nachbar, der sich gegen die genehmige Anordnung eines Baukörpers, die Nutzung einer baulichen Anlage oder gegen von der Nutzung einer Anlage ausgehende Immissionen wendet, ficht sachgerechter Weise die Genehmigung an. Er kann sein Ziel nicht dadurch erreichen, dass das Gericht den Bauherrn verpflichtet, z.B. eine Wand zurückzuversetzen oder eine andere Nutzung aufzunehmen. Denn weder er noch die Genehmigungsbehörde noch das Gericht sind befugt, dem Bauherrn ein anderes Vorhaben als das geplante aufzuzwingen. Sachgerecht ist im Falle einer Rechtsverletzung des Nachbarn allein die gerichtliche Kassation der erteilten Genehmigung. Ist ein Klageantrag in einem anderen Sinne formuliert, bedarf es der Auslegung durch das Gericht und gegebenenfalls des Hinwirkens auf einen solchen sachdienlichen Antrag (§§ 86 Abs. 3, 88 VwGO). 963

Anders stellt es sich allerdings dar, wenn das genehmigte Vorhaben nicht in Frage gestellt werden soll, aber – zur Wahrung der Nachbarrechte – nach der Vorstellung des Nachbarn neben die Genehmigung eine selbständige Nebenbestimmung treten soll. In Frage kommt insofern vor allem eine Auflage (§ 36 Abs. 2 Nr. 4 VwVfG). Dabei ist eine strikte Abgrenzung zur sog. modifizierenden Auflage (oder Inhaltsbestimmung) geboten, die eben keine Nebenbestimmung darstellt. In der Regel wird allerdings anzunehmen sein, dass es dem Nachbarn um die Abwehr dieses genehmigten Vorhabens geht und nicht um den Anspruch auf eine Nebenbestimmung (s. dazu Rn. 63). 964

Ein gegen eine Baugenehmigung oder eine sonstige Zulassung eines Bauvorhabens gerichtetes Begehren kann zum einen die Aufhebung der Zulassung und zum anderen deren Außervollzugsetzung zum Ziel haben. Geht das Rechtsschutzziel aus dem Begehren nicht eindeutig hervor, ist es auszulegen. Entscheidend ist, ob dem formulierten Antrag in Verbindung mit dessen Begründung zu entnehmen ist, dass es dem Nachbarn (allein) darum geht, die Zulassung „aus der Welt zu schaffen" (nachfolgend II.) oder ob er (außerdem) erreichen will, dass der Bauherr von ihr vorerst keinen Gebrauch mehr machen darf (nachfolgend II.). 965

I. Prozessuale Fragen zur Baunachbarklage

Eine Anfechtungsklage gegen die einem anderen erteilte Begünstigung ist nur dann zulässig, wenn der Kläger geltend macht, durch sie in seinen Rechten verletzt zu sein, § 42 Abs. 2 VwGO. Die rechtlichen Anforderungen hierfür sind nicht zu hoch anzusetzen. 966

Die Klagebefugnis ist nur dann zu verneinen, wenn die zu prüfenden baurechtlichen Vorschriften unter keinem denkbaren Gesichtspunkt nachbarschützend sein können und auch ein Verstoß gegen das Rücksichtnahmegebot von vornherein ausscheidet.

Ein Rückgriff auf Art. 14 GG zur Begründung der Klagebefugnis ist dann nicht mehr anzunehmen (s. dazu auch: VGH München, B.v. 1.3.2016 – 15 CS 16.244 –, juris).

Ferner fehlt die Klagebefugnis dann, wenn der Kläger nicht in den Schutzbereich einer möglichen nachbarschützenden Bestimmung fällt, also z.B. aufgrund einer zu großen Entfernung vom Standort des Vorhabens (s. dazu Rn. 19) oder erkennbar nicht Rechtsinhaber im Sinne des Öffentlichen Baunachbarrechts ist (s. dazu ab Rn. 21).

Die Baunachbarklage ist begründet, soweit die Genehmigung rechtswidrig ist und der Nachbar dadurch in seinen Rechten verletzt ist (§ 113 Abs. 1 Satz 1 VwGO).

967 Nach der Rechtsprechung des Bundesverwaltungsgerichts ist bei der Frage, auf welchen Zeitpunkt das Gericht abzustellen hat, wenn es über eine baurechtliche Nachbarklage zu entscheiden hat, zu differenzieren:

968 Ob eine angefochtene Baugenehmigung den Nachbarn in seinen Rechten verletzt, beurteilt sich grundsätzlich nach der Sach- und Rechtslage im Zeitpunkt der Genehmigungserteilung. Das entspricht allgemeinen Grundsätzen bei einer Anfechtungsklage; um eine solche handelt es sich aus der Sicht des Nachbarn, da er die Aufhebung eines ihn belastenden Verwaltungsaktes begehrt. Spätere Änderungen (auch in einem etwaigen Widerspruchsverfahren, dazu sogleich) zulasten des Bauherrn haben außer Betracht zu bleiben (BVerwG, B.v. 11.1.1991 – 7 B 102/90 –, NVwZ-RR 1991, 236 = juris). Dies schließt es allerdings nicht aus, nachträglich – etwa aufgrund einer nach Errichtung der Anlage durchgeführten Messung – gewonnene Erkenntnisse im Rahmen einer Drittanfechtungsklage zu berücksichtigen. Denn hierbei handelt es sich nicht um nachträgliche Veränderungen der Sachlage, sondern lediglich um spätere Erkenntnisse hinsichtlich der ursprünglichen Sachlage (vgl. OVG Münster, B.v. 16.5.2011 – 8 A 372/09 –, n.v.).

969 Soweit das Landesrecht einen Widerspruchsbescheid vorsieht, ist dessen Erlass maßgeblich. Das beruht auf Folgendem: Mit der Erteilung der Baugenehmigung wird dem Bauherrn eine Rechtsposition gewährt, die sich, wenn ein Nachbar die Genehmigung anficht, gegenüber während des Rechtsmittelverfahrens eintretenden Änderungen der Sach- und Rechtslage durchsetzen können soll (BVerwG, B.v. 8.11.2010 – 4 B 43.10 –, BauR 2011, 499 = juris). Dem Bauwilligen soll nicht eine Rechtsposition, die ihm nach dem im Zeitpunkt des Erlasses des Verwaltungsaktes geltenden Recht eingeräumt worden ist und die zu dulden der Nachbar verpflichtet war, nachträglich ohne ausdrückliche Rechtsgrundlage entzogen werden. Diese Überlegung gilt auch im Rahmen des Widerspruchsverfahrens (vgl. auch OVG Berlin, B.v. 29.6.2011 – OVG 10 N 39.08 –, juris).

970 Nachträgliche Änderungen zugunsten des Bauherrn sind dagegen zu berücksichtigen. Dem liegt die Erwägung zugrunde, dass es mit der (nach Maßgabe des einschlägigen Rechts gewährleisteten) Baufreiheit nicht vereinbar wäre, eine zur Zeit des Erlasses rechtswidrige Baugenehmigung aufzuheben, die sogleich nach der Aufhebung aufgrund der günstiger gewordenen Rechtslage durch Gerichtsentscheidung auf Antrag nunmehr erteilt werden müsste (std. Rechtsprechung seit BVerwG, U.v. 19.9.1969 – IV C 18.67 –, NJW 1970, 263 = juris; B.v. 23.04. 1998 – 4 B 40.98

–, BauR 1998, 995, juris; B.v. 8.11.2010 – 4 B 43.10 –, BauR 2011, 499 = juris; OVG Berlin, B.v. 29.6.2011 – OVG 10 N 39.08 –, juris).

II. Verfahrensrechtliche Fragen zum vorläufigen Rechtsschutz gegen eine (Bau-)Genehmigung

Ist eine bauaufsichtliche Zulassung erteilt, liegt das in einem Verwaltungsverfahren 971 oder verwaltungsgerichtlichen Verfahren auf Gewährung vorläufigen Rechtsschutzes zu erstrebende Ziel in der Regel darin, dass nicht weiter gebaut wird. Der von einem Bauvorhaben betroffene Nachbar kann zur Erreichung dieses Ziels bei der Behörde die Aussetzung der Vollziehung der Genehmigung[146] und beim zuständigen Verwaltungsgericht die Anordnung bzw. Wiederherstellung der aufschiebenden Wirkung seines Widerspruchs bzw. seiner Klage[147] beantragen.

Ein Antrag auf Erlass einer einstweiligen Anordnung (§ 123 VwGO, s. dazu 972 Rn. 1053) mit dem Ziel, das Gericht möge der Genehmigungsbehörde aufgeben, die Genehmigung aufzuheben oder die sofortige Vollziehbarkeit der Genehmigung auszusetzen, wäre unstatthaft. Das beruht auf dem in § 123 Abs. 5 VwGO formulierten Vorrang der §§ 80, 80 a VwGO gegenüber § 123 VwGO. Ist der Antrag dennoch in diesem Sinne formuliert und ist er auslegungsfähig – was in der Regel der Fall ist –, ist er nach §§ 86, 88 Abs. 3 VwGO vom Gericht als Antrag auf Anordnung der aufschiebenden Wirkung auszulegen.

1. Die Grundzüge des vorläufigen Rechtsschutzes nach §§ 80, 80 a VwGO

a) Grundsatz: aufschiebende Wirkung

Das deutsche Verwaltungsverfahrens- und Verwaltungsprozessrecht hat sich dazu 973 entschieden, für den Fall des Eingriffs der Verwaltung in Rechte der Bürger einen effektiven Rechtsschutz dadurch zu gewährleisten, dass bei Einlegung eines Rechtsbehelfs gegen den Eingriff der Status quo vorerst gewahrt bleibt.[148] Der Adressat braucht, das ist im Groben die Wirkung des Rechtsbehelfs, den Verwaltungsakt nicht zu befolgen und die Verwaltung darf ihn nicht durch Zwangsmaßnahmen vollziehen.

Die ergänzende (zumindest klarstellende) Aussage in § 80 Abs. 1 Satz 2 VwGO, dass 974 die aufschiebende Wirkung auch bei rechtsgestaltenden und feststellenden Verwal-

146 § 80 VwGO [Aufschiebende Wirkung]
(4) Satz 1: Die Behörde, die den Verwaltungsakt erlassen oder über den Widerspruch zu entscheiden hat, kann in den Fällen des Absatzes 2 die Vollziehung aussetzen, soweit nicht bundesgesetzlich etwas anderes bestimmt ist.

147 § 80 VwGO [Aufschiebende Wirkung]
(5) Auf Antrag kann das Gericht der Hauptsache die aufschiebende Wirkung in den Fällen des Absatzes 2 Nr. 1 bis 3 ganz oder teilweise anordnen, im Falle des Absatzes 2 Nr. 4 ganz oder teilweise wiederherstellen. Der Antrag ist schon vor Erhebung der Anfechtungsklage zulässig. Ist der Verwaltungsakt im Zeitpunkt der Entscheidung schon vollzogen, so kann das Gericht die Aufhebung der Vollziehung anordnen. Die Wiederherstellung der aufschiebenden Wirkung kann von der Leistung einer Sicherheit oder von anderen Auflagen abhängig gemacht werden. Sie kann auch befristet werden.

148 § 80 VwGO [Aufschiebende Wirkung]
(1) Widerspruch und Anfechtungsklage haben aufschiebende Wirkung. Das gilt auch bei rechtsgestaltenden und feststellenden Verwaltungsakten sowie bei Verwaltungsakten mit Doppelwirkung (§ 80 a).

tungsakten sowie bei Verwaltungsakten mit Doppelwirkung (§ 80 a VwGO[149]) gilt, hat im Baunachbarrecht besondere Bedeutung. Denn wegen dieser Konstruktion könnte der Dritte mit seinem Widerspruch bzw. der Anfechtungsklage, gäbe es die Regelung in § 212 a Abs. 1 BauGB nicht, bewirken, dass die Baugenehmigung nicht ausgenutzt und das Bauvorhaben nicht ausgeführt werden dürfte.

975 Aus dem Regelungssystem der §§ 80 a, 80 Abs. 5 VwGO folgt, dass (gerichtlicher) Rechtsschutz nach diesen Bestimmungen nur in Frage kommt, wenn in der Hauptsache der Rechtsbehelf, dessen aufschiebende Wirkung angeordnet werden soll (Widerspruch bzw. Anfechtungsklage), eingelegt ist. Die in der Praxis (vgl. VG Münster, B.v. 3.12.2015 – 1 L 1418/15 –, nrwe; VG Gelsenkirchen, B.v. 12.1.2016 – 7 L 2547/15 –, nrwe; VG Aachen, B.v. 18.12.2015 – 6 L 1077/15 –, nrwe) gelegentlich anzutreffende Konstruktion der „Anordnung der aufschiebenden Wirkung der noch zu erhebenden Klage“ (bzw. eines noch zu erhebenden Widerspruchs) erscheint gekünstelt und rechtssystematisch verfehlt. Denn einem noch nicht existenten Rechtsbehelf kann denklogisch keine aufschiebende Wirkung beigemessen werde. Die Konstruktion ist auch nicht zur Gewährung effektiven Rechtsschutzes (Art. 19 Abs. 4 GG) geboten, da dem Widerspruchsführer bzw. Kläger ohne weiteres zugemutet werden kann, den Rechtsbehelf in der Hauptsache einzulegen. Dass eine Klage kostenpflichtig ist und nach Erhebung nicht mehr kostenfrei, sondern nur mit einer verbleibenden Gerichtsgebühr (Kostenverzeichnis Nr. 5111, Anlage 1 zum Gerichtskostengesetz) zurückgenommen werden kann, entspricht einer gesetzgeberischen Grundentscheidung und rechtfertigt keine derartige Praxis.

976 Das Gesetz setzt lediglich voraus, dass ein Widerspruch bzw. eine Anfechtungsklage erhoben worden ist. Es verlangt nicht, dass der Rechtsbehelf der Sache nach begründet ist; denn das ist gerade der Prüfungsgegenstand durch die Widerspruchsbehörde und das Gericht. Auch ist – nach dem Wortlaut – die Zulässigkeit des Rechtsbehelfs nicht Voraussetzung für die bezeichnete Wirkung. Dies ist jedoch in Rechtsprechung und Literatur heftig umstritten. Überwiegend wird danach differenziert, welche (angeblichen) Zulässigkeitsmängel vorliegen (vgl. dazu Puttler in: Sodan/Ziekow, VwGO, § 80 Rn. 32 m.w.N.). Eine Darlegung der Gründe für den Rechtsbehelf ist nicht erforderlich.

---

149 § 80 a VwGO [Verwaltungsakte mit Doppelwirkung]
(1) Legt ein Dritter einen Rechtsbehelf gegen den an einen anderen gerichteten, diesen begünstigenden Verwaltungsakt ein, kann die Behörde
1. auf Antrag des Begünstigten nach § 80 Abs. 2 Nr. 4 die sofortige Vollziehung anordnen,
2. auf Antrag des Dritten nach § 80 Abs. 4 die Vollziehung aussetzen und einstweilige Maßnahmen zur Sicherung der Rechte des Dritten treffen.
(2) Legt ein Betroffener gegen einen an ihn gerichteten belastenden Verwaltungsakt, der einen Dritten begünstigt, einen Rechtsbehelf ein, kann die Behörde auf Antrag des Dritten nach § 80 Abs. 2 Nr. 4 die sofortige Vollziehung anordnen.
(3) Das Gericht kann auf Antrag Maßnahmen nach den Absätzen 1 und 2 ändern oder aufheben oder solche Maßnahmen treffen. § 80 Abs. 5 bis 8 gilt entsprechend.

b) Baurechtlich relevante Ausnahmen nach § 80 Abs. 2 VwGO

§ 80 Abs. 2 Satz 1 VwGO benennt Fälle, in denen die aufschiebende Wirkung entfällt.[150] Die unter § 80 Abs. 2 Satz 1 Nr. 3 VwGO aufgeführte Fallgruppe betrifft unter anderem Rechtsbehelfe gegen bauaufsichtliche Zulassungen nach § 212 a Abs. 1 BauGB (nachfolgend ab Rn. 978). Zur Fallgruppe unter Nr. 4 gehören aus dem Gebiet des Baunachbarrechts zum einen Fälle, in denen der Rechtsbehelf eines Dritten aufschiebende Wirkung hat und für die die Genehmigungsbehörde (ggfs. auf Antrag des Bauherrn) die sofortige Vollziehung angeordnet hat. Zum anderen gehören hierzu die Verfügungen der Bauaufsicht gegenüber einem (mutmaßlich ordnungspflichtigen) Bauherrn, die sich zu Gunsten des Nachbarn auswirken, etwa weil sie von diesem beantragt worden sind, und deren sofortige Vollziehung die Behörde angeordnet hat (Rn. 991). 977

aa) Durch Bundesgesetz vorgeschriebener Fall des § 212 a BauGB

Zu den durch Bundesgesetz vorgeschriebenen Fällen (§ 80 Abs. 2 Satz 1 Nr. 3 VwGO) zählt § 212 a Abs. 1 BauGB.[151] Diese Bestimmung wurde durch das am 1.1.1998 in Kraft getretene Bau- und Raumordnungsgesetz 1998 vom 18.8.1997 (BGBl. I S. 2081, BauROG) neu ins Baugesetzbuch aufgenommen. Durch die Regelung sollten eine Rechtsangleichung verfolgt und Investitionen in Bauvorhaben, die zugleich der Schaffung von Arbeitsplätzen dienen, erleichtert werden (BT-Drs. 13/7589, S. 30). 978

Vorläufer war § 10 Abs. 2 des Maßnahmengesetzes zum Baugesetzbuch (Artikel 2 des Gesetzes zur Erleichterung des Wohnungsbaus im Planungs- und Baurecht sowie zur Änderung mietrechtlicher Vorschriften vom 17.5.1990, BGBl. I S. 926, BauGB-MaßnahmenG). Danach hatten (lediglich) „Widerspruch und Anfechtungsklage eines Dritten gegen die bauaufsichtliche Genehmigung eines Vorhabens, das überwiegend Wohnzwecken, auch zum vorübergehenden Wohnen oder zur vorübergehenden Unterbringung, dient, (...) keine aufschiebende Wirkung." 979

Die prozessualen Folgen des § 212 a Abs. 1 BauGB sind sehr bedeutsam. Der Gehalt der Bestimmung ist jedoch nicht unumstritten; das gilt insbesondere für den Begriff der „bauaufsichtlichen Zulassung". 980

---

150 **§ 80 VwGO [Verwaltungsakte mit Doppelwirkung]**
(2) Die aufschiebende Wirkung entfällt nur
1. bei der Anforderung von öffentlichen Abgaben und Kosten,
2. bei unaufschiebbaren Anordnungen und Maßnahmen von Polizeivollzugsbeamten,
3. in anderen durch Bundesgesetz oder für Landesrecht durch Landesgesetz vorgeschriebenen Fällen, insbesondere für Widersprüche und Klagen Dritter gegen Verwaltungsakte, die Investitionen oder die Schaffung von Arbeitsplätzen betreffen,
4. in den Fällen, in denen die sofortige Vollziehung im öffentlichen Interesse oder im überwiegenden Interesse eines Beteiligten von der Behörde, die den Verwaltungsakt erlassen oder über den Widerspruch zu entscheiden hat, besonders angeordnet wird.
Die Länder können auch bestimmen, daß Rechtsbehelfe keine aufschiebende Wirkung haben, soweit sie sich gegen Maßnahmen richten, die in der Verwaltungsvollstreckung durch die Länder nach Bundesrecht getroffen werden.

151 **§ 212 a BauGB [Entfall der aufschiebenden Wirkung]**
(1) Widerspruch und Anfechtungsklage eines Dritten gegen die bauaufsichtliche Zulassung eines Vorhabens haben keine aufschiebende Wirkung.

981 ■ Baugenehmigungen sind der Grundfall des § 212 a Abs. 1 BauGB. Die Bestimmung gilt für alle Arten von Baugenehmigungen, auch für solche, die im einfachen oder vereinfachten Genehmigungsverfahren erteilt werden, ohne Rücksicht auf eine etwaige Begrenzung des Prüfungsgegenstandes (s. dazu oben Rn. 54).

982 ■ Die den Inhalt einer bereits erfolgten Genehmigung verändernde weitere Genehmigung (als Nachtragsgenehmigung oder Tekturgenehmigung) fällt stets in den Anwendungsbereich des § 212 a Abs. 1 BauGB. Das gilt unabhängig davon, ob es sich um eine wesentliche oder unwesentliche Änderung handelt (s. dazu ab Rn. 101): Im Falle einer wesentlichen Änderung liegt ohnehin eine Neugenehmigung vor und im anderen Fall dauert die Vollziehbarkeit der zuvor erteilten Genehmigung, die lediglich einen (unwesentlich) geänderten Inhalt erhalten hat, ungeschmälert fort.

983 ■ Eine Teilbaugenehmigung stellt mit Blick auf die genehmigte Baugrube und die Bauabschnitte die Übereinstimmung mit den zu prüfenden Vorschriften fest und erlaubt die Beginn dieser Baumaßnahmen; damit ist auch sie eine (hierauf bezogene) bauaufsichtliche Zulassung.

984 ■ Die isolierte Erteilung einer Ausnahme, Befreiung oder Abweichung stellt dann eine bauaufsichtliche Zulassung dar, wenn das Vorhaben ohne sie nicht zulässig wäre und nicht ausgeführt werden dürfte, durch die Ausnahme, Befreiung oder Abweichung das aber gerade erreicht wird. Denn soweit das im Baurecht geltende präventive Verbot mit Erlaubnisvorbehalt gilt, steht die Übereinstimmung mit dem Baurecht nicht fest und darf mit der Bauausführung nicht begonnen werden. Stellen die erforderliche Erteilung einer Ausnahme, Befreiung oder Abweichung die einzige Sperre dar, um dieses Ziel zu erreichen, ist umgekehrt deren Aufhebung als Zulassung des Vorhabens zu werten (OVG Berlin, B.v. 2.9.2009 – OVG 10 S 24.09 –, juris; OVG Bremen, B.v. 24.7.2013 – 1 B 118/13 –, juris; Finkelnburg in: Finkelnburg/Dombert/Külpmann, Vorläufiger Rechtsschutz im Verwaltungsstreitverfahren, Rn. 1282, auch mit Hinweisen zur gegenteiligen Auffassung; Battis in: Battis/Krautzberger/Löhr, BauGB, § 212 a Rn. 1).

985 ■ Ob ein Vorbescheid zu den bauaufsichtlichen Zulassungen zählt, ist umstritten.

Dafür, dass der Vorbescheid unter den Regelungsbereich des § 212 a Abs. 1 BauGB fällt, scheint die Entstehungsgeschichte der Norm zu sprechen: § 10 Abs. 2 BauGB-MaßnahmenG hatte bestimmt: „Widerspruch und Anfechtungsklage eines Dritten gegen die bauaufsichtliche Genehmigung eines Vorhabens, das überwiegend Wohnzwecken, auch zum vorübergehenden Wohnen oder zur vorübergehenden Unterbringung, dient, haben keine aufschiebende Wirkung.“ Teile der Rechtsprechung nahmen seinerzeit an, die Bestimmung sei auf den Vorbescheid nicht anwendbar (VGH Kassel, B. v. 8.11.1993 – 3 TH 1944/93 –, juris; VGH Mannheim, B.v. 24.10.1996 – 5 S 1959/96 –, NVwZ 1997, 1008 = juris). Dies folge bereits aus dem Wortlaut des § 10 Abs. 2 S. 1 BauGB-MaßnahmenG, der ausdrücklich an die „bauaufsichtliche Genehmigung eines Vorhabens" anknüpfe. Der vom Gesetzgeber nunmehr verwendete, deutlich weitere Begriffs spricht für seinen Willen, den Vorbescheid in den Anwendungsbereich des § 212 a Abs. 1 BauGB zu nehmen (für eine sofortige Vollziehbarkeit eines Vorbescheides etwa: OVG Münster, B.v. 1.12.1998 – 10 B 2304/98 –, DVBl. 1999, 788 = juris; OVG Lüneburg, B.v. 8.7.2004 – 1 ME 167/04 –, NVwZ-RR 2005, 69 = juris).

Dagegen, dass der Vorbescheid durch § 212 a Abs. 1 BauGB erfasst ist, spricht insbesondere der Wortlaut der Bestimmung. Denn durch einen Vorbescheid wird ein Vorhaben nicht „zugelassen". Ein Bauvorbescheid ist ein feststellender Verwaltungsakt, der auf die Bauvoranfrage hin die erbetene Antwort mit feststellender (Bindungs-)Wirkung trifft. Er enthält keinen verfügenden Teil und berechtigt nicht zum Beginn der Bauausführung. 986

Auch verlangt das Gebot der Gewährung effektiven Rechtsschutzes nicht, dass die von dem Grundsatz des § 80 Abs. 1 VwGO abweichende Ausnahmeregelung auf den Vorbescheid erstreckt wird. Nach Ergehen des positiven Vorbescheides kennt der Bauherr die Rechtsauffassung der Genehmigungsbehörde und kann sogleich eine Vollgenehmigung beantragen, für die § 212 a Abs. 1 BauGB gilt. Einer sofortigen Vollziehbarkeit des Vorbescheides bedarf es dafür nicht. Im Übrigen bleibt es ihm unbenommen, die Anordnung der sofortigen Vollziehbarkeit des Vorbescheides zu beantragen, wenn er sich davon Vorteile verspricht. Die Annahme einer gesetzlichen sofortigen Vollziehbarkeit des Vorbescheides würde im Übrigen dem Bauherrn nicht viel nützen: Der Nachbar, der sich durch den Vorbescheid in seinen subjektiven öffentlichen Rechten verletzt sieht, wird gegen den Vorbescheid Widerspruch bzw. Klage einlegen, so dass dieser nicht in Rechtskraft erwachsen und ihm gegenüber keine Bindungswirkung entfalten kann. In einem solchen Fall ist bei einem Nachbarrechtsbehelf gegen die Baugenehmigung der Inhalt des Vorbescheides mit zu überprüfen (vgl. dazu BVerwG, U. v. 17.3.1989 – 4 C 14.85 –, DVBl. 1989, 673 = juris). Der Widerspruch und die Anfechtungsklage des Nachbarn nehmen dem Bauvorbescheid ihm gegenüber die angestrebte Verbindlichkeit im nachfolgenden Baugenehmigungsverfahren, so dass ein Beschleunigungseffekt gerade nicht erreicht werden kann (so auch VGH München, B.v. 1.4.1999 – 2 CS 98.2646 –, NVwZ 1999, 1363 = juris). Allein der Vorteil für den Bauherrn, in einem gerichtlichen Verfahren über die sofortige Vollziehbarkeit des Vorbescheids bereits frühzeitig die Rechtsauffassung des Gerichts zu der „möglicherweise besonders prekären Nachbarverträglichkeit seines Vorhabens" (OVG Lüneburg, B.v. 8.7.2004 – 1 ME 167/04 –, NVwZ-RR 2005,69 = juris) zu erfahren, ist zwar verständlich, aber zur Erreichung des Beschleunigungsziels des Gesetzgebers nicht geboten. 987

- Eine immissionsschutzrechtliche Genehmigung ist nach dem eindeutigen Wortlaut des § 212 a Abs. 1 BauGB („bauaufsichtliche" Zulassung) nicht sofort vollziehbar. Ist gegen die Genehmigung Widerspruch oder Klage erhoben worden, darf nicht mit der Errichtung der Anlage begonnen werden. Das gilt auch, soweit die Genehmigung eine etwa erforderliche Baugenehmigung einschließt (§ 13 BImSchG). Denn es ergehen nicht zwei Genehmigungen mit verschiedenen rechtlichen Schicksalen, von denen eine sofort vollziehbar wäre, sondern nur eine einheitliche, die nicht sofort vollziehbar ist. 988

989 ■ Der Abbruch eines Gebäudes oder einer sonstigen baulichen Anlage ist kein Vorhaben i.S.d. § 212 a Abs. 1 BauGB. Zwar kann der Begriff des Vorhabens im umgangssprachlichen Verständnis auch den Abbruch eines Gebäudes umfassen, den ein Grundstückseigentümer „vorhat". Der Gesetzgeber des Baugesetzbuches hat sich aber für ein engeres fachsprachliches Verständnis des Begriffs Vorhaben entschieden. Dies ergibt sich aus § 29 Abs. 1 BauGB, zu dessen Normtext auch die Überschrift gehört, die in ihrem ersten Teil ausdrücklich „Begriff des Vorhabens" lautet und damit die bundesbaugesetzliche Definition des Begriffs festlegt. Aus dem Relativsatz „die die Errichtung, Änderung oder Nutzungsänderung von baulichen Anlagen zum Inhalt haben" folgt, dass ein Abbruch kein Vorhaben im Sinne des Begriffs des Vorhabens ist, wie er in § 29 Abs. 1 BauGB für den ersten Abschnitt des dritten Teils dieses Gesetzes definiert wird (so auch OVG Münster, B.v. 22.9.2015 – 2 B 723/15 –, nrwe; OVG Hamburg, B.v. 20.2.2012 – 2 Bs 14/12 –, BRS 79 Nr. 186 = juris; VG Münster, B.v. 7.2.2003 – 2 L 123/03 –, n.v.).

bb) Behördliche Anordnung der sofortigen Vollziehung (§ 80 Abs. 2 Satz 1 Nr. 4 VwGO)

990 Soweit § 212 a Abs. 1 BauGB nicht einschlägig ist, kann die Genehmigungsbehörde den Widerspruch bzw. die Klage des Nachbarn zum Anlass nehmen, auf Antrag des Begünstigten (= Bauherrn) oder von Amts wegen nach §§ 80 a Abs. 1 Nr. 1, 80 Abs. 2 Satz 1 Nr. 4 VwGO die sofortige Vollziehung der Genehmigung/des Vorbescheides anzuordnen. Im Rahmen der Anordnung der sofortigen Vollziehung einer Genehmigung hat die Behörde das Begründungserfordernis des § 80 Abs. 3 VwGO zu beachten. Die Anforderungen hieran dürfen allerdings nicht überspannt werden. Die Begründung muss auf den Einzelfall abstellen und darf nicht bloß formelhaft sein. Allein der Hinweis auf die Rechtmäßigkeit der Genehmigung reicht nicht aus. Es genügt aber, dass die Behörde zum Ausdruck bringt, dass sie sich des Ausnahmecharakters der Anordnung der sofortigen Vollziehung bewusst ist und dass und warum sie nicht bereit ist, die aufschiebende Wirkung eines etwaigen Rechtsmittels gegen die Genehmigung hinzunehmen. Aus der Eigenschaft als formelle Rechtmäßigkeitsvoraussetzung folgt, dass es nicht darauf ankommt, ob die Erwägungen der Behörde auch inhaltlich im Sinne des objektiven Rechts und der Interessen der Beteiligten vollständig zutreffend sind (OVG Koblenz, B.v. 3.4.2012 – 1 B 10136712 –, juris).

2. Aussetzung der Vollziehung / Anordnung der aufschiebenden Wirkung

a) Aussetzung der Vollziehung durch die Behörde (§§ 80 a Abs. 1 Nr. 2 i.V.m. 80 Abs. 4 VwGO)

991 Nach §§ 80 a Abs. 1 Nr. 2 i.V.m. 80 Abs. 4 VwGO kann die Genehmigungsbehörde (und gegebenenfalls die Widerspruchsbehörde) in Fällen der gesetzlichen sofortigen Vollziehbarkeit einer Genehmigung (z.B. wegen § 212 a Abs. 1 BauGB) auf Antrag des „Dritten" (das ist der betroffene Nachbar) deren Vollziehung aussetzen. Von der Möglichkeit einer in diese Richtung gehenden Antragstellung des Nachbarn und der antragsgemäßen Entscheidung der Behörde wird in der Praxis selten Gebrauch gemacht.

b) Anordnung der aufschiebenden Wirkung durch das Gericht (§§ 80 a Abs. 1 Nr. 2, Abs. 3 i.V.m. 80 Abs. 5 VwGO)

Im Vordergrund des öffentlich-rechtlichen Rechtsschutzes auf dem Gebiet des Baunachbarrechts stehen Rechtsschutzbegehren nach §§ 80a Abs. 1 Nr. 2, Abs. 3 i.V.m. 80 Abs. 5 VwGO. Dabei geht es, je nachdem ob der Rechtsbehelf nach Maßgabe der Regelungen in § 80 Abs. 1 und Abs. 2 VwGO aufschiebende Wirkung hat oder nicht, darum, von Seiten des Bauherrn die sofortige Vollziehbarkeit des Verwaltungsaktes zu erreichen oder – in der Mehrzahl der Fälle – von Seiten des Nachbarn durch die Anordnung der aufschiebenden Wirkung des Widerspruchs bzw. der Klage die Vollziehbarkeit auszusetzen. 992

aa) Zulässigkeitsfragen

Nach inzwischen einhelliger Meinung ist für einen gerichtlichen Antrag nach § 80a Abs. 1 Nr. 2, Abs. 3 i.V.m. § 80 Abs. 5 VwGO eine vorherige erfolglose Antragstellung nach § 80 Abs. 4 VwGO keine Zulässigkeits- oder Zugangsvoraussetzung (VGH Mannheim, B.v. 23.9.1994 – 8 S 2380/94 –, NVwZ 1995, 1004 = juris). 993

In gerichtlichen Verfahren zur Gewährung vorläufigen Rechtsschutzes gegen ein bauaufsichtliches Einschreiten gewinnt das Rechtsschutzinteresse besondere Bedeutung. Dieses ist nur dann gegeben, wenn ein Anspruch auf eine gerichtliche Sachentscheidung gerade auch in einem vorläufigen Rechtsschutzverfahren besteht. Es fehlt, wenn dem Nachbarn das im Eilverfahren erreichbare Ziel nichts nützt. Das Rechtsschutzinteresse entfällt allerdings nicht bereits durch die Fertigstellung des Vorhabens; das gilt jedenfalls dann, wenn die geltend gemachten Beeinträchtigungen durch den Baukörper noch andauern oder wenn die Beeinträchtigung in der Nutzung liegt und diese fortdauert (OVG Münster, B.v. 13.7.1995 – 11 B 1543/95 –, juris). 994

bb) Begründetheit

Nach § 80 Abs. 5 VwGO kann auf Antrag das Gericht der Hauptsache die aufschiebende Wirkung unter anderem im Fall des § 80 Abs. 2 Satz 1 Nr. 3 VwGO i.V.m. § 212a Abs. 1 BauGB ganz oder teilweise anordnen und im Falle des § 80 Abs. 2 Satz 1 Nr. 4 VwGO ganz oder teilweise wiederherstellen. 995

Einen ausdrücklichen materiellrechtlichen Maßstab für die Entscheidung des Gerichts im Falle eines Begehrens um vorläufigen Rechtsschutz gegen die einem Bauherrn erteilte bauaufsichtliche Zulassung eines Vorhabens enthält §§ 80a Abs. 1, Abs. 3, 80 Abs. 5 VwGO nicht. Es ist allerdings anerkannt, dass das Gericht im Rahmen der Entscheidung über einen Antrag auf Anordnung der aufschiebenden Wirkung eines Rechtsbehelfs gegen die bauaufsichtliche Zulassung eines Vorhabens eine Interessenabwägung vorzunehmen hat (Kopp/Schenke, VwGO, § 80 Rn. 152).

Die Interessenabwägung in Fällen der Drittanfechtung unterscheidet sich im Ansatz wesentlich von der bei einem Antrag auf Wiederherstellung der aufschiebenden Wirkung eines Rechtsbehelfs gegen eine Ordnungsverfügung. Denn die Baugenehmigungsbehörde handelt mit der Erteilung einer bauaufsichtlichen Zulassung nicht zur Abwehr einer Gefahr oder Störung, sondern weil der Bauherr aufgrund der das Eigentumsrecht aus Art. 14 Abs. 1 GG konkretisierenden Bestimmung der jeweiligen Bauordnung einen Anspruch auf sie hat. Anders als im Bereich der Gefahrenabwehr 996 ist ein allgemeines öffentliches Interesse für die Genehmigung weder ausreichend noch erforderlich.

997 Das OVG Schleswig (B.v. 7.8.2000 – 4 M 58/00 –, juris) beschreibt die Interessenlage und die Aufgabe des Gericht zutreffend so:

„Als besonderes Vollzugsinteresse steht in einem solchen Dreiecksverhältnis nicht, wie es bei belastenden Verwaltungsakten im zweiseitigen Verhältnis zwischen betroffenem Bürger und der Verwaltung der Fall ist, das besondere öffentliche Interesse der Verwaltung am Vollzug des Verwaltungsakts im Vordergrund, vielmehr ist – wie sich schon aus dem Wortlaut von § 80 Abs. 2 Nr. 4 (2. Alternative) VwGO entnehmen lässt – auf das „überwiegende Interesse eines Beteiligten" abzustellen. Der in Art. 19 Abs. 4 GG gewährleistete Schutz des Einzelnen gegenüber dem Staat tritt im vorliegenden Dreiecksverhältnis zurück. Die Entscheidung über die Vollzugsanordnung hat eher schiedsrichterlichen Charakter im Verhältnis zwischen den von der Genehmigung Betroffenen. Dem entspricht es, ein überwiegendes Interesse eines Beteiligten im Sinne von § 80 Abs. 2 Nr. 4 (2. Alternative) VwGO dann zu bejahen, wenn der von dem belasteten Beteiligten eingelegte Rechtsbehelf mit erheblicher Wahrscheinlichkeit erfolglos bleiben wird und eine Fortdauer der grundsätzlich aufschiebenden Wirkung des Rechtsbehelfs dem begünstigten Beteiligten gegenüber unbillig wäre."

(1) Der Blick auf den mutmaßlichen Ausgang des Hauptsacheverfahrens

998 Für den Erfolg oder Misserfolg eines Antrags nach § 80 a Abs. 1 Nr. 2, Abs. 3 VwGO i.V.m. § 80 Abs. 5 VwGO ist zunächst maßgeblich, ob im Hauptsacheverfahren auf den Rechtsbehelf des Nachbarn hin die bauaufsichtliche Zulassung voraussichtlich aufgehoben werden wird oder nicht. Dabei ist, wie bei der Prüfung im zweipoligen Rechtsverhältnis, die Rechtswidrigkeit des Verwaltungsaktes und die dadurch bewirkte Rechtsverletzung des Antragstellers festzustellen; während letztere bei der Anfechtung eines den Adressaten belasteten Verwaltungsaktes in der Regel eintritt, bedarf sie bei einer Drittanfechtung einer besonderen Prüfung.

999 ■ Wenn sich bei einer in Verfahren des vorläufigen Rechtsschutzes typischen „summarischen" Prüfung der Rechtslage zeigt, dass die bauaufsichtliche Zulassung den antragstellenden Nachbarn nicht in seinen Rechten verletzt (sei es weil kein Rechtsverstoß vorliegt oder weil der Antragsteller von einem – unterstellten – Rechtsverstoß nicht in seinen subjektiven öffentlichen Rechten verletzt ist), ist in der Regel kein Grund ersichtlich, weshalb der Nachbar beanspruchen kann, dass der Bauherr sie nicht solange ausnutzen kann, bis eben dieses sicher zu erwartende Ergebnis im Hauptsacheverfahren bestandskräftig feststeht.

1000 ■ Umgekehrt ist nicht zu erkennen, welches schutzwürdige Interesse der Bauherr daran haben soll, ein rechtswidriges und den Nachbarn in seinen subjektiven Rechten verletzendes Vorhaben weiter zu verfestigen oder die Nutzung der Anlage weiterhin auszuüben, wenn bereits feststeht, dass die Genehmigung im Hauptsacheverfahren aufgehoben werden wird.

(a) Die Prüfungsdichte

Dem Charakter des Eilverfahrens entsprechend kann das Gericht in einem Verfahren auf Gewährung vorläufigen Rechtsschutzes nur eine Entscheidung aufgrund einer summarischen Prüfung der Sach- und Rechtslage fällen (vgl. BVerwG, B.v. 22.3.2010 – 7 VR 1/10 (7 C 21/09) –, juris). Denn in einem solchen Verfahren soll das Gericht nur eine Regelung für eine Zwischenzeit treffen. Es kann vom Gericht nicht erwartet werden, dass mit der Gründlichkeit eines Hauptsacheverfahrens die Sach- und Rechtslage vollständig durchdrungen wird. Würde jedes baurechtliche Verfahren auf Gewährung vorläufigen Rechtsschutzes mit dem Zeitaufwand bearbeitet und entschieden, wie dies im Hauptsacheverfahren geboten und üblich ist, würde dessen Charakter unterlaufen. 1001

Dennoch ist die faktische Prüfungsdichte in manchen Entscheidungen nicht von derjenigen in Klageverfahren zu unterscheiden. Das beruht darauf, dass oftmals von den Beteiligten die Gerichtsentscheidungen in Eilverfahren wie Hauptsache-Entscheidungen behandelt werden. Die (jedenfalls: letztinstanzliche) Entscheidung wird zum Anlass genommen, entweder – im Falle der Abweisung des Antrags des Nachbarn – mit der Verwirklichung des Vorhabens zu beginnen oder – im Falle der Stattgabe – das Vorhaben zu ändern oder aufzugeben. In dem Bewusstsein, dass ein verwirklichtes Vorhaben kaum rückgängig zu machen ist, sehen die Gerichte sich oftmals veranlasst, faktisch im Stile einer Hauptsache-Entscheidung zu beschließen. 1002

Soweit zur abschließenden Beurteilung der Rechtmäßigkeit einer angefochtenen Baugenehmigung und der Rechtsverletzung des Antragstellers eine Beweisaufnahme hilfreich wäre, verbietet diese sich (§ 294 Abs. 2 ZPO: „Eine Beweisaufnahme, die nicht sofort erfolgen kann, ist unstatthaft.“, vgl. OVG Magdeburg, B.v. 27.4.2011 – 4 M 43/11 –, juris); sie muss dem Hauptsacheverfahren vorbehalten bleiben (vgl. auch VGH München, B.v. 20.7.2011 – 15 CS 11.1486 –, juris: „Das Verfahren auf vorläufigen Rechtsschutz ist nicht der Ort, die Richtigkeit der Annahme des Antragsgegners durch eine Beweisaufnahme oder sonstige nicht präsente Mittel der Sachverhaltsaufklärung näher zu prüfen (§ 123 Abs. 3 VwGO, § 920 Abs. 2, § 294 Abs. 2 ZPO).“) In gerichtlichen Eilverfahren wird dies oft dadurch umgangen, dass ein „Erörterungstermin an Ort und Stelle“ durchgeführt wird und eine Betrachtung der Örtlichkeit als bloße „Veranschaulichung“ der Umgebung oder der baulichen Anlage erfolgt. 1003

(b) Interessenlenkung durch § 212 a BauGB?

In Rechtsprechung und Literatur herrscht Uneinigkeit darüber, ob die Regelung in § 212 a Abs. 1 BauGB eine Gewichtungsvorgabe (oder Interessenlenkung) zugunsten der Verwirklichung von Bauvorhaben aufstellt. Überwiegend wird dies bejaht, nach diesseitiger Ansicht zu Unrecht. 1004

Die Folge einer Anerkennung einer Gewichtungsvorgabe besteht darin, dass der antragstellende Nachbar dartun muss, dass ein Erfolg seines Rechtsbehelfs in der Hauptsache wahrscheinlicher ist, als der Misserfolg. Dabei macht es keinen Unterschied, ob die Anforderungen an die Erfolgsaussichten des Hauptsacheverfahrens gleich zu Beginn der Prüfung so hoch gesetzt werden, dass sie die Aussichten des Misserfolgs überwiegen müssen (so etwa VG Köln, B.v. 12.5.2014 – 8 L 375/14 –, 1005 juris: „Maßgeblich ist (…), ob sich bei der im vorläufigen Rechtsschutzverfahren allein möglichen und gebotenen summarischen Prüfung der Sach- und Rechtslage ernstliche Zweifel an der Rechtmäßigkeit der Baugenehmigung ergeben.“; ähnlich OVG Koblenz, B.v. 8.2.2012 – 8 B 10011/12 –, juris) oder ob nach dem Gewinn der Erkenntnis, dass der Ausgang des Hauptsacheverfahrens offen ist, die vermeintliche Wertung des Gesetzgebers in § 212 a Abs. 1 BauGB zu der Entscheidung führt, dass dem Antragsteller zumutbar sei, den Ausgang des Hauptsacheverfahrens abzuwarten (so etwa OVG Münster, B.v. 22.3.2016 – 7 B 1083/15 –, nrwe; B.v. 14.1.2015 – 7 B 1206/14 –, nrwe; OVG Berlin, B.v. 19.5.2014 – OVG 2 S 8.14 –, nrwe). Im Ergebnis kommen beide Vorgehensweise zu demselben Ergebnis, dass der Antrag auf Gewährung vorläufigen Rechtsschutzes gegen eine bauaufsichtliche Zulassung nur dann Erfolg hat, wenn (überwiegend) wahrscheinlich ist, dass im Hauptsacheverfahren die Zulassung wegen einer Verletzung den Antragsteller schützenden Normen aufgehoben werden wird.

(aa) Die Ansicht der Befürworter einer Gewichtungsvorgabe

1006 Die Befürworter einer solchen Gewichtungsvorgabe sehen den Umstand, dass der Gesetzgeber in § 212 a Abs. 1 BauGB dem Rechtsbehelf gegen die bauaufsichtlichen Zulassung von Vorhaben den Suspensiv-Effekt genommen hat, als Beleg dafür, dass auch bei der Interessenabwägung eine Gewichtungsvorgabe zugunsten des Vorhabens vorzunehmen sei (OVG Münster, B.v. 22.03. 2016 – 7 B 1083/15 –, juris, B.v. 14.1.2015 – 7 B 1206/14 –, juris, und B.v. 27.2.2014 – 7 B 1180/13 –, juris: In § 212 a Abs. 1 BauGB komme die gesetzgeberische Wertung zum Ausdruck, dass dem Interesse an der Vollziehung der Baugenehmigung grundsätzlich Vorrang eingeräumt sei; so auch VG Trier, B.v. 13.11.2014 – 5 L 1859/14.TR –, juris).

1007 Ferner leiten sie ihre Ansicht aus den Gesetzesmaterialien ab und führen an, der Gesetzgeber habe – wie das OVG Berlin (B.v. 19.5.2014 – OVG 2 S 8.14 –, juris) formuliert – *„dem „Bauen auf eigenes Risiko“ (…) den Vorrang eingeräumt und den Nachbarn für eine Realisierung etwaiger Abwehransprüche auf den Zeitpunkt nach einem Obsiegen in der Hauptsache – mit gegebenenfalls gravierenden wirtschaftlichen Konsequenzen für die Bauherrinnen und Bauherren – verwiesen“*.

Schließlich wird angenommen, die Regelung in § 80 Abs. 4 Satz 3 VwGO, die dem Wortlaut nach nur Abgabensachen betrifft, enthalte einen allgemeinen Rechtsgedanken des vorläufigen Rechtsschutzes, der auf alle Fälle anwendbar sei, in denen nach dem Willen des Gesetzgebers das Vollzugsrisiko grundsätzlich beim betroffenen Bürger liege (Puttler in: Sodan/Ziekow, VwGO, § 80 Rn. 146 f.).

(bb) Stellungnahme

1008 Den Vertretern der beschriebenen Ansicht ist einzuräumen, dass der Gesetzgeber mit der Regelung in § 212 a Abs. 1 BauGB den Wirtschaftsstandort Deutschland durch schnellere Entscheidungsprozesse vor allem im Bereich der Infrastrukturerrichtung fördern wollte. Bei Baugenehmigungen handelt es sich üblicherweise um Verwaltungsakte, die im Verständnis von § 80 Abs. 2 Satz 1 Nr. 3 VwGO „Investitionen und Arbeitsplätze“ betreffen.

Indes sind Zweifel angezeigt. 1009

Wenn auch mittlerweile nahezu einhellig von einer solchen Gewichtungsvorgabe ausgegangen wird, bleibt doch zu konstatieren, dass der Gesetzgeber sie nicht ausgesprochen hat. Der Wortlaut des § 212a Abs. 1 BauGB, an dem der Rechtsanwender sich zuerst zu orientieren hat, gibt für einen Vorrang nichts her. Eine Vorgabe findet sich weder in der Verwaltungsgerichtsordnung noch in dem Baugesetzbuch. Der Gesetzgeber hat lediglich der Zahl der Fälle, in denen die aufschiebende Wirkung infolge einer Regelung in einem Bundesgesetz entfällt (z.B. § 84 AufenthG, § 54 Abs. 4 BeamtStG, § 45 Abs. 5 WaffG, § 33 Abs. 2 WPflG), den Rechtsbehelf gegen eine bauaufsichtliche Zulassung hinzugefügt. Auch der Formulierung „insbesondere für Widersprüche und Klagen Dritter gegen Verwaltungsakte, die Investitionen oder die Schaffung von Arbeitsplätzen betreffen“ kann nur eine – eher sinnleere – politische Motivation für die Einfügung des § 212a Abs. 1 BauGB entnommen werden, nicht aber eine Vorgabe für die richterliche Entscheidung.

Die Hinweise auf die in dieser Formulierung und in den Gesetzesmaterialien zum 1010
Ausdruck gekommene Absicht des Gesetzgebers mögen zutreffend sein, führen aber zu keinem anderen Ergebnis:

Zunächst ist eine am Willen des Gesetzgebers orientierte Auslegung nur dann veran- 1011
lasst, wenn der Weg zu einer Auslegung eröffnet ist. Dies ist erst der Fall, wenn die Bestimmung auslegungsbedürftig und auslegungsfähig ist. § 80 Abs. 2 Satz 1 Nr. 3 VwGO i.V.m. § 212a BauGB ist aber insoweit eindeutig, als sie gerade keinen Vorrang zugunsten des Bauherrn vorgibt, sondern das Ergebnis offen hält. Das wird auch in einem Vergleich mit der Regelung in § 80 Abs. 4 Satz 3 VwGO deutlich, in der der Gesetzgeber eine solche Tendenz ausdrücklich ausgesprochen hat. Wenn danach nach dem Willen des Gesetzgebers „Die Aussetzung (...) bei öffentlichen Abgaben und Kosten erfolgen (soll), wenn ernstliche Zweifel an der Rechtmäßigkeit des angegriffenen Verwaltungsakts bestehen oder wenn die Vollziehung für den Abgaben- oder Kostenpflichtigen eine unbillige, nicht durch überwiegende öffentliche Interessen gebotene Härte zur Folge hätte.“, – diese Vorgabe wird von der ganz überwiegenden Meinung in Rechtsprechung und Literatur in Fällen des § 80 Abs. 2 Satz 1 Nr. 1 VwGO auf die gerichtliche Entscheidung nach § 80 Abs. 5 VwGO entsprechend angewandt (vgl. BVerwG, B.v. 3.7.1981 – 8 C 83/81 –, juris; Puttler in: Sodan/Ziekow, VwGO, § 80 Rn. 141 m.w.N.) –, so kann nicht verkannt werden, dass der Gesetzgeber eine solche Regelung für andere Fälle des gesetzlich angeordneten Sofortvollzugs gerade nicht getroffen hat. Es handelt sich bei § 80 Abs. 4 Satz 3 VwGO um eine sich auf die Ermessensentscheidung auswirkende Privilegierungsvorschrift zugunsten der öffentlichen Hand, die im Interesse der Funktionsfähigkeit des auf Abgaben angewiesenen Staates – über die in der sofortigen Vollziehbarkeit hinaus – zusätzlich „auf der zweiten Stufe“ einen weiteren Vorteil verschafft. Solche spezialgesetzliche Privilegierungen auf andere, nicht geregelte Fälle analog anzuwenden verbietet sich. Das Fehlen einer entsprechenden Konstruktion im Bereich des Baunachbarrechts zeigt, dass es für diese Rechtsprechung keine Rechtfertigung gibt.

1012 Eine ähnliche Entscheidung wie im Abgabenrecht hat der Gesetzgeber allerdings im Bereich des Umweltrechts getroffen: Nach § 4 a Abs. 3 UmwRG[152] ist gesetzliche Voraussetzung für die Anordnung ober Wiederherstellung der aufschiebenden Wirkung im Anwendungsbereich des Umwelt-Rechtsbehelfsgesetzes, dass im Rahmen einer Gesamtabwägung ernstliche Zweifel an der Rechtmäßigkeit des Verwaltungsaktes bestehen. Auch dies belegt, dass der Gesetzgeber, wenn er dem Rechtsanwender eine Gewichtungsvorgabe an die Hand geben will, dies mit einer unmissverständlichen gesetzlichen Vorgabe ausdrückt; andernfalls ist eine vermeintliche, nicht Gesetz gewordene Absicht des Gesetzgebers zu ignorieren.

1013 Außerdem hat der Gesetzgeber seine Absicht, Investitionen zu fördern, bereits durch die Umkehrung der Wirkung des Rechtsbehelfs erreicht. Denn während zuvor ein beliebiger Dritter einen (sogar nicht mit einer Begründung versehenen) Rechtsbehelf dazu verwenden konnte, den Bauabsichten für ein unzweifelhaft in jeglicher Hinsicht rechtmäßiges Vorhaben entgegen zu treten, und damit den Bauherrn zwang, die Anordnung der sofortigen Vollziehbarkeit zu erstreben, sollte – rechtpolitisch durchaus vernünftig – die Initiativpflicht auf den Nachbarn übergehen (treffend Kirchmeier in: Hk-BauGB, § 212 a Rn. 12: „Die früher vom Dritten durch seine Anfechtung generell ausgelöste aufschiebende Wirkung war unausgeglichen. Um dem Bauherrn das Recht zu bauen abzujagen, brauchte der Dritte nur fristgerecht anzufechten. Im Windschatten der aufschiebenden Wirkung konnte er es sich bequem machen."). Das Ziel des Gesetzgebers, die Bautätigkeit zu erleichtern und die gegenläufigen Handlungsspielräume des Nachbarn zu begrenzen, ist bereits dadurch in angemessener Weise erreicht, dass diesem die Initiativpflicht übertragen wurde. Dass der Gesetzgeber mehr regeln wollte als er augenscheinlich geregelt hat, ist nicht ersichtlich; die dies annehmende Rechtsprechung geht über das Ziel hinaus.

1014 Dass die gegenteilige Auffassung unzutreffend ist, belegt auch ein Blick auf die betroffenen Rechtspositionen: Es stehen sich prinzipiell gleichrangige Eigentumsrechte nach Art. 14 Abs. 1 GG gegenüber: einerseits das Recht zu bauen und andererseits der Schutz des Grundeigentums des Nachbarn. Beide Rechte sind nur im Rahmen der einfachen Gesetze schutzwürdig. Ihr Ausgleich findet in deren Bestimmungen statt, auf die das jeweilige Vorhaben und die Berücksichtigung der Nachbarinteressen anzuwenden sind (s. Rn. 5). Dafür, dass der mit seinem Vorhaben Hinzukommende einen rechtspolitisch vertretbaren Vorrang gegenüber demjenigen haben soll, der Schutz für sein Grundstück reklamiert, besteht keine im Gesetz zum Ausdruck gekommene Rechtfertigung. Rechtspolitische Grundsatzentscheidungen wie den Vorrang bauaufsichtlicher Zulassungen gegenüber dem vorläufigen Rechtsschutzinteresse des Nachbarn zu treffen, ist Aufgabe des Gesetzgebers und nicht der rechtsanwendenden Rechtsprechung.

152 **§ 4 a UmwRG [Maßgaben zur Anwendung der Verwaltungsgerichtsordnung]**
(3) § 80 Absatz 5 Satz 1 der Verwaltungsgerichtsordnung ist mit der Maßgabe anzuwenden, dass das Gericht der Hauptsache die aufschiebende Wirkung ganz oder teilweise anordnen oder wiederherstellen kann, wenn im Rahmen einer Gesamtabwägung ernstliche Zweifel an der Rechtmäßigkeit des Verwaltungsakts bestehen.
(4) Die Absätze 1 bis 3 gelten auch für gerichtliche Rechtsbehelfe von Beteiligten nach § 61 Nummer 1 und 2 der Verwaltungsgerichtsordnung.

(2) Allgemeine Interessenabwägung (Folgenabschätzung)

Kann die offensichtliche Rechtmäßigkeit oder Rechtswidrigkeit nicht festgestellt werden, erfolgt auf der zweiten Stufe eine allgemeine Interessenabwägung in Form einer Folgenabwägung, die – nach diesseitiger Auffassung – nicht durch eine Gewichtungsvorgabe beeinflusst ist; insofern unterscheidet sich die Prüfung nicht von Drittanfechtungsverfahren in anderen Rechtsgebieten, in denen unstreitig kein gesetzlicher Vorrang postuliert ist, z.B. des Immissionsschutzrechts. 1015

Bei der Abwägung unter Berücksichtigung der Folgen der einen oder anderen Entscheidung ist den Belangen der Betroffenen umso mehr Gewicht beizumessen, je stärker und je irreparabler der Eingriff in ihre Rechte wäre (BVerfG, B.v. 18.7.1973 – 1 BvR 23/73, 1 BvR 155/73 – BVerfGE 35, 382; zur Bewertung der Interessenlage vgl. auch VGH München, B.v. 14.1.1991 – 14 CS 90.3166 – NVwZ 1991, 1002 = juris). 1016

Die Rückgängigmachung der Folgen einer (durch die lediglich summarische Prüfung verursachten) Fehleinschätzung im Verfahren auf Gewährung vorläufigen Rechtsschutzes stellen sich je nach Ausgang des Verfahrens sehr unterschiedlich dar: Ist dem Bauherrn (zu Unrecht) nicht vorläufig erlaubt worden, sofort mit der Ausnutzung der Zulassung zu beginnen, kann er seinen Bauwunsch nicht schon jetzt verwirklichen, sondern erst mit Verzögerung, die je nach Belastung der Spruchkörper in dem Instanzenzug mehrere Jahre dauern kann. Dadurch entstehen unter Umständen Mehrkosten und Gewinne können nicht erzielt werden. Das ist indes ein typisches Bauherrenrisiko. Auf der anderen Seite droht, wenn dem Bauherrn (zu Unrecht) die Verwirklichung des Bauvorhabens – vorläufig – erlaubt worden ist, Irreversibilität für den Nachbarn, weil ein Abriss des bereits errichteten Gebäudes aus tatsächlichen und rechtlichen Gründen oft nicht durchsetzbar ist (Puttler in: Sodan/Ziekow, VwGO, § 80 Rn. 32). Dem ist allerdings entgegen zu halten, dass, für den Fall der Belassung der zu Lasten des Nachbarn rechtwidrigen Anlage, dem Nachbarn ein Entschädigungsanspruch zusteht. Lediglich bei einer Nutzungsaufnahme sind die Folgen begrenzt, da nach erfolgreichem Hauptsacheverfahren lediglich die Nutzung einzustellen ist. 1017

Die Rechtsprechung berücksichtigt im Rahmen der Interessenabwägung auch das Verhalten des Antragstellers im Laufe des Nachbarstreits. Dabei würdigt es auch eine verzögerte Antragstellung zu einem Zeitpunkt, in dem das Vorhaben bereits weitgehend fertiggestellt ist. 1018

Beispiel (nach VG Düsseldorf, B.v. 25.5.2016 – 11 L 3994/15 –, nrwe): Das Einrichtungshaus, dessen Genehmigung mit der Begründung angefochten wird, die zu erwartenden Immissionen durch Verkehrslärm seien unzumutbar, steht kurz vor der Eröffnung. Die Interessen des Betreibers haben Vorrang vor dem erst jetzt gestellten Antrag auf Anordnung der aufschiebenden Wirkung. Denn die Eignung der bereits durchgeführten Verkehrsmaßnahmen für die Abwicklung der Verkehrsmengen und die tatsächlich auftretenden Verkehrsimmissionen können in Kürze und nach Aufnahme der Verkaufstätigkeit durch Messungen überprüft werden. Dann können die Annahmen hinsichtlich der Lärmbelastungen bestätigt oder widerlegt werden. Sollten Überschreitungen der kritischen Grenzwerte festgestellt werden, kann hierauf auch nach Inbetriebnahme des Einrichtungshauses jedenfalls bis zur Entscheidung in der Hauptsache unverzüglich durch lärmmindernde Auflagen reagiert und eine unzumutbare Störung der Wohnruhe und eine Gesundheitsgefährdung vermieden werden. 1019

cc) Faktische Vollziehung

1020 Haben der Widerspruch oder die Klage aufschiebende Wirkung – weil § 212 a Abs. 1 BauGB nicht eingreift ist oder weil die Genehmigungsbehörde die Vollziehung ausgesetzt oder das Gericht die aufschiebende Wirkung angeordnet hat – und setzt der Bauherr dennoch in Ausnutzung der Genehmigung das Vorhaben fort, stellt dies eine faktische Vollziehung der Baugenehmigung dar. Auch in diesem Fall kann der Nachbar vorläufigen Rechtsschutz nach §§ 80 Abs. 5 i.V.m. 80 a Abs. 1 Satz 2, 3 VwGO (in analoger Anwendung) beanspruchen. Auf eine Interessenabwägung unter Berücksichtigung der Erfolgsaussichten in der Hauptsache kommt es in diesen Fällen nicht an. Denn die bewusste Missachtung der aufschiebenden Wirkung des Rechtsbehelfs eines Drittbetroffenen stellt ein rechtswidriges Verhalten dar, das ohne Weiteres eine auf Beachtung der aufschiebenden Wirkung gerichtete gerichtliche Entscheidung rechtfertigt (OVG Münster, B.v. 2.8.2013 – 8 B 829/13 –, nrwe; so auch VGH Kassel, B.v. 3.12.2002 – 8 TG 2177/02 –, NVwZ-RR 2003, 345; Kopp/Schenke, VwGO, § 80 a Rn. 17 a; Puttler in: Sodan/Ziekow, VwGO, § 80 a Rn. 36; a. A. OVG Weimar, B.v. 28.7.1993 – 1 EO 1/93 –, juris). Der gerichtliche Ausspruch geht dahin, dass festgestellt wird, dass der Widerspruch bzw. die Klage aufschiebende Wirkung hat.

1021 Auch wenn umstritten ist, ob der Rechtsbehelf aufschiebende Wirkung entfaltet, steht dem Nachbarn in einem Verfahren nach §§ 80 Abs. 5 i.V.m. 80 a Abs. 1 Satz 2, 3 VwGO analog das Recht zu, vom Gericht die Feststellung zu erstreiten, dass der Rechtsbehelf aufschiebende Wirkung hat. Trifft dies zu, ist der Antrag begründet.

dd) Die gerichtliche Entscheidung

(1) Stattgabe oder Ablehnung

1022 Wenn und soweit das Gericht den Antrag auf Anordnung der aufschiebenden Wirkung ablehnt, bleibt die Befugnis des Bauherrn zur Ausnutzung der bauaufsichtlichen Zulassung unverändert bestehen. (Eine teilweise stattgebende Entscheidung ist nur dann möglich, wenn der Streitgegenstand teilbar ist. Das ist bei Baugenehmigungen nur in beschränktem Maße möglich, vgl. oben Rn. 85.) Die Baugenehmigungsbehörde kann aber je nach der Formulierung der gerichtlichen Entscheidung veranlasst sein, in den Blick zu nehmen, ob das Rechtsschutzbegehren nur deshalb keinen Erfolg hatte, weil der Nachbar keine subjektiven öffentlichen Rechte geltend machen konnte, die Zulassung aber objektiv-rechtlich fehlerhaft war. Wegen des aus Art. 20 Abs. 3 GG folgenden Grundsatzes der Gesetzmäßigkeit der Verwaltung mag bei einer objektiven Rechtswidrigkeit Anlass dazu bestehen, die Genehmigung zu überdenken.

1023 Wenn und soweit dem Antrag stattgegeben wird, verleiht dies dem Widerspruch bzw. der Klage rückwirkend aufschiebende Wirkung. Über die Dauer der aufschiebenden Wirkung verhält sich § 80 b VwGO[153]. In Folge der aufschiebenden Wirkung werden

---

153 **§ 80 b VwGO [Ende der aufschiebenden Wirkung]**
(1) Die aufschiebende Wirkung des Widerspruchs und der Anfechtungsklage endet mit der Unanfechtbarkeit oder, wenn die Anfechtungsklage im ersten Rechtszug abgewiesen worden ist, drei Monate nach Ablauf der gesetzlichen Begründungsfrist des gegen die abweisende Entscheidung gegebenen Rechtsmittels. Dies gilt auch, wenn die Vollziehung durch die Behörde ausgesetzt oder die aufschiebende Wirkung durch das Gericht wiederhergestellt oder angeordnet worden ist, es sei denn, die Behörde hat die Vollziehung bis zur Unanfechtbarkeit ausgesetzt.

die bereits vollzogenen Handlungen nachträglich rechtswidrig. Die deshalb bestehende Befugnis des Gerichts, die Aufhebung der Vollziehung anzuordnen (§ 80 Abs. 5 Satz 3 VwGO), hat im öffentlichen Baunachbarrecht kaum praktische Bedeutung.

Im ersten Fall kann der antragstellende Nachbar, im zweiten Fall können die Behörde und der beigeladene Bauherr unter den Voraussetzungen der §§ 146 ff. VwGO Beschwerde gegen die erstinstanzliche Entscheidung einlegen.

(2) Untersagung der Fortsetzung der Bauarbeiten

Die Wirkung einer Anordnung oder Wiederherstellung der aufschiebenden Wirkung 1024
tritt von selbst und von Rechts wegen ein. Einer Stilllegungsverfügung oder eines auf deren Erlass gerichteten Rechtsschutzbegehrens nach § 123 VwGO („der Behörde aufzugeben, dem Bauherrn die Fortsetzung der Bauarbeiten zu untersagen"), die bedarf es deshalb grundsätzlich nicht. Die Bauaufsichtsbehörde ist allerdings auch nicht gehindert, nach einer gerichtlichen Suspendierung der Baugenehmigung zusätzlich im Wege einer Ordnungsverfügung die Stilllegung zu befehlen. Anlass hierzu besteht (und ist damit im Sinne des allgemeinen Verwaltungsverfahrensrechts erforderlich) dann, wenn es wegen der Besonderheiten des Falles geboten ist, dass die Behörde sich einen Vollstreckungstitel verschafft, etwa weil sie Grund zu der Annahme hat, dass es dieses Druckmittels bedarf. Dies geschieht sinnvollerweise unter Anordnung der sofortigen Vollziehung. Eine solche Entscheidung steht im Ermessen der Behörde, das sich selten zu einem bereits im Verfahren auf Gewährung vorläufigen Rechtsschutzes durchsetzbaren Anordnungsanspruch des Nachbarn verdichtet haben dürfte.

(3) Gerichtliche Gestaltungsmöglichkeiten

§ 80 a Abs. 3 VwGO ermächtigt das Gericht, einstweilige Maßnahmen zur Sicherung 1025
der Rechte des Dritten zu ändern oder aufzuheben oder zu treffen. Dies kommt in Betracht, wenn der Rechtsbehelf des Dritten entweder aufgrund gesetzlicher (§ 80 Abs. 1 VwGO), behördlicher (§ 80 a Abs. 1 Nr. 2 VwGO) oder gerichtlicher Anordnung (§ 80 a Abs. 3 Satz 1, Abs. 1 Nr. 2 VwGO) aufschiebende Wirkung hat.

Das Verfahren zielt auf die Schaffung eines vollstreckungsfähigen Titels nach § 168 Abs. 1 Nr. 1 VwGO (vgl. OVG Magdeburg, B.v. 22.7.1996 – F 2 S 202/96 – juris).

Der Erlass von Sicherungsmaßnahmen ist nicht der gesetzlich vorgesehene Regelfall, 1026
sondern setzt besondere Umständen des Einzelfalls voraus (VG Neustadt/Weinstraße, B.v. 19.8.2015 – 4 L 677/15.NW –, juris). Solche liegen vor, wenn konkrete Anhaltspunkte dafür bestehen, dass die angeordnete bzw. wiederhergestellte aufschiebende Wirkung eines Rechtsbehelfs missachtet werden könnte. Bei der Ausübung seiner Gestaltungsbefugnisse hat das Gericht zum einen das Interesse desjenigen, dem die aufschiebende Wirkung seines Rechtsbehelfs zugutekommt, seine prozessuale Rechtsposition durchzusetzen, zum anderen das private Interesse des durch den – in seiner Vollziehung suspendierten – Verwaltungsakt Begünstigten, nicht unzumutbar belastet zu werden, in den Blick zu nehmen (VGH Mannheim, B.v. 9.4.2014 – 8 S 1528/13 –, juris). Dabei erzeugt ein Ausspruch von Sicherungsmaßnahmen in der Regel für letz-

(2) Das Oberverwaltungsgericht kann auf Antrag anordnen, dass die aufschiebende Wirkung fortdauert.
(3) § 80 Abs. 5 bis 8 und § 80 a gelten entsprechend.

teren keine unzumutbare Belastung: Er konkretisiert lediglich für die an dem Verfahren nach § 80 a Abs. 1 Nr. 2 VwGO beteiligte Behörde die aus ihrer Rechts- und Gesetzesbindung resultierende Pflicht, und dem Bauherrn wird lediglich die Akzeptanz der gerichtlichen Entscheidung zugemutet.

1027 **Beispiel (nach VG Minden, B.v. 9.7.2013 – 11 L 328/13 –, nrwe):** Auf Antrag des Nachbarn hat das Gericht die aufschiebende Wirkung des von diesem eingelegten Rechtsbehelfs mit unanfechtbarem Beschluss wiederhergestellt. Darin war eine abschließende Interessenabwägung zugunsten des Nachbarn vorgenommen worden. Solange die aufgrund der gerichtlichen Entscheidung wiederhergestellte aufschiebende Wirkung bestand, war das von der Bauherrin zu respektieren, was diese aber nicht tat: Sie führte den umstrittenen Betrieb weiter. Die Behörde schritt indes nicht ein. Das Gericht hat der Behörde dementsprechend aufgegeben, einstweilige Maßnahmen zur Sicherung des Drittbetroffenen zu treffen: Die Behörde wurde verpflichtet der Bauherrin deren Betrieb bis zum Abschluss des Hauptsacheverfahrens – vollständig – zu untersagen, ohne dass es auf eine Interessenabwägung ankam.

1028 Das Gericht kann im Interesse des Bauherrn die Wirkung seiner Entscheidung beschränken.

1029 **Beispiel (nach: OVG Bautzen, B.v. 28.9.2012 – 1 B 313/12 –, juris):** Dem Bauherrn wird durch die Gewährung einer Übergangszeit eine Fortführung der mit der Baugenehmigung gestatteten Nutzung ermöglicht. Durch diese Anordnung soll es ihm erleichtert werden, die erforderlichen Konsequenzen aus der Anordnung der aufschiebenden Wirkung der Nachbarklage für die bereits aufgenommene Produktion zu ziehen.

(4) Zwischenregelung (sog. Hängebeschluss)

1030 In Rechtsprechung und Literatur ist weitgehend anerkannt, dass die Gerichte berechtigt und unter Umständen sogar verpflichtet sind, einstweilige Regelungen während des Laufs eines verwaltungsgerichtlichen Verfahrens auf Gewährung vorläufigen Rechtsschutzes (§ 80 Abs. 5 und § 123 VwGO) zu treffen (vgl. Kopp/Schenke, VwGO, § 80 Rn. 170, sowie die nachfolgend aufgeführte Rechtsprechung; s. dazu auch: Guckelberger, Zulässigkeit und Anfechtbarkeit verwaltungsgerichtlicher Hängebeschlüsse, NVwZ 2001, 276, m.w.N.). Sie werden zumeist (und deshalb auch in dieser Darstellung) – sprachlich unschön – als Hängebeschluss bezeichnet. Der ebenfalls verwendete Begriff Zwischenverfügung (VGH München, B.v. 18.9.2014 – 15 CS 14.1619 –, juris) ist irreführend, weil es sich nicht um eine Verfügung handelt. Die Bezeichnungen Zwischenentscheidung (OVG Münster, B.v. 5.11.2008 – 8 B 1631/08 –, NWVBl 2009, 224 = juris), Zwischenregelung oder Schiebebeschluss würden dem Charakter eher entsprechen, sind aber wenig gebräuchlich.

(a) Wesen des Hängebeschlusses

1031 Hängebeschlüsse sollen die Zeitspanne zwischen dem Eingang des Antrags auf vorläufigen Rechtsschutz und der Eilentscheidung des Gerichts überbrücken und verhindern, dass bis dahin vollendete Tatsachen geschaffen werden.

Die Entscheidung ist abzugrenzen von einer prozessleitenden Verfügung des Gerichts. Dies sind Maßnahmen, die der Förderung des Verfahrensfortgangs dienen, z.B. eine Aufforderung, eine Terminsbestimmungen oder sonstige die Sachentscheidung vorbereitende Maßnahmen oder Verfahrenshandlungen (vgl. OVG Münster, B.v. 22.4.2009 – 8 E 147/09 –, nrwe) oder bloße Sach- oder Rechtsauskünfte und Mitteilungen an die Verfahrensbeteiligten ohne Entscheidungscharakter (s. VGH München,

B.v. 3.3.2016 – 4 C 16.307 –, juris, zu einer Mitteilung über das Ergebnis einer „vorläufigen Prüfung" bzw. einen „vorläufigen gerichtlichen Hinweis" ohne rechtliche Verbindlichkeit). Ein Hängebeschluss bezieht sich nicht allein auf den äußeren Fortgang des Verfahrens, sondern mit ihm sind Auswirkungen auf dessen Inhalt verbunden (OVG Münster, B.v. 14.12.2012 – 1 B 1412/12 –, juris). Er ist ein förmlicher, der Beschwerde zugänglicher „Eilbeschluss" innerhalb eines Verfahrens auf Gewährung vorläufigen Rechtsschutzes. Eine entsprechende Antragstellung ist nicht erforderlich; ein in diese Richtung gehender Antrag ist lediglich eine Anregung und bedarf keiner förmlichen Bescheidung.

(b) Berechtigung und Verpflichtung des Gerichts

Der Hängebeschluss ist in der VwGO jedenfalls nicht ausdrücklich vorgesehen. Die 1032
Berechtigung und Verpflichtung des Gerichts, ihn unter den nachstehenden Voraussetzungen zu erlassen, wird aus Art. 19 Abs. 4 GG abgeleitet (BVerfG, Einstweilige Anordnung v. 11.10.2013 – 1 BvR 2616/13 –, NVwZ 2014, 363 = juris; VGH Kassel, B.v. 7.10.2014 – 8 B 1686/14 –, NVwZ 2015, 447 = juris; VGH Mannheim, B.v. 18.12.2015 – 3 S 2424/15 –, juris; VGH München, B.v. 28.1.2015 – 22 C 15.197 –, juris; OVG Bautzen, B.v. 17.12.2013 – 4 B 394/13 –, juris; OVG Münster, B.v. 14.12.2012 – 1 B 1412/12 –, nrwe). Ob die Zwischenentscheidung erforderlich ist, ist durch das Gericht als Ermessenentscheidung nach einer Interessenabwägung zu treffen. Das Gericht wird in sein Ermessen einstellen, welche Folgen einträten, wenn der Verwaltungsakt vollzogen würde und der Eilantrag später Erfolg hätte, und diese abwägen gegenüber den Nachteilen, die entstünden, wenn die Vollziehung ausgesetzt und der Eilantrag später abgelehnt würde (OVG Münster, B.v. 5.11.2008 – 8 B 1631/08 –, NWVBl 2009, 224 = juris).

Der Antrag wird als zulässig und erforderlich angesehen, wenn es geboten ist, bereits 1033
während und für die Dauer des verwaltungsgerichtlichen Eilverfahrens effektiven Rechtsschutz zu gewähren. Voraussetzung für den Erlass einer derartigen Zwischenentscheidung ist, dass der Antrag auf Gewährung vorläufigen Rechtsschutzes nicht offensichtlich aussichtslos erscheint, aus Gründen eines wirksamen vorläufigen Rechtsschutzes zwecks Vermeidung irreversibler Zustände bis zur endgültigen gerichtlichen Eilentscheidung nicht gewartet werden kann und die Entscheidungsreife für die „reguläre" einstweilige Anordnung fehlt (VGH Kassel, B.v. 7.10.2014 – 8 B 1686/14 –, NVwZ 2015, 447 = juris; Dombert in: Finkelnburg/Dombert/Külpmann, Vorläufiger Rechtsschutz im Verwaltungsstreitverfahren, Rdnr. 296 f.).

Ist der Antrag auf Gewährung vorläufigen Rechtsschutzes offensichtlich unzulässig 1034
oder unbegründet, versteht sich von selbst, dass auch ein Hängebeschluss nicht ergehen kann. Denn auch aus Art. 19 Abs. 4 GG kann lediglich in zeitlicher Hinsicht ein über die regulären Rechtsschutzmöglichkeiten hinaus gehender Rechtsschutz abgeleitet werden, nicht aber ein inhaltlich erweiterter Rechtsschutz. So kann z.B. nicht ein Dritter, der im Rahmen der eigentlichen Eilentscheidung ersichtlich keine Rechte geltend machen könnte, in den Genuss einer „Eilentscheidung im Rahmen einer Eilentscheidung" gelangen (s. insofern, die Zulässigkeit in dem entschiedenen Fall bejahend: VGH Mannheim, B.v. 18.12.2015 – 3 S 2424/15 –, juris, mit ausführlichen

Darlegungen zur Antragsbefugnis im Rahmen der Drittanfechtung einer immissionsrechtlichen Genehmigung und VGH Kassel, B.v. 7.10.2014 – 8 B 1686/14 –, NVwZ 2015, 447 = juris, zu einer Konkurrentenstreitigkeit wegen der Vergabe von Konzessionen für Sportwetten).

1035 Dafür, dass die Besorgnis besteht, dass bis zur Entscheidung im Eilrechtsschutzverfahren „vollendete Tatsachen" geschaffen werden, ist mehr erforderlich, als dass während des Eilrechtsschutzverfahrens die Bautätigkeit fortgesetzt wird. Zwar ist nicht zu verkennen, dass mit jedem Baufortschritt oder jeder Nutzungsaufnahme in einem gewissen Umfang vollendete Tatsachen geschaffen werden. Würde aber bereits die Fortsetzung der Bauarbeiten oder die Aufnahme einer genehmigten Nutzung für sich genommen es rechtfertigen, im Wege eines Hängebeschusses im Rahmen eines Eilverfahrens nach §§ 80 a, 80 Abs. 5 VwGO die aufschiebende Wirkung eines Widerspruchs oder einer Klage dagegen anzuordnen, liefe dies darauf hinaus, dass die Regelung in § 212 a Abs. 1 BauGB unterlaufen würde. Denn die gesetzliche Zubilligung der sofortigen Vollziehbarkeit einer bauaufsichtlichen Zulassung ist eine bewusste Entscheidung über die Zumutbarkeit einer solchen Schaffung mehr oder weniger vollendeter Tatsachen.

1036 **Beispiele für irreparable Folgen (aus anderen Rechtsgebieten):** Die durch eine Abgabe der Vermögensauskunft eintretenden Folgen für die Kreditwürdigkeit wären irreparabel (BVerfG, Einstweilige Anordnung v. 11.10.2013 – 1 BvR 2616/13 –, NVwZ 2014, 363 = juris).

In einer beamtenrechtlichen Konkurrentenstreitigkeit wäre die umstrittene Stellenbesetzung nicht wieder rückgängig zu machen (OVG Münster, B.v. 4.12.2007 – 6 B 1808/07 –, nrwe).

1037 Die Entscheidungsreife für die „reguläre" Entscheidung in einem Verfahren auf Gewährung vorläufigen Rechtsschutzes fehlt, wenn ein komplexer Sachverhalt aufbereitet werden muss und/oder schwierige Rechtsfragen entschieden werden müssen. Auch verhindern oft notwendige Verfahrensschritte eine sofortige Entscheidung des Gerichts über den Eilantrag: In der Regel muss den Beteiligten rechtliches Gehör gewährt werden. Das gilt insbesondere auch für den beizuladenden Bauherrn, der die Möglichkeit haben muss, sich in rechtlicher und tatsächlicher zu dem Vortrag der Beteiligten zu äußern (vgl. VGH München, B.v. 18.9.2014 – 15 CS 14.1619 –, juris) und auch vorzutragen, welche Folgen eine stattgebende Entscheidung des Gerichts mit Blick auf den Baufortschritt oder die Nutzungseinschränkung hätte. Unter Umständen kann allerdings auf die Gewährung rechtlichen Gehörs zu Gunsten des Bauherrn verzichtet werden, etwa wenn zu besorgen ist, dass ein möglicherweise bestehendes Abwehrrecht des Antragstellers gegen die dem Beigeladenen erteilte Baugenehmigung bei längerem Zuwarten vereitelt würde (VGH München, B.v. 18.9.2014 – 15 CS 14.1619 –, juris).

1038 Eine pflichtwidrig unterlassene zügige Vorlage der vollständigen Verwaltungsvorgänge kann einen Hängebeschluss zu Lasten der Behörde rechtfertigen (vgl. VGH Kassel, B.v. 7.10.2014 – 8 B 1686/14 –, NVwZ 2015, 447 = juris, in einer Konkurrentenstreitigkeit wegen der Vergabe von Konzessionen für Sportwetten: *„Da die Auswahlentscheidung auch nicht ansatzweise nachprüfbar erscheint, war der Hängebeschluss geboten."*)

Aus dem Wesen und dem Zweck des Hängebeschlusses, eine Zwischenregelung für die Zeit zu treffen, bis regulär über den Antrag auf Gewährung vorläufigen Rechtsschutzes entschieden ist, folgt, dass seine Wirkung nur so lange dauert, bis in jenem Verfahren die Entscheidung getroffen worden ist. Seine Wirkung ist mithin auflösend bedingt bis zur Entscheidung über das vorläufige Rechtsschutzbegehren (OVG Bautzen, B.v. 17.12.2013 – 4 B 394/13 –, juris; VGH Kassel, B.v. 7.10.2014 – 8 B 1686/14 –, NVwZ 2015, 447 = juris). 1039

Gegen einen Hängebeschluss des Verwaltungsgerichts steht dem unterlegenen Beteiligten die Beschwerde zu (VGH Kassel, B.v. 7.10.2014 – 8 B 1686/14 –, NVwZ 2015, 447 = juris; OVG Münster, B.v. 5.11.2008 – 8 B 1631/08 –, nrwe; OVG Berlin, B.v. 10.3.2010 – OVG 11 S 11.10 –, juris; VGH Mannheim, B.v. 18.12.2015 – 3 S 2424/15 –, juris; OVG Münster, B.v. 14.12.2012 – 1 B 1411/12 – juris). Der Prüfungsgegenstand des Beschwerdegerichts ist auf die im Beschwerdeverfahren innerhalb der Monatsfrist des § 146 Abs. 4 Satz 1 VwGO dargelegten Gründe beschränkt (§ 146 Abs. 4 Satz 6 VwGO; vgl. VGH München, B.v. 28.1.2015 – 22 C 15.197 –, juris). 1040

(c) Stellungnahme

Wenn auch die Zulässigkeit eines Hängebeschusses mittlerweile anerkannt ist, ist doch bei der Anwendung dieses Mittels, Zurückhaltung geboten. Denn er ist in der VwGO nicht ausdrücklich vorgesehen und es erscheint nicht unbedenklich, eine Entscheidungsform mit im Gesetz nicht geregelten Rechtsfolgen zu „erfinden“. Ersichtlich geht die VwGO davon aus, dass das Verwaltungsgericht das Verfahren nach §§ 80 a Abs. 3 i.V.m. 80 Abs. 5 VwGO so gestalten kann, dass vorläufiger Rechtsschutz in effektiver Weise gewährt wird (so auch VGH München, B.v. 28.1.2015 – 22 C 15.197 –, juris). Das trifft im Übrigen auch in der Sache zu. Das durch §§ 80 a i.V.m. 80 Abs. 5 VwGO zur Verfügung gestellte Instrumentarium gibt nicht nur die Möglichkeit, im Wege einer das Verfahren abschließenden Entscheidung nach § 80 Abs. 5 VwGO dem Antrag (ganz oder teilweise) stattzugeben oder ihn abzulehnen, sondern auch einstweilige Maßnahmen zur Sicherung der Rechte Dritter zu treffen. Soweit wegen des Zeitdrucks und der beschränkten Erkenntnismöglichkeiten selbst für eine lediglich summarische Prüfung keine ausreichende Zeit bleibt, ist eine Interessenabwägung im Wege einer allgemeinen Folgenabschätzung angezeigt. In dieser können Gesichtspunkte Berücksichtigung finden, die die Rechtsprechung im Rahmen eines Hängebeschlusses für eine dortige Interessenabwägung anführt. Dem Gericht und den Beteiligten bleibt unbenommen, nach § 80 Abs. 7 VwGO („jederzeit“) Beschlüsse über Anträge nach Absatz 5 zu ändern oder aufzuheben (Satz 1), sofern es dafür Anlass sieht. Jeder Beteiligte kann die Änderung oder Aufhebung wegen veränderter oder im ursprünglichen Verfahren ohne Verschulden nicht geltend gemachter Umstände beantragen (Satz 2). 1041

B. Geltendmachung eines Anspruchs

1042 Die Geltendmachung eines behaupteten Anspruchs vor dem Verwaltungsgericht im Wege einer Verpflichtungsklage ist die Kehrseite der Anfechtungsklage. Sie kommt in Frage, wenn die zuständige Stelle trotz Verpflichtung nicht tätig wird (s.o. ab Rn. 777). Unter Umständen kann dieses Begehren in einem Antrag auf Erlass einer einstweiligen Anordnung zur Geltung gebracht werden (s. dazu ab Rn. 1053). Stets ist vorher das bauaufsichtliche Einschreiten bei der zuständigen Behörde zu beantragen und grundsätzlich eine Entscheidung abzuwarten (vgl. aber § 75 VwGO[154]).

I. Verpflichtungsklage auf bauaufsichtliches Einschreiten

1043 Ist ein bauplanungs- oder bauordnungsrechtlich rechtswidriger Zustand gegeben, kann ein Dritter, der dadurch in seinen subjektiven öffentlichen Rechten verletzt wird, verlangen, dass die Bauaufsichtsbehörde dessen Beseitigung veranlasst; er kann einen herauf bezogenen Antrag auf bauaufsichtliches Einschreiten stellen. Hat er mit diesem Begehren keinen Erfolg – weil die Behörde nicht oder nicht zureichend tätig wird –, kann er im Wege einer Verpflichtungsklage erreichen, dass das Gericht die Behörde verpflichtet, dem Bauherrn ein entsprechendes Verhalten (Tätigwerden oder Unterlassen) aufgibt. Die erforderliche Klagebefugnis ist gegeben, wenn der Nachbar geltend machen kann, dass ihm der Anspruch zusteht; ob dies wirklich der Fall ist, ist eine Frage der Begründetheit.

1044 Eine Verpflichtungsklage ist allerdings trotz einer Rechtsverletzung des Nachbarn nicht erfolgreich, wenn eine das Vorhaben legalisierende (nicht nichtige) Genehmigung von dem Nachbarn nicht mehr angefochten werden kann. Hat dieser sein Anfechtungsrecht durch Fristablauf oder Verwirkung verloren, scheidet auch der Erlass einer Beseitigungsverfügung oder Nutzungsuntersagung aus; dem entsprechend kann auch der Nachbar dieses nicht verlangen (OVG Münster, U.v. 28.1.2016 – 10 A 447/14 –, nrwe).

1045 Für den Erfolg einer solchen Verpflichtungsklage ist die Sach- und Rechtslage im Zeitpunkt der mündlichen Verhandlung vor dem Verwaltungsgericht maßgeblich.

1046 Die Verpflichtungsklage ist begründet, wenn die Ablehnung oder Unterlassung des bauaufsichtlichen Einschreitens rechtswidrig und der Kläger dadurch in seinen Rechten verletzt ist.[155] Das ist zu bejahen, wenn dem Kläger ein Anspruch auf Einschrei-

---

154 **§ 75 VwGO [Untätigkeitsklage]**
Ist über einen Widerspruch oder über einen Antrag auf Vornahme eines Verwaltungsakts ohne zureichenden Grund in angemessener Frist sachlich nicht entschieden worden, so ist die Klage abweichend von § 68 zulässig. Die Klage kann nicht vor Ablauf von drei Monaten seit der Einlegung des Widerspruchs oder seit dem Antrag auf Vornahme des Verwaltungsakts erhoben werden, außer wenn wegen besonderer Umstände des Falles eine kürzere Frist geboten ist. Liegt ein zureichender Grund dafür vor, dass über den Widerspruch noch nicht entschieden oder der beantragte Verwaltungsakt noch nicht erlassen ist, so setzt das Gericht das Verfahren bis zum Ablauf einer von ihm bestimmten Frist, die verlängert werden kann, aus. Wird dem Widerspruch innerhalb der vom Gericht gesetzten Frist stattgegeben oder der Verwaltungsakt innerhalb dieser Frist erlassen, so ist die Hauptsache für erledigt zu erklären.

155 **§ 113 VwGO [Urteilstenor]**
(5) Soweit die Ablehnung oder Unterlassung des Verwaltungsakts rechtswidrig und der Kläger dadurch in seinen Rechten verletzt ist, spricht das Gericht die Verpflichtung der Verwaltungsbehörde aus, die bean-

ten zusteht. Dies wiederum setzt voraus, dass ein rechtswidriger Zustand herrscht, weswegen der Kläger in seinen subjektiven öffentlichen Rechten verletzt ist, und zudem das im Bauordnungsrecht grundsätzlich bestehende Ermessen „auf Null" reduziert ist (s.o. Rn. 784). Ob eine Verletzung eines subjektiven öffentlichen Rechts zu bejahen ist, richtet sich danach, ob die verletzte Norm Nachbarschutz vermittelt. Insoweit gelten für die Verpflichtungsklage keine Besonderheiten gegenüber der Anfechtungsklage.

Hinsichtlich der Ermessensreduzierung ist zu berücksichtigen, dass sich das Ermessen auf die Entschließung und auf die Auswahl des Mittels beziehen kann und eine konkreter, auf eine bestimmte Maßnahme bezogener Verpflichtungsantrag nur begründet ist, wenn keine gleichermaßen effektive behördliche Maßnahme ersichtlich ist. Denn die Behörde schuldet dem Betroffenen Nachbarn nur das Ergebnis, nicht einen bestimmten Weg dorthin. Das – landesrechtlich mögliche – Anbieten eines Austauschmittels (z.B. nach § 21 Satz 2 des Gesetzes über Aufbau und Befugnisse der Ordnungsbehörden Nordrhein-Westfalen, § 20 Satz 2 des Gesetzes über Aufbau und Befugnisse der Ordnungsbehörden Brandenburg, § 7 Abs. 2 des Thüringer Gesetzes über die Aufgaben und Befugnisse der Ordnungsbehörden) seitens des Adressaten der Verfügung bleibt von einer solchen Tenorierung des Gerichts unberührt. 1047

Hauptbeteiligte einer Verpflichtungsklage auf bauaufsichtliches Einschreiten sind der Kläger und die beklagte Behörde; der Bauherr ist notwendig beizuladen (s. Rn. 1058). 1048

Beispiel für einen Klageantrag: „Die Beklagte wird verpflichtet, den Beigeladenen durch Bauordnungsverfügung aufzugeben, das auf dem Grundstück G.-straße 1 in C. (Gemarkung P, Flur X, Flurstück Y) im nördlichen Gartenbereich an der Grenze zum Grundstück des Klägers errichtete Gartenhaus innerhalb einer von der Bauaufsichtsbehörde zu bestimmenden Frist zu beseitigen." 1049

Beispiel für einen Klageantrag bei verbleibendem Ermessensspielraum der Behörde hinsichtlich des „Wie" (s. dazu unter Rn. 789): „Die Beklagte wird verpflichtet, über den Antrag des Klägers auf bauaufsichtliches Einschreiten gegen die auf dem Grundstück G.-straße 1 in C. (Gemarkung P, Flur X, Flurstück Y) an der Grenze zum Grundstück des Klägers errichtete Garage neu zu entscheiden." 1050

Ist zu erwarten, dass der Bauherr gegen die Ordnungsverfügung ein Rechtsmittel einlegen wird, das aufschiebende Wirkung hat (§ 80 Abs. 1 VwGO), kann die Ordnungsbehörde unter den jeweiligen rechtlichen Voraussetzungen die sofortige Vollziehung der Verfügung anordnen. Der auf bauaufsichtliches Einschreiten klagende Nachbar kann ein dahin gehendes Begehren bereits in seinen Klageantrag aufnehmen. Er riskiert aber, wenn das Gericht den Anspruch auf eine sofortige Vollziehung nicht anerkennt, insoweit zu unterliegen. 1051

Beispiel für einen erweiterten Antrag: „Die Beklagte wird verpflichtet, den Beigeladenen durch Bauordnungsverfügung die Nutzung der Garage auf dem Grundstück G.-straße 1 in C. (Gemarkung P, Flur X, Flurstück Y) als Lager für einen Fliesenhandel zu untersagen und die sofortige Vollziehung dieser Verfügung anzuordnen." 1052

---

tragte Amtshandlung vorzunehmen, wenn die Sache spruchreif ist. Andernfalls spricht es die Verpflichtung aus, den Kläger unter Beachtung der Rechtsauffassung des Gerichts zu bescheiden.".

II. Erlass einer einstweiligen Anordnung

1053 Der Erlass einer einstweiligen Anordnung nach § 123 VwGO[156] setzt einen Anordnungsanspruch und einen Anordnungsgrund voraus. Deren tatsächliche Voraussetzungen müssen zwar nicht zur Überzeugung des Gerichts feststehen, aber hinreichend wahrscheinlich („glaubhaft") sein (§ 123 Abs. 3 VwGO i.V.m. § 920 Abs. 2 ZPO).

1054 Ein Anordnungsanspruch liegt vor, wenn der Antragsteller in der Hauptsache bei summarischer Prüfung voraussichtlich Erfolg haben wird. Verletzen ein rechtswidriger Baukörper oder eine rechtswidrige Nutzung den Nachbarn in dessen subjektiven öffentlichen Rechten, kann dieser unter den jeweiligen landesrechtlichen Voraussetzungen eine einstweilige Anordnung beantragen, mit der dem Bauherrn ein entsprechendes, sofort vollziehbares Verhalten abverlangt wird.

1055 Ein Anordnungsgrund besteht, wenn eine vorläufige gerichtliche Entscheidung erforderlich ist, weil ein Verweis auf das Hauptsacheverfahren aus besonderen Gründen unzumutbar ist. Welche Anforderungen an die Erfolgsaussichten zu stellen sind, hängt maßgeblich von der Schwere der dem Antragsteller drohenden Nachteile und deren Irreversibilität, aber auch davon ab, inwieweit durch den Erlass einer einstweiligen Anordnung die Hauptsache vorweggenommen wird (vgl. nur VGH Mannheim, B.v. 5.2.2015 – 10 S 2471/14 –, NVwZ-RR 2015, 650 = juris). Wegen des Sicherungszwecks und weil das Gericht im Rahmen der Bestimmung nur eine vorläufige Regelung treffen kann, wird allgemein angenommen, dass der Behörde nicht bereits im einstweiligen Rechtsschutzverfahren eine Maßnahme aufgegeben werden darf, die die Hauptsache vorwegnehmen würde.

1056 Eine Vorwegnahme der Hauptsache kommt nur in Ausnahmefällen in Betracht, wenn sie im Hinblick auf das Gebot der Gewährung effektiven Rechtsschutzes (Art. 19 Abs. 4 GG) schlechterdings notwendig ist, weil die sonst zu erwartenden Nachteile für den Antragsteller unzumutbar wären und ein hoher Grad an Wahrscheinlichkeit für einen Erfolg in der Hauptsache spricht (vgl. nur: Kopp/Schenke, VwGO, § 123 Rn. 14 m. w. N.). Wenn allerdings die begehrte Rechtsposition nur für den begrenzten Zeitraum bis zur Hauptsache-Entscheidung eingeräumt werden soll, gilt ein weniger strenger Maßstab. In diesem Fall können schon überwiegende Erfolgsaussichten in der Hauptsache genügen und die befürchteten wesentlichen Nachteile müssen nicht als schlechterdings unzumutbar eingestuft werden. Ist eine überwiegende Er-

156 **§ 123 VwGO [Einstweilige Anordnungen]**
(1) Auf Antrag kann das Gericht, auch schon vor Klageerhebung, eine einstweilige Anordnung in bezug auf den Streitgegenstand treffen, wenn die Gefahr besteht, daß durch eine Veränderung des bestehenden Zustands die Verwirklichung eines Rechts des Antragstellers vereitelt oder wesentlich erschwert werden könnte. Einstweilige Anordnungen sind auch zur Regelung eines vorläufigen Zustands in bezug auf ein streitiges Rechtsverhältnis zulässig, wenn diese Regelung, vor allem bei dauernden Rechtsverhältnissen, um wesentliche Nachteile abzuwenden oder drohende Gewalt zu verhindern oder aus anderen Gründen nötig erscheint.
(2) Für den Erlaß einstweiliger Anordnungen ist das Gericht der Hauptsache zuständig. Dies ist das Gericht des ersten Rechtszugs und, wenn die Hauptsache im Berufungsverfahren anhängig ist, das Berufungsgericht. 3§ 80 Abs. 8 ist entsprechend anzuwenden.
(3) Für den Erlaß einstweiliger Anordnungen gelten §§ 920, 921, 923, 926, 928 bis 932, 938, 939, 941 und 945 der Zivilprozeßordnung entsprechend.
(4) Das Gericht entscheidet durch Beschluß.
(5) Die Vorschriften der Absätze 1 bis 3 gelten nicht für die Fälle der §§ 80 und 80 a.

folgsaussicht – insbesondere aufgrund der auch in Verfahren dieser Art allein möglichen summarischen Prüfung – nicht feststellbar, kann eine Regelungsanordnung nur ergehen, wenn dem Betroffenen andernfalls schwere und irreversible Nachteile, insbesondere existentielle Gefahren für Leben und Gesundheit drohen (vgl. zum Ganzen: VGH Mannheim, B.v. 5.2.2015 – 10 S 2471/14 –, NVwZ-RR 2015, 650 = juris).

C. Einige Aspekte zum Baunachbarprozess

I. Beiladung

Die Beiladung ist ein wesentliches Element zur Gewährleistung rechtlichen Gehörs. § 65 VwGO[157] unterscheidet zwischen der notwendigen Beiladung und der so genannten einfachen Beiladung. 1057

Die Beiladung dehnt nach § 121 VwGO die ansonsten auf die Hauptbeteiligten des Verfahrens beschränkte Rechtskraftwirkung eines Urteils oder Beschlusses auf den Beigeladenen aus.

1. Notwendige Beiladung

Ein Dritter ist in einem verwaltungsgerichtlichen (Klageverfahren oder Verfahren auf Gewährung vorläufigen Rechtsschutzes) stets beizuladen, wenn die Entscheidung auch ihm gegenüber nur einheitlich ergehen kann (§ 65 Abs. 2 VwGO). Maßgeblich ist, ob die Entscheidung unmittelbare Rechtswirkung ihm gegenüber entfaltet (BVerwG, B.v. 9.3.1977 – I CB 41.76 – NJW 1977, 1603 – juris). Die Gerichtsentscheidung gestaltet zwangsläufig auch dessen Recht, indem sie es bestätigt, feststellt, verändert oder aufhebt (OVG Münster, B.v 18.10.2013 – 7 E 650/13 –, nrwe). Das Unterlassen einer Beiladung, wenn sie notwendig ist, stellt einen wesentlichen Verfahrensmangel dar. 1058

Ergeht auf Initiative des Nachbarn hin eine Ordnungsverfügung an den Bauherrn und klagt dieser gegen sie, ist der Nachbar nicht notwendig beizuladen. Die den Bauherrn belastende Maßnahme mag sich zwar reflexartig als den antragstellenden Nachbarn begünstigende Maßnahme darstellen. Die Entscheidung hat aber nicht zwingend unmittelbare Auswirkung auf den Anspruch des Nachbarn. Denn die Klage kann auch unabhängig von der Stellung des Nachbarn Erfolg haben, etwa aus allgemeinen verwaltungsverfahrensrechtlichen Gründen. 1059

Eine notwendige Beiladung liegt in diesen Fällen vor: 1060

- Der Nachbar erhebt Klage gegen die dem Bauherrn erteilte Baugenehmigung oder stellt einen Antrag auf Anordnung der aufschiebenden Wirkung seines Rechtsbe- 1061

157 § 65 VwGO [Beiladung Dritter]
(1) Das Gericht kann, solange das Verfahren noch nicht rechtskräftig abgeschlossen oder in höherer Instanz anhängig ist, von Amts wegen oder auf Antrag andere, deren rechtliche Interessen durch die Entscheidung berührt werden, beiladen.
(2) Sind an dem streitigen Rechtsverhältnis Dritte derart beteiligt, dass die Entscheidung auch ihnen gegenüber nur einheitlich ergehen kann, so sind sie beizuladen (notwendige Beiladung).

helfs gegen diese. Die Aufhebung beziehungsweise Außervollzugsetzung hat unmittelbaren Einfluss auf dessen Recht. Der Bauherr ist notwendig beizuladen.

1062 ■ Der Nachbar erhebt Klage gegen die Behörde mit dem Ziel, diese zu verpflichten, gegen den Bauherrn einzuschreiten, oder stellt einen hierauf bezogenen Antrag auf Erlass einer einstweiligen Anordnung. Der Bauherr ist notwendig beizuladen.

1063 ■ Der Bauherr wendet sich mit einer Anfechtungsklage dagegen, dass die Genehmigungsbehörde auf den Widerspruch des Nachbarn hin die Baugenehmigung aufgehoben hat. Der Nachbar ist notwendig beizuladen.

1064 ■ Der Bauherr klagt gegen eine Auflage in der Baugenehmigung, die allein dazu dient, die Einhaltung der Rechte eines bestimmten Nachbarn zu sichern. Dieser Nachbar ist notwendig beizuladen (Kopp/Schenke, VwGO, § 65 Nr. 17).

2. Einfache Beiladung

1065 Eine einfache Beiladung kann erfolgen, wenn die rechtlichen Interessen eines Dritten durch die Entscheidung (lediglich) „berührt" werden. Dies ist anzunehmen, wenn das Unterliegen eines Hauptbeteiligten die Rechtsposition des Dritten faktisch verbessern oder verschlechtern kann. Das ist z.B. der Fall, wenn Gegenstand einer baurechtlichen Streitigkeit die Bebauung oder Nutzung eines Grundstücks ist, die sich auf das Grundstück eines Dritten positiv oder negativ auswirken kann (OVG Münster, B.v. 4.2.2013 – 10 E 1265/12 –, nrwe; VGH Kassel, B.v. 29.8.1986 – 4 TH 1729/86 –, BRS Nr. 46 Nr. 187 = juris). Auch sonstige rechtliche Auswirkungen der Entscheidung können eine einfache Beiladung rechtfertigen.

1066 Ob als rechtliches Interesse ausreicht, dass der mit der Betreuung des Vorhabens beauftragte Architekt oder Unternehmer ein wirtschaftliches Interesse an der Verwirklichung des Vorhabens hat, ist umstritten (wegen Einzelheiten dazu s. Kopp/Schenke, VwGO, § 65 Rn. 12 m.w.N.).

1067 **Beispiel (nach OVG Münster, B.v. 15.2.2016 – 10 A 414/15 –, nrwe):** Der Kläger hatte einen Bauantrag eingereicht, für den ein Architekt die Bauvorlagen erstellt hatte. Der Bauantrag ist abgelehnt worden. Gegenstand des sich anschließenden Klageverfahrens ist das Begehren des Klägers, die Behörde zur Erteilung der Genehmigung zu verpflichten. Der Architekt wurde dem Verfahren im Wege der einfachen Beiladung beigeladen; denn dieser hat ein Interesse daran, seinen Rechtsstandpunkt von der Genehmigungsfähigkeit des Vorhabens zu bekräftigen. Wird die Rechtmäßigkeit der Ablehnung des Bauantrags durch ein rechtskräftiges klageabweisendes Urteil bestätigt, steht fest, dass das durch die Bauvorlagen konkretisierte Bauvorhaben nicht genehmigungsfähig war. Infolge der Beiladung kann der Architekt seinen Standpunkt verteidigen und gegebenenfalls ein Rechtsmittel einlegen. Allerdings hat das Urteil auch Bindungswirkung für die Beziehung zwischen dem Kläger und dem Beigeladenen (§ 121 Nr. 1 VwGO). Bei einer rechtskräftigen Abweisung der Klage im Verwaltungsprozess könnte sich der beigeladene Architekt gegenüber Schadensersatzansprüchen des Klägers in dem Zivilprozess nicht darauf berufen, die Ablehnung der Erteilung der Baugenehmigung durch die Beklagte sei rechtswidrig gewesen und der Schaden des Klägers sei allein durch die Rechtswidrigkeit dieser Verwaltungsentscheidung entstanden.

1068 Sind die rechtlichen Voraussetzungen für eine einfache Beiladung erfüllt, entscheidet das Gericht in Ausübung seines Ermessens über die Beiladung. Wegen des Ermessensspielraums stellt ihr Unterbleiben keinen Verfahrensmangel dar. Als maßgebliches

Kriterium für eine einfache Beiladung kommt insbesondere die Prozessökonomie in Betracht. So spricht für eine Beiladung, dass durch die dadurch dem Beigeladenen gebotene Möglichkeit des eigenen Sachvortrags und der Äußerung der eigenen Rechtsansicht ein weiterer Streit vermieden werden kann (OVG Münster, B.v. 18.10.2013 – 7 E 650/13 –, juris). Andererseits bewirkt die Aufnahme eines weiteren Prozessbeteiligten oft unliebsame Verzögerungen und verursacht weitere Kosten für den Unterlegenen.

Im Falle der Anfechtung einer von dem Nachbarn initiierten Ordnungsverfügung sind rechtliche Interessen des Nachbarn berührt. Das OVG Münster hat mit Beschluss vom 4.2.2013 (10 E 1265/12 –, nrwe) ausdrücklich seine frühere gegenteilige Rechtsprechung aufgegeben und übt sein Ermessen mittlerweile dahin aus, den Nachbarn beizuladen. Das Gericht gibt prozessökonomischen Erwägungen, die für eine Beiladung des Dritten sprechen, den Vorrang. Mit der Beiladung könne unter Umständen ein etwaig nachfolgender Prozess des Dritten auf bauordnungsrechtliches Einschreiten der Behörde gegen den Nachbarn vermieden werden. Der Dritte könne in dem aktuellen Streit vor allem auch zu einer unstreitigen Beendigung des Verfahrens im Sinne einer endgültigen Befriedung des konkreten Nachbarschaftsverhältnisses entscheidend beitragen. Vor diesem Hintergrund träten die gegen die Beiladung sprechenden Erwägungen, wie etwa die gegebenenfalls schwierigere Handhabung des Verfahrens durch das Hinzutreten eines weiteren Beteiligten, regelmäßig zurück. 1069

3. Kostentragung und –verteilung im Falle einer Beiladung

a) Kostenlast des Beigeladenen

Grundsätzlich trägt der unterliegene Teil die Kosten des Verfahrens.[158] Dem Beigeladene können Kosten – das sind Gerichtskosten und die zur zweckentsprechenden Rechtsverfolgung oder Rechtsverteidigung notwendigen Aufwendungen der Beteiligten einschließlich der Kosten des Vorverfahrens (§ 162 VwGO) – nur dann auferlegt werden, wenn er Anträge gestellt oder Rechtsmittel eingelegt hat. Ein Beigeladener kann also das Kostenrisiko dadurch nahezu ausschließen, dass er keinen Antrag stellt und kein Rechtsmittel einlegt. Etwas anderes gilt allerdings dann, wenn Kosten durch sein Verschulden entstanden sind; diese können auch dem Beigeladenen, der keinen Antrag gestellt hat, aufgebürdet werden.[159] 1070

Hat der Beigeladenen einen Sachantrag gestellt oder ein Rechtsmittel eingelegt, geht er das Risiko ein, dass ihm Kosten auferlegt werden, wenn er den Rechtsstreit verliert.[160] Verliert er ihn zusammen mit einer anderen Partei – bei der erfolgreichen Anfechtungsklage eines Nachbarn gegen eine Baugenehmigung verlieren der Bauherr und die Behörde –, tragen beide die Kosten des Verfahrens in der Regel je zur Hälf- 1071

158 **§ 154 VwGO [Kostentragungspflicht]**
(1) Der unterliegende Teil trägt die Kosten des Verfahrens.
(2) Die Kosten eines ohne Erfolg eingelegten Rechtsmittels fallen demjenigen zur Last, der das Rechtsmittel eingelegt hat
(3) Dem Beigeladenen können Kosten nur auferlegt werden, wenn er Anträge gestellt oder Rechtsmittel eingelegt hat; § 155 Abs. 4 bleibt unberührt.

159 **§ 155 VwGO [Kostenverteilung]**
(4) Kosten, die durch Verschulden eines Beteiligten entstanden sind, können diesem auferlegt werden.

160 Gesetzestext unter Fn. 158.

te.[161] Abweichende Kostenregelungen sind möglich, wenn dafür besonderer Anlass besteht.

1072 Ist die Hauptsache von den Beteiligten für erledigt erklärt worden (s. dazu unter Rn. 114), ist dadurch das Verfahren von Rechts wegen erledigt; das Gericht hat nur noch über die Verteilung der Kosten zu entscheiden.[162] Auch dann gilt: Hat der Beigeladene keinen Antrag gestellt und kein Rechtsmittel eingelegt, kann er nicht mit Kosten belastet werden; hat er einen Antrag gestellt oder ein Rechtsmittel eingelegt, besteht das Kostenrisiko.

b) Erstattung der Kosten des Beigeladenen

1073 Der Beigeladene kann die Erstattung seiner außergerichtlichen Kosten (oder auch nur eines Teils davon) beanspruchen, wenn das Gericht eine entsprechende Entscheidung trifft.[163] Dies setzt voraus, dass das Gericht der Auffassung ist, dass dies der Billigkeit entspricht. Dabei wird diese Frage oft danach entschieden, ob der Beigeladene einen Antrag gestellt hat oder nicht: Es wird argumentiert, er habe sich mit der Antragstellung einem eigenen Kostenrisiko nach § 154 Abs. 3 VwGO ausgesetzt; deshalb entspreche es der Billigkeit, im Falle seines Obsiegens die Erstattungsfähigkeit seiner außergerichtlichen Kosten auszusprechen. Im Falle keiner Antragstellung habe er das Kostenrisiko nicht auf sich genommen und deshalb entspreche es der Billigkeit, dass er seine außergerichtlichen Kosten selbst trage.

II. Aufklärung der Sach- und Rechtslage

1. Sachverhaltsfeststellung

1074 Im öffentlichen Baunachbarrecht kommt der Sachverhaltsfeststellung neben der Anwendung von Rechtsnormen eine bedeutende Rolle zu, die gerade von den betroffenen Nachbarn zu Recht eingefordert wird. Denn die Betroffenheit lässt sich ohne eine Veranschaulichung oder sogar eine förmliche Beweisaufnahme kaum feststellen. Mehr noch als viele andere Rechtsgebiete des öffentlichen Rechts arbeitet das öffentliche Baunachbarrecht mit unbestimmten Rechtsbegriffen, die ausgefüllt werden müssen und einer vollen richterlichen Überprüfung unterliegen, so z.B.: „rücksichtslos", „unzumutbar" und „Gefahr". Lediglich dort, wo der Gesetzgeber konkrete Bestimmungen über Nutzungen, Maßzahlen für einzuhaltende Entfernungen, Lärmwerte

161 **§ 159 VwGO [Mehrere Kostenpflichtige]**
Besteht der kostenpflichtige Teil aus mehreren Personen, so gilt § 100 der Zivilprozessordnung entsprechend. Kann das streitige Rechtsverhältnis dem kostenpflichtigen Teil gegenüber nur einheitlich entschieden werden, so können die Kosten den mehreren Personen als Gesamtschuldnern auferlegt werden. (§ 100 Abs. 1 ZPO: „Besteht der unterliegende Teil aus mehreren Personen, so haften sie für die Kostenerstattung nach Kopfteilen.".).

162 **§ 161 VwGO [Kostenentscheidung; Erledigung der Hauptsache]**
(2) Ist der Rechtsstreit in der Hauptsache erledigt, so entscheidet das Gericht außer in den Fällen des § 113 Abs. 1 Satz 4 nach billigem Ermessen über die Kosten des Verfahrens durch Beschluss; der bisherige Sach- und Streitstand ist zu berücksichtigen. Der Rechtsstreit ist auch in der Hauptsache erledigt, wenn der Beklagte der Erledigungserklärung des Klägers nicht innerhalb von zwei Wochen seit Zustellung des die Erledigungserklärung enthaltenden Schriftsatzes widerspricht und er vom Gericht auf diese Folge hingewiesen worden ist.

163 **§ 162 VwGO [Erstattungsfähige Kosten]**
(3) Die außergerichtlichen Kosten des Beigeladenen sind nur erstattungsfähig, wenn sie das Gericht aus Billigkeit der unterliegenden Partei oder der Staatskasse auferlegt.

oder sonstige Umstände vorgegeben hat und damit gleichzeitig zum Ausdruck gebracht hat, dass deren Einhaltung vom Nachbarn hinzunehmen ist, erspart der Gesetzgeber dem Rechtsanwender die Einzelfallwürdigung. Allerdings gilt dies wiederum dann nicht, wenn das Gesetz gleichzeitig ein System von Befreiungen, Ausnahmen, Abweichungen oder Ähnlichem zur Verfügung stellt, das typischerweise wiederum unbestimmte Rechtsbegriffe enthält.

Im Verwaltungsverfahren und im Verwaltungsprozess gilt der Untersuchungs- oder Amtsermittlungsgrundsatz (s. zum Amtsermittlungsgrundsatz im Allgemeinen: BVerwG, U.v. 16.5.2012 – 5 C 2/11 –, BVerwGE 143, 119 = juris). Darin unterscheiden sie sich unter anderem von der Zivilgerichtsbarkeit. Die Sachverhaltsermittlung ist Aufgabe der Behörde[164] und im Streitfall des Gerichts.[165] 1075

Im Verwaltungsprozess findet der Untersuchungsgrundsatz (oder Amtsermittlungsgrundsatz) seine dogmatische Rechtfertigung insbesondere darin, dass die Gerichte in dem Spannungsverhältnis zwischen Staat und Bürger die Aufgabe haben, zu prüfen, ob die Verwaltung richtig gehandelt hat, als sie in die Rechte eines Bürgers eingriff oder ihm seinen geltend gemachten Anspruch verweigerte.

Weil das Gericht sich eine richterliche Überzeugung bilden muss, ist eine Erforschung des Sachverhalts geboten, die nicht aufhören darf, wo ein rechtlich Unerfahrener den Sachverhalt unvollständig vorträgt oder die Parteien sich über einen unzutreffenden Sachverhalt einig sind. Vielmehr darf und muss das Gericht darüber hinausgehen und – in dem Umfang, in dem das möglich und ihm zumutbar ist – nach der „wirklichen Wahrheit" suchen. 1076

Prognose-Entscheidungen (z.B. zu der zu erwartenden Lärmbelastung) und Risikobewertungen, sofern ihre Rahmenbedingungen nicht vollständig durch Rechtsnormen vorgegeben sind, gehören zur Kompetenz der Verwaltung. Sie sind der Entscheidungsbefugnis der Gerichte entzogen und deshalb auch deren Sachverhaltsermittlung und schließlich auch der Amtsermittlungspflicht (BVerwG, U.v. 17.4.2002 – 9 CN 1/01 –, BVerwGE 116, 188 = juris). 1077

Die Pflicht zur Ermittlung des Sachverhalts von Amts wegen besteht, wenn die Beteiligten den Sachverhalt in einem maßgeblichen Punkt unzureichend schildern, wenn sie den Sachverhalt zwar ausführlich, aber unterschiedlich darstellen, aber auch wenn sie den Sachverhalt zwar ausführlich und übereinstimmend darstellen, das Gericht aber nicht davon überzeugt ist, dass dies der Wahrheit entspricht. Das Gericht muss von sich aus den Sachverhalt soweit erforschen, bis es sich eine richterliche Überzeugung bilden kann. Das Gericht muss alle vernünftigerweise zur Verfügung stehenden 1078

164 **§ 24 VwVfG [Untersuchungsgrundsatz]**
(1) Die Behörde ermittelt den Sachverhalt von Amts wegen. Sie bestimmt Art und Umfang der Ermittlungen; an das Vorbringen und an die Beweisanträge der Beteiligten ist sie nicht gebunden.
(2) Die Behörde hat alle für den Einzelfall bedeutsamen, auch die für die Beteiligten günstigen Umstände zu berücksichtigen.
(3) Die Behörde darf die Entgegennahme von Erklärungen oder Anträgen, die in ihren Zuständigkeitsbereich fallen, nicht deshalb verweigern, weil sie die Erklärung oder den Antrag in der Sache für unzulässig oder unbegründet hält.

165 **§ 86 VwGO [Untersuchungsgrundsatz; Aufklärungspflicht; vorbereitende Schriftsätze]**
(1) Das Gericht erforscht den Sachverhalt von Amts wegen; die Beteiligten sind dabei heranzuziehen. Es ist an das Vorbringen und an die Beweisanträge der Beteiligten nicht gebunden.

Möglichkeiten einer Aufklärung des maßgeblichen Sachverhalts ausschöpfen, die geeignet sein können, die für die Entscheidung erforderliche Überzeugung des Gerichts zu begründen. Ist der Sachverhalt aufgeklärt, soweit es für die Rechtsansicht des Gerichts darauf ankommt, endet die Amtsermittlungspflicht (BVerwG, U.v. 14.1.1998 – 11 C 11.96 – BVerwGE 106, 115 = juris).

1079 Die Gerichte sind nicht verpflichtet, jeder theoretisch denkbaren Sachverhaltsvariante nachzugehen. Das Gericht bestimmt Umfang und Art der Tatsachenermittlung nach pflichtgemäßem Ermessen. Das schließt die Beschränkung auf die dem Gericht vorliegenden Erkenntnismittel ein. Auch von den Beteiligten vorgelegte und zu den Akten genommene Karten, Lagepläne, Fotos und Luftbildaufnahmen können im Rahmen von § 86 Abs. 1 VwGO unbedenklich verwertbar sein, wenn sie die Örtlichkeit in ihren für die gerichtliche Beurteilung maßgeblichen Merkmalen so eindeutig ausweisen, dass sich der mit einer Ortsbesichtigung erreichbare Zweck mit ihrer Hilfe ebenso zuverlässig erfüllen lässt. Ist dies der Fall, bedarf es unter dem Gesichtspunkt des Untersuchungsgrundsatzes keiner Durchführung einer Ortsbesichtigung. Das gilt nur dann nicht, wenn ein Beteiligter geltend macht, dass die Karten oder Lichtbilder in Bezug auf bestimmte, für die Entscheidung wesentliche Merkmale keine Aussagekraft besitzen, und dies zutreffen kann (BVerwG, B.v. 3.12.2008 – 4 BN 26.08 –, BRS 73 Nr. 91 = juris; s. auch BVerwG, B.v. 30.6.2014 – 4 B 51/13 –, BRS 82 Nr. 186 = juris).

1080 **Beispiel (aus: Neustadt/Weinstraße, B.v. 24.2.2016 – 4 L 109/16.NW –, juris, zur Frage der gaststättenrechtlichen Unzuverlässigkeit eines Gaststättenbetreibers):** Für die Beurteilung von nächtlichem Lärm als schädliche Lärmeinwirkung auf die Nachbarschaft kann es ausreichend sein, sich im Wege behördlicher oder richterlicher Beweiswürdigung anhand von Feststellungen durch die Ordnungsbehörde oder die Polizei ein Bild zu machen. Insbesondere kann ein Gericht sich auch ohne weitergehende Beweisaufnahme schon auf Grund der Vielzahl an Nachbarbeschwerden und behördlichen sowie polizeilichen Aufzeichnungen und Lageplänen eine Überzeugung dazu bilden, ob ruhestörender Lärm vorliegt. Gegebenenfalls lässt allein schon dieser Akteninhalt den Schluss zu, dass der Betreiber der Gaststätte unzuverlässig ist.

1081 Für eine weitergehende Untersuchung besteht nur Anlass, wenn anhand des Akteninhalts und des Gangs der mündlichen Verhandlung Anhaltspunkte dafür bestehen, dass der Sachverhalt in einer bestimmten Richtung noch aufklärungsbedürftig ist. *„Ausreichend, aber auch erforderlich ist (...), dass der Antragsteller hinreichend substantiiert Tatsachen vorträgt, die es zumindest möglich erscheinen lassen, dass er durch Festsetzungen des Bebauungsplans in seinen Rechten verletzt ist. (...)Tatsachenbehauptungen, die bereits auf den ersten Blick unzutreffend sind oder für deren Richtigkeit keine greifbaren Anhaltspunkte geliefert werden (Behauptungen ins Blaue hinein), genügen nicht.“* (BVerwG, B.v. 17.3.2016 – 4 BN 6/16 –, juris).

1082 Die Pflicht zu Sachverhaltsaufklärung findet eine weitere Grenze in der Unzumutbarkeit. Diese kann sich insbesondere aus dem Prozessverhalten der Beteiligten ergeben. Allgemein gilt: Trotz des Untersuchungsgrundsatzes hat jeder Prozessbeteiligte im Rahmen seiner Möglichkeiten den Prozessstoff umfassend vorzutragen, also auch bei der Sachverhaltsaufklärung mitzuwirken. Das gilt insbesondere für Ereignisse, die in seine Sphäre fallen. Denn das Gericht darf in der Regel davon ausgehen, dass die Partei zumindest alle Beweismöglichkeiten aus ihrem Erkenntnisbereich substantiiert aufzeigt. Das Gericht muss, wenn kein Beweisantrag gestellt wird und auch keine Beweisanregungen erfolgen, nur dann von Amts wegen Beweis erheben, wenn sich ihm ein solches Vorgehen gleichwohl aufdrängen musste (zu einem solchen Fall s. BVerwG, B.v. 20.12.2012 – 4 B 20.12 –, BRS 79 Nr. 73 = juris). Der Beweisantrag ist förmlich spätestens in der mündlichen Verhandlung zu stellen. Das Gericht kann zum Beispiel unbeachtet lassen: Tatsachen, die nur der Beteiligte kennt, aber nicht nennt, Zeugen, deren Anschrift nur der Beteiligte kennt oder die er ohne Schwierigkeiten herausfinden kann, aber nicht nennt, Urkunden (z.B. über eine ein Vorhaben legitimierende Genehmigung), die nur der Beteiligte in Händen hält, aber nicht herausgibt. Das Gericht braucht diesen Fragen nicht weiter nachzugehen und es darf aus der fehlenden Mitwirkung des Beteiligten für seine richterliche Überzeugung Schlüsse zu ziehen.

Die Rechtsprechung ist besonders streng, wenn für einen Beteiligten ein Rechtsanwalt 1083 auftritt: Sie betont immer wieder, dass ein Tatsachengericht seine Aufklärungspflicht grundsätzlich dann nicht verletzt, wenn es von einer Beweiserhebung absieht, die eine anwaltlich vertretene Partei nicht beantragt hat. Eine in einer späteren Instanz erhobene Aufklärungsrüge ist erfolglos, wenn sie in Wirklichkeit nur dazu dient, „*Versäumnisse eines anwaltschaftlich vertretenen Verfahrensbeteiligten in der Tatsacheninstanz zu kompensieren und insbesondere Beweisanträge zu ersetzen, die ein Beteiligter zumutbarer Weise hätte stellen können, jedoch zu stellen unterlassen hat*“ (BVerwG, B.v. 25.1.2016 – 4 B 46/15 –, juris). Etwas anderes folgt auch nicht aus dem Gebot effektiven Rechtsschutzes, denn dieses verlangt „*keinen Schutz von Beteiligten, die ihre Obliegenheiten versäumen*“ (BVerwG, B.v. 9.3.2015 – 4 B 7/15 –, juris).

Zu den Mitteln, die im Rahmen der Amtsermittlung Bedeutung haben, gehört alles, 1084 was in einem verwaltungsgerichtlichen Verfahren in Frage kommt. Das sind zu allererst die Akten der Behörde. Weitere Beweismittel sind: der Beweis durch Vorlage einer Urkunde, der Beweis durch Augenschein, der Beweis durch das Gutachten eines Sachverständigen, der Zeugenbeweis und unter Umständen auch der Beweis durch Parteivernehmung.

Erst dann, wenn das Gericht – auf der Grundlage seiner Ansicht – alle erforderlichen und tatsächlich in Betracht kommenden Aufklärungsmöglichkeiten erschöpft hat und entscheidungserhebliche Tatsachen sich dennoch nicht aufklären ließen, ist eine Entscheidung nach der materiellen Beweislast zu treffen.

Eine Sonderregelung zur Sachverhaltsermittlung trifft allerdings § 4 a Abs. 2 1085 UmwRG[166], indem die Bestimmung im Rahmen des Anwendungsbereichs des Um-

166 **§ 4 a UmwRG [Maßgaben zur Anwendung der Verwaltungsgerichtsordnung]**
(2) Soweit der Verwaltungsbehörde bei der Anwendung umweltrechtlicher Vorschriften eine Beurteilungsermächtigung eingeräumt ist, ist eine behördliche Entscheidung im gerichtlichen Verfahren nur daraufhin zu überprüfen, ob
1. der Sachverhalt vollständig und zutreffend erfasst wurde,
2. die Verfahrensregeln und die rechtlichen Bewertungsgrundsätze eingehalten wurden,
3. das anzuwendende Recht verkannt wurde,
4. sachfremde Erwägungen vorliegen.
(4) Die Absätze 1 bis 3 gelten auch für gerichtliche Rechtsbehelfe von Beteiligten nach § 61 Nummer 1 und 2 der Verwaltungsgerichtsordnung.

welt-Rechtsbehelfsgesetzes die Überprüfungspflicht auf bestimmte Tatsachen und Rechtsfragen beschränkt.

2. Feststellung der Rechtslage

1086 Die Feststellung der Rechtslage obliegt selbstverständlich dem Gericht. Damit ist aber noch nicht die Frage beantwortet, welche Rechtsfrage das Gericht aufwerfen und beantworten muss.

Die Funktion eines gerichtlichen Verfahrens würde überspannt, wenn von ihm verlangt würde, z.B. in einer Nachbarstreitigkeit eine Baugenehmigung unter allen erdenklichen Gesichtspunkt einer in Betracht kommenden Nachbarrechtsverletzung zu überprüfen. Das gilt selbst auf die (pauschale) Geltendmachung von „Rücksichtslosigkeit“ oder „Unzumutbarkeit“ hin. Vielmehr ist es eine Obliegenheit des Nachbarn, dem Gericht zu verdeutlichen, unter welchem Gesichtspunkt das Vorhaben als rücksichtslos oder unzumutbar empfunden wird, etwa wegen der erdrückenden Wirkung des Baukörpers oder der erforderlichen Rangierbewegungen zu der benachbarten, zurückliegenden Stellplatzanlage.

1087 Mit Blick auf die Wirksamkeit von Normen, also auch für Satzungen wie Bebauungspläne hat das Gericht, wenn dies für die Entscheidung erheblich ist, nicht nur das Vorliegen der Tatbestandsmerkmale einer Norm zu prüfen, sondern auch, ob diese wirksam sind. Das Gericht kann untergesetzliche Normen selbst „verwerfen“ (sog. Verwerfungskompetenz) und eine von ihm für unwirksam gehaltene Norm nicht anwenden. Das gilt für Bebauungspläne unabhängig davon, ob gleichzeitig ein Normenkontrollverfahren gegen den Plan anhängig ist. Bei einem materiellen Gesetz hat das Gericht, wenn es Wirksamkeitszweifel hat, das Verfahren auszusetzen und die Frage dem Verfassungsgericht zur Entscheidung vorzulegen.

1088 Ob aber das Gericht im Einzelfall die Wirksamkeit einer untergesetzlichen Norm inzidenter überprüft, hängt von verschiedenen Faktoren ab:

1089 In einem Klageverfahren ist die Prüfungsdichte naturgemäß und in der Regel größer als in Verfahren auf Gewährung vorläufigen Rechtsschutzes (dazu sogleich). Dennoch gilt auch bei einer Klage das Verbot, „ungefragt“ auf die Suche nach Fehlern im Verhalten der Verwaltung oder im Rechtssetzungsverfahren zu gehen. Das Bundesverwaltungsgericht hat bereits im Urteil vom 7.9.1979 (4 C 7.77, BRS 35 Nr. 15 = juris; s. ferner B.v. 1.4.1997 – 4 B 206.96 –, BRS 59 Nr. 34; B.v. 20.6.2001 – 4 BN 21.01 –, NVwZ 2002, 83) zur Frage der Überprüfung von ganz alten Bebauungsplänen gesagt: Gerichte dürften nicht „ohne Not“ solche Pläne für ungültig erklären mit der Begründung, sie seien verfahrensfehlerhaft zustande gekommen. Mit dieser Mahnung solle nicht die rechtliche Geltung des Amtsermittlungsgrundsatzes in § 86 Abs. 1 VwGO in Frage gestellt, sondern darauf hingewiesen werden, dass eine sachgerechte Handhabung dieses Grundsatzes unter dem Gesichtspunkt der Gewaltenteilung und der Prozessökonomie zu erfolgen habe. Im Vordergrund der Überlegungen des Gerichts solle daher stets der Rechtsschutzgedanke stehen: Eine „ungefragte" Fehlersuche, die das eigentliche Rechtsschutzbegehren des Klägers oder Antragstellers aus dem Auge verliere, sei im Zweifel auch nicht sachgerecht (BVerwG, U.v. 17.4.2002 – 9 CN 1/01 –, BVerwGE 116, 188 = juris).

In Verfahren auf Gewährung vorläufigen Rechtsschutzes gilt allgemein ein anderer, noch strengerer Maßstab: Hier geht die Rechtsprechung regelmäßig von der Wirksamkeit des zugrunde liegenden Bebauungsplans aus, wenn dieser nicht offensichtlich fehlerhaft und deshalb unwirksam ist (OVG Münster, B.v. 30.10.2015 – 7 B 1106/15 –, nrwe; VGH Mannheim, B.v. 22.10.2015 – 10 S 1773/15 –, BauR 2016, 252 = juris). 1090

Dies bedeutet mit Blick auf den Prüfungsgegenstand, dass das Gericht sich bei der Überprüfung eines Bebauungsplans im Rahmen der Inzidentkontrolle auf die konkret und substantiiert geltend gemachten Einwendungen sowie auf sonstige, sich als offensichtlich aufdrängende Mängel beschränken kann.

III. Rechtsnachfolge

Eine Baugenehmigung gilt für und gegen den Rechtsnachfolger (so z.B. ausdrücklich § 75 Abs. 2 BauO NRW). Deshalb ist in dem gerichtlichen Verfahren gegen eine Baugenehmigung im Falle der Rechtsnachfolge in die Genehmigung die Beiladung entsprechend zu ändern. Allerdings bewirkt der Eigentumsübergang an dem Grundstück für sich noch nicht gleichzeitig den Rechtsübergang. Denn Eigentum und Bauherrenschaft können auseinanderfallen. Ein automatischer Bauherrenwechsel ist allerdings in der Regel zu bejahen, wenn Personenidentität zwischen dem Eigentümer und dem Bauherrn besteht, es sei denn, der bisherige Eigentümer und der Bauherr haben vereinbart, dass der bisherige Bauherr die Inhaberschaft der Genehmigung behält (s. im Einzelnen zur Frage der Rechtsnachfolge in die Genehmigung: Reichel/Schulte, Handbuch Bauordnungsrecht, 15. Kapitel, Rn. 88). 1091

Der klagende Nachbar ist nicht gehindert, sein Grundstück während des Prozesses zu veräußern (§ 173 VwGO, § 265 Abs. 1 ZPO). Er verliert durch den Eigentumsübergang allerdings seine dinglichen Rechte an dem betroffenen Grundstück. Deshalb könnte zweifelhaft sein, ob er in einem Anfechtungsprozess weiterhin geltend machen könnte, durch die Genehmigung in seinen subjektiven öffentlichen Rechten verletzt zu sein. § 173 VwGO i.V.m. § 265 Abs. 2 Satz 1 ZPO bestimmt jedoch, dass, wenn eine Anfechtungsklage bereits anhängig ist, die Veräußerung der streitbefangenen Sache auf den anhängigen Prozess keinen Einfluss hat. Der Gegner kann allerdings seine Zustimmung dazu erklären, dass der neue Eigentümer den Prozess als Hauptpartei an Stelle des Rechtsvorgängers übernimmt oder eine Hauptintervention erhebt (§ 173 VwGO i.V.m. § 265 Abs. 2 Satz 1 ZPO; vgl. dazu: OVG Münster, U.v. 15.9.1980 – 11 A 2306/78 –, NJW 1981, 598 = juris). 1092

IV. Vereinbarung über den Streitgegenstand

Die Beteiligten können in jeder Phase des gerichtlichen Verfahrens eine Vereinbarung über den Streitgegenstand treffen und auf diese Weise das Verfahren beenden. (Lediglich eine Klagerücknahme nach Stellung der Anträge in der mündlichen Verhandlung setzt die Einwilligung des Beklagten voraus, § 92 Abs. 1 Satz 2 VwGO). Dies kann 1093 durch einen gerichtlichen Vergleich (§ 106 VwGO) oder einen außergerichtlichen Vergleich erfolgen. Während der gerichtliche Vergleich unmittelbar das Verfahren beendet, bedarf es bei einem außergerichtlichen Vergleich (dieser ist lediglich eine Vereinbarung zwischen den Beteiligten) noch einer prozessbeendenden Erklärung. Diese kann in den beiderseitigen Erklärungen, dass die Hauptsache erledigt sei, oder in einer Klagerücknahme liegen. Dabei ist auch eine Vereinbarung über die Kostentragungspflicht möglich und aus Gründen der Ersparnis von Gerichtskosten (Nr. 5111 der Anlage 1 zum Gerichtskostengesetz: Ermäßigung der Gebühr nach Nr. 5110 von 3,0 auf 1,0) sinnvoll; die Kostenverteilung kann aber auch in das Ermessen des Gerichts gestellt werden. Die Fortführung des Verfahrens trotz entgegenstehender Vereinbarung stellt sich als arglistig dar und führt zur Unzulässigkeit der Klage (OVG Münster, U.v. 17.7.1974 – II A 51/74 –, DÖV 1974, 825 = juris). Die Vereinbarung einer Gegenleistung, etwa als Ausgleich für entstandene Nachteile, ist nicht sittenwidrig und zieht nicht die Unwirksamkeit der Vereinbarung nach sich. Denn Art. 19 Abs. 4 GG untersagt es dem Einzelnen nicht, auf öffentlich-rechtliche Rechtsbehelfe zu verzichten, die der Wahrung seiner privaten Rechte und seiner geschützten Interessen dienen (BGH, U.v. 11.12.1980 – III ZR 38/79 –, NJW 1981, 811 = juris).

Stichwortverzeichnis

Die Zahlen bezeichnen die Randnummern.

Zeitfracht Medien GmbH
Ferdinand-Jühlke-Straße 7
99095 Erfurt, Deutschland
produktsicherheit@kolibri360.de